BIBLIOGRAPHIE
MOLIÉRESQUE

PAR

PAUL LACROIX

(BIBLIOPHILE JACOB)

CONSERVATEUR DE LA BIBLIOTHÈQUE DE L'ARSENAL

SECONDE ÉDITION

REVUE, CORRIGÉE ET CONSIDÉRABLEMENT AUGMENTÉE

PARIS

AUGUSTE FONTAINE, LIBRAIRE

35, 36 ET 37, PASSAGE DES PANORAMAS, ET GALERIE DE LA BOURSE, 1 ET 10

1875

BIBLIOGRAPHIE
MOLIÉRESQUE

PARIS. — TYP. GEORGES CHAMEROT, RUE DES SAINTS-PÈRES, 19.

MOLIERE

*D'après un tableau, peint vers 1669 et attribué à Lebrun,
représentant Molière qui évoque le Génie de la Comédie,
pour châtier le Vice et démasquer l'Hypocrisie.*

Ce tableau qui faisait partie du Musée municipal, a été détruit dans l'incendie du 24 Mai 1871.

Imp. A. Salmon, Paris.

A FÉLIX DELHASSE

Cher ami,

Vous souvient-il que vous avez bien voulu être l'éditeur officieux et toujours bienveillant de mon petit livre intitulé : La Jeunesse de Molière? *Vous souvient-il que vous m'avez adressé, à l'occasion de ce petit livre, une lettre si flatteuse, que je l'ai prise pour une dédicace de mon propre ouvrage à l'auteur lui-même? Le livre est oublié, les deux ou trois éditions qui en ont été faites à Bruxelles et à Paris sont épuisées depuis longtemps, mais ma reconnaissance, comme mon amitié pour vous, a survécu et survivra toujours à l'ouvrage et à ses éditions.*

J'acquitte aujourd'hui une vieille dette, en vous dédiant ma Bibliographie moliéresque, *qui vous rappellera que vous êtes aussi un bibliographe et un des meilleurs de la Belgique.*

15 *juin* 1872.

A vous

P. L JACOB, *bibliophile.*

PRÉFACE

DE LA PREMIÈRE ÉDITION.

L'Angleterre a depuis longtemps plusieurs bibliographies de Shakespeare, comme elle a un musée shakespearien, une bibliothèque shakespearienne, où de pieux et patriotiques admirateurs du grand dramaturge anglais ont réuni toutes les reliques qu'on a pu découvrir de lui, tous les portraits peints ou gravés qui le représentent, tous les livres qu'on a publiés à son sujet, toutes les éditions de ses ouvrages. La France n'a encore rien fait de pareil pour Molière, qui est au moins égal à Shakespeare.

M. Jules Taschereau, cependant, après avoir écrit la meilleure Histoire de Molière, a esquissé une bibliographie qui en est le complément. Cette bibliographie, comme l'Histoire qu'elle accompagne, est un hommage d'admiration à la mémoire de l'illustre créateur de la Comédie en France.

Nous avons voulu suivre l'exemple de M. J. Taschereau, en publiant à notre tour une Bibliographie de

Molière, qui devait être nécessairement plus étendue et plus complète que celle qu'il nous a donnée à la suite de l'*Histoire de la vie et des ouvrages de Molière*. Cette Bibliographie nouvelle était destinée à faire partie de la petite Collection moliéresque, qui a commencé à paraître, il y a trois ans, par les soins de M. J. Gay, et qui n'est pas encore achevée.

Nous voulions d'abord faire ample usage des matériaux nombreux que le savant *moliériste* Beffara n'a cessé de rassembler durant toute sa vie, et qui remplissent plusieurs volumes manuscrits in-4°, légués à la Bibliothèque nationale. Malheureusement, notre projet n'a pu s'exécuter, lorsque nous avons trouvé le temps de faire cette Bibliographie. C'était pendant le siége de Paris, et les manuscrits de la Bibliothèque nationale, menacés par le bombardement des Prussiens, ne se trouvaient plus à la disposition du public lettré. Il a donc fallu s'en passer, et notre Bibliographie s'est faite sans eux, avec le peu de ressources bibliographiques que nous avions alors entre les mains.

Par bonheur, un généreux bibliographe, un iconophile distingué, M. Maherault, a bien voulu nous offrir en communication les notes qu'il avait recueillies lui-même pour un ouvrage analogue au nôtre, et nous avons profité de son travail qui nous a épargné bien des recherches. Il y avait là de quoi nous consoler de n'avoir pu recourir à celles de Beffara, que nous comptons utiliser plus tard.

Voici donc une Bibliographie de Molière, qui devra

se perfectionner et se compléter dans d'autres éditions. C'est un souvenir de l'abominable siége de Paris, souvenir que je présente humblement aux passionnés admirateurs du grand homme, du grand philosophe, du grand écrivain, qui a été mon cómpagnon assidu, mon fidèle ami, mon noble consolateur, pendant ce long et douloureux siége, l'éternel déshonneur des barbares qu'on peut accuser d'avoir essayé de détruire les théâtres, les musées, les bibliothèques de Paris.

PRÉFACE

DE CETTE SECONDE ÉDITION.

Cette édition est, à vrai dire, un ouvrage absolument nouveau, quoiqu'elle présente, en apparence, le même ensemble que la première. Celle-ci, imprimée à Turin par Vincent Bona, imprimeur de Sa Majesté le roi d'Italie, et tirée à 204 exemplaires numérotés (150 sur format in-8 de carré, papier vélin ; 50 format in-12 d'écu, papier vergé, et 4 de même format, papier de Chine), n'était qu'un essai, dont l'insuffisance et les défauts devaient nous frapper plus que personne, car il ne nous avait pas été possible, dans les conditions où notre *Bibliographie moliéresque* s'était faite, d'exécuter le plan que nous nous étions tracé, longtemps avant de l'entreprendre.

En effet, l'ouvrage fut commencé et achevé pendant le siége de Paris, et nous n'eûmes pas même, pour le rédiger, le secours des livres de la Bibliothèque de l'Arsenal, qui était alors, et surtout par nos soins personnels, déposée et mise en sûreté dans les caves de l'ancien hôtel du grand-maître de l'artillerie de France. Nous avions donc, dans la préface de la première édition, signalé les fautes et les omissions qu'on ne manquerait pas d'y trouver presque à chaque article, ce travail bibliographique ayant été fait de seconde main, sans que nous eussions sous les yeux les ouvrages qui y sont mentionnés et rarement décrits avec exactitude. La *Bibliographie moliéresque* n'en a pas moins été vendue rapidement et recommandée, par les amateurs, comme un livre utile. Telle fut la cause de son succès ; tel est le motif qui nous a déterminé à faire un nouveau livre plutôt encore qu'une nouvelle édition.

Il s'agissait d'abord de voir les éditions originales des comédies de Molière et de les décrire toutes plus exactement que nous n'avions pu le faire. Cette recherche minutieuse nous a fait découvrir un grand nombre de ces éditions qui n'avaient pas encore été décrites. C'est alors que notre travail est devenu, pour ainsi dire, collectif, car nous n'eûmes, pour le rendre complet et meilleur, qu'à mettre à profit les intéressantes communications qui nous étaient adressées de toutes parts, avec un désintéressement que nous ne saurions assez reconnaître. Notre gratitude, qui sera aussi celle de nos lecteurs, ne peut mieux se traduire que par un exposé des services que nos savants collaborateurs ont bien voulu rendre, non-seulement à notre ouvrage, mais encore, mais surtout à la bibliographie de notre Molière.

M. Auguste Fontaine, qui a réuni, de longue date et à grands frais, toutes ou presque toutes les éditions de Molière, pour en faire, en quelque sorte, le trésor de sa belle librairie, nous a communiqué ces éditions et nous les a laissées entre les mains, avec la plus large libéralité. M. Damascène Morgand est allé, sans se lasser, chercher, pour nous, dans les bibliothèques publiques et particulières, la description des éditions que M. Auguste Fontaine ne possédait pas, et nous n'avions plus qu'à reproduire, avec toute confiance, cette description aussi fidèle qu'intelligente. Grâce à ce concours d'obligeance, la précieuse collection de Cousin, à la Sorbonne, et celle de M. le baron James E. de Rothschild, plus précieuse encore, n'ont pas eu de secrets pour nous.

M. L. Potier, ancien libraire, à qui la science bibliographique doit tant de bons catalogues de livres, dignes d'être placés à côté du *Manuel* de Brunet, a bien voulu relire nos épreuves et y ajouter une foule de notes et d'observations, qui sont le résultat de sa longue expérience et d'une savante comparaison des éditions originales de Molière.

Cette seconde édition de la *Bibliographie de Molière* offre une partie très-importante, qui n'était remarquable, dans la première édition, que par ses imperfections et sa pauvreté. Ce sont les traductions des comédies de Molière en langues étrangères, et l'on peut dire que l'existence de ces traductions était restée jusqu'à présent inconnue à nos bibliographes. M. E. Picot, vice-consul de France, philologue distingué, a bien voulu se charger spécialement de revoir et de compléter l'immense série de ces traductions en langues étrangères, en coordonnant les excellents matériaux que plusieurs savants m'avaient fournis avec le plus gracieux empressement : M. J. de Filippi, pour les traductions en italien et en allemand; M. d'Hughes, pour les traductions en anglais; M. Wilhems, pour les traductions en langue néerlandaise, etc. C'est aussi à M. Wilhems, le docte elzeviriophile de Bruxelles, que je suis redevable de la description des éditions de Molière imprimées dans les Pays-Bas par les Elzeviers et leurs imitateurs. Enfin, j'ai eu la bonne fortune de pouvoir confier la lecture de mes épreuves, pour toute la partie qui comprend ces traductions en langues étrangères, à l'extrême obligeance de M. Gustave Pawlowski, le bibliographe polyglotte de la *Revue bibliographique universelle,* le secrétaire-bibliothécaire de mon savant ami Ambroise Firmin-Didot.

S'il fallait nommer maintenant toutes les personnes bienveillantes qui m'ont adressé beaucoup de notes, dont j'ai fait mon profit, je devrais commencer par dépouiller une correspondance assez volumineuse, dont la bibliographie de Molière a été le principal objet pendant plusieurs mois. Je suis forcé de me borner à citer deux noms de ces collaborateurs officieux : celui de M. Barbieu, juge au tribunal de Montmorillon, qui m'a envoyé une iconographie inédite de Molière, en m'autorisant à en faire usage dans mes travaux, et celui de mon savant collègue, M. Paul Cheron, conservateur à la Bibliothèque nationale, qui m'a remis généreusement tous les matériaux bibliographiques qu'il avait ramassés sur la vie et les ouvrages de Molière.

Je terminerai cet hommage de reconnaissance, en remerciant mon collègue et ami M. Édouard Thierry, ancien directeur du Théâtre-Français et conservateuradministrateur de la Bibliothèque de l'Arsenal, de l'intérêt actif et empressé qu'il n'a cessé de porter à mon ouvrage, refait sous ses yeux et complété souvent d'après ses indications. M. Édouard Thierry a toujours été le plus passionné des Moliéristes, et il ne tardera pas à publier un grand ouvrage historique qui doit être le commentaire du fameux Registre de La Grange, imprimé aux frais de la Comédie-Française. C'est à M. Édouard Thierry que la Bibliothèque de l'Arsenal devra aussi la création d'une collection moliéresque qui s'augmente tous les jours et qu'il a inaugurée, en y ajoutant une partie des livres rassemblés par Lasabbathie, au moment où une autre donation, faite à la Bibliothèque de l'Arsenal, par Mme veuve Luzarche, selon le vœu de son mari et de son fils, venait de faire entrer, dans cette collection, déjà nombreuse et bien composée, quelques volumes d'une insigne rareté. Nous aimons à nous dire, avec un orgueil légitime, que notre *Bibliographie moliéresque* n'est pas étrangère à l'origine de la collection moliéresque de la Bibliothèque de l'Arsenal.

Depuis plusieurs années, on a fondé, en Angleterre, un musée shakespearien, une Bibliothèque shakespearienne, à Strasford, où Shakespeare naquit et mourut. Molière, né et mort à Paris, doit avoir aussi, dans sa ville natale, une Bibliothèque et un Musée.

P. L. Jacob, bibliophile.

1er mars 1875.

DIVISIONS

DE LA

BIBLIOGRAPHIE MOLIÉRESQUE

	Pages.
DÉDICACE A FÉLIX DELHASSE..................................	v
PRÉFACE DE LA PREMIÈRE ÉDITION............................	vij
PRÉFACE DE CETTE SECONDE ÉDITION........................	xi

BIBLIOGRAPHIE MOLIÉRESQUE.

I. Éditions originales faites du vivant de Molière..............	1
II. Œuvres posthumes de Molière, ou comédies imprimées après sa mort...	21
III. Réimpressions faites dans les Pays-Bas au dix-septième siècle, d'après les éditions originales de Paris.............	27
IV. Réimpressions faites en France et à l'étranger, depuis la mort de Molière jusqu'à ce jour........................	34
V. Ballets et Fêtes de cour composés par Molière et dans lesquels il a eu plus ou moins de part......................	46
VI. Poésies de Molière...	54
VII. Ouvrages divers attribués à Molière.....................	58
VIII. Extraits des ouvrages de Molière.......................	65
IX. Éditions des Œuvres choisies de Molière.................	68
X. Éditions des Œuvres complètes de Molière................	70
XI. Relations des Fêtes de cour, dans lesquelles Molière a figuré avec sa troupe et ses ouvrages........................	127

	Pages.
XII. Comédies de Molière arrangées et retouchées pour la scène.	129
XIII. Comédies de Molière en prose, mises en vers............	132
XIV. Comédies de Molière transformées en opéras, en ballets, en vaudevilles...	136
XV. Pièces de théâtre imitées de Molière ou inspirées par ses ouvrages, ou faites pour les accompagner.................	138
XVI. Comédies de Molière expurgées pour la Jeunesse et destinées à des représentations de collége.....................	145
XVII. Traductions des comédies de Molière en langues étrangères :	
Latin..	147
Languedocien...	147
Italien...	148
Dialecte génois	151
Espagnol...	152
Portugais..	152
Roumain	154
Anglais	156
Néerlandais..	160
Dialecte limbourgeois................................	167
Allemand...	167
Danois...	175
Suédois..	180
Russe..	184
Serbo-croate...	189
Polonais...	191
Tchèque	197
Grec...	198
Persan...	203
Arménien	204
Magyar...	205
Turc...	206
XVIII. Notices et ouvrages divers sur la vie de Molière........	208
XIX. Dissertations et Mélanges relatifs à la vie de Molière....	223
XX. Histoire de la Troupe de Molière, et de son Théâtre......	231
XXI. Éloges de Molière..	240
XXII. Pièces de théâtre contemporaines contre Molière et ses ouvrages	241
XXIII. Lettres attribuées à Molière ou qui lui ont été adressées.	249
XXIV. Histoire de la femme de Molière......................	250
XXV. Pièces de vers contemporaines contre Molière ou en son honneur..	256

	Pages.
XXVI. Pièces diverses en prose et en vers contemporaines relatives aux comédies de Molière.......	259
XXVII. Pièces de théâtre anecdotiques sur la vie de Molière...	266
XXVIII. Pièces de théâtre en l'honneur de Molière et de ses ouvrages.............	275
XXIX. Pièces de poésie en l'honneur de Molière..............	281
XXX. Écrits en prose et en vers relatifs au monument de Molière.	286
XXXI. Variétés et Mélanges concernant Molière et ses ouvrages.	290
XXXII. Études sur la Comédie, à propos de Molière et de ses ouvrages.........	315
XXXIII. Études littéraires sur Molière et sur ses œuvres en général.............	319
XXXIV. Jugements et renseignements sur les comédies de Molière.............	325
XXXV. Écrits philologiques sur les ouvrages de Molière......	334
XXXVI. Autographes de Molière............	337
XXXVII. Farces attribuées à Molière, représentées, mais non imprimées, et autres pièces inédites de Molière.............	340
XXXVIII. Pièces de théâtre anecdotiques relatives à Molière, non imprimées....	345
XXXIX. Pièces de théâtre imitées de celles de Molière et qui n'ont pas été imprimées..............	343
XL. Bibliographie de Molière............	352
TABLE GÉNÉRALE DES AUTEURS ET DES OUVRAGES CITÉS DANS LA *Bibliographie moliéresque*.............	365

BIBLIOGRAPHIE
MOLIÉRESQUE

I

ÉDITIONS ORIGINALES

FAITES DU VIVANT DE MOLIÈRE.

1. L'Estourdy, ou les Contre-temps, comédie (5 a. v.), représentée sur le théâtre du Palais-Royal. Par J.-B. P. Molière. *Paris, Gabriel Quinet* (ou *Claude Barbin*), 1663, in-12 de 6 ff. prélim., dont un blanc en tête, qui compte dans la signature ã, 117 pp. et 1 f. non chiffré[1].

La dédicace à messire Armand-Jean de Riants est signée par le libraire Cl. Barbin, mais sans doute rédigée par Molière.

Le privilége, en date du dernier jour de mai 1660, est accordé au sieur *Molier*. On lit à la fin de ce privilége, qui commence au verso de la page 117 : « Achevé d'imprimer pour la première fois le 21 novembre 1662. » Ainsi Molière avait demandé un privilége, pour l'impression de cette pièce, trente mois avant de la faire imprimer.

On reconnaitra cette édition à la page 53, qui est numérotée, par erreur, 35.

Une autre édition, sous la même date, au nom de *Gabr. Quinet,* a 105 pp., y compris le privilége. Ne serait-ce pas une contrefaçon?

Cette comédie, la première que Molière ait mise au théâtre, fut représentée à Lyon en 1653 et à Paris en 1658. Le chevalier de Mouhy cite une édition in-4°, imprimée en 1658, mais on ne l'a jamais vue.

[1] 90 fr. Bertin, 1854. — 96 fr., mar. r. *Duru,* Giraud, 1855. — 450 fr., non relié, Huillard, 1870. — 500 fr., non relié, Aguillon, 1870. — 1,200 fr., non relié, Rouquette, 1873, catalogue n° 9.

2. Dépit amoureux, comédie (5 a. v.), représentée sur le théâtre du Palais-Royal. De J.-B. P. Molière. *Paris, Claude Barbin* (ou *Gabriel Quinet*), 1663, in-12 de 2 ff. prélim. et 135 pp.[1]

On lit, à la fin du privilége accordé au sieur de *Molier* et daté du dernier jour de mai 1660 : « Achevé d'imprimer le 24 novembre 1662. » Cette première édition n'a pas de dédicace ni de préface. On peut supposer qu'il a existé une édition antérieure, imprimée en province, à Béziers, sans doute, où cette comédie fut représentée pour la première fois en 1654 ; mais on n'en connaît aucun exemplaire, si ce n'est que le chevalier de Mouhy, qui écrivait sur les notes des frères Parfaict son *Abrégé de l'Histoire du Théâtre françois*, a cité, p. 231 du tome II, une édition in-4 du *Dépit amoureux*, imprimée en 1658, ainsi qu'une édition également in-4 de l'*Étourdi*, toutes deux antérieures aux éditions de Paris.

Cette comédie avait été représentée à Béziers en 1654, avant de l'être à Paris en 1658.

3. Les Précieuses ridicules, comédie (3 a. pr.), représentée au Petit-Bourbon. *Paris, Guillaume de Luyne*, 1660, in-12 de 4 prélim. et 135 pp.[2] (L'extrait du privilége est au verso de la dernière page.)

Cette comédie est précédée d'une *préface* de l'auteur, mais n'a pas de dédicace, quoique dans cette préface Molière parle d'une épître dédicatoire *bien fleurie,* qu'on l'accusait d'avoir adressée à un grand seigneur de la cour, pour s'en faire un protecteur.

A la fin du privilége, daté du 19 janvier 1660, et accordé à Guillaume de Luyne, libraire, sans qu'il soit fait mention du nom de Molière (qui est nommé *Molier,* sur le registre de la Chambre syndicale des libraires de Paris), on lit : « Achevé d'imprimer pour la première fois le 29 janvier 1660. »

Guillaume de Luyne ayant *fait part* de son privilége à ses confrères Charles de Sercy et Claude Barbin, les exemplaires qui portent les noms et adresses de ces deux libraires ne sont pas tout à fait semblables, et l'on peut constater qu'une partie des feuilles a été recomposée pour l'un ou l'autre tirage. Ainsi, dans les exemplaires de Ch. de Sercy, on remarque des fautes d'impression dans la pagination : 87 au lieu de 74, 28 au lieu de 88. La vignette en tête de

---

[1] 90 fr. Bertin, 1874. — 425 fr., mar. r. *Trautz-Bauzonnet,* Germot, 1869. — 320 fr. mar. r. *Trautz-Bauzonnet,* Huillard, 1870. — 530 fr., non relié, Aguillon, 1870. — 1,200 fr., non relié, Rouquette, 1873, catalogue nº 9. — 1,500 fr. mar. r. janséniste, *Trautz-Bauzonnet,* et 1,800 fr., mar. r. dos orné, doublé de mar. bleu, dent. à petits fers, *Trautz-Bauzonnet,* catalogue Aug. Fontaine, 1875.

[2] 16 fr. 50 c. Bertin, 1864 (incomplet d'un f.). — 1,500 fr. vélin, Fontaine, 1875. —1,650 fr. mar. r. janséniste, *Trautz-Bauzonnet,* catalogue Aug. Fontaine, 1875.

la première page est différente dans les deux tirages. Dans les exemplaires de Sercy, la page 7 commence par cette ligne : *extrauagant, qui s'est mis dās* ; dans ceux de Barbin, cette ligne est ainsi imprimée : *extrauagāt qui s'est mis dans*. La préface et le dernier feuillet du volume sont de la même composition. Il y a eu depuis un nouveau tirage au nom de Barbin, puisque la première ligne de la page 7 présente encore cette variante : *extrauagant qui s'est mis dās*. En outre, le nom de *du Croisy* n'est écrit avec l'*y* qu'à partir de la scène XIII, pp. 117, jusqu'à la fin.

L'examen attentif de plusieurs exemplaires nous a permis de supposer que l'impression de cette comédie de Molière avait donné lieu à plusieurs tirages et à des remaniements typographiques, pour les libraires associés au privilége. Ainsi, dans les exemplaires qui portent l'adresse de Guillaume de Luyne, *du Croisy* est partout avec un *i*, *du Croisi* : tandis que dans les exemplaires à l'adresse de Charles de Sercy, on a mis presque partout *du Croisy*. On peut donc assurer qu'il y a trois éditions différentes, sous la date de 1660. M. J. Taschereau, dans son *Histoire de la vie et des ouvrages de Molière* (Paris, Furne, 1863, in-8°), en cite une dans laquelle se trouve l'extrait du privilége au nom du sieur *de Molier*. Cette édition serait la dernière des trois. Un quatrième exemplaire, au nom de Guillaume de Luyne, avec la même date, acquis depuis par la Bibliothèque nationale, semble d'une édition différente ; car le nom de Molière est ainsi mentionné dans l'extrait du privilége : « Les *Précieuses ridicules, fait* (sic) par le sieur Molier. »

Le privilége pour l'impression des *Précieuses ridicules* étant accordé, sans doute par surprise, à Guillaume de Luyne, Molière ne put s'opposer à cette impression, ce qui lui a fait dire dans la préface de sa comédie : « C'est une chose estrange qu'on imprime les gens malgré eux ; je ne vois rien de si injuste, et je pardonnerois toute autre violence plustôt que celle-là. »

Il y a plusieurs contrefaçons des *Précieuses ridicules*, imprimées en province, entre autres la suivante : *Jouxte la copie imprimée à Paris chez Claude Barbin, ou chez Guillaume de Luyne*, 1660, pet. in-12 de 6 ff. prélim., y compris le privilége, et 96 pages [1].

Un bibliophile, M. Picot, a fait un minutieux travail de comparaison sur les exemplaires de l'édition originale des *Précieuses*, qu'il a pu examiner à la Bibliothèque nationale, à la bibliothèque Victor Cousin, à la librairie de M. Auguste Fontaine, chez M. le baron de Ruble, et surtout dans la bibliothèque de M. le baron James-E. de Rothschild. Il s'est efforcé, en relevant les différences nombreuses qui existent dans ces exemplaires, de reconnaître quels sont les tirages qu'on a faits de cette édition originale, tantôt remaniée, tantôt réimprimée en partie. Nous ne pouvons reproduire ici cette dissertation bibliographique, à cause de son étendue ; mais en voici les conclusions, M. Picot a

---

[1] 49 fr. vélin, Chedeau, 1865.

reconnu trois éditions des *Précieuses ridicules,* sous la même date, et publiées par Guillaume de Luyne ou par les libraires associés à son privilége. Dans la première, il signale plusieurs fautes d'impression importantes : Pag. 2, lig. 7, *Du Criosy,* au lieu de *Du Croisi;* pag. 43, CENE VIII, au lieu de SCÈNE ; pag. 123, DU CROICY ; pag. 34 et 36, LES PRECIEUSE (*sic*) ; de plus, la première page de la préface a vingt lignes. Dans la seconde édition, la première page de la préface n'a plus que 19 lignes, et les fautes d'impression citées plus haut sont corrigées ; en outre, la pag. 74 est chiffrée 87 ; la pag. 87, 55, et la pag. 98, 27. Dans la troisième édition, la préface a, de même que dans l'édition précédente, 19 lignes à la première page, mais on n'y trouve pas les mots que nous avons soulignés dans la phrase suivante : « Outre quelque grand seigneur, que j'aurois esté prendre malgré luy, pour protecteur de mon ouvrage, *et dont j'aurois tenté la libéralité par une épître dédicatoire bien fleurie,* j'aurois tâché... » Ces indications suffiront pour caractériser les trois éditions reconnues par M. Picot, ou plutôt trois des tirages principaux de l'édition originale, tirages dont le dernier accuse la main de Molière par la suppression d'un membre de phrase, qu'on avait peut-être considéré comme injurieux pour un grand personnage de la cour.

L'édition, citée, comme la seconde, dans le *Manuel* et dans plusieurs catalogues (*Paris, Estienne Loyson,* 1661, in-12 de 4 ff. et 60 pp.), n'existe pas ; c'est la traduction en vers des *Précieuses ridicules,* par le sieur de Somaise, qui a été confondue avec la pièce originale de Molière. Cette pièce a été cependant réimprimée plusieurs fois, du vivant de Molière depuis la première édition : *Paris, Guillaume de Luyne,* 1662, ou 1663 [1], in-12 de 4 ff. et 87 pp.

4. SGANARELLE, OU LE COCU IMAGINAIRE, comédie (1 a. v.). Avec les argumens de chaque scène (par le sieur de Neuf-Villenaine). *Paris, Jean Ribou,* 1660, in-12 de 4 ff. prélim. et 59 pp. [2]

Après le privilége au verso de la page 59, daté du 26 juillet 1660 et accordé au sieur de Neuf-Villenaine, sans qu'il y soit fait mention de l'auteur, nommé *M. de Molier* dans la préface de l'éditeur, on lit : « Achevé d'imprimer le 12 août 1660. » Il y a un second tirage de la première édition, tirage presque semblable à l'autre et qui n'en diffère que par le fleuron du titre ; mais ce tirage a 6 feuilles préliminaires au lieu de 4, parce que le sieur de Neuf-Villenaine y a joint une épître anonyme adressée à Monsieur Molier, chef de la troupe des Comédiens de Monsieur, frère unique du roi : « Je voulois, dit-il, faire le récit de votre *Cocu imaginaire,* mais je fus bien surpris,

---

[1] 30 fr. mar. vert, *Duru,* Giraud, 1855. — 500 fr. mar. r. jans., *Trautz-Bauzonnet,* catalogue Aug. Fontaine, 1875.

[2] 79 fr. cuir de Russie, *Simier,* Giraud, 1855.

quand je vis qu'à cent vers près, je sçavois la pièce par cœur, etc. »

Il est certain que cette épître à M. Molier, laquelle ne se trouve pas dans tous les exemplaires, aurait été ajoutée après coup, car elle est imprimée sur 4 pages, avec la signature *a*, et cette signature se trouve répétée dans les 2 feuillets qui figuraient seuls dans les premiers exemplaires.

Il existe une contrefaçon sous la même date, in-12 de 58 ff., sans privil., avec un faux titre : *Œuvres de Molière.*

Réimprimé plusieurs fois, avec les Arguments, et par conséquent sans la participation de Molière ; *Paris, Guillaume de Luyne*, 1662, in-12 de 4 ff. et 59 pp. — *Paris, Augustin Courbé*, 1662 ou 1663, in-12 de 6 ff. et 59 pp. — Ibid., id., 1664, in-12 de 4 ff. et 65 pp. — *Paris, Thomas Jolly*, ou *Estienne Loyson*, 1665, in-12 de 6 ff. et 59 pp., etc. Cette dernière édition contient l'épître ou dédicace à Monsieur de Molier.

On sait, par la découverte d'un procès-verbal de saisie exécutée chez Christophe Journel, imprimeur, qui avait imprimé cette pièce à 1200 exemplaires, que Molière essaya de s'opposer à la vente et mit en cause le libraire Jean Ribou qui se vantait d'avoir épuisé l'édition en quinze jours. Voy. *Documents inédits sur Poquelin de Molière,* publ. par Émile Campardon, pag. 3 et suiv.

M. Aug. Fontaine, libraire, possède un exemplaire de *Sganarelle,* avec les arguments de chaque scène (*Paris, Augustin Courbé*, 1662, in-12 de 6 ff prélim. et 59 pp.) [1], dont l'examen nous a offert quelques difficultés à résoudre. Le privilége, en date du 26 juillet 1660, est au nom du sieur *de Molier,* lequel a remplacé le nom du sieur de Neuf-Villenaine. On lit au-dessous de cet extrait du privilége, comme dans une édition de 1666, que nous décrivons plus loin : « Et ledit de Luyne en a fait part à Augustin Couré (*sic*) et à Estienne Loyson. » Puis, plus bas, cette mention, qui ne s'accorde guère avec la date de l'édition : « Achevé d'imprimer le 12 aoust 1660. » Il faut donc supposer que Molière ayant gagné son procès contre Ribou en 1662, Augustin Courbé se sera empressé de faire réimprimer, pour les exemplaires qui lui restaient, un nouveau titre et un dernier feuillet, en y remplaçant seulement le nom de Neuf-Villenaine par celui de Molière.

Il y a une contrefaçon imprimée dans quelque ville de province : *Sur l'imprimé à Paris chez Jean Ribou,* 1661, pet. in-12 de 6 ff. prél. et 48 pp.

Réimprimé aussi à l'étranger, avec les Arguments, qui nous ont conservé tous les jeux de la scène des premières représentations : *Suivant la copie imprimée à Paris* (*Amsterdam, Abr. Wolfgang,* au Quærendo), 1662, pet. in-12 de 5 ff. prélim. et 26 pp.

La préface et les arguments du sieur de Neuf-Villenaine sont supprimés dans une édition qui porte le nom de *Molier* sur le titre, et que l'auteur du *Manuel* suppose avoir été imprimée en province : *Paris, Jean Ribou,* 1664 [1], in-12 ; mais cependant cette édition a été réimprimée, deux ans plus tard, à Paris, par le même libraire, en vertu du privilége accordé au sieur de Neuf-Villenaine et sans doute

---

[1] 25 fr. non rogné, Solar, 1860.

avec la permission de Molière, in-12 de 45 pp., y compris le titre. « Achevé d'imprimer le 30 septembre 1666. » On peut donc regarder cette édition comme originale. Voy. ci-après.

SGANARELLE, OU LE COCU IMAGINAIRE, comédie, avec les argumens de chaque scène. *Paris, Guillaume de Luyne et Thomas Joly,* 1665, pet. in-12 de 6 ff. prélim. et 59 pp.

Cette édition sur le titre de laquelle ne se trouve pas le nom de l'auteur et qui contient seulement la dédicace anonyme à M. de *Molier* et la préface *à un ami*, présente une particularité qu'on n'a pas encore signalée : le privilége est le même que celui qui avait été accordé au sieur de Neuf-Villenaine, à la date du 26 juillet 1660, mais le nom de Neuf-Villenaine a disparu de ce privilége pour faire place à celui du sieur *de Molier*. Ce privilége se termine ainsi : « Et le dit sieur Molier a cédé ses droicts de privilége à Guillaume de Luyne, marchand libraire juré à Paris, pour en jouir suivant l'accord fait entre eux: et ledit de Luyne en a fait part à Estienne Loyson, aussi marchand libraire, pour en jouir conjointement. »

On est surpris de ne pas trouver, au-dessus du privilége, un Achevé d'imprimer ; ce qui était une grave contravention aux lois qui régissaient l'imprimerie.

Molière était donc rentré dans sa propriété, sans doute à la suite d'un procès avec le libraire Jean Ribou, et son nom avait été rétabli dans ce privilége, à la place de celui du sieur de Neuf-Villenaine, déclaré contrefacteur ou plagiaire. Mais pourquoi alors Molière conservait-il les arguments dont il n'était pas l'auteur ?

Un exemplaire de cette même édition, conservé à la Bibliothèque nationale, présente cette différence que le titre porte le nom de Thomas Joly, quoique ce libraire ne soit pas nommé avec Étienne Loyson, comme associé au privilége que Guillaume de Luyne avait acquis de Molière.

SGANARELLE, OU LE COCU IMAGINAIRE, comédie, par J.-B. P. Molier (sic). *Paris, Jean Ribou,* 1666, in-12 de 45 pp., y compris le titre et le feuillet prélimin. pour le privilége[1].

Cette édition est probablement l'édition originale publiée par Molière, quoiqu'elle ait été imprimée en vertu du privilége accordé au sieur de Neuf-Villenaine, en date du 26 juillet 1660. On lit au-dessus de ce privilége pour cinq ans : « Achevé d'imprimer le 30 septembre 1666. » M. de Soleinne ne possédait pas cette édition, et nous en ignorions l'existence, lorsque nous avons rédigé le Catalogue de sa bibliothèque, dans lequel nous disions (tome I, pag. 295) : « Il est singulier pourtant que Molière n'ait pas donné une édition dégagée de la prose du sieur de Neuf-Villenaine. » On sait aujourd'hui par les *Documents inédits sur J.-B. Poquelin de Molière*, découverts aux Archives de France et publiés par Émile

---

[1] 600 fr. mar. r. doublé, *Trautz-Bauzonnet,* catalogue Aug. Fontaine, 1874. — 600 fr. mar. r. jans., *Trautz-Bauzonnet,* catalogue Aug. Fontaine, 1875.

Campardon (Paris, Henri Plon, 1871, in-18), que Molière voulut faire saisir l'édition de sa pièce, si audacieusement mise au jour par le sieur de Neuf-Villenaine, chez le libraire Jean Ribou. L'imprimeur Christophe Journel ne fit aucune difficulté de déclarer qu'il avait imprimé, pour ce libraire, 900 exemplaires de *Sganarelle*; Jean Ribou, chez qui le commissaire Lemusnier fit aussitôt une descente pour opérer la saisie des exemplaires de cette contrefaçon, déclara, en lui riant au nez, qu'il en avait fait imprimer 1250, lesquels étaient ou devaient être vendus. Il en résulta un procès, que Molière ne gagna peut-être pas tout à fait, car le sieur de Neuf-Villenaine prétendait avoir retenu dans sa mémoire la comédie représentée avec tant de succès au théâtre du Petit-Bourbon, et se croyait parfaitement autorisé à la faire imprimer, à son profit, avec des arguments de sa façon. Quoi qu'il en soit, il y eut, sans aucun doute, un arrangement, puisque le libraire Jean Ribou devint depuis l'éditeur de plusieurs comédies de Molière, et que Molière eut la bonté de lui prêter diverses sommes d'argent, que le libraire lui devait encore à l'époque de sa mort. On peut donc supposer, avec quelque certitude, que Molière était rentré dans sa propriété, et qu'il l'avait consacrée, en quelque sorte, en faisant lui-même une édition de *Sganarelle*, délivrée des arguments du contrefacteur. Notre opinion se fonde sur la présence de certaines variantes qui ne peuvent être que de l'auteur, et sur l'indication des jeux de scène qui ne sont plus tels que le sieur de Neuf-Villenaine les avait décrits dans sa contrefaçon.

Il ne serait pas impossible que le sieur de Neuf-Villenaine se fût procuré, par l'infidélité d'un comédien de la troupe de Molière, le texte du *Sganarelle*, qu'il prétendait avoir retenu de mémoire à la représentation. Cela expliquerait pourquoi le texte est plus correct dans les éditions publiées par lui que dans toutes les autres. Ainsi, dans cette édition de 1666, où les arguments ont été supprimés, on lit dans la scène XXII : *me quitter pour autre*, au lieu de : *pour un autre*; dans la scène XXIII, 4ᵉ couplet, le nom de Gorgibus est omis, en sorte que le vers : *Oui, monsieur, c'est ainsi que je fais mon devoir*, se trouve dans la bouche de Lélie; ce qui n'a plus de sens.

5. L'Escole des Maris, comédie (5 a. v.), par J.-B. P. Molière. Représentée sur le théâtre du Palais-Royal. *Paris, Charles de Sercy,* 1661, in-12 de 6 ff. prélim., y compris la figure formant frontispice, et 65 pp.; au verso de la dernière commence le privilége, qui se développe sur les deux derniers feuillets non chiffrés[1].

« Achevé d'imprimer le 20 aoust 1661. »

Le privilége, daté du 9 juillet 1661, qui n'a pas été assez remarqué, expose la situation de Molière vis-à-vis des libraires contrefac-

---

[1] 46 fr. Bertin, 1854. — 140 fr. mar. vert, *Duru,* Giraud, 1855.

teurs : « Nostre amé Jean-Baptiste Poquelin de Molière, comédien de la troupe de nostre très-cher et très-amé frère unique, le duc d'Orléans, nous a fait exposer qu'il avoit depuis peu composé pour nostre divertissement une pièce de théâtre en trois actes, intitulée l'*École des maris*, qu'il désireroit faire imprimer, mais parce qu'il étoit arrivé qu'en ayant cy-devant composé quelques autres, aucunes d'icelles auroient esté prises et transcrites par des particuliers qui les auroient fait imprimer, vendre et debiter en vertu des lettres de privilége qu'ils auroient surprises en nostre grande Chancellerie, à son prejudice et dommage ; pour raison de quoy, il y auroit eu instance, en nostre Conseil, jugée à l'encontre d'un nommé Ribou, libraire imprimeur, en faveur de l'Exposant, lequel craignant que celle-cy ne luy soit pareillement prise et que, par ce moyen, il ne soit privé du fruit qu'il en pourroit retirer.... » Molière avait alors intenté un procès à ces libraires, et notamment à Jean Ribou, qui fut condamné sans doute à des dommages-intérêts ; c'est pourquoi il fit imprimer lui-même à ses frais la comédie des *Précieuses ridicules*.

La figure le représente dans le rôle de Sganarelle et nous donne, par conséquent, son portrait ainsi que son costume de théâtre.

Il y a des exemplaires de cette première édition, avec les noms de plusieurs libraires qui la vendaient, notamment Guillaume de Luyne, Gabriel Quinet, Cl. Barbin.

Cette édition, précédée d'une dédicace à Monsieur, duc d'Orléans, frère du roi, a été certainement revue et corrigée par Molière, et l'on doit, par conséquent, avoir égard à l'orthographe qu'il a adoptée; ainsi, il écrit *loupgaroux* au pluriel, *enfleure* pour *enflure*, *cartier* pour *quartier*, *soû* pour *saoul*, *foles* pour *folles*, etc. On voit que, comme la Fontaine, il modifiait l'orthographe des mots, pour la rime.

Réimpr. plusieurs fois, du vivant de Molière, *Paris, Claude Barbin,* 1662, in-12. — *Paris, Jean Guignard,* 1662, in-12 de 4 ff. prélim., 65 pp. et 2 ff. en plus pour le privilége. — *Paris, Guill. de Luyne* ou *G. Quinet,* 1663, in-12 de 5 ff. prélim., y compris la grav., plus 1 f. blanc, 65 pp., et 3 ff. pour le privilége [1]. — *Paris, Guil. de Luyne,* ou *Jean Guignard,* 1664, in-12 de 4 ff. et 65 pp., non compris les deux feuillets qui complètent le privilége. Cette dernière édition paraît être la troisième.

Nous regardons comme une contrefaçon faite en France, sans doute à Rouen, l'édition qui porte la rubrique d'*Anvers, G. Colles,* 1662, pet. in-8° de 3 ff prélim. et 66 pp.

6. L'ESCOLE DES FEMMES, comédie (5 a. v.), par J.-B. P. Molière (avec dédicace à Madame et préface). *Paris, Guillaume de Luyne,* 1663, in-12 de 6 ff., prélim., y compris la fig. gravée par Fr. Chauveau, et 93 pp. [2]

---

[1] 20 fr. mar. r., *Capé,* Giraud, 1855.
[2] 80 fr., 93 pp. Bertin, 1855. — 140 fr. mar. r. *Capé,* Giraud, 1855. — 305 fr.,

La dédicace à *Madame* est adressée à Henriette d'Angleterre, duchesse d'Orléans, épouse de Monsieur, frère du Roi, et non à la seconde femme de ce prince, Charlotte-Elisabeth de Bavière, dite la *seconde Madame*. Cette observation est d'autant plus importante, que plusieurs écrivains et bibliographes ont confondu ici les deux princesses qui portèrent le titre de *Madame*.

Il y a deux éditions sous la même date : l'une de 93 pp. et l'autre de 95. Il faut, à celle en 93 pages, un carton, paginé 73 et 74 en double, pour combler une lacune laissée à l'impression entre les pages 74 et 75 (scène II du V° acte). Ce carton manque souvent. L'édition en 95 pages contient le passage oublié. Les deux éditions sortent de la même imprimerie, quoique les ornements diffèrent, et ont dû se suivre immédiatement. Celle en 93 pages est vraisemblablement la première, puisque M. le comte de Lignerolles possède l'exemplaire d'hommage offert à Marie-Thérèse d'Autriche et relié à ses armes. Il n'est pas probable que Molière ait présenté à la reine deux exemplaires différents de la même comédie.

« La première édition (édition *A*) compte, en réalité, 95 pages, parce que les pages 73 et 74 y sont doubles. Un passage, omis à l'impression, après la page 74, a donné lieu à l'insertion d'un carton sur lequel on a répété les chiffres du feuillet précédent. Cette erreur ne se retrouve pas dans l'autre édition (édition *B*), qui est probablement postérieure.

« Les deux éditions ne diffèrent entre elles que par des variantes typographiques peu importantes. Les seules variantes qui aient été relevées dans le texte sont les suivantes :

P. 2. A : *Car* vos plus grands plaisirs sont partout où vous estes.
B : *Que* vos plus grands plaisirs...

P. 52. A : .....voulu de cét *amour* estouffer la clarté.
B : .....voulu de cét *esprit*...

P. 65. A : Et goustast-on cent fois un bonheur *trop* parfait.
B : Et goustast-on cent fois un bonheur *tout* parfait.

P. 68. A : Car pour bien se conduire en *ces* difficultez.
B : Car pour bien se conduire en *ses* difficultez. »

(Extrait du Catalogue de M. le baron James-E. de Rothschild, n°s 2,321 et 2,321 *a*.)

Il y a des exemplaires aux noms de plusieurs libraires associés au privilége, Louis Billaine, Thomas Jolly, Estienne Loyson, Jean Guignard le fils, Charles de Sercy, Cl. Barbin, Quinet, etc., auxquels Guillaume de Luyne avait cédé une partie de son privilége, obtenu le 4 fév. 1663. On lit à la suite de ce privilége : « Achevé d'imprimer le 17 mars 1663. » La dédicace ne se trouve pas dans tous les exemplaires.

95 pp. mar. v., Solar. 1860. — 105 fr., sans la fig., Chedeau, 1865. — 110 fr., 93 pp. sans la fig. ni le carton, Huillard, 1870. — 700 fr., 93 pp., et le carton, non relié, Aguillon, 1870. — 1,000 fr., sans la fig., 95 pp. Rouquette, 1873, catalogue n° 9. — 1,500 fr., 93 pp. avec le carton et la fig. mar. r. jans., *Trautz-Bauzonnet*, catalogue Aug. Fontaine, 1875.

Cette édition originale est très-importante, non-seulement parce que la gravure représente Molière et sa femme, mais encore parce que la ponctuation et l'accentuation du texte nous indiquent la manière dont Molière débitait ses rôles. On voit qu'il a présidé lui-même à la correction scrupuleuse du texte, car dans plusieurs exemplaires nous avons remarqué certains mots corrigés à la main qui pourraient bien être de l'écriture de Molière : page 52, ligne 19, *esprit,* au lieu d'*amour;* page 65, ligne 1, *tout,* au lieu de *trop;* page 68, ligne 8, *et,* au lieu de *car.*

Réimpr. plusieurs fois du vivant de Molière : *Paris, Thomas Jolly,* 1663, in-12 de 2 ff. et 93 pp. — *Paris, Gabriel Quinet,* 1665, in-12 de 6 ff. prélim., y compris la figure, et 95 pp.

7. LES FASCHEUX, comédie (5 a. v. avec prologue), de J.-B. P. Molière. Représentée sur le théâtre du Palais-Royal. *Paris, Guillaume de Luyne,* 1662, in-12 de 11 ff. prélim. non chiffrés, y compris le titre, et 76 pp. et 1 f. pour le privilége[1].

Les six premiers feuillets non chiffrés contiennent le titre et la dédicace au Roy, 9 pp. dont la dernière est blanche. Les six feuillets qui suivent renferment la Préface, le Prologue, le nom des personnages et le commencement de la pièce; le sixième feuillet seul est paginé 9 et 10, ce qui ne donne pas une pagination exacte, dans laquelle on puisse comprendre la dédicace au Roi. La dernière page du volume est mal chiffrée : 52, au lieu de 76. L'irrégularité de la pagination, dans cette première édition, permet de supposer des tâtonnements et des remaniements, imposés par les circonstances, après la disgrâce de Fouquet. Le premier cahier, signé *a,* est de 6 feuillets; le second, signé A, également de 6, dont le dernier commençant la pièce est paginé 10; au feuillet suivant, la pagination saute à 13.

On ne peut s'expliquer ces bizarreries de la pagination, qu'en supposant un changement dans la préface de l'auteur, et dans la dédicace au roi, ainsi que la suppression d'une partie du Prologue, où il était question de Fouquet, car la comédie des *Fâcheux,* jouée d'abord devant le roi à la fête de Vaux le 16 août 1661, et représentée ensuite à Fontainebleau le 27 du même mois et de la même année, devait sans doute être imprimée avec une dédicace à Fouquet, qui fut arrêté à Nantes, le 5 septembre suivant, et mis en accusation. Dans cet état de choses, la première dédicace et le premier prologue ne pouvaient plus subsister, quoique la comédie commandée par le surintendant lui eût été naturellement dédiée après la fête de Vaux, où Molière avait obtenu un si brillant succès, comme auteur et comme acteur comique.

[1] 39 fr. Bertin, 1855. — 115 fr. mar. r., *Duru,* Giraud, 1855. — 256 fr. ff. réemm. Chedeau, 1865. — 325 fr. mar. r., *Trautz-Bauzonnet,* Germot, 1869.

A la suite du privilége, daté du 5 février 1662 et accordé au sieur Molière, on lit : « Achevé d'imprimer le 18 février 1662. »

Il y a des exemplaires, avec les noms des libraires J. Guignard, Ch. de Sercy, Cl. Barbin, Gabr. Quinet, associés au privilége, car chaque libraire, qui achetait un nombre d'exemplaires *en blanc,* ou en feuilles, faisait faire des titres portant son nom et son adresse.

Réimprimé plusieurs fois pendant la vie de Molière : *Paris, Charles de Sercy,* 1662, in-12 de 8 ff. prélim. et 67 pp. — *Paris, Gabriel Quinet* ou *Th. Jolly,* ou *Guill. de Luyne,* 1663, in-12 de 6 ff. prélim., y compris le titre, et 47 pp.

8. LA CRITIQUE DE L'ESCOLE DES FEMMES, comédie (1 a. pr.), par J.-B. P. Molière (avec dédicace à la Reine-mère). *Paris, Charles de Sercy,* 1663, in-12, ou plutôt pet. in-8, de 6 ff., prélim., y compris un feuillet blanc en tête, et 117 pp.[1]

Le privilége, en date du 16 juin 1663, est accordé à Charles de Sercy, marchand libraire.

On trouve des exemplaires avec les noms des libraires : *Guillaume de Luyne, Cl. Barbin, Th. Joly, Loyson, G. Quinet, Guignard, Claude et Louis Bilaine,* etc., qui avaient eu part au privilége, en date du 10 juin 1663, dans lequel l'auteur est nommé le *sieur de Molière.*

On lit au bas de ce privilége : « Achevé d'imprimer pour la première fois le 7 aoust 1663. »

Dans cette comédie, Molière écrit la *plus-part, obcenité, soupé* pour *souper,* etc.

9. LA PRINCESSE D'ÉLIDE, comédie.

Voy. plus loin, la première édition de cette comédie, dans les BALLETS ET FÊTES DE COUR COMPOSÉES PAR MOLIÈRE.

10. LE MARIAGE FORCÉ, comédie (1 a. pr.), par J.-B. P. de Molière. *Paris, Jean Ribou,* 1668, in-12 de 2 ff., pour le titre et l'extrait du privilége, et 91 pp.[2]

On lit, après le privilége du 20 février 1668 : « Achevé d'imprimer pour la première fois le 9 mars 1668. » On ne voit pas dans cette

---

[1] 25 fr., Bertin, 1855. — 111 fr. mar. r. doublé, *Gruel,* Giraud, 1855. — 470 fr., non relié, S. G., 1869. — 500 fr. mar. r., *Trautz-Bauzonnet,* Huillard, 1870. — 590 fr., non relié, Aguillon, 1870. — 1,000 fr. mar. r., *Capé,* catalogue Aug. Fontaine, 1874. — 1,000 fr. non relié, Rouquette, 1873, catalogue n° 9. — 1,500 fr. mar. r. janséniste, *Trautz-Bauzonnet,* catalogue Aug. Fontaine, 1875.

[2] 25 fr., Bertin, 1855. — 95 fr. mar. br., *Duru,* Giraud, 1855. — 180 fr. mar. v., Solar, 1860. — 180 fr. mar. vert, Chedeau, 1865. — 400 fr. mar. rouge, *Trautz-Bauzonnet,* S. G., 1869. — 1,000 fr. mar. r. *Trautz-Bauzonnet,* Huillard, 1870, et revendu 1,000 fr., Danyau, 1872. — 800 fr. non relié, Danyau, 1872. — 900 fr. mar. r. *Capé,* H. B***, 1873. — 1,500 fr., catalogue Aug. Fontaine, 1875.

édition les jeux de scène qui sont marqués dans celle de 1682 et les suivantes. Il y a encore bien des variantes à signaler et à prendre ; ainsi Dorimène ne dit pas : *Je vous enverrai les marchands,* mais elle dit : *Je vous envoyray.*

Réimpression sous la même date : même nombre de pages. L'impression est différente. Dans le fleuron du titre, on lit : *sur l'imprimé;* ce qui semblerait indiquer que cette édition est une contrefaçon.

Cette comédie a paru sans dédicace et sans préface.

11. L'AMOUR MÉDECIN, comédie (3 a. pr., avec préface), par J.-B. P. Molière. *Paris, Pierre Trabouillet,* 1666, in-12 de 6 ff., dont la fig. frontispice, et 95 pp. (la dernière mal chiffrée 59)[1].

Après le privilége du 30 décembre 1665 : « Achevé d'imprimer pour la première fois le 15 janvier 1666. » Nous remarquons, en feuilletant cette édition, beaucoup de variantes à prendre : *s'étouffant* et non *étouffant de rire, durant* et non *pendant qu'ils chantent,* M. *Bahys* et non *Bais,* la *tigne* et non la *teigne,* etc.

Réimpr., *Paris, Pierre Trabouillet,* 1669, in-12 de 4 ff. prélim. et 64 pp. On lit au-dessous du privilége : « Achevé d'imprimer pour la seconde fois le 20 novembre 1668. »

Il y a une contrefaçon trompeuse, sous la même date, avec le nom de *Nicolas Legras,* pet. in-12, de 6 ff. prél. y compris le titre et un feuillet blanc, et 95 pp. Le fleuron du titre porte : *sur l'imprimé.* M. Claudin pense que cette contrefaçon a été faite à Grenoble ou à Lyon. On le reconnaît, non-seulement au fleuron du titre dans lequel on lit *sur l'imprimé,* mais encore à de nombreuses fautes d'impression ; ainsi la préface porte en tête : *au lecter.* La dernière page est chiffrée 59, au lieu de 95.

12. LE MISANTROPE, comédie (5 a. v., avec la Lettre écrite sur le Misantrope, par de Visé). Par J.-B. P. de Molière. *Paris, Jean Ribou,* 1667, in-12 de 12 ff. prélim., y compris la fig. frontispice, et 84 pp.[2]

Après le privilége du 21 juin 1666 : « Achevé d'imprimer pour la première fois le 24 décembre 1666. » Certains exemplaires portent

---

[1] 43 fr. Bertin, 1855. — 101 fr. mar. vert, *Duru,* Girard, 1855. — 600 fr. parchemin, Dromont, 1871.

[2] 113 fr. Bertin, 1855. — 205 fr. mar. bl., *Gruel,* Giraud, 1855. — 255 fr. mar. vert, Solar, 1860. — 300 fr. mar. vert, *Bauzonnet-Trautz,* Chedeau, 1865. — 500 fr. mar. r. *Trautz-Bauzonnet,* Germot, 1869. — 325 fr. mar. r. jans., *Capé,* Huillard, 1870. — 890 fr., non relié, Aguillon, 1870. — 1,250 fr. mar. r. doublé, *Gruel,* catalogue Aug. Fontaine, 1874, n° 1635. — 1,500 fr. mar. r. jans., *Trautz-Bauzonnet,* catalogue Aug. Fontaine, 1875.

des variantes écrites à la main. On n'a pas réimprimé, dans les éditions des Œuvres, l'Avis du libraire au lecteur, qui est évidemment de Molière. Cette édition se distingue par un emploi immodéré de majuscules : presque tous les substantifs en ont. On pourrait y recueillir des jeux de scène qui ont été négligés dans les réimpressions. L'orthographe de certains mots est encore à respecter : Molière écrit *reingrave* et non *rheingrave*. La figure par Fr. Chauveau représente Molière dans le rôle du *Misantrope*.

Cette comédie, représentée avec tant de succès, parut pourtant sans dédicace et sans préface de l'auteur.

Il existe une contrefaçon, sous la même date, en plus petits caractères, sans figure. Elle n'a que 10 ff. prélim., à cause d'une lacune qui se trouve dans la lettre sur le *Misantrope*. La sign. *a* des prélim. finit par le mot *Dans*, et la signature *d* commence par *Du moins*.

13. Le Médecin malgré luy, comédie (3 a. pr.). *Paris, Jean Ribou*, 1667, pet. in-12 de 2 ff. prélim., dont la figure frontispice, et 152 pp [1].

Privilége daté du 8 octobre 1666, accordé à « Jean-Baptiste Poquelin de Molière, comédien de la troupe du duc d'Orléans ». On lit au bas du privilége : « Achevé d'imprimer pour la première fois le 24 décembre 1666. » Cette pièce est imprimée avec moins de soin que les autres, ce qui donne à penser que Molière n'en a pas revu les épreuves. Nous y avons remarqué des variantes, intéressantes surtout dans l'orthographe des locutions populaires ; comme *becque cornu*, au lieu de *bec cornu*, et une quantité de jeux de scène, qui ont été omis dans toutes les réimpressions. Ainsi, à l'arrivée de M. Robert, Martine, « les mains sur les costez, luy parle en le faisant reculer, et à la fin luy donne un souflet », etc.

Il existe des exemplaires de l'édition originale, au nom de *Nicolas le Gras* et de *Théodore Girard*, à qui Molière avait cédé son droit de privilége, en même temps qu'à Pierre Trabouillet. L'exemplaire qui se trouve dans la bibliothèque Cousin, à la Sorbonne, pourrait bien être d'une édition différente, quoique portant tous les caractères de l'édition originale, mais on lit au-dessous du privilége : « Achevé d'imprimer pour la première fois le 2 décembre 1666. »

Il y a une contrefaçon, avec le nom de *Jean Ribou*, sous la même date, pet. in-12 de 2 ff. prélim., et 115 pp. Le fleuron du titre renferme un petit écusson avec la lettre P. La vignette, qui est en tête de la comédie, représente un combat d'animaux fantastiques.

14. Le Sicilien, ou l'Amour peintre, comédie (1 a. pr.), par J.-B. P. de Molière. *Paris, Jean Ribou*, 1668, in-12

---

[1] 40 fr. Bertin, 1855. — 190 fr. veau, Solar, 1860. — 800 fr. mar. r. jans., *Capé*, Huillard, 1870, revendu 1,005 fr., Danyau, 1872.

de 2 ff., 81 pp. et 2 ff. pour la fin du privilége qui commence au *verso* de la page 81 [1].

Le privilége est daté du dernier jour d'octobre 1667 ; on lit au-dessous : « Achevé d'imprimer pour la première fois le 9 novembre 1667. » Cette comédie est qualifiée de *belle et très-agréable ;* ce qui est une particularité d'autant plus remarquable, que les priviléges du Roi ne contiennent jamais d'appréciations littéraires, comme on en trouve dans les *approbations*. Molière n'a pas mis *don Pèdre donnant un soufflet à Hali*, ni *Hali rendant le soufflet à don Pèdre ;* mais *D. Pèdre luy donnant sur la joue*, et Hali *luy en faisant de mesme*. On trouverait bien d'autres variantes.

Réimpr. du vivant de Molière :

Le Sicilien, comédie de Monsieur de Molière. *Paris, Nicolas Pépingué*, 1668, in-12 de 60 pp.

On considère cette édition comme une contrefaçon faite en province, sous le nom d'un libraire de Paris.

15. L'Imposteur, ou le Tartuffe, comédie (5 a. v.), par J.-B. P. de Molière. *Imprimé aux despens de l'Autheur, et se vend à Paris, chez Jean Ribou,* 1669, in-12 de 12 ff., dont le premier est blanc, et de 96 pp. [2]

Le privilége, daté du 15 mars 1669, est suivi de cette mention : « Achevé d'imprimer pour la première fois le 23 mars 1669. » Les 11 ff. imprimés prélim. se composent du Titre, de la Préface et du Privilége, avec les noms des acteurs au verso.

Les éditeurs de Molière ont encore beaucoup de variantes à puiser dans cette édition originale ; ainsi, dans toutes les éditions posthumes, on lit à la scène 3 du troisième acte :

(Tartuffe, *prenant la main d'Elmire, et lui serrant les doigts ; il met la main sur les genoux d'Elmire, Elmire recule son fauteuil, et Tartuffe se rapproche d'elle*, etc., au lieu de : *il luy serre les bouts des doigts. Il luy met la main sur le genou. Elle recule sa chaise, et Tartuffe raproche la sienne*, etc.) Le texte de cette comédie peut aussi recevoir beaucoup d'améliorations.

Cette édition, qui est fort rare, et qui ne contient que la préface, sans les trois placets au roi, fut contrefaite aussitôt, et cette contrefaçon est assez difficile à reconnaître. Voici pourtant quelques

---

[1] 50 fr. non rogné, Bertin, 1854, revendu 305 fr. mar. v., non rogné, Chedeau, 1865. — 96 fr. mar. r., *Duru*, Giraud, 1855. — 155 fr. mar. vert. Solar, 1860.— 500 fr. mar. r. *Trautz-Bauzonnet*, Germot, 1869. — 405 fr. mar. r. *Trautz-Bauzonnet*, Huillard, 1870.— 565 fr., non rel., Danyau, 1872.— 390 fr. mar. r., *Capé*, Tufton, 1873.

[2] 100 fr. Bertin, 1854. — 203 fr. mar. r., *Duru*, Giraud, 1855. — 340 fr. mar. vert, *Duru*, Solar, 1860.— 880 fr. mar. r., *Duru*, Chedeau, 1869. — 1,250 fr. (50 £) mar. r. *Capé*, William Tite. Londres, 1874. — 2,500 fr. mar. r. jans., *Trautz-Bauzonnet*, catalogue Aug. Fontaine, 1875.

différences qui aideront à la distinguer. Édit. orig., p. 26, l. 11, se *retourne* pour parler à sa fille ; contref., se *tourne* ; édit. orig., p. 28, v. 7, un revers *de ma main* ; contref., un revers *de main.* ; p. 48, v. 15, l'ouvrage est *merveilleuse* ; contref. *merveilleux* ; éd. orig., p. 80, v. 14, avec *de* pareils gages ; contref., avec *des* pareils gages.

Il y a deux sortes d'exemplaires de cette édition originale, ornée de fleurons elzeviriens (la Sirène, la Tête de buffle), avec deux titres différents, l'un : *l'Imposteur, ou le Tartuffe,* l'autre : *le Tartuffe, ou l'Imposteur.* Du reste, les exemplaires sont identiques avec l'un ou l'autre titre.

La seconde édition, achevée d'imprimer le 6 juin 1669, contient 12 ff. prélim. y compris la fig. et le titre, et 96 pp. La gravure qui se trouve ici n'existe pas dans l'édition originale. On a réuni, dans les douze ff. préliminaires, la préface de l'auteur, l'avis du libraire au lecteur, les trois placets au roi et le privilège [1].

Il y a aussi des exemplaires de cette seconde édition sous deux titres ; l'un : *l'Imposteur, ou le Tartuffe,* l'autre : *le Tartuffe, ou l'Imposteur.* La contrefaçon de l'édition originale est intitulée ainsi :

L'IMPOSTEUR, OU LE TARTUFFE, comédie, par J.-B. P. de Molière. *Suivant la copie imprimée pour l'Auteur à Paris,* 1669, pet. in-12 de 84 pp.

M. L. Potier croit que cette contrefaçon n'a pas été faite en Hollande, mais bien en France. On y trouve la Tête de buffle dans les fleurons, mais très-grossièrement contrefaite.

Il y a une autre contrefaçon sous la même date : *Sur l'imprimé à Paris chez Jean Ribou,* in-12 de 90 pp.

Quant à une troisième contrefaçon trompeuse de l'édition originale, voici ce qu'en dit M. Pierre Deschamps dans une note de son Catalogue de la bibliothèque de Félix Solar : « Elle est exactement conforme à la première, avec le même titre et le même nombre de pages. Elle est imprimée en plus petits caractères, et les fleurons ne sont pas identiques. Cette copie trompeuse n'a pas été décrite ; elle a été probablement exécutée en province, peut-être à Rouen. »

Nous croyons que cette contrefaçon, que M. Pierre Deschamps signale sans la décrire, est la suivante : *Sur l'imprimé aux dépens de l'Autheur, à Paris, J. Ribou,* 1669, 8 ff. et 96 pp [2]. Les feuill. prélim. contiennent les Acteurs, un extrait du privilège du Roi et la préface, mais non les placets. On reconnaît cette contrefaçon au fleuron du titre (une grande corbeille de fleurs) sur lequel le mot comédie est écrit *commedie*.

Molière, qui avait pris le parti de faire imprimer lui-même ses

---

[1] 60 fr. Bertin, 1854. — 79 fr. mar. vert, *Duru,* Giraud, 1855. — 250 fr. mar. vert, Chedeau, 1865. — 10 fr., non rel., Huillard, 1870. — 400 fr. mar. r., catalogue Aug. Fontaine, 1874, n° 1639. — 500 fr. mar. r. janséniste, *Trautz-Bauzonnet,* catalogue Aug. Fontaine, 1875.

[2] 35 fr. mar. r., *Capé,* Solar. 1860.

pièces dans l'espoir de s'opposer autant que possible aux tromperies des libraires de Paris, et à la concurrence des contrefaçons de province, a publié certainement lui-même plusieurs éditions de cette comédie, notamment la suivante :

LE TARTUFFE, OU L'IMPOSTEUR, comédie, par J.-B. P. Molière. *Paris, Claude Barbin,* 1673, in-12 de 12 ff. prélim., y compris la fig., et 96 pp.[1]

Dernière édition, préparée par Molière ; elle est précédée de la préface et des placets au roi. On y trouve quelques variantes, et l'orthographe offre des différences notables; par exemple, les *v* ne sont plus des *u*, ni les *j* des *i*. La figure est la même que celle de l'édition de 1669; mais, comme elle était usée par un tirage considérable, il a fallu la retoucher. Cette édition n'a paru qu'après la mort de Molière, car on lit au-dessous de l'ancien privilége, en date du 15 mars 1665 :

« Le privilége cy-dessus a esté cédé à Claude Barbin, suivant les actes passez pardevant notaire.

« Achevé d'imprimer le 15 may 1673. »

16. AMPHITRYON, comédie (3 a. et prol., v. l., avec dédicace à Monsieur le Prince). Par J.-B. P. de Molière. *Paris, Jean Ribou,* 1668, in-12 de 4 ff. prélim. et 88 pp.[2]

A la fin du privilége, daté du 20 février 1668 : « Achevé d'imprimer pour la première fois le 5 mars 1668. » Cette édition originale offre beaucoup de variantes d'orthographe et de ponctuation, qu'on doit attribuer à l'auteur plutôt qu'à l'imprimeur. Ainsi, c'est Molière qui met à la rime *genous, courrous, dous,* pour rimer aux yeux.

Il y a eu sans doute plusieurs éditions ou tirages de cette comédie, qui eut tant de succès à la représentation.

AMPHITRYON, comédie, par J.-B. P. de Molière. *Paris, Jean Ribou,* 1668, in-12 de 83 pp.

Contrefaçon en plus petits caractères que l'édition originale.
Deux autres contrefaçons sont signalées dans le Catalogue de M. Ch. Giraud :

AMPHITRYON, comédie. *Sur l'imprimé à Paris,* 1669, in-12[3]. « Édi-

---

[1] 46 fr. mar. r., *Gruel,* Giraud, 1855. — 400 fr. mar. r. doublé, *Gruel,* catalogue Aug. Fontaine, 1874, et 500 fr. mar. r. doublé de mar. bl. *Trautz-Bauzonnet,* même catalogue. — 500 fr. mar. r. jans. *Trautz-Bauzonnet,* catal. Aug. Fontaine, 1875.
[2] 70 fr. Bertin, 1854. — 100 fr. mar. r., *Capé,* Giraud, 1855. — 250 fr. mar. vert, Solar, 1860. — 405 fr. mar. r., *Trautz-Bauzonnet,* Chedeau, 1865. — 680 fr. mar. r., *Trautz-Bauzonnet,* Germot, 1865. — 1,060 fr. mar. r., *Capé,* H. B***, 1873. — 1,500 fr. mar. r. doublé de mar. bl. *Trautz-Bauzonnet,* catalogue Aug. Fontaine, 1874. — 1,500 fr. mar. r. janséniste, *Trautz-Bauzonnet,* catalogue Aug. Fontaine, 1875.
[3] 18 fr. mar. r. fil. doublé de mar. bl., *Gruel,* Giraud, 1865.

tion assez laide, qui paraît avoir été exécutée en province, » dit le rédacteur du Catalogue.

AMPHITRYON, comédie. *Sur l'imprimé à Paris chez Jean Ribou*, 1670, pet. in-8 [1].

Contrefaçon qui doit avoir été faite à Rouen.

17. L'AVARE, comédie (5 a. pr.). Par J.-B. P. Molière. *Paris, Jean Ribou,* 1669, in-12 de 2 ff. et 150 pp. (le dernier cahier G doit se terminer par un feuillet blanc qui ne compte pas dans la pagination) [1].

Le privilége, daté du dernier jour de septembre 1668, est donné au s^r de Molière, qui déclare céder et transporter son droit à Jean Ribou. On lit au-dessous cette mention : « Achevé d'imprimer pour la première fois le 18 février 1669. » Le dernier acte est imprimé en caractères beaucoup plus petits que le reste de la pièce.

Dans un auteur tel que Molière, le moindre mot a de l'importance, une virgule même n'est pas indifférente. Ainsi on doit remarquer qu'il écrit *nipes, poincts* de Hongrie, *taffetas-changeant,* le *molet, lut, vilanie,* etc.

On ne saurait trop s'étonner que cette comédie ait été publiée sans dédicace et surtout sans préface.

Dans le fleuron qui figure sur le titre, on remarque l'initiale M.

L'AVARE, comédie. *Paris, Ribou,* 1669, in-12 de 2 ff. et 128 pp.

Contrefaçon en petits caractères.

18. GEORGE DANDIN, OU LE MARY CONFONDU, comédie (3 a. pr.), par J.-B. P. de Molière. *Paris, Jean Ribou,* 1669, in-12, de 2 ff et 152 pp. (la dernière est chiffrée 155 par erreur) [2].

Le privilége est daté du dernier jour de septembre 1668. Les 4 derniers ff. sont imprimés en caractères plus petits. Le feuillet 65 est numéroté 59 ; il y a d'autres fautes dans la pagination ; par exemple, les pages 93 et 94 sont omises, et les pages 96 et 98 sont répétées ; la page 145 est chiffrée 147, et l'erreur continue jusqu'à l'avant-dernière page ; les signatures sont, du reste, régulières : A

---

[1] 66 fr. cuir de Russie, Bertin, 1854. — 520 fr. mar. r. *Duru*, Chedeau, 1865. — 975 fr. (£ 39) mar. r. *Duru*, William Tite, Londres, 1874. — 1,500 fr. mar. r. doublé de mar. bl., *Trautz-Bauzonnet*, catalogue Aug. Fontaine, 1874, n° 1630. — 1,500 fr. mar. r. jans., *Trautz-Bauzonnet*, catalogue Aug. Fontaine, 1875.

[2] 59 fr. Bertin, 1854. — 520 fr. mar. r., *Duru*, Chedeau, 1865. — 1,110 fr. mar. r., *Trautz-Bauzonnet*, Huillard, 1870. — 1,500 fr. mar. r. doublé de mar. bl., *Trautz-Bauzonnet*, catalogue Aug. Fontaine, 1874, n° 1631. — 1,500 fr. mar. r. janséniste, *Trautz-Bauzonnet*, catalogue Aug. Fontaine, 1875.

à M par 6 ff; N par 4 ff., outre les 2 ff. prélim. Il faut pourtant remarquer que les deuxièmes ff. des cahiers I et K sont signés iij. Le cahier N est imprimé en plus petits caractères que les autres. Cette édition indique à peine quelques-uns des jeux de scène qui sont si nombreux dans la pièce. Molière dit que M. et Mme de Sotenville *sont en des habits de nuit,* et non *en déshabillé de nuit.* Les pièces de Molière ont été, en général, si correctement imprimées la première fois, qu'on peut être sûr qu'il en surveillait lui-même avec soin la publication.

Il y a aussi une contrefaçon française de l'édition originale, en plus petits caractères, sans lieu d'impression et sans nom d'imprimeur ou de libraire, 1669, in-12 de 2 ff. et 92 pp.

19. Monsieur de Pourceaugnac, comédie (5 a. pr., avec des intermèdes), faite à Chambort pour le divertissement du Roy, par J.-B. P. Molière. *Paris, Jean Ribou,* 1670, in-12 de 4 ff. et 136 pp.[1]

A la fin du privilége, daté du 20 février 1670 et accordé à « Jean-Baptiste Pocquelin de Molière, l'un de nos comédiens », on lit : « Achevé d'imprimer pour la première fois le 3 mars 1670. »

Réimprimé plusieurs fois du vivant de Molière, et en dernier lieu : *Paris, Cl. Barbin,* 1673, in-12 de 90 pp., non compris le titre[2].

20. Le Bourgeois gentilhomme, comédie-balet (5 a. pr., avec intermèdes en vers), faite à Chambort pour le divertissement du Roy, par J.-B. P. Molière. *Et se vend pour l'Autheur, à Paris, chez Pierre Le Monnier,* 1671, in-12 de 2 ff. et 164 pp.[3]

Le privilége est daté du 31 décembre 1670 ; on lit au-dessous de ce privilége accordé à Molière lui-même : « Achevé d'imprimer pour la première fois à Paris le 18 mars 1671. »

Il faut que Molière ait eu à se plaindre gravement de Jean Ribou, qui était son libraire accrédité depuis 1666, pour avoir fait vendre, *pour l'Auteur,* ses dernières comédies chez Pierre Le Monnier et Pierre Promé. On peut croire que ce nouveau mode de vente et ce changement de libraire ne furent pas favorables à Molière, car on ne réimprima *le Bourgeois gentilhomme, les Fourberies de Scapin* et *les Femmes savantes,* que peu de mois avant sa mort, lorsqu'il eut traité pour ses œuvres complètes avec Claude Barbin.

[1] 59 fr. Bertin, 1854. — 128 fr. mar. r., *Duru,* Giraud, 1855, revendu 250 fr., Solar, 1860, — 320 fr. demi-rel. v. f., Huillard, 1870. — 1,500 fr. mar. r. janséniste, *Trautz-Bauzonnet,* catalogue Aug. Fontaine, 1875.

[2] 40 fr. mar. bl. riches comp., *Gruel,* Giraud, 1865. — 250 fr. (£ 10) mar. r., *Gruel,* William Tite, Londres, 1874.

[3] 68 fr. Bertin, 1854. — 1,285 fr. mar. r., *Lortic,* Aguillon, 1870.

Cette comédie a été réimprimée, pour le compte de Molière : *Paris, Claude Barbin,* 1673, in-12 de 2 ff. et 139 pp. [1]

21. Psiché, tragédie-ballet, par J.-B. Molière (5 a. v., avec prol.). *Et se vend pour l'Autheur, à Paris, chez Pierre Le Monnier,* 1671, in-12, de 2 ff. prélim., 90 pp. et 1 ff. pour le privilége [2].

Le programme de cette pièce, représentée pour la première fois sur le théâtre des Machines aux Tuileries, devant le roi, au mois de janvier 1671, parut d'abord sous ce titre : *Psiché,* tragi-comédie et ballet, dansé devant Sa Majesté, au mois de janvier 1671. *Paris, Robert Ballard,* 1671, in-4 de 44 pp., dont la dernière est blanche. Robert Ballard avait un privilége général et spécial pour l'impression de toutes les pièces en musique; mais Molière ayant eu soin de se munir d'un privilége avant la représentation de *Psyché,* Robert Ballard ne put imprimer que le programme, avec les vers du ballet, par Quinault, et le premier intermède attribué à Lully.

L'édition originale in-12 porte au bas du privilége, en date du 31 décembre 1670, accordé à Jean-Baptiste Pocquelin de Molière, *l'un des comédiens de Sa Majesté :* « Achevé d'imprimer pour la première fois le 6 octobre 1671. »

Molière obtint un privilége, à son nom, en date du 31 décembre 1670, et fit imprimer la pièce à ses frais, ce qui prouve qu'il avait désintéressé ses deux collaborateurs, Quinault et Pierre Corneille. L'Avis du libraire au lecteur, en tête de cette édition, lequel est certainement de Molière, donne à chacun la part qui lui appartient dans cette tragédie-ballet : « M. Quinault a fait les paroles qui s'y chantent en musique, à la réserve de la Plainte italienne. M. de Molière a dressé le plan de la pièce, et rêvé la disposition... Il n'y a que le prologue, le premier acte, la première scène du second, et la première du troisième, dont les vers soient de lui. M. Corneille a employé une quinzaine au reste. »

La date du privilége nous permet de supposer que Molière avait pris d'avance ses précautions pour éviter des obstacles et des contrariétés de la part des Ballard, qui avaient un privilége général pour l'impression des pièces en musique. La tragédie-ballet de *Psyché* fut réimprimée au moins quatre fois la même année. Il y a une autre édition qui ne fut publiée que deux mois après la mort de Molière, ce qui permet de croire qu'il en avait revu les épreuves : *Paris, Cl. Barbin,* 1673, in-12 de 2 ff. prélim., 90 pp. et 1 f. pour le privilége, à la fin duquel on lit : « Achevé d'imprimer le 12 avril 1673. »

Il existe une contrefaçon de cette édition, faite sans doute en France : *Sur l'imprimé à Paris, chez Claude Barbin,* 1673, in-12 de 94 pp., sans extrait du privilége.

[1] 30 fr. mar. r., *Gruel,* Giraud, 1855.
[2] 22 fr. Bertin, 1854. — 100 fr. mar. bl. *Duru,* Giraud, 1855.

22. LES FOURBERIES DE SCAPIN, comédie (3 a. pr.), par J.-B. P. Molière. *Et se vend pour l'autheur, à Paris, chez Pierre Le Monnier,* 1671, in-12 de 2 ff., y compris le titre, 123 pp. et 2 ff. non chiffrés pour la fin du privilége [1].

On lit à la suite du privilége : « Achevé d'imprimer pour la première fois le 18º jour d'aoust 1671. »

Cette édition originale, que M. de Soleinne n'avait pu découvrir, se trouve actuellement à Paris dans plusieurs collections, notamment chez M. le baron James-E. de Rothschild, M. le comte de Lignerolle, M. le comte de Ruble, M. Bartoldi, etc.

C'était, il y a vingt ans, la plus rare des comédies de Molière, en édition originale. On attribuait alors cette rareté aux plaintes des amis et de la famille de Cyrano de Bergerac, qui accusaient l'auteur d'avoir pillé textuellement plusieurs scènes du *Pédant joué*.

23. LES FEMMES SÇAVANTES, comédie (5 a. v.), par J.-B. P. Molière. *Et se vend pour l'Autheur, à Paris, au Palais et chez Pierre Promé,* 1673, in-12 de 2 ff., y compris le titre et le privilége, et 92 pp. [2]

Quelques exemplaires portent la date de 1672 et pourraient bien appartenir à un premier tirage de l'édition originale.

On lit, au-dessous du privilége daté du 21 décembre 1672 : « Achevé d'imprimer le 10 décembre 1672. » Cette édition, qui se vendait pour l'auteur, avait été imprimée, à ses frais et sous ses yeux, avec son orthographe : c'est en passant que nous remarquons qu'il écrivait : *grédins* et non *gredins*, *ayman* et non *aimant*, *hales* et non *halles*, *rimeur de bale* et non *de balle*, *aversaire* et non *adversaire*, *Hauteuil* et non *Auteuil*, etc.

Cette pièce, dont le privilége spécial avait été demandé et obtenu par l'auteur, nonobstant le privilége général pour l'impression de ses œuvres, en date du 18 mars 1671, parut sans dédicace et sans préface, un mois avant la mort de Molière, qui en avait certainement revu les épreuves. On peut supposer que cette première édition se vendit assez mal, puisque Pierre Trabouillet, qui en avait des exemplaires, les remit en vente, cinq ans plus tard, avec un nouveau titre, portant son nom et son adresse, et daté de 1676.

---

[1] 71 fr. Bertin, 1854. — 125 fr. mar. or., *Capé*, Giraud, 1855. — 500 fr. mar. r. *Capé*, Solar, 1860. — 2,500 fr. mar. r. jans. *Trautz-Bauzonnet*, catalogue Aug. Fontaine, 1875.

[2] 99 fr. Bertin, 1854. — 185 fr. mar. vert, *Duru*, Giraud, 1855. — 270 fr. demi-rel., Solar, 1860. — 425 fr. vélin, Chedeau, 1865. — 650 fr. mar. r., *Trautz-Bauzonnet*, et 400 fr. mar. r., *Thibaron*, Germot, 1869. — 450 fr. veau, Danyau, 1872. — 2,500 fr. mar. r. jans., *Trautz-Bauzonnet*, catalogue Aug. Fontaine, 1875.

II

OEUVRES POSTHUMES DE MOLIÈRE

OU COMÉDIES IMPRIMÉES APRÈS SA MORT.

24. Le Malade imaginaire, comédie meslée de musique et de dance (3 a. pr., avec prol. en vers et intermèdes), par M. de Molière. *Paris, Estienne Loyson,* 1674, in-8 de 112 pp.

« Voici une édition qui n'a été citée jusqu'à ce jour par aucun bibliographe et dont l'exemplaire appartenant au baron James-E. de Rothschild est jusqu'à présent le seul connu. Elle est de format petit in-8 et non in-12. Bien qu'elle porte la rubrique de *Paris* et le nom de *Loyson,* elle doit sortir d'une presse hollandaise. On y remarque, en effet, comme dans tous les livres imprimés en Hollande, des réclames en bas de chaque page. Il est impossible de dire avec certitude si cette édition a précédé ou suivi celle de J. Sambix, 1674, in-12, qui passe pour être la première édition du *Malade imaginaire.* »

(Extrait du Catalogue de la bibliothèque de M. le baron James-E. de Rothschild, n° 2,339.)

M. Picot a bien voulu nous communiquer les remarques suivantes : « Le texte est le même que celui de l'édition de J. Sambix, 1674, moins l'indication d'un très-grand nombre de jeux de scène et quelques très-légères variantes. On lit, par exemple, dans le premier couplet du *premier intermède :* « Les vieilles cervelles se *démentent* »; il y a se *démontent,* dans l'édition des œuvres de 1674. Acte III, scène VI, 40° couplet : « de l'apoplexie dans la *privauté* de la vie »; dans l'édition des œuvres, on lit *privation.* Cette édition est, d'ailleurs, plus correcte que celle de Jean de Sambix, qui contient en plus les deux prologues. Certains détails nous porteraient à croire que cette édition d'*Étienne Loyson* est celle qui a servi à l'édition des œuvres de 1674, et que l'éditeur de cette dernière s'est borné à y faire quelques corrections et additions. »

25. Le Malade imaginaire, comédie meslée de musique et de danses, par Monsieur de Molière. *Sans nom de lieu ni de libraire, et sans date,* in-12 de 151 pp., verso blanc.

Cette première édition a été imprimée à Paris, sans doute d'après un manuscrit de théâtre, pour faire suite à l'édition des Œuvres de

Molière, en 6 volumes, datés de 1674, qui allaient sortir des presses de Denys Thierry, en vertu du privilége accordé à Molière, en date du 18 mars 1671. Il n'y eut pas de privilége spécial pour le *Malade imaginaire*, qui figure pour la première fois dans le tome VII de cette édition collective, volume portant la date de 1675. On vit alors circuler seulement quelques exemplaires vendus ou donnés séparément, mais sans titre. Au surplus, la publication de cette comédie en 1675 fut si peu remarquée et si peu connue, que sept ans après on put faire reparaître le *Malade imaginaire*, comme une nouveauté, dans l'édition de 1682.

Voyez la description de cette première impression du *Malade imaginaire* dans la *Véritable édition originale des Œuvres de Molière* (Paris, A. Fontaine, 1874, in-18), avec la comparaison des textes de 1675 et de 1682.

On doit croire que le *Malade imaginaire* avait été imprimé à Paris, sinon publié, dès 1674, puisque les Elzeviers en imprimèrent cette année-là une édition, qui reproduit, il est vrai, le texte de la mauvaise contrefaçon publiée sous leur nom (voy. le n° suivant), mais qui porte cette mention : *Suivant la copie imprimée à Paris*. Il est même permis de supposer qu'ils avaient acheté de Denys Thierry ou de Claude Barbin, sinon de Mme Molière, le droit de faire cette réimpression en Hollande. Mme Molière s'était montrée fort jalouse de conserver le plus longtemps possible ses droits d'auteur sur cette comédie, car des comédiens de campagne s'étant procuré une copie manuscrite de la pièce qu'ils représentaient en province, une ordonnance du roi, du 12 janvier 1674, leur fit défendre de jouer cette pièce, tant qu'elle ne serait pas imprimée : elle l'était peut-être déjà.

26. LE MALADE IMAGINAIRE, comédie en trois actes, melez de danses et de musique (précéd. des intermèdes et ballets). *Amsterdam, Daniel Elzevier*, 1674, in-12 de 40 et 106 pp., plus 3 ff. non chiffrés.

Ce n'est qu'une plate contrefaçon de la pièce de Molière. Cette espèce de canevas dramatique semble avoir été rédigé de mémoire par quelqu'un qui avait vu représenter le *Malade imaginaire*, et qui en avait retenu des lambeaux. La publication de ce volume, vraisemblablement imprimé en France, dans quelque ville de province, sous la rubrique d'Amsterdam, par un contrefacteur qui y ajouta les vers de ballet et les intermèdes tirés du programme in-4°, publié par Robert Ballard, décida sans doute la veuve de Molière à mettre au jour la véritable comédie du *Malade imaginaire*, pour compléter l'édition des œuvres de Molière, que Denys Thierry et Claude Barbin avaient fait imprimer en 1674, et à laquelle ils ajoutèrent un tome VII, contenant cette comédie, qui faisait partie des œuvres posthumes, sous la date de 1675, avec *l'Ombre de Molière*.

Au reste, cette édition d'Amsterdam, qui porte le nom de Daniel

Elzevier, n'a rien d'elzevirien ni de hollandais ; on peut présumer qu'elle a été imprimée clandestinement en France, comme la suivante (n° 27).

Dans le *Catalogue d'une collection de beaux livres* (Paris, E. Tross, 1855, in-12), on trouve indiquée une édition portant aussi le nom de Daniel Elzevier, mais qui paraît différer de la précédente :

« Le *Malade imaginaire*, comédie en trois actes, meslée de danses et de musique. *Amsterdam, Dan. Elzevir*, 1674, in-12.

« Bel exemplaire d'un volume très-rare, qui a été imprimé en France. Cette édition, composée de 104 pp., est restée inconnue aux bibliographes, et précède vraisemblablement celle citée par Brunet sous la même date. »

27. Le Malade imaginaire, comédie meslée de musique et de dance, par M. de Molière. *A Cologne, Jean Sambix*, 1674, in-12 de 2 ff. et 130 pp.

« C'est encore une contrefaçon, mais qui du moins n'outrage pas la mémoire de Molière ; on peut l'attribuer à sa veuve ou à quelque comédien de sa troupe, et l'on est autorisé à croire qu'elle fut imprimée en France. « La trouppe de Molière, dit l'éditeur, ayant voulu borner la gloire de cet illustre auteur et la satisfaction du public dans la seule représentation du *Malade imaginaire*, sans en laisser imprimer la coppie, quelques gens se sont advisez de composer une pièce à laquelle ils ont donné le mesme titre, dont on a fait plusieurs impressions, tant dedans que dehors le royaume, qui ont esté débitées et ont bien abusé du monde. Mais les mémoires sur lesquels ces gens-là avoient travaillé ou l'idée qu'ils croyoient avoir conservée de la pièce, lorsqu'ils l'avoient veu representer, se sont trouvez si éloignez de la conduite de l'original et du sujet mesme, qu'au lieu de plaire, ils n'ont fait qu'inspirer des désirs plus pressans de voir celle de Molière imprimée. Cette impression que je donne aujourd'huy satisfera à cet empressement, et quoiqu'elle ne soit qu'un effort de la mémoire d'une personne qui en a veu plusieurs representations, elle n'en est pas moins correcte, et les scènes en ont esté transcriptes avec tant d'exactitude et le jeu observé si régulièrement où il est nécessaire, que l'on ne trouvera pas un mot obmis ny transposé. » Cette déclaration formelle permettrait de croire que la comédie a été imprimée telle qu'elle se jouait et telle que Molière l'avait fait représenter. Mais Vinot et Lagrange, dans leur édition de 1682, annoncèrent qu'ils donnaient pour la première fois cette pièce dans son intégrité, d'après le manuscrit que la veuve de Molière leur avait remis, et *corrigée*, dirent-ils, *sur l'original de l'auteur, de toutes les fausses additions et suppositions de scènes entières faites dans les éditions précédentes.* Leur édition offrait, dans deux scènes (la 7° et la 8° du 1er acte) et dans tout le troisième acte, un texte entièrement nouveau. C'est ce texte qui a été reproduit comme seul authentique dans toutes les éditions suivantes. Mais cependant nous pensons qu'il faut revenir à l'autre texte, que Vinot et Lagrange disaient n'être pas de la prose de Molière ; ils ont suivi un manuscrit différent de celui qui était resté au théâtre, et vraisemblablement ils n'ont fait que mettre au jour une version abandonnée par Molière lui-même. Notre opinion s'appuie sur un raisonnement infaillible : Comment l'éditeur anonyme de 1674 aurait-il rapporté si fidèlement *de mémoire* toute la pièce, à l'exception de deux scènes et d'un acte entier ? Pourquoi se serait-il trompé seulement pour cet acte et ces deux scènes ? N'est-il pas certain que la pièce, telle qu'il l'a publiée, devait être conforme à la représentation, et que la représentation donnait la pièce telle que Molière l'avait laissée ? Molière exécuta de deux façons les scènes et l'acte, que les éditeurs de 1682 ont voulu restituer d'après la pensée de l'auteur, en réimprimant un ancien manuscrit que Molière avait refait pour la représentation de sa comédie. Cette différence entre deux manuscrits originaux nous amène à supposer que Molière refaisait ou perfectionnait beaucoup ses comédies pendant les répétitions. » (*Note du Catalogue Soleinne.*)

Il y a eu certainement plusieurs éditions ou contrefaçons, sous la même date, avec la rubrique d'*Amsterdam, Jean Sambix;* car l'une d'elles, citée par l'auteur du *Manuel,* n'a que 2 ff. prélim. et 126 pp. M. Claudin, dans un de ses excellents catalogues officinaux, en cite une autre comme imprimée à Paris, ayant seulement 29 pages ; mais cette édition, vu le petit nombre de pages, ne peut contenir que le prologue et les intermèdes, imprimés par Christophe Ballard, dès 1673.

28. LE MALADE IMAGINAIRE, comédie meslée de musique et de danses, par M. de Molière. *Sur la copie imprimée à Cologne. Rouen, Ant. Maury,* 1680, pet. in-12, de 130 pp.

M. Potier dit, dans une note du Catalogue H. B***, 1872, que cette édition rare a été donnée d'après le texte de l'édition de *Cologne, J. Sambix,* 1674, qui offre bien des différences avec l'édition de 1682.

On lit dans l'Avertissement au lecteur, extrait de cette édition de Cologne : « Cette impression... satisfera, et quoiqu'elle ne soit qu'un effort de la mémoire d'une personne qui en a vu plusieurs représentations, elle n'en est pas moins correcte... » On est étonné de trouver cette contrefaçon en vente, chez le libraire ordinaire des deux Corneille, trois ans après que Thomas Corneille eut traité avec Mme Molière pour mettre en vers le *Festin de Pierre,* que Molière avait écrit en prose, et qui ne se jouait plus, à cause de cela. Quoique le titre annonce cette édition comme une réimpression de l'édition de Cologne, 1674, on pourrait croire que l'imprimeur de Rouen tenait de Thomas Corneille le manuscrit sur lequel fut faite cette édition, peut-être au profit de Mme Molière, qui faisait argent de tout. Il serait donc intéressant d'en examiner le texte et de le comparer avec celui de l'édition originale de Paris, imprimée seulement en 1674.

29. Les Œuvres posthumes de M. de Molière, imprimées pour la première fois en 1682. Enrichies de figures en taille-douce. *Paris, Thierry, Barbin et Trabouillet,* 1682, 2 vol. in-12, fig. de Brissart.

Dans le privilége spécial, accordé à Denys Thierry, en date du 20 août 1682, pour l'impression des Œuvres posthumes, il est dit que cet imprimeur avait traité, avec la veuve de feu Jean-Baptiste Poclin (sic) de Molière, d'un manuscrit intitulé : Recueil des Œuvres posthumes de J.-B. P. de Molière, contenant le *Dom Garcie de Navarre ou le Prince jaloux; l'Impromptu de Versailles, Dom Juan ou le Festin de Pierre; Mélicerte, les Amants magnifiques, la Comtesse d'Escarbagnas,* et *le Malade imaginaire,* revu, corrigé et augmenté. La désignation de ce *manuscrit intitulé : Recueil des Œuvres posthumes de J.-B. P. de Molière* nous permet de penser que Mme Molière n'avait vendu, à Denys Thierry, qu'une copie des Œuvres posthumes et non les manuscrits originaux des comédies imprimées, pour la première fois, en 1682.

30. Œuvres posthumes de Monsieur de Molière. *Lyon, J. Lyons,* 1690, ou 1695, ou 1696, in-12.

Contenant seulement *les Amants magnifiques* et *la Comtesse d'Escarbagnas.* On ne s'explique pas pourquoi ces deux pièces figurent seules sous le titre d'Œuvres posthumes, et l'on se demande si elles ont été imprimées d'après l'édition des Œuvres posthumes, publiée à Paris en 1682, ou d'après un manuscrit de théâtre. Ce volume, tout incomplet qu'il soit, a servi à compléter plusieurs éditions de Paris et de province.

Ce volume, sous la date de 1690, forme quelquefois le tome VI d'une édition des Œuvres de Molière, imprimée sous la rubrique de *Paris, D. Thierry et Cl. Barbin,* 1781, et qui paraît être de *Lyon.*

M. Potier, dans une note du Catalogue Giraud, dit que cette édition, dans laquelle on ne trouve ni avertissement ni privilége, paraît avoir été imprimée clandestinement à Rouen, à Lyon même, ou dans quelque autre ville de France.

Nous croyons que cette rubrique de Lyon a servi à plusieurs contrefaçons différentes, quelques-unes avec figures.

31. Les Fragments de Molière, comédie (par Champmeslé). *Paris, Jean Ribou,* 1682, in-12 de 58 pp., non compris le titre.

Première édition, sans privilége, peut-être imprimée en Hollande ou en province.

Ce sont des fragments du *Festin de Pierre,* qui n'avait pas encore été publié. Champmeslé les aura tirés du portefeuille de son ami la Fontaine, pour les coudre ensemble, et les arranger tant bien que mal sous la forme d'une petite comédie. Mais, au moment où cette comédie allait être représentée, le *Festin de Pierre,* dont Champmeslé ne donnait que des fragments, parut dans l'édition posthume des œuvres de Molière, publiée par ses amis Vinot et Lagrange. Il faut remarquer que le texte des *Fragments* diffère, en bien des endroits, du texte original de Molière ; de plus, il y a deux ou trois jolies scènes, qui ne se retrouvent plus dans la pièce imprimée sur les manuscrits de l'auteur. Il n'en faut pas conclure que ces scènes soient de l'invention de Champmeslé ; bien au contraire, car on y reconnaît la touche de Molière. On sait, d'ailleurs, que le *Festin de Pierre* n'a pas été mis en lumière tel qu'il avait été représenté, puisque la scène du Pauvre fut supprimée tout entière dans les éditions françaises.

Réimpr. en Hollande, avec le nom du comédien *Brécourt,* à la place du nom de Molière ; sur le titre : *la Haye, Adrian Moetjens,* 1682, in-12 de 41 pp. On peut supposer que l'éditeur hollandais aura confondu cette comédie avec l'*Ombre de Molière,* qui est, en effet, de Brécourt.

32. LE FESTIN DE PIERRE, comédie (5 a. pr.), par J.-B. P. de Molière. Édition nouvelle et toute différente de celle qui a paru jusqu'à présent. *Amsterdam,* 1683, pet. in-12 de 2 ff prélim. et 72 pp., avec 1 figure.

Édition précieuse qui contient la scène du Pauvre, et celle qui précède (scènes 1ro et 2o, troisième acte), imprimées pour la première fois, dans toute leur intégrité. Les deux scènes nouvelles, que renferme cette édition, offrent des passages qui ne se trouvent pas même dans les exemplaires non cartonnés de l'édition de *Paris,* 1682.

33. Deux pièces inédites de Molière (la JALOUSIE DU BARBOUILLÉ et LE MÉDECIN VOLANT). *Paris, Desoer,* 1819, in-8, de 70 pp.

Viollet-le-Duc fut l'éditeur de ces deux canevas dramatiques, d'après un ancien manuscrit que J.-B. Rousseau avait envoyé à Antoine-François Joly, pour la grande édition de Molière, in-4o, qui parut en 1734, et que cet éditeur eut la négligence de laisser de côté. L'édition des œuvres de Molière, donnée par Auger, est la première dans laquelle ces deux farces ont été admises ; depuis, on les a conservées dans plusieurs éditions complètes.

34. LE MÉDECIN VOLANT, farce (1 a. pr.) de Molière, précédée de Molière à Pézénas, prologue en un acte, en vers, par Alphonse Pagès. *Paris, É. Dentu,* 1866, gr. in-18 de 60 pp.

III

RÉIMPRESSIONS

FAITES DANS LES PAYS-BAS AU DIX-SEPTIÈME SIÈCLE, D'APRÈS LES ÉDITIONS ORIGINALES DE PARIS [1].

35. L'Estourdy, ou les Contre-temps, comédie représentée sur le théâtre du Palais-Royal, par J.-B. P. Molière. *Suivant la copie imprimée à Paris* (Holl., Elzevier, à la Sphère), 1663, pet. in-12 de 104 pp.

> Réimpr. par les Elzeviers, en 1674 (pet. in-12 de 96 pp.) et 1679. Il y a une réimpression par Wetstein, *Amsterdam, Jacques le jeune,* 1683, et 1693, in-12, avec une fig.

36. Le Dépit amoureux, comédie représentée sur le théâtre du Palais-Royal. *Suivant la copie imprimée à Paris* (Holl., Elzevier, à la Sphère), 1663, pet. in-12 de 91 pp.

> Réimpr. par les Elzeviers. en 1674 (pet. in-12 de 84 pp.), et 1679. Il y a une édition par Wetstein, *Amsterdam, Jacques le jeune,* 1683, avec une fig. et une édition de *Bruxelles,* 1694, in-12.

37. Les Précieuses ridicules, comédie représentée au Petit-Bourbon. *Suivant la copie imprimée à Paris, chez Charles de Sercy*, 1660, pet. in-12 de 63 pp.

> Cette édition, imprimée en Hollande, contient le privilége du Roi, accordé à Guillaume de Luyne, comme toutes les éditions de Paris.

---

[1] Daniel Elzevier étant mort en 1680, son fonds fut vendu publiquement en juillet 1681. Dans le catalogue de cette vente, l'édition de Molière, qu'il avait publiée par pièces séparées, figure sous ce titre : * Molière. *Œuvres contenant 27 comédies,* 12º, 5 vol. L'astérisque qui précède cet article indique qu'il se vendait *cum jure copiæ,* c'est-à-dire avec droit de réimpression. Ce fut l'imprimeur-libraire Wetstein qui se rendit acquéreur de l'édition de Molière et du droit de la reproduire. Il est même probable que les formes de cette édition étaient conservées dans l'imprimerie, et qu'on faisait un nouveau tirage, dès que l'édition d'une comédie venait à s'épuiser. Au reste, les éditions de Molière, réimprimées par Wetstein, ne diffèrent que par le papier et le tirage de celles que Daniel Elzevier avait publiées. Voilà pourquoi presque toutes les éditions qui parurent en Hollande jusqu'à la fin du XVIIe siècle sortaient des presses de Wetstein, qui avait acquis, à la vente posthume de Daniel Elzevier, une partie des caractères et des fleurons de l'imprimerie Elzevirienne.

38. LES PRÉCIEUSES RIDICULES, comédie représentée au Petit-Bourbon. *Sur l'imprimé à Paris, Amsteldam* (sic), *Raphael Smith*, 1660, pet. in-12 de 4 ff. prélim. et 136 pp.

39. LES PRÉCIEUSES RIDICULES, comédie, par J.-B. P. Molière. *Suivant la copie imprimée à Paris* (Holl., Elzevier, à la Sphère), 1660, pet. in-12.

> Réimpr. par les Elzeviers : 1674 (pet. in-12 de 48 pp.), et 1679. Il y a une édition de Wetstein, *Amsterdam, Jacques le jeune*, 1683, avec une fig. et une édit. de *Bruxelles*, 1694, in-12.

40. SGANARELLE, OU LE COCU IMAGINAIRE, avec les argumens de chaque scène (par de Neuf-Villenaine). *Suivant la copie imprimée à Paris (Amsterdam, Abr. Wolfgang, au Quærendo)*, 1662, petit in-12 de 4 ff. et 40 pp.

> Cette jolie édition, après laquelle l'éditeur fit imprimer *la Cocue imaginaire*, de B. Donneau, dans les mêmes formes et avec les mêmes caractères, contient l'épître à Molière, qui ne figurait pas dans les éditions précédentes.
> Réimpr. par les Elzeviers, à la Sphère, en 1675 (in-12 de 5 ff. non chiffrés, compris dans le cahier signé *a*, et de 60 pp.), et 1680, in-12, avec une fig. Il y a aussi une édition de *Bruxelles*, 1694, in-12.

41. L'ESCOLE DES MARIS, comédie de J.-B. P. Molière. *Paris, Claude Barbin* (Holl., Elzevier?), 1662, pet. in-12 de 69 pp.

> Réimpr. par les Elzeviers, 1674 (pet. in-12 de 60 pp.) et 1679, et par Wetstein, avec les caractères elzeviriens, à la Sphère, 1684 et 1689, avec une fig.

42. DOM GARCIE DE NAVARRE, OU LE PRINCE JALOUX, comédie héroïque. *Suivant la copie imprimée à Paris* (Hollande, à la Sphère), 1684, pet. in-12.

> Réimpr. par Wetstein, en 1689, *Amsterdam, Guillaume le jeune* (à la Sphère), pet. in-12 de 71 pp., avec une fig.

43. L'ESCOLE DES FEMMES, comédie. *Suivant la copie imprimée à Paris* (Holl., Elzevier, à la Sphère), 1663, pet. in-12 de 88 pp.

> Dans cette première édition se trouve la dédicace à Madame, que n'ont pas les deux réimpressions elzeviriennes de 1674 et de 1679, en 84 pp. Réimpr. avec les caractères elzeviriens, *Amsterdam,*

Jacques le jeune, 1684, pet. in-12 de 84 pp., et *Amsterdam, Guillaume le jeune* (à la Sphère), 1689, in-12. Il y a une édition de *Bruxelles*, 1694, in-12, avec fig.

44. LA CRITIQUE DE L'ESCOLE DES FEMMES, comédie, par J.-B. P. Molière. *Suivant la copie imprimée à Paris* (Holl., Elzevier, à la Sphère), 1663, pet. in-12 de 68 pp.

Réimpr. par les Elzeviers, 1674 (pet. in-12 de 48 pp.), 1679, et 1680; par Wetstein (à la Sphère), 1691, avec une fig.

45. LA PRINCESSE D'ÉLIDE, comédie du sieur Mollière (*sic*), ensemble les Plaisirs de l'Isle enchantée, Course de bague, Collation ornée de machines, meslée de danse et de musique, Ballet du palais d'Alcine, feu d'artifice et autres festes galantes de Versailles. *Suivant la copie imprimée à Paris* (Holl., Elzevier, à la Sphère), 1674, pet. in-12 de 108 pp.

Réimpr. par les Elzeviers en 1679, et par Wetstein, *Amsterdam, Guillaume le jeune* (à la Sphère), 1684 et 1689, avec une fig. Il y a aussi une édition d'Amsterdam, 1693.

46. L'IMPROMPTU DE VERSAILLES, comédie. *Suivant la copie imprimée à Paris* (Holl., à la Sphère), 1684 ou 1689, pet. in-12 de 35 pp., avec une fig.

47. LES FASCHEUX, comédie. *Suivant la copie imprimée à Paris* (Holl. Elzevier, à la Sphère), 1662, pet. in-12 de 8 ff. prélim. et 43 pp.

Réimpr. par les Elzeviers, 1674 (pet. in-12 de 60 pp.), et 1679; plus tard, par Wetstein, *Amsterdam, Jacques le jeune* (à la Sphère), 1684, pet. in-12 de 60 pp., avec une fig.

48. LE MARIAGE FORCÉ, comédie, par J.-B. P. Molière. *Suivant la copie imprimée à Paris* (Holl., Elzevier, à la Sphère), 1674, pet. in-12 de 36 pp.

Réimpr. par les Elzeviers, 1679, et par Wetstein, 1683, pet. in-12 de 36 pp., avec une fig.

49. LE MARIAGE FORCÉ, comédie, par J.-B. P. Molière. *Francfort*, 1691, in-12.

50. LE FESTIN DE PIERRE, comédie de Molière. Édition

nouvelle et toute différente de celle qui a paru jusqu'à présent. *Brusselles, George de Backer,* 1694, in-12.

On y trouve la scène du Pauvre, avec d'autres variantes que celles qui sont dans l'édition de Wetstein, 1683. Les Elzeviers avaient publié, pour compléter leur édition des Œuvres de Molière : le *Festin de Pierre, ou l'Athée foudroyé,* tragi-comédie, par J.-B. P. Molière. *Suivant la copie imprimée à Paris,* 1674, pet. in-12 de 84 pp. Mais cette tragi-comédie en vers n'était autre que la pièce de Dorimond, sous le nom de Molière. C'était une supercherie, indigne des Elzeviers.

Réimpr. à Liége, en 1702, pet. in-12.

51. L'Amour médecin, comédie, par J.-B. P. Molière. *Sur l'imprimé à Paris, et se vend à Amsterdam* (Amsterdam, Abr. Wolfgang), 1666, pet. in-12 de 48 pp.

Réimpr. par les Elzeviers, 1673 (pet. in-12 de 48 pp.), 1675 (pet. in-12 de 36 pp.), 1679, 1680; ensuite par Wetstein, 1684, pet. in-12, avec une fig.

L'édition de 1673 est imprimée en caractères plus gros que les pièces précédentes, sorties des presses d'Amsterdam, ce qui a fait douter que ces caractères fussent ceux de Daniel Elzevier.

52. Mélicerte, comédie pastorale héroïque. *Suivant la copie imprimée à Paris* (Holl., à la Sphère), 1684, ou *Amsterdam, Guillaume le jeune,* 1689, pet. in-12 de 32 pp., avec une fig.

53. Le Misantrope, comédie, par J.-B. P. de Molière. *Suivant la copie imprimée à Paris* (Holl., Elzevier, à la Sphère), 1674, pet. in-12 de 96 pp.

Réimpr. par les Elzeviers, en 1679. Une édition presque semblable porte : *Amsterdam, Wetstein,* 1693, petit in-12 de 96 pp., avec une figure.

54. Le Médecin malgré luy, comédie, par J.-B. P. Molière. *Sur la copie imprimée à Paris* (Holl., Elzevier), 1667, pet. in-12.

Réimpr. par les Elzeviers, 1674 (pet in-12 de 60 pp.), 1679, et *Amsterdam, veuve de Daniel Elzevier,* 1683, pet. in-12, avec une fig. Il y a une édition d'Amsterdam, 1689, pet. in-12.

55. Le Sicilien, ou l'Amour peintre, comédie, par J.-B. P. Molière. *Suivant la copie imprimée pour l'Auteur, à*

Paris (Holl., Elzevier, à la Sphère), 1674, pet. in-12 de 36 pp.

<small>Réimpr. par les les Elzeviers, 1679 et 1680 ; ensuite, par Wetstein, *Amsterdam, Guillaume le ieune,* 1689, pet. in-12 de 36 pp., avec une figure.</small>

56. L'Imposteur, ou le Tartuffe, comédie, par J.-B. P. Molière. *Suivant la copie imprimée à Paris* (Holl., Elzevier, à la Sphère), 1669, pet. in-12 de 84 pp.

<small>Réimpr. par les Elzeviers, 1671, 1674 (pet. in-12 de 96 pp., dont les 12 premières ne sont pas chiffrées), et 1679. Il y a une autre réimpression presque semblable, *Amsterdam, Henry Wetstein,* 1693, avec une fig. L'édition de *Liége,* 1706, pet. in-12, est toute différente.</small>

57. Amphitryon, comédie, par J.-B. P. de Molière. *Suivant la copie imprimée à Paris* (Holl., Elzevier, à la Sphère), 1669, pet. in-12, de 84 pp.

<small>Réimpr. par les Elzeviers, 1675, 1679, et par Wetstein, *Amsterdam, Jacques le jeune,* 1684, pet. in-12 de 84 pp., avec une fig. Il y a une édition d'*Amsterdam,* 1689, pet. in-12.</small>

58. L'Avare, comédie, par J.-B. P. de Molière. *Suivant la copie imprimée à Paris* (Holl., Elzevier, à la Sphère), 1669, pet. in-12 de 108 pp.

<small>Cette édition était restée inconnue jusqu'à présent. M. Alphonse Willems nous l'a signalée pour la première fois. Réimpr. par les Elzeviers, en 1674 et 1679 ; ensuite, par Wetstein, 1683, pet. in-12 de 108 pp., avec une fig.</small>

59. George Dandin, ou le Mary confondu, comédie, par J.-B. P. de Molière. *Suivant la copie imprimée à Paris* (Holl., Elzevier, à la Sphère), 1669, pet. in-12, de 60 pp.

<small>Réimpr. par les Elzeviers, 1675 et 1681 ; ensuite, par Wetstein, *Amsterdam, Jacques le jeune,* 1684, pet. in-12 de 60 pp., avec une fig.</small>

60. Monsieur de Pourceaugnac, comédie faite à Chambord pour le divertissement du Roy, par J.-B. P. Molière. *Suivant la copie imprimée à Paris* (Holl., Elzevier, à la Sphère), 1670, pet. in-12 de 72 p.

<small>Réimpr. par les Elzeviers, 1674 et 1679 ; plus tard, par Wetstein, *Amsterdam, Jacques le jeune,* 1684, petit in-12, avec une fig.</small>

61. LES AMANS MAGNIFIQUES, comédie meslée de musique et d'entrées de balet. *Suivant la copie imprimée à Paris* (Holl., à la Sphère), 1684, ou *Amsterdam, Guillaume le jeune*, 1689, pet. in-12 de 72 pp.

62. PSICHÉ, tragédie-ballet, par J.-B. P. Molière. *Suivant la copie imprimée à Paris*. (Holl., Elzevier, à la Sphère), 1671, petit in-12 de 82 pp.

<small>Réimpr. par les Elzeviers, 1675 (pet. in-12 de 84 pp.) et 1680, ensuite par Wetstein, 1684, pet. in-12, avec une fig.</small>

63. LE BOURGEOIS GENTILHOMME, comédie-ballet, faite à Chambord pour le divertissement du Roy, par J.-B. P. Molière. *Suivant la copie imprimée à Paris* (Holl., Elzevier, à la Sphère), 1671, pet. in-12 de 108 pp.

<small>Réimpr. par les Elzeviers, 1674 et 1680; ensuite par Wetstein, 1688, pet. in-12 de 108 pp., avec une fig.</small>

64. LES FOURBERIES DE SCAPIN, comédie, par J.-B. P. Molière. *Suivant la copie imprimée à Paris* (Holl., Elzevier, à la Sphère), 1671, pet. in-12 de 82 pp.

<small>Il y a, sous la même date, une réimpression elzevirienne de 108 pp.
Réimpr. par les Elzeviers, 1675, pet. in-12 de 84 pp., et 1680; ensuite par Wetstein. *Amsterdam, Jacques le jeune*, 1684, pet. in-12 de 82 pp., avec une fig. Il y a une édition d'Amsterdam, 1693, in-12.</small>

65. LES FEMMES SÇAVANTES, comédie, par J.-B. P. Molière. *Suivant la copie imprimée à Paris* (Holl., Elzevier, à la Sphère), 1674, pet. in-12 de 84 pp.

<small>Réimpr. par les Elzeviers, en 1678, pet. in-12, avec une fig.; ensuite, par Wetstein, en 1683 et 1692.</small>

66. LA COMTESSE D'ESCARBAGNAS, comédie. *Suivant la copie imprimée à Paris, Amsterdam, chez Guillaume le Jeune* (Holl., à la Sphère), 1684 ou 1689, pet. in-12 de 32 pp., avec une fig.

67. LE MALADE IMAGINAIRE, comédie, meslée de musique et de dance (*sic*), représentée sur le théâtre du Palais-Royal.

Par feu de Molière. *Suivant la copie imprimée à Paris* (Hollande, à la Sphère), 1673, pet. in-12 de 36 pp.

> Cette première édition, qui ne contient que le prologue et les intermèdes, « est imprimée, dit l'auteur du *Manuel*, avec les mêmes caractères que l'*Amour médecin*, lesquels sont un peu plus gros que dans les pièces précédentes, ce qui fait douter que ce soit ceux de Daniel Elzevier. »

68. LE MALADE IMAGINAIRE, comédie en trois actes, meslés de danses et de musique. *Suivant la copie imprimée à Paris* (Holl., Elzevier, à la Sphère), 1674, pet. in-12 de 72 pp.

> Cette première édition elzevirienne, dans laquelle le texte est fort altéré, ne contient pas le prologue ni les intermèdes.
>
> Réimpr. par les Elzeviers en 1679, avec le prologue et les intermèdes, pet. in-12 de 119 pp. ; ensuite, par Wetstein, 1690, pet. in-12 de 92 pp., avec une fig.
>
> Cette dernière édition, comme celle de 1679, contient la préface dont il est parlé dans l'article suivant.

69. LE MALADE IMAGINAIRE, comédie de Molière. *Brusselles, George de Backer*, 1694, in-12.

> « La préface de cette édition n'a jamais été reproduite par les commentateurs : elle offre cependant des détails curieux sur les efforts des médecins pour empêcher l'impression de l'ouvrage. On trouve seulement, après les noms des acteurs, quelques indications de costumes très-précieuses, et qu'il serait bon de reproduire. » (*Note d'Aimé-Martin*.)
>
> Il y a aussi une réimpression, pet. in-12, sans nom de lieu et sans année, qui est certainement hollandaise.

70. LES ŒUVRES POSTHUMES DE M. DE MOLIÈRE, enrichies de figures en taille-douce. *Amsterdam, Jacques le Jeune* (à la Sphère), 1684, pet. in-12, fig. d'après celles de P. Brissart.

> Cette jolie édition, en caractères elzeviriens, est composée de 5 pièces (*les Amants magnifiques, la Comtesse d'Escarbagnas, l'Impromptu de Versailles, Dom Garcie de Navarre et Mélicerte*), ayant chacune un titre à part et une pagination distincte, avec une gravure.
>
> Il y a deux contrefaçons de ce volume, sous le même titre, mais l'une et l'autre horriblement imprimées sur un affreux papier.
>
> Réimpr. presque identiquement : *Amsterdam, Guillaume le Jeune*, 1689, pet. in-12, fig.

IV.

RÉIMPRESSIONS

FAITES EN FRANCE ET A L'ÉTRANGER, DEPUIS LA MORT DE MOLIÈRE JUSQU'A CE JOUR.

71. L'ÉTOURDI, OU LES CONTRETEMPS, par J.-B. P. de Molière. (A la Sphère.) *Sur l'imprimé à Paris, chez Guill. de Luyne (Berlin, Rob. Roger)*, 1700, in-8 de 98 pp.

72. L'ÉTOURDI, OU LES CONTRETEMPS, comédie. *Paris, Compagnie des libraires,* 1760, in-8.

73. L'ESTOURDY, par Molière. Édition originale, réimpression textuelle, par les soins de Louis Lacour. *Paris, librairie des Bibliophiles,* 1871, in-18 de VI-124 pp.

Tiré à 393 exemplaires, dont 20 sur papier de Chine, 2 sur parchemin et 1 sur vélin.

74. DÉPIT AMOUREUX, comédie, représentée sur le théâtre du Palais-Royal, par J.-B. P. de Molière. (A la Sphère.) *Sur l'imprimé à Paris, chez Guill. de Luyne (Berlin, Rob. Roger)*, 1699, in-8 de 86 pp.

75. LE DÉPIT AMOUREUX, comédie en cinq actes et en vers, par Molière. *Berlin, Schlesinger,* 1842, in-8.

Répertoire du Théâtre français à Berlin. Deuxième série, n° 9.

76. LE DÉPIT AMOUREUX, comédie, représentée sur le théâtre du Palais-Royal. Édition originale, réimpresion textuelle par les soins de Louis Lacour. *Paris, Cl. Barbin,* 1663 (*Paris, impr. Jouaust,* 1873), in-12 de XXIII et 144 pp.

Édition *fac-simile* tirée à 393 exemplaires, dont 20 sur papier de Chine, 2 sur parchemin et 1 sur vélin.

Voy. les réductions du *Dépit amoureux,* en deux et trois actes, dans la série des COMÉDIES DE MOLIÈRE, ARRANGÉES ET RETOUCHÉES POUR LA SCÈNE.

77. LES PRÉCIEUSES RIDICULES, comédie, par J.-B. P. de Molière. (A la Sphère.) *Suivant la copie imprimée à Paris (Berlin, Rob. Roger)*, 1698, in-8 de 40 pp.

78. LA MÊME COMÉDIE, nouvelle édition. *Paris, Sanson*, 1826, in-32 de 48 pp. (Répertoire dramatique en miniature.)

79. LES PRÉCIEUSES RIDICULES, comédie en un acte, en prose, par Molière, représentée pour la première fois à Paris sur le théâtre du Petit-Bourbon, le 8 novembre 1659, and at Her Majesty's Theatre in London, May 10th 1841. — *N. B.* This Edition is the only correct one of the Comedy, as represented. *Printed by W. S. Johnson,* in-8 de 24 pp.

On lit, au bas des noms d'acteurs, un avis en quelques lignes sur le jargon des Précieuses « de l'école de Scudéry ».

80. LES PRÉCIEUSES RIDICULES. Édition originale. Réimpression textuelle par les soins de Louis Lacour. *Paris, impr. Jouaust*, 1867, in-18 de x-96 pp.

Tiré à 393 exemplaires, dont 20 sur papier de Chine, 25 sur parchemin et 1 sur vélin.

81. Choix de Comédies de Molière. LES PRÉCIEUSES RIDICULES et LES FEMMES SAVANTES, avec des notes explicatives par E. Perréaz. *Schaffhouse, Hurter*, 1868, in-8 de 144 pp.

82. LES PRÉCIEUSES RIDICULES, Komedie i een Act, af Molière, med Anmærkninger ved Chr. Sick. *Kjobenhavn*, 1874, in-8.

Édition du texte original imprimée en Danemark.

83. SGANARELLE, OU LE COCU IMAGINAIRE, par J.-B. P. de Molière. (A la Sphère.) *Sur l'imprimé à Paris, chez Guill. de Luyne (Berlin, Robert Roger)*, 1699, in-8 de 39 pp.

84. LE COCU IMAGINAIRE, comédie en vers et en trois actes. *Paris, Compagnie des libraires*, 1761, in-8.

La pièce en 1 acte a été divisée ainsi, de manière à former 3 actes, sans aucune addition : 1er acte, jusqu'à la fin de la scène 7 ;

2º acte, jusqu'à la fin de la scène 17, et 3º acte, jusqu'à la fin de la comédie, qui est, en effet, fort longue pour un seul acte.

85. SGANARELLE, OU LE COCU IMAGINAIRE. Édition originale. Réimpression textuelle, par les soins de Louis Lacour. *Paris, libr. des Bibliophiles, impr. Jouaust,* 1872, in-18 de xxx-73 pp.

Tiré à 393 exemplaires, dont 20 sur papier de Chine, 2 sur parchemin et 1 sur vélin.

86. L'ESCOLE DES MARIS, comédie. *Paris, Denys Thierry et Cl. Barbin,* 1679, in-12.

87. LA MÊME COMÉDIE. *Rouen, Louis Cabut,* 1685, in-12.

88. L'ÉCOLE DES MARIS, comédie, par J.-B. P. de Molière. (A la Sphère.) *Sur l'imprimé à Paris (Berlin, Rob. Roger),* 1699, in-8 de 56 pp.

89. LA MÊME COMÉDIE. Conforme à la représentation. *Paris, veuve Duchesne,* 1788, in-12 de 75 pp.

La plupart des pièces de Molière furent réimprimées alors, pour la veuve Duchesne, dans le format in-12, comme elles l'étaient, pour les libraires Prault, Delormel, Delalain, etc., dans le format in-8. Ces éditions in-12, conformes à la représentation, sont très-correctes, et l'on y trouve indiquée, à chaque scène, la position des acteurs sur le théâtre.

90. L'ESCOLE DES MARIS. Édition originale. Réimpression textuelle, par les soins de Louis Lacour. *Paris, impr. Jouaust, libr. des Bibliophiles,* 1874, in-18 de xv-66 pp., fig.

Tiré à 393 exemplaires, sur les papiers de choix.

91. L'ÉCOLE DES FEMMES, comédie, par J.-B. P. de Molière. (A la Sphère.) *Sur l'imprimé à Paris, chez Guillaume de Luyne (Berlin, Rob. Roger),* 1699, in-8 de 86 pp.

92. L'ÉCOLE DES FEMMES, comédie. *Paris, Compagnie des libraires,* 1760, in-8.

93. LA MÊME COMÉDIE. Édition conforme à la représentation. *Paris, Barba,* 1817, in-8 de 80 pp.

94. La MÊME. *Paris, Mouchel,* 1835, in-18 de 78 pp.

Fait partie d'une collection intitulée : *Théâtre français.*

95. La même. *Paris, Marchant,* 1839, in-8 de 28 pp. à 2 col.

96. L'Escole des Femmes, par Molière. Édition originale. Réimpression textuelle, par les soins de Louis Lacour. (*Paris, impr. Jouaust, libr. des Bibliophiles*), 1873, in-18 de xxxii et 136 pp.

<small>Tiré à 350 exemplaires, sur papier vergé ; 20 sur papier Whatman, 20 sur papier de Chine, 2 sur peau vélin.</small>

97. La Critique de l'École des Femmes, comédie, par J.-B. P. de Molière. (A la Sphère.) *Sur l'impr. à Paris, chez Guill. de Luyne* (*Berlin, Rob. Roger*), 1700, in-8 de 46 pp.

98. La même comédie. *Francfort,* 1691, in-12.

99. La Critique de l'Escole des Femmes, par Molière. Édition originale. Réimpression textuelle, par les soins de M. Louis Lacour. *Paris, impr. Jouaust, libr. des Bibliophiles,* 1873, in-18 de xv et 96 pp.

<small>Tiré à 393 exemplaires, sur différents papiers de choix.</small>

100. Les Facheux, comédie, représentée sur le théâtre du Palais-Royal, par J.-B. P. de Molière. (A la Sphère.) *Suivant la copie imprimée à Paris, chez Guill. de Luyne* (*Berlin, Rob. Roger*), 1698, in-8 de 39 pp.

101. Le Mariage forcé, comédie. *Paris,* 1683, in-12.

102. La même comédie. *Paris, veuve Duchesne,* 1788, in-12.

103. Le Mariage forcé. Édition originale. Réimpression textuelle, par les soins de Louis Lacour. *Paris, impr. Jouaust,* 1874, in-18 de xii-77 pp.

<small>Tiré à 393 exemplaires sur différents papiers de choix.</small>

104. L'Amour médecin, comédie. *Paris, Claude Barbin,* ou *Jean Ribou,* 1674, in-12 de 56 pp.

<small>Il y a une réimpression faite à Liége, en 1706, in-12.</small>

105. L'Amour médecin, comédie. Édition originale. Réimpression textuelle, par les soins de Louis Lacour. *Paris, impr. Jouaust,* 1866, in-18 de iii-102 pp.

<small>Tiré à 393 exemplaires sur des papiers de choix.</small>

106. Le Misantrope, comédie. *Paris, Denys Thierry et Claude Barbin,* 1675, in-12 de 4 ff. et 84 pp.

107. La même comédie. Nouvelle édition. *Anvers, Colle,* 1715, in-12.

108. Le Misantrope, comédie en vers, par Molière. Représenté par les Comédiens françois ordinaires du Roi, le 10 janvier 1767. Théatre royal de Dannemarc. Tome I. *Copenhague,* 1770, in-8 de 100 pp.

109. La même comédie. *Paris, veuve Delormel et Prault fils,* 1788, in-8.

110. La même. *Toulouse, Devers,* 1809, in-8 de 60 pp.

111. La même. Édition conforme à la représentation. *Paris, Barba et Hubert,* 1817, in-8 de 76 pp.

112. La même. *Paris, Sanson,* 1826, in-32 de 80 pp. (Répertoire dramatique en miniature.)

113. La même. *Strasbourg et Paris, Levrault,* 1827, in-18 de 86 pp.

114. La même. *Paris, Delalain,* 1830, in-18 de 78 pp.; 1838, in-18 de 88 pp.

115. La même. *Paris, Marchant,* 1840, gr. in-8 de 24 pp. à 2 col.

116. La même (texte revu sur les premières éditions). *Paris, Hachette,* 1841, in-18 de 88 pp.

<small>Réimprimé sur les clichés, en 1844, en 1856, en 1871, etc.</small>

117. Le Misanthrope, comédie, par Molière. Édition classique avec analyse et notes explicatives, par N.-A. Dubois, professeur de seconde au collége royal de Lyon, auteur de plusieurs ouvrages classiques. *Paris, Delalain,* 1841, in-18 de 118 pp.

<small>Réimprimé, avec des additions et des corrections successives, en 1847, seconde édition, in-12 de 78 pp.; en 1852, in-12 de 50 pp.; 3º édit., in-12 de 56 pp.; en 1857, in-12 de 96 pp.; en 1859, in-24 de 72 pp.; en 1859, in-12 de 90 pp.; en 1862, in-12, de xii-80 pp.; en 1862, 18 de 83 pp.; en 1867, in-12 de ii-82 pp.; en 1872, in-12 de 72 pp.</small>

Une édition, annotée par A. Dubois (*Paris, Delalain,* 1850, in-12 de 92 pp.), fait partie de la Nouvelle Bibliothèque française des aspirants au baccalauréat ès lettres, publ. par Émile Lefranc.

118. La même comédie, avec des commentaires et des notes. *Paris, Dezobry et Magdeleine,* 1841, in-18 de 112 pp.

119. La même. *Paris, Vᵉ Maire-Nyon,* 1841, in-18 de 108 pp.

120. Le Misantrope, comédie de Molière, avec des notes, publiée par Dʳ R. Schwalb.

Cette réimpression se trouve dans le tome III de la collection intitulée : *Élite des Classiques français* (Essen, Bædeker, 1849, in-8).

121. Le Misanthrope, publié par Ploetz. *Berlin, Reimer,* s. d. (vers 1851), in-12 de 140 pp.

Lecture et conversation. Collection de pièces de théâtre accompagnées de notes.

122. Le Misanthrope, comédie, par Molière, avec des notes et des commentaires. *Paris, F. Didot,* 1852, in-18 de 110 pp.

123. La même comédie. Édition classique, précédée d'une notice littéraire, par F. Estienne. *Paris, Delalain,* 1856, in-24 de 132 pp.

124. Le Misanthrope, comédie, avec des notes et des commentaires. *Paris, Lecoffre,* 1858, in-18 de 108 pp.

Cette comédie a été insérée dans le recueil intitulé : *Œuvres dramatiques* (Paris, René, 1841, in-8), et dans le *Théâtre classique* (Paris, Hennuyer, 1845, in-12).

125. La même comédie. Avec un choix de notes de tous les commentateurs, l'exposition du sujet de la pièce et une appréciation littéraire et analytique (par Marmontel). *Paris, Delagrave,* sans date, in-18.

126. La même. Nouvelle édition, avec des notes historiques, grammaticales, littéraires et philosophiques, par Alph. Aulard. *Paris, E. Belin,* sans date, in-12 de 84 pp.

127. Le Misanthrope. Komedie, i fem Akter af Molière, med Anmærkninger ved Chr. Sick. *Kjobenhavn,* 1874, in-8.

Édition du texte original, imprimée à Copenhague.

128. LE MÉDECIN MALGRÉ LUY, comédie par J.-B. P. Molière. *Et se vend pour la veuve de l'Auteur, à Paris, chez Henry Loyson,* 1673, in-12 de 3 ff. prélim. et 87 pp.

<small>On est étonné de voir paraître cette réimpression, un mois après la mort de Molière. Le nouveau privilége est daté du 21 mars 1673!</small>

129. LE MÉDECIN MALGRÉ LUY, comédie, par J.-B. Molière. *Paris, Claude Barbin,* 1674, in-12 de 4 ff. prélim., dont le premier est blanc, et de 70 pp.

130. LA MÊME COMÉDIE. *Marseille, Jean Mossy,* 1798, in-8.

131. LA MÊME. *Troyes, Gobelet,* an VII (1799), in-8.

132. LA MÊME. Édition conforme à la représentation. *Paris, Barba,* 1821, in-8 de 56 pp.

133. LE TARTUFFE, OU L'IMPOSTEUR, comédie de Molière. *Liége,* 1706, in-12.

134. LA MÊME COMÉDIE. Nouvelle édition. *Paris, Fages,* 1815, in-8 de 64 pp.

135. LE TARTUFFE, OU L'IMPOSTEUR. Nouvelle édition, conforme à la représentation. *Paris, Barba et Hubert,* 1817, in-8 de 68 pp.

136. LA MÊME COMÉDIE. Publiée par Léonard G*** (Gallois). *Paris, Delaunay,* 1822, in-8 de 50 pp.

137. LA MÊME. Édition publiée par A. E. M. (Avec la Vie de Molière.) *Paris, Masson,* 1822, in-18 de 120 pp., avec 2 grav.

138. LE TARTUFFE. Avec de nouvelles notices historiques, critiques et littéraires, par M. Étienne. *Paris, C.-L.-F. Panckoucke,* 1824, in-8 de 242 pp., non compris le titre.

<small>Cette édition du *Tartuffe,* qui n'a pas de pagination, était le spécimen d'une magnifique édition *variorum* du Répertoire du Théâtre-Français, édition dont il n'a paru que deux livraisons. La Notice historique sur le *Tartuffe* est d'Étienne ; les notes sont de Lemercier, La Harpe, Petitot, Bret, Voltaire, Cailhava, Desprès, Marmontel, Walckenaer, Diderot, etc. ; les notes non signées sont de M. Jules Taschereau.</small>

139. La même comédie. *Paris, Boiste aîné, Berquet,* etc. (*impr. de Pinard*), 1825, in-32 de 128 pp., avec 1 fig.

Cette édition est annoncée comme faisant partie d'une collection des Chefs-d'œuvre des poëtes dramatiques.

140. La même. Édition conforme à la représentation. *Paris, Barba,* 1825, in-8 de 80 pp.

141. La même. *Paris, Baudouin frères* (*imprim. de Plassan*), 1825, in-32 de 96 pp., avec 1 grav.

Cette édition forme la première livraison d'un Répertoire populaire du Théâtre-Français. Elle est accompagnée d'une notice par Cauchois-Lemaire.

142. La même, 5° édit. *Paris, M^{ds} de nouveautés* (*impr. de Barthélemy*), 1826, in-32 de 96 pp.

143. La même. Avec une Notice, par Cauchois-Lemaire. *Paris, Baudouin,* 1826, in-32 de 80 pp.

Édition microscopique. — Réimprimé à Paris, en 1828, in-8.

144. La même. *Paris, Baudouin frères* (*imprim. Didot aîné*), 1827, in-4 de 8 pp. à 3 col.

145. La même. *Paris, Bezou,* 1827, in-8 de 64 pp.

146. La même. *Paris, Carpentier-Méricourt,* 1827, in-32 de 78 pp.; autres éditions ou tirages: 1827, 1828, 1829, in 12 de 96 pp., etc.

Ces petites éditions in-32, qui protestaient contre l'interdit que la censure théâtrale avait lancé sur le *Tartuffe* de Molière, eurent alors une telle vogue, qu'on les réimprimait et vendait partout (*Paris,* rue de la Verrerie, 61; rue Royale Saint-Martin, 12), sous les dates de 1827, 1828 et 1829. Ces éditions ne différaient entre elles que par le genre de l'impression et le choix du papier.

147. La même. *Paris, Ferra,* 1828, in-8 de 64 pp.

148. La même. *Paris, impr. Doyen,* 1828, in-64 de 120 pp.

149. La même. *Paris, Garnier,* 1829, in-32 de 78 pp.

Réimprimé la même année pour les frères Garnier (*Impr. Carpentier-Méricourt,* in-32 de 78 pp.).

150. Tartuff. Mit einer kleinen Abhangdlung über den

französischen Versbau, Angabe der Inversionen und Synonymen, nebst vollständigem Wort-Register. Bearbeitet von Prof. Georg Kissling. *Heilbronn, Dreschler,* 1832, in-8.

<small>Édition française destinée aux écoles allemandes.</small>

151. LA MÊME. *Paris, Marchant,* 1838, in-8 de 36 pp. à 2 col.

152. LE TARTUFFE DE MOLIÈRE, seconde édition, avec le Mandement de l'archevêque Hardouin, en date du 11 août 1667, par lequel il excommunie les libertins qui assistaient à la représentation du *Tartuffe. Paris, imprim. de Fournier,* 1844, in-32 de 96 pp.

<small>La première édition, en caractères microscopiques, était sortie de la même imprimerie, peu de semaines auparavant, avec le nom de Ch. Hingray, in-32 de 96 pages. Le Mandement d'Hardouin de Péréfixe venait d'être retrouvé par M. J. Taschereau.</small>

153. LA MÊME COMÉDIE. *Paris, Barbré,* 1864, gr. in-8 de 27 pp. à 2 col.

154. AMPHITRYON, comédie. *Paris, Claude Barbin,* 1674, in-12 de 4 ff. et 88 pp.

<small>Cette édition porte le même privilége que l'édition originale de 1668, mais sans Achevé d'imprimer, ce qui semble indiquer une contrefaçon faite en France.</small>

155. AMPHITRYON, comédie. Édition conforme à la représentation. *Paris, Duchêne,* 1788, in-12 de 119 pp.

156. LA MÊME (sans le Prologue). *Paris, Vente,* 1788, in-8 de 60 pp.

157. L'AVARE, comédie, par J.-B. P. Molière. *Paris, Claude Barbin,* 1675, in-12 de 129 pp., y compris le titre.

<small>Le nouveau privilége est daté du 12 avril 1674. « Achevé d'imprimer pour la première fois le 20 may 1674. »</small>

158. L'AVARE, comédie de Molière (traduction anglaise, en regard), avec des remarques, où l'on explique ce qu'il y a de particulier dans l'idiome et la prononciation, et où l'on rapporte des sons tirés de mots anglois semblables

à ceux de certaines syllabes en françois qui peuvent paraître difficiles. Et un discours sur la prononciation françoise, par M. L. B*** (Laus de Boissy). *Paris, Charles Leclerc,* 1751, in-12.

> Le titre anglais, *the Miser of Molière*, etc., reproduit, en regard du texte français, les initiales de l'éditeur, *L. B.* Les commentaires philologiques qui accompagnent cette édition ont été souvent attribués à Le Bret, mais la dédicace du livre est signée *de Boissy.*

159. L'Avare, comédie. *Francfort et Leipzig,* 1762, in-8 de 128 pp.

160. La même comédie. Nouvelle édition. *Paris, Delalain,* 1780, in-8.

161. La même. Édition conforme à la représentation. *Paris, Barba,* 1820, in-8 de 96 pp..

162. La même. *Paris, Marchant,* 1840 ou 1845, gr. in-8 de 36 pp. à 2 col.

163. L'Avare..... 2° édit. *Berlin, Schlesinger,* 1848, in-8.

> Cette édition fait partie du *Répertoire du théâtre français à Berlin.*

164. L'Avare. *Francfort, Brönner,* 1851, in-16. *Ausgewählte Lustspiele zum Gebrauch auf Schulen.* Mit Noten von H. Barbieux.

165. L'Avare, für Gymnasien erläutert von F. Köhler. *Altenburg, Jacob,* 1851, in-8 de 102 pp.

166. L'Avare af Molière, til Skolebrug tilligemed en Oversigt over den franske Litt. Historie indtil Ludvig XIV. Indledning og Anmærkninger. *Odense,* 1867, in-8.

> Édition du texte original, imprimée à Odense, dans les Morceaux de lecture français (*Franske Læsestykker*), publiés par Sick, 1re livraison.

167. George Dandin, ou le Mari confondu, comédie. *Paris, Claude Barbin,* 1675, in-12.

168. George Dandin, ou le Mari confondu, comédie. Nou-

velle édition. *Paris (impr. Marchand-Dubreuil), rue Richelieu,* 1826, in-32 de 72 pp.

> Cette édition fait partie du *Répertoire populaire du Théâtre-Français.*

169. MONSIEUR DE POURCEAUGNAC, comédie faite à Chambord pour le divertissement du Roy, par J.-B. P. Mollière (*sic*). *Paris, Claude Barbin,* 1673, in-12 de 3 ff. prélim. et 90 pp.

> On n'a pas encore remarqué que, depuis 1670, Molière ne mettait plus la particule nobiliaire devant son nom sur le titre de ses pièces, qu'il faisait imprimer lui-même. On semble avoir voulu, dans les éditions faites après lui, se conformer à ses intentions formelles à cet égard. Mais il est singulier que son nom ait été défiguré (*Mollière*), par son éditeur ordinaire, quelques mois après sa mort. Serait-ce donc une contrefaçon?

170. MONSIEUR DE POURCEAUGNAC, comédie, conforme à la représentation. *Lille, imprim. de Cailleaux-Lecocq,* 1812, in-32 de 96 pp.

171. PSYCHÉ, tragédie, représentée par l'Académie royale de musique. *On la vend à Paris,* etc. *Imprimée aux dépens de ladite Académie, par René Baudry,* 1678, in-4 de 6 ff. prélim. et 57 pp.

> Le privilége du 20 septembre 1672 est celui qui avait été accordé à J.-B. Lully pour l'impression de toutes les pièces en musique représentées sur son théâtre.

172. LE BOURGEOIS GENTILHOMME, comédie-ballet, faite à Chambord, pour le divertissement du Roy, par J.-B. P. Mollière (*sic*). *Paris, Claude Barbin,* 1673, in-12 de 2 ff. prélim. et 139 pp.

> Cette édition, que les bibliographes ont citée comme ayant été imprimée pour le compte de Molière (voy. ci-dessus la note du n° 20), pourrait bien n'être qu'une contrefaçon, ainsi que l'édition de *Monsieur de Pourceaugnac,* décrite plus haut sous le n° 169.

173. LA MÊME COMÉDIE. *Paris, veuve Duchesne,* 1784, in-12 de 159 pp.

174. LA MÊME. *Marseille, Mossy,* 1798, in-8 de 84 pp.

175. Les Fourberies de Scapin. *Paris, Compagnie des libraires,* 1787, in-8.

176. La même comédie. Édition conforme à la représentation. *Paris, Barba,* 1817, in-8 de 72 pp.

177. Les Femmes sçavantes, comédie, par J.-B. P. Molière (sic). *Paris, Pierre Trabouillet,* 1676, in-12 de 2 ff. prélim., y compris le titre, et 92 pp.

   Ce n'est pas une réimpression de l'édition originale. On n'a fait que rajeunir, avec un nouveau titre, les exemplaires du premier tirage, qui restaient en magasin et qui ne s'écoulaient pas.

178. La même comédie. *Marseille, Jean Mossy,* 1798, in-8.

179. La même. *Toulouse, au Magasin des pièces de théâtre, chez Devers,* an XI-1803, in-8 de 86 pp.

180. La même. Édition conforme à la représentation. *Paris, Barba,* 1817, in-8 de 76 pp.

181. La même. *Paris, Sanson,* 1826, in-32 de 80 pp. (Répertoire dramatique en miniature.)

182. Les Femmes savantes, comédie, avec une notice et des notes, par E. Gérusez. *Paris, Hachette,* 1864, in-18 de 102 pp.

183. Les Femmes savantes, comédie. Édition classique précédée d'une notice littéraire par F. Estienne. *Paris, J. Delalain,* 1866, in-18 de xxiv-79 pp. (chiffrées 461-539).

   C'est un extrait de l'édition du *Théâtre choisi,* publié par F. Estienne, chez le même libraire. Réimprimé, presque tous les ans, sur les clichés, et souvent sans date.

184. Les Femmes savantes, comédie. Nouvelle édition avec notes historiques, grammaticales et littéraires, précédées d'appréciations littéraires et philosophiques, par A. Henry. *Paris, E. Belin,* 1866, in-12 de 108 pp.

   Plusieurs fois réimprimé.

185. La Comtesse d'Escarbagnas, comédie, par J.-B. P. de Molière. *Amsterdam,* 1686, pet. in-8.

   Contrefaçon faite en France, sinon à Paris, lorsque cette comédie fut remise au théâtre de la rue Guénégaud.

186. LE MALADE IMAGINAIRE, comédie. *Paris, Marchant,* 1844, in-8 de 32 pp. à 2 col.

187. LA MÊME COMÉDIE. *Paris, Tresse,* 1873, in-18 jésus de 101 pp.

V.

BALLETS ET FÊTES DE COUR

COMPOSÉS PAR MOLIÈRE

ET DANS LESQUELS IL A EU PLUS OU MOINS DE PART.

188. BALLET DES INCOMPATIBLES, à huit entrées, dansé à Montpellier devant Monseigneur le prince et Madame la princesse de Conty. *Montpellier, Daniel Pech, imprimeur du roy et de la ville,* 1655, in-4 de 16 pp.

Ce ballet, lequel est incontestablement de Molière, a été signalé et publié avec un commentaire, par le bibliophile Jacob, dans une série d'articles qui furent insérés dans le feuilleton du journal *le Siècle*, en mars 1851, articles réunis depuis en volume, sous le titre de la *Jeunesse de Molière* (Bruxelles, Schnée, 1859, in-16).

189. LES INCOMPATIBLES, ballet, par Molière. Réimpression textuelle et intégrale de l'édition de Montpellier, 1665 ; précédée d'une Notice bibliographique, par Paul Lacroix. *Genève, J. Gay,* 1868, petit in-12 de XII et 18 pp.

Collection moliéresque tirée à cent exemplaires numérotés.
Le *Ballet des Incompatibles* a été réimprimé dans l'Appendice du tome I des Œuvres de Molière, édition de M. E. Despois, qui fait partie de la Collection des Grands Écrivains.

190. LE MARIAGE FORCÉ, ballé du Roy, dansé au Louvre par Sa Majesté, le 29 janvier 1664. *Paris, Robert Ballard,* 1664, in-4 de 12 pp.

On ne trouve ici que les vers du divertissement composé par Molière sur la musique de Lully.

191. LE MARIAGE FORCÉ, comédie-ballet, en trois actes, ou

le Ballet du Roi, dansé par le Roi Louis XIV le 29° jour de janvier 1664 ; nouvelle édition, publiée d'après le manuscrit de Philidor l'aîné, par Ludovic Celler (anagramme de Lecler), avec des fragments inédits de Molière et la musique de Lully, réduite pour le piano. *Paris, Hachette,* 1867, in-18 de 157 pp.

192. LES PLAISIRS DE L'ISLE ENCHANTÉE. (Première journée : Course de bague faite par le Roy à Versailles, le 6 mai 1664 ; 2° journée : la Princesse d'Élide, comédie de Molière ; 3° journée : le Ballet du palais d'Alcine et les entrées.) *Paris, Robert Ballard,* 1664, 3 part. in-4, de 24, 4 et 10 pp.

Première édition, dans laquelle on ne trouve pas la *Princesse d'Élide,* qui ne parut que dans la seconde édition publiée, la même année, in-fol. Les vers qui se trouvent dans la Relation sont de Benserade et du président de Périgny. Quant à la Relation, elle n'est pas d'André Félibien, comme on l'a prétendu, mais bien de Charles Perrault, qui était le premier commis de Colbert pour tout ce qui concernait les beaux-arts.

On ajoute à ces trois parties des *Plaisirs de l'Isle enchantée :* Liste du divertissement de Versailles et les noms de ceux qui y sont employez. S. *n. et s. d.*, in-4 de 19 pp.

La date du 6 mai 1664 a été changée dans les éditions suivantes.

193. LES PLAISIRS DE L'ISLE ENCHANTÉE, course de bagues, collation ornée de machines, comédie meslée de danse et de musique, Ballet du palais d'Alcine, feu d'artifice et autres festes galantes et magnifiques faites par le Roy à Versailles, le 7 mai 1664, et continuées plusieurs autres jours. *Paris, Robert Ballard,* 1664, in-fol. de 71 pp. chiffrées pour les deux premières journées et 6 ff. non chiffrés pour la troisième, avec 9 grandes gravures dessinées et gravées par Israël Silvestre.

C'est dans la seconde journée que fut représentée la *Princesse d'Élide,* qui est ici en édition originale.

Ce volume, qui a été réimprimé en 1673, in-fol., avec les mêmes figures, est de la plus grande rareté. M. A. Didot en possède un exemplaire.

Voy. le n° 948 du *Catalogue raisonné des livres de la Bibliothèque de M. Ambroise Firmin-Didot* (Paris, typogr. A. F.-Didot), gr. in-8, tome I, première livraison.

Dans cet exemplaire de l'édition datée de 1664, avec le nom de Robert Ballard, les planches de Silvestre sont de second état, avec son *excud.* et le *cum privilegio.* M. A. F.-Didot nous apprend que ces planches, en premier état, avaient été tirées d'abord sans texte, avec ces mots : *Isr. Silvestre delineavit et sculpsit.* Il possède même l'exemplaire de ces 9 planches, ayant appartenu au roi Louis XIV. On peut présumer, avec beaucoup de probabilité, que Molière s'opposa, comme il en avait le droit, à la publication de sa comédie dans la relation que Robert Ballard voulut publier, en 1664, avec les planches d'Israël Silvestre ; on ne s'explique pas autrement la disparition complète de la première édition, qui ne reparut qu'en 1673, après la mort de Molière.

194. LES PLAISIRS DE L'ILE ENCHANTÉE : Course de bague ; collation ornée de machines ; comédie de Molière, de la Princesse d'Élide, meslée de danse et de musique, ballet du palais d'Alcine ; feu d'artifice et autres festes galantes et magnifiques, faites par le Roy à Versailles, le 7 may 1664, et continuées plusieurs jours. *Paris, chez Robert Ballard, Thomas Jolly, Guillaume de Luyne, et Louis Billaine,* 1665, in-12 de 132 pp. et 2 ff. pour le privilége.

Dans le privilége du 7 janvier 1665, le nom de Molière est écrit *Mollière,* ainsi que dans tout le cours du volume : « Achevé d'imprimer pour la première fois le dernier janvier 1665. » L'*inventeur* de cette fête fut M. de Vigarani, gentilhomme modénois, *fort savant en toutes ces choses ;* le duc de Saint-Aignan composa les vers du ballet. La narration ne fut pas rédigée par Molière, comme on l'a cru, ni même avec son agrément ; car le passage relatif à la représentation des trois premiers actes du *Tartuffe,* qui eut lieu à la suite des fêtes, est à peine bienveillant, quoiqu'on y rende justice aux *bonnes intentions de l'auteur.* Voy. p. 130 de cette édition.

Robert Ballard, imprimeur pour la musique, avait dû, pour publier cette relation, dans laquelle était compris le texte de la *Princesse d'Élide,* associer à son privilége les libraires qui avaient déjà des droits ou des priviléges pour la vente des comédies de Molière. Il est permis de croire que celui-ci leur avait donné une autorisation tacite, pour traiter avec Robert Ballard.

Il y eut une seconde édition in-12, en 1668, avec le nom seul de *Jean Guignard.*

195. LES PLAISIRS DE L'ISLE ENCHANTÉE : Course de bague ; collation ornée de machines ; comédie meslée de danse et de musique ; ballet du palais d'Alcine ; feu d'artifice et autres festes galantes et magnifiques, faites par le Roy à

Versailles, le 7 mai 1664, et continuées plusieurs autres jours. *Paris, Imprimerie royale,* 1673, in-fol., fig. (9), gravées par Israel Silvestre.

Nous n'avons pu vérifier si c'est bien là une seconde édition, avec un nouveau tirage de gravures, ou bien si l'on aurait seulement refait un titre dans lequel le nom de *Robert Ballard* a disparu.

On regardait Molière comme le rédacteur de cette relation, laquelle, à cause de cela, a été reproduite dans la plupart des anciennes éditions de ses œuvres. On pourrait peut-être revenir sur cette attribution, si l'on retrouvait un précieux manuscrit, qui est ainsi décrit dans le *Catalogue de livres précieux, manuscrits et imprimés sur vélin, du cabinc. de M*** (Chardin). Paris, impr. Leblanc, 1811, in-8 : « N° 580. — Les Plaisirs de l'Isle enchantée, ordonnez par Louis XIV, roy de France, à Versailles, le 6 mai 1664; par de Bizincourt; gr. in-fol., mar. r.

« Superbe manuscrit, dédié au Roi, et supérieurement écrit sur papier, orné de quarante dessins et armoiries coloriées ; exemplaire qui a appartenu à M. le comte de Noailles. »

On ne sait ce qu'est devenu ce manuscrit, vendu alors 150 fr.

Il y a une curieuse relation de la Fête des Plaisirs de l'Ile enchantée, dans la première partie d'un roman, attribué à d'Alègre et plutôt à madame de Villedieu : *Aventures et Mémoires de la vie de Henriette-Sylvie de Molière* (*Paris, Cl. Barbin,* 1672, 6 part. in-12). Mais Molière n'y est pas nommé.

196. LA PRINCESSE D'ÉLIDE, comédie héroïque, par Molière, meslée de musique et d'entrée de ballet. *Paris, Robert Ballard,* 1669, in-4 de 17 pp., non compris le titre.

Ce ne sont que les intermèdes de la comédie, publiée en entier dans les *Plaisirs de l'Isle enchantée,* dès l'année 1665, et qui figura depuis, avec cette Relation, dans les Œuvres de Molière, imprimées et publiées après sa mort. Cette réimpression des Intermèdes, où il y aurait, dit-on, quelques variantes à recueillir, nous permet de supposer qu'ils avaient été de nouveau exécutés, à la cour, en 1669.

197. BALLET DES MUSES, dansé par Sa Majesté à son château de Saint-Germain en Laye, le 2 décembre 1666. *Paris, Robert Ballard,* 1666, in-4 de 80 pp. (Paginées de 1 à 47 et de 29 à 60.)

« Ce ballet est précieux, parce qu'il nous a conservé quelques fragments d'une pièce de Molière, qui n'existe plus. Cette pièce en xv scènes, intitulée : *Pastorale comique,* faisait partie de la 3ᵉ entrée du ballet. Molière y jouait le rôle de Lycas, un des bergers. La jugeant sans doute indigne de lui, il la mit au feu. (Voir l'*Hist. de Molière,* par M. Taschereau, édit. de 1844, p. 113.)

« On a seulement ici le programme et les vers (environ 120), qui avaient été mis en chant.

« En tête de la pastorale se trouve un petit avertissement qui doit être de Benserade, l'auteur du ballet. Il est ainsi conçu : « Thalie, à qui la Comédie est consacrée, a pour son partage une pièce comique, représentée par les comédiens du Roy, et composée par celui de tous nos poëtes (en marge *Molière*), qui, dans ce genre d'écrire, peut le plus justement se comparer aux anciens. »

« La comédie du *Sicilien* figurait aussi dans le ballet (xve entrée). On en a donné ici le canevas et les deux scènes chantées par les musiciens et les esclaves turcs. »

(Note extraite du *Catalogue* (rédigé par L. Potier) *de la Biblioth. de H. B**** (Borde). *Paris*, 1873, pet. in-8, n° 374.)

Le *Ballet des Muses* est suivi de « Vers sur la personne et le personnage de ceux qui dansent au Ballet », par Benserade.

Molière avait intercalé sa *Pastorale comique* dans ce ballet, et il y parut avec sa troupe, à côté du roi qui dansait en habit de berger avec Mlle de la Vallière et Mme de Montespan. Ce quatrain de Benserade rend hommage à l'auteur de *l'École des femmes* :

> Le célèbre Molière est dans un grand éclat.
> Son mérite est connu, de Paris jusqu'à Rome.
> Il est avantageux partout d'estre honnête homme,
> Mais il est dangereux, avec luy, d'estre un fat.

Ce ballet ayant été dansé plusieurs fois à la cour, en décembre 1666, en janvier et février 1667, et chaque fois avec de nouveaux divertissements, il y eut au moins trois éditions appropriées à ces représentations différentes, qui offrirent successivement, comme accessoires, la *Pastorale comique* de Molière, la Mascarade espagnole, et la Comédie des Poëtes, qu'on pourrait aussi lui attribuer, mais qui n'a pas été conservée, et enfin *le Sicilien*, qu'on joua et qu'on imprima depuis séparément. La troisième édition du *Ballet des Muses*, la plus complète (80 pages, tandis que la première n'en a que 29), est rarissime.

198. LE GRAND DIVERTISSEMENT ROYAL DE VERSAILLES. *Paris, Rob. Ballard,* 1668, in-4 de 20 pp.

C'est le programme, avec les intermèdes, de la comédie de *George Dandin,* jouée dans les fêtes de Versailles en 1668.

199. LE DIVERTISSEMENT ROYAL, meslé de comédie, de musique et d'entrée de ballet. *Paris, Robert Ballard,* 1670, in-4 de 43 pp.

Édition originale donnée par Molière, qui n'a publié ici que les intermèdes des *Amants magnifiques* mis en musique par Lully. Cette *comédie héroïque* ne fut publiée qu'après la mort de Molière, dans ses

Œuvres posthumes. « Le Roy, qui ne veut que des choses extraordinaires dans tout ce qu'il entreprend, dit l'Avant-propos du *Divertissement royal,* s'est proposé de donner à sa Cour un divertissement qui fût composé de tous ceux que le Théâtre peut fournir; et, pour embrasser cette vaste idée et enchaisner ensemble tant de choses diverses, Sa Majesté a choisi pour sujet deux princes rivaux, qui, dans le champestre séjour de la vallée de Tempé, où l'on doit célébrer la feste des jeux Pythiens, régalent à l'envy une jeune princesse et sa mère, de toutes les galanteries dont ils se peuvent aviser. » Le roi aurait donc donné à Molière l'*idée* des *Amants magnifiques.*

Le Divertissement fut représenté à Saint-Germain en Laye, au mois de septembre 1670; mais il y eut certainement une seconde représentation, différente de la première, comme on peut en juger par une seconde édition du programme, édition dont les douze premières pages sont seules identiques avec celles de l'édition décrite ci-dessus. Le titre de cette seconde édition est le même ; seulement, à partir de la page 13, jusqu'à la fin, c'est un autre texte (*Paris, Robert Ballard,* 1670, in-4 de 30 pp.). Dans ce nouveau programme, on trouve les noms de tous les personnages qui figuraient parmi les acteurs du *Divertissement royal,* où le Roi représentait le Soleil.

200. Le Divertissement de Chambort, meslé de comédie, de musique et d'entrée de balet. *Paris, Robert Ballard,* 1670, in-4 de 12 pp.

Ce programme se compose seulement des intermèdes de la comédie de *Monsieur de Pourceaugnac,* mis en musique par Lully.

Cette édition avait été précédée d'une autre, faite exprès sans doute pour la représentation de Chambord et imprimée certainement sous les yeux de Molière : *Blois, Jules Hotot,* 1669, pet. in-4 de 13 pp.

201. Le Bourgeois gentilhomme, comédie-ballet, donné par le Roy à toute sa cour, dans le chasteau de Chambort, au mois d'octobre 1670. *Paris, Robert Ballard,* 1670, in-4 de 26 pp., non compris le titre.

C'est le programme des intermèdes de la comédie, programme rédigé sans doute par Molière lui-même.

Ce programme fut réimprimé, onze ans plus tard, pour une reprise de cette comédie-ballet, devant le roi et sa cour, dans le château de Saint-Germain, au mois de décembre 1681 (*Paris, Christ. Ballard,* 1681, in-4).

202. Psiché, tragi-comédie, ballet dansé devant Sa Majesté, au mois de janvier 1671. *Paris, Robert Ballard,* 1671, in-4 de 43 pp.

On ne trouve, dans ce programme, que les paroles du ballet, qui sont de Quinault, à l'exception de celles du premier intermède, attribuées à Lully, et dues probablement à la collaboration de Molière. Quant à la tragi-comédie, dans laquelle le vieux Corneille avait composé le prologue, le premier acte et les premières scènes du second et du troisième acte, elle fut imprimée, dans le format in-12, aux frais de Molière, en vertu du privilége qu'il avait obtenu à son nom. (Voy. ci-dessus le n° 21.)

203. LE GRAND BALLET DE PSICHÉ, dansé devant Sa Majesté au mois de janvier 1671, et dansé sur le théâtre du Palais-Royal, avec la tragi-comédie représentée par la troupe du Roy au mois de juillet 1671. *Paris, Robert Ballard,* 1671, in-4 de 40 pp.

C'est le même programme que le précédent, mais avec des différences notables.

204. BALLET DES BALLETS, dansé devant le Roy à Saint-Germain en Laye, au mois de décembre 1671 (à l'arrivée de la princesse Palatine, mariée à Monsieur, duc d'Orléans). *Paris, Robert Ballard,* 1671, in-4 de 64 pp.

L'Avant-propos nous apprend que le Roi « s'est proposé de donner un Divertissement à Madame, à son arrivée à la Cour, qui fust composé de tout ce que la France peut avoir de plus beau; et pour répondre à cette idée, Sa Majesté a choisi tous les plus beaux endroits des divertissements qui se sont représentés devant elle depuis plusieurs années, et ordonné à Molière de faire une comédie qui enchaînast tous ces beaux morceaux de musique et de danse ».

Le cinquième acte contient textuellement la cérémonie turque du *Bourgeois gentilhomme*. Parmi les acteurs du *Ballet des Ballets*, on voit figurer « mademoiselle Molière, le sieur Baron, le sieur Molière ».

Ce ballet, qui réunissait des fragments de ballets anciens, choisis par le roi lui-même, renfermait, en outre, dans son vaste cadre, *le Bourgeois gentilhomme, la Comtesse d'Escarbagnas,* et la *Pastorale comique,* composée également par Molière, mais qui ne nous est connue que par les noms des personnages et par ceux des comédiens de la troupe du Palais-Royal, qui la représentaient. La deuxième scène seulement se trouve ici. (Voy. ci-dessus le n° 190.)

205. BALLET DES BALLETS, dansé devant Sa Majesté en 1671, meslé de la comédie de la Comtesse d'Escarbagnac, par J.-B. Pocquelin de Molière. *Paris, Robert Ballard,* 1671, in-4.

Ce programme de ballet, dont nous citons le titre, d'après le *Catalogue des livres imprimés de la Bibliothèque du Roy*, Belles-lettres, tome I (*Paris, Impr. royale*, 1750, in-fol., pp. 568), paraît avoir été imprimé pour une représentation du *Ballet des Ballets*, dans laquelle on n'avait joué, à la cour, que la comédie de *la Comtesse d'Escarbagnac*. Il contient quelques extraits de cette comédie.

206. LES FÊTES DE L'AMOUR et DE BACCHUS, pastorale, en trois actes et un prologue, représentée le 13 novembre 1672, par l'Académie royale de musique. *Paris, François Muguet*, 1672, in-4 de 4 feuill. prélim., y compris le titre et le privilége, et 48 pp., fig.

Il y a des exemplaires, avec cette adresse sur le titre : « On la vend à Paris, à l'entrée de la Porte de l'Académie royale de musique, près Luxembourg, vis-à-vis Bel-Air. »

Quoique Quinault passe pour être l'arrangeur de cette pastorale, composée de scènes d'intermèdes choisis dans les comédies de Molière, et mis en musique par Lully, on peut affirmer que Molière a eu la plus grande part à cet arrangement et y a même ajouté quelques vers nouveaux.

Le privilége du roi accordé à J.-B. Lully, « sur-intendant de la musique de nostre chambre », en date du 26 septembre 1672, est très-curieux, à cause de ses considérants, rédigés sans doute par Molière lui-même : « Nostre bien-amé Jean-Baptiste Lully, sur-intendant de la musique de Nostre chambre, Nous a fait remontrer que les airs de musique qu'il a cy-devant composez, ceux qu'il compose journellement par Nos ordres, et ceux qu'il sera obligé de composer à l'avenir pour les pièces qui seront représentées par l'Académie royale de musique, laquelle nous luy avons permis d'établir en Nostre bonne ville de Paris et autres lieux de Nostre royaume, où bon luy semblera : estant purement de son invention, et de telle qualité que le moindre changement ou obmission leur fait perdre leur grace naturelle ; de sorte que, comme son esprit seul les produit pour les appliquer aux sujets qu'il y trouve proportionnés, nul autre ne peut si bien que luy rendre lesdits ouvrages publics dans leur perfection et avec l'exactitude qui leur est deuë. Et d'ailleurs il est juste que si leur impression doit apporter quelque avantage, il revienne plutost à l'auteur pour le récompenser de son travail et de partie des frais qu'il avance pour l'exécution des desseins qu'il doit faire représenter par ladite Académie, qu'à de simples copistes qui les imprimeroient sous prétexte de permissions générales ou particulières, qu'ils peuvent avoir obtenues par surprise ou autrement. »

Cette pastorale a été réimprimée dans le premier volume du *Recueil des opéras, ballets et des plus belles pièces en musique*, etc. (*Amsterdam, Abraham Wolfgang et Henri Schelte*), 1690-1705, 9 vol. in-12, fig., et dans les différentes éditions de ce recueil.

207. L'Idylle et les Festes de l'Amour et de Bacchus, pastorale, de Jean Racine, Philippe Quinault et Jean-Baptiste Pocquelin de Molière, et la musique de Lully, représentée par l'Académie de musique. *Paris, Christophe Ballard, 1689, in-4.*

208. Le Malade imaginaire, comédie-ballet, meslée de musique et de dance, représentée sur le théâtre du Palais-Royal le 10 février 1673. *Paris, Christophe Ballard, 1673, in-4 de 36 pp.*

On ne trouve ici que les intermèdes de la comédie de Molière, mis en musique par Charpentier. Christophe Ballard les fit imprimer, immédiatement après la mort de Molière, en vertu du privilége général accordé aux Ballard pour l'impression de tous les ouvrages en musique.

209. Le Malade imaginaire, comédie meslée de musique, par J.-B. P. Molière. *Paris, Guill. Adam, 1674, in-4.*

Ce sont encore les intermèdes de la comédie, mais avec des variantes. On est surpris de voir cette édition mise au jour chez un libraire de Paris, sans doute de l'aveu tacite de la veuve de Molière, en concurrence avec l'édition privilégiée de Christophe Ballard.

210. Le Malade imaginaire, comédie meslée de musique et de danse, représentée sur le théâtre du Palais-Royal, par feu Molière. *Suivant la copie imprimée à Paris* (Holl., Elzevier, à la Sphère), 1675, pet. in-12 de 36 pp.

Cette contrefaçon tardive du programme in-4, imprimé par Christophe Ballard en 1673, ne contient que le prologue et les trois intermèdes, malgré son titre, qui annonçait davantage.

VI

POÉSIES DE MOLIÈRE.

211. Couplet de Chanson, par Molière.

Ce couplet, improvisé, à table, par Molière, sur un air de Dassoucy, qui fit le second couplet de la chanson, vers 1656, pendant leur séjour à Montpellier, est cité par Dassoucy lui-même, dans ses *Aventures d'Italie* (Paris, Quinet, 1679, in-12).

212. **Remerciement au Roy** (par Molière). *Paris, Guillaume de Luyne et Gabr. Quinet,* 1663, in-4 de 4 pp.

On connaît aujourd'hui deux exemplaires de cette pièce rarissime, imprimée d'abord en feuille volante, suivant l'usage du temps, pour être distribuée de la main à la main ; ils sont chez deux amateurs de Paris. Celui que possède M. de Ruble provient du cabinet du comte de Lurde. Le second exemplaire est chez M. le comte de Lignerolles.

Ce Remerciment, réimprimé dans le format in-12, a été mis, en guise de préface, au-devant des *Œuvres de Monsieur Molier* (Paris, Ch. de Sercy, 1664, in-12, tome I), recueil factice des premières pièces de Molière, publiées séparément et réunies sous un titre général. Il a figuré depuis dans toutes les éditions de Molière, mais à différentes places, souvent au commencement des Œuvres, quelquefois après *la Critique de l'École des femmes*.

213. **Sonnet a M. La Mothe le Vayer**, sur la mort de son fils, avec lettre d'envoi, par Molière.

Ce sonnet et la lettre d'envoi qui l'accompagne, laquelle devrait être datée de 1664, époque de la mort de l'abbé de La Mothe le Vayer, ont été publiés, pour la première fois, dans les Œuvres complètes de Molière, par Auger ; Monmerqué les avait découverts, à la bibliothèque de l'Arsenal, dans les manuscrits de Conrart, et il les communiqua d'abord à cet éditeur ; mais ils ignoraient, l'un et l'autre, que ce sonnet avait été déjà imprimé, sans nom d'auteur, dans le *Recueil de pièces galantes en vers et en prose de la comtesse de la Suze et de Pellisson* (Amsterdam, 1695, 2 parties in-12), et dans quelques autres recueils de poésies.

214. **Huitain**, en l'honneur de la Confrérie de Notre-Dame de la Charité, par Molière.

Ces vers, signés J.-B. P. Molière, sont au bas d'une estampe, in-folio, gravée par Fr. Chauveau, l'ami de Molière, et représentant la *Confrérie de l'esclavage de Notre-Dame de la Charité, establie en l'église des religieux de la Charité, par N. S. P. le pape Alexandre VII l'an* 1665.

Ces vers ont été reproduits, pour la première fois, dans la *Revue rétrospective,* publ. par Taschereau et Monmerqué (1833-38), 2º série, tome VII, pp. 320.

215. **Stances**, par Molière.

Ces stances se trouvent, avec la signature de Molière, à la page 201 de la première partie des *Délices de la poésie galante* (Paris, Jean Ribou, 1666, in-12) ; mais elles ont été supprimées dans les réimpressions de ce recueil, sans qu'on puisse deviner les motifs de cette suppression. Molière avait été brouillé avec le libraire Jean Ribou, et lui avait intenté un procès à cause de l'édition de *Sganarelle,* publiée indûment chez ce libraire par le sieur de Neuf-Villenaine ; mais, en 1666, la paix était faite entre eux, et Jean Ribou devenait le libraire en titre de l'auteur de *Sganarelle*. Au reste, il est impossible de douter de l'authenticité de cette pièce de vers, que Molière a signée de son nom dans un recueil fait sous ses yeux, avec son concours et celui de ses meilleurs amis.

216. AU ROY, stances irrégulières, par Molière, sur les Victoires de Louis XIV.

Ces stances, qui ne sont pas signées, et qui doivent avoir été composées dans l'été de 1667, se trouvent dans le tome III, page 97, du *Recueil de pièces galantes en prose et en vers, de madame la comtesse de la Suze, comme aussi de plusieurs et différents autheurs* (Paris, Gabriel Quinet, 1675, in-12); mais on les rencontre, avec la signature de *Molier*, dans un manuscrit contemporain, de la Bibliothèque nationale de Paris, in-fol., n° 686 du *Suppl. franç.*

217. LA GLOIRE DU VAL DE GRACE, par Jean-Baptiste Poquelin de Molière. *Paris, Pierre le Petit*, 1669, in-4 de 24 pp., avec vignettes et culs-de-lampe d'après Mignard.

Privilége, en date du 5 décembre 1668, accordé au sieur Molière.

Il existe deux éditions différentes, ou plutôt deux sortes d'exemplaires, sous la même date : dans les uns, le titre porte un sujet gravé et le volume est orné de deux grandes gravures de Fr. Chauveau ; dans l'autre, il n'y a qu'une gravure, et le titre ne porte pas de sujet gravé. M. le comte de Lignerolles possède ces deux sortes d'exemplaires.

Le « Poëme sur les peintures du Val de Grâce » est imprimé à la suite de la *Vie de Pierre Mignard*, par l'abbé Mazière de Monville (*Paris, J. Boudot*, 1730, in-12).

Il y avait, dans la bibliothèque de Bellanger, trésorier général du sceau de France (voy. le n° 562 de son Catalogue rédigé par Gabriel Martin, 1740), un exemplaire de l'édition originale, « avec des notes mss. en marge, où ce poëme est étrangement critiqué ».

218. AU ROY, sur la conquête de la Franche-Comté, sonnet, par Molière.

Ce sonnet se trouve imprimé, on ne sait pourquoi, en tête de la comédie d'*Amphitryon* (Paris, Jean Ribou, 1670, in-12) : il a été recueilli pour la première fois dans le tome IX des Œuvres complètes publiées par Aimé-Martin, et depuis lors il figure dans la plupart des éditions de Molière.

219. BOUTS-RIMEZ, commandés par le prince... (de Condé?), sur le Bel air, par Molière.

Ce sonnet en bouts-rimés parut pour la première fois à la suite de la comédie de *la Comtesse d'Escarbagnas*, dans les Œuvres de Molière, édition de 1682 ; on le trouve aussi, à la fin de la même comédie, dans les Œuvres posthumes de Molière, tome VIII de l'édition de *Lyon, chez Jacques Lyons*, 1696, 8 vol. in-12.

220. CHANSON, faite par feu Molière, sur l'air : *Je suis épris d'une belle,* etc.

Publiée par Arthur Dinaux, dans le n° d'août 1853, page 484, des *Archives du nord de la France*. Cette chanson est tirée du manuscrit de Poésies et mélanges de Mlle de la Force, ayant appartenu au roi Louis-Philippe, et que possède aujourd'hui la bibliothèque de l'Académie royale de Bruxelles.

221. CHANSON, sur l'air : *Lon lan la deriderette.*

Cette chanson, tirée du manuscrit original des Poésies de Mlle de la Force, qui était dans la bibliothèque du roi Louis-Philippe, a été publiée, pour la première fois, par Arthur Dinaux, dans le *Bulletin du Bibliophile,* de Techener (1853-54, pp. 365-68). Le manuscrit la donne comme étant de Molière. Nous croyons que deux ou trois couplets ont paru trop libres, et n'ont pas été mis au jour.

222. FRAGMENTS PRÉSUMÉS DE MOLIÈRE, publiés par M. Louis Moland.

Ce sont des airs et des dialogues en vers, recueillis dans l'ancienne partition manuscrite de *la Comtesse d'Escarbagnas,* qui existe au département des manuscrits de la Bibliothèque nationale de Paris. Ces nouveaux fragments n'ont pas encore été réunis aux œuvres de Molière. M. L. Moland les a publiés le premier dans le tome VIII, page 294 et suivantes, de la *Correspondance littéraire* (Paris, Hachette, 1863, gr. in-8).

223. POÉSIES DE MOLIÈRE, précédées d'une Notice, par Édouard Fournier.

Ce choix de poésies fait partie des *Poëtes français,* recueil des chefs-d'œuvre de la Poésie française depuis les origines jusqu'à nos jours, publié sous la direction de M. Eugène Crépet (*Paris, Gide,* 1861-62, 4 vol. gr. in-8), tome II, pp. 726-740.

224. POÉSIES DIVERSES, attribuées à Molière ou pouvant lui être attribuées, recueillies et publiées par P. L. Jacob, bibliophile. *Paris, Alphonse Lemerre,* 1869, in-18 de XIII-151 pp.

La préface de ce recueil est adressée à Jules Janin.
Ce recueil, qui ne contient pas moins de 52 pièces de vers, que

l'éditeur présente comme pouvant être, à divers égards et par divers motifs, attribuées à Molière, est le résultat de longues et minutieuses recherches dans les imprimés et les manuscrits contemporains.

L'éditeur remarque, avec raison, que Molière, dans sa jeunesse, avait dû faire beaucoup de vers, et que les éditions les plus complètes de ses œuvres n'ont encore réuni « qu'un sonnet en bouts-rimés, qui figure, on ne sait pourquoi, dans une édition originale d'*Amphitryon* ; un sonnet à La Mothe le Vayer, sur la mort de son fils, tiré des recueils manuscrits de Conrart ; un autre sonnet sur la rédemption des Captifs, gravé au bas d'une estampe de Chauveau, et enfin une odelette ou chanson, qui porte la signature de *Molière* dans un recueil imprimé de poésies diverses ».

« Il est certain, dit M. Ludovic Lalanne dans un article très-judicieux de la *Correspondance littéraire* (tome V, page 18), il est certain, d'après la manière dont il (Molière) savait tourner le petit vers, le madrigal et la chanson, que le chapitre de ses poésies diverses devrait être bien plus considérable. »

Il faut remarquer aussi que Molière a fait entrer, dans les ballets et les divertissements qu'il a composés pour la représentation, quelques-unes des petites pièces de vers qui se trouvaient dans son portefeuille.

VII

OUVRAGES DIVERS ATTRIBUÉS A MOLIÈRE.

225. L'ORACLE DU BALLET DE LA SIBILLE DE PANSOUST, dansé au Palais-Royal et à l'Hostel du Luxembourg. *Paris, J. Bessin,* 1645, in-4º de 12 pp.

Ce ballet, dont il existe une autre édition contemporaine sans nom et sans date, a été reproduit, d'après cette édition, dans le tome VI des *Ballets et Mascarades de cour sous Henri IV et Louis XIII,* publ. par Paul Lacroix (Turin, J. Gay, 1870, in-8, pp. 103 et suiv.), avec cette note : « Ce ballet, que les connaisseurs attribuent à Molière, fut dansé, en 1645, par les gentilshommes et les officiers de Gaston d'Orléans. Il est imprimé de format in-4º, sans nom et sans date, comme la plupart des ballets du répertoire de Monsieur, frère du roi, et il forme 12 pages. Le duc de la Vallière ne l'a pas connu. L'exemplaire que nous avons sous les yeux présente les noms des danseurs, écrits en marge ; nous n'avons pas manqué de les recueillir. Un de ces noms, qu'il n'était pas facile de déchiffrer, peut être lu : *Ralière* ou *Molière.* »

M. Victor Fournel, en réimprimant ce ballet dans le tome II de sa précieuse collection des *Contemporains de Molière,* pp. 361 et suiv. (*Paris, Firmin Didot,* 1866-74, 3 vol. in-8), n'a pas soupçonné que Molière pouvait en être l'auteur : il remarque seulement que « la versification en est assez bonne, et le style trahit une main exercée... » Il aurait pu ajouter qu'on y trouve en germe l'idée du *Mariage forcé.*

M. Edouard Fournier a confirmé l'attribution de ce ballet à Molière, en lui empruntant quelques vers qu'il a intercalés dans sa spirituelle comédie de *la Valise de Molière.* Dans les notes qui accompagnent la pièce, il s'est attaché à prouver cette attribution par des rapprochements historiques et littéraires.

226. BALLET DES VRAYS MOYENS DE PARVENIR. *Sans nom de lieu ni de libraire, et sans date* (vers 1645), in-4 de 8 pp.

« Encore un ballet de la fabrique du duc de Guise, ou de Gaston d'Orléans, disions-nous dans une note de la *Description bibliographique des livres choisis en tous genres, composant la librairie J. Techener* (Paris, 1858, in-8, tome II, page 395). La date de la représentation n'est pas connue. Il y a des vers charmants, pleins de philosophie, qui rappellent le *Ballet des Incompatibles,* de Molière. On voit figurer, dans la 5ᵉ entrée, trois comédiens fameux de la troupe italienne : Spacamonte, Briguelle et Trivelin. »

Ce ballet a été réimprimé dans le tome VI des *Ballets et Mascarades de cour sous Henri IV et Louis XIII,* publ. par Paul Lacroix (*Turin, J. Gay,* 1870, in-12), avec cette note : « Ce ballet, qui appartient probablement au répertoire des ballets de Gaston d'Orléans, comme l'indique l'obscénité de certaines allusions, n'était pas encore oublié, dix ou douze ans après la première représentation à Paris, car, selon Beauchamps, il aurait été encore dansé à Lyon, le 15 février 1654. » On aurait pu ajouter que cette représentation, donnée à Lyon, en 1654, doit se rapporter sans doute à la présence de la troupe ambulante de Molière à Lyon, où elle vint se fixer dès l'année 1653. Il était tout simple que Molière, qui avait des danseurs et des danseuses dans sa troupe, les employât à reprendre un des ballets qui avaient eu le plus de succès à la cour de Gaston d'Orléans, protecteur de l'*Illustre théâtre* des Béjart.

227. MÉLISSE, tragi-comédie pastorale (5 a. et prol. v.). *S. l. n. d.,* pet. in-12 de 4 ff. et 80 pp.

« Il est bien singulier que les bibliographes du Théâtre, qui ont cité cette pièce, dont tous les exemplaires commencent par un faux titre, ne se soient pas arrêtés sur un ouvrage aussi remarquable. Le sujet est assez peu de chose en lui-même, et le genre d'une pastorale a toujours certaine fadeur, que l'habile arrangement des scènes ne corrige pas même dans ce chef-d'œuvre inconnu ; oui, chef-d'œuvre, surtout si on le compare à tout ce qui paraissait sur la scène à cette époque. Qu'on se figure un langage harmonieux, élégant, facile, naturel ; un style toujours pur et toujours franc ; les qualités enfin qui caractérisent celui de Molière. Répétons-le avec avec assurance, il n'y a que Molière qui sût écrire de la sorte, avant Racine. Voici une citation prise au hasard :

> Alexis ! de l'amour le pouvoir est étrange :
> Un amant mille fois en un moment se change,
> Et de ses passions l'impétueux reflus
> Luy fait parfois haïr ce qu'il aime le plus.
> Au fort de sa douleur, aveugle, il s'imagine
> Chasser facilement l'objet qui le domine,
> Et, par le vain secours de sa foible raison,
> Il croit rompre ses fers et briser sa prison.
> Mais, s'il voit seulement les yeux qui le maistrisent,
> Ses frivoles projets tout d'un coup se détruisent,
> Et de sa lacheté tel est le repentir,
> Qu'il redouble ses fers pour n'en jamais sortir.

« Quel style ! Est-ce Colletet, est-ce Desmarets, est-ce Rotrou lui-même, qui trouvent ainsi la rime sans la chercher ? Il suffit de savoir reconnaître les caractères du style d'un écrivain, pour penser aussitôt à Molière, en lisant ces extraits d'une pièce qui date de 1640 à 1655. Que l'on compare ces portraits de femmes, à ceux que Célimène trace si finement dans le *Misanthrope?* Ceux-ci sont moraux, ceux-là tout physiques, mais le mouvement de la phrase est presque semblable dans les deux passages :

> Nérine a les yeux bruns, Æglé le teint de lys,
> Diane est complaisante, et douce Amarillis ;
> Galatée, à chanter, les rossignols surpasse ;
> Philis est toute jeune et dans son beau printemps,
> Aréthuse a des traits encor bien éclatans,
> Sylvie est enjouée, et la belle Caliste
> Ne laisse pas de plaire, encor qu'elle soit triste.

« Combien de vers charmants dignes de Molière :

> Hélas ! on sait trop tôt ce qui doit affliger :
> Le bonheur est tardif et le mal est léger...
> On ne plaint point un mal, quand il est volontaire...
> On n'exprime pas bien une ardeur violente
> Que le cœur ne sent pas et dont l'âme est exempte.

« Nous croyons donc que cette pièce est de Molière, qui composait alors des tragédies, et qui pouvait bien aborder les tragi-comédies pastorales ; mais celle-ci ne fut jamais publiée, et les quelques exemplaires qu'on en a vus ne servirent peut-être qu'à la représentation de la pièce sur l'*Illustre théâtre,* ou chez le prince de Conti. Le prologue, où l'auteur promet à Louis XIII la défaite du *Croissant,* s'il veut entreprendre une croisade contre les Turcs, fut-il cause qu'on refusa le privilége nécessaire à la publication ? » (*Note du Catalogue Soleinne*, tome I, n° 1180.)

« Louis XIII n'est pas nommé dans le prologue, comme on pourrait le croire d'après la note du Catalogue Soleinne. Les vers suivants qui s'y trouvent n'ont jamais pu se rapporter à ce roi moribond, et il semble que ce soit plutôt à Louis XIV, dans la fleur de la jeunesse, que l'auteur ait voulu les appliquer :

>   Mais, entre ces héros, se présente un Louis,
>   Qui n'eut jamais d'égal dans la suite des âges.
>   . . . .
>   Qu'il est grand, qu'il est beau, qu'il a de majesté !
>   Il enchante les yeux et charme les oreilles,
>   Et fait à tous les cœurs perdre la liberté.

« On peut supposer que Louis XIV n'a été l'objet de ces vers, qu'à l'âge de dix-huit à vingt ans environ ; c'est-à-dire vers 1656 ou 1658, époque où aurait été imprimée cette pièce. C'est, au reste, sous la date de 1658 qu'elle est portée dans le Catalogue de la Vallière-Nyon. L'impression paraît, en effet, être de ce temps-là. » (*Note de M. Potier.*)

228. HISTOIRE DES RÉVOLUTIONS DE NAPLES, depuis l'an 1647 jusqu'à la prison du duc de Guise, par (Esprit Raymond) le comte de Modène. *Paris, Bouillard,* 1666-1668, 3 vol. in-12.

Cette histoire, réimprimée avec des notices historiques, par les soins du comte de Fortia d'Urban, sous le titre de *Mémoires du comte de Modène* (publiés par Mielle, *Paris, Sautelet,* 1826, 2 vol. in-8), a été plus d'une fois attribuée à Molière, qui l'aurait écrite sur les notes et d'après les souvenirs de l'auteur nominatif. Lorsque cet ouvrage parut pour la première fois, en effet, le comte de Modène, à son retour de l'expédition romanesque de Naples, entreprise par le duc de Guise, s'était établi à Paris, auprès de la famille Béjart, qu'il avait patronnée depuis plus de vingt ans. On peut supposer, du moins avec beaucoup de probabilité, que Molière aura revu le manuscrit de l'ouvrage, avant l'impression. Quant à la dédicace au roi, elle porte, évidemment, le cachet de son style. « Bien que cette histoire ne contienne rien que de vraisemblable, disait le rédacteur du *Journal des Sçavants* (13 mai 1666), à l'apparition des deux premiers volumes ; néanmoins, elle est si mêlée d'événements extraordinaires et si surprenants, qu'il semble qu'elle ait été inventée pour divertir le monde. »

229. SECRET DE NE PAYER JAMAIS, composé par le sieur Vital

Bedene, natif de Pezenas, résident à Montaignac. *Lyon, rue du Petit Soulier,* sans date (1656?), in-12.

> Cette espèce de farce, que les historiens du Théâtre ont placée, par erreur, sous la date de 1610, avait été réunie aux ouvrages de Molière ou relatifs à Molière, dans la collection dramatique de Chardin. Nous n'osons pas dire que cette farce ait été composée pour le répertoire de la troupe de Molière, qui a donné des représentations à Pézenas et à Montaignac. On pourrait cependant essayer de prouver que cette comédie fait allusion à la lettre de change, que Martin-Melchior Durfort, entrepreneur des étapes, fit à Molière et à la Béjart, en 1656, et qu'il ne paya jamais. Voyez l'ouvrage de M. Raymond, sur les Pérégrinations de Molière en Languedoc.

230. Scène d'Arlequin, empereur dans la lune.

> Cette scène, que Gherardi avait publiée dans son *Théâtre italien* (1695, in-8, tome I, page 153), a été recueillie, comme étant de Molière, dans l'édition des Œuvres de notre grand comique, imprimée la même année en Allemagne, sous ce titre : *Gallicus comico-satyricus sine exemplo, ou les Comédies de M. de Molière* (Nuremberg, J. Dan. Tauber, 1695-96, 4 vol. in-8). L'éditeur avait peut-être appris, par la tradition du théâtre, que Molière a pu fournir le canevas de cette scène de l'Apothicaire, à la troupe italienne, qui donnait des représentations concurremment avec la troupe de Monsieur sur le théâtre du Petit-Bourbon, en 1660. On sait, par la préface des œuvres de Palaprat, publiée par lui-même (*Paris, Ribou,* 1712, 2 vol. in-12), que Molière était en rapport intime et journalier avec les comédiens de cette excellente troupe italienne.

231. Vers espagnols inédits de Molière.

> Publiés, d'après un ancien manuscrit de la partition du *Ballet des Muses,* avec une notice du bibliophile Jacob, dans le tome III, page 138, de la *Revue des Provinces* (Paris, 1864, gr. in-8). Ces vers, qui composaient la *Mascarade espagnole,* furent mis en musique par Lully, et chantés à Saint-Germain en Laye en 1666 et 1667, par les comédiens et comédiennes de la troupe espagnole, établie alors à Paris. On les trouve imprimés, avec une imitation en vers françois, dans la grande édition du *Ballet des Muses,* in-4 de 80 pp., et l'on peut les attribuer à Molière, qui fut le principal organisateur du *Ballet des Muses.* Benserade ne les ayant pas admis dans le recueil de ses Œuvres, avec les vers qu'il avait faits pour ce ballet, on doit croire qu'il n'était pas l'auteur de ces vers espagnols. M. de Trallage, dans une note manuscrite, dit positivement que Molière a composé des vers espagnols pour être mis en chant.

232. Un Manuscrit de la troupe de Molière, Lettre à M. Édouard Fournier, par P. L. Jacob, bibliophile.

Cette Lettre, imprimée dans le tome VI, pp. 112 à 131, de la *Revue des Provinces* (Paris, 1865, gr. in-8), est suivie du 3º acte de la comédie de *Joguenet, ou les Vieillards dupés,* laquelle comédie, alors inédite, nous a été conservée dans un manuscrit contemporain de Molière, et qui n'est autre qu'un premier canevas des *Fourberies de Scapin,* composé originairement, dit-on, par Cyrano de Bergerac et Molière.

Un de nos plus savants libraires, M. Claudin, ayant rapporté de Toulouse, en décembre 1864, le manuscrit, qu'il avait acheté dans un lot de vieux papiers, nous le confia avec obligeance, lorsque nous lui eûmes appris que c'était bien là un texte primitif des *Fourberies de Scapin,* dont nous lui proposâmes, à première vue, la somme de 300 francs, au nom de notre ami M. Léopold Double, à qui nous étions heureux de ménager cette surprise. M. Claudin voulut garder son manuscrit et nous pria seulement de constater et de prouver notre découverte. Telle fut l'origine de la publication de la Lettre à M. Éd. Fournier, insérée dans la *Revue des Provinces* (nº de janvier 1865). Plus tard, M. Claudin, qui avait imprimé dans un de ses excellents Catalogues de livres l'extrait d'une note que nous lui avions fournie sur ce curieux manuscrit, se lassa de ne pas trouver acquéreur à un prix convenable. Il céda donc à M. C. Galuski, moyennant 40 francs (*quarante francs!*), ledit manuscrit, dont nous lui avions offert 300 francs. M. Claudin fera bien de *demander à voir* l'objet vendu 40 francs (*quarante francs,* c'est bien entendu, *quarante francs!*) et à comparer l'écriture de *Joguenet* à celle du reçu autographe de Molière, que M. Lacour de la Pijardière a eu le bonheur de découvrir. Nous apprenons aujourd'hui même (14 octobre 1874) que M. C. Galuski vient de se décider, non sans regret, à se dessaisir, moyennant 2,500 fr., du manuscrit de *Joguenet ou les Vieillards dupés,* qu'il avait acheté pour 40 fr. (*quarante francs!*), en 1866, à « un très-honorable et très-obligeant libraire, M. Claudin ». *Voy.* la *Réponse* de M. C. Galuski, dans *la Revue critique,* à propos des *Fourberies de Joguenet.*

233. JOGUENET, OU LES VIEILLARDS DUPÉS, comédie en trois actes, par Molière; première forme des Fourberies de Scapin, publiée, d'après un manuscrit contemporain et qui paraît être autographe, par le bibliophile Jacob. *Genève, J. Gay,* 1868, pet. in-12 et 149 pp.

Fait partie de la Collection moliéresque, qui s'est trouvée suspendue indéfiniment, après la publication du 17º volume.

Cette comédie, publiée d'après un manuscrit qui pourrait bien être l'autographe de Molière, provenant de la vente après décès du marquis de Bournazel à Toulouse, est précédée d'une Lettre à M. Édouard Fournier, dans laquelle on a essayé d'établir l'attribution de ce premier canevas des *Fourberies de Scapin.* Cette Lettre avait déjà paru, en partie, avec le troisième acte de *Joguenet,* dans la *Revue des Provinces* (Paris, 1865, tome VI, pp. 112-131), sous ce titre : *Un Manuscrit du souffleur de la troupe de Molière.*

Ce troisième acte, entièrement différent de celui des *Fourberies de Scapin,* renferme plusieurs scènes dont Molière n'a pas fait usage, en retouchant cette pièce de son répertoire de province. Il est à regretter que M. Édouard Fournier, si compétent dans toutes les questions relatives à Molière, n'ait pas fait paraître le travail qu'il avait annoncé sur la découverte de ce nouveau texte des *Fourberies de Scapin.*

L'édition de *Joguenet,* imprimée à Genève sur une copie fautive et très-incomplète, écrite à la hâte sur les marges d'un exemplaire des *Fourberies de Scapin,* sans que l'éditeur ait obtenu de revoir les épreuves de cette édition, ne pouvait qu'être bien imparfaite; mais l'éditeur n'avait eu pour objet que de constater sa découverte et de conserver un texte précieux. La *Revue critique* fit donc son métier, en critiquant très-vivement cette édition. Ce fut M. C. Galuski qui se chargea de la Réponse, en sa qualité de propriétaire du manuscrit, acheté 40 francs (*quarante francs!*) à l'honorable et savant (très-obligeant, dit le texte de M. C. Galuski) libraire M. Claudin. A cette Réponse, que nous venons de lire seulement aujourd'hui (5 septembre 1874), et qui est remplie des assertions les plus erronées et les plus étranges, nous répliquerons, en temps et lieu, en prenant pour épigraphe cette citation de *Joguenet,* que M. C. Galuski doit connaître : *Comment, diantre! cinq cents écus! ce n'est pas une petite somme!... Que diable allait-il faire dans cette galère?* Voy. ce que nous disons de la brochure de M. C. Galuski, au chap. XXXIV : JUGEMENTS PARTICULIERS SUR LES PIÈCES DE MOLIÈRE.

234. LE DOCTEUR AMOUREUX, pièce inédite de Molière, en un acte, en prose, précédée d'un Avis au lecteur et d'un Prologue en vers, par Ernest de Calonne. *Paris, Michel Levy,* 1862, in-18 de 135 pp.

Avec ce premier titre : Petit complément des Œuvres de Molière.

Il était assez difficile de se prononcer sur l'authenticité de cette pièce, que M. de Calonne n'a jamais voulu reconnaître pour son œuvre, sans toutefois s'expliquer sur l'origine du manuscrit, qu'il prétendait avoir retrouvé, en province, dans les papiers d'un ancien comédien. Quelques journalistes n'ont voulu voir qu'un pastiche assez bien réussi dans cette comédie-farce, qui a été jouée avec succès (février 1845) sur le théâtre de l'Odéon, et dont le manuscrit, faux ou authentique, fut exposé alors dans le foyer du théâtre, où un amateur passionné et indélicat eut l'adresse d'en arracher un feuillet. Il paraît certain aujourd'hui que la pièce et le manuscrit n'ont été qu'une ingénieuse supercherie littéraire de M. de Calonne.

Cependant on peut rapprocher de ce fait la note suivante, publiée en 1844, dans la *Bibliothèque de l'École des chartes* (tome Ier de la 2e série, page 300) : « On annonce que M. A. Guérault, descendant du comédien Lagrange, vient de retrouver, à Rouen, au milieu de papiers laissés par son aïeul, une copie du *Docteur amoureux*. Depuis longtemps, on cherchait cet opuscule qui, comme on sait, est l'une des premières farces composées par Molière. »

VIII

EXTRAITS DES OUVRAGES DE MOLIÈRE.

235. Les Leçons de Thalie, ou Tableaux des divers ridicules que la Comédie présente (recueill. et publ. par P.-A. Alletz). *Paris, Nyon,* 1751, 2 vol. in-12.

Les extraits des pièces de Molière occupent la plus grande place parmi ceux que le compilateur a empruntés aux comédies des 17e et 18e siècles. Cette compilation, lorsqu'elle parut, fut attribuée à A.-G. Mouslier de Moissy.

236. Les plus Belles Pensées et Réflexions de Molière. *Manuscrit.* In-12 oblong.

Ce manuscrit, qui ne paraît pas avoir été imprimé, figure sous le n° 4391 dans le Catalogue mensuel de livres anciens, rares, curieux et singuliers *(Paris, A. Claudin,* 1857, in-8) ; il est accompagné de cette note du savant libraire :

« Manuscrit sur papier, de la fin du 17e siècle ou du commencement du 18e, d'une très-jolie écriture, avec chaque page encadrée à l'encre rouge : « C'est Molière, cet illustre poëte comique, à la faveur duquel je prends la liberté de vous marquer mon zèle... Le beau sexe surtout a sujet d'être content de la façon dont il le fait parler... etc. » C'est ainsi que s'exprime l'auteur anonyme de ce petit manuscrit, dédié à très-honorable dame Elisabeth Southwell, et signé des initiales L. P. Nous n'avons pas connaissance qu'un pareil travail ait été fait sur Molière. Quoi qu'il en soit, ce manuscrit est également très-curieux, en ce qu'il sert à prouver le cas que nos voisins d'outre-Manche faisaient de notre illustre comédien. »

237. Esprit de Molière ; Choix de maximes, pensées, caractères, etc., tirés de ses œuvres, avec un Abrégé de sa vie, un Catalogue de ses pièces, le temps de leurs premières représentations, et des anecdotes relatives à ces

pièces (par L.-Fr. Beffara). *Paris, Lacombe,* 1777, 2 vol. in-12.

238. DIALOGUES FRANÇAIS, ANGLAIS ET ITALIENS, sur divers sujets aussi intéressants qu'agréables, extraits des comédies de Molière (par L. Chambaud). *Paris, Vergani,* an VII, in-8.

<small>Ces dialogues ont été réimprimés à Londres sept ou huit fois.</small>

239. LA MORALE DES POÈTES, ou Pensées extraites des plus célèbres poëtes latins et français, par Moustalon. *Paris, Lebel et Gaitelle,* 1809, in-12.

<small>On y trouve une notice sur Molière et un choix de ses pensées ou maximes, pag. 253 et suiv. Il y a des additions, dans la 3e édition de cet ouvrage (*Paris, Boulland,* 1823, 2 vol. in-12, fig.), où le chapitre consacré à Molière remplit les pages 20 à 34.</small>

240. LE MIROIR DU CŒUR HUMAIN, OU L'ABEILLE DRAMATIQUE, recueil d'observations et de pensées ingénieuses, morales et amusantes, tirées des auteurs dramatiques français et réunies en forme de dictionnaire (par Joseph Lepan). *Paris, Cordier,* 1815, in-12.

<small>L'auteur a mis à contribution les tragédies plutôt que les comédies, et n'a pas fait à Molière la part qui lui appartenait.</small>

241. LE CITATEUR DRAMATIQUE, ou Choix de maximes, sentences, axiomes, apophthegmes et proverbes, en vers, contenus dans tout le Répertoire du Théâtre-Français; recueillis par Léonard Gallois. *Paris, Barba,* 1822, in-18.

<small>Cette compilation, dont Molière a fourni les principaux éléments, a eu plusieurs éditions; la dernière (*Paris, Ledoyen,* 1829, 2 vol. in-18) est considérablement augmentée.</small>

242. DICTIONNAIRE DE MORALE ET DE LITTÉRATURE, pensées, etc., extraites des Œuvres de Molière (mis en ordre par Paul Labat). *Paris, Mme Remy-Bregeaut,* 1837, in-18 de 4 ff. et 115 pp., avec 1 fig. en frontispice.

<small>C'est un recueil de toutes les maximes qui se trouvent dans les pièces de Molière; elles sont rangées par ordre de matières, avec une table.</small>

243. CHEFS-D'OEUVRE DRAMATIQUES FRANÇAIS, ou Cours de lectures dramatiques françaises, fait à Londres, au commencement de l'année 1830, accompagné du discours d'ouverture, de celui de clôture et de notices littéraires sur les auteurs des pièces contenues dans ce recueil, par C.-J. Dupont, professeur de langue française. *Paris, Delaunay,* 1831, 2 vol. in-12.

On y trouve quelques scènes des comédies de Molière, avec une notice sur sa vie et ses ouvrages.

244. EXTRAITS des comédies en vers de Molière.

Ces nombreux extraits sont répandus çà et là, sous des titres divers, par ordre alphabétique, avec des notes, dans le grand recueil intitulé : *Encyclopédie poétique,* ou Recueil complet des chefs-d'œuvre de poésie sur tous les sujets possibles, depuis Marot, Malherbe, etc., jusqu'à nos jours, présentés dans l'ordre alphabétique, par de Gaigne (*Paris, l'auteur,* 1778 et suiv., 18 vol. in-8, fig.). Le portrait de Molière, gravé par P. Duflot, d'après Sébastien Bourdon, se trouve en tête du tome V.

245. MORCEAUX choisis de Molière.

C'est un analecta, bien fait, quoique peu étendu, destiné à compléter l'article de Molière dans le *Répertoire de la littérature ancienne et moderne* (Paris, Castel de Courval, 1824-27, 30 vol. in-8), tome XIX, pp. 419 et suiv.

Il faudrait au moins trois ou quatre pages, si nous voulions indiquer tous les recueils de chrestomathie, où se trouvent quelques extraits des comédies de Molière. Bornons-nous à citer les *Leçons françaises de littérature et de morale,* par Noël et La Place ; les *Leçons et modèles de littérature française,* par Tissot; le *Trésor littéraire de la France,* etc.

246. FRAGMENTS de pièces de Molière.

Voy. ces excerpta (pp. 98-107 et 245-52), avec des notes, dans l'Anthologie française publiée par le colonel F.-N. Staaff, sous ce titre suédois : *Urval ur Franska litteraturer till dess vänners ochs den Studerande ungrdomeus tjenst efter tidsfoljd utarbetadt* (Stockholm, 1859, in-8).

Réimprimé, en France, avec beaucoup d'augmentations, sous ce titre : *la Littérature française,* depuis la formation de la langue jusqu'à nos jours. Lectures choisies, tome Ier (jusqu'à la Révolution), 2e édit. (*Paris, Didier,* 1865, in-8 en deux parties.) Cet ouvrage, adopté pour les classes universitaires, a été réimprimé et toujours amélioré, en 1869, 1870 et 1874.

IX

ÉDITIONS DES OEUVRES CHOISIES

DE MOLIÈRE.

247. CHOIX DE COMÉDIES DE M. DE MOLIÈRE, en deux parties pet. in-8.

Il ne nous a pas été possible de découvrir ce Choix de comédies de Molière, qui n'est pas cité dans le *Bücher-Lexicon*, de Théophile Georgi (Leipzig, 1753, in-fol.; volume consacré aux auteurs français). Nous ne saurions donc pas dire si c'est le même Choix, dont nous avons rencontré seulement la seconde partie, sans titre, contenant l'*Amphitryon*, l'*Avare*, l'*Imposteur* et le *Malade imaginaire*, pet. in-8, 2 ff. non chiffrés, et 427 à 854 pp. Édition qui paraît avoir été faite en Allemagne vers 1715.

248. CHEFS-D'OEUVRE DE MOLIÈRE. *Liége,* 1770, 2 vol. in-12.

249. CHEFS-D'OEUVRE DE MOLIÈRE, précédés de sa Vie et d'une notice sur ses pièces. *Lyon, Le Roy,* 1791, 3 vol. in-12.

250. CHOIX DE COMÉDIES DE MOLIÈRE. *Erfurth, Gœrlin,* 1794, in-8.

251. CHEFS-D'OEUVRE DE POÉSIE FRANÇAISE, tirés des œuvres de Racine, Molière, Boileau et Voltaire, publiés avec une Notice sur ces grands hommes, par un ancien professeur (A. Serieys). *Paris, Obré,* 1806, in-12.

252. THÉATRE CLASSIQUE, OU ESTHER, POLYEUCTE ET LE MISANTHROPE COMMENTÉS, ouvrage prescrit et adopté par la Commission des livres classiques pour l'enseignement des lycées et des écoles secondaires ; contenant aussi des notices sur Corneille, Racine et Molière, par J.-F. Roger. *Paris, Migneret,* 1807, in-8.

253. CHEFS-D'OEUVRE D'ÉLOQUENCE ET DE POÉSIE FRANÇAISE, tirées des œuvres de Bossuet, Fléchier, Fontenelle et

Thomas, et de celles de Racine, Molière, Boileau et Voltaire, avec une Notice sur ces grands hommes, par un ancien professeur de l'Université (A. Serieys). Adopté en 1805 par le Gouvernement, pour la classe de belles-lettres, dans les lycées et les écoles secondaires. *Paris, L. Duprat-Duverger,* 1812, 2 part. en 1 vol. in-12.

On trouve seulement dans ce recueil une réimpression textuelle du *Misanthrope* (t. II, p. 148-230) et une notice sur Molière (p. ix-xii). La première édition des *Chefs-d'Œuvre de poésie française,* publiée en 1806 (*Paris, Obré,* in-12), est moins soignée. *Voy.* ci-dessus, nº 251.

254. Choix des Comédies de Molière, suivi de notes, et précédé d'une notice sur la vie et les ouvrages de l'auteur, par L.-T. Ventouillac. *Londres, S. Lowe,* 1827, 2 vol. in-18, fig.

Vingt-troisième et vingt-quatrième livraisons du *Choix des Classiques français,* publié par le même éditeur. Ce choix des comédies de Molière n'en contient que quatre : *le Tartuffe, le Bourgeois gentilhomme, le Misanthrope et l'Avare.*

255. Chefs-d'Œuvre de Molière, avec un portrait et un titre gravé. *Londres, Bossange, Barthès et Lowell,* 1836, in-12.

Contenant *le Misanthrope, l'Avare, les Femmes savantes,* et le premier acte des *Fâcheux.*

256. Œuvres dramatiques, sujets sacrés et profanes. *Paris, A. René,* 1841, 2 vol. in-12.

On y trouve une seule pièce de Molière, *le Misanthrope,* au milieu de quelques pièces modernes d'un ordre très-secondaire.

257. Le Théatre d'autrefois, chefs-d'œuvre de la littérature dramatique. *Paris, A. Desrez,* 1842-43, 3 vol. gr. in-8 à 2 col.

On y trouve plusieurs pièces de Molière.

258. Théatre classique, avec les préfaces des auteurs, les variantes, le texte des imitations, un choix de notes de tous les commentateurs, etc. *Paris, Hennuyer,* 1845, in-12.

On y trouve seulement *le Misanthrope.* Cette comédie est encore réimprimée dans une foule de recueils du même genre, quelquefois avec des suppressions et presque toujours sans notes.

259. LA FRANCE LITTÉRAIRE. Morceaux choisis de littérature française ancienne et moderne, recueillis et annotés par L. Herrig et G.-F. Burguy. *Braunsvic, George Westermann*, 1856, in-8 de xii-697 pp. à 2 col.

Cette chrestomathie française, la meilleure qui ait été publiée jusqu'ici, reproduit des fragments de Racine et de Molière, avec l'orthographe des éditions originales. C'est, croyons-nous, le premier essai qui ait été fait d'une réimpression littérale des textes classiques. Les extraits empruntés à Molière sont une scène du *Misanthrope* (pp. 276-279), et la comédie de l'*Avare* (pp. 280-308).

260. CHEFS-D'OEUVRE DE MOLIÈRE. *Paris, Hachette*, 1864, 2 vol. in-12 de xxiv et 618 pp.

Contenant *le Misanthrope, le Médecin malgré lui, le Tartuffe, l'Avare, M. de Pourceaugnac, les Femmes savantes, le Bourgeois gentilhomme* et *le Malade imaginaire*.

Cette édition, dont il y a plusieurs tirages sous d'autres dates, fait partie d'une *Bibliothèque populaire*.

261. OEUVRES CHOISIES DE MOLIÈRE, illustrées de 22 vign. par E. Hillemacher. *Paris, Hachette*, 1866, 2 vol. in-18.

Contenant : *Notice sur Molière, les Précieuses ridicules, le Misanthrope, le Médecin malgré lui, l'Avare, Monsieur de Pourceaugnac, le Bourgeois gentilhomme, les Femmes savantes, le Malade imaginaire*. Cette jolie édition fait partie de la *Bibliothèque rose*.

L'éditeur dit dans sa préface : « Nous n'avons pas voulu modifier le texte, mais nous avons supprimé les passages trop vifs. »

262. THÉATRE CHOISI DE MOLIÈRE. Édition classique, précédée d'une Notice littéraire, par F. Estienne. *Paris, J. Delalain*, 1867, in-18 de xxiv et 544 pp.

X

ÉDITIONS DES OEUVRES COMPLÈTES

DE MOLIÈRE.

263. LES OEUVRES DE M. DE MOLIÈRE. *Paris, J. Ribou*, 1663-70, 4 vol. in-12.

C'est un recueil factice des comédies de Molière, publiées séparément, avec l'adresse du même libraire, qui (après avoir publié, en

1660, le *Sganarelle*, avec le privilége accordé au sieur de Neuf-Villenaine), s'était associé avec plusieurs de ses collègues, à partir de 1665 ou 1666, pour la vente des éditions nouvelles de ces comédies. Molière, à la suite d'un procès intenté à Ribou au sujet de la contrefaçon de *Sganarelle*, s'était réconcilié avec lui et le chargeait de l'exploitation des priviléges qu'il demandait et obtenait lui-même en son propre nom.

On ne connaît que deux volumes de ce recueil factice, qui ne semble pas avoir été poussé au-delà du tome V, Jean Ribou s'étant brouillé avec Molière, qui lui fit un nouveau procès, en 1670, et qui était encore son créancier quand il mourut en 1673. Deux volumes de ce recueil se trouvaient dans la Bibliothèque dramatique de M. de Soleinne : tome III, 1668, contenant *le Médecin malgré lui*, *l'Amour médecin* et *le Misanthrope*; tome IV, 1669, contenant *le Sicilien*, *Amphitryon* et *le Mariage forcé*.

264. Les Œuvres de M. Molier (*sic*). Paris, *Guillaume de Luyne,* 1663, 2 vol. in-12.

C'est un recueil factice des éditions séparées des comédies qui avaient paru de 1660 à 1663 : Guillaume de Luyne avait acquis, comme associé aux priviléges de ces éditions, un certain nombre d'exemplaires auxquels il avait fait mettre des titres à son nom. La comédie des *Précieuses ridicules* est la seule dont le privilége lui avait été accordé nominativement avec l'adhésion de l'auteur. On ne connaît qu'un volume de cette réunion de pièces : le tome II, contenant *l'Estourdy, le Dépit amoureux, l'Escole des femmes*, et *la Critique de l'Escole des femmes*. On peut donc supposer que le premier tome contenait *les Précieuses ridicules, Sganarelle, l'Escole des maris* et *les Fascheux*. Il est possible que Guillaume de Luyne n'ait pas publié d'autres volumes de ce recueil factice.

Il faut remarquer que le nom de Molière est encore écrit *Molier*, sur le titre des recueils de Guillaume de Luyne et de Charles de Sercy, publiés en 1663 et 1664.

265. Les Œuvres de J.-B. P. Molière. Tome premier. Paris, *G. Quinet,* 1664, in-12.

Le libraire Gabriel Quinet, à qui avaient été cédés les priviléges de *l'Étourdi* et du *Dépit amoureux*, comédies imprimées pour la première fois en 1663, quoique ces deux priviléges fussent du dernier jour de mai 1660, eut aussi l'idée de publier, sous son nom, avec le titre collectif d'Œuvres, un recueil composé des comédies qu'il avait fait paraître, ou dont il avait acquis des exemplaires; mais on ne connaît de cette édition factice, qu'un tome premier, contenant *l'Étourdi, le Dépit, les Précieuses* et *Sganarelle*.

Il est probable qu'un recueil factice du même genre fut commencé et continué successivement par Cl. Barbin, qui avait partagé avec

G. Quinet les bénéfices du privilége de *l'Étourdi* et du *Dépit amoureux*; mais on n'a pas encore signalé un exemplaire de ce recueil au nom de Barbin.

266. LES OEUVRES DE MONSIEUR MOLIER (sic). Tome premier. *Paris, Charles de Sercy,* 1664, in-12.

On ne connaît que le premier volume de ce recueil factice des comédies de Molière, réunies sous le titre d'Œuvres ; il est ainsi composé : titre, faux-titre, *Remerciement au Roi,* 10 pp. ; *les Précieuses ridicules,* 1663 ; *Sganarelle ou le Cocu imaginaire,* avec les arguments de chaque scène, 1662 ; *l'École des maris,* 1663, et *les Fascheux,* 1663. Les exemplaires de ces comédies sont de la première édition, avec le nom et l'adresse de Charles de Sercy, excepté *Sganarelle,* qui porte seulement le nom d'Estienne Loyson, ce qui prouve que ce libraire avait obtenu de Molière, en 1662, la permission de vendre la pièce mise au jour par le sieur de Neuf-Villenaine, en 1660, et saisie, à la requête de l'auteur, chez le libraire Ribou.

267. LES OEUVRES DE MONSIEUR MOLIÈRE. *Paris, Gabriel Quinet,* 1666, 2 vol. in-12 de 391 pp., non compris 1 feuillet non chiffré pour le privilége, et de 480 pp., avec deux frontispices gravés par Fr. Chauveau.

On a remarqué que la vignette en bois qui fait l'en-tête des quatre premières pièces renferme les initiales entrelacées I. P. Chaque pièce, dans cette première édition de 1666, est précédée, comme dans l'édition de 1674, d'un feuillet blanc, qui compte dans la pagination. On ne saurait trop insister sur l'existence de ce feuillet blanc, en tête de chaque pièce. Ce feuillet blanc était-il réservé pour une estampe qui n'a pas été gravée, ou pour une préface qui n'a pas été faite? C'est ce qu'il est impossible de décider. Nous y voyons, nous, une protestation muette de Molière, qui, en refusant de remplacer ces feuillets d'attente par des préfaces nouvelles, n'aura jamais voulu coopérer à cette édition, imprimée contre ses droits et sa volonté, car les libraires semblaient établir en principe que, se trouvant dûment nantis des priviléges particuliers pour imprimer et vendre séparément les pièces de Molière, ils étaient maîtres de réimprimer ces pièces ensemble, sans l'autorisation de l'auteur, en obtenant pour eux-mêmes un nouveau privilége général. Au surplus, dans le privilége du 18 mars 1671, Molière déclare, en propres termes, que tous ces priviléges pour l'impression de ses Œuvres ont été obtenus, *par surprise,* sans son consentement.

C'est la première édition des Œuvres, en corps d'ouvrage, avec pagination suivie ; elle contient seulement *les Précieuses ridicules, Sganarelle ou le Cocu imaginaire,* avec les arguments de chaque scène, par le sieur de Neuf-Villenaine, *l'Estourdy, ou les Contre-*

temps, le Dépit amoureux, les Fascheux, l'Escole des maris, l'Escole des femmes, la Critique de l'Escole des femmes, et *la Princesse d'Elide*, avec *les Plaisirs de l'Ile enchantée*.

Le premier volume est précédé, en guise de préface, du *Remerciement au Roy*, composé en 1663, et imprimé alors pour être distribué à la cour en feuille volante. Le privilége, daté du 6 mars 1666, permet à Gabriel Quinet d'imprimer « les Œuvres de Molière, en un ou plusieurs volumes ». On lit, à la fin de ce privilége : « Achevé d'imprimer, le 23 mars 1666. »

Il y a donc eu des exemplaires avec les noms de Louis Billaine, d'Étienne Loyson, de Guillaume de Luyne, de Jean Ribou, de Claude Barbin, etc. On en conserve un au nom de Thomas Jolly, dans la bibliothèque Cousin à la Sorbonne. Ce qui prouverait, à notre avis, que Molière eut peu de part à cette édition collective de toutes ses comédies, qui avaient paru jusqu'à la fin de mars 1666, c'est qu'on y trouve *Sganarelle*, avec la préface et les arguments du sieur de Neuf-Villenaine.

Avant cette édition, les libraires, associés aux priviléges particuliers dont Molière fit cession après les avoir obtenus, avaient rassemblé, sous des titres, à leur nom, portant *Œuvres de Monsieur Molière*, les comédies publiées séparément : ils continuèrent à réunir, de la même manière, les pièces suivantes, à mesure qu'elles paraissaient. Voy. ci-dessus, nos 236 à 266.

Les frontispices gravés de la première édition de 1666 représentent Molière et sa femme dans les costumes de leurs principaux rôles et couronnés par Thalie. Ces portraits ont été faits certainement d'après nature et ne peuvent être que fort ressemblants.

Claude Barbin, ayant acquis le privilége accordé à Molière en date du 8 mars 1671 pour la réimpression de ses œuvres complètes, dut acheter au rabais le fonds de l'édition de 1666, publiée par Gabriel Quinet, afin de mettre à néant les droits que Quinet et ses associés pouvaient invoquer, en vertu du privilége en date du 6 mars 1666. Il ne mit pas au pilon ces exemplaires restants, et, comme il avait racheté également les exemplaires des pièces isolées de Molière qui restaient chez les libraires (voy. l'article suivant, n° 268), il essaya de les écouler, en leur donnant un nouveau titre général d'Œuvres, à son nom, sous la date de 1673, et en les ajoutant à l'édition de 1666, de manière à former ainsi sept volumes, tomes I à VII.

M. Potier, dont le savoir et l'expérience bibliographiques font toujours autorité, nous assure que les deux volumes de l'édition de 1666 ont été réimprimés identiquement en 1673 : notre examen n'a porté que sur un exemplaire, portant la date de 1673, lequel était bien de l'édition de 1666, avec un nouveau titre. Au reste, si l'édition de 1666 a été réimprimée en 1673, comme nous le croyons d'après l'affirmation de M. Potier, la rareté excessive de cette édition (on n'en signale que deux exemplaires) prouverait qu'elle n'a pas été mise en vente et que l'édition de 1674 l'aura fait disparaître.

268. OEUVRES DE MONSIEUR DE MOLIÈRE. *Paris, Claude Barbin,* 1673, 7 vol. in-12.

Molière avait obtenu un privilége en date du 18 mars 1671, pour faire imprimer ses Œuvres complètes ; mais il ne s'occupa de cette édition, que peu de mois avant sa mort. Il en avait préparé le texte, et il la faisait imprimer à ses frais chez Denis Thierry, lorsqu'il mourut subitement. Sa veuve abandonna l'édition commencée, et sans doute très-avancée, aux soins de Claude Barbin, qui ne l'acheva qu'en 1674, sinon en 1673.

Ce serait donc là l'édition originale de Molière. Plusieurs bibliographes ont prétendu, ont assuré qu'une autre édition des Œuvres de Molière a été réellement imprimée en 1673 et publiée avec cette date ; mais, jusqu'à présent, cette édition de 1673, avec pagination suivie, est restée inconnue. Le savant bibliographe M. Pierre Deschamps a cité pourtant, dans le Catalogue de la bibliothèque de Félix Solar (tome Ier, *Paris, typogr. Firmin Didot*, 1860, in-8, no 1210), une première édition originale, introuvable, dit-il, « formée par Molière lui-même et publiée, l'année de sa mort, chez Denys Thierry ». Les trois premiers volumes seulement d'une édition de Claude Barbin, datée de 1673, sans autre détail bibliographique, figurent dans le Catalogue des livres de la bibliothèque de J.-M. De Bure, ancien libraire, vendue en 1849. Mais M. Potier, qui a tenu et examiné ces trois volumes, au moment de la vente, s'est assuré qu'ils étaient composés de pièces imprimées séparément. On pourrait cependant, jusqu'à un certain point, admettre l'existence, non pas d'une édition de 1673, mais de quelques exemplaires de l'édition de 1674, avec des titres datés de 1673, quoiqu'on n'en connaisse pas un seul ; car, si l'auteur du *Manuel* a cité une édition de 1673, *avec pagination suivie,* c'est qu'il en avait vu peut-être un exemplaire. Ces exemplaires, complets ou incomplets, qui ont pu circuler, en dehors du commerce de la librairie, n'auraient été tirés que comme épreuves, pour servir de spécimen à Claude Barbin, acquéreur de l'édition et du privilége.

« Il est probable, avons-nous dit dans *la Véritable Édition originale des Œuvres de Molière,* que l'édition des Œuvres existait, *sur le marbre,* composée, sans doute corrigée, mais non tirée, dans l'imprimerie de Denys Thierry, quand Molière fut enlevé par une mort subite, le 17 février 1673. Il ne restait plus qu'à compléter cette édition par des préfaces, ou par des dédicaces, ou par des *recommandations* en vers, qui n'avaient pas encore été remises à l'imprimeur (ou par des figures que Molière avait eu l'intention de faire graver, comme il l'annonçait dans le privilége du 18 mars 1671) ; peut-être même toutes les feuilles étaient-elles déjà tirées, à l'exception de celles qui devaient contenir ces préfaces (ou ces dédicaces, ou ces vers encomiologiques, ou ces figures) : ce qui a lieu encore aujourd'hui en typographie, dans des circonstances particulières.

Quoi qu'il en fût, Claude Barbin, à qui Molière avait cédé le privilége de cette édition, attendit autant que possible, avant de la faire paraître, et quand il se décida enfin à la publier, avec la date de 1674, sans aucun *achevé d'imprimer* (contravention grave aux règlements de l'imprimerie), il n'y ajouta pas même une préface générale du libraire, et il laissa en blanc, par force majeure, la place que les préfaces spéciales (ou les estampes) auraient occupée en tête de chaque pièce, sauf pour *les Précieuses ridicules* qui ont leur préface : celle de la première édition, que Molière avait voulu conserver. Les six premiers volumes parurent ainsi. »

On a cité quatre ou cinq exemplaires des *Œuvres de Molière*, en 7 volumes, avec la date 1673, mais voici comment ces exemplaires sont composés : 1° l'édition des Œuvres, en 2 volumes, publiée par Gabriel Quinet en 1666, remise en vente avec un nouveau titre, daté de 1673, soit à l'adresse de Claude Barbin, soit à celle de Guillaume de Luyne, ou bien la réimpression identique de cette édition, sous ladite date ; 2° 5 volumes de pièces de Molière, éditions originales ou réimpressions faites par Claude Barbin, réunies sous des titres factices, et formant les tomes III à VII. Il faut supposer que Claude Barbin avait imaginé cette publication trompeuse, aussitôt après la mort de Molière, pour écouler le reste des anciennes éditions de pièces imprimées séparément, avant de mettre au jour l'édition complète et définitive de 1674-75.

Le savant auteur du *Manuel du libraire* avait-il eu sous les yeux une édition inconnue de 1673, ou un tirage de l'édition de 1674, avec titres datés de 1673 ? Il dit positivement que cette édition n'a de pagination suivie que dans les 6 premiers volumes, et que le 7° volume renferme *Psyché, les Fourberies de Scapin* et *les Femmes savantes*, imprimées séparément.

Au surplus, comme il existe au moins quatre exemplaires, tous différents, du recueil factice des *Œuvres de M. Molière*, publié par Claude Barbin, avec la date de 1673, nous croyons utile et intéressant de donner la description de celui que possède la Bibliothèque nationale, et de ceux qui appartiennent à M. le comte de Lignerolles et à M. de Crozet.

1° Exemplaire de la Bibliothèque nationale :

Tomes I et II. Réimpression de l'édition de 1666, avec les deux frontispices gravés de cette édition et la date de 1673.

III. Titre, verso blanc ; second feuillet, recto blanc, et au verso : « Pièces contenues en ce troisième tome : l'Amour médecin, le Misantrope, le Médecin malgré luy. »

L'Amour médecin. *Trabouillet*, 1669. — Le Misantrope. *Jean Ribou*, 1667. — Le Médecin malgré luy. *Claude Barbin*, 1674.

IV. 2 ff. prélim., comme dans le tome précédent ; au verso du second feuillet : « Pièces contenues en ce quatrième tome : le Sicilien, l'Amphitryon, le Mariage forcé. »

Le Sicilien. *Jean Ribou,* 1668. — Amphitryon. *Jean Ribou,* 1668.— Le Mariage forcé. *Jean Ribou,* 1668.

V. Ce tome manque.

VI. 2 ff. prélim., comme ci-dessus; au verso du second feuillet : « Pièces contenues en ce 6º tome : M. de Pourceaugnac, le Bourgois gentilhomme. »

M. de Pourceaugnac. *Claude Barbin,* 1673. — Le Bourgeois gentilhomme. *Claude Barbin,* 1673.

VII. 2 ff. prélim., comme ci-dessus; au verso du second feuillet : « Pièces contenues en ce 7º tome : Psyché, les Fourberies de Scapin, les Femmes sçavantes. »

Psyché. *Claude Barbin,* 1673. — Les Fourberies de Scapin. *Pierre Le Monnier,* 1671. — Les Femmes sçavantes. *Pierre Promé,* 1673.

2º Exemplaire de M. le comte de Lignerolles. Cet exemplaire, relié en maroquin rouge, aux armes de J.-B. Colbert, doit être celui qui se trouve mentionné, mais mal décrit, dans le Catalogue de la *Bibliotheca Colbertina,* nº 17,773.

Tomes I et II. Édition de 1666, avec les deux frontispices gravés; les titres seuls ont été changés au nom de Claude Barbin.

III. L'Amour médecin. *Pierre Trabouillet,* 1669. — Le Misantrope. *Jean Ribou,* 1667. — Le Médecin malgré luy. *E. Loyson,* 1673.

IV. Le Sicilien. *Jean Ribou,* 1668. — Amphitryon. *Claude Barbin,* 1674. — Le Mariage forcé. *Jean Ribou,* 1668.

V. L'Avare. *Jean Ribou,* 1669. — Georges Dandin. *Jean Ribou,* 1669. — Le Tartuffe. *Claude Barbin,* 1673.

VI. Monsieur de Pourceaugnac. *Claude Barbin,* 1673. — Le Bourgeois gentilhomme. *Claude Barbin,* 1673.

VII. Phisché (*sic*). *Claude Barbin,* 1673. — Les Fourberies de Scapin. *Pierre Le Monnier,* 1671.—Les Femmes sçavantes. *Pierre Promé,* 1673. — Le Malade imaginaire. Prologue, 30 pp.

Tous les volumes ont un feuillet préliminaire portant au verso : « Pièces contenues en ce ..... »

3º Exemplaire de M. de Crozet, à Marseille.

Les deux premiers volumes, conformes à la description du *Manuel,* portent la date de 1666 pour le premier, et de 1673 pour le second. L'achevé d'imprimer est à la date du 23 mars 1666, tandis que le *Manuel* donne celle du 6 mars 1666. Ils portent l'un et l'autre le nom et l'adresse de Guillaume de Luyne.

« Mon exemplaire, nous écrit M. de Crozet, offre quelque différence avec l'exemplaire de la Bibliothèque nationale. Le tome III renferme *l'Amour médecin,* 1674, *le Misantrope,* 1667, *le Médecin malgré lui,* 1673; le tome IV, *le Sicilien,* 1668, *l'Amphitryon,* 1674, et *le Mariage forcé,* 1668. Le tome V, que la Bibliothèque nationale ne possède pas, contient *l'Avare,* 1669, *George Dandin,* 1669, *Tartuffe,* 1673. Les tomes VI et VII sont conformes à ceux de la Bibliothèque nationale, si ce n'est qu'on a ajouté, au tome VII, *l'Ombre de Molière*, de Brécourt, 1674. Le tome VIII est formé par *le Malade imaginaire*, comédie meslée de musique et de dance, par M. P. Molière, *Cologne, Jean Sambix*, 1674. »

269. OEuvres de Monsieur de Molière. *Paris, Denys Thierry et Cl. Barbin,* 1674-75, 7 vol. in-12.

Cette édition rarissime est restée longtemps inconnue; les éditeurs modernes de Molière, Auger, Aimé-Martin, Taschereau, etc., ne l'ont pas eue sous les yeux, ou du moins l'ont négligée, parce qu'ils ne savaient pas y trouver le véritable texte, revu et corrigé par Molière, peu de temps avant sa mort. Le privilége, imprimé à la fin de presque tous les volumes de l'édition de 1674, ne laisse pas de doutes sur l'importance capitale de cette édition, que Molière destinait à servir de type à toutes les autres. Non-seulement il avait obtenu en son nom le privilége (en date du 18 mars 1671), dans lequel il exprime l'intention de ne laisser paraître aucune édition qui ne soit corrigée et approuvée par lui, mais encore il fit sommer (14 août 1671) les syndics de la Librairie d'enregistrer ledit privilége, pour que tous les libraires fussent dûment avertis d'avoir à respecter ses droits d'auteur. On ne s'explique pas comment, dans ces derniers temps, on avait donné la préférence à l'édition de 1682, qui est altérée ou mutilée en plusieurs endroits, et qui, d'ailleurs, ne peut pas être très-rare, puisqu'elle a été tirée à un grand nombre d'exemplaires. Cette édition de 1682 n'en est pas moins curieuse à divers titres, mais nous sommes certains que dès à présent les grands bibliophiles, qui sont curieux d'avoir le texte original de Molière, chercheront à se procurer l'édition de 1674, signalée pour la première fois en ces termes dans le Catalogue de la bibliothèque Solar, rédigé par le savant M. Pierre Deschamps : « Deuxième édition originale, fort rare; le texte en est bien supérieur à celui de l'édition donnée par Vinot et Lagrange, en 1682. » Le 7º volume, daté de 1675, renferme la première édition du *Malade imaginaire*, d'après le manuscrit de l'auteur, avec la première édition de l'*Ombre de Molière*, comédie par Brécourt. Voy. la description minutieuse et complète de l'édition de 1674-75, dans ma notice intitulée : *la Véritable édition originale de Molière*.

Dans un exemplaire de cette édition (6 vol. rel. en v., complétés par les tomes VII et VIII de l'édit. de 1682), que possédait Barré, auditeur des comptes (*Voy*. son Catalogue, rédigé par Gabriel Martin, 1743, nº 3,844), on avait ajouté, en manuscrit, le poëme intitulé : « les Médecins vengés par la mort de Molière, la Préface d'une édition précédente (le catalogue ne dit pas laquelle), supprimée en celle-ci, des notes, des pièces de vers, avec des figures ». S'agissait-il d'une Préface que les censeurs n'avaient point admise? Il est à désirer que cet exemplaire se retrouve, à cause des notes et des pièces manuscrites qu'il contenait.

270. LES ŒUVRES DE MONSIEUR DE MOLIÈRE. *Paris, Denys Thierry, Cl. Barbin et Pierre Trabouillet*, 1676, 7 vol. in-12.

Cette édition, dont tous les volumes portent la date de 1676, est absolument la même que celle de 1674-75. Elle se compose des exemplaires qui avaient été cédés par Denys Thierry et Claude Barbin à Pierre Trabouillet, et pour lesquels on fit de nouveaux titres, au nom des trois libraires. Ces exemplaires ne diffèrent de ceux qui ont seulement les noms de Denys Thierry et Claude Barbin, avec la date de 1674-1675, que par ces nouveaux titres dans lesquels figure le nom de Pierre Trabouillet à la suite de ceux des premiers éditeurs. Au reste, il faut s'en tenir à la déclaration formelle de Claude Barbin, qui, dans le renouvellement du privilége daté de 1680, reconnaît n'avoir publié qu'*une seule* édition des Œuvres de Molière, depuis la cession à lui faite du privilége du 18 mars 1671. Nous signalerons pourtant une simple transposition dans certains exemplaires de 1674 ou de 1676 : *l'Ombre de Molière* est quelquefois placée en tête du 7º volume, au lieu d'être renvoyée à la fin, et cette transposition, qui n'est pas peut-être un effet du hasard, dénoterait l'intention de faire commencer le volume par une dédicace à un prince du sang; Brécourt ayant dédié sa comédie au duc d'Enghien, et par un privilége du roi, en date du 12 avril 1674, privilége relatif à la comédie de Brécourt, car *le Malade imaginaire* est imprimé ici sans aucune espèce de privilége. Voy. ma notice sur *la Véritable Édition originale des Œuvres de Molière*.

271. LES ŒUVRES DE MONSIEUR MOLIÈRE. *Amsterdam, Jaque le Jeune* (à la Sphère), 1675, 5 vol. pet. in-12.

« Jolie édition, formée de la réunion de 26 pièces imprimées et vendues séparément par Daniel Elzevier, avec des titres particuliers portant la Sphère et les mots : *Suivant la copie imprimée à Paris*. Le premier volume a un titre gravé. Les autres volumes n'ont qu'un titre imprimé, sous la date de 1675... Il y a 22 pièces, sous la date de 1674..... Les autres sont de 1675... L'essentiel est qu'il n'y en ait pas de postérieures à 1675. » (J.-C. Brunet, *Manuel du Libraire*.)

Les exemplaires de ce recueil sont tirés sur papier très-fin et très-blanc.

On trouve des exemplaires dans lesquels on a intercalé quelques pièces imprimées antérieurement à 1674, et qui restaient en magasin. Le savant auteur du *Manuel* suppose que ces exemplaires sont ceux que Daniel Elzevier a livrés les premiers au public, impatient d'avoir cette édition complète, deux ans après la mort de l'auteur. Mais la raison réelle de la présence de ces éditions antérieures à 1674 dans le recueil des Œuvres portant la date de 1675, c'est que Daniel Elzevier voulait utiliser les exemplaires restants des premières éditions ; au fur et à mesure que s'épuisaient les anciennes éditions imprimées séparément, il en donnait de nouvelles sous d'autres dates, éditions tellement identiques, à l'exception du papier, qu'on peut supposer que les formes étaient conservées dans l'imprimerie des Elzeviers.

Le Festin de pierre, de Molière, dans cette édition elzevirienne de 1675, est remplacé par *le Festin de pierre, ou l'Athée foudroyé*, comédie héroïque de Dorimond, que les Elzeviers avaient publiée, *suivant la copie imprimée à Paris*, avec le nom de Molière.

Le 5º volume est terminé par la petite comédie de Brécourt, *l'Ombre de Molière*.

Il y a, dans ce 5ᵉ volume, deux pièces, intitulées : *le Malade imaginaire* ; l'une, en 36 pp., est l'intermède du ballet, qui avait été imprimé en 1673 chez Robert Ballard ; l'autre est la comédie, en 5 actes, donnée d'après la plate contrefaçon portant : *Amsterdam, D. Elzevier,* 1674. *Voy.* ci-dessus le nº 26.

272. OEUVRES DE MONSIEUR DE MOLIÈRE. *Amsterdam, Jacques le Jeune* (à la Sphère), 1679, 5 vol. in-12.

Cette nouvelle édition est, comme la précédente, composée de pièces imprimées à part sous différentes dates, ou réimprimées en 1679 par Daniel Elzevier. On y ajoute un 6º volume, celui des Œuvres posthumes, *Amsterdam, Jacques le Jeune* (à la Sphère), 1684.

La différence des dates, dans les exemplaires des pièces réunies en 1679, prouve que le libraire tenait toujours à employer d'abord ceux qu'il avait en magasin, pour former son recueil d'œuvres, avant de les réimprimer ou d'en faire un nouveau tirage ; aussi trouve-t-on souvent, sous le titre général de 1679, des pièces datées de 1680.

Cette édition de 1679 renferme, comme celle de 1675, *le Festin de pierre*, de Dorimond, au lieu du *Don Juan* de Molière ; mais cette dernière comédie, imprimée à Amsterdam en 1683 et contenant la scène du *Pauvre*, se trouve dans le 6ᵉ volume, ajouté souvent aux 5 volumes de l'édition elzevirienne de 1679.

Dans cette édition de 1679, *le Malade imaginaire*, au lieu du mauvais texte de l'édition elzevirienne de 1674, offre un meilleur texte, celui de *Cologne,* 1674, ou de *Paris,* 1675.

273. LES OEUVRES DE MONSIEUR DE MOLIÈRE. (A la Sphère.) *Paris, Denis Thierry, Claude Barbin et Pierre Trabouillet,* 1681, 5 vol. in-12.

Cette édition, que les bibliographes ne citent pas et qui doit être une contrefaçon de l'édition de 1674-1675, remise en vente chez les mêmes libraires, avec des titres datés de 1676, présente une erreur de date singulière dans le privilége du roi, qui est donné comme étant du 18 mars 1676 (trois ans après la mort de Molière) et qui offre aussi quelques variantes : « Notre cher et bien-amé Jean-Baptiste Pocquelin de Molière nous a très-humblement fait remontrer qu'il avoit cy-devant composé pour notre divertissement plusieurs pièces de théâtre, partie desquelles il auroit fait imprimer par divers imprimeurs ou libraires, en conséquence des priviléges que Nous luy en avons accordés pour l'impression de chacune en particulier, mais la plupart desdits priviléges étant expirez, et les autres près d'expirer, plusieurs desdites pièces ont esté réimprimées en vertu de lettres obtenues par surprise en notre grande chancellerie, portant permission d'imprimer ou faire imprimer les Œuvres dudit Molière, sans en avoir son consentement : dans lesquelles réimpressions il s'est fait quantité de fautes qui blessent la réputation de l'auteur, ce qui l'a obligé de revoir et corriger tous ses ouvrages, pour les donner au public dans leur dernière perfection. Mais, comme il lui faut faire une grande dépense pour l'impression, il craint que quelque envieux de son travail ne luy fasse contrefaire, par concurrence, de même que l'on a déjà fait, plusieurs desdites pièces, ce qui l'empêcheroit de retirer les frais qu'il auroit faits... » Suit une sommation par huissier, pour l'enregistrement de ce privilége, datée du 14 août 1671 ; mais l'extrait de l'enregistrement porte, à dessein, la date du 14 août 1676, comme le privilége.

Le texte de cette édition, calquée sur celle de 1674-75, en 7 volumes, n'est pas à dédaigner, puisqu'il présente ainsi les dernières corrections faites par Molière.

Ce qui prouverait que cette édition est une contrefaçon, c'est qu'on y trouve annexé, comme tome VI, les *Œuvres posthumes,* avec la date de 1690.

« Cette édition n'a que 5 volumes. Le tome VI, contenant les œuvres posthumes, joint à un exemplaire qui se trouvait à la vente des livres de M. L. Potier, 1870, portait cette indication : *Lyon, Jacques Lyons,* 1690. La parfaite conformité des caractères d'impression de ce volume avec ceux des cinq premiers doit faire supposer que le tout a été imprimé à Lyon. » (*Note de M. Potier.*)

M. Baillieu fils, libraire, nous communique une note intéressante sur deux éditions différentes, portant le même titre et la même date : LES ŒUVRES DE MONSIEUR DE MOLIÈRE. *Paris, Denis Thierry, Cl. Barbin et Trabouillet* (A la Sphère.), 1681, 5 vol. in-12.

L'une, dont il possède deux volumes, le tome IV, de 464 pp., titre compris, et le tome V, de 402 pp., plus 3 ff. pour le privilége, est d'une assez bonne impression, sur bon papier ; la sphère des titres est bien exécutée. L'autre, de vilaine impression, sur mauvais papier, ressemble assez, quant à l'aspect général, au *Racine* (sur l'imprimé à Paris) de 1680. La sphère des titres est affreusement exécutée. Le tome Ier de cette édition a 428 pp., y compris le titre et le faux-titre, qui comptent dans la pagination, comme aux autres volumes ; le tome II a 436 pp. ; le tome IV, 466 pp. ; le tome V, 402 pp., plus 3 ff. non chiffrés pour le privilége. Ce tome III manque.

274. Œuvres de Monsieur de Molière. *Paris, Denis Thierry et Claude Barbin,* 1681, 6 vol. in-12.

Cette édition, qui paraît être aussi une contrefaçon, imprimée à Rouen, ou dans quelque autre ville de province, ne contient ni avertissement ni privilége. C'est sans doute une des deux éditions décrites par M. Baillieu fils, dans la note du n° 273. Cependant, Théoph. Georgi, dans son *Bücher-Lexicon* (Leipzig, 1753, in-fol.), cite une édition de Paris, 1681, en 6 vol. in-12, avec fig.

275. Œuvres de Monsieur de Molière. *Lyon,* 1681, 6 vol. in-12.

Deux volumes de cette contrefaçon, le 2° et le 3°, ont figuré dans un Catalogue de M. Bachelin-Deflorenne, en 1866.

276. Œuvres de Monsieur de Molière. *Genève,* 1681, 6 vol. in-12, fig.

277. Les Œuvres de Monsieur de Molière, revues, corrigées et augmentées (par Vinot et La Grange); enrichies de figures en taille-douce (grav. par Sauvé, d'après P. Brissart). *Paris, Denys Thierry, Claude Barbin et Pierre Trabouillet,* 1682, 8 vol. in-12.

On sait que les éditeurs de 1682 publièrent pour la première fois, dans les *Œuvres de Molière,* six comédies qui étaient restées inédites, parce qu'elles ne se jouaient plus : *Don Garcie de Navarre, Don Juan, Mélicerte, l'Impromptu de Versailles, les Amants magnifiques, la Comtesse d'Escarbagnas.* Ils prétendirent aussi donner le véritable texte du *Malade imaginaire,* et 'ils ajoutèrent aux Œuvres dramatiques le *Poëme du Val de Grâce,* qu'on n'avait encore imprimé que séparément. Mais ils se servirent, pour faire leur édition, de manuscrits originaux, que Molière avait modifiés plus ou moins, en faisant représenter et imprimer ses pièces ; de là, les différences qu'on remarque entre cette édition et celles publiées du vivant de l'auteur. Les comédies qui ont le plus souffert de cette maladroite révision, sont : *Tartuffe, les Fourberies de Scapin, l'Avare* et *le Malade imaginaire.* Les éditeurs ne se contentèrent pas de marquer les jeux de scène ; ils se permirent, de leur autorité privée, nombre d'altérations qui, si légères qu'elles soient en général, deviennent graves, quand elles s'attaquent à la langue de Molière. Enfin, ces altérations volontaires se compliquèrent d'autres plus fâcheuses, par suite des cartons que la Police exigea, surtout dans les deux tomes VII et VIII, qui portent le titre d'*Œuvres posthumes,* et dont le privilége est accordé au libraire Denys Thierry comme ayant traité avec la veuve de feu J.-B. *Poclin* (sic) de Molière.

Quant au privilége des 6 premiers volumes, daté du 15 février 1680, il déclare que le même libraire n'a publié, depuis la mort de l'auteur, qu'*une seule et unique* édition des œuvres de Molière. « Achevé d'imprimer en 1675. »

Un heureux hasard a fait découvrir un exemplaire non cartonné de l'édition de 1682, et cet exemplaire a permis de rétablir le véritable texte de l'auteur dans plusieurs passages que la Censure avait altérés. Voici en quels termes M. de Soleinne, qui possédait ledit exemplaire, en a signalé la provenance : « Ce précieux exemplaire est celui de M. de La Reynie, lieutenant général de police à l'époque où fut publiée cette édition. C'est sans doute à ce titre que cet exemplaire ne reçut aucun des nombreux cartons, qui furent exigés pour l'édition, et si mystérieusement exécutés par l'éditeur. Le tome VII, que la Bibliothèque du Roi acheta à la vente de M. Regnault Bretel, est en partie cartonné. Celui-ci ne l'est pas du tout. Lorsque je l'ai acheté, il revenait de Constantinople, où il avait été porté par M. Simonnin, son précédent possesseur, et, pour le faire rentrer en France, on l'avait passé au vinaigre. »

L'exemplaire non cartonné de La Reynie, acquis à la vente Bertin par M. le comte de Montalivet, appartient aujourd'hui à son gendre, M. de Villeneuve, et un autre exemplaire, également non cartonné, a été acquis, en 1867, par M. B. Delessert, à la vente Chaudé, au prix de 2,560 francs, et relié depuis par Trautz-Bauzonnet.

278. ŒUVRES DE JEAN-BAPTISTE POCQUELIN DE MOLIÈRE. *Paris, Denys Thierry,* 1682, 8 vol. in-12.

Cette réimpression textuelle et presque identique de l'édition précédente a été faite sous la même date que celle-ci, après l'incendie arrivé au Collége de Montaigu, dans lequel se trouvaient les magasins de dépôt des libraires, où fut détruit tout ce qui restait des exemplaires de l'édition de 1682. On reconnaît, à première vue, les exemplaires de la réimpression, à des différences dans le papier et le tirage : le tirage en est moins soigné, plus inégal, plus pâteux ; le papier moins fin et plus bis. Quant aux gravures, qui ont du être retouchées, elles sont plus dures et plus confuses.

279. LES MÊMES. *Amsterdam, Jacques le Jeune* (à la Sphère), 1684, 5 vol. pet. in-12, fig.

C'est encore une réunion de pièces imprimées isolément, à diverses époques, avec les caractères elzeviriens, et groupées sous le titre d'une édition factice, comme celle de 1675, sans aucune préoccupation de la date particulière de l'impression des pièces qu'on faisait entrer dans le recueil. Après la mort de Daniel Elzevier, en 1680, son fonds fut vendu publiquement en 1681, comme nous l'avons dit plus haut (page 17). Henri Wetstein, ayant acquis alors le Molière, avec le droit de le reproduire, au moyen de nouveaux tirages, réimprima successivement les pièces qui manquaient, en faisant exécuter pour chaque pièce une gravure-frontispice, et forma des exemplaires composés de ces pièces, portant différentes dates, avec des titres, à l'adresse d'*Amsterdam, Jacques le Jeune*, pour les 5 volumes datés de 1684. On ajouta seulement, à cette nouvelle édition de Molière, le volume des *Œuvres posthumes*, publié séparément, dans le même format et avec les mêmes caractères, en 1684, par *H. Wetstein et P. Mortier*. Plus tard, ce volume étant épuisé, Wetstein le réimprima, en 1689, avec l'adresse d'*Amsterdam, Guillaume le jeune*, pour compléter ce qui lui restait d'exemplaires de son recueil de 1684.

280. OEuvres de M. de Molière (avec les OEuvres posthumes). *Amsterdam, H. Wetstein* (à la Sphère), 1683-91, 6 vol. pet. in-12, portr. et fig.

Dans le privilége hollandais, il est dit que Wetstein a acheté le restant des petites éditions publiées par Daniel Elzevier.

La scène du Pauvre, dans *le Festin de pierre*, a été rétablie, quoique les éditeurs de 1682, Vinot et Lagrange, l'eussent supprimée dans leur édition, parce que Molière l'avait fait disparaître à la seconde représentation de sa pièce. Au reste, cette édition d'Amsterdam contient d'autres passages qui n'existent pas dans les éditions de Paris. Il existe cependant des exemplaires de l'édition de H. Wetstein, qui ne contiennent pas la scène du Pauvre, suppression tout à fait inexplicable dans une édition faite en Hollande.

Il y a aussi des exemplaires de ce recueil factice, en 6 volumes, qui portent la date de 1684.

281. Les OEuvres de Monsieur de Molière. Édition nouvelle, enrichie de figures en taille-douce et augmentée des OEuvres posthumes. *Amsterdam, Henri Wetstein*, 1691-93, 6 vol. pet. in-12.

Il y a des exemplaires, dont les volumes sont datés de 1689 à 1693.

Cette édition, imprimée avec les caractères dés Elzeviers, et formée de pièces publiées séparément sous différentes dates, de 1683 à 1693, n'est pas à dédaigner, à cause du texte qu'elle présente. Ainsi, l'édition du *Festin de pierre*, qui se trouve dans ce recueil factice, n'est autre que l'édition de 1683, laquelle renferme la fameuse scène du Pauvre.

282. Les OEuvres de Molière. *Amsterdam, Henry Wetstein*, 1691, 4 vol. pet. in-12, fig.

Sous ce titre d'une édition factice, les pièces imprimées séparément, à différentes dates, sont groupées ici en quatre volumes, au lieu de l'être en six, comme dans le recueil précédent.

Il faut remarquer que, dans les différents tirages de l'édition elzevirienne, le format est plus ou moins grand, en raison de la grandeur du papier, qui est de diverses nuances et plus ou moins fin.

283. LES OEUVRES DE MONSIEUR DE MOLIÈRE, revues, corrigées et augmentées du Medecin vangé et des Epitaphes les plus curieuses sur sa mort. Enrichies de figures en taille-douce à chaque pièce. *Lyon, Jacques Lyons,* 1692, 8 vol. in 12, fig. grav. d'après P. Brissart.

Réimpression textuelle de l'édition de *Paris,* 1682, avec quelques additions et corrections. Ainsi, l'Avis au lecteur nous fait connaître le travail auquel s'est livré le directeur anonyme de cette édition, laquelle, dit-il, « a tous les avantages des nouvelles éditions, c'est-à-dire le même nombre de pièces, sans en avoir les défauts, car on n'y voit point les fautes considérables qui s'y étoient glissées par la négligence des imprimeurs. » On sait, en effet, que l'édition de Vinot et Lagrange est remplie de grossières fautes d'impression. « On a rétabli, ajoute le nouvel éditeur, un grand nombre de vers qui avoient été omis, et on a rempli le rôle de certains acteurs, qui n'étoit pas entier dans quelques pièces. On s'est servi, pour cet effet, de toutes les anciennes et nouvelles éditions qu'on a pu recouvrer... On n'entrera point ici dans le détail des nouveaux endroits qui ont été corrigez, cela seroit trop long. On prie seulement les lecteurs d'examiner, au tome quatrième, *Amphitryon,* et au tome sixième *les Fourberies de Scapin,* pag. 25, et au même tome *Psiché,* et de juger par là de toutes les autres pièces. »

Le premier volume se termine par le *Recueil des épitaphes les plus curieux* (sic) *faits sur la mort surprenante du fameux comédien le sieur Molière.* On a placé, en tête de ce Recueil, *les Medecins vangez, ou la Suite funeste du Malade imaginaire,* en vers. La comédie de Brécourt, *l'Ombre de Molière,* se trouve à la suite des Œuvres de Molière, comme dans beaucoup d'éditions précédentes.

Les vers qui ne se disaient pas à la représentation sont désignés par des guillemets.

Il y a des exemplaires auxquels le libraire avait ajouté, plus tard, comme tome IX, la *Vie de Molière,* par Grimarest, publiée à Lyon, sous la date de 1692, in-12. Mais il est certain que ce volume supplémentaire est une contrefaçon faite en 1705, sous une fausse date, pour servir de complément à l'édition des Œuvres de Molière, réimprimée sans cesse à Lyon, depuis 1692, sous cette même date. Nous avons reconnu plus de six éditions ou tirages différents, parmi lesquels on distinguera au moins deux contrefaçons, l'une desquelles porte sur le titre : *les Épitaphes les plus curieux* (sic). Ces contrefaçons sont sur mauvais papier et beaucoup plus laides que les tirages de l'édition lyonnaise.

Nous croyons que les éditions faites à Lyon ont été publiées par les soins du comédien Marcel, qui les a fait précéder d'une épitaphe en vers latins, avec la traduction en vers français, l'une et l'autre portant sa signature. On sait que ce Marcel avait fait partie de la troupe de Molière.

Le portrait de Molière, qui est à la tête de cette édition, a été grossièrement gravé, sans nom d'artiste, sur un original qui ne ressemble à aucun autre portrait. Il manque dans beaucoup d'exemplaires. Les figures sont une mauvaise imitation de celles de Brissart.

284. LES MÊMES OEUVRES, nouvelle édition, corrigée, et augmentée des OEuvres posthumes. *Brusselles, Georges de Backer*, 1694, 4 vol. pet. in-12, fig. grav. à l'eau-forte par François Harrewyn.

Jolie édition, dans laquelle *le Festin de pierre* est publié avec la scène du Pauvre. Les pièces qui composent ces quatre volumes avaient été imprimées chacune avec un titre particulier, et se vendaient séparément, quoique nous ne les ayons pas indiquées dans la liste des éditions partielles des comédies de Molière.

285. LES OEUVRES DE M. DE MOLIÈRE, revues, corrigées et augmentées. *Lyon, Jacques Lions*, 1694, 8 vol. in-12, portr. et fig.

Cette édition, faite sur la première édition de Lyon, datée de 1692, est d'une impression plus mauvaise, et sur plus mauvais papier, mais les figures ont été gravées à nouveau par un meilleur artiste.

Jean Coutavoz, maître imprimeur de Lyon, ayant obtenu un nouveau privilége, à son nom, en date du 10 décembre 1692, céda au sieur Jacques Lions ou Lyons ladite permission d'imprimer, le 13 février 1693.

286. HISTRIO GALLICUS, COMICO SATYRICUS, SINE EXEMPLO, ou les Comédies de M. de Molière, comédien incomparable du Roy de France. Divisées en trois tomes. *Nuremberg, Jean-Daniel Tauber*, 1695, 3 tomes en 4 vol. pet. in-8.

On trouve, en tête, un abrégé de la vie de Molière, et à la fin du dernier volume trois scènes d'une comédie du Théâtre-italien (*Arlequin empereur*), publiées par Gherardi (*Paris, les héritiers de Mabre-Cramoisy*, 1695, in-12); ce qui semblerait indiquer que Molière avait fourni le canevas de cette comédie, lorsque la troupe italienne donnait des représentations au théâtre du Petit-Bourbon, concurremment avec la troupe française des comédiens de Monsieur.

Nous devons la note suivante à un savant moliériste, M. Mortreuil : « Cette édition ne contient que des pièces en prose et aucune en vers. Elle est précédée de la Vie de Molière, commençant par : « ...Jean-Baptiste Poquelin estoit Parisien, fils d'un valet de chambre, tapissier du Roy, etc... » Finissant par : « ... pour le sérieux et pour le comique. » Je n'ai vu cet Abrégé reproduit nulle part. Je ne saurais dire quel est le texte qui a été suivi (pour cette édition des comédies en prose), mais ce qu'il y a de particulier, c'est que la cérémonie du *Malade imaginaire* est telle qu'elle se trouve dans les éditions de la *Receptio cujusdam Juvenis*, etc. »

287. OEUVRES DE JEAN-BAPTISTE POCQUELIN DE MOLIÈRE. *Paris, Denys Thierry, Claude Barbin et Pierre Trabouillet*, 1697, 8 vol. in-12, fig.

Très-jolie édition qui reproduit page pour page l'édition de 1682. (Dans quelques exemplaires, les tomes VII et VIII, contenant les Œuvres posthumes, sont à la date de 1682, ce qui prouve que ces deux tomes avaient été tirés à plus grand nombre que les autres.) Cette édition est accompagnée d'un nouveau privilége, pour vingt ans, en date du 18 septembre 1692, accordé à Pierre Trabouillet « en considération de la perte qu'il a faite par l'incendie arrivé au Collége de Montaigu, où ses livres furent entièrement brûlez ». Le privilége allègue, en outre, les grandes pertes que de nombreuses contrefaçons avaient fait subir aux acquéreurs de l'ancien privilége, déjà prolongé en 1680. On a lieu d'être surpris que Pierre Trabouillet ait attendu cinq ans, pour jouir du bénéfice de son nouveau privilége du roi.

288. OEUVRES DE M. DE MOLIÈRE, revues, corrigées et augmentées. *Toulouse, Jean Dupuy, Domin. Desclassan, imprimeur de l'Université, et Caranove*, 1697, 8 vol. in-12, avec portr.

Cette édition, qui est la reproduction textuelle de celle de Paris, 1682, fut faite par l'imprimeur Desclassan, en vertu d'une permission pour trois ans, en date du 14 avril 1696. (*Voy.* ci-après la note relative à l'édition de Toulouse, 1699.)

Les Œuvres posthumes, que complète la comédie de Brécourt, *l'Ombre de Molière,* remplissent les tomes VII et VIII.

Cette première édition de Toulouse, fort mal imprimée, sans goût et sans art, avec de vilains fleurons, a eu plusieurs tirages successifs, qui ne se distinguent que par les différences de papier ; les figures d'Ertinger ne paraissent pas avoir été jointes au premier tirage de 1697; mais il y a, en tête du premier volume, un portrait, gravé, sans nom d'artiste, d'après un original qui ne ressemble à aucun autre portrait et qui donne à Molière une physionomie dure et maussade. Ce portrait manque dans la plupart des exemplaires.

Il est de tradition, à la Comédie française, que les éditions de Toulouse donnent le meilleur texte de Molière.

289. LES OEUVRES DE MONSIEUR MOLIÈRE. *Amsterdam, H. Wetstein* (à la Sphère), 1698, 4 vol. pet. in-12, avec ou sans fig.

Cette charmante édition, qui se trouve souvent divisée en 8 tomes, a été imprimée, avec un nouveau privilége des États de Hollande; les caractères et les fleurons sont elzeviriens. Le tome IV contient les Œuvres posthumes, avec la comédie de *l'Ombre de Molière*.

290. OEUVRES DE M. DE MOLIÈRE, revues, corrigées et augmentées, enrichies de fig. en taille-douce. *Toulouse, J.-Fr. Caranove*, 1699, 8 vol. in-12, fig. grav. par Ertinger.

Cette édition est conforme à celle de *Paris, Denis Thierry*, 1682. Dans une suplique à Cabrol, lieutenant du roi, Dominique Desclassan, imprimeur et marchand libraire à Toulouse, demande la permission d'imprimer, avec un privilége de trois années, les Œuvres du sieur de Molière et ses Œuvres posthumes, attendu que le privilége du roi, accordé à Denis Thierry pour ces deux ouvrages, est expiré; en conséquence, Poitevin de Montpeyroux, procureur du roi à Toulouse, défend à tous autres imprimeurs et libraires de la ville, d'imprimer ledit livre pendant trois années, à compter du jour où le suppliant aura achevé son impression; cette permission est datée du 14 avril 1696. On voit que l'imprimeur Desclassan ne tenait pas compte du nouveau privilége du roi, accordé à Pierre Trabouillet, libraire à Paris, pour un délai de vingt ans, en date du 18 septembre 1692.

Cette édition toulousaine, beaucoup plus jolie que celle de 1697 et imprimée sur beau papier, avec de charmantes figures dessinées et gravées par Ertinger, fut faite aux frais du libraire Caranove, à qui l'imprimeur Dominique Desclassan avait cédé son privilége et sa permission.

291. LES OEUVRES DE M. DE MOLIÈRE. (Au Quærendo.) *Berlin, Robert Roger, imprimeur et libraire de S. S. Electorale*, 1700, 4 vol. in-8, avec portr. grav.

Chaque volume porte sur son titre l'indication des pièces qu'il renferme. Toutes ces pièces ont chacune leur titre et leur pagination séparée, sous différentes dates, de 1691 à 1700, avec cette indication:

Suivant la copie imprimée à Paris, chez Guillaume de Luynes (à la Sphère). Les 16 feuillets préliminaires du premier volume contiennent, outre la Gloire du dôme du Val de Grâce et la Vie de l'auteur, tirée de la préface de l'édition de Lagrange, diverses épitaphes en latin et en français, ainsi que le Remerciement au Roi. La scène du *Pauvre* se trouve en entier dans *le Festin de pierre*.

Le portrait, qui figure en tête du premier volume, paraît avoir été gravé d'après le tableau ou le dessin qu'on peut supposer avoir déjà servi de modèle au mauvais portrait gravé pour les éditions de Toulouse.

292. OEUVRES, nouvelle édition. *Liége, J.-F. Broncart,* 1703, 4 vol. pet. in-12, fig. par Harewyn.

Réimpression de l'édition de Lagrange, avec quelques changements. On a mis, en tête du 1er volume, le *Remerciement au Roi* et la *Gloire du Val de Grâce,* avec différentes pièces de vers en l'honneur de Molière, et l'on a taillé un abrégé de la vie de Molière dans la préface de Lagrange et Vinot.

Dans cette jolie édition imprimée avec les caractères elzeviriens, quoique les volumes aient une pagination suivie, on a placé un titre séparé devant chaque pièce, de manière à pouvoir la vendre séparément, au besoin : ce qui a été fait, et avec succès, bien que nous n'ayons pas mentionné, dans la série des éditions partielles des comédies de Molière (*Voy.* ci-dessus, chap. III), les pièces extraites de l'édition de Broncart, pour être vendues isolément. Le dernier volume étant plus gros que les autres, on l'a divisé en deux parties, dans quelques exemplaires, qui forment ainsi cinq volumes, au lieu de quatre.

293. OEUVRES DE M. MOLIÈRE, nouvelle édition, revue et corrigée. *La Haye, Adrian Moetjens,* 1704, 4 vol. pet. in-12, papier fin, fig.

Cette jolie édition, accompagnée d'un privilége des États de Hollande, a été faite avec les caractères des Elzeviers, mais sans fleurons elzeviriens et à la marque d'Adr. Moetjens.

On trouve, en tête du premier volume, *Remerciement au Roi* et la *Gloire du Val de Grâce,* avec un abrégé de la Vie de Molière, extrait de la préface de Lagrange.

294. OEUVRES..... *La Haye, Adrian Moetjens,* 1704, 6 vol. in-12. fig.

C'est la même édition que la précédente, mais d'un tirage différent, sur papier plus épais et moins blanc, avec une autre division de matières, pour former six volumes, au lieu de quatre.

295. LES OEUVRES DE MONSIEUR MOLIÈRE, nouvelle édition,

revue et corrigée. *Amsterdam, Henry Desbordes,* 1704, 4 vol. pet. in-12, fig.

Jolie édition, dans laquelle on trouve, comme dans la plupart des éditions antérieures à 1735, *l'Ombre de Molière,* comédie de Brécourt; elle est, d'ailleurs, calquée sur celle de Paris, 1682, pour le texte, et elle présente le même ordre de matières que l'édition d'Adrian Moetjens, en 4 volumes. Ce n'est peut-être qu'un tirage différent de cette édition, avec un format un peu plus grand et sur un papier moins fin.

Il y a des exemplaires au nom de P. Brunel, à Amsterdam.

296. OEUVRES, nouvelle édition. *Liége, J.-F. Broncart,* 1706, 4 tomes en 8 vol. pet. in-12, fig., titre en rouge, avec des titres particuliers pour chaque pièce.

Cette édition diffère absolument de celle de 1703, quoique les titres des pièces portent cette même date ; l'impression en est très-mauvaise ; le papier assez laid. C'est peut-être une contrefaçon de la jolie édition de J.-F. Broncart, qui se servait des caractères elzeviriens. On la reconnaît au fleuron rouge, qui remplace la sphère, sur le titre tiré en rouge et en noir.

297. LES DIVERTISSEMENS POUR GRANDS ET BASSES GENS, c'est-à-dire les Comédies sérieuses et comiques, autrefois représentées à la Cour de Louis le Grand, roy de France, par J.-B. Pocquelin de Molière, comédien incomparable de France. Édition nouvelle, soigneusement corrigée et enrichie, selon le style et l'orthographe d'aujourd'hui. *Nuremberg, J.-D. Tauber,* 1708, 3 vol. pet. in-8, fig.

Cette édition n'est que la reproduction, sous un titre bizarre et germanique, de l'édition nurembergeoise de 1695, publiée par le même éditeur, mais avec une orthographe différente. On n'y trouve, comme dans l'édition de l'*Histrio gallicus,* que les pièces en prose de Molière.

298. OEUVRES. Avec une Histoire de la vie de l'auteur, par Grimarest. *Amsterdam, Le Jeune,* 1709, 5 vol. in-12.

C'est la première édition hollandaise, dans laquelle la *Vie de Molière* par Grimarest ait été imprimée en tête du premier volume.

299. OEUVRES. *Paris, de l'impr. de Denis Thierry,* 1709-1710, 8 vol. in-12, fig. d'après Brissart, et portr. gravé par Audran, d'après Mignard.

Cette édition, imprimée pour la Compagnie des libraires, a des exemplaires, sous la même date, avec les adresses de 24 libraires différents, qui avaient fait imprimer des titres à leur nom.

C'est la première édition française, qui, à la préface de Lagrange, ait ajouté la *Vie de Molière* par Grimarest, avec la *Lettre critique* sur cette Vie, Lettre attribuée à de Visé, et l'*Addition à la Vie*, par le même Grimarest. On y trouve aussi *l'Ombre de Molière*, de Brécourt, l'Extrait de divers auteurs, et le Recueil de diverses pièces de vers, comme dans les éditions lyonnaises de 1692.

300. OEuvres de Monsieur de Molière, revues, corrigées et augmentées du Médecin vangé, et des Épitaphes les plus curieuses sur sa mort. Enrichies de figures en taille-douce à chaque pièce. *Lyon, Jacques Lyons*, 1693 (fausse date : vers 1710), 8 vol. in-12, fig.

Cette édition n'est pas une réimpression exacte de l'édition publiée en 1692, sous la même rubrique; car on y a rétabli l'ordre chronologique des pièces ; ainsi : *la Critique de l'École des femmes*, au lieu d'être placée après le *Bourgeois gentilhomme*, au tome V, comme dans l'édition de 1692, se trouve, avec la date de sa représentation, à la suite de *l'École des femmes*, dans le tome II ; non-seulement les Œuvres posthumes sont disséminées à leur ordre parmi les Œuvres anciennes, mais encore on a partout rajeuni l'orthographe du texte.

Il faut supposer que le libraire a publié son édition, avec une fausse date, pour n'avoir pas à demander un nouveau privilége, qu'il craignait de ne pas obtenir. Au reste, cette édition est mieux imprimée que celle de 1692, et sur papier plus blanc et mieux collé.

301. OEuvres, enrichies de figures en taille-douce, nouvelle édition, revue, corrigée et augmentée. *Paris, Michel David*, 1710, 8 vol. in-12, fig. d'après celles de Brissart.

Le privilége pour cette réimpression ayant été accordé à Michel David, ce libraire fit part de son privilége à ses confrères Guignard, Aubouyn, Cavelier, Charpentier, Osmont, Ribou, Clousier et Trabouillet. Il y a donc des exemplaires, au nom de ces huit libraires.

On trouve, dans cette édition, la *Vie de Molière*, par Grimarest, avec la Lettre critique à M. de.... sur cette Vie, et l'Addition à la Vie de Molière, contenant une réponse à la Critique ; les Extraits de divers auteurs (Rapin, Baillet, Moréri, Perrault, Bayle, etc.), relatifs à Molière et à ses ouvrages, et le Recueil des épigrammes, épitaphes et autres pièces en vers sur sa mort.

Cette édition a été préparée et faite plus soigneusement que les autres, ce qui fait dire au poëte Danchet dans son Approbation : « Je n'y ai rien trouvé qui ne puisse plaire à la curiosité de ceux qui recherchent avec soin tout ce qui regarde cet illustre auteur. »

L'Avis de l'éditeur constate la peine qu'il s'est donnée : « On a lu et corrigé, dit-il, avec toute l'exactitude possible, cette nouvelle édition; ainsi, on a lieu de présumer qu'elle sera trouvée plus correcte que les précédentes, et surtout celles faites dans les pays étrangers, dans lesquelles la négligence des imprimeurs avait laissé quantité de fautes considérables, jusqu'à omettre ou changer des vers en beaucoup d'endroits. » L'impression est bonne, le papier bien choisi. Les figures en taille-douce, imitées de celles de Brissart dans l'édition de 1682, et un peu accommodées aux modes de 1710, ont été gravées convenablement : on a respecté toutefois les anciens costumes, et l'expression des figures conserve le caractère théâtral.

Trente-neuf ans plus tard, le libraire Briasson, qui avait encore des exemplaires de cette édition dans ses magasins, les fit reparaître, avec un nouveau titre daté de 1749, pour faire concurrence à la nouvelle édition que la Compagnie des Libraires venait de publier sous cette même date.

302. OEuvres, nouv. édit., rev., corr. et augm. (avec la Vie de l'auteur) ; enrichie de figures en taille-douce. *Amsterdam,* 1713, 4 vol. pet. in-12, avec portrait gravé par A. de Blois, d'après P. Mignard, et fig. grav. d'après G. Schouten.

Cette jolie édition elzevirienne ayant été imprimée pour le compte de trois libraires d'Amsterdam : P. Brunel, David Mortier et H. Wetstein, avec privilége de Nos Seigneurs les États de Hollande et de West-Frise; il y a des exemplaires avec le nom de chacun d'eux. Ces exemplaires n'offrent des différences que sous le rapport du tirage et du papier. On trouve aussi des exemplaires sans figures.

Le 4º volume renferme les Œuvres posthumes, suivies de *l'Ombre de Molière,* comédie de Brécourt, avec les Extraits de divers autheurs et le Recueil des épigrammes, épitaphes, etc. Ce 4º volume manque à dessein dans quelques exemplaires, composés seulement de trois volumes.

303. OEuvres de Monsieur de Molière. *Utrecht, Guill. van de Water,* 1713, 4 vol. pet. in-12, fig. de G. Schouten.

Cette édition est un second tirage de l'édition précédente : le 1er volume a 588 pages; le II, 504; le III, 538, et le IV, 488. Dusauzet lui a consacré un excellent article dans le *Journal littéraire* (La Haye, T. Johnson, 1717, tom. II, pag. 301-310).

Théoph. Georgi, dans son *Bücher-Lexicon* (Leipzig, 1753, in-fol.), cite une édition, avec la Vie de l'auteur : *Amsterdam,* 1713, 6 vol. in-12.

304. OEuvres, nouvelle édition, revue, corrigée et augmen-

tée. *Amsterdam, Jean-Frédéric Bernard*, 1716, 8 vol. in-12, fig. dessinées et gravées par F. Ertinger.

<small>Cette édition contient la préface de Lagrange, la Vie de Molière, par Grimarest, *les Plaisirs de l'Ile enchantée*, et *l'Ombre de Molière*, de Brécourt. Ces 8 volumes ou tomes sont reliés ordinairement en quatre.

Les figures paraissent tellement fatiguées, qu'on aura dû tirer sur les mêmes cuivres qui avaient été gravés pour l'édition de Toulouse, 1699, et qui servirent à plusieurs tirages, sans être retouchés au burin.</small>

305. OEuvres, nouvelle édition, revue, corrigée et augmentée. *Paris, H. Charpentier*, 1716, 6 vol in-12, fig. et portr.

<small>Cette édition ne doit pas être la même que celle qui reparut chez le même libraire, en 1733, et qui n'était qu'une contrefaçon allemande, imprimée à Leipzig, chez Teubner.</small>

306. OEuvres. *Leipzig, Fritsch*, 1717, 5 vol. in-8, fig.

307. OEuvres. *Paris, impr. de la veuve Mergé, pour la Compagnie des libraires*, 1718, 8 vol. in-12, portr. gravé par Audran, et fig.

<small>Cette édition reproduit identiquement celle de *Paris*, 1710, sauf l'addition de quelques jeux de scène et un petit nombre de corrections dans le texte ; mais elle est moins bien imprimée et sur papier plus mince. Les œuvres posthumes se trouvent encore séparées dans les tomes VII et VIII.

Les estampes ont été regravées d'après celles de 1710, mais le graveur a supprimé beaucoup de détails de dessin ; il a aussi changé le caractère des figures, et modifié les costumes, en supprimant, par exemple, les fontanges des femmes, parce qu'on n'en portait plus. Dans quelques-unes de ces gravures, on a même les modes exactes de la Régence.</small>

308. OEuvres. *Amsterdam, P. Brunel*, 1724, 4 vol. pet. in-12, fig.

309. OEuvres, nouvelle édition, revue, corrigée et augmentée d'une nouvelle Vie de Molière (par Bruzen de la Martinière), et de la *Princesse d'Élide,* toute en vers, telle qu'elle se joue à présent, imprimée pour la première fois. *Amsterdam,* 1725, 4 vol. pet. in-12, portr. et fig. grav. d'après G. Schouten.

Cette édition, imprimée pour une société de libraires hollandais, a fourni des exemplaires avec le nom de chacun : P. Brunel, R. et G. Wetstein, à Amsterdam, et P. Husson, à la Haye. Ces exemplaires ne diffèrent que par la qualité du papier ; quelques-uns ont été tirés sur papier superfin.

Bruzen de la Martinière, qui paraît avoir donné ses soins à cette excellente édition, y a mis « bien des choses curieuses, qu'on chercheroit en vain dans les autres », comme il le dit dans l'Avertissement. Non-seulement il a remplacé la *Vie de Molière* de Grimarest, ainsi que la *Critique* et la *Réponse,* par une nouvelle Vie, plus complète et plus intéressante, dans laquelle il a fait entrer une foule d'anecdotes et de faits nouveaux, qu'il désigne comme *additions,* et dont la plupart lui avaient été fournis par un vieux comédien de la troupe de Molière, nommé Marcel, qu'il cite souvent, en note, avec Grimarest ; mais encore il a ajouté, au texte de son auteur, la *Princesse d'Élide,* en vers, qui n'avait « jusqu'à présent été vue qu'en manuscrit », *l'Ombre de Molière,* comédie de Brécourt, *une Lettre écrite à une personne de qualité, sur la comédie du Misanthrope, par M. de Visé,* les *Extraits de divers auteurs contenant des particularités de la Vie de Molière et des jugements sur quelques-unes de ses pièces,* et le *Recueil des épigrammes, épitaphes, et autres pièces en vers, tant latines que françoises, faites par divers auteurs sur M. de Molière et sur sa mort.* De plus, il a marqué par des guillemets les vers qui ne se récitaient plus à la représentation, parce que ces vers avaient rapport à des modes anciennes ou bien parce qu'ils refroidissaient l'action scénique : « Comme ces vers sont de Molière, et que tout ce qu'il a fait mérite d'être conservé, on a mieux aimé les distinguer ainsi, que les retrancher. »

310. OEuvres. *Paris, David,* 1729, 7 vol. in-12, fig.

Nous doutons de l'existence de cette édition, quoiqu'elle soit indiquée dans le Catalogue de Monfort, rédigé par Merlin, en 1840.

311. OEuvres, nouvelle édition, augmentée de la Vie de l'auteur, par M. de Grimarest, et d'autres pièces, et des figures en taille-douce. *Paris, de l'impr. de P. Prault, Bordelet,* 1730, 6 vol. in-12, portr. gravé par Audran, et fig.

Le texte est le même que celui de l'édition de 1682, mais avec quelques fautes de plus dans l'impression.

312. OEuvres, enrichies de jolies figures en taille-douce. *Paris, Compagnie des libraires,* 1730, 8 vol. in-12, portr. et fig.

Cette édition, faite sur celle de 1682, passe pour être très-correcte et fut longtemps estimée ; quant aux *jolies* figures, on a regravé exprès les anciennes figures de Brissart et Sauvé, en les modernisant, et en donnant aux têtes, assez finement traitées d'ailleurs, le caractère de portraits des comédiens.

313. OEUVRES, nouvelle édition, revue, corrigée et augmentée. *Rotterdam, Balthazar Arnoul,* 1732, 8 vol. in-12, fig. grav. par A. Faure, d'après les anciennes compositions de Brissart.

Cette édition, dont le texte a été revu avec plus de soin que celui des éditions qui furent publiées à l'étranger, présente à peu près le même ordre de matières que l'édition de Paris, 1682 ; mais plusieurs pièces semblent avoir été revues sur les éditions originales, dont elles reproduisent tous les jeux de scène. On y a ajouté la *Vie de Molière,* par Grimarest, avec la *Critique* et la *Réponse,* outre la *Préface,* de Vinot et Lagrange ; puis, à la fin du 8º volume, les *Extraits de divers auteurs,* concernant plusieurs particularités de la Vie de Molière, et le *Recueil des épigrammes, épitaphes,* ou autres pièces en vers, qui avaient paru en 1725 dans l'édition donnée par Bruzen de la Martinière.

314. OEUVRES. *Paris, Henry Charpentier,* 1733, 6 vol. pet. in-8, portr. et fig.

M. Motreuil, de Marseille, qui nous signale cette édition, pense qu'elle a été imprimée en Allemagne, comme il en a pu juger par les caractères et fleurons. Il n'y a qu'une pagination pour les 6 volumes, dont le dernier se termine à la page 2034. C'est là un indice certain d'une impression allemande. Le 1er volume commence par un Avis sur cette nouvelle édition. La *Vie de Molière,* par Grimarest, avec la *Lettre critique* attribuée à de Visé et la *Réponse* à la *Critique,* précède la préface de l'édition de 1682, ce qui prouve qu'on a suivi le texte de cette édition. Les *Extraits de divers auteurs* et le *Recueil des épigrammes, épitaphes,* etc., sont placés à la suite, dans le 1er volume, au lieu d'être rejetés à la fin du dernier tome.

315. OEUVRES. *Leipzig, Teubner (impr. à Paris),* 1733, 6 vol. in-8, fig.

Cette édition est citée par Théoph. Georgi, dans ses *Bücher-Lexici.* Ne serait-ce pas un tirage de l'édition précédente, fait pour l'Allemagne ? Théoph. Georgi, étant libraire à Leipzig, est ici une autorité incontestable.

316. OEUVRES DE MOLIÈRE (revues sur les éditions originales, par Marc-Antoine Joly, et précédées de Mémoires sur la vie et les ouvrages de Molière, par de La Serre). *Paris,*

impr. de Prault, 1734, 6 vol. in-4°, portrait d'après Coypel, par Lépicié, 32 estampes, 198 vignettes et culs-de-lampe, gravés d'après les dessins de François Boucher, Oppenor et Blondel, par Laurent Cars et Joullain.

Cette belle édition, que l'éditeur Joly, auteur et censeur dramatique, avait revue soigneusement sur les éditions originales des comédies de Molière, fut imprimée pour le compte du libraire David. Voltaire avait fait exprès pour cette édition une *Vie de Molière* et des notices sommaires sur chaque pièce, mais le Bureau de la librairie, dirigé par le nommé Rouillé, donna la préférence au travail du sieur de La Serre, qui est moins brillant, mais plus sérieux et beaucoup plus étendu.

On a tiré, de cette première édition in-4°, un certain nombre d'exemplaires sur grand papier de Hollande.

Il existe, sous la même date, une réimpression identique, mais moins belle, faite à Paris vers 1735. On y a corrigé plusieurs fautes typographiques de la première édition, ce qui permet de reconnaître la seconde, tout à fait semblable en apparence ; mais cette seconde édition est surtout reconnaissable à l'omission de deux vers, au bas de la page 8 de *l'Etourdi,* et à la faute d'impression *comteese,* au lieu de *comtesse,* tome VI, p. 360, ligne 12. Il va sans dire que les figures, dans cette réimpression trompeuse, sont plus ou moins fatiguées.

317. OEuvres, nouvelle édition, revue, corrigée, et augm. d'une nouvelle Vie de l'auteur et de *la Princesse d'Élide,* toute en vers, telle qu'elle se joue à présent, imprimée pour la première fois. Enrichie de figures en taille-douce. *Amsterdam, Wetstein,* 1735, 4 vol. pet. in-12 elzevirien, titre rouge et noir, portr. et fig.

Il y a des exemplaires divisés en 8 volumes, avec des titres spéciaux.

C'est une réimpr. exacte de l'édition d'Amsterdam, 1725, donnée par Bruzen de la Martinière, avec quelques corrections peu importantes. Les figures de G. Schouten sont les mêmes, mais très-fatiguées.

On trouve des exemplaires, avec les noms des libraires hollandais, qui avaient fait imprimer, sous la protection de l'ancien privilége accordé à P. Brunel, R. et G. Wetstein, et P. Husson, par les États de Hollande et de West-Frise, cette jolie édition dans le goût elzevirien : H. Uytwerf, Wetstein et Smith, à Amsterdam, et J.-M. Husson, à la Haye. Chacun de ces libraires s'était réservé le droit de faire des titres à son nom. Ainsi la même édition a été prise pour trois différentes éditions, à cause de la différence des noms de libraire. Les exemplaires qui restaient en magasin reparurent avec de nouveaux titres datés de 1743.

318. OEuvres, augm. de l'explication des mots et des phrases les plus difficiles en allemand, par M. Provansal. *Jena, Meyers,* 1738, 2 tomes en 4 parties in-8.

Édition à l'usage des Allemands. On n'y a pas compris toutes les pièces de Molière. L'éditeur Pierre Provensal était l'auteur d'une *Grammaire françoise* (Jena, Bielcke, 1720, in-8), réimpr. avec des augmentations en 1732 et 1740.

319. OEuvres. *Paris, David l'aîné,* 1737 ou 1738, 8 vol. in-12, fig. gravées en Hollande d'après Boucher.

Édition faite sur la grande édition de 1734; les figures mêmes, gravées en Hollande, sont copiées sur celles de cette belle édition.

320. OEuvres. *Paris, de l'impr. P. Prault,* 1739, 8 vol. in-12, fig.

Il y a des exemplaires en papier fin de Hollande, à grandes marges.

Edition faite sur celle de 1734, par les soins du même éditeur Marc-Antoine Joly, qui y a inséré quelques nouvelles pièces justificatives, formant LXXXII pages, en tête du 1er volume.

Cette édition, qui reproduit le texte de celle de 1734, avec un petit nombre de corrections, est très-estimable, quoique l'éditeur n'ait pas toujours et partout fait usage des éditions originales, qu'il se vante d'avoir suivies, et qu'il avait déposées à la Bibliothèque du Roi, pour justifier les différences qui existaient entre son édition et les précédentes. Les Mémoires sur la vie de Molière, par de La Serre, sont assez bons, et l'analyse des critiques auxquelles ont donné lieu les pièces de Molière est un morceau utile à consulter.

L'éditeur paraît avoir hésité sur l'orthographe qu'il adopterait : « Quelques personnes souhaitoient qu'on suivît l'orthographe qui étoit en usage du temps de Molière ; comme elle a varié, même de son vivant, on n'a pu s'y assujettir entièrement : on n'a point aussi adopté la nouvelle. »

La Compagnie des libraires paraît avoir fait, à frais communs, cette édition, qui est assez belle et plus complète que toutes les précédentes. On trouve des exemplaires, avec le nom de 17 libraires différents, qui les vendaient à Paris et qui y ajoutèrent depuis les figures gravées par Punt pour l'édition hollandaise de 1741.

Il y a deux sortes d'exemplaires : dans les uns, les LXXXII pages préliminaires, contenant l'addition à l'*Avertissement,* par Marc-Antoine Joly, sont placées en tête du 1er volume; dans les autres, cette addition est à la fin du tome VIII.

Les exemplaires, au nom de Leclerc, ne contiennent pas, à la fin du 8e volume, les *Extraits divers* et les *Épitaphes;* on les a remplacés par la *Vie de Molière* (par Voltaire), avec des jugements sur ses ouvrages (Paris, Prault fils, 1739, in-12).

321. OEuvres, nouvelle édition, revue, corrigée et augm. d'une nouvelle Vie de l'auteur, et de la *Princesse d'Élide*, toute en vers, telle qu'elle se joue à présent, imprimée pour la première fois, avec de belles figures gravées d'après celles de l'édition de Paris, in-4°. *Amsterdam, Arkstée*, 1741, 4 vol. pet. in-12, fig. de J. Punt.

   Il y a des exemplaires avec les noms de Wetstein et Smith.
   C'est toujours l'édition de Bruzen de la Martinière, conforme à celles de 1725 et 1735.
   Réimpr. identiquement, en 1743, 1744 et 1749; peut-être sur les mêmes formes, mais avec des papiers différents.

322. OEuvres, nouvelle édition, augmentée d'une nouvelle Vie de l'auteur et de la *Princesse d'Élide*, toute en vers, telle qu'elle se joue à présent. *Basle, E. et J.-R. Thurneisen*, 1741, 4 vol. pet. in-12, fig. grav. par J. Punt, et portrait gravé par Karl Stocklin.

   Cette édition est une contrefaçon de l'édition d'Amsterdam, publiée en 1725 et 1735, par les soins de Bruzen de la Martinière.
   Il y a eu un nouveau tirage, ou réimpression identique, en 1743.

323. OEuvres. *Basle, Imhof*, 1741, 4 vol. in-12, fig.

   Cette édition doit être un tirage de l'édition précédente, avec de nouveaux titres au nom d'un autre libraire de Bâle, acquéreur des exemplaires de ce tirage.
   Réimprimé identiquement, pour le même libraire, en 1744.

324. OEuvres, augmentées, avec la Vie de l'auteur (par Destouches?). *La Haye*, 1742, 6 vol. in-12, fig.

   Nous n'avons pas vu cette édition; nous la citons, d'après les *Europäische Bücher-Lexici* de Theoph. Georgi (*Leipzig*, 1753, in-fol.). Il est possible, il est probable même que le bibliographe allemand a fait confusion, en mêlant ici les œuvres de Destouches avec celles de Molière.

325. OEuvres, nouvelle édition. *Amsterdam, Arkstée et Merkus*, 1744, 4 vol. pet. in-12, fig. de Punt.

   Réimpr. identique de l'édition d'Amsterdam, publiée par Arkstée seul en 1741.

326. OEuvres, avec la Vie de l'auteur. *Basle, Thurneysen,* 1747, 4 vol. in-12, fig. et portr. gravé par Karl Stocklin.

>On y trouve la *Princesse d'Élide*, en vers. Réimpression de l'édition d'*Amsterdam, Wetstein*, 1735.

327. Les OEuvres de M. de Molière, nouv. édit., revue et corrigée. *Tubingue, Ch.-G. Cotta,* 1747, 6 vol. in-8, avec portr. et fig. en taille-douce.

>Cette édition, revêtue d'un privilége de l'Empereur, est précédée de la *Vie de Molière*, par Grimarest, avec la *Critique* et les *Additions*.

328. OEuvres (précédées des Mémoires sur la vie et les ouvrages de Molière, par de La Serre). *Paris, veuve Gandouin,* 1747, 8 vol. in-12.

>Réimpression textuelle de l'édition de Paris, 1739.

329. OEuvres. *Paris, Compagnie des libraires,* 1749, 8 vol. pet. in-12, portr., fig. et vignettes, grav. par Fessard, d'après F. Boucher.

>Il y a des exemplaires aux noms de différents libraires, qui se partagèrent les frais et les bénéfices de cette édition : Damoneville, Le Breton, Ganeau, Grangé, Despilly, Bauche fils, David jeune, etc. Les figures ne se trouvent pas dans tous les exemplaires. Cette édition ne diffère de celle de 1739, que par les mauvaises estampes dont les libraires l'ont enrichie.

330. OEuvres. *Carlsruhe,* 1749, 6 vol. in-8, fig.

331. OEuvres. *Amsterdam,* 1749, 8 vol. pet. in-12, fig.

332. OEuvres. *Amsterdam et Leipsick, Arkstée et Merkus,* 1749, 4 vol. pet. in-12, fig. de Punt.

333. OEuvres, avec des fig. gravées par J. Punt. *Amsterdam, Arkstée et Merkus,* 1750, 4 vol. in-12, portr. et fig.

>M. Alphonse Willems pense que cette édition ne diffère de la précédente que par un titre rafraîchi.

334. OEuvres. *Genève,* 1750, 5 vol. in-12, fig.

335. OEuvres, nouvelle édition. *Paris, de l'impr. de Lebreton,* 1753, 8 vol. pet. in-12, portr. et figures gravées par Fessard, d'après F. Boucher.

Jolie édition, imprimée pour le compte des libraires Nyon, Durand, Ganeau, Legras, Dumesnil, David père, veuve Brocas, Aumont et Leclerc, qui ont fait tirer, pour chacun d'eux, des titres particuliers avec leurs noms.

Cette édition est une réimpression textuelle de celle de 1739 ; on a seulement supprimé le commencement de l'*Avertissement*. Les figures sont horriblement fatiguées.

336. OEuvres. *Paris, Mouchet,* 1758, 8 vol. pet. in-12, fig.

Il y a des exemplaires avec le nom de Ganeau. Cette édition est faite sur la précédente, mais avec de mauvais caractères sur vilain papier. De plus, le portrait et les figures sont d'horribles copies des gravures de Fessard.

337. OEuvres. *Paris, impr. de Lebreton,* 1760, 8 vol. petit in-12, portr. et fig.

Édition faite pour la Compagnie des libraires ; il y a des exemplaires avec des titres particuliers au nom de chacun d'eux. Le plus grand nombre de ces exemplaires porte l'adresse de Prault.

338. OEuvres de M. de Molière, divisées en trois tomes, nouvelle édition, revue, corrigée et augmentée de l'explication des mots et des phrases les plus difficiles (par Hérold, maître de langue françoise, et Roux). *Jena, impr. de Filkescher,* 1762, 3 vol. in-8.

« Édition, dit Beffara, faite à l'usage des Allemands. »

339. OEuvres, édition augmentée de la Vie de l'auteur et des remarques historiques et critiques, par Voltaire, avec de très-belles figures en taille-douce de J. Punt. *Amsterdam et Leipzig, Arkstée et Merkus,* 1765, 6 vol. pet. in-12, portr. et fig. de Punt, regravées par N. de Frankendael.

On n'a fait que reproduire dans cette édition le texte de celles de *Paris,* 1734 et 1739. « Première édition où la *Vie de Molière* et les petits sommaires de ses pièces, par Voltaire, aient été admis, » dit Beffara, dans une note de la *France littéraire* de Quérard. « Les éditeurs hollandais de Molière, en 1765, dit Barbier (*Dictionnaire des Anonymes*), et ensuite Bret, en 1773, en substituant le travail de l'Homère français à celui de son obscur rival (de la Serre), ont vengé Voltaire de l'injustice que Rouillé, chef du département de la Librairie, lui avait fait essuyer (en 1734). »

340. OEuvres. *Amsterdam,* 1766, 8 vol. in-12, fig.

341. OEuvres. *Amsterdam, aux dépens de la Compagnie*, 1766, 6 parties, en 3 vol. in-12, fig.

342. OEuvres complètes. *Paris, veuve David*, 1768, 8 vol. pet. in-12, fig. d'après Boucher.

343. OEuvres. *Paris, de l'impr. Lebreton*, 1770, 8 v. in-12, portr. et fig. d'après Fr. Boucher.

   Édition faite pour la Compagnie des libraires, avec des titres particuliers au nom de chacun d'eux.

344. OEuvres. *Paris, Musier fils*, 1770, 8 vol. in-12, avec portr. gravé par L. Legrand, d'après Boucher.

   Cette édition nous a paru différer de la précédente.

345. OEuvres. *Amsterdam*, 1772, 8 vol. in-8, fig.

346. OEuvres. *Paris*, 1773, 8 vol. in-12.

347. OEuvres, avec des remarques grammaticales, des avertissements et des observations sur chaque pièce, par Bret. *Paris, Compagnie des libraires associés*, 1773, 6 vol. in-8, portr. grav. par Cathelin, d'après Mignard, et fig. grav. d'après Moreau, par Baquoy, Delaunay, Duclos, de Ghendt, Helman Lebas, Legrand, Leveau, Masquelier, Née et Simonnet.

   Il y a des exemplaires en papier de Hollande, avec fig. avant la lettre.

   Bret a reproduit le texte de l'édition de Paris, 1734, et il s'est borné, en adoptant la *Vie de Molière*, par Voltaire, à y joindre un Supplément. On a prétendu que la plus grande partie du travail de l'éditeur avait été faite par un anonyme, sous le nom de Bret.

   De toutes les éditions des Œuvres avec les notes de Bret, celle-ci est la plus recherchée. Les pages 66 et 67, 80 et 81 du tome Ier doivent être doubles, mais elles manquent dans beaucoup d'exemplaires.

   Guilbert de Pixerécourt a fait imprimer, à dix exemplaires, pour les joindre à cette édition, les dernières Observations, que Bret ajouta depuis à l'édition de 1788, et la scène du Pauvre, qui ne fut signalée que longtemps après, comme une addition à faire au texte du *Festin de pierre*.

   Un anonyme, que nous croyons être Grosley, de Troyes, ayant commencé, dans le *Journal encyclopédique*, 1773, tome VI, page 289, une critique assez vive de la nouvelle édition publiée par Bret, celui-ci empêcha que la suite de cette critique ne parût dans le même recueil, où il fit insérer (en janvier 1779, tome I, page 314) une « Lettre à M. R. (Rousseau) sur une critique de la nouvelle édition de Molière. »

348. OEuvres. *Paris, veuve David,* 1774, 8 vol. in-12, fig.

349. OEuvres, avec des remarques grammaticales sur chaque pièce, par Bret. *Neuchâtel,* 1775, 6 vol. in-8.

350. OEuvres, avec les remarques et les avertissements de Bret. *Paris, libraires associés,* 1778, 8 vol. pet. in-12.

La plupart des exemplaires portent le nom de L. Leclerc. Quelques-uns sont ornés de fig. d'après Moreau.

351. OEuvres de Molière, enrichies de figures en taille-douce. *Rouen, Laurent du Mesnil,* 1779, 4 vol. en 8 parties in-12, fig. d'après Boucher.

Les figures sont horribles et indignement gravées.

352. OEuvres de Molière, nouvelle édition. *Rouen, veuve Besongne et fils,* 1780, 8 vol. in-18.

Cette édition, assez jolie, est précédée des Mémoires sur la vie et les ouvrages de Molière, par de la Serre.

353. OEuvres. *Londres* et *Paris, Valade,* 1784, 7 vol. in-18, portr. gravé par Delvaux.

Il y a des exemplaires, avec les noms de Merigot et de Bailly. C'est la première édition des Œuvres de Molière que Cazin ait fait imprimer ; elle est fort rare.
Cette édition est citée à la page 115 du Catalogue général des éditions Cazin, rédigé par Brissart-Binet, de Reims, qui avait oublié de la faire figurer dans l'ordre chronologique de ces éditions ou qui ne la connaissait pas encore, quand il mit sous presse son ouvrage.
Il y a des exemplaires, avec l'adresse de Cazin à Reims.

354. OEuvres, nouvelle édition, augmentée de la Vie de l'auteur et de remarques historiques et critiques, par M. de Voltaire. *Paris, V° David,* 1785, 8 vol. in-18, portrait et fig.

Cette édition reproduit textuellement celle de 1739, publiée par Marc-Antoine Joly. Elle est ornée de 33 figures, outre le portrait.

355. OEuvres. *Paris,* 1785, 8 vol. in-8, fig.

> Quérard suppose que c'est l'édition d'Amsterdam, imprimée et publiée en 1772, pour laquelle on aurait fait de nouveaux titres, en envoyant à Paris le restant des exemplaires.
>
> Nous trouvons citée, dans un catalogue de livres, une édition, avec les remarques de Bret, en 8 vol. in-8, sous la date de 1786; mais cette édition n'existe pas, et il y a erreur de date ou de format.

356. OEuvres, avec des remarques par Bret. *Paris, libraires associés,* 1786, 8 vol. in-12.

357. Chefs-d'OEuvres (*sic*) de Molière. *Paris, Belin et Brunet,* 1786-88, 7 vol. in-12, avec portr. gravé par Delvaux.

> Cette jolie édition fait partie de la *Petite Bibliothèque des Théâtres,* publiée par Leprince et Baudrais, aux frais de Cazin; elle est précédée de la *Vie de Molière,* par Voltaire, et d'un *Catalogue* des pièces de l'auteur, avec des annotations. Chaque pièce, qui a un titre à part et une pagination distincte, pour être vendue séparément, est précédée du *Sujet,* ou analyse de la pièce, et de Jugements et anecdotes. L'édition contient 18 pièces de Molière; plus, le *Festin de pierre,* mis en vers par Thomas Corneille.
>
> Les 19 comédies que renfermaient ces 7 volumes de la *Petite Bibliothèque des Théâtres* (tomes 13, 15, 17, 18, 20, 21 et 23 de la série des *Comédies*), ont été reclassées dans un meilleur ordre, et groupées en 6 volumes, pour reparaître sous ce nouveau titre : *Chefs-d'œuvre de Molière,* édition ornée de la Vie et du portrait de l'Auteur, du Catalogue de ses pièces, etc. *Paris, Billois,* 1810, 6 vol. in-18.

358. OEuvres de Molière. *Paris (impr. Panckoucke), rue Serpente,* 1787-88, 6 vol. in-18.

> Cette édition, qui ne paraît pas avoir été achevée et qui eût formé au moins 16 volumes, fait partie de la *Bibliothèque universelle des Dames:* les six volumes, que nous avons vus, sont les tomes 8, 9, 10, 11, 12 et 13 de la collection du Théâtre, comprise dans cette Bibliothèque, qui devait former 4 ou 500 volumes. Ces 6 volumes des OEuvres de Molière ne contiennent que onze comédies, chacune précédée d'une préface par Voltaire. La *Vie de Molière,* par Voltaire, se trouve en tête du 1er volume.

359. Chefs-d'OEuvre de Molière. *Rouen, Jean Racine,* 1787, 8 vol. pet. in-12, fig. d'après Boucher.

> C'est une singulière analogie que cette édition de Molière publiée par Jean Racine. Nous ne savons pas si ce libraire était de la famille de l'auteur des tragédies. Quant à l'édition, c'est une repro-

duction presque identique de l'édition de Paris, 1739 ; on trouve, à la fin, *l'Ombre de Molière*, les Extraits de divers auteurs et le Recueil de diverses pièces sur Molière.

360. OEuvres, avec les remarques et les avertissements de Bret. *Paris, libraires associés (impr. de Baudouin)*, 1788, 6 vol. in-8, avec portr. et fig. d'après Moreau.

Les nouvelles notes que Bret avait ajoutées à cette édition ont été tirées depuis séparément à dix exemplaires. (Voir le n° 347, ci-dessus.)

361. OEuvres de J.-B. Pocquelin de Molière. *Berlin*, 1788-89, 12 vol in-12.

362. OEuvres. *Paris, Didot aîné*, 1791, 6 vol. in-4°, papier vélin, portr. gravé par Saint-Aubin.

Cette magnifique édition, tirée à 250 exemplaires, fait partie de la Collection des Auteurs classiques françois et latins, imprimés pour l'éducation du Dauphin. Il a été tiré un seul exemplaire sur peau vélin.
On y ajoute souvent la suite des figures d'après Boucher, ou les deux suites de figures d'après Moreau, tirées in-4.

363. Chefs-d'OEuvre dramatiques de Molière. *Paris, Belin*, 1791, 10 vol. pet. in-12.

Il est possible qu'on ait tiré des exemplaires sur grand papier, car un catalogue anglais, cité par Quérard, semble mentionner cette édition, en 10 vol. in-8.

364. OEuvres, avec les remarques et les avertissements de Bret. *Paris, impr. d'André*, an iv (1796), 8 vol. in-18.

365. OEuvres. *Lyon, Amable Leroy*, an vii (1799), 8 vol. in-12.

366. OEuvres (avec la Vie de Molière, par Voltaire). Édition stéréotype d'après le procédé F. Didot. *Paris, P. Didot l'aîné et Firmin Didot*, an vii (1799), 8 vol. in-18.

Il y a des exemplaires sur papier vélin et sur grand papier vélin. On a fait aussi un tirage de format in-12. Ces exemplaires sont fort jolis, les clichés étant alors tout neufs.
Le texte de l'édition a été revu très-soigneusement, mais sans aucun secours des éditions primitives.
Il a été fait depuis de nombreux tirages sur les clichés de cette

édition, notamment en 1812, et en dernier lieu, chez Lachevardière, en 1832, pour la *Nouvelle Bibliothèque des Classiques français* (Paris, Lecointe).

367. OEUVRES, avec un commentaire de Bret et la Vie de Molière, par Voltaire. *Paris, libraires associés,* 1804, 6 vol. in-8.

   On y ajoutait souvent les figures de Moreau jeune.

368. OEUVRES, avec les remarques et les avertissements de Bret. *Paris, libraires associés,* an XIII (1805), 6 vol. in-24, portr. et fig.

369. OEUVRES (édition stéréotype d'après le procédé de Herhan). *Paris, H. Nicolle,* 1805, 6 vol in-18.

   Il y a des exemplaires de format in-12, sur papier vélin. On a fait de nombreux tirages sur les clichés de Herhan, avec les noms de nouveaux libraires, et sous différentes dates ; ces tirages sont plus ou moins soignés, sur papier plus ou moins commun. Mais cette édition stéréotype est beaucoup moins correcte que celle des frères Didot, publiée six ans auparavant.

370. OEUVRES, avec les remarques et les avertissements de Bret. *Paris, Compagnie des libraires asssociés,* an XIII (1805), 6 vol. in-8, portr. et fig. d'après Moreau.

371. OEUVRES, avec les remarques et les avertissements de Bret. *Paris, libraires associés,* 1805 (pour 1808), 8 vol. petit in-8, portr. et fig. d'après Moreau.

   Dans cette édition, comme dans la précédente, les figures sont tout à fait usées et gâtées par de maladroites retouches.

372. OEUVRES, avec des remarques de Bret. *Londres,* 1809, 8 vol. in-12.

373. OEUVRES. *Paris,* 1810, 8 vol. in-18.

   « Édition citée dans un catalogue de Latour, libraire de Liége, » dit Quérard.

374. OEUVRES. *Paris, Raymond et Ménard (impr. de Crapelet),* 1811, 8 vol. in-18, avec portr.

375. OEUVRES, précédées d'un Discours préliminaire (sur

les mœurs du xviie siècle), de la Vie de l'auteur, avec des réflexions sur chacune de ses pièces, par Petitot (édition stéréotype d'après le procédé d'Herhan). *Paris, Nicole et Gide* (*impr. Mame*), 1812 ou 1813, 6 vol. in-8.

Premier tirage d'une édition stéréotype, qui en a eu plusieurs autres, lesquels présentent seulement quelques différences dans les titres, quoique ces éditions aient été faites sur les mêmes clichés chez différents imprimeurs, et qu'elles ne diffèrent entre elles que par le papier et l'exécution du tirage. On a tiré, de chacune d'elles, des exemplaires sur papier vélin. Voici la nomenclature de ces tirages, d'après la *France littéraire* de Quérard :

1º *Paris, Gide,* 1817, 6 vol. in-8, avec portrait. Sur le titre de cette édition, le Discours préliminaire devient un « Tableau de la société pendant le xviie siècle ».

2º *Paris, Gide fils,* 1818, 6 vol. in-8, ornés de 30 fig. Sur le titre, le « Tableau de la société pendant le xviie siècle » n'est plus qu'une simple « Notice sur les mœurs du xviie siècle ».

3º *Paris, Gide fils,* 1820, 6 vol. in-8, ornés de 30 fig. Sur le titre, on voit reparaître le « Tableau de la société pendant le xviie siècle, » et les Réflexions sur chaque pièce se changent en un « Commentaire historique et littéraire ». Ce titre ne se modifie plus dans les tirages suivants.

4º *Paris, Aillaud,* 1821, 1823, 1824, 1825, 1826, 1829 et 1831, 6 vol. in-8, avec ou sans gravures.

La fameuse scène du Pauvre, dans le *Festin de pierre* (3e acte, 2e scène), n'a été rétablie que pour le tirage de 1831, mais elle diffère encore du texte original réimprimé dans l'édition d'Auger.

Il a été fait, en outre, pour un certain nombre d'exemplaires des tirages de 1825 ou 1826, un nouveau titre, au nom de P. Dupont, avec la date de 1827.

On a tiré, sur les mêmes clichés stéréotypes, plusieurs autres éditions, notamment en 1844.

376. Œuvres. *Paris, Firmin Didot,* 1813, 6 vol. in-18.

Remaniement des clichés de l'édition stéréotype de 1799, en 8 vol.

377. Œuvres. *Paris, Ménard et Raymond* (*impr. de Lebel, à Versailles*), 1813, 7 vol. pet. in-12.

Cette édition faisait partie d'un *Répertoire général du Théâtre français* (1er et 2e ordres), publié par les mêmes libraires, en 52 vol. pet. in-12.

378. Œuvres complètes, avec des remarques grammaticales, par Bret. *Paris, libraires associés,* 1815, 8 vol. in-12, fig.

379. OEuvres. *Paris, Desoer,* 1815, 7 vol. in-64, avec un portrait.

> Cette édition microscopique, de format carré, fait partie de la *Bibliothèque du Voyageur.* Il y a des exemplaires avec la rubrique de *Liége,* où Desoer avait une maison de librairie.

380. OEuvres (précédées de la Vie de Molière, par Voltaire). *Paris, Pierre Didot,* 1817, 7 vol. in-8.

> Admirable édition, faisant partie de la *Collection des meilleurs ouvrages de la langue françoise,* dédiée aux amateurs de l'art typographique.
> La scène du Pauvre a été rétablie dans le *Festin de pierre,* d'après l'édition hollandaise de 1691.
> Il y a des exemplaires de choix, tirés sur papier fin et sur papier vélin.

381. OEuvres. *Paris, Lécrivain (imprim. d'André, à Coulommiers),* 1817, 8 vol. pet. in-12.

> Édition très-commune, qui se vendait à bas prix.

382. OEuvres. *Paris, Nicolle (impr. d'Égron),* 1817-19, 6 vol. in-12, papier vélin.

> Cette édition, tirée sur les clichés de l'édition stéréotype d'Herhan, faisait partie d'un *Répertoire général du Théâtre français,* 67 vol. in-12, dont les 27 premiers contiennent les auteurs de premier ordre. Ils ont été réimprimés pour Mme Dabo, en 1829, dans les deux formats in-12 et in-18, sur vilain papier.

383. OEuvres complètes, avec des remarques grammaticales, des avertissements et des observations sur chaque pièce, par Bret. *Troyes, Gobelet,* 1819, 8 vol. in-18, portr.

384. OEuvres, avec un Commentaire, un Discours préliminaire et une Vie de Molière, par Auger, de l'Académie françoise. *Paris, Desoer (imprim. de Pierre Didot),* 1819-1825, 9 vol. in-8, portr. gravé par Lignon, d'après Mignard, et 16 estampes d'après Horace Vernet.

> Il y a des exemplaires en grand papier vélin, avec fig. avant la lettre.
> Cette belle édition, la première dans laquelle les Œuvres de Molière aient été accompagnées de recherches consciencieuses et de bons travaux historiques et littéraires, n'a encore rien perdu de sa réputation. Selon la déclaration formelle de l'éditeur, le texte au-

rait été revu de préférence sur celui de l'édition de 1673, que Molière avait corrigée lui-même avant sa mort. Nous croyons que l'éditeur, qui avait emprunté à la Bibliothèque du Roi la plupart des livres dont il s'est servi dans son travail, aura eu seulement entre les mains l'exemplaire des Œuvres de Molière, datées de 1673, en effet, mais ne comprenant, sous un titre factice, au nom de Claude Barbin, que diverses éditions partielles des comédies, groupées ensemble et divisées en 5 volumes, pour faire suite à la réimpression de l'édition de 1666, en deux volumes. L'éditeur a, d'ailleurs, ajouté, dans son commentaire, un grand nombre de pièces du temps, outre les deux farces du *Médecin volant* et de *la Jalousie de Barbouillé*, dont il a retrouvé le manuscrit qui était perdu depuis près d'un siècle.

385. ŒUVRES, avec des remarques grammaticales, des avertissements et des observations sur chaque pièce, par Bret; précédées de la Vie de Molière, par Voltaire, et de son Éloge, par Chamfort. Nouvelle édition imprimée sur celle de 1773. *Paris, Tardieu Denesle (impr. de Crapelet)*, 1821, 6 vol. in-8.

Il y a des exemplaires en grand papier vélin.

386. ŒUVRES. *Paris, Touquet,* 1821, 4 vol. gr. in-12, portr.

Édition compacte faisant partie d'un *Répertoire du Théâtre français*, en 40 vol., publié par le même libraire. On a retranché, dans cette édition, plusieurs pièces qui ne se jouent plus, et ajouté, à la fin, *le Dépit amoureux*, réduit en 2 actes.

387. ŒUVRES COMPLÈTES, avec la Vie de Molière par Voltaire. *Paris, Ladrange, Guibert, etc. (impr. de P. Didot l'aîné)*, 1821-22, 7 vol. in-18, pap. fin d'Annonay.

Édition faisant partie d'un *Répertoire du Théâtre français*, 1821-25, 68 vol. in-18, dont les 28 premiers volumes contiennent les auteurs de premier ordre. Il y a des exemplaires sur papier vélin.

Cette édition doit être la même, au tirage près, que celle qui fait aussi partie d'un Répertoire intitulé : Œuvres choisies des différents auteurs dramatiques français, précédées d'une Notice sur la vie et les ouvrages de chaque auteur. *Paris, Tournachon-Molin et Seguin (impr. de P. Didot l'aîné)*, sans date, 53 vol. in-12, pap. vél. Cette jolie collection est fort rare.

388. ŒUVRES. *Paris, Ménard et Desenne,* 1822, 8 vol. in-18, avec portr. gravé par Bertonnier, d'après Mignard, et 21 fig. d'après Desenne.

Cette édition fait partie de la *Bibliothèque française,* publiée par les mêmes libraires.

Il y a des exemplaires de format in-12, sur papier fin, et sur pap. vélin, avec figures avant la lettre.

389. OEuvres. *Paris, Saintin (imprim. de Rignoux),* 1822, 6 vol. in-32, avec 7 fig.

Cette édition ne renferme que 19 comédies.

390. OEuvres complètes, avec les notes de tous les commentateurs (la Vie de Molière, par Voltaire, un supplément, des notices, des notes nouvelles, par Jules Taschereau). *Paris, Lheureux (imprim. de Firmin Didot),* 1823-1824, 8 vol. in-8, portr.

Il y a des exemplaires sur papier d'Annonay et sur papier vélin.

Édition critique très-remarquable, pour laquelle le savant éditeur, qui préparait alors son *Histoire de la vie et des ouvrages de Molière,* a fait usage des nombreux matériaux que lui fournissait la riche bibliothèque de M. de Soleinne.

391. OEuvres complètes. *Paris, Ladrange (impr. de Jules Didot),* 1824, 7 vol. in-12.

Réimpression de l'édition de 1821-22, ou plutôt second tirage sur clichés de cette édition, dans un autre format.

392. OEuvres, revues avec soin sur les différentes éditions, précédées d'une nouvelle Vie de Molière et d'un Tableau chronologique et historique des pièces, par Auguis. *Paris, Froment (imprim. de Firmin Didot),* 1823-24, 8 vol. in-18.

Quérard assure que la *Vie de Molière* est copiée en partie sur celle que Petitot avait rédigée pour son édition, plusieurs fois réimprimée. Auguis était, il est vrai, le plus audacieux des plagiaires.

393. OEuvres complètes, avec les notes de tous les commentateurs (une Préface de l'éditeur, la Vie de Molière, par Grimarest, l'Histoire de la troupe de Molière, et des notes nouvelles). Édition publiée par L. Aimé-Martin. *Paris, Lefèvre (imprim. de Jules Didot aîné),* 1824-1826, 8 vol. gr. in-8, avec portr. gravé par Taurel, et fig. d'après Desenne.

Il y a des exemplaires sur grand papier vélin, fig. avant la lettre.

Cette édition fait partie de la collection des *Classiques françois*, publiée par Lefèvre.

Le travail d'Aimé-Martin est très-estimable; l'auteur n'a cessé de le perfectionner dans quatre ou cinq éditions successives, mais il a toujours reculé devant une révision scrupuleuse du texte sur les éditions originales. Ses annotations à la Vie de Molière, par Grimarest, en ont fait un livre presque nouveau, appuyé sur des autorités nombreuses et importantes. Aimé-Martin a donné la première distribution des rôles pour toutes les pièces de Molière, mais sans indiquer la source qui lui aurait fourni les noms des acteurs qu'il désigne avec assurance. On peut donc regarder ces renseignements comme fondés sur de simples probabilités.

394. OEuvres, ornées d'un portrait et de 30 vignettes dessinées par Devéria et gravées par Thompson. *Paris, Delongchamps (imprim. de Rignoux frères)*, 1825, gr. in-8 à 2 col., fig. sur bois dans le texte, en tête de chaque pièce.

Publié en 4 livraisons, de concert avec Baudouin frères et Urbain Canel.

395. OEuvres complètes, édition revue sur les textes originaux, précédée de la Vie de Molière, par Voltaire, et de son Éloge, par Chamfort, et ornée de 32 culs-de-lampe, gravés par nos meilleurs artistes. *Paris, Sautelet, A. Dupont et Verdière,* 1825, gr. in-8.

Édition compacte en très-petits caractères elzeviriens de Jules Didot, publiée en 5 livraisons, formant le premier volume d'une collection de Classiques, en miniature.

396. OEuvres complètes, nouvelle édition, où l'on a rétabli le texte original, avec les variantes, augmentée d'un Discours préliminaire et d'une Vie de Molière, par Auger, de l'Académie française. *Paris, veuve Desoer (imprim. de F. Didot)*, 1825-26, 5 vol. in-8, avec portr.

Le Commentaire de la grande édition d'Auger n'a pas été conservé dans cette édition, publiée sous ses yeux, sans doute avec quelques bonnes corrections. On y trouve les variantes des éditions originales, mais il est à regretter qu'Auger n'ait pas fait usage d'une foule de documents précieux qu'on lui avait communiqués et qui ont été perdus après sa mort.

397. OEuvres complètes de Molière, avec une Notice, par

L.-B. Picard, de l'Académie française (et l'Histoire de la troupe de Molière). *Paris, Baudouin frères (imprim. de Jules Didot)*, 1825-1826, 6 vol. in-8, portr.

> On assure que René Perrin est le seul auteur des Notices qu'il a laissé paraître sous le nom de Picard. Quant à l'Histoire de la troupe de Molière, elle a été presque copiée sur le travail ingénieux d'Aimé-Martin.

398. OEUVRES COMPLÈTES, avec les variantes. *Paris, L. de Bure (imprim. de F. Didot)*, 1825, gr. in-8 à 2 col., pap. vélin, portr. gravé par D. Hue, d'après Desenne, et *fac-simile*.

399. OEUVRES. *Paris, L. de Bure (imprim. de F. Didot)*, 1825, 8 vol. in-32, pap. vélin, portr.

> Cette jolie édition, qui n'est qu'un remaniement typographique de la précédente, dans un nouveau format, fait partie d'une collection des *Classiques françois, ou Bibliothèque portative de l'Amateur*.

400. OEUVRES DE MOLIÈRE, revues avec soin sur toutes les éditions, avec des notes extraites des meilleurs commentateurs, et précédées de notices, par Ch. Nodier et A. Martin. *Paris, Bouquin de la Souche*, 1825-1830, in-18, portrait.

> Édition compacte, qui forme un très-gros volume, divisé souvent en deux tomes, et qui ne renferme pas toutes les comédies de Molière; elle a paru en 23 livraisons. Il ne faut pas confondre l'éditeur Alexandre Martin avec Aimé-Martin.

401. OEUVRES COMPLÈTES DE MOLIÈRE, avec des notes extraites des meilleurs commentateurs, par J. Simonnin, et ornées d'un beau portrait. *Paris, Mame et Delaunay-Vallée (impr. de Lachevardière)*, 1825, gr. in-8 à 2 col.

> Très-belle édition, publiée en dix livraisons. J. Simonnin n'a fait que retoucher et compléter, pour cette édition, le commentaire qu'il avait publié, en 1813, dans son *Molière commenté*.
> Il y a des exemplaires, au nom de Charles Gosselin.

402. OEUVRES COMPLÈTES. *Paris, Sautelet (imprim. de Fournier)*, 1825, gr. in-8 à 2 col.

403. OEUVRES COMPLÈTES DE MOLIÈRE, avec des Notices his-

toriques et littéraires, précédées de sa Vie, par Voltaire, et de son Éloge, par Chamfort. *Paris, Sautelet,* 1825-26, 6 vol. in-8, sur papier superfin des Vosges.

Les notices historiques et littéraires qui se trouvent dans cette édition ne sont composées que de fragments, empruntés, sans réserve, aux éditions de Petitot, Auger et Taschereau.

404. ŒUVRES. *Paris, Roux-Dufort et Froment (imprim. de J. Didot aîné)*, 1826, 8 vol. in-64, portr.

Cette édition diamant, qui faisait partie d'une collection intitulée : « Classiques en miniature », a été tirée à très-petit nombre, avec la composition qui avait servi à imprimer en caractères microscopiques les Œuvres choisies de Molière, dans un gros volume in-8 à à 2 colonnes, réunissant tous les Classiques français du xviie siècle, mais il n'y a pas eu, croyons-nous, de tirage à part de ces Œuvres choisies de Molière, dans le format in-8 à 2 colonnes.

Il y a des exemplaires au nom de Tenré, qui acheta au rabais une partie de l'édition.

405. ŒUVRES, ornées d'un portrait gravé en taille-douce et de 30 vignettes dessinées par Devéria et gravées par Thompson. *Paris, Baudouin frères (imprim. de Rignoux),* 1826, 4 vol. in-24, format allongé, papier vélin.

Cette édition, exécutée au moyen de nouveaux clichés découpés et transformés, d'après les clichés d'une édition compacte de format in-8 (*Delongchamps,* 1825, gr. in-8 à 2 col.), a fait partie depuis d'un *Répertoire du Théâtre français,* 1827-28, dont il n'a paru que 18 volumes, chez les frères Baudouin, et qui devait en avoir 28.

Dans les exemplaires des Œuvres de Molière, destinés à être vendus séparément, on a supprimé les faux-titres qui rattachent cette édition à la collection du *Répertoire.*

406. ŒUVRES COMPLÈTES, ornées de 30 vignettes dessinées par Devéria et gravées par Thompson. *Paris, Baudouin frères (impr. de Rignoux),* 1826, gr. in-8 à 2 colonnes.

Réimpression sur les clichés de l'édition publiée, l'année précédente, par Delongchamps, Baudouin et Urbain Canel. On a tiré quelques exemplaires sur papier de Chine.

407. ŒUVRES COMPLÈTES, ornées d'un portrait et de trente vignettes dessinées par Devéria et gravées par Thompson. *Paris, Urbain Canel (impr. de Rignoux)* 1826, gr. in-8.

On a tiré quelques exemplaires sur papier de Chine. Réimpression, sur très-beau papier, dans un format un peu différent, faite avec les clichés de l'édition précédente.

Il y a des exemplaires, au nom de Delongchamps.

408. OEuvres complètes, édition dédiée aux amateurs de l'art typographique. *Paris, Baudouin frères (imprim. de Jules Didot)*, 1826, in-8 à 2 col., avec portr.

Édition en caractères microscopiques.

409. OEuvres dramatiques de Molière. *Paris, Baudouin frères (imprim. de Fournier)*, 1827, 2 gros vol. in-16.

Cette édition compacte, dans laquelle on n'a fait entrer que les pièces restées au répertoire, n'est qu'un remaniement typographique des Œuvres de Molière, qui font partie du recueil intitulé : *Répertoire du Théâtre français*, avec des Commentaires par Voltaire, L. Racine, La Harpe, etc., édition classée dans un nouvel ordre, ornée de 12 portr. et précédée de notices développées sur les auteurs et les acteurs célèbres, par Picard et J. Peyrot, *Paris, Duprat (impr. de Fournier)*, 1826, 4 vol. in-8 à 2 col., caractères microscopiques, portr. grav. sur acier par Hopwood. Les Œuvres de Molière remplissent les pp. 335-912 du tome Ier.

410. OEuvres complètes, édition (en caractères microscopiques) dédiée aux amateurs de l'art typographique. *Paris, F. Didot aîné (imprim. de Jules Didot)*, 1827, gr. in-8 à 2 col., avec portr. gravé par Tardieu.

411. OEuvres complètes, avec une Notice par L.-B. Picard, seconde édition. *Paris, Baudouin frères (imprim. de Rignoux)*, 1827, 6 vol. in-8, portr.

Cette édition, conforme au texte de la première, publiée par les frères Baudouin en 1825-26, a été tirée sur les clichés de ladite édition ; elle fait partie de la « Collection des meilleurs ouvrages de la langue française en vers et en prose », dirigée par Léon Thiessé.

412. OEuvres, précédées d'une Notice par L.-B. Picard, troisième édition, revue, et augmentée d'une Dissertation sur *Tartuffe*, par Étienne. *Paris, Baudouin,* 1828, 6 vol. in-8, portr.

Cette troisième édition, tirée sur les clichés des deux premières éditions publiées par les frères Baudouin, a été cependant revue avec soin, et s'est augmentée de la Dissertation sur la comédie du *Tar-*

tuffe, par Étienne, qui avait paru en 1824 dans une édition *variorum*, publiée par Panckoucke.

Les clichés de l'édition de Baudouin ont servi depuis à faire cinq ou six éditions, qui ne diffèrent entre elles que par la qualité du papier et les conditions du tirage, quoiqu'elles aient été offertes au public, comme entièrement nouvelles, par différents libraires : *Baudouin frères*, 1830, — *Houdaille*, 1830, — *Lecointe*, 1830, — *Pourrat frères*, 1831, 1833 et 1834.

413. OEUVRES COMPLÈTES, avec une Notice, par L.-B. Picard, de l'Académie française. *Bruxelles, Wodon*, 1828, 10 vol. in-18.

414. OEUVRES COMPLÈTES, édition revue sur les textes originaux, précédée de l'Éloge de Molière, par Chamfort, et de sa Vie, par Voltaire. *Paris, Urbain Canel (imprim. de Rignoux)*, 1828, gr. in-8 à 2 col., avec fig. grav. en bois par Tompson, d'après Devéria.

Cette édition, qui s'annonçait comme revue sur les textes originaux, a été faite d'après les clichés de celle de 1825, publiée, en quatre livraisons, par le libraire Delongchamps. Cependant nous avons un souvenir vague d'une édition nouvelle, qu'Honoré de Balzac avait préparée pour le libraire Urbain Canel et qui devait faire suite à son édition compacte des Œuvres de La Fontaine (*Paris, Sautelet*, 1826, gr. in-8 à 2 col.).

Il y a des exemplaires, avec le nom de *Dauvin*, sous la même date.

415. OEUVRES. *Paris, J.-N. Barba (imprim. de Haener, à Nancy)*, 1828, 8 vol. in-18, ornés d'un portrait et de 33 fig.

416. OEUVRES COMPLÈTES. *Paris, Hiard*, 1828, 8 vol. in-18.

Cette édition, qui a été réimprimée la même année, faisait partie de la *Bibliothèque des amis des lettres*.

417. OEUVRES. *Paris, Mme Dabo*, 1829, 6 vol. in-12.

Édition tirée sur les anciens clichés de l'édition stéréotype d'Herhan, et faisant partie d'un nouveau *Répertoire du Théâtre français*, publié à la fois dans les deux formats in-18 et in-12.

Il y a des exemplaires sur papier vélin.

418. OEUVRES COMPLÈTES, revues par A. (Alexandre) Mar-

tin (avec des notes et des notices). *Paris, Boulland,* 1831, 2 vol. in-18, portr. Édition compacte.

> Cette édition paraît avoir été tirée sur les clichés de l'édition en un seul volume, commencée en 1825 par Bouquin de la Souche, et terminée seulement plusieurs années après. Mais le nom d'un des deux éditeurs, Charles Nodier, a été supprimé sur le titre du nouveau tirage.

419. OEUVRES COMPLÈTES, précédées d'une Notice par Picard. *Paris, Pourrat frères,* 1831, 6 vol. in-8, avec portr. gravé à l'eau-forte par C. M., d'après Duplessi-Bertaux.

> Belle édition, tirée sur les clichés de l'édition de Baudouin, 1827, et réimprimée depuis, avec moins de soin, en 1833, 1834 et 1841.

420. OEUVRES COMPLÈTES. *Paris, Treuttel et Würtz,* 1831, 7 vol. in-8.

> Il y a des exemplaires sur pap. vélin.
> Cette édition fait partie de la *Nouvelle Bibliothèque classique.*

421. OEUVRES (avec la Vie de Molière, par Voltaire). *Paris, Lebigre (imprim. de Haener, à Nancy),* 1832, 6 vol. in-18.

> Réimpression sur clichés de l'édition publiée par J.-N. Barba, en 1828.

422. OEUVRES, avec des notes de divers commentateurs. *Paris, Lefèvre et Tenré,* 1833, gr. in-8 à 2 col.

> L'édition a été faite par les soins du libraire Lefèvre, qui a dû consentir à s'associer, sur le titre, au libraire Tenré, lequel avait payé les frais d'impression.

423. OEUVRES, avec les variantes. *Paris, L. de Bure (imprim. de Duverger),* 1833 ou 1834, gr. in-8 à 2 col., avec portr. et *fac-simile.*

> Cette édition, tirée sur grand raisin vélin, est faite sur les clichés de celle que le même libraire avait publiée en 1825.

424. OEUVRES, avec une Notice sur la Vie et les ouvrages de l'auteur. *Paris, Roger (imprim. de Rignoux),* 1834, 6 vol. in-8.

> On s'est servi, pour cette édition, des clichés de l'édition de Baudouin frères, 1825, déjà fort usés par de nombreux tirages. Ce

nouveau tirage a été fait pour les frères Pourrat, sous le nom d'un de leurs commis, en raison de convenances de librairie.

425. OEuvres complètes, avec la Vie de Molière, par Grimarest, et les notes de tous les commentateurs. *Paris, Furne,* 1835, gr. in-8 à 2 col., avec 16 fig. gravées d'après les dessins d'Horace Vernet.

426. OEuvres, précédées d'une Notice, par Sainte-Beuve, illustrations de Tony Johannot. *Paris, Paulin,* 1835-42, 2 vol. gr. in-8, avec 800 grav. sur bois, dans le texte.

Cette première édition est supérieure aux autres, sous le rapport du papier et du tirage.

Il y a plusieurs exemplaires tirés sur papier de Chine.

427. OEuvres, avec des réflexions sur chaque pièce, précédées de la Vie de Molière, nouvelle édition. *Paris, Lebigre,* 1836, 6 vol. in-8.

Cette édition a été faite avec d'anciens clichés.

428. OEuvres complètes, avec les variantes. *Paris, Debure,* 1836, gr. in-8 à 2 col.

Nouveau tirage sur clichés.

429. OEuvres, avec les notes de tous les commentateurs, 2º édit., publiée par L. Aimé-Martin. *Paris, Lefèvre,* 1836-37, 4 vol. in-8. Édition demi-compacte.

430. OEuvres. *Paris, A. Desrez,* 1837, gr. in-8 à 2 col.

Collection du Panthéon littéraire, publiée par J.-A. Buchon. Tirage sur d'anciens clichés.

431. OEuvres. *Paris, Beaujouan,* 1837-38, 10 vol in-32.

432. OEuvres, avec les notes de tous les commentateurs, édition publiée par Aimé-Martin. *Paris, Lefèvre,* 1837, 4 vol. gr. in-8, portr.

Cette édition est la troisième publiée par Aimé-Martin.

433. OEuvres, nouvelle édition, augmentée de notes explicatives. *Paris, Lefèvre,* 1838, 2 vol. in-8.

C'est Lefèvre lui-même qui a préparé le travail littéraire de cette édition compacte.

434. OEuvres complètes, avec un Discours préliminaire sur la Comédie, une Vie de Molière et des Notices historiques et littéraires sur chaque pièce, par Auger, secrétaire perpétuel de l'Académie française. Nouvelle édition. *Paris, Furne,* 1838, gr. in-8, avec portr. et 16 figures d'après Horace Vernet, Hersent, Desenne et Johannot.

> Cette édition ne contient qu'une très-petite partie du Commentaire d'Auger ; on en a retranché toute la partie grammaticale.

435. OEuvres. *Paris, Pougin (imprim. d'Henrion, à Vendôme),* 1838, 8 vol. in-18.

> Réimpression sur clichés stéréotypes.

436. OEuvres complètes, avec une Notice, par Picard. *Paris, Pourrat,* 1838, 6 vol. in-8.

> Édition tirée sur les clichés de l'édition Baudouin, 1825.

437. OEuvres, avec les notes de tous les commentateurs. *Paris, F. Didot,* 1840, gr. in-8 à 2 col., portr.

> Tirage sur clichés, souvent employés.

438. OEuvres. *Limoges, Ardant,* 1840, 6 vol. in-12.

> Beuchot, dans la *Bibliographie de la France*, a fait remarquer que, pour le *Festin de pierre*, cette édition ne donnait que le texte tronqué et censuré.

439. OEuvres, avec les notes de tous les commentateurs. *Paris, Firmin Didot et Charles Gosselin,* 1841, 2 v. in-12.

> On a retranché de cette édition compacte plusieurs comédies qui ont disparu de la scène depuis longtemps.

440. OEuvres complètes, précédées d'une Notice, par Picard. *Paris, Pourrat,* 1841, 6 vol. in-8.

> Tirage sur les clichés de l'édition Baudouin, 1825.

441. OEuvres. *Paris, Locquin,* 1842, 8 vol. in-18.

> Tirage sur clichés.

442. OEuvres. *Paris, Daguin frères,* 1842, 7 vol. in-8.

> Cette édition est un nouveau tirage de celle qui avait paru chez Treuttel et Würtz, en 1831. Peut-être n'a-t-on fait que changer les titres des exemplaires restés en magasin.

443. OEuvres complètes, précédées d'une Notice par Sainte-Beuve, vignettes de Tony Johannot. *Paris, Dubochet,* 1842, gr. in-8, avec 800 grav. sur bois dans le texte.

> Édition populaire, publiée en cent livraisons, avec les bois qui avaient été faits pour l'édition illustrée, en 2 vol. gr. in-8, de 1835.

444. OEuvres. *Paris, Fortin et Masson,* 1843, 8 vol. in-18.

445. OEuvres complètes, avec Notice, par Picard, notes et éclaircissements historiques. *Paris, Pourrat,* 1844, 6 vol. in-8, avec portr. et 16 grav.

> Tirage sur les anciens clichés de l'édition Baudouin, 1825.

446. OEuvres complètes de Molière, précédées d'une Notice sur sa vie, par Auger. *Paris, Furne,* 1844, gr. in-8 à 2 colonnes, portr. et fig.

> Réimpression de l'édition de 1838.

447. OEuvres de Molière, avec les notes de tous les commentateurs, troisième édit., publiée par L. Aimé-Martin. *Paris, Lefèvre et Furne* (*typogr. Lacrampe et Cie*), 1845, 6 vol. in-8, portr. et 16 fig. d'après Horace Vernet et autres.

> Dans cette édition, qui est la quatrième et non la troisième, Aimé-Martin a non-seulement perfectionné et augmenté son premier travail, mais encore il a revu en partie le texte sur les éditions originales que je lui avais communiquées, avant la vente de la bibliothèque de Soleinne. Cependant il a dû restreindre les corrections du texte, pour ne pas faire un travail entièrement nouveau qui eût retardé l'impression.
>
> On a tiré vingt exempl. de cette édition, sur papier de Hollande.

448. OEuvres complètes de Molière, avec les notes de tous les commentateurs, publiées par L. Aimé-Martin, 4ᵉ édition. *Paris, Didier et Lecou* (*imprim. de Ducessois*), 1845, 4 vol. in-12.

> Cette édition d'Aimé-Martin est la 5ᵉ et non la 4ᵉ.

449. Bibliothèque du peuple. Molière (OEuvres). *Paris, Krabbe,* 1845, gr. in-8 à 2 col.

> Édition populaire imprimée sur mauvais clichés.

450. OEuvres complètes, avec les notes de tous les commentateurs, publ. par L. Aimé-Martin, 4ᵉ édition. *Paris, Lefèvre* ou *Lecou* (*impr. de Lacrampe*), 1845, 4 vol. in-8.

> Cette édition est la 6ᵒ et non la 4ᵒ de celles qui ont été publiées avec les travaux d'Aimé-Martin. Il y a aussi, de cette édition, un tirage sur plus petit format, *Paris, Didier*, 1845, 4 vol. gr. in-18.

451. OEuvres complètes, avec les notes de tous les commentateurs. *Paris, Furne*, 1845, 6 vol. in-12.

> C'est le libraire Lefèvre lui-même qui a choisi les notes pour cette édition *variorum*, en s'aidant des conseils du baron Walckenaer.

452. OEuvres de Molière. *Limoges, Ardant*, 1846, 6 vol. in-12.

> Tirage sur les clichés qui avaient déjà servi pour l'édition de 1840.

453. OEuvres. *Leipzig, Bern. Tauchnitz*, 1846, 4 vol. in-12 carré.

> Fait partie de la collection intitulée : *la France classique*.
> Il ne faut pas confondre cette édition, faite à Leipzig, avec celle de *Francfort, Bechtold*, sans date (vers 1850), 3 vol. in-12.

454. OEuvres complètes. *Paris, Penaud frères* (*impr. Bailly*), 1847, gr. in-8 à 2 col.

> Édition tirée sur papier commun. On lit sur la couverture : « Prime accordée *gratis* aux deux mille premiers souscripteurs à nos publications. »

455. OEuvres complètes. Nouvelle édit. *Paris, Victor Lecou* (*imprim. de Bailly*), 1847, gr. in-8 à 2 col.

> Nouveau tirage, sur beau papier, de l'édition précédente, qui avait été fabriquée, dans la même imprimerie, pour Penaud frères.

456. OEuvres complètes. *Paris, Krabbe*, 1849, 2 vol. in-8, avec 2 vignettes.

457. OEuvres, avec des notes de tous les commentateurs. *Paris, Firmin Didot frères*, 1850, 2 vol in-18 jésus.

> Cette édition compacte a été réimprimée plusieurs fois sur les clichés.

458. OEuvres complètes, édition illustrée de 140 vignettes par Janet Lange, augmentée d'une Vie de Molière et de

Notices sur chaque pièce, par Émile de la Bédollière. *Paris, Gustave Barba*, 1851, in-4 à 2 col., fig. sur bois dans le texte et 10 grav. sur acier.

<small>Cette édition a paru en 20 livraisons, qui se vendaient séparément; on en a fait plusieurs tirages, sur clichés, sans changement.</small>

459. OEuvres complètes, nouvelle édition, illustrée de 140 dessins par Janet Lange, augmentée d'une Vie de Molière et de Notices sur chaque pièce, par É. de la Bédollière. *Paris, Gust. Barba,* sans date (1852), 4 vol. in-12.

<small>Cette édition a été faite au moyen d'un remaniement des clichés de la précédente, remis en page dans le format in-12. Il y a eu plusieurs tirages, dont un porte la date de 1855.</small>

460. OEuvres complètes de Molière, édition *variorum,* collationnée sur les meilleurs textes, précédée d'un Précis sur l'histoire du théâtre en France, depuis les origines jusqu'à nos jours, de la Biographie de Molière, rectifiée d'après les documents récemment découverts, avec les variantes, les pièces et fragments de pièces, retrouvés dans ces derniers temps, accompagnée de notes historiques, philologiques et littéraires, formant le résumé des travaux de Voltaire, La Harpe, etc. (Publ. par Charles Louandre.) *Paris, Charpentier,* 1852, 3 v. in-12.

<small>Il y a eu plusieurs tirages successifs sur les clichés, et par conséquent sans aucun changement, si ce n'est que le nom de M. Charles Louandre, l'annotateur de cette excellente édition compacte, a été mis sur le titre de ces tirages, notamment en 1862.</small>

461. OEuvres complètes, précédées d'une Notice sur sa vie et ses ouvrages, par Sainte-Beuve. Vignettes de Tony Johannot. *Paris, Victor Lecou,* 1852, gr. in-8 à 2 col.

462. OEuvres complètes, précédées de la Vie de Molière, par Voltaire. *Paris, Furne,* 1853 ou 1854, 2 vol. gr. in-8, avec portr. et 12 grav.

463. OEuvres complètes de Molière, précédées d'une Notice sur sa vie et ses ouvrages, par Sainte-Beuve.

Paris, Lecou, 1854, gr. in-8 à 2 col., avec fig. en bois, d'après Tony Johannot.

> Réimprimé sur les clichés de 1852.
> M. Victor Lecou a fait, en outre, avec ces clichés, un tirage in-12, sans figures, en un seul gros volume compacte, dans lequel on a supprimé plusieurs des pièces les moins importantes.

464. OEUVRES COMPLÈTES, avec des notes de tous les commentateurs, les variantes et la préface de 1682. *Paris, Firmin Didot frères,* 1854, 4 vol. pet. in-8.

> Cette édition fait partie de la Collection des Chefs-d'œuvre littéraires du xviie siècle, collationnés sur les éditions originales et publiés par l'ancien libraire Lefèvre.

465. OEUVRES COMPLÈTES, nouvelle édition, avec des notices et un commentaire, par Philarète Chasles, professeur au Collége de France. *Paris, Librairie nouvelle,* 1855, 5 vol. in-18.

> Il y a eu plusieurs tirages de cette jolie édition, notamment en 1864 et 1867.

466. OEUVRES COMPLÈTES. *Paris, Bernardin-Béchet,* 1856, gr. in-8, vignettes gravées sur bois, d'après les dessins de Jules David.

467. OEUVRES COMPLÈTES. *Paris, Lahure,* 1855, 2 vol. in-18 anglais.

> Cette édition, faite avec soin, fait partie d'une Collection des Œuvres des meilleurs Écrivains français, avec des notices et des notes.

468. OEUVRES COMPLÈTES, illustrées de nombreuses gravures. *Paris, Lahure,* sans date (1855), 2 vol. gr. in-8.

> C'est un tirage de l'édition précédente, dans un format différent et sur plus beau papier.

469. OEUVRES COMPLÈTES, nouvelle édition. *Paris, Gennequin (imprim. de Gaittet),* 1857, gr. in-8 à 2 col., avec portr.

> Réimprimé plusieurs fois sur les anciens clichés de Krabbe, avec un affreux papier; en dernier lieu, *Paris, Gennequin (imp. Parent),* 1874, gr. in-8 de 468 pp.

470. OEuvres complètes. *Paris, Hachette,* 1859, 3 vol. in-12.

    Cette édition a été faite, dans une nouvelle forme, et avec une autre distribution de matières, sur les clichés de celle que l'imprimeur Lahure avait publiée en 2 vol. in-18 angl., 1855. On l'a réimprimée, en 1864 et 1873, sans aucun changement, non plus en 2 vol., mais toujours en 3, d'égale grosseur.

471. OEuvres complètes, nouvelle édition, accompagnée de notes tirées de tous les commentateurs, avec des remarques nouvelles, par Félix Lemaistre; précédée de la Vie de Molière, par Voltaire, des appréciations de La Harpe et d'Auger; ornée de vignettes, gravées sur acier par Massard et F. Delannoy, d'après les dessins de Gustave Staal. *Paris, Garnier frères* (*imprim. Raçon*), 1859, gr. in-8 à 2 col., fig.

    Il y a eu un nouveau tirage de cette édition, sous la date de 1861.

472. OEuvres. *Paris, Furne,* 1860, 2 vol. gr. in-8, portr. et fig. grav. par Nargeot.

473. OEuvres, avec notes de tous les commentateurs. *Paris, Firmin Didot,* 1860, 2 vol. in-12.

    Réimprimé sur les clichés de l'édition de 1850.

474. OEuvres complètes, avec les variantes et la préface de 1682. *Paris, Firmin Didot,* 1861, 4 vol. pet. in-8.

    Réimpression de l'édition de 1854.

475. OEuvres complètes, nouvelle édition, accompagnée de notes tirées de tous les commentateurs, avec des remarques nouvelles, par Félix Lemaistre; précédée de la Vie de Molière, par Voltaire. *Paris, Garnier frères,* 1862, 3 vol. in-18 jésus.

    Réimprimé sur les clichés, et sans changement, en 1872 et en 1874, dans la Collection des Chefs-d'œuvre de la littérature française.

476. OEuvres complètes, publiées avec des notes (par Brière). *Paris, Henri Plon,* 1862, 8 vol. in-16, papier vergé.

    Cette charmante édition, publiée par Brière, ancien libraire, administrateur des postes, qui ne prenait, sur les titres des volumes, que la qualité de *bibliophile*, fait partie de la Collection des Classiques français, collationnés sur les meilleurs textes, dite Collection du Prince impérial. Il y a 200 exemplaires en papier de Hollande, numérotés.

477. OEUVRES COMPLÈTES. *Paris, Leclerc fils,* 1863, 3 vol. pet. in-8, fig.

> Cette édition a été faite sur les clichés de l'édition in-12 de M. Hachette, pour accompagner un nouveau tirage de la petite suite des figures d'après Boucher et d'autres estampes. L'éditeur, ayant acquis ces anciens cuivres à la vente du fonds de Mme Jean, marchande d'estampes, les fit retoucher, avant de les employer.

478. OEUVRES COMPLÈTES, illustrées de nombreuses vignettes. *Paris, imprim. Lahure,* sans date (1863?), 2 vol. gr. in-8, fig. sur bois.

479. OEUVRES COMPLÈTES DE MOLIÈRE, nouvelle édition, collationnée sur les textes originaux, avec leurs variantes (par Chaudé); précédée de l'Histoire de sa vie et de ses ouvrages, par J. Taschereau. *Paris, Furne,* 1863, 6 vol. in-8, pap. vélin, fig.

> Le texte de cette édition est un des meilleurs qui aient été établis sur les éditions séparées des comédies et sur l'édition de 1682. Mais ce qui la distingue de toutes les autres, c'est le travail définitif de M. Taschereau sur Molière et ses ouvrages, travail qui ne remplit pas moins de 252 pages dans le 1er volume.
> Il a été tiré 100 exemplaires en papier de Hollande.

480. OEUVRES COMPLÈTES, nouvelle édition, très-soigneusement revue sur les textes originaux, avec un travail de critique et d'érudition; aperçus d'histoire littéraire, biographie; examen de chaque pièce, commentaire, bibliographie, etc., par Louis Moland. *Paris, Garnier frères,* 1863-64, 7 vol. in-8, fig. d'après Staal.

> Cette belle édition, dont le premier volume laissait peut-être à désirer au point de vue de la critique et de l'exactitude, n'en est pas moins une des meilleures éditions et des plus complètes qui aient été faites; elle renferme même des recherches tout à fait nouvelles, et les aperçus de l'éditeur témoignent de son érudition et de sa sagacité.

481. OEuvres, précédées d'une Notice sur Molière. *Paris, Napoléon Chaix*, 1865, 5 vol. pet. in-8.

> Cette bonne édition fait partie d'une collection de Classiques français, interrompue par la mort de l'imprimeur-éditeur.

482. Théatre de Jean-Baptiste Poquelin de Molière, collationné minutieusement sur les premières éditions et sur celles des années 1666, 1674 et 1682, ornée de vignettes gravées à l'eau-forte, d'après les compositions de différents artistes, par Frédéric Hillemacher. *Lyon, N. Scheuring (imprim. de Louis Perrin)*, 1864-73, 8 vol. petit in-8, fig.

> Il a été tiré 150 exemplaires sur papier de Hollande, numérotés.

483. Théatre de Molière. *Paris, Bibliothèque nationale (imprim. de Dubuisson)*, 1867-73, 7 vol. in-24.

> Ces volumes publiés contiennent les pièces suivantes : *le Bourgeois gentilhomme* et *la Comtesse d'Escarbagnas* ; *Tartuffe* et *le Dépit amoureux* ; *Don Juan* et *les Précieuses ridicules* ; *l'Avare* et *Georges Dandin* ; *le Misanthrope* et *les Femmes savantes* ; *l'Étourdi* et *Sganarelle, ou le Cocu imaginaire* ; *l'École des femmes* et *la Critique de l'École des femmes*.
> Cette petite édition populaire, qui a paru par volumes détachés, renfermant chacun deux comédies, a été déjà réimprimée trois ou quatre fois sur clichés ; elle n'est pas encore achevée et formera sans doute 12 volumes.

484. OEuvres complètes, nouvelle édition, imprimée sur celles de 1679 (*sic*) et 1682, avec des notes explicatives sur les mots qui ont vieilli ; ornée de portraits en pied, représentant les principaux personnages de chaque pièce, dessins de Geffroy et Maurice Sand, gravures de Wolf et Manceau ; précédée d'une introduction, par J. Janin. *Paris, F. de P. Mellado*, 1868, gr. in-8 de xv et 655 pp., portr. en noir et en couleur.

> Molière est représenté dans sept rôles qu'il avait créés, mais le dessinateur s'est inspiré de ses propres idées plutôt que des gravures faites du temps de Molière et après sa mort. Il faut donc regarder ces interprétations dues à un artiste distingué de la Comédie française, comme des fantaisies du théâtre moderne.

485. OEUVRES COMPLÈTES, illustrées par Lorentz, Jules David, etc. *Paris, librairie du Petit Journal (imprim. Toinon, à Saint-Germain)*, 1869, in-4 de 388 pp., à 2 col., fig. sur bois dans le texte.

Réimprimé, en 1870, sur clichés.

486. OEUVRES DE MOLIÈRE, précédées d'une Notice sur sa vie et ses ouvrages, par Sainte-Beuve; 630 dessins par Tony Johannot. *Paris, Hetzel (imprim. de Lahure)*, 1869, gr. in-8 de 800 pp., à 2 col.

487. OEUVRES COMPLÈTES, édition *variorum,* précédée d'un Précis de l'histoire du Théâtre en France, de la biographie de Molière rectifiée; accompagnée de variantes, pièces et fragments de pièces, retrouvés dans ces derniers temps; de notices historiques et littéraires sur chaque comédie; du résumé des travaux critiques publiés sur Molière, et de nouvelles notes, par Charles Louandre; édition ornée du portrait de Molière, d'après l'original de Coypel, et de 32 dessins de Moreau jeune, gravés en taille douce. *Paris, Charpentier (imprim. de Raçon)*, 1869, 3 vol. in-18 jésus, xcii-1938 pp., pap. vélin, fig.

Excellente et belle édition, tirée sur les clichés de celle de 1852, non-seulement revus et corrigés avec soin, mais complétés par de nombreuses additions de l'éditeur.

Réimprimée sur les clichés et sans changement, en 1873 et en 1874, mais les exemplaires sont sur papier ordinaire et sans gravures.

488. OEUVRES COMPLÈTES, nouvelle édition, imprimée sur celles de 1679 et de 1682, avec des notes explicatives sur les mots qui ont vieilli; ornée de portraits en pied coloriés, représentant les principaux personnages de chaque pièce, dessins de Geffroy, sociétaire de la Comédie française, et Maurice Sand; précédées d'une introduction, par Jules Janin. *Paris, Laplace,* 1871, gr. in-8 de xv-655 pp., à 2 col.

Réimpression de l'édition publiée, en 1868, par le libraire Mellado.

489. Œuvres complètes. *Paris, Hachette,* 1871, 3 vol. in-12, comprenant xxiv-1458 pp.

Édition tirée à Coulommiers, chez Moussin, sur les anciens clichés de l'édition Lahure en 2 vol. in-12.

490. Œuvres complètes, nouvelle édition, ornée de 10 portraits en pied, coloriés, dessinés par Geffroy et H. Allouard. *Paris, Laplace,* 1871, 2 vol. in-12.

Cette édition, faite au moyen d'un remaniement des clichés de la grande édition in-8 à 2 colonnes, publiée simultanément, est la seule complète en 2 vol. de ce format; elle ne comprend pas moins de 1636 pages.

491. Œuvres, avec notes et variantes, par A. Pauly. *Paris, Alphonse Lemerre* (*imprim. Claye*), 1872-74, 8 vol. petit in-12, avec portrait-frontispice, gravé à l'eau-forte par Braquemont.

Il a été tiré 25 exemplaires numérotés, sur papier de Chine, et 120, également numérotés, sur papier de Hollande.

Cette charmante édition, imprimée avec beaucoup de goût et de soin, reproduit exactement le texte des éditions originales de toutes les pièces publiées du vivant de Molière, et le texte de l'édition collective des Œuvres, de 1682, pour les pièces qui parurent alors pour la première fois. Les variantes, pour les pièces qui avaient paru avant la mort de Molière, sont empruntées aussi à cette édition de 1682.

La notice que M. Alph. Pauly a mise en tête de son édition est fort courte et n'offre rien de particulier, mais il a compris, dans le recueil des Œuvres de Molière, les arguments de *Sganarelle*, par le sieur de Neuf-Villenaine, la Lettre sur la comédie du *Misanthrope*, la Lettre sur la comédie de *l'Imposteur*, les Plaisirs de *l'Isle enchantée*, la Relation de la Feste à Versailles, du 18 juillet 1668, etc.

492. Œuvres complètes. *Paris, Hachette* (*imprim. Moussin, à Coulommiers*), 1873, 3 vol. in-18 jésus, xxiv-1469 pp.

Nouveau tirage, avec quelques changements, sur clichés, de l'édition de 1871, qui fait partie de la Collection des œuvres des principaux écrivains.

493. Molière. Mit deutschem Commentar, Einleitungen und Excursen, herausgegeben von Prof. Dr. Eldf. Laun. *Berlin, van Myden,* 1873-74, gr. in-8.

Trois volumes de cette édition française, avec commentaires en allemand, ont déjà paru : — Tome I, *le Misanthrope*, 141 pp.; — tome II, *les Femmes savantes, les Précieuses ridicules*, 205 pp.; — tome III, *le Tartuffe*, ou *l'Imposteur*, 172 pp.

494. OEuvres complètes, nouvelle édition, accompagnée de notes tirées de tous les commentateurs, avec des notes nouvelles, par Félix Lemaistre; précédée de la Vie de Molière, par Voltaire; des appréciations de La Harpe et d'Auger; ornée de vignettes gravées sur acier, par Massard et Delannoy, d'après les dessins de G. Staal. *Paris, Garnier,* 1874, gr. in-8 de xxvi-666 pp., à 2 col., avec 13 grav.

Réimpression, sur clichés, de l'édition de 1859.

495. OEuvres, nouvelle édition, revue sur les plus anciennes impressions, et augmentée de variantes, de notices, de notes, d'un lexique des mots et locutions remarquables, d'un portrait, de *fac-simile,* etc.; par Eugène Despois. *Paris, Hachette,* 1873, in-8, tome Ier. (Il y aura 12 à 15 volumes.)

Il a été tiré 8 exemplaires sur papier de Chine, et 200 exemplaires numérotés en grand papier de Hollande.

Cette édition fait partie de la Collection des Grands Écrivains, publiée sous la direction de M. Adolphe Régnier, membre de l'Institut; elle avait été commencée par M. Eud. Soulié, qui fut effrayé de l'immense travail qu'il aurait à faire. M. Eug. Despois reprit alors ce travail, avec l'aide de M. Régnier fils, lequel s'était chargé d'établir le texte par la comparaison de toutes les anciennes éditions. Le premier volume publié prouve amplement que cette édition doit être définitive, non-seulement pour le texte, mais encore pour le commentaire, qui fait le plus grand honneur à l'érudition, à la critique, à la sagacité de M. Despois.

« Nous avons adopté fidèlement le texte des éditions originales, disent les éditeurs, dans l'Avertissement. Ce sont les seules, à l'impression desquelles Molière a pu avoir quelque part. Parmi les variantes, celles qu'il importait de relever avec le plus de soin, sont celles de l'édition de 1682; nous les donnons avec une scrupuleuse exactitude. Il convenait aussi de marquer complétement les différences de celle de 1734, d'où est sorti le texte commun et courant de notre auteur. » Les éditeurs ont relevé aussi les variantes de l'édition de 1674-75 : mais il est probable qu'ils y attacheront plus d'intérêt et d'importance, aujourd'hui que cette édition est généralement reconnue pour la véritable édition originale de Molière.

On trouve, dans ce volume, la comédie italienne de Nicolo Barbieri, dit Beltrame, l'*Inavertito, overo Scapino disturbato e Mezzettino travagliato,* qui a fourni à Molière le sujet de l'*Étourdi,* avec beaucoup de scènes et de détails qu'il a imités dans sa comédie. L'Appendice contient, en outre, le texte du *Ballet des incompatibles.*

XI

RELATIONS DES FÊTES DE COUR

DANS LESQUELLES

MOLIÈRE A FIGURÉ AVEC SA TROUPE ET SES OUVRAGES.

496. Lettre de Jean de La Fontaine à M. de Maucroix, en date du 22 août 1661.

    Cette lettre, en prose et en vers, dont il y a eu certainement une impression à part, que les bibliographes n'ont pas encore signalée, se trouve dans toutes les éditions des Œuvres complètes de J. de la Fontaine. C'est une relation de la célèbre fête du château de Vaux, dans laquelle fut représentée pour la première fois la comédie des *Fâcheux*. Selon une copie autographe de Loménie de Brienne, que nous avons citée dans les *Œuvres inédites de J. de la Fontaine* (Paris, Hachette, 1863, in-8), la Fontaine n'aurait pas écrit : *Molière, c'est mon homme,* mais : *Molière, c'est notre homme.*

497. Relation des Divertissemens que le Roy a donnés aux Reines dans le parc de Versailles (à la Fête des Plaisirs de l'Ile enchantée), écrite à un Gentilhomme qui est présentement hors de France. *Paris, Claude Barbin,* 1664, in-12 de 63 pp., non compris le titre.

    C'est une lettre, en prose et en vers, signée de Marigny et datée de Paris, 14 mai 1664. « En attendant que vous la voyez imprimée (la comédie de *la Princesse d'Élide*), dit le Gentilhomme, si Molière qui en est l'autheur la veut donner au public, vous sçaurez qu'il avoit eu si peu de temps pour la composer, qu'il n'y avoit qu'un acte et demy en vers et que le reste estoit en prose, de sorte qu'il sembloit que, pour obéir promptement au pouvoir de l'enchanteresse Alcine, la Comédie n'avoit eu le temps que de prendre un de ses brodequins, et qu'elle estoit venue donner des marques de son obéissance, un pied chaussé et l'autre nud. Elle ne laissa pas d'estre fort galante et l'on prit assez de plaisir à voir un jeune Prince, amoureux d'une Princesse fort dédaigneuse et qui n'aimoit que la chasse, venir à bout de sa fierté, par une indifférence affectée, et tout cela d'après les bons avis d'une espèce d'Angely, c'est-à-dire d'un fou ou soy disant, plus heureux et plus sage que trente docteurs qui se piquent d'estre des Catons. »

498. LES PLAISIRS DE L'ISLE ENCHANTÉE, course de bague faite par le Roy à Versailles, le 6 may 1664, etc. *Paris, Robert Ballard*, 1664, 4 part. in-4 de 24, 19, 4 et 10 pp.

<small>La seconde partie est intitulée : « Liste du divertissement de Versailles et les noms de ceux qui y sont employez. »
Voy. ci-dessus, dans le chapitre des BALLETS ET FÊTES DE COUR DE MOLIÈRE, où cette Relation est déjà citée, les autres relations contemporaines des *Plaisirs de l'Isle enchantée*.</small>

499. LA TROUPE DE MOLIÈRE et les Plaisirs de l'Ile enchantée, par Édouard Thierry.

<small>Ce morceau historique, tiré d'une Étude inédite sur le théâtre de Molière, a paru dans le *Bulletin de la Société des gens de lettres*, 28e année, n° 7, août 1872, pp. 22-29. Il y a eu un tirage à part, au nombre de 50 exemplaires.</small>

500. LE GRAND DIVERTISSEMENT ROYAL DE VERSAILLES. *Paris, Robert Ballard,* 1668, in-4 de 20 pp.

<small>Édition originale, donnée par Molière, qui a fait lui-même la relation en prose de ce divertissement où fut représentée pour la première fois sa comédie de *Georges Dandin*. « Je n'entreprens point de vous écrire le détail de toutes ces merveilles, est-il dit dans l'Avant-propos ; un de nos beaux esprits est chargé d'en faire le récit, et je m'arrête à la comédie, dont, par avance, vous me demandez des nouvelles. C'est Molière qui l'a faite : comme je suis fort de ses amis, je trouve à propos de ne rien en dire, ny bien, ny mal, et vous en jugerez, quand vous l'aurez veue. » Cette relation, qu'il ne faut pas confondre avec la suivante, dont André Félibien est l'auteur, n'a pas encore été recueillie dans les Œuvres de Molière.</small>

501. RELATION DE LA FESTE DE VERSAILLES, du dix-huitième juillet mil six cens soixante huit. *Paris, P. Le Petit*, 1668, in-4 de 60 pp.

<small>Cette Relation est d'André Félibien, sieur des Avaux.</small>

502. RELATION DE LA FESTE DE VERSAILLES, du 18 juillet mil six cent soixante-huit (par André Félibien). *Paris, Imprim. royale*, 1679, in-fol. de 37 pp., y compris le titre, avec fig. (XI), gravées par Lepautre.

<small>C'est le texte de la Relation précédente, avec quelques changements. Lepautre n'avait pas demandé moins de dix ans pour graver les onze sujets qui ornent cette édition, dédiée au roi, laquelle ne parut qu'après la mort de Molière.</small>

503. Les Festes de Versailles, 1668.

Ce fascicule, de 57 pages in-12, forme la troisième partie du *Recueil de diverses pièces faictes par plusieurs personnes illustres* (La Haye, J. et Dan. Steucher, 1669, pet. in-12).

504. A l'Inconnu. Sur la Feste de Versailles, épistre en vers, par Boyer. *Paris, Claude Barbin,* 1668, in-4 de 10 pp.

Voy. ci-dessus, pp. 66 et suiv., dans la série des Ballets et Fêtes de cour, le Divertissement de Chambord, le Divertissement royal, et d'autres programmes des fêtes de cour, dans lesquelles Molière a figuré, avec sa troupe, après avoir composé les pièces dramatiques qui y furent représentées devant le roi.

XII

COMÉDIES DE MOLIÈRE

ARRANGÉES ET RETOUCHÉES POUR LA SCÈNE.

505. Le Dépit amoureux, comédie de Molière, réduite en deux actes, par Colson (dit Bellecour). *Paris, veuve Duchesne,* 1770, in-8 de 36 pp.

Cette réduction du *Dépit amoureux,* représentée alors au Théâtre-Français, et différente d'une autre réduction, en deux actes, qu'on jouait déjà en province, a été souvent réimprimée à Paris, comme *nouvelle édition conforme à la représentation:*
— *Paris, veuve Duchesne,* 1786, in-12. — *Ibid., id.,* 1786, in-8 de 26 pages. — *Ibid., Barba (impr. de Perne, à Lille),* 1795, in-8 de 32 pp. — *Ibid., Fages,* 1801, in-8 de 26 pp. — *Ibid., Dubuisson,* 1864, in-8 de 13 pp. à 2 col.

506. Le Dépit amoureux, comédie de Molière, arrangée en deux actes, par Letourneur (dit Valville), comédien. *Marseille, Jean Mossy,* 1773, in-8.

Cette réduction, qu'il ne faut pas confondre avec la précédente, semble avoir été faite surtout pour les théâtres de province. C'est M. Goizet, qui, le premier, dans son *Dictionnaire universel du Théâtre en France,* gr. in-8 (ouvrage malheureusement interrompu), a distingué entre elles les deux anciennes réductions du *Dépit amoureux.*
Il existe plusieurs réimpressions de la pièce arrangée, en deux

actes, par Letourneur-Valville : *Toulouse, Brouilhet,* 1787, in-8 de 28 pp. — *Paris, Chambon,* 1798, in-8 de 31 pages.

Ces deux dernières éditions offrent pourtant des différences dans le texte ; l'édition de 1798 commence par ces mots : « Mais qu'avancerez-vous ? » La seconde : « Veux-tu que je te dise ? »

Les deux actes, tirés de la pièce de Molière par Letourneur-Valville, ont été encore retouchés dans l'édition suivante : le Dépit amoureux, comédie de Molière, remise en deux actes par Valville; représentée au Théâtre-Français, au second Théâtre-Français et au Gymnase, en 1821. Conforme à la représentation. *Paris, J.-N. Barba,* 1822, in-8 de 40 pp.

507. LE DÉPIT AMOUREUX (de Molière), rétabli en cinq actes. Hommage à Molière, par J.-F. Cailhava, de l'Institut. *Paris, Ch. Pougens,* 1801, in-8 de 108 pp., y compris les prélim.

Cailhava s'est borné à faire quelques coupures dans les scènes et quelques changements dans les vers, mais avec autant de goût que de réserve.

508. LE DÉPIT AMOUREUX, de Molière, comédie mise en trois actes, par M. Pieyre, représentée sur le théâtre de l'Odéon, le 10 janvier 1818.

Imprimé dans les *Pièces de théâtre de M. Alexandre Pieyre,* correspondant de l'Institut et associé des académies du Gard et de l'Hérault. (*Orléans,*) *Jacob l'aîné,* 1808-1811, 2 vol. in-8).

509. LA FILLE CRUE GARÇON, ou le Dépit amoureux, comédie en 5 actes et en vers, retouchée en 1800 par Cailhava, et en 1862, par Auguste L. (Lambert) de B...... *Paris, Michel Lévy,* 1852, in-12 de 108 pp.

Voici l'indication d'autres réductions et arrangements du *Dépit amoureux,* qui ont été représentés, mais non imprimés :

Le *Dépit amoureux,* réduit en un acte, par Armand Huguet, et représenté en province en 1760.

— Le même, retouché et réduit en 2 actes, par Richard Fabert, représenté sur le théâtre de l'Odéon, le 1er janvier 1816.

— Le même, réduit en un acte, par Andrieux, représenté sur le théâtre du Gymnase, le 17 février 1821.

— Le même, refait en 5 actes et en prose, par Campan, etc.

510. LE PORTRAIT, ou le Cocu imaginaire, comédie en vers, en un acte, de Molière, arrangée, avec des scènes nouvel-

les, un nouveau dénouement, et mise en un acte, par J.-A. Gardy. *Paris, Fages,* an xi (1803), in-8.

Un nouveau titre, moins gaulois, a été adopté pour la plupart des exemplaires : *Sganarelle, ou le Mari qui se croit trompé,* comédie en vers, en un acte, de Molière. *Paris, Fages,* an xi (1803), in-8.

511. Myrtil et Mélicerte, pastorale héroïque (trois actes et prologue en vers libres, par Guérin d'Etriché). *Paris, Trabouillet,* 1699, in-12 de 10 ff. et 75 pp.

« L'auteur ou plutôt le continuateur de cette pastorale était fils de la veuve de Molière, et de son second mari, le comédien Guérin. Il avoue, dans sa préface, qu'il a osé continuer la *Pastorale* héroïque de Molière, mettre en vers irréguliers ce qui était en grands vers dans les deux actes laissés incomplets, et composer un acte entier, en s'inspirant de l'histoire de Timarette et de Sésostris, dans le roman de *Cyrus*, où il pense que Molière avait puisé son sujet. Il déclare, d'ailleurs, n'avoir rien trouvé, *dans les papiers* de Molière, *ni le moindre fragment, ni la moindre idée,* pour la continuation de cette pièce. Il avait donc à sa disposition les papiers de Molière ? On sait que Lagrange et Vinot publièrent, en 1682, les deux premiers actes de *Mélicerte,* en vers de douze syllabes, tels que Molière les avait fait représenter devant le roi, au château de St-Germain en Laye, le 2 décembre 1666. Nous ne serions pas éloigné de croire que Guérin s'est approprié la pièce de Molière, refaite et complétée par celui-ci, à qui le succès de l'*Amphitryon* avait montré combien les vers libres convenaient à la scène. A coup sûr, ce jeune homme, en sortant du collége, eût été fort en peine de changer la versification] de Molière, pour achever cette pièce, qui n'était pas une ébauche ; car les vers alexandrins sont infiniment plus faciles à faire que les vers irréguliers, dont le rhythme demande surtout un talent très-exercé. ». (Note du *Catal. Soleinne.*)

512. Monsieur de Pourceaugnac, comédie de J.-B. P. Molière, remise au théâtre Montansier-Variétés, en l'an vii et en l'an viii, avec des changements. *Sans nom de libraire et sans date,* in-8.

513. Le Bourgeois gentilhomme, comédie de Molière mise en trois actes. *La Haye,* 1770, in-12.

Ce travail de coupure et de remaniement a été fait par un comédien du théâtre de Bruxelles, à la demande de plusieurs troupes de campagne qui ne pouvaient jouer la pièce, faute d'un personnel convenable pour les divertissements et les ballets.

XIII

COMÉDIES DE MOLIÈRE EN PROSE

MISES EN VERS.

514. LES PRÉTIEUSES RIDICULES, comédie de Molière, représentée au Petit-Bourbon. Nouvellement mises en vers (par le sieur Baudeau de Somaize), 2ᵉ édition. *Paris, Jean Guignard,* 1661, in-12 de 12 ff. et 60 pp.

La première édition, publiée à Paris, chez Jean Ribou, 1660, pet. in-12, est introuvable ; elle fut saisie à la requête de Molière.

515. LA VEUFVE A LA MODE, comédie. *Paris, Nicolas Pepinglé* (sic), 1668, petit in-12 de 69 pp.

Le fleuron du titre porte : *sur l'imprimé ;* c'est donc une contrefaçon faite en France. On lit à la dernière page : *Fin de la Veufve à la mode, comédie de Mʳ Molière.* Cette comédie, représentée en 1667 sur le théâtre du Palais-Royal, eut beaucoup de succès, quoique l'auteur n'eût pas été nommé. On l'attribua d'abord à Molière ; puis, on hésita entre Villiers et de Visé. Ce dernier finit par être regardé comme seul auteur de la pièce, et l'on soupçonna qu'il n'avait fait que versifier un canevas fourni par Molière lui-même.

Cette opinion a été très-solidement exposée par M. Édouard Thierry, dans un curieux article de la Revue intitulée : *le Théâtre,* et publiée sous la direction de M. Jules Bonassiers (nº 1, 1ᵉʳ décembre 1874). M. Édouard Thierry ne connaissait pas encore l'édition de la *Veuve à la mode,* où Molière se trouve nommé comme auteur de cette pièce. La première édition avait paru, en 1668, chez Jean Ribou, le libraire attitré de Molière.

516. LE MARIAGE FORCÉ, comédie de Molière, mise en vers par M***. *Paris, veuve Dupont,* 1676, in-12 de 45 pp., titre compris.

La permission d'imprimer étant de 1674, on peut supposer que les libraires Trabouillet et Barbin, qui avaient acquis tous les droits attachés au privilége pour la publication des Œuvres de Molière, s'étaient opposés d'abord à la mise en vente de la contrefaçon en vers du *Mariage forcé.*

517. LE FESTIN DE PIERRE, comédie mise en vers sur la

prose de M. de Molière, par Thomas Corneille. *Paris, Thomas Guillain, sur le quai des Augustins, à l'image Saint-Louis,* 1683, in-12 de 2 feuill. prélim. et 115 pp.

Le privilége est du 14 mars; l'achevé d'imprimer, du 30 mars 1683; l'édition de 1673, citée par plusieurs bibliographes, notamment par Beauchamps, dans ses *Recherches sur les théâtres de France,* n'existe pas. C'est seulement en 1676 que la veuve de Molière fit un traité avec Thomas Corneille pour cette imitation en vers, destinée à remplacer sur la scène la pièce originale en prose, qu'on n'avait pas reprise depuis les premières représentations. La comédie en vers fut donc représentée, le 12 février 1677, au théâtre de la rue Guénégaud, telle que Thomas Corneille l'avait arrangée, en adoucissant beaucoup de passages dans le rôle de Don Juan et en ajoutant quelques scènes de femmes au IIIe et au IVe acte, scènes dont l'idée appartenait peut-être à Molière.

La pièce versifiée par Th. Corneille continua d'être représentée, au profit de la veuve de Molière, mais elle fut souvent réimprimée au profit de l'arrangeur, qui la considéra dès lors comme son œuvre propre et la fit entrer dans son Théâtre.

Dans plusieurs éditions de cette pièce, Molière n'est pas même nommé comme auteur de la comédie en prose : *le Festin de pierre,* comédie, par Th. Corneille (*Paris, Compagnie des Libraires,* 1768, in-8).

518. L'Amour médecin, comédie en trois actes de Molière, mise en vers par Henri Fleurimon. *Paris, imprim. Juteau,* 1856, in-18 de 36 pp.

519. Le Médecin malgré lui, comédie de Molière, en trois actes, mise en vers par Joseph Racine. *Paris, Dumineray,* 1854, in-18 de 80 pp.

520. La Princesse d'Élide, toute en vers, telle qu'on la joue à présent sur le théâtre de Paris.

Imprimée pour la première fois dans l'édition des *Œuvres de Molière* (Amsterdam, Wetstein, 1725), à la fin du tome IV. On lit dans l'Avertissement de cette édition : « On sait que la *Princesse d'Élide* n'étoit versifiée qu'à demi, lorsque le Roi en demanda la représentation... Une autre personne fit, après la mort de Molière, ce qu'il avoit négligé, et, malgré la différence qui se trouve entre la versification de l'un et celle de l'autre, on n'a pas laissé, dans la suite, de représenter toujours cette comédie toute en vers. Elle n'a jusqu'à présent été vue qu'en manuscrit, et même peu de gens l'avoient, parce que les troupes qui la possédoient n'en communiquoient que difficilement des copies. »

Il est probable, malgré la déclaration contraire de l'éditeur de 1725, que cette imitation en vers ne se représentait qu'en province et à l'étranger. Cependant *la Princesse d'Élide*, « mise en vers », fut représentée à la Comédie-française, le 27 décembre 1756.

« Nous trouvons une mention de cette pièce, dans le *Mercure de France*, de janvier 1757, page 203, dans le *Dictionnaire des Théâtres*, de Léris, et dans l'*Histoire du Théâtre françois*, de Mouhy. Ce dernier ajoute : « Un anonyme ayant osé corriger Molière, on en fut indigné, et personne ne se trouva à la seconde représentation. » Ni l'un ni l'autre de ces historiens ne semblent avoir eu connaissance du semblable changement qu'on avait fait subir à cette pièce, vers 1725. N'y a-t-il pas lieu de penser que la représentation du 27 décembre 1756 n'était qu'une reprise de la pièce arrangée? » (*Note de M. Taschereau.*)

Il existe une autre imitation, en vers, de la *Princesse d'Élide*, dans le *Recueil de pièces dramatiques anciennes et modernes* (Bouillon, impr. de la Société typographique, 1785, in-8).

521. LA PRINCESSE D'ÉLIDE, comédie-ballet de Molière, arrangée en 3 actes et continuée en vers (par Pieyre). *Orléans, chez Jacob aîné, imprimeur de la préfecture*, in-8 de 76 pp.

La pièce est précédée d'un dialogue entre l'*auteur* et *Madame de G.* (Genlis). L'auteur y rend compte de sa conversation avec cette dame, qui lui avait conseillé, un jour, de mettre en vers la comédie de Molière. Cette pièce fait aussi partie du *Théâtre d'Alexandre Pieyre*.

522. L'AVARE, comédie de Molière, en cinq actes, mise en vers, avec des changements, par Mailhol. *Bouillon, de l'imprim. de la Société typographique*, 1775, in-8 de 140 pp., fig. sur le titre, dessinée et gravée par Bertin.

Cette comédie en vers fut représentée, pour la première fois, le 24 août 1813, sur le Théâtre de l'Impératrice (*Odéon*).

523. L'AVARE, comédie en cinq actes et en prose de Molière, mise en vers blancs par le comte de Saint-Leu (Louis Bonaparte).

Imprimé dans le tome Ier de son *Essai sur la Versification française* (Rome, Jos. Salviucci, 1825, 2 vol. in-8).

524. L'AVARE, comédie en cinq actes, de J.-B. Poquelin de Molière, mise en vers, par Antoine Rastoul. *Avignon, Rastoul*, 1836, in-8 de 148 pp.

525. L'Avare, comédie en cinq actes de Molière, mise en vers, par Benjamin Esnault, membre de la Société royale d'Arras. *Paris, au Comptoir des imprimeurs unis,* 1845, in-8 de 140 pp.

526. Scènes de l'Avare de Molière, mises en vers, par F. Deschamps.

<small>Voy. ces 4 scènes du 1er acte, dans le *Précis analytique des travaux de l'Académie royale de Rouen* (1844, in-8, pp. 199 à 209).</small>

527. L'Avare, comédie de Molière en cinq actes, mise en vers par A. Malouin, administrateur de l'hôpital général du Mans. *Le Mans, Deserre,* 1859, in-8 de 142 pp.

528. L'Avare, comédie en cinq actes, en vers, de Molière (*sic*), imitée par Christian Ostrowski.

<small>Cette imitation en vers est précédée d'une notice sur Molière, signée Hippolyte Lucas, dans le Théâtre complet de Christian Ostrowski (*Paris, Firmin Didot,* 1862, in-12, tome II, pp. 239-371). — Réimprimé, avec quelques corrections, dans le Magasin théâtral (*Paris, Barbré,* 1874, gr. in-8 de 32 pp., à 2 col.).</small>

529. L'Avare, de Molière, mis en vers, par Courtin.

<small>Cette imitation en vers se trouve dans les *Mémoires de la Société d'agriculture, de sciences et d'arts de Douai,* 2e série, tome X, 1867-69, pp. 252 à 344. Nous ne pensons pas qu'il en existe des exemplaires tirés à part, quoique la comédie soit précédée de cette mention : « Au profit des Petites Sœurs des pauvres. »</small>

530. George Dandin, comédie de Molière, mise en vers, par de Corneille, 1671, in-12.

<small>Nous copions ce titre singulier, dans le Catalogue des livres de la bibliothèque de feu M. Boullanger, avocat au Parlement, conseiller du Roy, expéditionnaire de la cour de Rome et ancien avocat au Conseil, etc. (*Paris, J. Barois,* 1741, in-12, page 202). Il n'a jamais été question, dans l'histoire littéraire ni dans la bibliographie, de cette comédie, *mise en vers, par de Corneille,* et nous sommes porté à croire que le rédacteur du Catalogue aura confondu *Georges Dandin,* avec le *Don Juan,* quoique l'imitation en vers de cette dernière pièce, par Thomas Corneille, ne paraisse pas avoir été imprimée avant 1683. (*Voy.* le no 517 ci-dessus.)</small>

531. Georges Dandin, comédie en trois actes, de Molière, mise en vers par G.-L.-B. Esnault, ancien capitaine des mineurs. *Arras, imprim. Tierny,* 1853, in-8 de 88 pp.

XIV

COMÉDIES DE MOLIÈRE

TRANSFORMÉES EN OPÉRAS, EN BALLETS, EN VAUDEVILLES.

532. MONSIEUR DE POURCEAUGNAC, opéra-bouffon en trois actes, d'après Molière, paroles ajustées sur la musique de Rossini, Weber, etc., par Castil-Blaze. *Paris, Castil-Blaze (imprim. Coniam)*, 1826, in-8 de 60 pp.

Représenté sur le théâtre de l'Odéon, le 24 février 1827.

533. MONSIEUR DE POURCEAUGNAC, opéra-bouffon-comique en deux actes, à grand spectacle, avec des intermèdes de Lulli, arrangé d'après la pièce de Molière, par MM. Corally et *** (Jouslin), représenté sur le théâtre de la Porte-Saint-Martin, le 28 janvier 1826. *Paris, Barba,* 1826, in-8 de 20 pp.

534. DON JUAN, ou le Festin de Pierre, opéra en quatre actes, d'après Molière et le drame allemand, paroles ajustées sur la musique de Mozart, par Castil-Blaze. *Paris, Vente,* 1821, in-8 de 72 pp.

Castil-Blaze avait d'abord arrangé en deux actes la pièce allemande sur laquelle Mozart fit sa musique : Don Juan, opéra bouffe en deux actes, musique de W. A. Mozart. *Paris, Lange Lévy,* 1838, in-8 de 95 pp.

535. LE MÉDECIN MALGRÉ LUI, comédie en trois actes de Molière, mise en musique par Gounod. *Paris, Michel Lévy,* 1858, in-18 de 49 pp.

Représenté, pour la première fois, au Théâtre-Lyrique, le 15 janvier 1858.

536. LE MISANTHROPE, en opéra-comique, comédie en vers, en un acte, par Charles Maurice, représentée

sur le théâtre Favart, par les acteurs de l'Odéon, le 27 août 1818. *Paris, Martinet,* 1818, in-8 de 40 pp.

537. AMPHITRYON, opéra en vers, en trois actes, arrangé par Sedaine, musique de Grétry. *Paris, Ballard,* 1786, in-8.

Représenté à la cour, le 15 mars 1786.

538. AMPHITRION, opéra en trois actes (en vers libres, paroles de Sedaine, mus. de Grétry). Représenté devant Leurs Majestés, à Versailles, le 15 mars 1786, et à Paris, sur le théâtre de l'Académie royale de musique, le 15 juillet 1788. *Paris, P. Delormel,* 1788, in-4 de VI et 69 pp.

539. AMPHITRYON, ballet héroï-comique en trois actes et en vers, par Venard de la Jonchère.

Imprimé dans le tome I, pp. 179 à 228, du *Théâtre Lyrique de M. de la J....* (Paris, Barbou, 1772, in-8).

540. LE SICILIEN, ou l'Amour peintre, comédie en un acte, mêlée d'ariettes (paroles arrangées par Levasseur, musique de d'Auvergne), représentée devant Leurs Majestés à Versailles, le 10 mars 1780. *Paris, de l'imprim. de Ballard,* 1780, in-8 de IV ff. prélim. et 44 pp.

541. LE SICILIEN, ou l'Amour peintre, ballet-pantomime en un acte, par Anatole Petit, pensionnaire du roi, représenté sur le théâtre de l'Académie royale de musique, le 11 juin 1827. *Paris, Barba,* 1827, in-8 de 16 pp.

542. LA PRINCESSE D'ÉLIDE, ballet héroïque (en trois actes et un prologue, le tout en vers libres), paroles de l'abbé Pellegrin, musique de Villeneuve, représenté, le mardi 20 juillet 1728, sur le théâtre de l'Académie royale de musique. *Paris, Ballard,* 1728, in-4.

Beauchamps, dans ses *Recherches sur les Théâtres en France*, attribue ce ballet-héroïque à Roy. Son erreur vient de ce que Roy avait fait aussi une *Princesse d'Élide*, opéra en trois actes, avec un prologue, qui ne fut pas représenté, mais imprimé (*Paris, Ballard*, 1706, in-4).

XV

PIÈCES DE THÉATRE IMITÉES DE MOLIÈRE

OU INSPIRÉES PAR SES OUVRAGES,

OU FAITES POUR LES ACCOMPAGNER.

543. L'Amant indiscret, ou le Maistre estourdy, comédie, par le sieur Quinault. *Paris, Toussainct Quinet,* 1656, in-12.

Cette comédie a beaucoup d'analogie avec celle de *l'Étourdi*, que Molière avait fait représenter à Lyon, en 1653 ; lorsque cette dernière fut représentée, à Paris, sur le théâtre du Petit-Bourbon, le 3 décembre 1658, Quinault fit reprendre sa pièce par les troupes de province, et alors on la réimprima, à Rouen, pour Guill. de Luyne, libraire de Paris, 1664, pet. in-12.

Cette comédie, en 5 actes et en vers, est dédiée à M. le duc de la Valette. On prétend qu'elle avait été représentée, en 1654, sur le théâtre de l'hôtel de Bourgogne ; elle serait donc postérieure à *l'Étourdi* de Molière, qui fut joué, en 1653, à Lyon. Il est assez difficile de savoir comment Quinault aurait pu imiter la pièce de Molière, qui ne fut imprimée qu'en 1663. L'avait-il vue représenter ? Lui avait-on communiqué un manuscrit de théâtre ? N'a-t-il fait que s'inspirer de la comédie italienne de Nicolo Barbieri, dit Beltrame ?

544. Le Pédagogue amoureux, comédie, par Chevalier, comédien de la troupe de Mademoiselle. *Paris, Pierre Baudoyn le fils,* 1665, in-12 de 3 ff. et 82 pp.

Cette comédie, en cinq actes et en vers, dédiée à Mademoiselle, est une imitation du *Docteur amoureux*, cette farce que Molière jouait avec tant de succès et qu'il se refusa toujours à laisser imprimer.

545. Le Médecin volant, comédie-burlesque, en un acte et en vers, par Boursault. *Lyon, Charles Mathevet,* 1666, pet. in-12.

Molière jouait, avec un succès prodigieux, à Paris comme en province, la farce du *Médecin volant*, qu'il ne fit jamais imprimer. Edme Boursault voulut sans doute s'approprier une part de ce succès, en composant aussi un *Médecin volant*, qui pût faire concurrence à celui de Molière et qui fut joué au théâtre de l'hôtel de Bourgogne, après avoir été joué dans les provinces. Ce fut peut-être là l'origine de la brouille des deux auteurs comiques.

546. Les Amours d'Alcippe et de Céphise, comédie, en un acte et en vers, par François Donneau. *Paris*, 1661, in-12.

> Première édition de *la Cocue imaginaire*, représentée sur le théâtre de l'hôtel de Bourgogne, à la fin de 1660. La seconde édition est intitulée : *La Cocue imaginaire*, comédie (Paris, Jean Ribou, 1662, in-12 de 6 ff. et 35 pages). Réimprimé, par les Elzeviers ou plutôt par Wolfgang, à Amsterdam, *suivant la copie imprimée à Paris*, 1666, pet. in-12 de 5 ff. et 26 pages.

547. Bernabo, opéra-bouffe en un un acte, d'après (le *Sganarelle* de) Molière, paroles ajustées sur la musique de Cimarosa, Paësiello, Guglielmi, Salieri, Farnelli, Grétry, etc., par Castil-Blaze. *Paris, chez l'Auteur*, 1856, in-8 de 13 pp.

548. La Nouvelle École des Femmes, comédie en trois actes et en prose, mêlée d'ariettes, par Moissy, musique de Philidor. *Paris, Ve Duchesne*, 1770, in-8 de 80 pp.

> Réimprimé : *Paris, Ruault*, 1778, in-8 de 40 pp.

549. Le Festin de pierre, ou l'Athée foudroyé, tragi-comédie, par J.-B. P. de Molière (c'est-à-dire par Dorimond). *Suiv. la copie imprimée à Paris* (Amsterdam, Elzevier, à la Sphère), 1674, in-12 de 84 pp.

> Réimprimé, et toujours avec le nom de Molière, par Daniel Elzevier, en 1679, et par Henri Wetstein, en 1683.
> Les éditeurs de Hollande étaient-ils de bonne foi, en confondant la tragi-comédie de Dorimond avec la comédie de Molière, après la mort de celui-ci, qui n'avait pas voulu publier la sienne, peut-être parce qu'il refusait de subir les mutilations de la censure? On avait donc, pour donner le change au public, supprimé le nom de Dorimond sur le titre de sa pièce imprimée à Paris (*Paris, J.-B. Loyson*, 1665, in-12), ainsi que son épître dédicatoire au duc de Roquelaure, de manière que ce *Festin de pierre* pût passer, en Hollande, sur le compte de l'auteur du *Misanthrope*. Il faut remarquer aussi que le privilège du roi pour l'impression de la tragi-comédie du comédien Dorimond manque dans les éditions hollandaises.
> Cette pièce avait été d'abord représentée à Lyon, en 1658, avant d'être jouée à Paris, en 1661, sur le théâtre de Mademoiselle. Voici

le titre de la première édition, qui est bien antérieure au *Don Juan* de Molière : *le Festin de pierre,* ou le Fils criminel, trag.-comédie (5 a., vers), dédiée à Monseigneur le duc de Roquelaure, par Dorimon (*sic*), comédien de Mademoiselle (*Lyon, Antoine Offray,* 1659, pet. in-12 de 3 ff. et 108 pp.).

550. LE FESTIN DE PIERRE, ou le Fils criminel, tragi-comédie (cinq actes, en vers), traduite de l'italien en françois, par le sieur de Villiers. *Paris, Jean Ribou,* 1665, in-12.

Le privilége est du 12 avril 1661. L'éditeur des Œuvres de Molière, édition in-4 de 1734, a fait une étrange confusion, en supposant que cette comédie avait été écrite en prose par Molière lui-même, et que Villiers l'avait mise en vers. La pièce de Villiers est la seconde qui ait été appropriée à la scène française, où le sujet du *Festin de pierre* avait été déjà traité par Dorimond : elle fut représentée, en 1659, sur le théâtre de l'hôtel de Bourgogne, et son succès eut un tel éclat, que les autres théâtres voulurent avoir chacun leur *Festin de pierre,* ce qui décida Molière à composer son *Don Juan.* La première édition de la tragi-comédie du sieur de Villiers fut imprimée par les Elzeviers, *Amsterdam,* 1660, pet. in-12 de 4 ff. et 74 pp. Elle est précédée d'une *Épître à monsieur de Corneille à ses heures perdues.* Il y a une édition de *Paris, Charles de Sercy,* 1660, in-12.

551. LE NOUVEAU FESTIN DE PIERRE, ou l'Athée foudroyé, tragi-comédie (cinq actes, en vers), du sieur Rosimond, comédien du Roy. *Paris, François Clouzier,* 1670, in-12 de 5 ff et 93 pp.

Le privilége est du 6 février 1670 ; l'achevé d'imprimer, du 15 avril suivant. La pièce est précédée d'une Dédicace à Monsieur ..... et d'un Avis au lecteur. Elle avait été représentée, en 1669, sur le théâtre du Marais.

552. DON JUAN, drame fantastique, en un acte, en prose, par Éliacim Jourdain, auteur de la Comédie normande. *Paris, Ledoyen,* 1857, in-12 de 66 pp.

553. LE CONVIVE DE PIERRE, scènes, par Pouchkine.

Ces scènes se trouvent dans les *Œuvres dramatiques de Pouchkine,* traduites par Michel N.... (*Paris, Dentu,* 1858, in-12, pp. 177-239).

554. DON JUAN CONVERTI, drame en sept actes, par Désiré Laverdant. *Paris, J. Hetzel,* sans date (1864), in-12 de 288 pp.

555. Le Tartufe-roi, ou le Type de la politique russe, satire dramatique, avec chants aux Héros de Crimée, par Besse Deslarzes. *Paris, Edwin Tross (impr. de Vingtrinier, à Lyon)*, 1855, gr. in-16 de 116 pp.

<small>Cette pièce a été réimprimée en partie sous le titre de *Nabuchodonosor*, en 4 actes.</small>

556. L'Orgon de Tartuffe, comédie en trois actes et en vers, par Aug. Jouhaud. *Paris, Tresse*, 1873, in-12 de 84 pp.

557. L'Amour peintre, comédie en un acte et en prose. *Cassel, Griesbach*, 1794, gr. in-8.

558. Nouveau Prologue et Nouveaux Divertissemens pour la comédie des *Amants magnifiques*, par M. Dancourt. *Paris, Ribou*, 1704, in-12.

<small>Représentés, pour la première fois, à la reprise des *Amants magnifiques*, en 1704.</small>

559. Arlequin misanthrope, comédie (par Brugière de Barante). *Paris, Le Clerc*, 1697, in-12.

<small>Cette comédie, composée d'un prologue et de trois actes en prose, avec musique et danse, fut jouée sur l'ancien Théâtre-Italien, le 22 décembre 1696, et n'eut pas de succès. Elle est imprimée dans le *Théâtre italien* de Gherardi (*Amsterdam, Braakman*, 1698, 3 vol. in-12).</small>

560. Le Misanthrope travesti, comédie en cinq actes et en vers patois, par le citoyen Daubian, homme de loi. *Castres, Rodière*, 1797, in-8 de 88 pp.

561. Alceste a la campagne, ou le Misantrope corrigé, comédie en vers, en trois actes, par Demoustier, représentée sur le théâtre de Monsieur, le 5 décembre 1780, et remise au théâtre en 1793. *Paris, Barba*, 1798, in-8 de 62 pp.

<small>Réimprimé dans le Théâtre de Ch.-A. Demoustier (*Paris, A.-Aug. Renouard*, an XII-1804, in-8).</small>

562. La Cour de Célimène, opéra-comique en 2 actes, par Rosier, musique d'Ambroise Thomas, représenté sur le

théâtre de l'Opéra-Comique, le 11 avril 1855. *Paris, Michel Lévy*, 1855, in-12 de 53 pp.

563. LE PHILINTE DE MOLIÈRE, ou la Suite du Misanthrope, comédie en vers, en cinq actes, par P.-F.-N. Fabre d'Églantine, représentée sur le Théâtre-Français le 22 février 1790. *Paris, Prault*, 1791, in-8.

> Réimprimé dans la *Bibliothèque dramatique*, avec des notes et notices, par Lepeintre et Ch. Nodier, 3º série, tome XXXIII, pp. 33 à 74.
> *Voy.*, dans *le Monde dramatique*, un curieux article, par Louis Lurine, sur les emprunts que Fabre d'Eglantine a pu faire à Molière, Il existe un tirage à part de cet article, gr. in-8 de 9 pages.
> Les ennemis et les envieux de l'auteur prétendirent qu'il avait trouvé, dans les Archives de la Comédie-française, un canevas et des notes de Molière, et qu'il s'en était emparé pour faire le *Philinte de Molière ;* mais les historiens de Molière ne disent pas que l'auteur du *Misanthrope* ait jamais eu l'idée de donner une suite à son chef-d'œuvre, en développant le caractère de Philinte.

564. LE TARTUFFE RÉVOLUTIONNAIRE, OU LE TERRORISTE, comédie en prose en trois actes, par Balardelle, juge au tribunal de Bruxelles. *Dunkerque, Drouillard*, an IV, in-8.

> Cette comédie n'a pas été représentée. Elle n'aurait, suivant M. Jules Taschereau, aucun rapport avec le *Tartuffe* de Molière.

565. LE TARTUFFE FEMELLE, ou Un auxiliaire des Jésuites, épisode du temps des Missions de France, comédie en 5 actes, en vers, par A. Vigneau. *Paris et Marseille*, 1845, in-8.

566. LADY TARTUFE, comédie en 5 actes et en prose, par Mme de Girardin. *Paris, Michel Lévy frères*, 1853, in-12 de 124 pp.

> Cette comédie, représentée, avec succès, au Théâtre-Français, a été réimprimée trois ou quatre fois la même année, et depuis, dans les Œuvres de l'auteur.

567. Scène du BOURGEOIS GENTILHOMME, arrangée par Boufflers, pour une représentation donnée au prince Henri de Prusse et à la princesse son épouse, février 1789.

> Cette scène, imprimée d'abord dans la *Correspondance* de Grimm,

a été depuis ajoutée aux *Œuvres posthumes du chevalier de Bouf-flers* (Paris, Louis, 1816, in-18).

568. LA RACE DE MONSIEUR JOURDAIN, ou un Ridicule à la mode, comédie en 3 actes et en prose, par Ch. Liadières.

<small>Cette comédie, non représentée, est imprimée dans les *Œuvres dramatiques et Légendes* de l'auteur. *Paris, Michel Lévy,* 1856, in-18 (pp. 219-304).</small>

569. LES BOURGEOIS GENTILSHOMMES, comédie en trois actes et en prose, par Dumanoir et Théodore Barrière, représentée sur le théâtre du Gymnase dramatique, le 13 juin 1857. *Paris, Michel Lévy,* 1857, in-18 de 72 pp.

570. PROLOGUE ET INTERMÈDES en musique, ornez d'entrées de balet pour la représentation de l'Amphitryon (de Molière). *Paris, Ballard,* 1681, in-4 de 26 pp.

<small>On ignore l'auteur de ces intermèdes, composés pour une représentation de l'*Amphitryon,* qui eut lieu sans doute à la cour.</small>

571. LA PARODIE D'AMPHITRYON, pièce en musique, en vaudeville, en trois actes, avec prologue, par Raguenet, représentée pour la première fois sur le théâtre de Lille, le 11 janvier 1713. *Sans nom de lieu ni d'imprimeur* (*Lille*), in-12 de 23 pp.

572. LE NOUVEAU POURCEAUGNAC, ou l'Amant ridicule, comédie, en prose, en cinq actes, par le baron de Cholet, marquis de Dangeau. *Marseille, Achard,* 1815, in-8 de 44 pp.

<small>Cette comédie ne paraît pas avoir été représentée. L'auteur a reproduit plusieurs des situations du *Pourceaugnac* de Molière.</small>

573. ENCORE UN POURCEAUGNAC, folie-vaudeville en un acte, de MM. Eugène Scribe et Delestre-Poirson, représentée pour la première fois sur le théâtre du Vaudeville, le 18 février 1817. *Paris, madame Ladvocat,* 1817, in-8 de 39 pp.

<small>La troisième édition, qui est de la même année, porte pour titre : *Le Nouveau Pourceaugnac,* titre sous lequel cette jolie pièce a été depuis réimprimée.</small>

574. SCAPIN TOUT SEUL, comédie-vaudeville en un acte, par J.-A. Gardy. *Paris, Fages,* an VII (1799), in-8 de 16 pp.

575. SCAPIN, OU L'ÉCOLE DES PÈRES, comédie en cinq actes et en vers, par Aug. L. (Lambert) de B***. *Chartres, Nourry-Cocquard,* 1862, in-12 de XII et 136 pp.

576. LA DERNIÈRE FOURBERIE DE SCAPIN, ou la Comédie des Ombres, à-propos sur Molière, par Edmond Roches.

Cette pièce en vers est imprimée dans les *Poésies posthumes* de l'auteur (*Paris, Michel Lévy,* 1863, in-18, pp. 172 à 230).

577. RECEPTIO PUBLICA UNIUS JUVENIS MEDICI IN ACADEMIA BURLESCA JOH. BAP. MOLIERE, DOCTORIS COMICI. Editio deuxième, revisa et de beaucoup augmentata super manuscriptos trovatos post mortem suam. *Rouen, chez Henri-François Viret,* 1673, in-12.

M. Ch. Magnin a trouvé, dans ce volume, 150 vers de plus qu'il n'y en a dans la scène de la réception du *Malade imaginaire*. L'édition d'Amsterdam contient aussi ces vers, qui manquent dans les éditions des Œuvres de Molière.

Maupoint, dans sa *Bibliothèque des Théâtres,* rapporte que la cérémonie du *Malade imaginaire* a été composée en latin macaronique, par un médecin, ami de Molière, nommé Mauvillain. On s'explique donc comment Molière n'a fait qu'un choix dans le texte qui lui avait été fourni, et que l'auteur a pu faire imprimer *in extenso,* pour son propre compte. — La même *Receptio*. Editio troisième revisa... *Amsterdam, chez Jean-Maximilien Lucas,* marchand libraire tenant son magasin sur le Dam, 1673, in-12.

Réimprimé textuellement dans les *Macaronea* (Paris, impr. de Crapelet, 1852, in-8), de M. O. Delepierre, pp. 271 à 283.

578. TEXTE ORIGINAL DE LA CÉRÉMONIE DU MALADE IMAGINAIRE, de Molière. *Toulouse, Jongla,* 1852, in-8 de 16 pp.

L'éditeur a emprunté ce texte au *Macaronea,* d'O. Delepierre.
Réimprimé sous le titre suivant par les soins de M. Hillemacher :
Receptio publica unius juvenis, etc. Editio troisiesma Fred. Hillemacher editionavit et bonhommavit. *Lugduni, ex. offic. Lud. Perrin et Martinet* (Paris, Rouquette), 1870, in-8 de 23 pp., avec portr. gravé à l'eau forte.
Tiré à 300 exemplaires sur différents papiers.

579. ÉCOLE DE LA POLITIQUE, ou Pantalon reçu ministre, par de la Barre de Beaumarchais.

Voy. cette parodie de la Cérémonie de la réception du *Malade imaginaire,* dans les *Annales littéraires ou Correspondance politique* (La Haye, Van Duren, 1741, tom. III, page 117).

580. Avant et pendant, comédies politiques en vers et imitées de Molière, par J. Cenac-Moncaut. *Paris, Camon,* 1850, in-12 de 253 pp.

Ces deux comédies sont intitulées : *l'École des Représentants,* 2 actes en vers; *le Commissaire malgré lui,* 2 actes en vers.

XVI

COMÉDIES DE MOLIÈRE

EXPURGÉES POUR LA JEUNESSE

ET DESTINÉES A DES REPRÉSENTATIONS DE COLLÉGE.

581. Harpagon, comédie en trois actes, d'après Molière, arrangée pour un divertissement, et adaptée au théâtre du Collége de Cambrai, par Alteyrac. *Cambrai, Hurez,* 1806, in-12.

L'arrangeur de l'*Avare* a supprimé tous les rôles de femmes.

582. L'Avare, comédie de Molière, arrangée pour être jouée par des jeunes gens. *Avignon, Chaillot,* 1866, in-32 de 92 pp.

583. Les Ruses, comédie en trois actes, d'après Molière, arrangée pour un divertissement de jeunes gens, et adaptée au théâtre du Collége de Cambrai, par Alteyrac, professeur de ce Collége. *Cambrai, Hurez,* 1806, in-12.

. Ce sont *les Fourberies de Scapin,* sans rôles de femmes.

584. Le Bourgeois gentilhomme, comédie en trois actes, d'après Molière, arrangée pour un divertissement de jeunes gens, et adaptée au théâtre du Collége de Cambrai. *Cambrai, Hurez,* 1806, in-12.

Cette pièce est arrangée aussi par Alteyrac qui en a supprimé tous les rôles de femmes.

585. LYCIDAS, ou la Feinte maladie, comédie en trois actes, d'après Molière, arrangée pour un divertissement de jeunes gens et adaptée au théâtre du Collége de Cambrai, par Alteyrac, professeur de ce Collége. *Cambrai, Hurez, 1806, in-12.*

<small>C'est le *Malade imaginaire,* sans rôles de femmes.</small>

586. LE MOLIÈRE DE LA JEUNESSE, ou Comédies de Molière rendues propres à être représentées dans les pensionnats et les familles, par Jauffret. *Paris, veuve Nyon, 1807, in-18.*

<small>Ce volume contient: *le Misanthrope,* arrangé en un acte; *le Bourgeois gentilhomme,* en un acte; *les Femmes savantes,* en deux actes; *l'Avare,* en deux actes; *le Médecin malgré lui,* en deux actes; *le Malade imaginaire,* en un acte; *M. de Pourceaugnac,* en un acte; *les Précieuses ridicules,* en un acte.</small>

<small>Réimprimé plusieurs fois. Nous ne citerons qu'une des dernières éditions, où l'on a fait encore des coupures : *Paris, Pierre Maumus,* 1830, 2 vol. in-18, avec portr. et fig.</small>

587. LE MOLIÈRE DE LA JEUNESSE, ou Recueil de pièces propres à être représentées aux distributions de prix par les élèves de maisons d'éducation; par Al.-P.-M. (l'abbé Aloys Perrault-Maynand). *Lyon, Pélagaud, Lesne et Crozet,* 2 vol. in-18.

<small>Contient six pièces de Molière arrangées ou plutôt dérangées : *les Fourberies de Scapin, l'Avare, le Bourgeois gentilhomme, le Malade imaginaire, le Médecin malgré lui,* et *M. de Pourceaugnac.* Toutes ces pièces ont été indignement mutilées et travesties. On a mêlé aux comédies de Molière : *Fanfan et Colas,* par de Beaunoir, et *les Deux petits Savoyards,* par Marsollier.</small>

588. OEUVRES CHOISIES DE MOLIÈRE, édition pour la Jeunesse, corrigée par l'abbé Béliers, directeur de la *Bibliographie catholique. Paris, Ducrocq,* 1868, in-8.

589. OEUVRES CHOISIES DE MOLIÈRE (avec une Notice biographique). Édition épurée pour la Jeunesse (par l'abbé Lejeune), et illustrée de 20 dessins de Célestin Nanteuil. *Paris, Ducrocq (imprim. Moulin, à Saint-Denis),* 1869, in-8 de 499 pp.

<small>Bibliothèque illustrée des familles.</small>

Cet ouvrage a été réimprimé plusieurs fois, sans date.

Dans ce recueil, où l'épurateur n'hésite pas à substituer souvent sa prose et ses vers à ceux de Molière, on trouve les pièces suivantes : *les Précieuses, les Fâcheux, l'Impromptu de Versailles, le Mariage forcé, le Misanthrope, le Médecin malgré lui, le Tartuffe, l'Avare, M. de Pourceaugnac, le Bourgeois gentilhomme, les Fourberies de Scapin, la Comtesse d'Escarbagnas, les Femmes savantes,* et *le Malade imaginaire.* Toutes ces pièces sont châtrées et réduites. Il y a une imitation de *l'Amour médecin,* sous le titre du *Faux médecin.*

590. COMÉDIES DE MOLIÈRE, arrangées pour être jouées par des jeunes gens. *Avignon, Chaillot,* 1874, 3 vol. in-32.

Ces trois volumes contiennent : *le Médecin malgré lui, le Misanthrope, l'Impromptu de Versailles, Don Juan ou le Festin de pierre, Monsieur de Pourceaugnac, les Fourberies de Scapin, les Fâcheux, l'Avare, le Bourgeois gentilhomme,* et *le Malade imaginaire.* L'arrangeur s'est permis de faire de nombreuses mutilations dans le texte de Molière, ridiculement travesti.

XVII

TRADUCTIONS DES COMÉDIES DE MOLIÈRE

EN LANGUES ÉTRANGÈRES.

I. Traduction en latin.

591. PSEUDOLI FALLACIÆ, Molieri comœdia, *Fourberies de Scapin,* gallicè dicta, quam a quibusdam ludi litterarii alumnis publicè agendam latinè vertit J.-D.-A. Münster, Scholæ Cellensis Conrector. *Cellis, typis Schulzianis,* 1778, in-8 de 66 pp.

Cette traduction-imitation ne reproduit qu'en partie le texte de la pièce originale.

II. Traduction en languedocien.

592. LE MISANTHROPE TRAVESTI, comédie en cinq actes et en vers patois. Par le citoyen Daubian, Homme de Loi, de Castres. *De l'Imprimerie du citoyen Rodieri,* 1797, in-8 de 88 pp.

Cette traduction-imitation est déjà mentionnée, sous le n° 559, au chapitre XV : PIÈCES DE THÉATRE IMITÉES DE MOLIÈRE.

« D'après le travestissement ainsi donné à cette pièce en ce nouvel état, elle est devenue, dit le traducteur, une comédie véritablement populaire, dont la représentation pourrait être donnée, avec autant de facilité que de succès, dans les villes où l'on parle habituellement patois. »

III. Traductions en italien.

593. LE OPERE DI MOLIERE, divise in quattro volumi ed arrichite di bellissime figure; tradotte da Nic. di Castelli. *Lipsia, a spese dell' autore, e appresso G. Lod. Gleditsch*, 1696-98, 4 vol. in-12, fig. gravées par Daucher. — Nouv. édit., *Lipsia, Maur. Georg. Weidmann*, 1740, 4 vol. pet. in-12, fig.

Cette traduction ayant été faite d'après le texte d'une édition de Hollande, la scène du Pauvre du *Festin de pierre* s'y trouve en entier.

594. OPERE DEL MOLIERE, ora nuovamente tradotte nell' italiana favella (da Gaspare Gozzi). *Venezia, Giambattista Novelli*, 1756-57, 4 vol. in-8, portr.

La traduction est dédiée à Charles-Eugène duc de Wurtemberg. On trouve en tête la *Vie de Molière*, mais le traducteur a omis les pièces suivantes : *les Plaisirs de l'Ile enchantée, Psyché, Don Garcie de Navarre, Melicerte*, et *les Amants magnifiques*.

595. COMMEDIE SCELTE DI MOLIERE, tradotte da Virginio Sonsini, con note critiche del professore Gaetano Barbieri. *Milano, tipogr. del Commercio*, 1823, 2 vol. in-18.

Les pièces traduites sont : *le Misanthrope, l'Avare, les Précieuses ridicules, les Femmes savantes (le Dottoresse), l'École des femmes*, et *les Fâcheux (i Seccatori)*.

596. TRUFALDINO MEDICO VOLANTE, commedia novella ridicolosa (di Francesco Leoni). *Bologna, Longhi*, 1668, in-12.

Réimpr. à Venise, sans date, sous le titre de *Truffaldino medico alla moda, ovvero Medico volante*. C'est sans doute une imitation plutôt qu'une traduction de la farce de Molière.

597. LO STORDITO, OVVERO IL CONTRA-TEMPO, commedia tra-

dotta dal francese di mons. Moliere, da Nic. di Castelli. *Venezia, Domenico Lovisa,* 1728, in-12.

598. La Scuola de' Mariti, commedia di G. B. P. Moliere, tradotta da Nic. di Castelli. *Lipsia, Weidmann,* 1739, pet. in-12.

Une imitation de l'*École des maris,* sous le titre de : *il Conte d'Altemura,* avait été mise en musique, représentée *nel teatro della villa di Camigliano,* et imprimée du vivant de Molière : *In Lucca, per Dom. Ciuffetti,* 4 maggio 1792 (lisez 1672), in-12. L'erreur de date d'impression ne laisse aucun doute et se trouve d'ailleurs rectifiée par Alacci.

Il existe d'autres imitations de cette comédie, en italien, notamment un opéra bouffe : *Una in bene ed una in male,* mis en musique par Paer et représenté à Paris en 1809.

599. La Scuola de' Mariti, commedia del Molier, tradotta dal francese da Fed. Crominaolo. *Pavia, Magri,* 1721, in-8.

600. La Scuola delle mogli, commedia di G. B. P. Moliere, tradotta dal verso francese in prosa italiana, dal signor Napoleon della Luna. *Bologna, Giac. Monti,* 1680, in-12.

601. Il Convitato di pietra, commedia tradotta di Moliere. *Bologna,* s. d., in-12.

Il y a plusieurs comédies italiennes sous le même titre, mais elles sont imitées de la pièce espagnole, et non de celle de Molière.

Quant à la traduction de cette comédie, par Castelli, sous ce même titre : *Il Convitato di pietra,* elle a été imprimée séparément (*Lipsia, G. L. Gleditsch,* 1697, in-12 de 102 pp.).

La pièce qui fut représentée à Paris par la troupe italienne, du temps de Molière, avait été imprimée à Bologne, vers 1650 : *Il Convitato di pietra, opera reggia et esemplare* (di Cicognini).

602. Misantropo, commedia tratta di Molier, da Luisa Bergalli, Veneziana. *Venezia, Pasquali,* 1745, in-8.

603. Il Misantropo, commedia del sig. Moliere, tradotta in versi toscani, dall'abbate Enrico Girolami, Fiorentino. *Fiorenza, Giovanelli,* 1749 ou 1752, in-8.

Une autre traduction du *Misanthrope,* par l'abbé Placido Bordoni, est imprimée dans le tome XLIV du *Teatro applaudito* (Venezia, 1796-1801, in-8).

On a représenté à Rome, au théâtre Correa, le 9 juin 1874, une traduction nouvelle du *Misanthrope, in versi martelliani*, par Riccardo Castelvecchio, qui a fait des coupures dans l'original.

La même traduction se joue maintenant au théâtre Manzoni, à Milan. Voy. un feuilleton sur Molière, par M. Filippi, dans *la Perseveranza* du 8 oct. 1874.

604. Il Siciliano, ossia l'Amor pittore, farsa con balli e canti, di Moliere, tradotta dal signor Girolamo Zanetti.

Cette traduction est imprimée dans le tome XXIX du *Teatro applaudito* (Venezia, 1796-1801, in-8).

605. Il Don Pilone, ovvero il Bacchettone falso, commedia (di 3 atti, in prosa), tradotta nuovamente dal francese da Girolamo Gigli. *Lucca, Marescandoli*, 1711, in-8.

C'est une imitation plutôt qu'une traduction du *Tartuffe*. Voy. le Catal. Soleinne, tome IV, nos 4710 et 4711.

606. Il Tartufo, commedia di Moliere.

Cette traduction, dont l'auteur n'est pas nommé, se trouve dans la *Galleria teatrale* (Livorno, 1830, 12 vol. in-8).

607. Giorgio Dandin, commedia. *Trieste, Coen*, 1856, in-16 de 46 pp.

Cette édition fait partie du recueil intitulé : *Emporeo drammatico*.

608. Mr di Porsugnacco, intermezzi per musica, recitati nel Teatro di S. Samuele. *Venezia, Rosetti*, 1727, in-12.

609. Gl'Amanti magnifici, commedia di Moliere, tradotta da N. di Castelli. *Lipsia, Gleditsch*, 1696, in-12.

610. Il Villano nobile, commedia di Cesare Ventimonte. *Bologna, Gius. Longhi*, 1669, in-12.

611. Del Moliere redivivo, comparso su'l Teatro italiano, cioè le Nuove Furberie del servitore Scappino, [tradotte] da Mattia Cramero. *Norimberga, Gio. Giacomo Wolrab*, 1723, pet. in-8 de XVI ff. prélim. et 70 pp.

Ce n'est pas une traduction littérale des *Fourberies de Scapin*, mais une imitation à l'usage des Italiens. Nous ne savons pas si Mattia Cramero, professeur des langues occidentales et membre de l'Académie de Berlin, a soumis d'autres pièces de Molière à son étrange système de refonte italienne. Le titre détaillé de son singulier ouvrage, lequel occupe une pancarte repliée en trois, mérite d'être cité intégralement : « Del Moliere redivivo, comparso su'l Teatro italiano, cioè alcune generalmente allegre, sentenziose e specialmente piacevolissime *Commedie italiane,* quali da nessun' altra lingua non sono state tradotte ancora ; perchè tutte hanno per iscena le città principali d'Italia, sono in ogni parte uniformi ai buoni e cattivi costumi delle maniere del Paese com' anche alla purità di tutte le regole grammaticali e sintattiche dell' odierno stile Toscano-Romano. Che serve ai professori, precettori, agli amatori e studiosi d'uno di questi duoi linguaggi, parte per ricreazione, parte per ispecchio dell' umana rovina, falsità, etc., e de pochissime vere ed esatte virtù ; mà una parte prima è principalmente di perfetto esemplare (modello) per iscansarsi però facil-e-civilmente presso le cotidiane conversazioni ne' discorsi familiari, com' ancora per imparar a discerner le vere frasi d'entrambe le lingue, ed accostumarvisi a poco a poco, raccolte da Mattia Cramero, etc.

612. FURBERIE DI SCAPINO, commedia del sign. Girolamo Gigli. *Siena,* 1752, in-8. — Nouv. édit., *Bologna, Girolamo Corciolari,* 1753, in-8 de 48 pp.

613. LE FURBERIE DI SCAPINO, commedia di Moliere, ridotta per le scene italiane da Fil. Manzoni.

    Cette traduction est imprimée, en un volume in-16 de 48 pp., dans le recueil intitulé : *Emporeo drammatico* (Trieste, Coen, 1860).

614. L'AMMALATO IMAGINARIO, sotto la cura del dottor Purgon, commedia tratta da quelle di Monsù Moliero, da Cristoforo Roncio, librajo. *Verona, G. Berno,* 1700, in-8.

615. L'AMMALATO IMAGINARIO, sotto la cura del dottor Purgon, commedia di Moliere, tradotta da Buonvicin Gioanelli. *Venezia,* 1701, in-12.

IV. Traductions en dialecte gênois.

616. RE FURBARIE DE MONODDA, commedia in trei atti de Monsieur de Moliere, traduta in lingua Zeneize, da Micrilbo Termopilapide (Steva de' Franchi). — RE PREÇIOSE RIDICOLE... tradute in lingua Zeneize, dallo stesso. — L'AVARO, intermezo in doi atti..., traduto in lingua Zeneize,

dallo stesso. — RI FASTIDIOSI, commedia d'un atto, cavâ
da ro franceize dallo stesso. *S. l. n. d.,* in-8.

Traductions-imitations des *Fourberies de Scapin,* des *Précieuses
ridicules,* de *l'Avare* et des *Fâcheux,* de Molière.

V. Traductions en espagnol.

617. LA ESCUELA DE LOS MARIDOS, comedia escrita en francès por Juan Bautista Moliero, y traducida à nuestra lengua por Inarco Celenio (Leandro Fernández de Moratin). *Madrid,* 1812, in-8.

Réimprimé à Madrid, 1814, in-4.

618. EL CASADO DE POR FUERZA.

Cette pièce est insérée, sans nom d'auteur, dans le recueil intitulé : *Arcadia de entremeses, escritos por los ingenios mas clásicos de España,* 2ª *parte* (Madrid, Angel Pasqual Rubio, 1723, in-8). Nous croyons que c'est une imitation du *Mariage forcé,* de Molière.

619. EL MEDICO A PALOS, comedia por Inarco Celenio (Moratin), imitada de Moliere : *El Medico por fuerza. Madrid,* 1814, in-12. — Nouv. édit., *Bordeaux, Teycheney,* 1836, in-12.

Cette traduction et celle de *l'École des maris* sont réimprimées dans les Œuvres de Moratin (*Paris, Baudry,* 1838, gr. in-8).

620. EL AVARO, comedia en cinco actos por Moliere, traducida libremente en prosa por D. Dámaso de Isusquiza.

Teatro nuevo español; Madrid, Benito Garcia y Cª, 1800-1801, 6 vol. in-8, tome II.

VI. Traductions en portugais.

621. O CONVIDADO DE PEDRA, comedia de J.-B. P. de Moliere, traduzida de...

Cette pièce a été jouée à Lisbonne, vers 1850. Nous ignorons si elle a été imprimée.

622. Antonio Feliciano de Castilho. Theatro de Moliere. Terceira tentativa. O MEDICO A FORÇA, comedia antiga, trasladada livremente da prosa original a redondilhas portuguezas; seguida de um Parecer pelo Illmo Exmo Sr Jose

da Silva Mendes Leal. *Lisboa, por orden e na typographia da Academia Real das sciencias*, 1869, in-16 de 4 ff. et 254 pp.

M. de Castilho, membre de l'Académie portugaise, auteur des *Ciumes do Bardo*, traducteur d'Ovide, d'Anacréon et de Virgile, a commencé la traduction des principales comédies de Molière. Le *Médecin malgré lui* porte le titre de Troisième Essai, mais il a été imprimé le premier. Il a été représenté à Lisbonne, sur le *Theatro da Trindade*, le 2 janvier 1869. M. de Castilho, dont M. da Silva Mendes Leal a fait ressortir les mérites, dans une critique annexée à la pièce, a dédié sa traduction à Francisco Alves da Silva, « digne successeur de Molière dans le rôle du *Médecin malgré lui*. »

623. TARTUFFO, OU O HYPOCRITA, comedia do senhor Moliere, traduzida em vulgar pelo capitão Manuel de Sousa, para se representar no theatro do Bairro Alto. *Lisboa, Joseph da Silva Nazareth*, 1768, in-8.

624. Antonio Feliciano de Castilho. Theatro de Moliere. Primeira tentativa. TARTUFO, comedia vertida livremente e accommodada ao portuguez; seguida de um Parecer pelo Illmo Exmo Sr Jose da Silva Mendes Leal. *Lisboa, por orden e na typographia da Academia Real das sciencias*, 1870, in-16 de xxii-233 pp.

Dans cette traduction, dédiée à M. da Silva Mendes Leal, M. de Castilho s'est proposé d'arranger *le Tartuffe* à la mode portugaise. Il n'a pas craint d'ajouter à l'original quatre scènes, deux à la fin de chacun des deux derniers actes, et deux personnages entièrement nouveaux : *Matheus, caseiro* (fermier), et *Rosinha, afilhada* (filleule) de *D. Isauria*. Le changement le plus important est la substitution du marquis de Pombal, à l'Exempt. Grâce à ce dernier personnage, *le Tartuffe* s'est trouvé transporté à une époque plus moderne, et le dénoûment de Molière a fait place à un dénoûment nouveau.

625. O PEÃO FIDALGO, comedia do senhor Moliere, traduzida pelo capitão Manuel de Sousa. *Lisboa*, 1768, in-8.

Traduction du *Bourgeois gentilhomme*, représentée au *Theatro do Bairro Alto*. L'auteur avait déjà traduit *le Tartuffe*.

626. Antonio Feliciano de Castilho. Theatro de Moliere. Segunda tentativa. As SABICHONAS.

Cette traduction des *Femmes savantes* est le Second essai de M. Castilho. Nous ignorons si elle a été imprimée.

627. Avarento, comedia de Moliere.

Cette traduction de *l'Avare* est imprimée dans le *Theatro estrangeiro*, recueil publié à Lisbonne, par le libraire Rolland (1787, in-12).

VII. Traductions en roumain.

628. Precioasele, комедіе ӂнтр' ўн акт традўсъ дела Moliere де D. I. Д. Гіка. Букурещі, ӂн тіпографіа луї Еліад, 1835, pet. in-8 de 51 pp.

Traduction des *Précieuses*, par J. D. Ghika. Elle est précédée d'une lettre adressée à Heliade, par le colonel Câmpinénu.

629. Françositele, comediă de Constantinŭ Facă, 1833.

« Imitation en vers des *Précieuses ridicules*, insérée dans les *Poesie inedite de quaţĭ-va autorĭ* (Bucurescĭ, Heliade si associaţĭ, 1860, in-12), pp. 281-304. L'auteur a transporté la scène dans un faubourg de Bucarest (*mahală*), et s'est moqué de *Coconŭ Ianache*, « boier de mahală », de *Cocóna Smarandă*, sa femme et de ses filles *Coconita Elencă* et *Coconita Luxandră*, leurs filles. C'est *Coconu Dimitrache*, valet de chambre d'un vrai boïard, qui joue le rôle de Mascarille. Cette imitation est médiocrement écrite, mais elle contient une très-curieuse peinture des mœurs de Bucarest en 1833. » E. P.

630. Скоала фемеілор, комедіе ӂн 5 акте, de Molière, традўсъ de I. X. Zotў. Букурещі, Росетті ші Бінтерхалтер, 1847, in-8 de 110 pp.

L'École des femmes, traduite par J. H. Zotŭ.

631. Дон Жўан, сеў Оспъцўл де пѣтръ, комедіе ӂн 5 акте de Moliere, традўсъ de Мілц. Костіескў. Букурещі, ӂн тіпографіа луї Копаінік, 1846, in-16.

Don Juan, traduit par Milt. Costiescu.

632. Місантропўл, комеdіе ӂн чинчі акте de Molière, традўсъ ӂн версўрі de Г. Cion. Іаші, 1854, in-8.

Le Misanthrope, trad. en vers par Georges Sion.

633. Misantropul, comediă in cincĭ acte de Molière. 1666. Traductie de G. Sion. *Bucurescĭ*, 1868, in-8.

634. Січіліанꙋл, сꙋ Аморꙋл зꙋграв, komedie ꙟn 1 акт de Molière, традꙋсъ de I. Бꙋркі. Бꙋкꙋрещі, Еліad, 1835, in-8 de 64 pp.

Le Sicilien, ou l'Amour peintre, traduit par J. Burki.

Il en existe une autre édition, ou un autre tirage, avec la date de 1836.

635. Amorulŭ doctorŭ, comediă farsă în doue acte imitată după Molière de Dr. Obedenaru.

« Le spirituel docteur Obedenaru, lauréat des hôpitaux de Paris, a fait représenter, sur le théâtre de Bucarest, cette imitation de *l'Amour médecin*, dans laquelle il n'a pas craint d'introduire le portrait de ses principaux confrères. Il y a fait figurer le médecin anglais Mawer, sous le nom de *Reposatŭ* (en français, *mort*), le médecin allemand Glück, sous le nom peu poétique de *Colică*, etc. Les personnages mis sur la scène, loin de se fâcher de ce persiflage, ont été flattés de se voir ainsi représentés, pensant qu'en les parodiant, l'auteur avait reconnu en eux des « sommités ». Du reste, le Dr Obedenaru ne s'était pas oublié : le jeune Costică, étudiant en médecine, épris de Florică, ne trouve rien de mieux, pour s'introduire chez elle que de revêtir le costume de son maître (le docteur Obedenaru lui-même), et de le parodier à son tour. On voit, par cet exemple, que les médecins roumains ne manquent pas de jovialité, et qu'ils sont bien loin des médecins dont Molière aimait tant à se moquer. L'auteur s'en éloigne entre tous, car il a pour lui en même temps l'esprit et la science.

« *L'Amour médecin,* ainsi habillé à la mode de Bucarest, a paru dans la *Columna luĭ Traianŭ*, tome III, 1872, nos 25 à 28. Le premier fragment non signé reproduit, avec le plus grand sérieux, ces mots, qui se trouvaient sur l'affiche du théâtre : Amorulŭ doctorŭ, comediă farsă în doue acte de Molière, *tradusă în romănesce din vorbă în vorbă cu cea maĭ mare fidelitate.* » E. Picot.

636. Tartufŭ, comediă in cincĭ acte de Molière, tradusă în versurĭ de Dim. Chirculescu. *Bucurescĭ*, 1873, in-8.

Le Tartuffe, traduit en vers par Démètre Chirculescu.

637. Амфітріон, komedïe ꙟн трei акте дела Mollier (sic) традꙋсъ де I. Еліаd. Бꙋкꙋрещі, ꙟн тіпографіа лꙋі Еліаd, 1835, in-8 de 96 pp.

Amphitryon, traduit en prose par Heliade.

638. Сгѫрȣіtȣл, комедіе ᲅ҄н ꙋінꙋі акте дела Moliere, традȣсъ де І. Рȣсет. Бȣкȣрещі, ᲅ҄н тіпографіа лȣі І. Еліад, 1836, in-8 de 164 pp., plus 4 pp. chiffr. pour le catalogue de la librairie Heliade.

L'Avare, traduit par J. Rosetti.

639. Bourgeois gentilhomme, комедіе традȣсъ дела Moliere, де N. N. Bȣкȣрещі, дн тіпографіа лȣі Еліад, 1835, in-8 de 98 pp.

Traduction de Jean Voinescu.

640. Домнȣ Пȣрсоніак, комедїе жн треі лете (sic), традȣсъ дін Францȣзеще дȣпъ Moliere де Д. Грг. Грѣдіщѣнȣл фіȣл. Ші тіпѣрітъ дін фондȣл че а пȣс Д. Къмінарȣл І. Отітілішанȣл. Бȣкȣрещі, жн тіпографіа лȣі І. Еліад, 1836, in-8 de 109 pp.

M. de Pourceaugnac, traduit par Grégoire Grădiscénu.

641. Вікленіїле лȣі Скапін, комедіе ᲅ҄н треі акте дела Moliere, традȣсъ де К. Расті. Бȣкȣрещі, ᲅ҄н тіпографіа лȣі Еліад, 1836, in-8 de 122 pp.

Les Fourberies de Scapin, traduites par C. Rasti.

VIII. Traductions en anglais.

642. MOLIERE'S PLAYS, translated by John Ozell. *London,* 1714, 6 vol. in-12.

Réimprimé à *Berwick,* 1770, 6 vol. in-12.
John Ozell, écrivain médiocre, mourut à Londres en 1743.

643. MOLIERE'S SELECT COMEDIES in French and English (texte français et anglais, en regard). *London, J. Watts,* 1732, 8 vol. in-12, fig. d'après Hogarth et autres.

Cette traduction est généralement attribuée à Henri Baker, membre de la Société royale, et au révérend Miller; mais elle est, en réalité, de Miller et de Johnson, comme le prouve le titre de l'édition publiée en 1753.

644. THE WORKS OF MOLIERE, French and English. *London, J. Watts,* 1739, 10 vol. in-12, portr. et fig. gravés par Fondrinier et Van der Gucht, d'après Boucher, Coypel, Hogarth et autres.

Réimpression de l'édition de 1732, avec l'addition de 15 pièces qui n'étaient pas encore traduites; elle contient, de plus, une nouvelle notice biographique et des dédicaces différentes.
Réimprimé identiquement en 1748 et 1755.

645. MOLIERE'S WORKS, translated into English. *Glascow,* 1751, 5 vol. in-12.

646. THE WORKS OF MOLIERE, French and English; translated by the late Mr. Miller and the late Mr. Johnson. *London, J. Watts,* 1753, 10 vol. in-12, portr. et fig.

647. THE WORKS OF MOLIERE, the French Text with an English Translation on the opposite page. *London, J. Brown and Miller,* 1755, 10 vol. in-12, portr. et fig.

Il existe une édition postérieure, publiée par les mêmes libraires, en 1771, 6 vol. in-8, fig.

648. TALES FROM (sixteen) OF MOLIERE'S PLAYS, by Dacre Barrett Lennard. *London,* 1859, pet. in-8.

649. LE ETOURDI, OR THE BLUNDERER, Comedy. *Lyon,* 1653, in-12.

Nous transcrivons ce titre tel que nous l'avons trouvé dans *The Bibliographer's Manual of English Literature,* de W. Th. Lowndes, et nous avouons humblement n'y rien comprendre. *L'Etourdi* de Molière fut représenté à Lyon en 1653 : est-il possible qu'une traduction anglaise de cette comédie ait été imprimée à Lyon (London?) la même année, tandis que la pièce originale française ne fut publiée que dix ans plus tard, à Paris? Il y a certainement une erreur, que nous signalons, sans pouvoir en deviner l'origine.

650. BURY FAIR, a Comedy, by Thomas Shadwell.

Cette imitation des *Précieuses ridicules* de Molière, représentée en 1689, se trouve dans les *Dramatic Works* de Shadwell (London, 1701, 4 vol. in-12).

651. TOM ESSENCE, OR THE MODISH WIFE, a Comedy by Thomas Rawlins. *London,* 1677, in-4.

<blockquote>
Imitation du *Cocu imaginaire,* de Molière.
Une traduction littérale de la même pièce, par sir John Vanbrugh, *The Cuckold in conceit,* a été publiée à Londres en 1706.
</blockquote>

652. W. CONGREVE. THE DOUBLE DEALER, a Comedy. *London,* 1761, in-8.

<blockquote>
Une imitation du *Misanthrope,* par William Wycherley, fut représentée à Londres, en 1678, sous le titre : *The plain Dealer.* Cette comédie, remise au théâtre avec des changements, à la fin du xviiie siècle, a été plusieurs fois réimprimée, depuis l'édition suivante : *The plain Dealer,* a Comedy altered from Wycherley, and adapted to the Stage by Isaac Bickerstaff, as performed at Drury Lane (*London, Cawthovn,* 1796, in-8 de 110 pag., avec 2 fig.).

L'imitation de Congreve fut représentée à Londres en 1692. Elle a été réimprimée plusieurs fois, notamment avec des corrections attribuées à Th. Dibdin : *The double Dealer,* correctly given from the Copies used in the Theatres (*London, Chiswick Press,* 1816, in-8 de 80 p., avec 5 vignettes).
</blockquote>

653. THE MISANTHROPE, a Comedy, translated from Moliere. *Boulogne, Leroy-Berger,* 1819, in-12 de 108 pp.

654. MOLIERE, THE METAMORPHOSIS, OR THE OLD LOVER OUTWITTED, a Farce. *London,* 1704, in-4.

<blockquote>
Imitation du *Médecin malgré lui.*
</blockquote>

655. LOVE'S CONTRIVANCE, or *le Médecin malgré lui,* by Susannah Centlivre.

<blockquote>
Cette traduction, ou plutôt imitation, qui fut représentée à Drury-Lane en 1705, se trouve dans : *Works* of S. Centlivre (*London,* 1761, 3 vol. in-12).
</blockquote>

656. LE SICILIEN OU L'AMOUR PEINTRE, comédie de Molière, traduite en anglais, par Cusack. *Paris, Fowler,* 1857, in-8 de 29 pp.

<blockquote>
Extrait de *l'Alliance littéraire,* recueil périodique publié à Paris.
</blockquote>

657. THE MOCK DOCTOR, OR THE DUMB LADY CUR'D, a Farce, taken from Moliere's *Médecin malgré lui,* by Henry Fielding.

Cette imitation de la pièce française, représentée à Drury Lane en 1733, se trouve dans la plupart des éditions des *Miscellaneous Works* dé Fielding.

658. TARTUFFE, OR THE FRENCH PURITAN, a Comedy, translated from the French, by Matthew Medbourne. *London, 1690, in-4.*

Réimpr. plusieurs fois, notamment en 1707.

659. THE NON-JUROR, a Comedy by Colley Cibber.

Cette imitation du *Tartuffe,* représentée à Drury Lane en 1717, est imprimée dans les œuvres de l'auteur : *Dramatic Works* (London, 1777, 5 vol. in-12).

660. TARTUFFE, a Comedy by Moliere, adapted by John Oxenford, as performed at the Theatre Royal Haymarket. *London, Webster,* s. d. (1855), in-18 de 46 pp.

661. L'AVARE, comédie par M. de Molière. The Miser, a Comedy from the French of Moliere. *London, John Watts,* 1732, in-8.

Texte français en regard de la traduction. *Voy.* plus haut, n° 643.
Autre édition, publiée avec des notes grammaticales de Laus de Boissy ; *London, J. Nourse,* 1751, in-12. Voy. cette édition, décrite sous le n° 158.

662. THE MISER, a Comedy, from the French, by Henry Fielding.

Cette imitation de *l'Avare* de Molière, représentée à Drury Lane en 1734, est imprimée dans la plupart des éditions des Œuvres (*Miscellaneous Works*) de l'auteur de *Tom Jones,* depuis celle de Londres, 1743, 3 vol. in-12.

663. LETTRE SUR LE THÉATRE ANGLOIS, avec la traduction de *l'Avare* de Shadwel (comédie imitée de celle de Molière), et de *la Femme de campagne,* de Wycherley (par P. Jos. Fiquet du Bocage). *Sans nom de lieu ni de libraire,* 1752, 2 vol. in-12.

664. THE AMOROUS WIDOW, OR THE WANTON WIFE, a Comedy by Thomas Betterton.

Cette imitation du *Georges Dandin* de Molière, représentée à Londres en 1677, est imprimée à la suite de l'ouvrage suivant : Gildor's Life of Betterton (*London,* 1710, in-8).

665. MAMAMOUCHI, or the Citizen turned Gentleman, Comedy, by E. Ravenscroft. *London,* 1675, in-4.

666. MONSIEUR DE POURCEAUGNAC, OR SQUIRE TRELOOBY, done into English. *London,* 1704, in-4.

667. THE HYPOCHONDRIAC, Comedy adapted from the Cheats of Scapin, by Thomas Otway. *London,* 1701, in-8.

668. THE MALADE IMAGINAIRE, of Moliere, translated by Charles Reade. *London,* 1857, in-18 de 59 pp.

IX. Traductions en néerlandais.

669. MOLIERE'S BLYSPELEN, bearbeid door H. Zschokke. Uit het hoogduitsch vertaald door J. S. van Esveldt-Holtrop. *Amsterdam, H. Gartman,* 1806, in-8.

Traduction des comédies de Molière, faite sur l'arrangement allemand de Zschokke. Ce volume, le seul publié, contient : *De Vrek* (*l'Avare*), *De Wonder doctor* (*l'Amour médecin*), *De belaglyke Juffers* (*les Précieuses ridicules*).

670. MOLIÈRE. ZES BLIJSPELEN, getrokken uit zijn prozawerken. Voor rederijkers bewerkt door A. J. Le Gras. *Rotterdam, J. J. Kluit Cz.,* 1866, in-8 de 4 et 96 pp.

Contient les pièces suivantes, dont chacune a aussi été tirée à part : *Het bezoek van den schuldeischer, fragment uit* le Festin de pierre; — *Een les in de spelkunst, toonel uit* le Bourgeois gentilhomme; — *Goede raad is duur, fragment uit* le Mariage forcé; — *De ingebeelde zieke, blijspel in één bedrijf uit* le Malade imaginaire; — *Burger en edelman, fragment uit* Georges Dandin; — *Een huisselijke twist, fragment uit* le Médecin malgré lui. Traductions, faites par A. J. Le Gras, à l'usage des Sociétés de Rhétorique.

671. ORATYN EN MASKARILJAS, OF DEN ONTYDIGEN LOSKOP, blyspel in nederduitsche vaerzen gesteld door J. Dullart. *Amsterdam,* 1672, pet. in-8. — Nouv. édit., *ibid., D. Ruarus,* 1732, pet. in-8. — Nouv. édit., *ibid.,* 1767, in-8.

Traduction en vers de *l'Étourdi,* par Jean Dullart.

672. DE SPYT DER VERLIEFDEN, blyspel. *Amsterdam, Erf. van J. Lescailje,* 1708, pet. in-8.

Traduction du *Dépit amoureux.*

673. DE BELAGCHELYKE HOOFSCHE JUFFERS. *Amsterdam, Erf. van J. Lescailje,* 1685, pet. in-8.

   Imitation en vers des *Précieuses ridicules*, attribuée à P. de la Croix.

674. DE VERWARDE JALOUZY, kluchtspel. *Amsterdam, D. Ruarus,* 1730, pet. in-8 de 32 pp.

   Traduction en vers du *Cocu imaginaire,* réduit en un seul acte.

675. DE SCHOOL VOOR DE JALOERSCHEN, blyspel uit het fransch van Mr Molliere. *Amsterdam, Erfg. van J. Lescailje,* 1691, pet. in-8 de 63 pp. — Nouv. édit., *ibid., Erf. van J. Lescailje en D. Rank,* 1722, pet. in-8 de 63 pp.

   Traduction de *Don Garcie de Navarre,* par Jean Pluimer.

676. STEILOORIGE EGBERT, OF DE TWEE ONGELYKE BROEDERS. Blyspel door K. Verlove. *Amsterdam,* 1690, pet. in-8.

   Traduction de *l'École des maris,* par Charles Verlove.

677. DE LISTIGE VRYSTER, OF DE VERSCHALKTE VOOGD, blyspel in vaerzen aan byzondere maat noch rym gebonden. *Amsterdam, Erf. van J. Lescailje,* 1707, pet. in-8. — Nouvelle édition, *ibid., D. Ruarus,* 1730, pet. in-8, front. gravé par A. Schoonebeek.

   Imitation en vers de *l'École des maris.*

678. HET SCHOOL VAN DE MANNEN. In 't frans door Monsr. I.-B. P. Moliere. Vertaelt door A. v. B. *'s Gravenhage, W. Eyckmans,* s. d., pet. in-8.

   Traduction en vers de *l'École des maris.* Les initiales du titre désignent A. van Bulderen. La pièce parut en 1716.

679. DE QUEL-GEESTEN : bly-spel nagevolgd uyt het frans van M^{onsr} Molliere. *'s Gravenhage, P. Hagen,* 1681, pet. in-8 de 48 pp. — Nouv. édit., *Amsterdam, H. Bosch, en Leide, G. Knotter,* s. d. (vers 1730), pet. in-8 de 48 pp.

   Traduction en vers des *Fâcheux,* par Hazaart.

680. HET SCHOOL VOOR DE VROUWEN, blyspel. Uit het fransch van den Heer Molliere, vertaald door T. Arendsz.

Amsterdam, *Erf. van J. Lescailje*, 1701, pet. in-8. — Nouv. édit., *ibid.*, *Iz. Duim*, 1728, pet. in-8 de 88 pp., et *ibid.*, 1753, in-8.

<small>Traduction en vers de *l'École des femmes,* par Thomas Arendsz.</small>

681. KLUCHTSPEL VAN HET GEDWONGEN HOUWELYCK van Molliere, in 't nederd. vertaelt. *Amsterdam,* 1680, pet. in-8.

<small>Traduction du *Mariage forcé*, par Abr. Peys.</small>

682. HET GEDWONGENE HUUWELYK, blyspel in vaerzen aan bezondre maat, noch rym gebonden. De derde druk overgezien en verbetert. *Amsterdam, Erv. van J. Lescailje,* 1712, pet. in-8 de 4 ff. prélim., 52 pp. et 2 ff.

<small>Troisième édition d'une imitation en vers du *Mariage forcé.*</small>

683. 'T HUWELYK TEGEN WIL EN DANK, van J.-B. P. de Moliere, blijspel overgezet uit 't fransch door J. Meerman. 1764, in-8.

<small>Cette traduction du *Mariage forcé* est du célèbre J. Meerman, âgé alors de dix ans. Il la fit imprimer à Rotterdam, à l'insu de son père.</small>

684. DON JAN, OF DE GESTRAFTE VRYGEEST. Zinnespel naar het fransch van Moliere. *Haarlem en Amsterdam,* 1719, pet. in-8.

<small>Ce *Don Juan,* qu'on attribue à G. van Maater, s'annonce comme la traduction du *Festin de pierre,* de Molière. Il a paru, vers la même époque, deux autres pièces néerlandaises sur le même sujet et que l'on confond souvent avec celle-ci : *De gestrafte Vrygeest, treurspel* (Amsterdam, H. Bosch, 1720, pet. in-8), et *Don Pedroos Geest, of de gestrafte Baldaadigheid, tooneelspel* (Amsterdam, Erv. van J. Lescailje, 1721, pet. in-8). Ni l'une ni l'autre ne sont imitées de Molière. Elles ont été traduites sur un même original qui est, croyons-nous, le *Nouveau Festin de pierre* de Rosimond.</small>

685. DE LIEFDENDOKTER, kluchtspel. Door A. Leeuw. Gespeelt op d'Amsterdamsche Schouwburg. *Amsterdam,* 1680, pet. in-8. — Nouv. édit., *Amsterdam, Erf. van J. Lescailje,* 1696, pet. in-8.

<small>Traduction en vers de *l'Amour médecin,* par A. Leeuw. L'auteur réduit la pièce de Molière à un seul acte, ayant jugé à propos de</small>

supprimer comme hors d'œuvre le second acte et les deux premières scènes du troisième.

686. MISANTROPE. Blyspel. Gevolgt na het frans van de Heer Moliere. Vertoont op de Amsterdamsche Schouwburg. *Amsterdam, Erf. van J. Lescailje,* 1682, pet. in-8 de 4 ff., 84 pp. et 1 f.

> Cette traduction en vers du *Misanthrope* est de Herm. Angelkot, qui a signé la dédicace. Le nom d'Alceste est changé en celui d'Errenst.

687. DE MENSCHENHATER, tooneelspel; naar het fransch *le Misanthrope* van Molière vrij gevolgd door H. Ogelwight. *Amsterdam, Abr. Maas,* 1805, pet. in-8.

> Traduction libre du *Misanthrope*, par Henri Ogelwight.

688. DE MENSCHENHATER, naar het fransch *le Misanthrope*, blijspel in vijf bedrijven. In nederd. verzen overgebragt door J.-M. Calisch. *Amsterdam, M.-H. Binger,* 1851, in-12.

> Traduction en vers du *Misanthrope*, par J. M. Calisch.

689. MOLIÈRE's MISANTHROPE, vertaald door C.-H. Perk. *Amsterdam, M. Westerman,* 1851, in-8.

> Autre traduction du *Misanthrope*, par C.-H. Perk.

690. DE MENSCHENHATER, tooneelspel in vijf bedrijven, naar het fransch door W.-J. van Zeggelen. *Haarlem, A.-C. Kruseman,* 1872, in-8.

> Traduction du *Misanthrope*, par van Zeggelen.

691. DE GEDWONGEN DOCTOR, kluchtspel uit het fransch van Moliere vertaelt, en in rijm gestelt. *Amsterdam,* 1671, pet. in-8.

> Traduction en vers du *Médecin malgré lui*, par Jacques Soolmans.

692. FIELEBOUT, OF DE DOKTOR TEGEN DANK. 2de druk. *Amsterdam,* 1711, pet. in-8.

> Traduction en vers du *Médecin malgré lui*, dans laquelle l'auteur a intercalé les passages de *l'Amour médecin*, supprimés par A. Leeuw. A en juger par la date de la dédicace, la première édition

a paru en 1680. Il en existe une troisième : *Amsterdam, Erv. van J. Lescailje,* 1712, pet. in-8.

693. DE DOKTOR TEGEN WIL EN DANK, blijspel in drie bedrijven naar het fransch voor rederijkers bewerkt door D.-E. Kraan. *Schagen, P.-J.-G. Diederich,* 1865, pet. in-8 de 58 p.

> Traduction du *Médecin malgré lui*, par Kraan, destinée aux Sociétés de Rhétorique.

694. DE SCHILDER DOOR LIEFDE. Blyspel. De tweede druk veranderd en veel verbeterd. *Amsterdam, Erv. van J. Lescailje,* 1716, pet. in-8.

> Traduction en vers du *Sicilien ou l'Amour peintre*, 2º édit.

695. STEYL-OOR, OF DE SCHIJNHEYLIGE BEDRIEGER, waar in is nagevolgt de Tartuffe van den heer J.-B. P. de Moliere. *Amsterdam, A. van Blancken,* 1674, pet. in-8. — Deuxième édit., corrigée, *ibid.*, 1677, pet. in-8.

> Imitation du *Tartuffe*, en vers, au point de vue protestant, par Pierre Schaak.

696. DE SCHYNHEILIGE, zynde het gevolg van de blyspeelen, genaamt : Het gedwongen Huwelyk en Lubbert Lubbertsz. *Amsterdam, Alb. Magnus,* 1686, pet. in-8.

> Cette pièce, dont l'auteur est P. de la Croix, est présentée comme une suite du *Mariage forcé* et de *Georges Dandin*. Ce n'est pas, comme on pourrait le croire, une traduction du *Tartuffe*. L'auteur, ayant jugé la comédie de Molière choquante au théâtre, ne lui a emprunté que la scène du mouchoir et celle d'Orgon caché sous la table.

697. TERTUFFE (*sic*), OF SCHYNHEILIGE BEDRIEGER, blyspel. Door Jacob van Ryndorp. *'s Gravenhage, Gerard Block,* 1733, pet. in-8.

> Traduction du *Tartuffe,* par J. van Ryndorp.

698. TARTUFFE, OF DE HUICHELAAR, blyspel gevolgd naar het fransch van Moliere. *Sans lieu ni date,* pet. in-8 de 88 pp.

> Cette traduction du *Tartuffe* est d'un auteur nommé Corver. Elle parut vers 1777.

699. De Huigchelaar, blijspel naar den Tartuffe van Moliere. *Amsterdam, J. Helders en A. Mars,* 1789, in-8.

<small>Autre traduction du *Tartuffe,* par le poëte hollandais J. Nomsz.</small>

700. Tartuffe, tooneelspel in vijf bedrijven en in verzen. Vertaling in verzen door Nap. Destanberg. *Gent,* 1865, in-12.

<small>Trad. en vers du *Tartuffe,* par N. Destanberg. Deux éditions sous cette même date.</small>

701. Amphitrion, bly-einde-spel, in 't fransch gestelt door Molliere (*sic*) ende nu in 't nederl. vertaelt. *Amsterdam,* 1670, pet. in-8.

<small>Cette traduction d'*Amphitryon* est d'Abr. Peys.
C'est probablement cette même traduction qui fut réimprimée sous le titre de *Jupiter en Amphitrion, of de twee gelyke Sosiaas. Blyspel* (Amsterdam, D. Ruarus, 1730, pet. in-8).
D. Buysero publia une pièce sous ce titre : *Amphitruo. Blijspel;* Amsterdam, 1679, in-8. Ne serait-ce pas aussi une traduction de Molière?</small>

702. Lubbert Lubbertze, of de geadelde Boer. Blyspel. Uit het fransch van Mr. Molliere. *Amsterdam, Albert Magnus,* 1686, pet. in-8 de 77 pp. — Nouv. édit., *ibid., Adriaan Bastiaansz,* 1721, pet. in-8 de 79 pp. — Nouv. édit., *ibid., Is. Duim,* 1753, pet. in-8 de 79 pp.

<small>Imitation en vers de *Georges Dandin,* par P. de la Croix.</small>

703. De Vrek, blijspel uit het fransch van Monsr. Molliere. *Amsterdam, Alb. Magnus,* 1685, pet. in-8 de 111 pp.

<small>Traduction de l'*Avare,* par Jean Pluimer.</small>

704. De Vrek, blijspel in vijf bedrijven, volgens Zschokkes nieuwe overzetting van Moliere, door J.-S. van Esveldt-Holtrop. *Amsterdam, H. Gartman,* 1806, in-8.

<small>Tirage à part du recueil décrit au n° 669.</small>

705. De Vrek, blijspel in vijf bedrijven, vrij vertaald en voor rederijkers bewerkt. *Purmerend, Schuitemaker,* 1862, in-8. — Deuxième édit., *ibid.,* 1869, in-8 de 121 p.

<small>Traduction libre de *l'Avare,* à l'usage des Sociétés de Rhétorique.</small>

706. DEN HEERE DE POURCEAUGNAC, kluchtspel getrokken uit den franschen Theater door Joannes Franciscus Cammaert. *Tot Brussel, by G. Jacobs*, 1754, in-8.

<small>Traduction de *Monsieur de Pourceaugnac*, par le dramaturge bruxellois J. Fr. Cammaert.</small>

707. EEN VRIJAADJE MET HINDERNISSEN, blijspel in drie bedrijven naar het fr. *Monsieur de Pourceaugnac*, voor rederijkers bewerkt. *Nieuwe Niedorp, J. Groot*, 1866, in-8 de 6 et 66 pp.

<small>Trad. de *Monsieur de Pourceaugnac*, pour les Sociétés de Rhétorique.</small>

708. GENTILHOME BOURGOIS (*sic*) ofte burgerlycken Edelman : klucht-spel, door Monsieur Molliere, ende in 't nederduytsch vertaelt door N. N. Vertoont op de Haegse Schouwburg. *Na de copie. In 's Gravenhage gedruckt by Levyn van Dyck*, s. d. (vers 1680), pet. in-8 de 48 pp.

<small>Traduction en vers du *Bourgeois gentilhomme*, par Abr. Peys. Le même écrivain a traduit aussi, en l'attribuant à Molière, une comédie de Rosimond, représentée en 1665, et imprimée plusieurs fois sans nom d'auteur : *L'Avocat sans estude*, d'Advocaet sonder study, door Molliere, vertaelt ; *Amsterdam*, 1680, pet. in-8.</small>

709. DE BURGERLYKE EDELMAN, blyspel uit het fransch van den heer Moliere. *Amsterdam, J. Lescailje,* 1700, pet. in-8 de 64 pp. — Nouv. édit., *ibid., Erfgen. van J. Lescailje en Dirk Rank*, 1728, pet. in-8 de 64 pp.

<small>Cette traduction, qui a été attribuée à Henri Maas, est la même que la précédente ; cependant de légers changements ont été introduits dans le texte, en même temps que l'orthographe a été rajeunie.</small>

710. SCAPYN. Blyspel. Vertoont op de Amsterdamsche Schouwburg. Den derden Druk. *Amsterdam, Erfg. van J. Lescailje*, 1727, pet. in-8.

<small>Troisième édition d'une traduction qui doit être d'Abr. Peys. La première édition avait paru en 1671.</small>

711. DE BEDRIEGERYEN VAN SCHAPIN, kluchtspel. Deuxième édit., *Amsterdam*, 1696, in-8. — Nouv. édit., *'s Gravenhage*, 1733, pet. in-8.

<small>Traduction des *Fourberies de Scapin*, par D. Buysero.</small>

712. DE GELEERDE VROUWEN. Blyspel. Uyt het frans nagevolgt. *Te Thiel, G. van Leeuwen*, 1713, pet. in-8.

Traduction des *Femmes savantes*, attribuée à P. Burman.

713. DE GELEERDE VROUWEN, blijspel in drie bedrijven, verkort naar *les Femmes savantes*, door H.-L. Tetar van Elven. *Amsterdam, gebr. Willems*, 1850, in-8.

Traduction abrégée des *Femmes savantes* réduites en trois actes.

714. DE INGEBEELDE ZIEKE, blyspel. *Amsterdam*, 1686, pet. in-8. — Nouv. édit., *Rotterdam*, 1715, pet. in-8 de 5 ff. et 85 pp. — Nouv. édit., *Amsterdam, D. Ruarus*, 1732, pet. in-8 de 94 pp. — Nouv. édit., *ibid., Iz. Duim*, 1760, pet. in-8 de 4 ff. et 80 pp.

Imitation en vers du *Malade imaginaire*, sans les intermèdes et avec un dénoûment différent. Le traducteur P. de la Croix a signé la dédicace.

715. DE PROMOTIE VAN DEN INGEBEELDEN ZIEKEN, het fransche nagevolgd. *Amsterdam, Iz. Duim*, 1742, pet. in-8.

C'est la réception burlesque du *Malade imaginaire*, arrangée par J.-J. Mauricius.

716. MOLIERE, DE INGEBEELDE ZIEKE. Blijspel in drie bedrijven. Vertaling van Taco. *Zutphen, P. Plantenga*, 1866, in-8 de 2 et 75 pp. — Deuxième édit., 1871, in-12.

Traduction du *Malade imaginaire*, par Taco.

X. Traduction en dialecte limbourgeois.

717. KLAOS POMPERNIKKEL OF DEN DOKTER TEGEN WIL EN DANK, comedie in drei akten, euvergezat in 't Mastreegs nao de *Médecin malgré lui*, van Molière. *Mastreeg, Leiter-Nypels*, 1856, in-12.

Dialecte de Maestricht.

XI. Traductions en allemand.

718. HISTRIO GALLICUS, comico-satyricus sine exemplo, oder die weldtberühmten Lust-Comödien des unvergleichli-

chen königlich-französischen Comödianten, Herrn von Moliere. *Nürnberg, Tauber,* 1700, 4 part. en 2 vol. in-8, fig.

<small>L'édition antérieure, *Nürnberg,* 1694-95, 3 vol. in-8, fut publiée sous ce titre : *Comödien...... übersetzt von J. E. P.*</small>

719. OEuvres de Molière, avec la traduction allemande. *Nürnberg, J.-D. Tauber,* 1708, 4 vol. in-8, fig.

720. Moliere's Comödien. *Nürnberg, Tauber,* 1721, 4 vol. in-8, fig.

<small>Cette traduction a été retouchée et réimpr. plusieurs fois, notamment à *Hambourg,* chez Christ. Herold, en 1752. La préface est signée des initiales F. S. B. (François-Samuel Bierling).</small>

721. Herrn von Moliere, schertz und ernsthafte Comödien, wieder aufs neue zum dritten Mal ins Teutsche übersetzt und mit saubern Kupfern geziert. 2 Theile. *Nürnberg und Altdorf,* 1721, 2 vol. in-8.

722. Moliere's sämmtliche Lustspiele. Nach dem Französischen (von Fr. Sam. Bierling). *Hamburg, Gross,* 1752-1769, 4 vol. gr. in-8, fig.

<small>T. I. *Der Unbesonnene;* — *Der verliebte Verdruss;* — *Die lächerlichen Preziosen;* — *Scanarell, oder die Hahnrei in der Einbildung;* — *Don Garcia von Navarra;* — *Die Männerschule;* — *Die Beschwerlichen.*

T. II. *Die Frauenschule;* — *Die Prinzessin von Elinde;* — *Die erzwungene Heirath;* — *Don Juan, oder der steinerne Gast;* — *Die Liebe ein Artzt;* — *Der Menschenfeind;* — *Der Artzt wider seinen Willen.*

T. III. *Der Sicilier, oder die Liebe ein Maler;* — *Tartüffe;* — *Der Geitzige;* — *Amphitryo;* — *Georg Dandin, oder der beschämte Ehemann;* — *Der Herr von Pourceaugnac, in Deutschland von Schweinhof;* — *Die prächtigen Liebhaber.*

T. IV. *Der adelige Bürger;* — *Scapins Schelmereien;* — *Psyche;* — *Die gelehrten Frauen;* — *Die Gräfin von Escarbagnas;* — *Der Kranke in der Einbildung;* — *Moliere's Geist.*</small>

723. Moliere für Deutsche. Herausgegeben von (A.-Gli.) Meissner und (W. Chr.-Sig.) Mylius. *Leipzig, Weygand,* s. d. (vers 1780), in-8, tome I.

<small>Ce tome Ier, le seul publié, comprend : *l'Avare, l'École des maris, le Mariage forcé,* et la *Vie de Molière,* avec des notes par Mylius.</small>

724. Moliere's Lustspiele und Possen, für die deutsche Bühne bearbeitet, von H. Zschokke. *Zürich, Gessner,* 1805-6, 6 vol. in-8, fig.

Cette traduction est suivie d'une biographie de Molière, écrite en allemand, qui remplit le 6º volume. H. Zschokke n'a traduit qu'un certain nombre de comédies, en les adaptant à la scène allemande, et en changeant les titres de telle sorte que les pièces de Molière sont à peine reconnaissables.

Voici les titres adoptés par Zschokke :
Der Geizige (l'Avare); — *Dér Wundarzt* (le Médecin malgré lui); — *Die Eleganten* (les Précieuses); — *Der Sicilianer;* — *Die Männerschule* (l'École des Maris); — *Alles zur Unzeit* (les Fâcheux); — *Tartüffe;* — *Die sympathetische Kur* (l'Amour médecin); — *Die Heirath wider Willen* (le Mariage forcé); — *Die Gräfin von Hohenhausen* (la Comtesse d'Escarbagnas); — *Wer zuletzt lacht, lacht am besten* (Sganarelle); — *Peter Rothbart* (Georges Dandin); — *Der Kranke in der Einbildung* (le Malade imaginaire); — *Der adelsüchtige Bürger* (le Bourgeois gentilhomme); — *Eifersucht in allen Ecken* (l'École des femmes); — *Der Misanthrope;* — *Moliere's Biographie.*

Il a été publié, sous la même date, une édition à bon marché, sans les figures.

725. Moliere's sämmtliche Werke, übersetzt von L. Braunfels, F. Demmler, E. Duller, F. Freiligrath, W. v. Lüdemann, M. Runkel, E. Weyden, O.-L.-B. Wolff, und herausgegeben von Louis Lax. *Aachen und Leipzig, Ant. Mayer,* 1837, 5 vol. in-18, publ. en 15 livraisons.

Réimprimé, d'abord la même année, et ensuite en 1841, en 1 volume gr. in-8, avec le portrait de Molière.

726. Moliere's dramatische Meisterwerke, übersetzt von L. von Alvensleben. *Leipzig,* 1837, pet. in-16.

Chefs-d'œuvre de Molière, traduits par L. d'Alvensleben.
Ce volume compacte renferme : *le Tartuffe, l'Avare, le Misanthrope, l'École des maris, l'École des femmes,* et *les Femmes savantes.*

Une édition des Œuvres complètes de Molière, traduites ou imitées en allemand, devait figurer dans la grande collection du *Classisches Theater des Auslandes,* mais il n'en a paru qu'un volume (le 17º de la collection), qui contient la *Vie de Molière,* et le *Mariage forcé.*

727. Molière's Charakter-Komödien. Im Versmaasse des Originals übertragen von A. Laun. *Hildburghausen, Bibliogr. Institut,* 1865, 3 part. in-8 de 127, 140 et 118 pp.

Cette traduction fait partie de la *Bibliothek ausländischer Klassiker;* elle comprend : *le Misanthrope, le Tartuffe,* et *les Femmes savantes.*

728. MOLIERE'S LUSTSPIELE, übersetzt von Wolf Grafen Baudissin. *Leipzig, Hirzel,* 1865-67, 4 vol. in-8.

Cette remarquable traduction, due au comte Baudissin, est précédée d'une notice biographique.
Voici la collation des volumes : T. I, 1865, LVI-500 pp.; — T. II, 1866, XLIII-496 pp.; — T. III, 1866, XXIX-528 pp.; — T. IV, 1867, XXVI-568 pp.

729. MOLIERE'S SÄMMTLICHE WERKE, übersetzt von Prof. Dr Heinr. Theodor Rötscher, herausgegeben von Emilie Schröder. *Leipzig, Ph. Reclam jun.,* 1872, 2 vol. gr. in-16, XVI-552 et III-484 pp.

Traduction des œuvres complètes de Molière, par H.-Th. Rorscher.

730. LIEBESZWIST. Lustspiel in 5 Aufzügen von Moliere. Uebersetzt von Malvine Gräfin Maltzan. *Leipzig, Ph. Reclam jun.,* 1870, gr. in-16 de 61 pp.

Traduction du *Dépit amoureux,* par la comtesse Maltzan. *Universal-Bibliothek,* t. 205.

731. DIE GEZIERTEN. Lustpiel in einem Aufzug von Moliere. Uebersetzt von August Cornelius. *Leipzig, Ph. Reclam jun.,* 1873, gr. in-16 de 31 pp.

Les Précieuses, traduites par Auguste Cornelius. *Universal-Bibliothek,* t. 460.

732. DER EIFERSÜCHTIGE EHEMANN. Lustspiel aus dem Französischen von Moliere. *Wien, Krauss,* 1768, in-8.

Le Mari jaloux (Sganarelle).

733. DIE MÄNNERSCHULE. Lustspiel in drey Abtheilungen von Moliere. Bearbeitet von Fr. H. Bothe. *Mannheim, Löffler,* 1822, in-8.

Traduction libre en vers de l'*École des maris,* par Fr. H. Bothe.

734. DIE SCHULE DER EHEMÄNNER. Lustspiel in 5 Aufzügen von Moliere, übersetzt von Emilie Schröder. *Leipzig, Ph. Reclam jun.,* 1870, gr. in-16 de 41 pp.

Traduction de la même comédie, par E. Schröder. *Universal-Bibliothek,* t. 238.

735. DAS LANDMÆDCHEN ODER WEIBERLIST GEHT ÜBER ALLES, ein Lustspiel in 4 A. nach Wycherley und Moliere, von Bernh. Cristopher d'Arien. *Schwerin und Weimar, Bödner*, 1794, in-8.

> La Jeune provinciale, ou la Ruse féminine surmonte tous les obstacles, imitation anglo-germanique de *l'École des Femmes*, par B.-Chr. d'Arien. Réimprimée dans *Sammlung von Schauspielen für Hamburgs Theater;* Schwerin und Weimar, Bödner, 1790-94, 4 vol. in-8.
>
> Une première traduction de *l'École des Femmes* avait déjà été publiée, sous le voile d'anonyme, à Berlin, 1752, in-8.

736. DIE SCHULE DER FRAUEN, ein Lustspiel in 5 Aufzügen, frey doch treu übersetzt in Knittelversen, von A. von Kotzebue. *Leipzig, Kummer,* 1805, in-8.

> Imitation de *l'École des femmes,* en vers grotesques; réimprimée dans le t. XII des *Neue Schauspiele* de Kotzebue (*Leipzig,* 1798-1810, 16 vol. in-8), et dans le tome XXX de ses Œuvres complètes (*Leipzig,* 1828, 44 vol. in-8, fig.).

737. DIE SCHULE DER FRAUEN. Lustspiel in 5 Aufzügen von Moliere. Aus dem Französischen von H. Döring. *Zwickau, Gebr. Schumann,* 1827, in-16, fig.

> Traduction de *l'École des Femmes*, par H. Döring.

738. DIE PLAGEGEISTER. Lustspiel mit Ballet in 3 Aufzügen, nach Moliere's *les Fâcheux. Oldenburg, Schultze,* 1855, in-16 de xv-76 pp.

739. MOLIERE'S SÄMMTLICHE SCHAUSPIELE. Taschenausgabe mit Moliere's Portrait. *Gotha,* 1826, in-12.

> Il n'a été publié, de cette édition, que la *Vie de Molière*, et le *Mariage forcé* (*Die Parforce-Heirath*).

740. DER MENSCHENFEIND, ein Schauspiel aus dem Französischen (von F. Kepner). *Wien,* 1775, in-8.

> Traduction-imitation du *Misanthrope*, par F. Kepner.

741. DER MENSCHENFEIND. Fünfactige Komödie in Versen von Moliere. Uebersetzt von H. Kayser. *Delitzsch, Pabst,* 1867, in-4 de 24 pp.

> Il y a une traduction allem. du *Misanthrope,* par W. de Lüdemann.

742. HANS WURST DOCTOR NOLENS VOLENS. Posse nach Moliere (von Dr W. Christ. Sigm. Mylius). *Frankfurt a. M., Flittner*, 1778, in-8.

Traduction ou plutôt imitation du *Médecin malgré lui*.
Le même traducteur avait fait, avec Christophe d'Arien, une imitation des *Fourberies de Scapin*, sous ce titre bizarre : So prellt man alte Füchse oder Wurst wider Wurst, Posse mit Gesängen und Balletten von W. C. S. M. (Mylius); Halle, Hendel, 1776, in-8.

743. DER MUCKER, ODER MOLIERE'S SCHEINHEILIGER BETRÜGER. *Breslau und Leipzig, Dan. Pietsch*, 1748, in-8.

Le Sournois, imitation du *Tartuffe*.

744. MUCKER, ODER DER SCHEINHEILIGE BETRÜGER. Lustspiel in fünf Aufzügen nach Moliere. *Frankfurt und Leipzig*, 1756, in-8.

745. DER TARTÜFFE. Lustspiel. *München, Fleischmann*, 1784, in-8.

746. DER BETBRUDER, ein Lustspiel in 5 Aufzügen nach Moliere's *Tartuffe*, frey übersetzt (von Friedr. Helene Unger). *Berlin, Unger*, 1787, in-8.

Traduction libre du *Tartuffe*.

747. DER HEUCHLER. Lustspiel in fünf Akten aus dem Französischen von Moliere. *Wien, Wallishausser*, s. d. (vers 1810), in-8.

Le Caffard (Tartuffe).

748. MUFFEL, ODER DER SCHEINHEILIGE. Lustspiel in fünf Aufzügen nach Moliere (von L. W. Baron von Nicolay). *Wiburg*, 1819, gr. in-8.

749. TARTÜFF. Lustspiel in fünf Aufzügen von Moliere. Uebersetzt von Dr. W. A. Langenbeck. *Zwickau, Gebr. Schumann*, 1821, in-16.

Cette traduction se trouve aussi dans le tome III de la *Taschen-Biblioth. der ausländischen Klassiker* (Zwickau, 1829-33, 239 vol. in-16).

750. TARTÜFFE, ODER DER SCHEINHEILIGE. Lustspiel in 5 Aufzügen von Moliere.

Autre traduction, publ. par L. W. Bothe dans la 95e livraison (t. XII) du *Bühnen-Repertoir des Auslandes* (Berlin, 1837-45, pet. in-4).

751. DER TARTÜFF. Lustspiel in 5 Aufzügen von Moliere, im Versmaass des Originals übertragen mit Einleitung und Commentar von A. Laun. *Oldenburg, Schmidt,* 1855, in-8 de 178 pp.

Réimprimé dans *Molière's Charakter-Komödien;* Hildburghausen, 1865, in-8 (voy. plus haut, au n° 727).

752. MOLIERE'S TARTÜFFE. Lustspiel in 5 Aufzügen, in deutschen Jamben übertragen von A. Otto-Walster. *Leipzig, Voigt und Günther,* 1858, in-16 de 126 pp.

753. MOLIERE'S TARTÜFFE. Charakter-Lustspiel in 5 Akten, übersetzt von Carl Grunert. *Stuttgart, Kröner,* 1863, in-8 de v-157 pp.

Réimprimé dans : *Classische Theater-Bibliothek aller Nationen* (Stuttgart, Hoffmann, 1868, gr. in-16), t. XIV, de vii-80 pp.

754. MOLIERE'S TARTÜFFE. Komödie in 5 Aufzügen. Deutsch von E. Schröder. Bevorwortet von Prof. Dr H. Th. Rötscher. *Leipzig, Ph. Reclam jun.,* 1868, gr. in-16 de 74 pp.

Universal-Bibliothek, t. 74.

755. AMPHITRYON. Lustspiel in fünf Aufzügen nach Moliere. Uebersetzt von Henri von Kleist. Herausgegeben von Adam H. Müller. *Dresden, Arnold,* 1807, in-8. — Nouv. édit., *ibid.,* 1818, in-8.

756. DER GEITZIGE. Lustspiel in fünf Akten. Aus dem Französischen (von F. Kepner). *Wien,* 1775, in-8.

Traduction de *l'Avare,* par F. Kepner.

757. DER GEIZIGE. Lustspiel in 5 Akten, von Moliere, übersetzt von F.-A. Krais. *Stuttgart, Hofmann,* 1867, gr. in-16 de 48 pp.

Autre traduction de *l'Avare,* par F.-A. Krais. *Classische Theater-Bibliothek aller Nationen,* t. II.

758. DER GEITZIGE, übersetzt von Hofrath Dingelstedt.

Cette traduction de l'*Avare,* due au conseiller aulique Dingelstedt, actuellement intendant des théâtres de la cour à Vienne, fait partie du répertoire courant des théâtres de l'Allemagne. On la jouait à Dresde, le 28 octobre 1874. Nous ne savons si elle a été imprimée.

759. DER ADELSÜCHTIGE BÜRGER. Eine Posse mit Tanz untermischt, nach Molliere (von Friedrike Hel. Unger). *Berlin, Unger,* 1788, in-8.

<small>Le Bourgeois gentilhomme, traduit par M° Hél. Unger, sous ce titre : *le Bourgeois avide de noblesse.*</small>

760. DIE BELESENEN JUNGFERN. Posse in 1 Aufzuge nach Moliere (von J.-G. Dyck). *Leipzig, Dyck,* 1789, in-8.

<small>Les *Femmes savantes,* mises en farce et réduites en un acte, par J.-G. Dyck.</small>

761. DIE GELEHRTEN WEIBER. Lustspiel in fünf Aufzügen von Moliere. Nach dem Französischen (von L.-W. Baron von Nicolay). *Leipzig, Kummer,* 1817, in-8.

<small>Les *Femmes savantes,* traduites par le baron L.-W. de Nicolay.</small>

762. DIE GELEHRTEN FRAUEN. Lustspiel in 5 Aufzügen von Moliere, ins Deutsche übertragen mit Einleitung und Noten von A. Laun. *Bremen, Schünemann,* 1854, in-8 de 119 pp.

<small>La même comédie, traduite par A. Laun.</small>

763. DIE GELEHRTEN FRAUEN, von Moliere, übersetzt von Malvine Gräfin Maltzan. *Leipzig, Ph. Reclam jun.,* 1869, gr. in-16 de 60 pp.

<small>La même comédie, traduite par la comtesse Maltzan. *Universal-Bibliothek,* t. 113.</small>

764. DIE GELEHRTEN FRAUEN, von Moliere. Bearbeitet von Th. Gassmann. *Stuttgart, Hofmann,* 1870, in-8 de 43 pp.

<small>La même comédie, traduite par Th. Gassmann. *Classische Theater-Bibliothek aller Nationen,* t. LXXI.</small>

765. DER EINGEBILDETE KRANKE. Lustspiel in 3 Akten von Moliere, mit Gesang und Tanz. Uebersetzt von F.-A. Krais. *Stuttgart, Hofmann,* 1868, in-8 de 57 pp.

<small>Le *Malade imaginaire,* traduit par F.-A. Krais. *Classische Theater-Bibliothek aller Nationen,* t. XXXIII.</small>

XII. Traductions en danois [1].

766. J.-B. P. Molieres Udvalgte Skuespil, paa ny fordanskede til Skuepladsens Brug ved K. L. Rahbek, Prof. og Theater-Directeur, Ridder af Dannebrogen. Förste Dal. *Kiöbenhavn, paa G. Bonniers Forlag, trykt hos J.-P. Mandra,* 1813 (ou 1814), in-8 de LXXII-358 pp. et 1 f.

Ce *Choix des comédies de Molière,* dont le premier volume a seul paru, contient une *Vie de Molière* (26 pp.) et une Introduction (42 pp.), par Rahbek; puis, la traduction en prose du *Malade imaginaire,* de *l'École des Femmes,* de *Don Juan,* et du *Tartuffe.*

767. Molieres Lystspil, oversatte af B. Arnesen Kall. *Kjöbenhavn,* 1869-70, 3 vol. in-8.

Traduction complète des comédies de Molière, par B. Arnesen Kall.

Le T. Ier contient : 1º *Fusentasten* (l'Étourdi); 2º *Elskovshede-Elskovsvrede* (Ardeur d'amour, Colère d'amour, c'est-à-dire le Dépit amoureux); 3º *Spidslærkerne* (les Précieuses ridicules); 4º *Sganarel, eller den indbildte Hanrei* (Sganarelle); 5º *Ægtemandsskolen* (l'École des maris); 6º *Plageeander* (les Fâcheux); 7º *Hustruskolen* (l'Ecole des femmes); 8º *Hustruskolen Kritik* (Critique de l'École des Femmes); 9º *Paa staaende Fod i Versailles* (l'Impromptu de Versailles).

Le T. IIe contient : 10º *Det tvungne Giftermaal* (le Mariage forcé); 11º *Don Juan, eller Steengjæsten* (Don Juan ou le Festin de pierre); 12º *Doktor Kupido* (l'Amour médecin); 13º *Misanthropen;* 14º *Doktoren mod sin Villie* (le Médecin malgré lui); 15º *Tartufe;* 16º *Amfitryon;* 17º *George Dandin.*

Le T. III : 18º *Harpagon* (l'Avare); 19º *Hr. de Pourceaugnac;* 20º *Hr. Jourdains honette Ambition* (l'Honnête Ambition de M. Jourdain); 21º *Scapins Skalkestykker* (les Fourberies de Scapin); 22º *Grevinde d'Escarbagnas;* 23º *De lærde Damer, eller Blaastromperne* (les Femmes savantes ou les Bas-Bleus); 24º *Den indbildte Syge* (le Malade imaginaire).

768. Fusentast, eller Den som fordærver god Leeg,

---

[1] M. Thor Sundby, de Copenhague, a bien voulu recueillir les éléments de cette bibliographie danoise. Il les a réunis en une petite brochure, imprimée, comme manuscrit, à 75 exemplaires, sous ce titre : *Molière i Danmark. Bidrag til en dansk Molière-Bibliografi.* (*Udarbejdet til Paul Lacroix: Bibliographie moliéresque.*) Af Thor Sundby. Trykt som Manuskript. *Kjöbenhavn, Andr. Fred. Host och Son,* 1874, in-8.

Comœdie oversat af *l'Étourdi*. *Kjöbenhavn*, 1723, in-12 de 96 pp.

L'Étourdi, ou *Celui qui gâte son beau jeu*, trad. par le justicier Did. Sekmann (?).

769. LE DÉPIT AMOREUX (*sic*), ELLER DEN KJÆRLIGE FORBITTRELSE, Comœdie. *Kjöbenhavn*, 1724, in-12 de 93 pp.

Traduction attribuée, comme la précédente, au justicier Sekmann.

770. DE LATTERLIG PENE JOMFRUER.

Traduction des *Précieuses ridicules*, insérée dans le recueil intitulé : *Skuespil til Brug for den danske Skueplads* (Répertoire du Théâtre danois, T. X, pp. 425-474) ; Kjöbenhavn, 1786, in-8.

771. DEN INDBILDTE HANREY. Et Syngespil i 3 Handlinger, med nogle Forandringer, efter Moliere. *Kjöbenhavn*, 1779, in-8 de 55 pp.

Traduction libre du *Cocu imaginaire*, par H. Schönheyder.

772. MÆNDENES SKOLE.

Traduction de *l'École des maris*, par le justicier Sekmann. Elle a été publiée dans les *Skuespil til Brug for den danske Skueplads* (T. VIII, pp. 315-380) ; Kjöbenhavn, 1783, in-8.

773. MÆNDENES SKOLE.

Traduction de la même comédie, dans le Manuel (*Lommebog*) de l'instructeur Schwartz pour 1786 ; elle n'est pas citée dans M. Sundby, mais nous en avons trouvé l'indication dans l'introduction de Rahbek.

774. FRUENTIMMERETS-SKOLE, oversat af Molieres *l'École des femmes*. Comedie i 5 Acter. *Kjöbenhavn*, 1724, in-12 de 96 pp.

Traduction de *l'École des femmes*, attribuée au justicier Sekmann.

775. FRUENTIMMSKOLEN.

Autre traduction, insérée dans le Manuel (*Lommebog*) de l'instructeur Schwartz pour 1786 ; elle ne figure pas dans la Bibliographie de M. Sundby.

776. FRUENTIMMER-SKOLEN, oversat af Th. Overskou. *Kjöbenhavn*, 1847, in-8 de 46 pp.

Traduction nouvelle, imprimée dans le recueil intitulé : *Det Kongelige Theaters Repertoire*, T. VII, n° 162.

777. DET TVUNGNE GIFTERMAAL.

    Traduction du *Mariage forcé*, par Chr. Magn. de Falsen, insérée dans le recueil : *Skuespil til Brug for den danske Skueplads* (T. VI, pp. 489-532); Kjöbenhavn, 1780, in-8.

778. DET TVUNGNE GIFTERMAAL, oversat af Th. Overskou. *Kjöbenhavn, Gandrup,* 1854, in-8.

    La même comédie, trad. de Th. Overskou.

779. DON JUAN, ELLER DEN UGUDELIGE.

    Traduction publiée dans le recueil : *Skuespil til Brug for den danske Skueplads* (T. IV, pp. 261-360; Kjöbenhavn, 1778, in-8), et dont l'auteur est B.-J. Lodde.

780. DON JUAN, ELLER STEENGJÆSTEBUDET, oversat af Th. Overskou. *Kjöbenhavn,* 1844, in-8 de 23 pp.

    Traduction de *Don Juan*, par Th. Overskou, imprimée dans le recueil : *Det Kongelige Theaters Repertoire*, t. VII, n° 152.

781. LE MISANTHROPE, en Comoedie paa 5 Acter, skreven af J.-B. P. Moliere, og oversat paa danske Vers af A. L. *Kjöbenhavn,* 1749, in-8 de 80 pp.

    Traduction en vers, par A. L.

782. DOCTOREN MOD SIN VILLIE, oversat af Th. Overskou. *Kjöbenhavn,* 1842, in-8 de 16 pp.

    Traduction du *Médecin malgré lui*, par Th. Overskou, imprimée dans le recueil : *Det Kongelige Theaters Repertoire*, t. VI, n° 141.

783. SICILIANEREN, ELLER KIERLIGHED SKILDRER. *Kjöbenhavn,* 1749, in-8 de 40 pp.

    Le Sicilien ou l'Amour peintre, trad. par C.-M. Falsen.

784. TARTUFFE, ELLER DEN SKINHELLIGE, Comoedie i 5 Acter. *Kjöbenhavn,* 1724, in-8 de 88 pp. — Nouv. édit., avec addition d'une Préface, *ibid.*, 1747, in-8 de 79 pp.

    Traduction du justicier Sekmann.

785. Den IV. Act V. Scene af Molieres TARTUFFE, ELLER SKIN-HELLIGE. *Kjöbenhavn,* 1741, in-fol. de 15 pp.

    V^e scène du IVe acte de *Tartuffe*, trad. par Joh. Wibe von der Osten. Le texte français se trouve en regard de la traduction.

786. TARTUFFE.

> Traduction insérée dans le Manuel (*Lommebog*) de l'instructeur Schwartz pour 1786. Elle n'est pas citée par M. Sundby.

787. TARTUFFE, ELLER DEN SKINHELLIGE, oversat af Alfred Flinch. *Kjöbenhavn,* 1870, in-8 de 48 pp.

> Autre traduction, par A. Flinch, imprimée dans le recueil : *Det Kongelige Theaters Repertoire,* t. VIII, n° 199.

788. TARTUF, versificeret Comedie i 5 Acter af Molière, oversat af H. Larpent. *Aalborg,* 1871, in-8 de 102 pp.

> Autre traduction, par H. Larpent.

789. AMPHITRYON. *S. l. n. d.*, in-12 de 72 pp.

> Traduction due au justicier Sekmann. M. Sundby croit qu'elle a été publiée à Copenhague en 1724. Rahbek la cite avec les indications suivantes : *Phönixberg, paa Hieronymus Paulis Forlag,* 1723 et 1724.

790. Comoedie kaldet AMPHITRYON udi 3de Acter. Efter den forige danske Version, men bliver i Henseende til visse Ord og Talemaader forandret ved Forestillelsen paa den danske Skue-Plads udi Kjöbenhavn. *Kjöbenhavn,* 1748, in-8 de 84 pp.

> Reproduction de la traduction précédente, avec changements et corrections pour la représentation.

791. Comedie om GAMLE JENS GNIER, ELLER PENGE-PUGER, oversat til det Danske Theatri Brug efter det bekandte Franske Stykke, af Molieres, kaldet *l'Avare. Kjöbenhavn,* 1724, in-8 de 140 pp.

> *Le vieux Jean Ladre ou l'Amasseur d'argent* (l'Avare).

792. DEN GJERRIGE, ELLER GNIEREN. *Kjöbenhavn,* 1756, in-8 de 128 pp.

> *L'Avare ou le Ladre,* traduit par B.-J. Lodde.

793. GNIEREN, Comedie i fem Acter af J.-B. P. Molière. Paa ny fordansket til Skuepladsens Brug af K. L. Rahbek. *S. l. n. d.,* in-8 de 102 pp.

> *L'Avare,* traduit par Rahbek.

794. DEN GJERRIGE, oversat af Th. Overskou. *Kjöbenhavn,* 1841, in-8 de 30 pp.

Autre traduction de *l'Avare*, imprimée dans le recueil : *Det Kongelige Theaters Repertoire*, t. VI, n° 129.

795. Comoedie om den HOY-ADELIGE BORGERMAND, oversat til det Danske Theatri Brug efter det bekandte Franske Stykke, af Molieres, kaldet *le Bourgeois gentilhomme*. *Kjöbenhavn,* 1725, in-8 de 113 pp.

796. DEN ADELSGALE BORGER, oversat af Th. Overskou. *Kjöbenhavn,* 1846, in-8 de 27 pp.

Autre traduction du *Bourgeois gentilhomme,* par Th. Overskou, imprimée dans le recueil : *Det Kongelige Theaters Repertoire,* t. VII, n° 157.

797. SKAPINS SKALKESTYKKER.

Traduction des *Fourberies de Scapin,* insérée dans le recueil : *Skuespil til Brug for den danske Skueplads* (T. XI, pp. 143-234); Kjöbenhavn, 1787, in-8.

798. SKAPINS SKALKESTYKKER, oversat af Th. Overskou. *Kjöbenhavn,* 1841, in-8 de 22 pp.

La même comédie, traduite par Th. Overskou, imprimée dans le recueil : *Det Kongelige Theaters Repertoire,* t. VI, n° 135.

799. DE LÆRDE DAMER, Komedie paa rimede Vers i fem Akter af Molière, oversat af Dr. H. Schou. *Kjöbenhavn,* 1863, in-8 de 136 pp.

Les Femmes savantes, trad. par le Dr. Schou.

800. DEN INDBILDTE SYGE, i en Comoedie udi 3 Acter. *Kjöbenhavn,* 1747, in-8 de 136 pp. — Nouv. édit., *ibid.*, 1753, in-8 de 136 pp.

Le Malade imaginaire, trad. par Chr. Schmidt.

801. DEN INDBILDTE SYGE, oversat af Th. Overskou. *Kjöbenhavn,* 1849, in-8 de 24 pp.

La même comédie, traduite par Th. Overskou, imprimée dans le recueil : *Det Kongelige Theaters Repertoire,* t. VII, n° 168.

XIII. Traductions en suédois.

802. SMÅSTADS-FRUNTIMREN, ELLER SOM MAN ÄR KLADD, SÅ BLID MAN HÄD. Komedi i en Akt, efter Moliere's : *les Précieuses ridicules*. Stockholm , *Elmén och Granberg*, 1824, in-8 de 1 f. et 42 pp.

Sällskaps-Theatern, t. 1, 4e partie.

803. L'ÉCOLE DES MARIS, ELLER MANNS SCHOLAN. Comoedia uti tre Acter. Öfwersatt af Fransöskan. *Stockholm, tryckt hos Lorentz L. Grefing*, År 1741, in-4 de 72 pp.

Traduction de C. Knöppel, souvent représentée à Stockholm pendant le siècle dernier. La 1re représentation en fut donnée au théâtre du Jeu de Paume, en novembre 1749.

804. SKOLA FÖR ÄKTA MÄN. Komedi på vers i tre akter af Moliere. Öfversatt af G. W. Blachet. *Stockholm, P. A. Norsted och Söner*, 1870 (?), in-8.

Nouvelle traduction de *l'École des maris*, représentée à Stockholm, sur le théâtre de l'Opéra, le 11 février 1856 ; reprise en 1862.

805. LES FACHEUX, ELLER DE FÖRTRETELIGE. Lust-Spel uti tre Öpningar. Ifrån Fransöskan öfwersatt, och forestält på Swenska Skåde-Platzen i Stockholm, Åhr 1740. *Stockholm tryckt Lorenz Ludewig Grefing*, 1741, in-4 de 40 pp.

Traduction de C. Knöppel. Elle a été reprise sur le théâtre de la Houblonnière (Humlegården), le 26 mai et le 16 août 1775.

806. QVINNOSKOLAN, ELLER DEN ENFALDIGA AGNES, Komedia på vers uti fem Akter af Moliere, öfversatt af G. Palmfelt.

Traduction de *l'École des femmes*, représentée pour la première fois sur le théâtre du Jeu de paume, à Stockholm, en 1738 ; reprise plusieurs fois depuis.

807. DEN LISTIGA ENFALDIGHETEN, lustspel fritt öfversatt af Moliere.

La Simplicité rusée, traduction libre de *l'École des femmes*, représentée en 1788 et 1789.

808. LE MARIAGE FORCÉ, ELLER DET TWUNGNA GIFFTERMÅLET, förestallt i en lustig Comedie, af Herr Moliere, och

nu ifrån Fransöskan på Swenska öfwersatt af Ancredin. *Stockholm, tryckt hos Benj. Gottlieb Schneider*, 1733, in-8 de 48 pp.

> Ancredin est le pseudonyme anagrammatisé d'A. Nicander. Cette traduction a été jouée 38 fois, de 1768 à 1790.

809. LE FESTIN DE PIERRE, ELLER DET STRAFFADE ÖFWERDÅDET, Comedia i fem Öpningar såsom den utur Moliere på Kongl. Swenska Theatren är förestäld uti Maji Månad 1739. *Stockholm, tryckt hos Carl Johansson Röpke* (1739), in-4 de 78 pp.

> Cette traduction est de Jean Ehrenström, ou de B. Hildon.

810. DER MAN TAGIT SOT SKALL MAN TAGA BOT, dramat. skämt i 3 indelningar af Moliere, fritt öfversatt af S. Callerholm.

> Traduction libre de *l'Amour médecin*, représentée, sur le théâtre de la Houblonnière (Humlegården), le 7 septembre 1859 et le 28 juin 1860.

811. MISANTROPEN, Komedi af J. B. P. de Moliere. Öfversättning af Carl G. Waldström. *Örebro, Lindh*, 1816, in-8 de 3 ff., 92 pp. et 1 f.

> Traduction en vers, dédiée à Julie Löwenskjöld, née Coijet. Trois scènes avaient été publiées d'abord dans les Några Stunder vid lyran (Örebo, 1816, in-8, tome I, pp. 8-30).

812. LÄKAREN MOT SIN VILJA, komedia i tre akter af Moliere, öfversatt af J. D. Valerius.

> Traduction du *Médecin malgré lui*, représentée, le 28 octobre 1801, au théâtre de l'Arsenal, à Stockholm.

813. LÄKAREN MOT SIN VILJA, komedia i tre akter af Moliere, öfversatt af A. Lindeberg.

> Nouvelle traduction de la même pièce, représentée à Stockholm sur le Petit Théâtre, le 13 décembre 1842 et le 26 février 1843.

814. LÄKAREN MOT SIN VILJA, komedia i tre akter af Moliere, öfversatt af L. Granberg.

> Troisième traduction du *Médecin malgré lui*, représentée, sur le Petit Théâtre de Stockholm, le 23 avril 1860 et le 12 avril 1863.

815. MELICERTA. Herda-Spell uti tre Öpningar. *Stockholm, tryckt hos Lars Salvius*, 1750, in-8 de 46 pp., 8 ff. et 1 f. blanc.

Cette pièce, qui paraît imitée de la pastorale de Molière, est d'A. M. Sahlstedt.

816. LE TARTUFFE, ELLER DEN SKENHELIGE, Comœdia uti fem Acter, af den namnkunnige Molliere, på den Fransöska Skådeplatzen aldraförst förestäld, och nu af Fransöskan förswenskad. Åhr 1730. *Stockholm, tryckt uti Historiogr. Regni Truckerij af Hartwig Gercken*, 1731, in-8 de 112 pp. et 2 ff.

L'auteur de cette traduction est Magn. Lagerström.

817. TARTUFFE, Comedie af Moliere i fem acter, på vers. Öfversatt af J. Remmer. Uppförd på Kongl. Mindre Theatern, 1820. *Stockholm, Grahn*, 1821, in-8 de 2 ff. et 99 pp.

Traduction en vers, souvent représentée sur divers théâtres de Stockholm, de 1820 à 1853.

818. AMPHITRION, ELLER DEN DUBBLA HERREN MED DEN DUBBLA DRÄNGEN, komedia på vers i 3 öpningar, med prolog, af Moliere.

Traduction, représentée, pour la première fois, sur le théâtre du Jeu de paume (*Bollhus*), à Stockholm, le 15 novembre 1745; reprise, sur le théâtre de Bergstrahl, le 2 janvier 1769. C'est probablement l'œuvre du comédien Pierre Palmberg.

Une autre traduction de la même pièce, par P. Rudin, a été jouée, le 21 janvier 1786 et le 27 juillet 1787, sur le théâtre du Munkbronn.

819. MARCUS WIMMERBERG, Komedia i tre akter af Moliere, imit. af A. F. Ristell.

Imitation de *Georges Dandin*, représentée à Stockholm le 4 décembre 1787; reprise en 1810.

820. L'AVARE, ELLER DEN GIRIGE, Comœdia uti fem Acter af den namnkunnige Molliere, på den Fransöska Theatren aldraförst förestäld, och nu af Fransöskan förswenskad. *Stockholm, tryckt uti Historiogr. Regni Tryckerij af Hartwig Gercken*, 1731, in-8 de 112 pp.

Traduction de Magn. Lagerström. Cette comédie a été reprise sur le théâtre de la Houblonnière (Humlegården), le 2 octobre 1775.

821. Den Girige, föreställd i en Comedia, eller Skåde-Spehl, af Moliere. *Carls-Crona, tryckt hos Frantz Phil. Paulssen,* s. d. (vers 1735), in-8 de 96 pp.

Autre traduction de *l'Avare*.

822. Den Girige, komedia i fem akter af Moliere, öfversatt af H. A. Kullberg.

Autre traduction, représentée sur le théâtre de l'Arsenal, à Stockholm, le 14 octobre 1806; reprise sur divers théâtres, en 1807, 1829, 1840, 1843 et 1849.

823. Den Girige, öfversatt af L. Granberg.

Nouvelle traduction, représentée sur le Petit Théâtre, à Stockholm, en 1858 et en 1862.

824. Den Girige, öfversatt af M. Schück.

Dernière traduction, représentée à Stockholm, sur le théâtre de l'Opéra, en 1863.

825. Psyches Sång-åkk frögdespel afhandlat på dän Svänska Theatren uti Stockholm 1689 dän (?) October, skrifven af Fredr. Th. Bergman.

Cette *Psyché* existe en manuscrit dans la bibliothèque de l'Université de Lund (collection de la Gardie). Nous croyons, sans pouvoir l'affirmer, que c'est une simple traduction de la pièce de Molière.

826. Herr de Pourceaugnac, eller den bedragne Landtjunkaren, komedia blandad med sång i 3 öppningar af Moliere öfversatt.

Traduction, représentée, le 26 mai 1778, sur le théâtre de la Houblonnière, à Stockholm; reprise, de 1781 à 1785, sur divers théâtres.

827. Caracter-Listnaden, eller den rangsjuke Borgaren, komedia i 3 öpningar, af Holberg.

Imitation du *Bourgeois gentilhomme*, d'après la pièce danoise de Holberg (*Den honette Ambition*): représentée sur le théâtre de Bergstrahl, le 1er décembre 1768; jouée sur divers autres théâtres, avec plusieurs changements de titre, en 1769, 1774 et 1775.

828. Den välboren Borgaren, komedia i tre Acter af Moliere, imit. af C. Envallsson.

Imitation du *Bourgeois gentilhomme*, jouée à Stockholm, le 12 avril 1783.

829. BORGAREN ADELSMANN, komedia i tre Akter af Moliere, öfversatt af L. Granberg.

Traduction du *Bourgeois gentilhomme*, jouée à Stockholm, le 17 mai 1859.

830. LES FOURBERIES DE SCAPIN, ELLER MICKEL ILLPARIG, Comedia uti 3 Acter, öfwersatt af fransyskan, och förestäld på den Kongl. Theatren i Stockholm. Första gången d. 13 Januarii 1741. *Stockholm, tryckt uti det Kongl. Tryckeriet hos Direct. Pet. Momma,* in-4 de 66 pp.

Traduction attribuée à G. Boding, ou à P. A. Bliberg. Elle eut de fréquentes reprises, de 1741 à 1786, dans différents théâtres.

831. HOFRÅDINNAN AF GYLLENHALM, komedia i en akt af Moliere fritt öfversatt af J. C. G. Barfod.

Traduction de la *Comtesse d'Escarbagnas*, représentée le 17 octobre 1788, reprise en 1803.

832. DEN INBILLADE SJUKE, komedia i tre akter, jemte epilogen Doctorspromotionen, af Moliere öfversatt.

Traduction du *Malade imaginaire*, représentée, le 7 décembre 1769, sur le théâtre du Marché-au-Fer (*Theatern vid Jerntorget*), à Stockholm; reprise, en 1770, 1773, 1779, 1782, 1784 et 1785.

833. DEN INBILLADE SJUKE, fritt öfversatt af J. Stjernström.

Nouvelle traduction de la même pièce, représentée sur le Petit Théâtre de Stockholm, le 1er octobre 1857; reprise en 1863.

XIV. Traductions en russe.

834. Комедіи изъ театра Мольера, переведены съ французскаго Иваномъ Кропотовымъ. Часть первая. Москва, 1757, 4 part. en 1 vol. in-8.

Comédies du théâtre de Molière, traduites par Ivan Kropotov. Cette 1re partie, qui n'a pas eu de suite, comprend : *l'Avare, le Tartuffe, l'École des maris,* et *l'École des femmes.*
Chaque pièce a été tirée à part.

835. Комедіи изъ театра Мольера, переведены съ французскаго Иваномъ Кропотовымъ. Часть первая. Москва, s. d. (vers 1800), in-8.

Seconde édition de la traduction de quatre comédies de Molière, par Kropotov.

836. Мнимый Рогоносецъ, комедія въ 1 дѣйствіи въ стихахъ. Сочиненіе Мольера. Перевелъ А. Ротчевъ. Москва, въ типографіи Селиновскаго, 1825, in-8.

Le Cocu imaginaire, traduit par Rotčev.

837. Школа мужей, комедія въ 3 дѣйствіяхъ Моліера. Москва, s. d. (1757), in-8.

L'École des maris, traduite par Ivan Kropotov. Extr. du recueil cité plus haut, n° 834.

838. Школа мужей, комедія въ 3 дѣйствіяхъ Мольера. Переведенная Ив. Кропотовымъ. Изданіе второе. Москва, въ типографіи компаніи типографической, 1788, in-8.

Seconde édition de la même traduction.

839. Школа женъ, комедія въ 5 дѣйствіяхъ Моліера. Москва, s. d. (1757), in-8.

L'École des femmes, traduite par Ivan Kropotov. Extr. du Recueil cité plus haut, n° 834.

840. Школа женъ, комедія въ 5 дѣйствіяхъ Мольера. Переведенная съ французскаго Ив. Кропотовымъ. Изданіе второе. Москва, въ типографіи компаніи типографической, 1781, in-8.

Seconde édition de la même traduction.

841. Принужденная Женитьба, комедія въ 1 дѣйствіи. Сочиненіе Мольера. Переводъ съ французскаго. Москва, въ университетской типографіи, 1779, in-8.

Le Mariage forcé.

842. Хоть тресни, а женись! Комедія въ 1 дѣйствіи, изъ театра Мольера (le Mariage forcé). Вольный переводъ стихами Д. Ленскаго. Москва, 1837, in-8.

Marie-toi, dusses-tu en mourir! (Le Mariage forcé), traduction libre en vers, par D. Lensky.

843. **Женитьба по неволѣ**, комедія въ одномъ дѣйствіи Ж. Б. Мольера. Переводъ Е. Федюкина. Москва, 1871, in-8.

Autre traduction du *Mariage forcé*, par E. Fiediukin.

844. **Донъ-Жуанъ**, комедія въ пяти дѣйствіяхъ Мольера. Переводъ М. Родиславскаго. Изд. Община Любителей русск. Словесности. Москва, 1871, in-8.

Traduction de *Don Juan*, par M. Rodislavsky, publiée par la Société des Amis de la littérature russe.

845. **Мизантропъ или Нелюдимъ**, комедія въ 5 дѣйствіяхъ. Сочиненіе Мольера. Переводъ съ французскаго И. Е. Москва, въ типографіи компаніи типографической, 1788, in-8.

Traduction du *Misanthrope*, par I. E.

846. **Мизантропъ**, комедія въ 5 дѣйствіяхъ. Сочиненіе Мольера. Перевелъ съ франц. стихами Ѳедоръ Кокошкинъ. Москва, въ университетской типографіи, 1816, in-8.

Le *Misanthrope*, traduit en vers, par Fedor Kokoškin.

847. **Мизантропъ**, комедія въ 5 дѣйствіяхъ Мольера. Собраніе стихотвореній Василія Курочкина. Новое изданіе. Санктпетербургъ, 1869, 2 vol. in-8.

Le *Misanthrope*, traduit dans le t. II du *Recueil de poésies* de Basile Kuročkin.

848. **Лѣкарь по неволѣ**, комедія въ 3 дѣйствіяхъ. Сочиненіе Мольера. Переводъ съ французскаго. Москва, въ университетской типографіи, 1788, in-8.

Le *Médecin malgré lui*.

849. **Сициліянецъ**, комедія въ 1 дѣйствіи. Сочиненіе Мольера. Переводъ съ французскаго. Санкт-Петербургъ, 1755, in-12.

Le *Sicilien*.

850. **Сициліянецъ**, комедія въ 1 дѣйствіи. Сочиненіе Мольера. Переводъ съ французскаго. Изданіе Второе.

Москва, въ университетской типографіи, 1788, in-8.

Seconde édition de la même traduction.

851. Тартюфъ, комедія въ 5ти дѣйствіяхъ Мольера. Москва, s. d. (1757), in-8 de 112 pp.

Le *Tartuffe*, trad. par Ivan Kropotov. Extrait du recueil cité plus haut, n° 834.

852. Тартюфъ, или Лицемѣръ, комедія въ 5 дѣйствіяхъ Мольера, переведенная съ французскаго Ив. Кропотовымъ. Изданіе второе. Москва, въ типографіи компаніи типографической, 1788, in-8.

Seconde édition de la traduction du *Tartuffe*, par Ivan Kropotov.

853. Ханжаевъ, или Лицемѣръ, комедія въ 5 дѣйствіяхъ. Сочиненіе Мольера. Переводъ съ франц. стихами. Москва, въ типографіи Люва, 1809, in-8.

Autre traduction en vers du *Tartuffe*.

854. Тартюфъ, комедія въ 5ти дѣйствіяхъ въ стихахъ Мольера. Перевелъ В. Казадаевъ. Парижъ, въ типографіи Ж. Туна, 1864, in-12 de 88 pp.

Nouvelle traduction, par V. Kazadaïev.

855. Тартюфъ или Лицемѣръ, комедія въ 5 дѣйствіяхъ въ стихахъ Мольера. Переводъ В. А. Коладаева. Съ французскимъ и русскимъ текстами. Изданіе второе. Москва, 1867, in-8.

Seconde édition de la même traduction.

Nous extrayons cette indication du *Catalogue de livres russes de la librairie Bazunov*, publié par V.-I. Méjov (Систематическій Каталогъ русскимъ книгамъ продающимся въ книжномъ магазинѣ Александра Федоровича Базунова. Составилъ В. И. Межовъ. С.-Петербургъ, 1869, in-8, n° 11,734); mais nous croyons qu'il faut lire, comme nom d'auteur, *Kazadaïev*, au lieu de *Koladaïev*, et que cette traduction, donnée d'ailleurs comme une seconde édition, n'est que la réimpression de l'édition publiée à Paris en 1864.

856. Тартюфъ, или Ханжа, комедія въ 5 дѣйствіяхъ Ж. Б. Мольера. Перевелъ Е. Федюкинъ. Москва, 1870, in-8.

Autre traduction, par E. Fiediukin.

857. Амфитріонъ, комедія въ 3 дѣйствіяхъ. Сочиненіе Моліера. (Перевелъ съ французскаго Петръ Свистуновъ.) Санкт-Петербургъ, 1768, in-8.

Amphitryon, traduit par Pierre Svistunov.

858. Амфитріонъ, комедія въ 3 дѣйствіяхъ. Сочиненіе Мольера. Переводъ съ французскаго. Изданіе второе. Москва, 1788, in-8.

Seconde édition de la même traduction.

859. Жоржъ Дандинъ, или въ смятеніе приведенный Мужъ, комедія въ 3 дѣйствіяхъ. Сочиненіе Мольера. Переводъ съ французскаго Ив. Чаадаева. Москва, въ университетской типографіи, 1775, in-8.

Georges Dandin, traduit par Ivan Čaadajev.

860. Жоржъ Дандинъ, или въ смятеніе приведенный Мужъ, комедія въ 3 дѣйствіяхъ. Сочиненіе Мольера. Переводъ съ французскаго Ив. Чаадаева. Москва, въ типографіи компаніи типографической, 1788, in-8.

Seconde édition de la même traduction.

861. Скупой, комедія въ 5ти дѣйствіяхъ Мольера. Москва, s. d. (1757), in-8.

L'Avare, traduit par Ivan Kropotov. Extr. du recueil cité plus haut, n° 834.

862. Скупой, комедія въ 5 дѣйствіяхъ Мольера, переведенная съ французскаго Иваномъ Кропотовымъ. Изданіе второе. Москва, въ типографіи компаніи типографической, 1788, in-8.

Seconde édition de la même traduction.

863. Скупой, комедія въ 5 дѣйствіяхъ. Сочиненіе Мольера. Вновь переведенная съ французскаго Д. Сиговымъ. Москва, 1832, in-8.

Autre traduction, par D. Sigov.

864. Мѣщанинъ во дворянствѣ, комедія въ 5 дѣйствіяхъ съ балетомъ. Сочиненіе Мольера. Переводъ съ

французскаго П. Свистунова. Москва, въ университетской типографіи, 1788, in-8.

Le Bourgeois gentilhomme, traduit par P. Svistunov.

865. Скапиновы Обманы, комедія въ 3 дѣйствіяхъ Мольера. Переводъ съ французскаго Ив. Смирнова. Москва, въ университетской типографіи, 1803, in-8.

Traduction des *Fourberies de Scapin*, par Ivan Smirnov.

866. Плутни Скапена, комедія въ трехъ дѣйствіяхъ Жана Баптиста Мольера. Новый переводъ Е. Федюкина. Москва, 1871, in-8.

Autre traduction, par E. Fiediukin.

867. Любовь Доктора, комедія съ балетами. Сочиненіе Мольера. Переводъ съ французскаго. Москва, въ университетской типографіи, 1802, in-8.

L'Amour du médecin (Le Malade imaginaire).

XV. Traductions en serbo-croate.

Joseph Betondić (m. en 1764) et François Jorgo (1706-1771) firent représenter à Raguse, vers le milieu du xviiie siècle, plusieurs pièces de Molière traduites en serbe. Voy. Appendini, *Notizie istorico-critiche sulle antichità, storia et letteratura de' Ragusei*; Ragusa, 1803, 2 vol. in-4, t. II, pp. 247 sq. et 291.

Les pièces de théâtre de Marino Tudisi, représentées à Raguse quelques années plus tard, sont pour la plupart des imitations de Molière. Voici comment Safařík (*Geschichte der südslawichen Literatur*; Prag, 1864-65, II, p. 179), s'exprime au sujet de Tudisi :

« Ce poëte instruit et mordant, le dernier qui s'efforça de sauver d'une décadence complète le théâtre illyrien de Raguse, crut ne pouvoir mieux faire que d'arranger les pièces de Molière et de les accommoder au goût national. Ses comédies furent accueillies sur la scène avec enthousiasme, bien que quelques-uns lui fissent le reproche de remplacer souvent les traits délicats du maître français par des pointes populaires et grossières. On put croire que Tudisi inaugurerait pour le théâtre slave à Raguse une nouvelle ère glorieuse, mais ce n'étaient que les derniers accents de Melpomène et de Thalie qui s'éloignaient pour jamais. » E. P.

868. Помодарка, шаљива игра у 1 радњи, Молијера, с немачког превео Л. Телечки.

La Femme à la mode (Les Précieuses ridicules), trad. sur l'allemand, par L. Telečki. Traduction représentée à Novi Sad, 1862, mais non imprimée.

Voy. Позорпште (*le Théâtre*), journal paraissant à Novi Sad (Neusatz, Ujvidék), en Hongrie, 1874, p. 13.

869. **Сплеткашевнћ**, шаљива игра у I рады-ы од Молијера, по немачком прерадио Л. Телечки.

Sganarelle, trad. sur l'allemand, par L. Telečki. Traduction représentée à Novi Sad en 1862, mais non imprimée.
Позорпште, 1874, p. 13.

870. **Nezna ni sam šta će**, šaljiva igra u 1 činu od Molijera. Preveo Milan.

Il ignore lui-même ce qu'il est (Sganarelle), trad. par Milan. Traduction représentée en 1867 sur le théâtre de Zagreb (Agram).
Позорпште, 1874, p. 66.

871. **Lečnik protiv volji**, lakrdija u 2 čina od Molijera. Preveo S. Dimitrijević.

Le Médecin malgré lui, traduit par S. Dimitrijević. Cette traduction a été représentée sur le théâtre de Zagreb (Agram). Nous ne savons si elle a été imprimée.
Позорпште, 1874, p. 46.

872. **Na silu Lekar**, šaljiva igra u 3 čina. Napisao francuski Molijer; preveo M. F. Hristić.

Le Médecin malgré lui, trad. par M. F. Hristić, représenté à Zagreb en 1870.
Позорпште, 1874, p. 163.

873. **Tvrdica**, šaljiva igra u 5 činova. Napisao francuski Molijer; preveo Vladan Gjorgjević.

L'Avare, trad. par Vladan Gjorgjević, représenté à Zagreb en 1870.
Позорпште, 1874, p. 163.

874. **Помодар**, шаљива игра у 2 чина, по Молијеру посрбио J. Ристић.

L'Homme à la mode (le Bourgeois gentilhomme), trad. par J. Ristić.

Cette traduction, représentée à Novi Sad en 1861, a été publiée la même année dans la Данпца (*l'Étoile du matin*), journal littéraire qui paraît à Novi Sad.

875. Силом Болесник, шаљива игра у 2 чина од Молијера, по немачком посрбио Лаза Телечки.

Le Malade imaginaire, trad. sur l'allemand, par Lazare Telečki, représenté à Novi Sad en 1852.

Позориште, 1874, p. 13.

876. Namišljeni Bolesnik (ou Silom Bolesnik), šaljiva igra u 3 čina od Molijera. Preveo V. Vežić.

Le Malade imaginaire, trad. par Vežić. Cette traduction a été jouée sur le théâtre de Zagreb (Agram) en 1867 et en 1869. Nous ne savons si elle a été imprimée.

Позориште, 1874, pp. 66, 159.

XVI. Traductions en polonais.

877. Dzieła Moliera, tłomaczone wierszem przez Fr. Kowalskiego, etc. (OEuvres complètes de Molière, traduites en vers polonais, accompagnées d'une notice sur Molière, d'un parallèle de cet auteur avec d'autres écrivains, de remarques sur chaque pièce en particulier et d'une dissertation sur la comédie chez les anciens et les modernes, par Fr. Kowalski). *Krzemieniec* [en Wolhynie], 1828, 8 vol. in-8.

878. J.-Chrzc. Pokelin Molier. Dzieła, tłomaczone wierszem przez Fr. Kowalskiego. *Wilno*, 1847-52, 8 vol. in-8.

Nouvelle édition, revue et corrigée.

879. Nieroztropność swym zamysłom szkodząca, komedya w pięciu aktach z Moliera, przez Bohomolca. *S. l.*, 1772, in-8.

L'Étourderie nuit à ses projets (l'Étourdi), trad. par Bohomolec.

880. Trzpiot, komedya w pięciu aktach. *S. l. n. d.*, in-8.

Autre traduction de *l'Étourdi*.

881. Kto się kocha ten się kłóci, komedya w 2 (?) aktach z Moliera, przez F. S. Dmochowskiego i Lisieckiego. *W Warszawie*, 1820, in-8.

Quand on s'aime, on se dispute (le Dépit amoureux), trad. par F. S. Dmochowski et Lisiecki.

882. **Kawalerowie wzgardzeni**, komedya w jednym akcie z Moliera, przez U. Radziwiłłowę. *S. l.*, 1754, in-8.

Les Jeunes messieurs éconduits, traduction des Précieuses ridicules, par Mᵒ Radziwill.

883. **Eleganty**, franzka (fraszka) w jednym akcie z Moliera. *Kalisz*, s. d. (vers 1800), in-8.

Autre traduction des *Précieuses ridicules*, sous le titre des *Petits-Maîtres*.

884. **Wykwintne Panienki**, komedya w jednym akcie z Moliera, przez Fr. Kowalskiego. *W Warszawie*, 1822, in-8.

La même comédie, traduite par Fr. Kowalski.

885. **Rada skuteczna**, komedya w jednym akcie z Moliera, przez Bohomolca. *W Warszawie*, 1772, in-8.

Le Conseil efficace (Sganarelle?), trad. par Bohomolec.

886. **Don Garcyasz książe Nawarry**, komedya w pięciu aktach. *S. l. n. d.*, in-8.

Don Garcie de Navarre.

887. **Dziedzic chytry**, komedya w trzech aktach z Moliera, przez Bohomolca. *W Warszawie*, 1772, in-8.

Le Seigneur rusé (l'École des Maris), trad. par Bohomolec.

888. **Szkoła Mężow**, komedya w trzech aktach z Moliera. *W Warszawie*, 1782, in-8.

L'École des Maris.

889. —— Przez Aug. Żdżarskiego. *S. l.*, 1823, in-8.

Autre traduction, par Aug. Żdżarski.

890. —— Przez H. L. Zaleskiego. *Kijów*, 1851, in-8.

Nouvelle traduction, par H. L. Zaleski.

891. **Natręty**, komedya w pięciu aktach z Moliera, przez Bohomolca. *S. l.*, 1772, in-8.

Les Fâcheux, trad. par Bohomolec.

892. —— Przez F. S. Dmochowskiego. *W Warszawie*, 1821, in-8.

Autre traduction, par F. S. Dmochowski.

893. **Ślub modny**, komedya w pięciu aktach z Moliera, przez W. Bogusławskiego. *W Warszawie*, 1783, in-8.

Le Mariage à la Mode (l'École des Femmes [?]), trad. par W. Boguslawski.

894. **Szkoła kobiet**, komedya w pięciu aktach z Moliera, przez W. Bogusławskiego. *W Warszawie*, 1781, in-8. — Autre édition, *ibid.*, 1820, in-8.

L'*École des Femmes*, trad. par W. Boguslawski.

895. —— Przez M. Witowskiego. *W Warszawie*, 1819, in-8.

Autre traduction, par M. Witowski.
Il en existe une troisième, par H.-L. Zaleski, publiée à Kïev (Kijów), vers 1850 (?).

896. **Małżeństwo przymuszone**, komedya w 2 aktach z Moliera. *W Warzawie*, 1782, in-8.

Le Mariage forcé, mis en 2 actes (?).

897. **Sympatyczne Lekarstwo**, komedya w jednym akcie z Moliera. *Kalisz*, s. d. (vers 1800), in-8.

La Médecine sympathique (le Mariage forcé).

898. **Małżeństwo przymuszone**, komedya w jednym akcie z Moliera, przez Fr. Kowalskiego. *W Warszawie*, 1821, in-8.

Le Mariage forcé, trad. par Fr. Kowalski.

899. **Pan do czasu**, komedya w pięciu aktach z Moliera, przez Bohomolca. *W Warszawie*, 1772, in-8.

Le Seigneur du jour (Don Juan), trad. par Bohomolec.

900. **Don Juan**, komedya w pięciu aktach z Moliera. *W Warszawie*, 1781, in-8.

Autre traduction anonyme.

901. **Miłość doktorem**, komedya w trzech aktach z Moliera, przez Fr. Kowalskiego. *W Warszawie*, s. d. (vers 1820), in-8.

L'*Amour médecin*, trad. par Fr. Kowalski.

902. **Mędrkowie**, komedya w pięciu aktach z Moliera, przez Bohomolca. *W Warszawie*, 1775, in-8.

Les Faux Sages (le Misanthrope), trad. par Bohomolec.

903. **Doktór z musu**, komedya we trzech aktach z Moliera, przez U. Radziwiłłowę. *S. l.*, 1754, in-8.

Le Médecin malgré lui, trad. par Mᶜ U. Radziwill.

904. **Skanarel, doktor przymuszony**, komedya z Moliera. *Grodno*, 1779, in-8.

Sganarelle, médecin malgré lui, autre traduction anonyme.

905. **Frantowstwo Pamfila**, komedya we trzech aktach z Moliera. *W Warszawie*, 1780, in-8.

La Ruse de Pamphile (le Médecin malgré lui?).

906. **Rochus Pumpernikiel**, komedya w trzech aktach z Moliera przez Pękalskiego (Zołkowskiego?). *S. l. n. d.*, in-8.

Le Médecin malgré lui (?), trad. par Pękalski.

907. **Doktor mimo chęci**, komedya z Moliera przez L. Winklera.

Le Médecin malgré lui, trad. par L. Winkler.
Nous empruntons cette mention au supplément ajouté par M. Estreicher au premier volume de sa *Bibliographie polonaise;* elle n'y est accompagnée ni de la date, ni du lieu de publication.

908. **Doktór z musu**, komedya we trzech aktach z Moliera, przez Bezimiennego. *S. l.*, 1782, in-8.

Le Médecin malgré lui, trad. par un Anonyme.

909. —— Przez J. S. Jasińskiego. *S. l. n. d.*, in-8.

Autre traduction, par J.-S. Jasinski.

910. —— Przez Miniewskiego. *S. l. n. d.* (1815), in-8.

Autre traduction, par Miniewski.

911. —— Przez Fr. Kowalskiego. *W Warszawie*, 1822, in-8.

Nouvelle traduction, par Fr. Kowalski.

912. **Meligerta**, komedya w trzech aktach. *S. l. n. d.*, in-8.

Mélicerte.

913. **Sielanka komiczna**. *S. l. n. d.*, in-8.

La Pastorale comique (Mélicerte).

914. **Świętoszek zmyślony**, komedya w pięciu aktach z Moliera, przez J. Baudouina. *W Warszawie*, 1777, in-8.

Le Faux Dévot (le Tartuffe), trad. par J. Baudouin.

915. **Amfitryo**, komedya we trzech aktach z Moliera, przez Franciszka Zabłockiego. *W Warszawie, M. Gröll*, 1783, in-8 de 104 pp. — Autre édition, *W Wilnie, A. Zołkowski*, 1818, in-8 de 90 pp.

Amphitryon, trad. en vers par Fr. Zabłocki.

916. **Mąż zawstydzony**, komedya we trzech aktach z Moliera. *W Warszawie*, 1779, in-8.

Le Mari confondu (George Dandin).

917. **Mąż oszukany**, komedya we trzech aktach z Moliera. *W Warszawie*, 1780, in-8.

Le Mari trompé (George Dandin).

918. **Urojona Niewierność**, komedya Moliera w czterech aktach przerobiona wierszem przez F. S. Dmochowskiego. *W Warszawie, Glücksberg*, 1821, in-8 de 37 pp.

L'Infidélité imaginaire (George Dandin), remise en quatre actes et en vers, par F.-S. Dmochowski.

919. **Pan Gapiełło**, komedya w trzech aktach z Moliera, przez Fr. Kowalskiego. *Lwów*, 1824, in-8.

M. le Gobe-Mouches (George Dandin), trad. par Fr. Kowalski.

920. **Grzegórz Fafuła**, komedya w trzech aktach. *Lwów*, 1824, in-8.

Autre traduction anonyme.

921. **Skąpiec**, komedya w pięciu aktach z Moliera, przez J. Baudouina. *W Warszawie*, 1778, in-8.

L'Avare, trad. par J. Baudouin.

922. —— Przez Fr. Kowalskiego. *W Warszawie*, 1822, in-8.

Autre traduction, par Fr. Kowalski.

Il en existe d'autres traductions, par Osinski, Hoffmann, B. Kudlicz, J. Narzymski et W. Wolski.

923. **Prostakiewicz**, komedya w trzech aktach z Moliera. *W Warszawie*, 1784, in-8.

La Rustaudière (M. de Pourceaugnac).

924. **Pursoniak**, komedya. *S. l. n. d.* (vers 1790), pet. in-8 de 87 pp.

Autre traduction, anonyme.

925. **Kochanka wspaniała**, komedya w pięciu aktach z Moliera. *S. l. n. d.*, in-8.

Les Amants magnifiques.

926. **Mieszczanin szlachcic**, komedya w pięciu aktach z Moliera, przez J. Baudouina. *W Warszawie*, 1782, in-8.

Le Bourgeois gentilhomme, trad. par J. Baudouin.

927. —— Przez Fr. Kowalskicgo. *S. l.*, 1821, in-8.

Autre traduction, par Fr. Kowalski.

928. **Figlacki Polityk**, komedya w pięciu aktach z Moliera, przez Bohomolca. *W Warszawie*, 1772, in-8.

Le Politique comique (les Fourberies de Scapin), trad. par Bohomolec.

929. **Górno uczone Kobiety**, komedya w trzech aktach z Moliera, przez Chotomskiego. *Lwów*, 1821, in-8.

Les Femmes savantes, trad. par Chotomski.

930. **Kobiety filozofki**, komedya, z Moliera, przez L. Borowskiego. *W Wilnie*, 1826, in-8.

Autre traduction, par L. Borowski.

931. **Chory z przywidzenia**, komedya we trzech aktach z Moliera, przez K. Wichlińskiego. *W Warszawie*, 1783, in-8.

Le Malade imaginaire, trad. par C. Wichlinski [1].

932. **Przekory miłosne**, komedya z Moliera, przez W. Bogusławskiego. *W Warszawie*, 1822, in-8.

Le Dépit amoureux, trad. par W. Boguslawski. — Cette traduction, qui vient de nous être signalée, aurait dû être placée après le n° 881.

---

[1] Nous n'avons vu nous-même qu'un petit nombre de ces traductions polonaises. La plupart des indications que nous donnons ici sont extraites de la précieuse Bibliographie d'Estreicher (*Bibliografia polska XIX. stólecia*; Kraków, 1870-74, 2 vol. in-8). Le 3° volume de cet ouvrage devra contenir des informations, plus complètes encore, à l'article *Molière*.

XVII. Traductions en tchèque.

933. Jen samá poezie! fraška v jednom jednání. Dle J. Zschokkova zpracování Moliérovy frašky volně přeložil B. Pelikan. 2. Vydáni. *V Praze, tisk a naklad Jaroslava Pospíšila,* 1868, in-12.

<small>*Rien que poésie!* (les Précieuses ridicules), traduites par B. Pelikan, d'après l'arrangement allemand de Zschokke ; 2ᵉ édition.
Divadelní Bibliotheka, Svazek 78.</small>

934. Sganarel. Veselohra v jednom jednání. Sepsal Moliere. Přeložil Ladislav Staněk.

<small>« Cette traduction, faite en partie sous nos yeux, s'imprime actuellement à Prague. M. Staněk, ingénieur distingué, à qui l'on doit déjà une traduction de *Rédemption (Vikoupení)* de M. Octave Feuillet, s'est efforcé de traduire la pièce de Molière vers pour vers. » E. Picot.</small>

935. Bezděčny Lékař, fraška we 3 jednáních. Dle půwodního francouzského spisu Molierowa s hojnými proměnami swobodně zčeštěná Mat. Jos. Sychra. *Nákladem J. H. Pospišila w Hradci Králowe,* 1825, in-12 de 188 pp.

<small>*Le Médecin malgré lui,* traduit par Mathieu Sychra.</small>

936. Don Žuan aneb kamenná Hostina, hra w jednání s balletmi. Přeložil Wácslaw Tham.

<small>Traduction manuscrite de *Don Juan,* par Venceslas Tham, citée par Jungmann, *Historie Literatury české* (W Praze, 1849, gr. in-8), VI, n° 607, i.
Tham, poëte bohême de la fin du XVIIIᵉ siècle, a traduit ou arrangé 51 pièces de théâtre restées inédites.</small>

937. Tartuffe. Veselohra v pěti jednánich od Moliera. Sčeštil Em. Züngel. *V Praze, tisk a naklad Jaroslava Pospišila,* 1866, in-12 de 60 pp.

<small>*Le Tartuffe,* trad. par Em. Züngel.
Divadelní Biblioteka, Svazek 54.</small>

938. Lakomec. Veselohra v pateru dějství. Dle Moliéra od

V. M. *V Praze tisk a naklad Jaroslava Pospišila*, 1852, in-12 de 82 pp.

L'Avare, traduit par V. M.

Ces indications, qui nous ont été fournies par M. Sobieslas Pinkas et par M. Urbánek, le savant libraire de Prague, auraient pu être complétées par la mention de diverses pièces de Molière, traduites ou imitées, qui ont été jouées à Prague, mais ces dernières traductions n'ont pas été imprimées.

XVIII. Traductions en grec.

939. Μολιέρου ἄριστα Ἔργα ἐξελληνισθέντα ὑπὸ Ἰ. Ἰσιδωρίδου Σκυλίσση. Κωμῳδίαι Μισάνθρωπος, Ταρτοῦφος, Φιλάργυρος μετὰ εἰκόνος τοῦ Μολιέρου καὶ πανομοιοτύπου ἐπιστολῆς Ἀ. Κοραῆ. Ἐν Τεργέστῃ, τύποις τοῦ Αὐστριακοῦ Λόϋδ, 1871, in-8 de ιζ' (xvi) et 352 pp. (dont les 4 dernières sont occupées par la liste des souscripteurs), portr. et fac-sim.

Traduction des chefs-d'œuvre de Molière : *le Misanthrope* (en vers), *le Tartuffe* (en vers), et *l'Avare* (en prose), par I. Skylissis. Le traducteur n'a pas hésité à changer le lieu de la scène et les noms des personnages. M. le marquis de Saint-Hilaire (*Annuaire de l'Association pour l'encouragement des études grecques en France*, 1873, pp. 353, sqq.) fait, à ce propos, les réflexions suivantes : « M. Skylissis a transporté le lieu de la scène du *Misanthrope*, du *Tartuffe* et de l'*Avare*, en Orient, à Smyrne ou à Athènes ; il a changé les noms des personnages, bien que chez Molière ces noms fussent tous grecs : Alceste est devenu Palaimon; Philinte, Charidème, et Célimène, Aspasie, ce qui est presque un contre-sens. Dans le *Tartuffe*, si le principal personnage a conservé son nom, Orgon est devenu Lesbikis, et Elmire, Calliope. Ce reproche est sérieux, car les chefs-d'œuvre de Molière sont essentiellement de leur temps et de leur milieu. »

M. Skylissis s'est efforcé de justifier ces changements, dans sa préface. Il combat surtout le système suivi par un précédent traducteur du *Tartuffe*, Constantin Kokkinakis, dont l'œuvre est souvent inintelligible, si l'on n'a recours au texte original. « Il appelle *Fagotin*, personnage inconnu chez nous, ὁ Φαγοτίν; *Madame la Baillive et madame l'Élue*, Κυρίαν Βαιλλίβαν καὶ κυρίαν Ἐλοῦν, etc. » A l'appui de la critique, qu'il dirige contre son devancier, M. Skylissis cite une lettre de Coraï à Kokkinakis, lettre qu'il a cru devoir faire autographier.

940. Μολιέρου κωμῳδίαι ἡ Ζηλοτυπεία (sic) τοῦ Μουντζούρη, καὶ ὁ ἱπτάμενος Ἰατρός. Ἐν Ἀθήναις, 1859, in-8 de 32 pp.

La Jalousie de Barbouillé et le Médecin volant.

941. Αἱ Κερατσίτσαι κατὰ Μολιέρον. Κωμῳδία εἰς πρᾶξιν μίαν ὑπὸ Δ. Ι. Λακῶνος. Ἐν Ἀθήναις, 1858, in-8.

Les Mijaurées (les Précieuses ridicules), traduites par D.-J. Lacon, traduction insérée d'abord dans l'"Αβδηρίτης, καὶ τοῦ Διαβόλου τὰ Πηδήματα, revue hebdomadaire d'Athènes, 1858, pp. 457-461 ; 465-472 ; 488-504.

Le traducteur, qui a entrepris de faire passer en grec celle de toutes les pièces de Molière qui paraît le moins se prêter à la scène étrangère, ne s'est pas mis en peine pour suivre son modèle. Il a purement et simplement essayé de peindre les ridicules des Athéniennes modernes, en les plaçant dans un cadre plus ou moins emprunté à Molière. Il leur reproche d'affecter de parler français ou de ne lire que des livres venus de France. Les *mijaurées* parlent de *lorgnons*, de *médaillons*; elles connaissent le *quadrille des lanciers* et la *Dame aux camélias*, etc. Voy. Queux de Saint-Hilaire, *loc. cit.*, p. 353.

942. Ὁ κατὰ φαντασίαν ἀτιμαζόμενος Σύζυγος, κωμῳδία εἰς πρᾶξιν μίαν κατὰ τὸν Μολιέρον ὑπὸ Σ. Γ. Καλκάνδη. Ἐν Ἀθήναις, 1864, in-16 de 61 pp.

Le Cocu imaginaire, trad. par S. G. Kalkandis.

943. Σχολεῖον τῶν γυναικῶν, κωμῳδία εἰς πράξεις πέντε, κατα Μολιέρον. Ἐν Ἀθήναις, 1874, in-12 de 76 pp.

L'École des femmes.

944. Ὁ βίαιος Γάμος, κωμῳδία Μολιέρου εἰς πράξεις δύο. Ἐλευθέρως μεταφρασθεῖσα ἐκ τοῦ γαλλικοῦ καὶ μετασχηματισθεῖσα ὑπὸ Ι. Μ. Ρ. Ἐν Ἀθήναις [Κωνσταντινουπόλει], 1865, in-12 de 33 pp.

Le Mariage forcé, trad. par J. M. Raptarchis, et imprimé à Constantinople, sous la rubrique d'Athènes.

945. Ἰωὰς, δρᾶμα τοῦ ἀββᾶ Μεταστασίου. Μετάφρασις Μ. — Ὁ βίαιος Γάμος, κωμῳδία τοῦ Μωλιέρου (sic). Μετάφρασις Α. Κοσκινᾶ. Ἐν Κερκύρᾳ, 1872, in-16 de 47 pp.

Traductions du *Joas* de Métastase, par M..., et du *Mariage forcé* de Molière, par A. Koskinas, imprimées dans la collection intitulée : Νεοελληνικὸν Θέατρον, 11.

946. Ὁ Ἔρως ἰατρὸς, κωμῳδία εἰς πράξεις τρεῖς ἐκ τῶν τοῦ Μολιέρου, μεταφρασθεῖσα μὲν ὑπὸ***, ἐκδοθεῖσα δὲ δαπάνῃ Ἐμμ. Γεωργίου Σαμίου. Ἐν Ἀθήναις, 1862, in-12 de 24 pp.

L'Amour médecin, publié aux frais d'Emmanuel-Georges Samios.
Θέατρον ἑλληνικόν, Α'.

947. Ὁ ἀκούσιος Ἰατρὸς, κωμῳδία εἰς πράξεις τρεῖς, ἐκ τῶν τοῦ Μολιέρου. Ἐκδίδοται δαπάνῃ Ἐμμ. Γεωργίου Σαμίου. Ἐν Ἀθήναις, 1863, in-8 de 40 pp.

Le Médecin malgré lui, publié aux frais du même.
Θέατρον ἑλληνικόν, Β'.

948. Ὁ Ταρτοῦφος, κωμῳδία εἰς πέντε πράξεις συντεθεῖσα γαλλιστὶ ὑπὸ Μολιέρου, μεταφρασθεῖσα δὲ εἰς τὴν καθομιλουμένην ἡμῶν γλῶσσαν παρὰ Κωνσταντίνου Κοκκινάκου, τοῦ Χίου, καὶ διὰ δαπάνης τῶν Ἑλλήνων εἰς τύπον ἐκδοθεῖσα. Ἐν Βιέννῃ τῆς Αὐστρίας, 1815, in-8, avec un portrait de Molière gravé sur acier.

Traduction en vers du *Tartuffe*, par Constantin Kokkinakis. Cf. A. Papadopoulos Vretos, Νεοελληνικὴ Φιλολογία, tome II, n° 550.

« Kokkinakis, dont l'œuvre est très-curieuse et offre un intéressant spécimen de l'état de la langue grecque à cette époque, ne s'est guère piqué de fidélité dans sa traduction. Tantôt il abrége, mais le plus souvent il paraphrase son modèle, et, s'il respecte consciencieusement les expressions du temps et de la cour de Louis XIV, qui, n'ayant pas d'équivalent en Grèce, passent, grâce à lui, avec une terminaison grecque, dans sa traduction, il semble ne pas se douter que le premier devoir d'un traducteur est de respecter son modèle, non pas dans les détails, mais dans ce qui fait son principal mérite, la composition et le style. C'est, du reste, ce que lui reproche Coraï, dans une lettre très-importante et fort remarquable, que M. Skylissis a fait autographier et a mise en tête de son volume. » Queux de Saint-Hilaire, *loc. cit.*, pp. 350 sq. — Voy. ci-dessus, n° 939.

949. Ὁ Ταρτοῦφος, κωμῳδία Μολιέρου τοῦ Γάλλου, μεταφρασθεῖσα ἐμμέτρως καὶ μετενεχθεῖσα εἰς τὰ καθ' ἡμᾶς ἤθη, ὑπὸ Ἰ. Ἰσιδωρίδου Σκυλίσση. Ἐν Σμύρνῃ, 1851, in-16 de xvi et 123 pp.

Autre traduction, par M. Jean-Isidoridès Skylissis; elle a été reproduite, avec corrections, dans le recueil cité plus haut, n° 939. La préface primitive occupe les pp. 107-121 de la nouvelle édition.

950. Ἀμφιτρύων, κωμῳδία τοῦ Μολιέρου, μεταφρασθεῖσα δὲ

εἰς τὴν καθομιλουμένην ἡμῶν διάλεκτον παρὰ Π. Λ. Ἐν Ἀθήναις, 1836, in-8 de viii et 86 pp.

Amphitryon, trad. par P. L.

951. Γεώργιος Δαντίνος, ὁ ἐντροπιασμένος Σύζυγος, κωμῳδία εἰς πράξεις τρεῖς, συγγραφεῖσα παρὰ τοῦ περιφήμου Γάλλου Μολιὲρ, μεταφρασθεῖσα δὲ εἰς τὴν καθομιλουμένην ἡμῶν γλῶσσαν παρὰ τοῦ Κωνσταντίνου Ἀριστείου. Ἐκ τοῦ ἐν Βουκουρεστίῳ νεοσυστάτου τυπογραφείου κατὰ τοῖς 1827, in-12 de 70 pp.

George Dandin, trad. par Constantin Aristée.
Cette traduction n'est pas indiquée dans la Νεοελληνικὴ Φιλολογία (Catalogue d'ouvrages grecs modernes, publiés depuis l'origine de l'imprimerie jusqu'à la fondation du royaume de Grèce), de M. A. Papadopoulos Vretos (*Athènes*, 1852-57, 2 vol. in-8).

952. Γεώργιος Δανδίνος, ἢ ὁ συγχυσμένος Σύζυγος, κωμῳδία τοῦ Μολιέρου εἰς τρεῖς πράξεις· μεταφρασθεῖσα ἐκ τοῦ γαλλικοῦ ὑπὸ Σαμουὴλ Ἀναστασιάδου, τοῦ ἐκ Φερτεκίου τῆς Νίγδης. Ἐν Κωνσταντινουπόλει, 1854, in-16 de 87 pp.

Georges Dandin, traduit par Samuel Anastasiadès.

953. Ὁ Φιλάργυρος, κατὰ τὸν Μολιέρον: Κωμῳδία εἰς πέντε πράξεις ὑπὸ ***. Ἐν Βιέννῃ τῆς Αὐστρίας, ἐν τῇ τυπογραφίᾳ τοῦ Ἰωαν. Βαρθ. Γσβεκίου, 1816, in-8 de 170 pp.

Traduction de *l'Avare*, par Constantin Œconomos; elle est précédée d'un discours sur Molière. Harpagon y est appelé Ἑξηνταβελόνης, c'est-à-dire *l'Homme aux soixante aiguilles*. Cf. Papadopoulos Vretos, Νεολληνικὴ Φιλολογία, tome II, n° 561.

L'économe Constantin, ou Constantin Œconomos, né en 1780, mort en 1857, fut un des hommes qui contribuèrent le plus à la renaissance des études grecques, au commencement de ce siècle. Il a composé ou traduit un grand nombre d'ouvrages restés en grand honneur chez ses compatriotes. Dans sa traduction de *l'Avare*, il a transporté la scène en Orient et donné aux personnages le langage et le costume du pays.

954. Κωμῳδία ὁ Φιλάργυρος, κατὰ Μολιέρον, εἰς πέντε πράξεις, ὑπὸ ***. Σμύρνη, ἐν τῷ τυπογραφείῳ Ἀ. Δαμιάνου, 1835, in-8.

Seconde édition de la traduction précédente.

955. Ὁ Φιλάργυρος, κωμῳδία εἰς πράξεις πέντε · μετάφρασις ἐκ τοῦ γαλλικοῦ ὑπὸ Δ. Κ. Ἐν Κερκύρᾳ, 1871, in-24 de 152 pp.

L'Avare, trad. par D. C.
Νεοελληνικὸν Θέατρον, ἀρ. 3.

956. Ὁ Ἐξηνταβελόνης, κατὰ Μολιέρον, κωμῳδία εἰς πέντε πράξεις ὑπὸ ***. Ἔκδοσις δευτέρα. Ἐν Σμύρνῃ, 1873, in-8 de 106 pp.

Nouvelle édition de la traduction de l'Avare, par Constantin Œconomos ; bien qu'annoncée comme étant la seconde, elle est en réalité la troisième.

957. Ὁ Σκαμπαρδόνιος, ἐκ τοῦ γαλλικοῦ ὑπὸ Α. Ο., παραφρασθεῖσα ὑπὸ Ι. Ν. Κουγκούλη. Ἐν Ἑρμουπόλει, 1865, in-16 de 44 pp.

Traduction de M. de Pourceaugnac, par A. O., revue par J. N. Kounkoulis.
Συλλογὴ κωμῳδιῶν. Ἀφιεροῦται τοῖς ἐρασταῖς τοῦ ἑλληνικοῦ θεάτρου. Μέρος ἕκτον.

958. Ὁ κομψευόμενος Χωριάτης, κωμῳδία εἰς πράξεις πέντε, μεταφρασθεῖσα ἐκ τοῦ γαλλικοῦ ὑπὸ Ἀριστοτέλους Η. Πάππα. Ἀθῆναι, 1867, in-8 de 84 pp.

Le Bourgeois gentilhomme, traduit par Aristote Pappas.

959. Αἱ Πανουργίαι τοῦ Σκαπίνου, κωμῳδία τοῦ Μολιέρου μεταφρασθεῖσα ἐκ τοῦ γαλλικοῦ μέ τινας παραλλαγὰς ἁρμοδίους ἐπὶ τοῦ κειμένου. Ἐν Κωνσταντινουπόλει, 1847, in-8 de 103 pp.

Les Fourberies de Scapin, traduites avec quelques changements, appropriés aux sujets.

960. Ὁ Πεταλούδης, ἐκ τοῦ γαλλικοῦ ὑπὸ Α. Ο., παράφρασις ὑπὸ Ι. Ν. Κουγκούλη. Ἐν Ἑρμουπόλει, 1863, in-16 de 96 pp.

Les Fourberies de Scapin, trad. par A. O., revues par J. N. Kounkoulis.
Συλλογὴ κωμῳδιῶν. Ἀφιεροῦται τοῖς ἐρασταῖς τοῦ ἑλληνικοῦ θεάτρου. Μέρος ἕβδομον.

961. Ὁ κατὰ φαντασίαν Ἀσθενὴς : κωμῳδία μεταφρασθεῖσα ἐκ τῶν τοῦ I. B. Π. Μολιέρου γάλλου εἰς τὴν καθομιλουμένην ἑλληνικὴν παρὰ Κ. Ῥάμφου. Ἐν Αἰγίνῃ, 1834, in-8 de iii et 128 pp.

Le Malade imaginaire, trad. par C. Rhamphos.

XIX. Traduction en persan.

962. Le Misanthrope, traduit en vers persans, par Mirza Habîb. *Constantinople, imprimerie du journal* Tasviri-Efkiar, 1286 (1869), in-12 de 125 pp.

Nous n'avons pu voir nous-même cette traduction, mais M. Barbier de Meynard nous communique à ce sujet la note suivante :

« Mirza Habib, professeur de langue persane au lycée de Galata-Séraï, est déjà connu par la traduction de plusieurs fables de La Fontaine.

« Le traducteur a suivi scrupuleusement le texte de Molière, scène par scène et vers par vers. Tout en restant assujetti au mètre de la prosodie persane et à la rime, il traduit, pour ainsi dire, mot à mot, de façon que sa traduction puisse guider les élèves persans qui lisent le chef-d'œuvre français.

« Cependant il a affublé ses personnages de noms orientaux. Alceste est nommé *Mounis*, ce qui, par antiphrase, signifie « farouche, sauvage »; Philinte est devenu *Nassih*, « le conseiller »; Célimène, *Fotaïna*, c'est-à-dire « la séductrice »; ses deux amies portent le nom de *Leïla* et de *Zuleïkha*; les deux marquis, de *Naïm-Bey* et *Noman-Bey*.

« Par le même désir de couleur locale, le traducteur a donné une physionomie persane à certains passages d'une couleur par trop française. Ainsi la chanson : « Si le roi m'avait donné Paris sa grand'ville », est traduite comme il suit, dans un mètre qui se rapproche de celui de la vieille chanson française :

« Si en échange d'une boucle de cheveux de ma belle esclave Schirazinne, le schah m'avait donné la ville de Schiraz, —

« Je dirais au roi : Sire, bien que Schiraz n'ait pas sa pareille au monde, —

« L'esclave Schirazinne est tout ce que j'aime : reprenez votre Schiraz. »

« Je regrette de ne pas avoir le texte sous les yeux, pour donner un aperçu du style de la traduction et des changements, d'ailleurs peu importants, que Mirza Habîb a dû y introduire pour ne pas trop choquer le dilettantisme de ses lecteurs iraniens. L'impression qui m'en est restée est que sa traduction est fort habilement faite et aussi exacte que le comporte le génie d'une langue cousine germaine de la nôtre, mais devenue étrangère et presque ennemie par son contact avec les idées et les littératures musulmanes. Néanmoins on peut affirmer qu'une traduction aussi fidèle ne serait possible ni en arabe ni en turc. »

XX. Traductions en arménien [1].

963. Կատակերգութիւն, թարգմ. Տիգրանայ Պա_րագաշեանի.

La Jalousie de Barbouillé, traduite par Karakachéan. Dans le même volume, se trouve une traduction de *Valérie*, comédie-drame de Scribe, sous ce titre :

Ալերիա, կատակերգութեան հետ կագ_մուած.

964. Սէրը բժիշկ է. կատակերգութիւն, թարգմ ի գաղ դիացի լեզուէն Տ. Տ. տէրտէեան. In-4 de 10 pp. à 2 col.

Traduction de *l'Amour médecin*, par Tigrane Pascal Dédéyan (Smyrne, 1855).

965. Ակամայ բժիշկ, կատակերգութիւն.

Traduction du *Médecin malgré lui*, par le même Dédéyan (Smyrne, 1851).

966. Աղահ կատակերգութիւն,

Traduction de l'*Avare*, par le même Dédéyan (Smyrne, 1851).

967. Ժլատ.

Autre traduction, anonyme, de *l'Avare*, en dialecte arménien de Tiflis, sous le titre qui signifie *le Sordide*, représentée sur le théâtre de cette ville, mais non encore imprimée.

---

[1] Ces renseignements sont extraits de la *Bibliographia caucasia et transcaucasia* de M. le major Miansarov, important ouvrage qui doit paraître prochainement à Saint-Pétersbourg. L'auteur a bien voulu nous les communiquer, à la demande de M. le baron James E. de Rothschild.

XXI. Traductions en magyar.

968. Moliere Színmüvei. Kiadja a Kisfaludy-Társaság. *Pest, az Athenaeum tulajdona,* 1869-1872, 4 vol. pet. in-8.

Le Théâtre de Molière, publié par la Société Kisfaludy.

Les 4 volumes parus de cette collection contiennent : *l'Avare, le Tartuffe, George Dandin, les Femmes savantes, le Misanthrope, l'École des femmes* et *la Critique de l'École des femmes.* Le texte magyar est de MM. Gabriel Kazinczy, Ladislas Arány et Charles Szász.

Ce dernier écrivain, connu en Hongrie par ses belles traductions des *Niebelungen,* de *Shakspere,* etc., a inséré, dans l'Annuaire de la Société Kisfaludy (*A Kisfaludy-Társaság Évlapjai,* új folyam, t. VI), une notice, lue par lui à cette Société dans la séance du 26 octobre 1870. M. Édouard Sayous, professeur au lycée Charlemagne, a bien voulu nous signaler cette publication, d'où nous extrayons les renseignements qui suivent :

969. Á nök Iskolája. Írta Moliere. Fordította Árvay.

L'École des femmes, traduite par Árvay. Cette traduction, qui remonte à 1805, a été insérée depuis dans le t. II du *Külföldi Játékszin,* de l'Académie de Hongrie.

970. Á kénytelen Házasság. Írta Moliere.

Traduction anonyme du *Mariage forcé,* insérée dans le volume intitulé : *Próba mellyet anyai nyelve tamilására tett a' Nagy Enyeden Tanuló Ifiak Között felállott Magyar Társaság*; Kolosvárott, 1792, in-8, pp. 166-216, et reproduite depuis par l'Académie hongroise, dans son *Külföldi Játékszin,* t. XV.

971. A bolt csinálto Doktor. Írta Moliere. Fordította K. S.

Le Médecin fait par le bâton, traduction du *Médecin malgré lui,* par K. S. (Christophe Simai), publiée dans le recueil cité à l'article précédent, et reproduite dans le *Külföldi Játékszin,* t. XV.

972. Á Fösvény. Írta Moliere. Fordította Simai Kristóf.

L'Avare, traduit par Christophe Simai.

Cette traduction, représentée à Bude en 1792, a été publiée, par Endrödi, dans son *Magyar Játékszin* (Théâtre Magyar). M. Szász, qui nous en informe, ne nous donne malheureusement ni la date ni le lieu de publication de ce recueil. Il se borne à nous dire que la scène a été transportée à Komaron (Comorn); qu'Harpagon s'appelle *Zsugori,* et qu'*Anselme* est devenu un noble de l'Alföld, du nom de *Gyölcs.*

973. Á Fösvény. Írta Moliere. Forditotta Döbrentey. *Pesten*, 1821, in-8.

Autre traduction de *l'Avare*, par Döbrentey.

974. János Bapt. Pokelin Moliere. A' Scapin Tsalárdsagai. Vig játék három felvon. Forditotta K. S. *Kolosvárott*, 1793, in-8 de 84 pp.

Traduction des *Fourberies de Scapin*, par K. S. (Christophe Simai), reproduite par l'Académie hongroise, dans son *Külföldi Játékszin*, t. VII.

975. Á képzelt Beteg. Írta Moliere. Forditotta Csokonai.

Le *Malade imaginaire*, traduit par Csokonai. Cette traduction fut représentée avec grand succès à Pest, vers 1800 ; nous ne savons si elle a été imprimée.

XXII. Traduction en turc.

976. موليرك اويونلرندن زور نكاحى فصلنك ترجمهسى

A la page 51 : زوراك طبيب اويونى اوچ فصلدر

A la fin : مطبعه عامره ده باصلمشدر فى ١١ شعبان سنه ١٢٨٦

In-8 de 117 pp. chiffr. et 2 ff. blancs, texte encadré.

Traductions du *Mariage forcé* et du *Médecin malgré lui*, imprimées à Constantinople le 11 chaban 1286 (16 novembre 1869).

Le traducteur, Ahmed Véfyk Efendi, ancien ambassadeur de Turquie en France, a fait représenter, à Constantinople, en 1869 et en 1872, trois pièces de Molière, arrangées pour le public turc : *George Dandin, le Médecin malgré lui*, et *le Mariage forcé*. George Dandin a été imprimé séparément, mais nous n'avons pas réussi à en trouver un exemplaire.

Voici en quels termes M. Barbier de Meynard parle de ces traductions (*Revue critique d'histoire et de littérature*, tome XV, 1874, p. 73 sq.) :

« Un des hommes les plus distingués de la diplomatie turque, Ahmed Véfyk Efendi, qui est en même temps un écrivain de talent et un érudit, avait fait ses études en France. Il avait rapporté dans son pays la connaissance approfondie de nos chefs-d'œuvre littéraires, et surtout une admiration sans bornes pour Molière. Profitant des loisirs que lui laissaient ses fonctions administratives, Véfyk Efendi conçut le projet de faire connaître à ses compatriotes des fragments de notre grand comique. L'entreprise n'était pas facile, car il s'agissait, non pas de traduire, mais d'imiter, de reproduire les traits de l'original, sans choquer le goût et, jusqu'à un certain point, les préjugés du lecteur. Il fallait, en un mot, habiller les personnages à la turque, les faire penser et parler en turc, tout en conservant la *vis comica*, la profondeur et la finesse du modèle. Les grandes œuvres, comme *Tartuffe* et *le Misanthrope*, se refusaient à toute tentative de ce genre : le traducteur fit preuve de tact en adaptant à la scène turque des pièces d'action et de haut comique ; *le Médecin malgré lui*, *George Dandin*, et *le Mariage forcé*. Ce n'est pas ici le lieu d'analyser ces trois imitations qui sont de véritables tours de force d'esprit et de diction. Disons seulement que le traducteur a su toujours mesurer son style au rang et à la qualité de ses personnages. *Evaz-Aga*, le Sganarelle du *Médecin malgré lui*, est un Turc de la vieille roche ; il parle le langage imagé et pittoresque de la population qui hante les bazars ; l'action se déroule dans un monde vraiment turc et avec des personnages observés sur le vif. *Le Mariage forcé* est d'un ton plus soutenu ; on est dans un milieu plus élevé, mais toujours aussi vrai de langage et d'allure. Quant à *George Dandin*, pour des motifs de convenance qu'explique la donnée de la pièce, l'action se déroule au *Fanar*, dans le quartier de l'aristocratie grecque, et les principaux rôles parlent un jargon moitié grec, moitié turc, que tout le monde comprend et qui amuse tout le monde. Quand il terminait son œuvre et la livrait à l'impression, Ahmed Véfyk ne se doutait certainement pas qu'elle ferait son apparition aux feux de la rampe avec des comédiens déjà exercés. Il ne cherchait que des lecteurs et trouva un public où l'élément turc n'était pas en minorité.

« Un impresario arménien a tenté l'aventure à ses risques et périls : sa troupe, composée exclusivement d'Arméniens, a monté avec beaucoup de soin les trois pièces imitées de Molière, sur un théâtre construit *ad hoc* au centre de la ville turque. Le succès a dépassé son attente, et depuis cinq ans ses représentations ne cessent d'être courues. Il est à peine besoin de dire que les rôles de femmes sont confiés à de tout jeunes gens, grimés et costumés de leur mieux, et qui s'évertuent à jouer *ad similitudinem mulierum*, comme le portent les anciens manuscrits de nos mystères, lesquels proscrivaient aussi l'élément féminin des exhibitions scéniques. Nous nous garderons d'affirmer que la gravité musulmane écoute, sans sourciller, le dialogue de Sganarelle et de la nourrice, les déclarations d'indépendance de la belle *Ziba-hanum* (la Dorimène du *Mariage forcé*), mais le bon sens populaire saisit d'instinct le caractère profondément humain et moral de ces œuvres d'origine étrangère, et étouffe sous ses bravos les protestations isolées de quelque censeur intolérant. »

XVIII

NOTICES ET OUVRAGES DIVERS

SUR LA VIE DE MOLIÈRE.

977. NOTES SUR LA VIE DE MOLIÈRE et sur ses premières comédies, par de Visé.

Ces notes, dans lesquelles l'éloge tient plus de place que la critique, sont comme perdues au milieu d'un recueil d'historiettes et de tableaux de mœurs, intitulé : *Nouvelles nouvelles* (Paris, Gabriel Quinet, 1663, 3 vol. in-12, tome III, page 217 et suiv.).

978. ABRÉGÉ DE LA VIE DE MOLIÈRE, par Marcel, comédien.

Cet abrégé, qu'on peut regarder comme le document le plus authentique qui existe sur la vie de Molière, forme la préface de l'édition de ses Œuvres, publiée à Paris en 1682, par Vinot et La Grange, d'après les manuscrits originaux de l'auteur.

On sait que La Grange, qui a donné ses soins à cette édition, était un des camarades de Molière, et un des comédiens de sa troupe. Quant à Vinot, qui devait être également un ami de Molière, on n'a aucun renseignement sur son compte. Nous supposons que c'était aussi un comédien, dont nous ne savons pas le nom de théâtre ; c'est de lui sans doute que Boursault a voulu parler, dans *le Médecin volant,* lorsque Crispin adjure *Robert Vinot* et Scipion l'Africain, comme deux célèbres médecins, ainsi que Jodelet et Mascarille.

C'est Bruzen de la Martinière qui nous apprend, dans la Vie de Molière mise en tête de son édition des Œuvres, *Amsterdam,* 1725, 4 vol. pet. in-12, que Marcel est l'auteur de la préface biographique de l'édition de 1682.

979. ÉLOGE HISTORIQUE DE MOLIÈRE, par Charles Perrault, de l'Académie française ; avec son portrait.

Dans les *Éloges des Hommes illustres (Paris, Ant. Dezailler,* 1696, in-fol, tome I, page 79) ; le beau portrait fut gravé par un anonyme, qui a signé N (Nanteuil ?). Cette notice biographique est reproduite textuellement dans les éditions in-12, sans portraits.

On voit, dans la correspondance de Michel Bégon, intendant à la Rochelle, qui contribua de ses deniers à faire dessiner et graver les portraits des *Hommes illustres,* qu'il fit d'abord quelques difficultés pour admettre dans cette collection le portrait et l'éloge de Molière : « J'estime Molière plus que luy (Scarron), dit-il à M. de

Villermont, son correspondant à Paris, et ny l'un ny l'autre ne doivent passer pour des illustres du siècle. » Mais depuis il changea d'avis, grâce aux observations de Charles Perrault, et il écrivait le 21 mars 1705 : « J'y mettrai le portrait de Molière, que vous m'avez envoyé gravé d'après Mignard, dont je vous suis très-obligé, et j'écriray à M. Dezallier de m'envoyer la vie de cet auteur. » (*Un curieux du* XVII° *siècle : Michel Bégon*. Correspondance et documents publiés par Georges Duplessis. *Paris, Aug. Aubry*, 1874, pet. in-8, p. 24.)

980. Notice historique et critique sur la vie de Jean-Baptiste Poquelin, par Bayle.

Cette notice, pour laquelle Bayle a fait ample usage du pamphlet de la *Fameuse Comédienne,* se trouve dans son *Dictionnaire historique et critique,* dont la première édition in-fol. est de 1697.

Il est presque certain que l'article Poquelin, qui renferme en peu de lignes les meilleurs renseignements sur la jeunesse de Molière, a été rédigé d'après les notes que l'avocat Mathieu Marais envoyait secrètement à Bayle. Celui-ci, dans une lettre qu'il lui adresse, le remercie de la communication de divers écrits satiriques concernant Molière, qui venait de mourir.

Dans la dernière édition du Dictionnaire historique de Bayle (*Paris, Desoer,* 1820-24, 16 vol. in-8), Beuchot a joint à l'article *Poquelin* toutes les notes de l'abbé Joly et d'autres commentateurs, avec les siennes et celles de Beffara.

981. Notice sur la vie de Molière et sur ses ouvrages, par Moréri.

Cette notice, malgré son peu d'étendue, renferme des renseignements précieux ; on la trouve dans toutes les éditions du Grand Dictionnaire historique de Moréri ; elle a été retouchée et augmentée, par l'abbé Goujet, dans la dernière édition de 1749.

982. Vie de Monsieur de Molière. *Lyon, Jacques Lions*, 1692, in-12 de 101 pp., plus une table des matières de 6 pp., portr.

Ce n'est pas, comme nous l'avions cru d'abord, la première ébauche de l'ouvrage de Grimarest, lequel ne parut à Paris, chez Pierre Ribou, qu'en 1705 ; mais c'est une contrefaçon antidatée de la première édition de cet ouvrage, contrefaçon que le libraire de Lyon destinait à faire suite aux Œuvres de Molière, qu'il avait fait réimprimer sous la date de 1692, pour n'avoir pas d'opposition de la part des libraires de Paris, Denys Thierry, Claude Barbin et Pierre Trabouillet, qui avaient placé leur dernière édition de 1697 sous la sauvegarde d'un nouveau privilége du roi, daté du 18 septembre 1692.

Aucun bibliographe n'a cité cette édition lyonnaise de la *Vie de M. de Molière*, et son existence même nous paraîtrait douteuse, si nous ne l'avions trouvée indiquée dans un catalogue de vente. M. Maherault, qui a eu l'exemplaire sous les yeux, nous en a donné la description.

983. LA VIE DE M. DE MOLIÈRE (par Jean-Léonard le Gallois, sieur de Grimarest). *Paris, Jacq. Lefebvre ou P. Ribou*, 1705, in-12 de 4 ff. prélim., 314 pp. et 4 ff. de table, portr. gravé par Audran.

Cette Vie, écrite en quelque sorte sous la dictée du vieux comédien Baron, est bien loin de mériter les dédains qu'elle inspirait à Boileau, à Jean-Baptiste Rousseau et à Voltaire ; elle aurait pu être plus complète, sans doute, mais elle est naïvement vraie et sincère. « L'auteur de la prétendue *Vie de Molière*, dit J.-B. Rousseau, dans une lettre à Brossette (Bruxelles, 24 mars 1731), a trop consulté notre ami (Baron), et trop peu sa raison ; et pour avoir sans discernement transporté sur le papier toutes les bagatelles fausses ou vraies, qu'il lui avoit ouï conter, sans avoir pu y transporter les agréments avec lesquels il les racontoit, il a fait d'un seul coup un des plus faux et des plus ennuyeux romans qui ayent jamais paru. » Niceron s'est chargé de réhabiliter l'ouvrage de Grimarest : « Cet auteur, dit-il (*Mém. pour servir à l'hist. des hommes illustres*, tome XXIX, p. 205), a fait de grandes recherches et fait mieux connaître Molière qu'il ne l'étoit auparavant. »

984. HET LEVEN VAN J. B. POQUELIN DE MOLJERE, beroemd Frans toonel-speelder. Uit het frans in't nederduits gebragt. *Amsterdam, Nic. ten Horn*, 1705, pet. in-8.

Traduction hollandaise de l'ouvrage de Grimarest.

985. LA VIE DE JEAN-BAPTISTE POQUELIN DE MOLIÈRE, très-fameux comédien, tant par son personnage au théâtre que par les œuvres qu'il a composez. (Par de Grimarest.) *Bruxelles, Jean de Smedt*, 1706, pet. in-12 de 179 pp. et 4 ff. non chiffrés, portr. gravé par Harrewyn.

Cette contrefaçon n'est que la répétition textuelle de l'édition originale, malgré la supposition gratuite de quelques bibliographes qui l'ont présentée comme étant toute différente.

La traduction allemande est intitulée : Uebersetzung von Grimarest Leben des Weltberuhmten Komœdianten aus dem franzœsischen (*Ausburg*, 1711, in-8).

986. Lettre critique (attribuée à de Visé), à M. de ***, sur le livre intitulé : *la Vie de M. de Molière. Paris, Cl. Cellier*, 1706, in-12.

987. Adition (sic) a la Vie de M. de Molière, contenant une réponse à la critique que l'on en a faite. (Par de Grimarest.) *Paris, Jacques Lefebvre*, 1706, in-12 de 2 ff. et 67 pp.

988. Mémoires sur Molière (sa Vie, par Grimarest) et sur Mme Guérin, sa veuve (Extraits de la *Fameuse Comédienne*), suivis de Mémoires (Lettres à milord ***) sur Baron et sur Mlle Lecouvreur, par l'abbé d'Allainval (avec la *Lettre sur l'Imposteur*, et des notices, par Després). *Paris, Ponthieu*, 1822, in-8.

Ce recueil intéressant fait partie de la Collection des Mémoires sur l'art dramatique (*Paris, Ponthieu*, 1822-25, 14 vol. in-8).

989. Mémoires sur la vie de Molière, par Grimarest, publiés avec des notes par L. Aimé-Martin. *Paris, Lefèvre*, 1824, in-8.

Tirage à part, à petit nombre, des préliminaires de l'édition des Œuvres de Molière avec les notes de tous les commentateurs, publiées par L. Aimé-Martin (*Paris, Lefèvre*, 1824-26, 6 vol. in-8). L'ouvrage de Grimarest, élucidé et complété par les nombreuses notes de l'éditeur, est suivi de l'histoire de la troupe de Molière.

990. Vie de Molière, racontée par lui-même, avec un recueil des épitaphes les plus curieuses faites sur la mort surprenante de ce fameux comédien.

Cette notice ingénieuse se trouve seulement dans la seconde édition considérablement augmentée du *Livre sans nom* (attribué à Cottolendi ou à l'abbé Bordelon), *Lyon, Baritel*, 1711, 2 vol. in-12, tome I, pag. 378-407. L'auteur a souvent reproduit textuellement la Préface biographique de l'édition des Œuvres de Molière, publiée en 1682. Voy. ci-dessus n° 978.

991. Vie de Monsieur de Molière, par Bruzen de la Martinière.

Cette Vie de Molière, bien supérieure à celle que Grimarest avait écrite sur les indications du comédien Baron, a été recueillie d'après les souvenirs des contemporains, et surtout d'après ceux du comédien Marcel, par Bruzen de la Martinière, et publiée pour la première fois en tête des *Œuvres* de Molière (*Amsterdam, Arkstée et Merkus*, 1725, 4 vol. pet. in-12). Elle n'occupe pas moins de 109 pages, en petit caractère, dans cette édition; elle a été reproduite depuis dans d'autres éditions hollandaises, notamment dans celle de 1735, réimprimée par les mêmes libraires. C'est dans les *Mémoires historiques, critiques et littéraires* de Bruys (*Paris, J.-Th. Herissant*, 1751, 2 vol. in-12) que Bruzen de la Martinière est désigné comme l'auteur de cette excellente Vie de Molière.

992. NOTICE HISTORIQUE DE MOLIÈRE, par Évrard Titon du Tillet, commissaire provincial des guerres, ci-devant capitaine de dragons et maître d'hôtel de feue Madame la Dauphine, mère du Roi.

Dans son *Parnasse françois* (Paris, J.-B. Coignard, 1732, in-fol.), pag. 308-320. Cette notice est accompagnée d'un portrait de Molière, gravé par Desrochers.

993. LETTRE DE M*** SUR LA VIE ET LES OUVRAGES DE MOLIÈRE.

Cette Lettre a paru dans le *Mercure de France*, août 1735, pag. 1690-1710.

994. MÉMOIRE SUR LA VIE ET LES OUVRAGES DE MOLIÈRE, par Jean-Louis-Ignace de La Serre, sieur de Langlade.

Ces Mémoires furent imprimés, de préférence à la Vie de Molière, écrite par Voltaire, en tête de la belle édition in-4 des Œuvres de Molière, dirigée par Marc-Antoine Joly, sous les auspices de M. de Chauvelin. Le nom de Voltaire avait mis à l'index la notice qu'il s'était chargé d'écrire, et le sieur Rouillé, chef du département de la librairie, n'imagina rien de mieux que de demander le concours d'un mauvais auteur dramatique, nommé J.-L.-Ignace de La Serre.

Les *Mémoires sur la vie et les ouvrages de Molière* ne sont pas pourtant sans intérêt et sans mérite; on les a conservés dans les réimpressions de l'édition préparée par Marc-Antoine Joly. Ils remplissent 61 pp., en tête de l'édition in-12 (*Paris*, 1739, 8 vol.) : « L'auteur de ces Mémoires, dit l'éditeur (Avertissement, page XIX), sans rien omettre des faits les plus constants concernant la vie privée de Molière, n'a point adopté ceux qui lui ont paru peu sûrs, peu importants ou même étrangers au sujet. Il ne s'est pas borné seulement à nous peindre le comédien et le chef de troupe; il a cru que son ouvrage serait encore plus intéressant si quelques courtes réflexions, tant historiques que critiques, mettoient les lecteurs en état de connoître, dans chacune des comédies de Molière, le mérite particulier qui les distingue. »

995. Histoire de la vie et des ouvrages de Molière, par le P. Niceron.

Publiée en 1734, dans le tome XXIX des *Mémoires pour servir à l'Histoire des hommes illustres dans la république des lettres* (Paris, Briasson, 1727-45, 43 vol. in-12), pag. 169 à 205.

996. Vie de Molière, avec des Jugements sur ses ouvrages (par Voltaire). *Paris, Prault fils,* 1739, in-12 de 120 pp., non compris les titres et le privilége.

Réimpr. dans les *Contes de Guillaume Vadé* (Voltaire). S. n., 1764, in-8, et séparément, à Lausanne, 1774, in-8.

Traduit en allemand. *Leipzig, Erben,* 1754, in-8 ; la seconde édition est intitulée : Leben des Molière aus dem französischen des hern von Voltaire übersetzt nebst einen Anhange von übersetzten und selbst verfertigten Poesieen. *Leipzig,* 1759, in-8.

Voltaire avait été prié, par M. de Chauvelin, d'écrire cette Vie, pour la grande édition de Molière in-4, avec les figures de Fr. Boucher, que le libraire Prault devait publier en 1734 ; mais le censeur de la librairie ne voulut pas approuver l'ouvrage de Voltaire, et comme l'édition ne pouvait paraître avec une notice nouvelle, qu'on avait demandée à J.-B. Rousseau sans pouvoir l'obtenir, on chargea un écrivain obscur, nommé de La Serre, de fournir un travail biographique et critique, qui a été mis en tête des Œuvres de Molière. Ce fut seulement en 1739 que le manuscrit de Voltaire, qui était resté entre les mains de Prault, put être imprimé à Paris, avec privilége du roi, après avoir été approuvé par Fontenelle, censeur royal, lequel déclara « n'y avoir rien trouvé qui en doive empêcher l'impression ». Fontenelle, neveu de Pierre Corneille, n'a parlé de Molière que dans les Éloges du président Rose et de Despréaux.

997. Lettre de M***, au sujet d'une brochure intitulée : *Vie de Molière,* par Voltaire. *Sans nom de lieu* (Paris), 1739, in-12.

998. Vie de Molière, par Voltaire, suivie de la description du Monument élevé à sa gloire et des détails de l'inauguration. *Paris, Derche,* 1844, in-12 de 12 pp.

999. Lettre de M. P... de P... (Philippe de Pretot), sur la Vie et les ouvrages de Molière.

Cette Lettre est imprimée, pag. 303-325, du tome VI des *Amusements du cœur et de l'esprit* (Amsterdam, H. du Sauzet, 1746, in-12).

1000. Histoire de la vie de Molière, de sa troupe et de ses comédies, par les frères Parfaict.

Cette histoire est éparpillée dans quatre volumes de leur *Histoire du Théâtre françois, depuis son origine jusqu'à présent, avec la vie des plus célèbres poètes dramatiques, un Catalogue exact de leurs pièces, et des notes historiques* (Paris, Lemercier et Saillant, 1745-49, 15 vol. in-12). La Vie de Molière a été insérée dans le tome X, de la page 68 à 110 ; elle est faite surtout d'après *les Mémoires sur la vie et les ouvrages de Molière*, par J.-L. Ignace de La Serre, imprimés en tête de l'édition de Molière, 1734, in-4°, et d'après les notes manuscrites de Trallage, qui se trouvaient alors à la bibliothèque de l'abbaye de Saint-Victor, d'où elles ont passé à la bibliothèque de l'Arsenal.

1001. NOTICE SUR JEAN-BAPTISTE POQUELIN DE MOLIÈRE, par l'abbé Lambert.

Cette notice se trouve dans le tome II, pag. 348-355 de *l'Histoire littéraire du règne de Louis XIV* (Paris, Prault, 1751, 3 vol. in-4).

1002. ADDITIONS A L'ARTICLE DE JEAN-BAPTISTE POQUELIN, par l'abbé Joly, chanoine de Dijon.

Ces additions sont imprimées dans la seconde partie, pag. 630 à 635, de ses *Remarques critiques sur le Dictionnaire de Bayle* (Paris, E. Ganneau, 1752, in-fol.).

1003. PARTICULARITÉS DE LA VIE DE MOLIÈRE.

Ces recherches historiques se trouvent imprimées dans le tome premier, pag. 537-73, des *Variétés historiques, physiques et littéraires, ou Recherches d'un Savant* (Boucher d'Argis). Paris, Nyon, 1752, 3 vol. in-12.

1004. NOTICE SUR MOLIÈRE, par Dreux du Radier, avocat, avec portrait gravé par C. Roy.

Cette courte notice fait partie du tome III de *l'Europe illustre*, contenant l'histoire abrégée des Souverains, des Princes, des Prélats, des Ministres, des grands Capitaines, des Magistrats, des Savants, des Artistes et des Dames célèbres en Europe ; ouvrage enrichi de portraits (*Paris, Odieuvre*, 1755-65, 6 vol. in-4).

1005. JEAN-BAPTISTE POCQUELIN, surnommé Molière ; notice par Lacombe de Prezel.

Cette notice anecdotique se trouve, pp. 636-51, au tome II du *Dictionnaire des portraits historiques, anecdotes et traits remarquables des hommes illustres* (Paris, Lacombe, 1768, 3 vol. in-8).

1006. NOTICE SUR MOLIÈRE.

Cette intéressante notice, dont l'auteur ne s'est pas nommé, figure dans la grande Encyclopédie de Diderot et d'Alembert. Elle a été recueillie, avec raison, dans *l'Esprit de l'Encyclopédie,* par Hennequin (Paris, Fauvelle et Sagnier, an VIII, 12 vol. in-8, tom. VII, pag. 20-307).

1007. Notice sur J.-B. Molière, par Sautereau de Marsy.

Cette Notice se trouve, en tête de quelques extraits des pièces de Molière, dans le tome xxiii des *Annales poétiques*, 1782, in-12, pag. 203-62, avec un très-joli portrait, gravé par Ingouf junior, d'après Mignard.

1008. Anecdotes de Molière.

Voyez ces Anecdotes, dans l'article Molière, qui fait partie du *Tableau historique de l'esprit et du caractère des littérateurs français depuis la Renaissance des lettres, ou Recueil de traits d'esprit, de bons mots et d'anecdotes littéraires* (par Ant. Taillefer). *Versailles, Poinçot,* 1785, 4 vol. in-8.

1009. Jean-Baptiste Pocquelin, surnommé Molière, avec son portrait à l'aqua-tinte, par le comte Sulpice de la Platière.

Cette Notice, qui forme 54 pages, a été publiée dans la *Galerie universelle des hommes, des femmes et des enfants célèbres, ornée de leurs portraits* (Paris, 1787, in-4, tome VI). Elle est dédiée à Messieurs les comédiens du Théâtre-Français.

1010. Molierana, ou Recueil d'aventures, anecdotes, etc., de Pocquelin Molière, par C. d'Avall... (Cousin d'Avallon). *Paris, Marchand,* an IX (1801), in-18, avec portr.

Voy. aussi l'article Molière, dans les *Siècles littéraires de la France,* par N.-L.-M. Desessarts (*Paris, l'Auteur,* 1800-1803, 7 vol. in-8).

1011. Notice sur Molière, avec son portrait en pied.

Cette Notice se trouve dans la *Galerie théâtrale, ou Collection des portraits en pied des principaux acteurs qui ont figuré, ou qui figurent sur les trois premiers théâtres de la capitale.* (Texte attribué à de Salgues.) *Paris, Bance aîné,* 1812-23, 2 vol. in-4, avec 96 pl. gravées par Godefroy d'après les premiers artistes et coloriées au pinceau ; ouvrage continué et terminé en 1834, et réimprimé depuis avec soin, *Paris, Barraud,* 1872-73, 2 vol. in-4, contenant 145 portraits en pied et quelques vignettes nouvelles.

1012. Anecdotes de la vie de Molière, par Chaussard.

Ce sont les pages les plus intéressantes de l'ouvrage anonyme de l'auteur : *les Anténors modernes, ou Voyages de Christine et de Casi-*

mir, en France, pendant le règne de Louis XIV (Paris, Buisson, 1806, 3 vol. in-8, fig.). Voy. tom. II, pag. 234-243 ; tom. III, pag. 199-230.

1013. VIE DE MOLIÈRE, par Petitot.

Cette Vie est imprimée en tête de son édition des Œuvres de Molière (*Paris, Nicolle,* 1813, 6 vol. in-8), édition plusieurs fois réimprimée, mais sans aucun changement.

1014. NOTICE SUR MOLIÈRE, avec son portrait lithographié et un *fac-simile*.

Cette Notice, signée Auger, se trouve dans le tome II de la *Galerie française, ou Collection de portraits des hommes et des femmes célèbres qui ont illustré la France dans les* xvie, xviie *et* xviiie *siècles,* par une société de gens de lettres et d'artistes (*Paris, Lefort,* impr. de Firmin Didot, 1821-30, 3 vol. gr. in-4, pap. vél., avec portr. lithogr. et fac-simile).

1015. PORTRAIT DE MOLIÈRE, par Ricord aîné, ancien officier supérieur, auteur des *Réflexions sur l'art théâtral,* etc.

Voy. ce portrait dans son ouvrage : *Fastes de la Comédie française et portraits des plus célèbres acteurs qui se sont illustrés et de ceux qui s'illustrent encore sur notre théâtre,* etc. (Paris, Delaunay, 1821-22, 2 vol. in-8.)

1016. NOTICE BIOGRAPHIQUE SUR MOLIÈRE, avec des jugements sur ses comédies, par Voltaire, La Harpe, Florian, etc.

Cette Notice et ces Jugements se trouvent dans le *Répertoire de la littérature ancienne et moderne* (Paris, Castel de Courval, 1824-27, 30 vol. in-8), tom. xix, pag. 283-437. Chalons d'Argé était un des principaux collaborateurs de cette vaste compilation.

1017. VIE DE MOLIÈRE, avec un Discours préliminaire, par Jules Taschereau. *Paris Lheureux,* 1825, in-8, portr.

Tirage à part des préliminaires de son édition *Variorum* des Œuvres de Molière (*Paris, Lheureux,* 1823-25, 8 vol. in-8).

1018. HISTOIRE DE LA VIE ET DES OUVRAGES DE MOLIÈRE, par Jules Taschereau. *Paris, Ponthieu,* 1825, in-8 de 449 pp., avec un portrait et un *fac-simile*.

M. Jules Taschereau s'était préparé à écrire cet ouvrage estimable, en donnant son édition des Œuvres complètes de Molière (1823-25, 8 vol. in-8). Il y avait été encouragé par Beffara, qui mit toutes ses notes à la disposition du jeune éditeur, et par M. de

Soleinne, qui lui ouvrit son admirable bibliothèque dramatique. On peut dire que M. Taschereau a été le premier historien de Molière.

La publication de cet ouvrage avait été annoncée par un prospectus, in-8 de 2 pages.

Réimprimé en contrefaçon, à *Bruxelles, Ode et Wodon*, 1828, 12 vol. in-18.

1019. Histoire de la vie et des ouvrages de Molière, par J. Taschereau; 3e édit., revue et augmentée. *Paris, Hetzel,* 1844, in-12 de 316 pp., non compris les titres et la préface, fig. sur bois.

La seconde édition, revue et augmentée (*Paris, Brissot-Thivars*, 1828, in-8), ne diffère pas beaucoup de la première, mais celle-ci est entièrement nouvelle, et les notes, qui ne remplissent pas moins de 96 pages en petit texte, renferment une bien précieuse réunion de documents originaux relatifs à Molière.

1020. Histoire de la vie et des ouvrages de Molière, par J. Taschereau, 4e édit. illustrée par Gérard Séguin. *Paris, Marescq,* 1851, in-4 de 32 pp. à 2 col., fig. sur bois dans le texte.

Cette édition compacte a été tirée à un très-grand nombre d'exemplaires.

1021. Histoire de la vie et des ouvrages de Molière, par J. Taschereau; 5e édit. *Paris, Furne,* 1863, in-8 de 252 pp., portr. gravé par Hopwood et Olivier, d'après Chenavard.

Tirage à part de cette Histoire, imprimée en tête de la nouvelle édition des Œuvres de Molière, revue d'après les éditions originales (*Paris, Furne,* 1863, 6 vol. in-8). Cette cinquième édition de l'excellent ouvrage de M. Jules Taschereau est bien plus complète et bien plus étendue que les quatre précédentes, si ce n'est que l'auteur n'y a pas joint les notes justificatives, si nombreuses et si précieuses, qui occupent dans chacune de ces éditions le quart ou le tiers du volume; « mais, dit M. J. Taschereau, ayant recueilli considérablement de faits et de détails nouveaux, nous avons tenu à ce que toute cette partie complémentaire, qui est venue prendre place dans notre récit, fût accompagnée de notes au bas des pages, indiquant nos sources et justifiant nos dires. » On peut déclarer que l'ouvrage de M. Taschereau était arrivé à sa perfection. Cependant il en préparait une édition encore augmentée, lorsque la mort est venue le frapper au milieu de ce dernier travail.

1022. VIE DE MOLIÈRE (en allemand), par L. Ideler et H. Nolte.

> Cette Vie se trouve dans un recueil de morceaux littéraires, choisis parmi les œuvres des meilleurs écrivains français ; les deux compilateurs ont emprunté seulement à Molière sa comédie de *l'Avare*. Voici le titre de leur chrestomathie française : « Handbuch dez französischen Sprache und Litteratur oder Auswahl interessanter, chronologisch geordneter Stücke aus den klassischen französischen Prosaisten u. Dichtern » (*Berlin, Nauck,* 1826, 2 vol. in-8). La notice sur Molière occupe les pages 51-54 du volume des Poëtes.

1023. DISCOURS SUR LA COMÉDIE ET VIE DE MOLIÈRE, extraits de l'édition des OEuvres de Molière, avec commentaires, par M. Auger, secrétaire perpétuel de l'Académie française. *Paris, imprim. de Firmin Didot,* 1827, in-8 de 145 pp., avec portrait.

> Tirage à part des préliminaires de l'édition des Œuvres de Molière, publiée par Auger (*Paris, Desoer,* 1819-25, 9 vol. in-8). Auger est, en outre, auteur de l'article MOLIÈRE dans la *Biographie universelle* de Michaud.

1024. NOTICE SUR MOLIÈRE.

> Voy. cette Notice dans le tome V, pag. 202-212, de la *Galerie choisie d'hommes illustres de tous les temps et de toutes les nations,* ornée d'au moins 400 portraits, seconde édition augmentée (Bruxelles, Fréret, 1830, 12 vol. in-18).

1025. NOTICE SUR LA VIE ET LES OUVRAGES DE MOLIÈRE. *Paris, Comptoir des imprimeurs unis,* 1844, in-12 de 12 pp.

1026. NOTICE BIOGRAPHIQUE SUR MOLIÈRE, avec un portrait gravé sur acier par Hopwood.

> Voy. cette Notice dans la *Collection de portraits de littérateurs célèbres, gravés sur acier d'après les originaux authentiques par Hopwood, et accompagnés de notices biographiques* (Paris, Lami-Denozan et Firmin Didot, 1828, gr. in-8).

1027. MOLIÈRE (Jean-Baptiste Poquelin de), par Jules Janin.

> Cette notice, insuffisante, pour ne pas dire plus (gr. in-8 de 16 pages, avec portr. dessiné par J. Ingres, et gravé par Henriquel Dupont), a été publiée dans la première édition du *Plutarque français,* fondé en 1834 et dirigé par Ed. Mennechet, mais elle ne

se trouve plus dans la seconde entièrement refondue et remaniée, où elle a été remplacée par une nouvelle notice de Fr. Génin.

1028. Molière, par Fr. Génin, professeur à la Faculté des lettres de Strasbourg, avec portrait gravé par Henriquel Dupont, d'après J. Ingres.

Cette notice historique et littéraire, composée exprès pour remplacer celle que Jules Janin avait fournie à la première édition du *Plutarque français*, fondé par Ed. Mennechet, a été imprimée dans la 2º édition publiée sous la direction de T. Hadot (*Paris, Langlois et Leclercq*, 1844-47, 6 vol. gr. in-8, tome IV, pag. 117-146).

1029. Les Éphémérides de Molière, par Hippolyte Rabou.

Ces Éphémérides sont imprimées, pag. 183-197, dans le tome XXV de la *Revue de Paris*, année 1844.

1030. Almanach de tout le monde, contenant l'histoire de la vie populaire de Molière, par Hippolyte Lucas, des analyses de ses ouvrages, des anecdotes sur sa vie et ses comédies. *Paris, Duverger*, 1844, in-18 de 136 pp., avec un portr. et une lithographie.

1031. Les Commencements de la vie de Molière, par A. Bazin.

Ce travail biographique est imprimé dans le tome XIX de la *Revue des Deux-Mondes*, 2º série, 17º année, 1847.

1032. Les Dernières Années de Molière, par A. Bazin.

Cette notice biographique se trouve dans la *Revue des Deux-Mondes*, 2º série, 18º année, 1848, tome XXI.
Il a été fait un tirage à part de ces deux articles de la *Revue des Deux-Mondes* (impr. Gerdès, gr. in-8 de 20 et 31 pp.).

1033. Notes historiques sur la vie de Molière, par A. Bazin; 2º édition, revue et augmentée, avec une notice de Paulin Paris. *Paris, Techener*, 1849, in-12 et in-8 de 98 pp.

Ces notes avaient paru d'abord dans la *Revue des Deux-Mondes*, le 15 juillet 1847 et le 15 janvier 1848; mais l'auteur y a fait quelques corrections.

1034. Notes historiques sur la vie de Molière, par A. Bazin, auteur de l'Histoire de Louis XIII, publiées et précédées d'une introduction par Paulin Paris, de l'institut. *Paris, Techener*, 1851, in-18 de 180 pp.

Il y a un tirage in-8, de 108 pp., destiné à compléter les Œuvres de Molière publiées dans ce format.

1035. NOTICE BIOGRAPHIQUE SUR MOLIÈRE, par Victor Fournel.

Ce grand travail de critique historique et littéraire n'a été publié encore que dans la *Nouvelle Biographie générale* de Firmin-Didot (1861, tome XXXV, col. 844-87). C'est un résumé très-complet et très-exact de tout ce qui avait été jusqu'alors écrit sur la vie de Molière.

1036. MOLIÈRE, par Hippolyte Lucas.

C'est le chap. VIII de son *Histoire philosophique et littéraire du Théâtre français;* troisième édition (*Bruxelles, A. Lacroix*, 1862-63, 3 vol. in-12), tome I, pp. 145-203. La première édition (*Paris, Gosselin,* 1843, in-12) est moins complète.

1037. LÉGENDES FRANÇAISES. MOLIÈRE, par Eugène Noël. *Paris, Garnier frères (impr. Perou, à Rouen)*, 1852, in-18 de 180 pp.

1038. MOLIERANA ET FONTAINIANA. *Lille, impr. de Blocquel,* 1855, in-32 de 128 pp.

Ce petit livret, extrait en partie de la compilation de Cousin d'Avallon (voy. ci-dessus n° 1010), fait partie de la *Bibliothèque amusante,* publiée par Anagramme Blismon (Simon Blocquel).

1039. NOTICE (en anglais) SUR LA VIE ET LE GÉNIE DE MOLIÈRE, par C. K. Watson.

Cette Notice (*Life and genius of Moliere*) se trouve dans ses *Cambrige Essays* (London, 1855, in-8).

1040. MOLIÈRE, notice (en anglais), par Will.-Hick. Prescott.

Cette Notice figure dans le recueil de Prescott, intitulé : *Biographical and critical Essays* (London, 1855, in-12).

1041. HISTOIRE DE MOLIÈRE ET DE SES COMÉDIES, par Antonin Roche, directeur de l'*Educational Institute* de Londres.

C'est un des chapitres de son *Histoire des principaux écrivains français, depuis l'origine de la littérature jusqu'à nos jours* (Paris, C. Borrani, 1858, tome I, pp. 127-169, édition imprimée à Bruxelles).

1042. P. L. Jacob, bibliophile. LA JEUNESSE DE MOLIÈRE, suivie du Ballet des Incompatibles, pièce en vers inédite de

Molière, avec une lettre au bibliophile Jacob, par Félix Delhasse. *Bruxelles, A. Schnée*, 1859, in-16 de 209 pp.

On a fait un tirage spécial, sous la rubrique de *Paris, Adolphe Delahays*, 1859.

Cet ouvrage avait été publié d'abord dans le feuilleton du journal *le Siècle*, en mars 1851.

1043. RECHERCHES SUR MOLIÈRE ET SUR SA FAMILLE, par Eud. Soulié, conservateur-adjoint des musées impériaux. *Paris, L. Hachette*, 1863, in-8 de 371 pp.

On sait quelle est l'importance de ce livre, qu'on doit considérer comme le premier qui nous ait fourni des documents nouveaux et authentiques sur la vie de Molière et sur sa famille. Les savantes Recherches, qui sont l'analyse comparée de ces documents, et qui témoignent de l'esprit perspicace et clairvoyant de l'auteur, ne remplissent que les 123 premières pages; le reste du volume contient les documents au nombre de 65, imprimés *in extenso* d'après les originaux découverts dans les archives des études de notaires de Paris. Il n'est plus possible aujourd'hui d'écrire l'histoire de Molière, sans faire usage de ces précieux renseignements.

1044. MOLIÈRE, par P. Barrère, membre de l'Université de France, de l'Académie de Paris, etc.

C'est le chap. XX de son ouvrage intitulé : *les Écrivains français, leur vie et leurs œuvres*, ou Histoire de la Littérature française (*Paris, E. Ducrocq; imprim. de J. van Buggenhoudt, à Bruxelles*, 1863, in-12, pp. 276-323).

1045. LE ROMAN DE MOLIÈRE, suivi de Fragments sur sa vie privée, d'après des documents nouveaux, par Édouard Fournier. *Paris, E. Dentu*, 1863, in-12 de VII et 253 pp.

Voici les Fragments qui suivent le Roman de Molière, c'est-à-dire l'histoire romanesque de sa vie : 1º *Molière, d'après le Registre de La Grange*; 2º *les Reliques de Molière*; 3º *Molière et le Procès du pain mollet*; 4º *Molière et les Anglais*.

1046. LES BIOGRAPHES DE MOLIÈRE, par le bibliophile Jacob.

Cette notice critique et biographique, qui avait été publiée dans le *Bulletin du Bibliophile* en 1863, a reparu avec quelques changements dans les *Dissertations bibliographiques* du bibliophile Jacob (*Paris, Gay*, 1864, in-12). Elle concerne les trois ouvrages suivants : 1º la 5º édition de la *Vie de Molière*, par Taschereau; 2º *le Roman de Molière*, par Ed. Fournier; 3º *Recherches sur Molière*, par Eudore Soulié.

1047. Sur les travaux relatifs a la vie de Molière, par Gaston Paris.

Ces deux articles ont été publiés dans la *Revue de l'instruction publique,* 26 novembre 1863 et 24 février 1864.

1048. Molière, sa vie et son temps (en anglais).

Cette notice, dont l'auteur ne se nomme pas, figure dans la revue intitulée : *Dublin University Magazine,* n° de juillet 1865, in-8.

1049. Molière, par Étienne Arago.

Cette notice biographique et littéraire fait partie du *Livre d'or des peuples, Plutarque universel,* publié sous la direction de Pierre Lefranc (*Paris, chez tous les libraires,* 1866, in-4). Tome I et unique.

1050. Notice sur Molière et sur ses ouvrages, par Maxime de Montrond.

Cette notice fait partie de l'ouvrage intitulé : *les Poëtes français, italiens, allemands, anglais, espagnols et portugais* (Lille, Lefort, 1869, in-8, fig., p. 131 à 140).

1051. Molière, sa vie et ses œuvres, par Jules Claretie. *Paris, Alph. Lemerre,* 1873, pet. in-12 de 197 pp.

Tiré à 300 exempl. sur papier vergé ; 20 sur papier de Chine, et 20 sur papier whatman.

Charmant et ingénieux ouvrage, où l'on avait signalé quelques erreurs qui ont disparu dans la seconde édition. L'auteur, en publiant son livre à l'occasion du Jubilé de Molière, a fait usage des brillantes improvisations qu'il avait prononcées dans les conférences littéraires de ce Jubilé.

1052. Le même ouvrage. Seconde édition, revue, corrigée et augmentée d'un Appendice. *Paris, Alphonse Lemerre,* sans date (1874), pet. in-12 de 243 pp.

Il a été tiré, de cette édition, 10 exemplaires sur papier Whatman et 10 sur papier de Chine.

Cette édition, dans laquelle l'auteur a profité des dernières découvertes relatives à la vie de Molière, est destinée à faire suite à la nouvelle édition des Œuvres de Molière, publiées par M. A. Pauly, chez le même libraire.

Voici les titres des chapitres : I, la Semaine de Molière ; II, les Débuts de Molière ; III, Molière intime ; IV, les Grandes Comédies ; V, Molière comédien ; VI, les Calomniateurs de Molière ; VII, les Portraits de Molière.

L'Appendice se compose des articles suivants : I, la Troupe de Molière; II, Louis XIV et les Marionnettes; III, Mariage de Molière; IV, Funérailles de Molière; V, Épitaphes de Molière; VI, le Jubilé de Molière; VII, Un nouvel autographe de Molière; VIII, Molière à Pézenas; IX, les Armoiries de Poquelin; X, le Musée de Molière; XI, Molière directeur; XII, Molière en province; XIII, le Ballet des Incompatibles.

1053. MOLIÈRE. Eine Ergänzung der Biographie des Dichters aus seinen Werken, von Paul Lindau. (Molière. Complément de la Biographie du poëte tiré de ses œuvres, par Paul Lindau.) *Leipzig, Amb. Barth,* 1872, in-8 de VIII et 102 pp.

Voy. *Revue critique d'histoire et de littérature,* 1873, 2ᵉ sem., pp. 181-182.

1054. J.-B. POQUELIN DE MOLIÈRE, par Alphonse Pagès.

Cette notice, accompagnée de portrait et de fac-simile, se trouve dans l'ouvrage intitulé : *les Grands Écrivains français, portraits authentiques, autographes, fragments des éditions originales, notices et extraits* (Paris, libr. de l'*Écho de la Sorbonne,* 1873, gr. in-8, pp. 201 à 230).

1055. DOCUMENTS INÉDITS SUR J.-B. POQUELIN MOLIÈRE, découverts et publiés avec des notes, un index alphabétique et des fac-simile, par Émile Campardon, archiviste aux Archives nationales. *Paris, Henri Plon,* 1871, in-12 de 77 pp.

Pièces curieuses relatives à la vie de Molière, découvertes dans les papiers de la section judiciaire des Archives.

Voy. encore l'article MOLIÈRE, dans les Dictionnaires biographiques de Ladvocat (1777-89), de Chaudon et Delandine (1804), de Feller (1833), etc.

XIX

DISSERTATIONS ET MÉLANGES

RELATIFS A LA VIE DE MOLIÈRE.

1056. LETTRE D'UN ANONYME, écrite de Paris à Louis Boyvin, prêtre, docteur en théologie, sur la mort et l'enterrement de Molière.

Cette lettre, ou plutôt cette note, écrite à Paris au mois de février 1673, et dont l'authenticité n'est pas mise en doute, a été découverte en original par M. Benjamin Fillon, de Fontenay-le-Comte, et publiée par lui dans ses *Considérations historiques et artistiques sur les monnaies de France* (Fontenay, Robuchon, 1850, in-8, avec 4 pl.). L'original se trouvait, en dernier lieu, dans les mains de M. Taschereau. Il a figuré à l'exposition du Musée Molière, lors du Jubilé organisé par M. Ballande au Théâtre Italien, du 15 au 23 mai 1873. M. Benjamin Fillon l'a réimprimé, à la fin de ses *Recherches sur le séjour de Molière dans l'ouest de la France* (Fontenay-le-Comte, Robuchon, 1871, gr. in-8).

1057. REQUÊTE D'ÉLISABETH-CLAIRE-GRESINDE BÉJART, à l'Archevêque de Paris, du 17 février 1673, et ORDONNANCE DE L'ARCHEVÊQUE POUR L'ENTERREMENT DE MOLIÈRE.

Ces deux pièces curieuses ont été publiées, pour la première fois, dans *le Conservateur, ou Recueil de morceaux inédits d'histoire, de politique, de littérature et de philosophie,* tirés des portefeuilles de N.-François de Neufchâteau, de l'Institut national (Paris, imprim. de Crapelet, an VIII, 2 vol. in-8, tome Ier, p. 384 et suiv.). L'éditeur déclare tenir ces deux pièces de Palissot.

1058. DISSERTATION SUR J.-B. POQUELIN MOLIÈRE, sur ses ancêtres, l'époque de sa naissance qui avait été inconnue jusqu'à présent, sur son buste et une inscription portant une fausse date de sa naissance, ornant la façade d'une maison, rue de la Tonnellerie, où l'on a cru qu'il était né, etc., par L.-F. Beffara, ancien commissaire de police du quartier de la Chaussée d'Antin. *Paris, Vente,* 1821, in-8 de 28 pp.

Cette dissertation contient les actes de l'état civil, relatifs à Molière, publiés pour la première fois.

1059 LES POQUELINS A BORDEAUX, par Édouard Fournier.

Voy. ces recherches généalogiques, dans la *Revue des provinces,* 1865, gr. in-8 (tome VII, pp. 530-532).

1060. LA FAMILLE ET L'ENFANCE DE MOLIÈRE, conférence de M. Édouard Fournier, au Jubilé de Molière, 16 mai 1873.

Voy. cette Conférence, dans la *Revue des Cours littéraires,* 1873, gr. in-8 à 2 col., t. V, pp. 1118-1123.

1061. LA NAISSANCE DE MOLIÈRE, par Eugène d'Auriac.

Trois articles sous ce titre, publiés en feuilletons dans le journal *le XIXe Siècle,* 1er, 6 et 15 janvier 1872.

1062. Maison natale de Molière. Lettre de M. Beffara à l'éditeur de la *Revue rétrospective.*

Cette lettre a été insérée dans la *Revue rétrospective*, publiée par J. Taschereau et de Monmerqué (Paris, imprim. H. Fournier), 1re série, 1833, tome Ier, pp. 394-398. On en a fait un tirage à part.

1063. Molière et ses contemporains, par Ducasse.

Voy. le chapitre concernant Molière, dans le tome Ier de *l'Histoire anecdotique de l'ancien Théâtre en France* (Paris, Dentu, 1864, 2 vol. in-8).

1064. Molière en province. Conférence faite à Niort le 20 mars 1869, par Léon Robert, ancien élève de l'École normale supérieure, professeur de rhétorique. *Saint-Maixent, impr. Reversé*, 1869, gr. in-8 de 30 pp.

1065. Molière a Rouen en 1643, discours de M. Gosselin, avec l'acte authentique représentant la présence de Molière à Rouen en 1643 et un fac-simile.

Ce Discours a été publié dans le *Précis analytique des Travaux de l'Académie de Rouen*, 1869-70, Classe des belles-lettres, pp. 301-22.

1066. Recherches sur le séjour de Molière, dans l'ouest de la France, en 1648, par Benjamin Fillon. *Fontenay-le-Comte, J. Robuchon*, 1871, gr. in-8 de 29 pp.

Ces savantes Recherches avaient paru d'abord dans deux numéros de *l'Indicateur, journal de la Vendée*, 11 et 14 décembre 1871.

1067. Molière a Lyon, 1653-1657 (signé : A. Péricaud). *Lyon, G. Rossari*, 1835, in-8 de 8 pp.

1068. Détails sur les représentations de Molière a Lyon.

Voy. les *Archives du Rhône*, tome VII, p. 488 et suiv.

1069. Molière a Lyon et a Vienne (par Colombet).

Ce travail historique fait partie de la *Revue du Lyonnais*, 1835, tome Ier, p. 113 et suiv. Les particularités relatives au passage de Molière et de sa troupe, dans les villes de Lyon et de Vienne, sont empruntées à la Vie de Pierre Boissat, par Chorier : *De Petri Boessatii equitis et comitis palatini, viri clarissimi, Vita*, libri duo, Nicolaï Choreri Viennensis (*Gratianopoli, Fr. Provensal*, 1680, in-12).

15

1070. DÉTAILS SUR LE SÉJOUR DE MOLIÈRE ET DE SA TROUPE, A VIENNE.

> Ces détails authentiques, recueillis par un contemporain, se trouvent dans les *Mémoires de Nicolas Chorier, de Vienne, sur sa vie et ses affaires*, traduit des trois livres en texte latin par F. Crozet (*Grenoble*, 1868, in-8). L'original latin, qui était resté inédit, sinon inconnu, n'a pas encore été publié.

1071. MOLIÈRE ET SA TROUPE A LYON, par Eudore Soulié. — Lettre à M. Eudore Soulié, conservateur des Musées impériaux à Versailles, signée : C. Brochoud. (*Lyon, typ. d'A. Vingtrinier*), s. d. (1865), in-8 de 34 pp.

> La première partie de cette brochure est la réimpression d'un compte-rendu du curieux ouvrage de M. Brochoud : *les Origines du Théâtre de Lyon*, mais nous ignorons dans quel journal a paru d'abord ce compte-rendu, qui contient une foule de renseignements nouveaux.

1072. MOLIÈRE ACTEUR, par Édouard Charton.

> Deux articles publiés, sous ce titre, dans *le Moniteur des Théâtres*, 25 octobre 1836.

1073. MOLIÈRE A FONTAINEBLEAU (1661-1664), simple note historique, suivie de la biographie du comédien de Brie, par Charles Constant, avocat, membre de la Société d'archéologie de Seine-et-Marne. *Meaux, typographie de J. Carro*, 1873, gr. in-8 de 26 pp.

> Extrait du *Bulletin de la Société d'archéologie, sciences et arts du département de Seine-et-Marne*, 1873, dixième année, tome IX.

1074. MOLIÈRE, SES AMIS, ET LE LIVRE DE JEAN NÉANDER SUR LE TABAC.

> Cet article se trouve dans le *Magasin pittoresque*, octobre 1872, p. 315.

1075. MOLIÈRE MUSICIEN ; notes sur les OEuvres de cet illustre maître, et sur les drames de Corneille, Racine, etc., où se mêlent des considérations sur l'harmonie de la langue française, par Castil Blaze. *Paris, l'Auteur*, 1852, 2 vol. in-8. (Tome I, 512 pp.; tome II, 544 pp.)

1076. Conversation intéressante entre Molière et son ami Chapelle.

Cette Conversation n'est autre qu'un extrait des *Intrigues amoureuses de M*** et de son épouse* (Dombes, 1690, in-12), réimpression modifiée de la *Fameuse Comédienne*. On la trouve dans le tome I, p. 175-185, des *Pièces intéressantes et peu connues pour servir à l'histoire et à la littérature,* par D. L. P. (de la Place). Nouv. édit. (Bruxelles et Paris, Prault, 1785, 8 vol. in-12).

1077. Les Amours de Molière, par Henri La Pommeraye. *Paris, libr. des bibliophiles (imprim. Jouaust)*, 1873, in-16 de 46 pp.

C'est une des intéressantes conférences que M. Henri La Pommeraye avait consacrées à Molière et qui, malheureusement, sont restées inédites.

1078. Molière et la Salle des machines aux Tuileries.

Cette dissertation anonyme, qui a pour objet d'établir l'authenticité d'un prétendu autographe de Molière, non daté, relatif à un devis pour la construction de la Salle des machines au palais des Tuileries, a été publiée dans *l'Amateur d'Autographes* de Jacq. et Gabr. Charavay, 2ᵉ année, 1ᵉʳ janvier 1863, pp. 1 à 5. Mais on trouve, dans cet article, un autre devis notarié, daté du 13 août 1661, devis très-authentique concernant les travaux de peinture et dorure à faire dans cette même Salle des Tuileries, qui avait été construite nouvellement, c'est-à-dire en 1659 et 1660, alors que Molière n'avait encore aucun crédit à la cour.

Voy. ci-après, au chapitre de Autographes de Molière, une réponse à cet article.

1079. Notes sur Molière, par J. Bernier, conseiller et médecin ordinaire de feue Madame, duchesse douairière d'Orléans.

Voy. ces notes critiques, dans le *Traité de Médecine* de l'auteur (Paris, Simon Langronne, 1689, in-4, 1ʳᵉ part., chap. V, p. 215; 2ᵉ part., chap. IV, p. 307). Dans la seconde édition de cet ouvrage (*Paris, Laurent d'Houry,* 1695, in-4), la deuxième partie ayant seule été réimprimée, on en a retranché le passage relatif à Molière, dans le chap. IV.

1080. Molière a la cour, par Eugène Despois.

C'est un des plus piquants chapitres du curieux ouvrage de M. Despois : *le Théâtre français sous Louis XIV* (Paris, Hachette, 1874, in-12), pp. 300-310.

1081. ÉTUDE MÉDICALE SUR MOLIÈRE, lue le 15 avril 1848 à la Société médicale de l'arrondissement, par le docteur Fauconneau-Dufresne.

Voy. cette Étude dans le feuilleton de *l'Union médicale*, des 20, 23 et 27 mai 1848.

1082. MOLIÈRE ET L'EN-CAS DE NUIT, par Eugène Despois.

Cette conférence sur le fameux souper de Molière dans la chambre de Louis XIV, souper légendaire et probablement apocryphe, que racontent les *Mémoires de Mme Campan*, se trouve dans la *Revue des Cours littéraires* (Paris, Germer-Baillière, 1870, in-8, VIIIe année). Elle a été réimprimée, avec quelques additions, dans *le Théâtre sous le règne de Louis XIV*, où elle forme un chapitre intitulé : *la Légende de l'en-cas de nuit*, pp. 311-320.

1083. UN COLLABORATEUR INCONNU DE MOLIÈRE, par Berbrugger.

Cette notice se trouve dans la *Revue africaine, journal des Travaux de la Société historique algérienne*, année 1868. Il s'agit du chevalier d'Arvieux, qui, par l'ordre du roi, fournit à Molière les éléments de sa Cérémonie turque dans *le Bourgeois gentilhomme*. Voy. les *Mémoires du chevalier d'Arvieux, contenant ses voyages à Constantinople, dans l'Asie, la Syrie, la Palestine*, etc. (Paris, Delespine, 1735, in-12).

1084. MOLIÈRE ET LE PROCÈS DU PAIN MOLLET, par Édouard Fournier.

Cet article, publié dans la *Revue française*, n° du 20 juillet 1855, a été reproduit dans l'Appendice du *Roman de Molière*, par le même auteur.

1085. LES RELIQUES DE MOLIÈRE, par Édouard Fournier.

Cet article, publié à l'occasion du 230e anniversaire de la naissance de Molière, a paru dans le tome XIX de *l'Illustration*, journal universel, n° du 22 janvier 1852.

1086. ENCORE LES RELIQUES DE MOLIÈRE, par Édouard Fournier.

Cet article a été publié dans le tome XIX de *l'Illustration*, journal universel, n° du 12 février 1852.

1087. LA CHAMBRE DE MOLIÈRE, par E. Burat de Gurgy, avec une lithogr. de Nap. Thomas.

Cette notice se trouve à la p. 353 du tome VI du *Monde dramatique* (Paris, 1838, gr. in-8).

1088. Notice sur le Fauteuil de Molière, par M*** (Astruc et J. Sabatier). *Pézénas, Gabriel Bonnet,* 1836, in-8.

Il y a une seconde édition, publiée au même lieu, la même année.

1089. Les Fauteuils de Molière.

Voy. cette note sur les deux fauteuils qui existaient à Pézénas et à Paris (à la Comédie française), dans le tome VI de la seconde série de la *Revue rétrospective,* publiée par MM. Taschereau et Monmerqué, 1836.

1090. Le Fauteuil de Molière a Pézénas, avec lithogr. de Nap. Thomas, représentant le fauteuil.

Cette notice se trouve à la p. 37 du 3e vol. du *Monde dramatique* (Paris, 1837, gr. in-8).

1091. Moliere's Tod..... La Mort de Molière il y deux cents ans (17 février 1673), et son dernier ouvrage, *le Malade imaginaire.* Discours prononcé par le Dr Heinrich Schweitzer, autrefois à Paris, maintenant à Wiesbaden. *Wiesbaden, libr. de Feller et Gecks,* 1873, in-8.

1092. Exhumation de Molière et de La Fontaine.

Cet article de journal, lequel avait paru en 1817, lorsque les cendres, problématiques au moins, de La Fontaine et de Molière, furent transportées du Musée des Monuments français au cimetière du Père-Lachaise, a été réimprimé dans le tome III, p. 98, des *Critiques philosophiques et littéraires,* qui font partie des Œuvres de A.-V. Arnault (*Paris, A. Bossange,* 1824-27, 8 vol. in-8).

1093. Pièces justificatives pour la translation des corps de Molière et de La Fontaine au Musée des Monuments français.

Ces pièces, relatives à l'exhumation des restes de Molière, à leur translation au Musée des Monuments français, et depuis à leur transport au cimetière du Père-Lachaise, se trouvent dans le tome VIII, pp. 161-172, du *Musée des Monuments français,* par Alexandre Lenoir (Paris, Nepveu, 1821, 8 vol. in-8). Les principales pièces sont des procès-verbaux, dressés un peu légèrement par-devant notaire le 9 brumaire an VIII.

1094. DOCUMENTS OUBLIÉS, RELATIFS A MOLIÈRE.

Ces documents, rassemblés dans un article anonyme de la *Correspondance littéraire,* de M. Ludovic Lalanne, 1857-58, tome II, p. 37, ne sont autres que des extraits du recueil de *Poésies et Lettres de M. d'Assoucy* (Paris, L. Chamhoudry, 1653, pet. in-12), qui avaient déjà été reproduits dans *la Jeunesse de Molière,* par le bibliophile Jacob.

1095. DOCUMENTS ET CONJECTURES SUR MOLIÈRE, SA VIE ET SES OEUVRES, etc., avec trois pièces de poésies fugitives, par J. d'Ortigues.

Ces documents curieux et intéressants ont été publiés dans *le Journal des Débats,* année 1859, n^{os} des 4 et 6 mai.

On trouve, dans le tome III de la *Correspondance littéraire,* de M. Ludovic Lalanne, p. 265, un Examen des vers inédits, attribués à Molière par M. d'Ortigues, qui les avait publiés d'après une ancienne copie trouvée à Avignon par M. le marquis de la Garde. M. Lalanne, dont la critique a tant d'autorité, ne paraît pas éloigné d'accepter cette attribution.

1096. Rapport de M. Eudore Soulié, conservateur-adjoint des Musées impériaux, sur des RECHERCHES RELATIVES A LA VIE DE MOLIÈRE.

Ce rapport, relatif à un voyage d'exploration dans les départements de l'Ouest et du Midi, pour rechercher les documents concernant les pérégrinations dramatiques de Molière, est imprimé dans le tome I, pp. 481-95, des *Archives des missions scientifiques et littéraires,* deuxième série (Paris, Imprim. impér., 1864, gr. in-8).

1097. DOCUMENTS ET NOTES SUR MOLIÈRE ET SA FAMILLE.

Ces précieux documents ont été recueillis, dans les registres de l'État civil de la ville de Paris, par M. A. Jal, et publiés dans son *Dictionnaire critique de biographie et d'histoire,* errata et supplément pour tous les Dictionnaires historiques, d'après des documents authentiques inédits (Paris, H. Plon, 1867, gr. in-8 à 2 col., pp. 871-76). La seconde édition, corrigée et augmentée d'articles nouveaux et renfermant 218 fac-simile d'autographes (*Ibid., idem,* 1872), ne diffère de la première que par une nouvelle préface, un errata et des additions, où se trouvent de nouveaux détails concernant Molière, à l'article BEFFARA. Outre l'article MOLIÈRE, il faut lire, dans cet excellent répertoire, les différents articles mentionnés à la fin dudit article : BARON, BARY, BEAUCHAMP, BEAUVAL, BÉGON, BÉJART, etc. L'ouvrage de M. Jal, si estimable et si précieux pour l'histoire, peut remplacer, jusqu'à un certain point, les originaux qui ont péri dans l'infâme incendie allumé par la Commune en mai 1871.

XX

HISTOIRE DE LA TROUPE DE MOLIÈRE

ET DE SON THÉATRE.

1098. Le Théatre français sous Louis XIV, par Eugène Despois. *Paris, Hachette*, 1874, in-18 de 427 pp. et 1 pl.

Cet ouvrage, si remarquable à tous égards et si précieux pour les moliéristes, pourrait être cité à chaque page dans notre Bibliographie, car il touche sans cesse aux différents sujets qu'elle embrasse ; il n'oublie rien de ce qui se rapporte à la vie théâtrale et littéraire de Molière. Nous le mentionnons en tête de cette division, en nous réservant de citer ailleurs quelques-unes des parties qui le composent. Voici seulement le détail des chapitres du livre II, lequel intéresse plus généralement l'histoire de la troupe de Molière et de son théâtre : chapitre I, situation matérielle des comédiens ; chap. II, prix des places ; chap. III, impôts, charges, pensions de retraite ; chap. IV, disposition du théâtre, mise en scène, décors, dépenses générales ; chap. V, dépenses particulières, le costume ; chap. VI, l'orateur, l'affiche, jours et heures de théâtre, mise en scène ; chap. VII, réception des pièces, distribution des rôles, partage des bénéfices ; chap. VIII, police des théâtres ; Chap. IX, la Censure.

1099. Molière et sa troupe, par H.-A. Soléirol, chef de bataillon du Génie en retraite, ancien élève de l'École polytechnique. *Paris, chez l'Auteur*, 1858, gr. in-8 de 4 ff. et 131 pp., avec 4 portr. de Molière et 1 de sa femme, gravés à l'eau-forte d'après les originaux du cabinet de l'Auteur.

Cet ouvrage, très-judicieusement écrit, n'indique aucune source, mais il commente et résume, en les discutant, tous les documents qui avaient été publiés sur la vie de Molière jusqu'au moment où il a paru. Il est suivi, à partir de la page 61, d'une histoire de la troupe de Molière, avec mention des portraits peints et dessinés, que possédait M. de Soleirol dans sa curieuse collection, aujourd'hui malheureusement dispersée. Les 4 portraits inédits de Molière, qui figurent dans ce volume intéressant, le représentent à des époques différentes de sa vie et sous différents costumes : âgé de 24 ans en 1646 ; âgé de 34 ans en 1656 (dans le rôle de Vulcain) ; âgé de 46 ans en 1668, et âgé de 50 ans en 1672 ; mais ces portraits ne sont pas d'une authenticité certaine, surtout celui de 1668.

1100. L'Illustre Théatre et la Troupe de Molière, par Eudore Soulié.

Cette notice se trouve dans la *Correspondance littéraire*, de Ludovic Lalanne, n° de janvier 1865, pp. 79-85.

1101. Histoire des pérégrinations de Molière dans le Languedoc, d'après des documents inédits (1642-1658), par Emmanuel Raymond. *Paris, Dubuisson*, 1858, in-12 de 173 pp.

1102. Molière est-il venu a Nantes, avec sa troupe? par Louis de Kerjean.

Cette dissertation de 14 pp. a paru dans la *Revue de Bretagne et Vendée* (Nantes, impr. de Forest et Grimaud, 1863, in-8). L'auteur cherche à établir que ce n'est pas Molière que le registre de la mairie de Nantes appelle *Morlière;* mais il semble ignorer que Molière était alors associé au sieur du Fresne, qui est nommé avec lui dans ce registre. Le passage de Molière, à Nantes, avec la troupe du sieur du Fresne et des Béjart, est donc un fait incontestable.

1103. Les Origines du théâtre de Lyon, mystères, farces et tragédies, troupes ambulantes. — Molière, avec fac-simile, notes et documents, par C. Brouchoud, avocat à la Cour impériale de Lyon, docteur en droit, membre de la Société littéraire. *Lyon, N. Scheuring (impr. de L. Perrin)*, 1865, in-8 de 90 pp., avec 2 fac-simile.

Plusieurs actes notariés, relatifs à Molière et aux comédiens de sa troupe ambulante, ayant été découverts dans les archives de la Cour impériale de Lyon, M. Brouchoud s'en est servi pour composer cet ouvrage qui est le commentaire de ces documents originaux, publiés à la suite de son travail historique sur l'ancien théâtre de Lyon. Ces documents, au nombre de 27, dont quelques-uns sont tirés des archives du greffe et des archives hospitalières, commencent au 23 février 1653, et finissent au 19 février 1657. Ce sont des contrats de mariage, des actes de naissance et de baptême, des pièces de procédure, qui se rapportent plus ou moins au séjour de Molière et de sa troupe dans la ville de Lyon.

Ils sont suivis d'une Dissertation au sujet du Commentaire des Œuvres de Molière, par l'avocat lyonnais Claude Brossette, commentaire qui a été perdu ou détruit après la mort de l'auteur (1743).

1104. La Troupe de Molière a Agen, d'après un document inédit, par Adolphe Magen, associé de la Société des

Antiquaires de France, etc. (Extrait de la Revue de l'Agenais). *Agen, imprimerie de Prosper Noubel*, 1874, in-8 de 8 pp.

C'est au mois de février 1659 que la troupe de *Dufraisne*, dans laquelle se trouvaient Molière et les Béjart, donna quelques représentations dans la ville d'Agen, d'après le témoignage incontestable d'un *journal pour l'année* 1659, et finissant en 1662, conservé dans les archives municipales d'Agen.

1105. Molière et sa troupe a Rouen (1658), par F. Bouquet, professeur au Lycée et à l'École supérieure des sciences et des lettres de Rouen. *Rouen, impr. Cagniard*, 1865, in-8 de 16 pp.

Extrait de la *Revue de Normandie,* mars 1865.

1106. Lettre sur les affaires du théatre de Molière, par de Villiers, comédien.

Cette Lettre anonyme, très-hostile à *Elomire* ou Molière, et à son théâtre, est surtout dirigée contre *l'Impromptu de Versailles.* On la trouve dans le recueil intitulé : *les Diversitez galantes, contenant les Soirées des Auberges* (par de Villiers), *Paris, Claude Barbin,* 1664, pet. in-12 de 11 ff. prélim., 154 et 100 pp.

On ne trouve, dans les écrits contemporains, aucun détail sur les représentations du théâtre de Molière, si ce n'est dans un petit roman, dont l'auteur n'est pas connu, mais qui se recommande par des qualités littéraires de premier ordre : *Araspe et Simandre,* nouvelle (*Paris, Claude Barbin,* 1672, 2 vol. pet. in-8). C'est une « histoire véritable écrite par une Dame de la cour ». Il y a dans cette nouvelle des portraits tracés de main de maître et bien des pages sont des chefs-d'œuvre de narration. L'ouvrage est dédié au roi. Nous avons cité dans *le Bulletin du Bibliophile,* de Techener (1851, pp. 406 et 407), un passage fort piquant, extrait de cet ouvrage et relatif à Molière sur la scène du Palais-Royal.

1107. Le Théâtre François. Divisé en trois livres, où il est traité : 1° de l'usage de la Comédie ; 2° des Autheurs qui soutiennent le Théâtre ; 3° de la conduite des Comédiens. (Par Samuel Chappuzeau.) *Lyon, Michel Mayer*, 1674, in-12 de 10 ff. prélim. et 284 pp.

Il y a des exemplaires, sous la même date, avec un autre titre portant : *Lyon et Paris, René Guignard.*

Cet ouvrage, publié un an après la mort de Molière, est le seul qui donne des renseignements précis sur l'organisation de son théâtre.

Le livre troisième, qui forme la plus grande partie de l'ouvrage, traite « de la conduite des Comédiens et de l'établissement des deux Hôtels » (l'Hôtel de Bourgogne et le Palais-Royal).

1108. Le même ouvrage, réimpression textuelle, avec des notes, par Édouard Fournier, et une Notice par le bibliophile Jacob. *Bruxelles, impr. A. Mertens,* 1867, pet. in-12 de 180 pp.

Tiré à 106 exemplaires, dont 2 sur papier de Chine.

Les notes de M. Édouard Fournier, qui remplacent les pages 187-171, renferment des détails tout à fait neufs sur la troupe de Molière.

La Bibliothèque publique Roumianzoff, qui a été depuis peu d'années transportée de Saint-Pétersbourg à Moscou, possède le manuscrit autographe du *Théâtre François,* de Samuel Chappuzeau. Ce manuscrit, que l'auteur a pris la peine de mettre au net lui-même, en l'exécutant de sa plus belle écriture, offre sur le titre une note qui prouve qu'il a fait partie des archives du théâtre du Palais-Royal, ou de celles de l'Hôtel de Bourgogne, dans lesquelles Chappuzeau l'avait déposé en 1673, immédiatement après la mort de Molière. Voici cette note curieuse :

Pour la Troupe du Roy, à qui cet ouvrage est particuliérement dévoué,

Par son très-humble et très-obéissant serviteur,

1673   CHAPPUZEAU.

Le manuscrit forme un volume in-4 de 207 pp., fort bien relié en maroquin rouge, aux armes du roi, avec cette inscription en or sur les plats : *Pour la Troupe du Roy.* Nous regrettons de n'avoir plus sous les yeux ce manuscrit original, pour le comparer avec l'imprimé, quoique nous n'ayons pas, à première vue, constaté entre eux des différences notables. L'imprimé se termine par une pièce fort curieuse, qui n'existe pas dans le manuscrit, intitulée : « Suite des Orateurs des théâtres de Paris, contenue dans une lettre de l'Auteur à une personne de qualité pour réponse aux remarques qu'elle luy a envoyées sur le Théâtre François. » Nous y voyons que « la troupe du Palais-Royal a eu pour son premier orateur l'illustre Molière, qui, six ans avant sa mort, fut bien aise de se décharger de cet employ et pria La Grange de remplir sa place ».

Les trois ouvrages les plus importants et les plus considérables, qui aient été écrits sur l'histoire du Théâtre en France, sont restés manuscrits et ne seront sans doute jamais imprimés. Le plus ancien, celui de Duchaiseau, forme six gros portefeuilles in-4, dont les deux premiers sont consacrés au Théâtre-Français (Voy. le Catalogue de la Bibl. dramatique de Soleinne, tome V, n° 273) ; le second, intitulé : *Annales du Théâtre-Français*, avait été rédigé par Lemazurier d'après les Archives de ce théâtre, et ne comprenait pas moins de 4 vol. in-4 ; enfin, le dernier, plus volumineux encore que les précédents, puisqu'il se compose de six à sept volumes in-4, a été légué par son auteur, Henri Duval, à la Bibliothèque nationale. Dans ces trois ouvrages inédits, l'histoire de la troupe de Molière tient la place qu'elle mérite, et tous les comédiens qui en faisaient partie ont droit à une notice biographique plus ou moins étendue, que M. Édouard Fournier n'a pas manqué de mettre à contribution dans ses excellentes notes sur *le Théâtre François* de Samuel Chappuzeau.

1109. La Troupe de Molière, par M. Eugène Despois.

C'est un des chapitres de son excellent et intéressant ouvrage que nous avons cité plus d'une fois : *le Théâtre français sous Louis XIV* (Paris, Hachette 1874, in-12).

1110. Le Manuscrit de La Grange, par Édouard Charton.

Voy. cet article analytique dans *le Cabinet de lecture*, 8ᵉ année, n° 437, in-4.

1111. Extraict des receptes et des affaires de la Comédie, depuis Pasques de l'année 1659, appartenant au sieur de La Grange, l'un des comédiens du Roy ; manuscrit autogr., pet. in-fol., conservé aux Archives du Théâtre-Français.

Depuis plus de dix ans, la publication intégrale et même en *fac-simile* (ce qui était nécessaire pour un ouvrage où se trouvent tant de signes de convention presque hiéroglyphiques) a été décidée par la Comédie-Française, et l'impression même est achevée depuis longtemps. C'est un beau volume in-4 de 357 pp., sur papier de Hollande, imprimé chez Claye et tiré à 120 exemplaires ; mais la préface, qui contiendra un historique complet de la Comédie-Française, depuis 1659 jusqu'à la mort de La Grange, est sous presse aujourd'hui. Cet important travail a été confié à M. Édouard Thierry, ancien administrateur du Théâtre-Français, qui n'en a publié encore que quelques fragments, d'un grand intérêt. On n'en est que plus impatient d'avoir enfin cette vaste monographie moliéresque, qui ne formera pas moins d'un volume in-4.

M. Taschereau, qui possédait une bonne copie du Registre de La Grange, en a extrait de nombreux passages dans son *Histoire de la vie de Molière*, et surtout dans l'*Histoire* (inachevée) *de la troupe de Molière*. M. Regnier a publié aussi, dans divers journaux, et notamment dans la *Bibliothèque choisie du Constitutionnel,* beaucoup de citations curieuses, empruntées à ce célèbre Registre, qui est resté, pendant plus de vingt ans, entre les mains de Lemazurier, et dont le Théâtre-Français a eu grand'peine à recouvrer la possession.

On espère aussi la publication prochaine des Registres de la Thorillière, autre comédien de la troupe de Molière.

1112. État des Registres de la Comédie-Française, en 1780, de l'année 1663 à 1674.

Cet inventaire, qui doit présenter aujourd'hui bien des lacunes, est imprimé, dans le tome III, pp. 319 et 320, de l'*Abrégé de l'Histoire du Théâtre François,* depuis son origine jusqu'au 1er juillet de l'année 1780, par le chevalier de Mouhy (*Paris, l'Auteur,* 1780, 3 vol. in-8). Parmi ces Registres, dont le premier était marqué XV (« ce qui annonce, dit le chevalier de Mouhy, qu'il y en avait quatorze avant celui-ci, » intitulé : *Registre de la Troupe des comédiens du Roi au Palais-Royal,* et commençant au vendredi 6 avril 1663), le Registre de La Grange n'est pas mentionné : d'où il faut conclure que ce Registre était alors considéré comme appartenant aux héritiers de La Grange et non au théâtre. Ce fut, en effet, la raison sur laquelle se fondait Lemazurier, pour garder le fameux Registre, qui n'avait pas laissé de traces dans les Archives de la Comédie-Française.

Le 3º volume de l'ouvrage de Mouhy, rédigé en partie sur les notes des frères Parfaict, qu'il avait acquises de leur vivant, renferme quelques détails sur le théâtre de Molière, p. 18 à 28, et quelques anecdotes piquantes qui concernent cet illustre comédien, p. 226 à 245. Il est à regretter que le chevalier de Mouhy n'ait pas recueilli les ordonnances du roi et les arrêts du Conseil d'État, relatifs au Théâtre-Français, pour le xviie siècle, comme il l'a fait pour le xviiie, où ils sont, en effet, plus nombreux, car les Archives de la Comédie renfermaient, à cette époque, un grand nombre de précieux documents, qui se sont perdus depuis, sans avoir été publiés.

1113. LES RECETTES DES PIÈCES DE MOLIÈRE, par H. Lavoix.

Article publié dans le *Petit Moniteur du soir,* le 16 décembre 1864.

1114. DÉTAILS SUR LA COMPOSITION DE LA TROUPE DE MOLIÈRE, sur son répertoire, ses recettes, etc.

Ces détails, extraits du Registre de La Grange, sont imprimés dans le tome III, 2e série, p. 148, de la *Revue rétrospective,* de J. Taschereau et Monmerqué. M. Regnier les a reproduits, en les abrégeant, dans l'ouvrage collectif, intitulé : *Patria* (Paris, Paulin, 1841, pet. in-8 à 2 col., compacte).

1115. Tableau synoptique et chronologique des REPRÉSENtations de chaque pièce de Molière au théâtre de la Comédie-Française, jusqu'à la fin du xviii° siècle.

Ce tableau, relevé d'après les anciens Registres de la Comédie-Française, est imprimé à la fin du tome I de la nouvelle édition des *Œuvres complètes de Molière*, publiées par Eugène Despois, dans la collection des *Grands Écrivains de la France*.

1116. Particularités de la vie de quelques comédiens français (de la troupe de Molière), par de Beauchamps.

Ces Particularités sont à la fin de ses *Recherches sur les théâtres de France* (Paris, Prault, 1725, in-4). On les trouve aussi, à la fin du tome III de l'édition pet. in-8 du même ouvrage.

Le savant bibliographe A.-A. Barbier possédait un manuscrit, qui fut vendu avec les livres de sa bibliothèque en 1828 (n° 550 du Catalogue, rédigé par Barrois l'aîné), et dont le titre fait regretter qu'il n'ait pas encore été publié : *Idée générale des révolutions du Théâtre comique en France depuis le règne de Louis XIII*, par L.-T. Hérissant, in-4.

1117. Lettres sur la vie et les ouvrages de Molière et sur les comédiens de son temps (attribuées à Mademoiselle Poisson, fille de Du Croisy, comédien de la troupe de Molière au théâtre du Palais-Royal).

Ces Lettres ont été imprimées dans le *Mercure de France*, mai et juin 1740, pp. 834-49 et 1130-42.

1118. Comediana, ou Recueil choisi d'anecdotes dramatiques, bons mots de comédiens, et reparties spirituelles de bonhomie et de naïveté du parterre, par C. d'Aval... (Cousin d'Avalon). *Paris, Marchand,* 1800, in-18, avec gravure représentant le *Bourgeois gentilhomme*.

On trouve, dans ce recueil, les bons mots attribués à Molière et aux comédiens de sa troupe, ainsi qu'au parterre de son théâtre.

1119. Notices historiques sur les acteurs de la troupe de Molière, par P.-D. Lemazurier, de la Société philotechnique.

Ces Notices, rédigées d'après les Archives de la Comédie-Française, se trouvent, par ordre alphabétique, dans la *Galerie historique des Acteurs du Théâtre-Français, depuis 1600 jusqu'à nos jours, ouvrage recueilli des mémoires du temps et de la tradition* (Paris, Jos. Chaumerot, 1810, 2 vol. in-8, avec fig.).

Avant cette publication, les frères Parfaict avaient donné, dans leur *Histoire du Théâtre François* (Paris, Lemercier, 1745-49, 15 vol. in-12), de bonnes notices sur les comédiens de la troupe de Molière. La plupart de ces comédiens étaient aussi mentionnés dans le Dictionnaire des Auteurs et des Acteurs, à la suite du *Dictionnaire portatif historique et littéraire des Théâtres*, par de Léris, seconde édit. *(Paris, Jombert, 1763, in-8)*, et dans le Dictionnaire des Acteurs et des Actrices, qui fait partie du tome II de l'*Abrégé de l'Histoire du Théâtre François*, par le chevalier de Mouhy (Paris, l'Auteur, 1780, 3 vol. in-8).

1120. GALERIE DRAMATIQUE, OU ACTEURS ET ACTRICES CÉLÈBRES QUI SE SONT ILLUSTRÉS SUR LES TROIS GRANDS THÉATRES, par J.-G. Saint-Sauveur, ornée de 60 portraits. *Paris, veuve Hocquart*, 1809, 2 vol. in-18, portr. color.

Cette Galerie offre les portraits gravés de Molière et de quelques acteurs de son temps, avec de courtes notices.

1121. PORTRAITS DE MOLIÈRE ET DES COMÉDIENS DE SA TROUPE.

Ces portraits, tracés au point de vue de l'art dramatique, se trouvent dans l'ouvrage d'Alexandre Ricord : *Fastes de la Comédie-Française, et portraits des plus célèbres auteurs qui se sont illustrés, et de ceux qui s'illustrent encore sur notre théâtre* (Paris, Delaunay, 1821-22, 2 vol. in-8).

1122. NOTICES SUR LES COMÉDIENS DE LA TROUPE DE MOLIÈRE, par Aimé-Martin.

Aimé-Martin est le premier éditeur des Œuvres de Molière qui ait ajouté à son édition, en 1825, une suite de Notices biographiques de cette espèce, qu'il a complétées et perfectionnées dans les réimpressions successives de cette édition *Variorum*, sans citer cependant la source des matériaux qui ont servi à la composition de ces Notices.

1123. TABLEAU CHRONOLOGIQUE DES COMÉDIENS FRANÇAIS DEPUIS MOLIÈRE, par Regnier, de la Comédie-Française.

Les deux premiers articles de ce Tableau se rapportent à la troupe de Molière, et se trouvent dans *le Monde dramatique, histoire des théâtres anciens*, 2ᵉ série (Paris 1839, gr. in-8). M. Regnier a fait usage des Archives de la Comédie-Française, et surtout du fameux Registre de La Grange.

1124. LA TROUPE DE MOLIÈRE (par Taschereau et Regnier?).

Ces renseignements, qui étaient alors tout à fait neufs et qui avaient été puisés dans les Archives du Théâtre-Français, furent publiés dans la *Revue rétrospective,* seconde série, tome III, pp. 148-160.

1125. Histoire de la troupe de Molière, par J. Taschereau.

La première partie seulement de ce curieux travail, historique et anecdotique, a paru, en 20 feuilletons, dans le journal *l'Ordre,* du 11 décembre 1849 au 4 mai 1850, et n'a pas été réimprimée en corps d'ouvrage.

M. Taschereau avait déjà ébauché cet ouvrage, resté inachevé, dans un article de la *Revue rétrospective,* cité ci-dessus.

1126. Les Comédiens français depuis Molière jusqu'a nos jours ; précédé d'une étude sur le Théâtre en France, par Édouard Foucaud, illustré par L. Charles Muller. *Paris*, 1839, in-8, fig.

Il n'a paru, de cet intéressant ouvrage, que les 26 premières livraisons, formant le tome Ier, au lieu de 80 livraisons qui devaient produire 4 volumes.

1127. Galerie historique des portraits des Comédiens de la troupe de Molière, gravés à l'eau-forte sur des documents authentiques, par Frédéric Hillemacher, avec des détails biographiques succincts relatifs à chacun d'eux (par E. de Manne). *Lyon, impr. de Louis Perrin,* 1858, in-8 de xii et 160 pp., avec 32 portraits grav. à l'eau-forte.

Tiré à cent exemplaires.

La plupart des portraits qui figurent dans cette Galerie ont été gravés d'après les originaux de la collection Soleirol, aujourd'hui dispersée.

L'ouvrage étant devenu très-rare et très-recherché, M. Hillemacher en a fait un nouveau tirage, à peu près semblable au premier, pour servir de complément à son édition des Œuvres de Molière.

1128. Les Auteurs dramatiques et la Comédie française, a Paris, au XVIIe et au XVIIIe siècle, d'après des documents inédits extraits des Archives du Théâtre-Français, par Jules Bonnassies. *Paris, Willem,* 1874, in-16 de 145 pp.

Tiré à 300 exemplaires numérotés, sur papier de choix.

Cette intéressante dissertation contient beaucoup de détails nouveaux sur la troupe de Molière, empruntés pour la plupart aux Archives de la Comédie-Française et communiqués à l'auteur par le savant conservateur de ces Archives, M. Guillard.

XXI

ÉLOGES DE MOLIÈRE.

1129. ORAISON FUNÈBRE DE MOLIÈRE, avec ses Épitaphes en vers.

> Cette pièce curieuse, qu'on a tout lieu d'attribuer à de Visé, fut imprimée dans le *Mercure galant* (1672-1674, tome IV, p. 302 et suiv.), peu de mois après la mort de Molière.

1130. ÉLOGE DE MOLIÈRE, discours qui a remporté le prix de l'Académie française en 1769, par de Chamfort. *Paris, veuve Regnard*, 1769, in-8 de 35 pp.

> Cet Éloge a été réimprimé bien souvent, en tête des éditions de Molière. On le trouve aussi dans toutes les éditions des Œuvres de Chamfort.

1131. ÉLOGE DE J.-B. POQUELIN DE MOLIÈRE, discours qui n'a point concouru pour le prix de l'Académie française en 1769. *Paris, veuve Regnard*, 1769, in-8 de 34 pp.

1132. ÉLOGE DE MOLIÈRE, par M. D*** (Delacroix). *Paris, Prault*, 1769, in-8 de 63 pp.

> « M. Quérard, dans sa *France littéraire*, attribue cet Éloge à Daillant de la Touche. C'est une confusion. Une notice que nous a laissée M. Beffara, et qu'il avait extraite du registre des priviléges de la Chambre syndicale des libraires, nous apprend que cet Éloge est d'un M. Delacroix, qui, en 1769, sollicita et obtint une permission tacite pour sa publication. Daillant de la Touche, dont nous possédons un Éloge de Molière, ne le publia qu'en 1771. » (*Note de M. Taschereau.*)

1133. ÉLOGE DE MOLIÈRE (par Jean-Sylvain Bailly). *Sans nom de lieu (Paris)*, 1770, in-8 de 32 pp.

> Réimpr. dans le recueil suivant : *Éloges de Charles V, de Molière, de Corneille, de l'abbé de la Caille et de Leibnitz*, avec des notes (par Sylvain Bailly), *Berlin, et Paris, Delalain*, 1770, in-8, et depuis dans *les Discours et Mémoires*, par l'auteur de l'*Histoire de l'Astronomie* (Paris, Debure l'aîné, 1790, 2 vol. in-8, tome I, p. 93-138).

1134. Éloge de Molière (avec des notes historiques), par M. D*** (Daillant de la Touche). *Paris, Prault fils*, 1771, in-8 de 63 pp.

La permission d'imprimer, accordée à Daillant de la Touche, est du 7 février 1771. Cependant nous doutons fort que cet Éloge de Molière ne soit pas une réimpression de celui qui avait paru, chez le même libraire, en 1769. Voy. ci-dessus, n° 1129.

1135. Éloge de Molière, par Gaillard, de l'Institut.

Publié, après la mort de l'auteur, dans le tome I de ses *Mélanges académiques, poétiques, littéraires, philologiques, critiques et historiques* (Paris, H. Agasse, 1806, 4 vol. in-8). Cet Éloge avait obtenu l'*accessit*, au Concours de l'Académie française, en 1769.

1136. Discours sur Molière, par Bitaubé.

Ce Discours, qui est un Éloge de Molière, se trouve dans les *Nouveaux Mémoires de l'Académie de Berlin*, 1772, in-8.

1137. Discours prononcé par Molière le jour de sa réception posthume a l'Académie française, avec la Réponse (par Cailhava). *Amsterdam et Paris, chez les libraires qui vendent toutes les Nouveautés*, 1779, in-8 de 23 pp.

1138. Le Foyer du Théâtre-Français, par Hippolyte Lucas. Molière. — Dancourt. *Paris, Barba*, 1842, in-8 de 112 pp., portr.

L'Éloge de Molière occupe les 90 premières pages de cette Biographie dramatique, qui n'a pas été continuée.

1139. Éloge de Molière, par Arsène Houssaye.

Cet Éloge, qui reproduit avec bonheur l'idée de Cailhava sur la Réception posthume de Molière à l'Académie, se trouve dans l'*Histoire du 41° Fauteuil de l'Académie française* (Paris, Lecou, 1865, in-8, pp. 109-21).

XXII

PIÈCES DE THÉATRE CONTEMPORAINES

CONTRE MOLIÈRE ET SES OUVRAGES.

1140. Les Contemporains de Molière, recueil de comédies rares ou peu connues, jouées de 1650 à 1680, avec l'histoire de chaque théâtre (de Paris), des notes et notices biographiques, bibliographiques et critiques, par Victor Fournel. *Paris, Firmin Didot,* 1863-1866, 2 vol. in-8.

Il n'a paru, jusqu'à présent, que deux volumes de cette intéressante collection, dans laquelle Molière est si souvent nommé, et ces deux volumes ne contiennent que le répertoire de l'Hôtel de Bourgogne et le Théâtre de la Cour, c'est-à-dire les ballets et mascarades représentées devant le roi ou chez les princes du sang.

Les volumes suivants doivent renfermer un choix des répertoires du Théâtre du Marais, du Théâtre de Mademoiselle, etc. « Un recueil qui s'intitule : *les Contemporains de Molière,* dit M. Victor Fournel, contractait, par ce titre, des obligations spéciales : on y trouvera donc toutes les comédies jouées sur les divers théâtres, pour et surtout contre Molière, comme aussi celles qui ne sont relatives à lui qu'accidentellement. Nous n'avons pas négligé non plus les pièces qui fournissent matière à des rapprochements curieux avec ses ouvrages ; qui offrent avec eux des rapports de sujet ou des ressemblances de détail ; d'où il a tiré quelques scènes ou quelques traits, qu'il a imités ou qui ont été imités de lui. Ces pièces sont assez nombreuses : de 1660 surtout à 1673, le Théâtre comique est plein de Molière ; son nom et son influence sont partout. » De plus, les notices consacrées aux auteurs, dont M. V. Fournel a publié quelques comédies, avec d'excellentes notes historiques, sont très-abondantes en détails sur Molière et sa troupe.

On attend avec une vive impatience le troisième volume de ce recueil, depuis longtemps interrompu, mais qui doit être continué.

1141. LES VÉRITABLES PRÉTIEUSES, comédie (en vers, par Baudeau de Somaize). *Paris, Jean Ribou,* 1660, pet. in-12 de 6 ff. prélim. et 72 pp.

Dans le Catalogue des livres rares de M. le marquis de C*** (Cambis), qui possédait une admirable collection dramatique (*Avignon, Jean Aubert,* 1782, in-8), cette comédie est attribuée au libraire Jean Ribou. Nous croyons que c'est un lapsus du rédacteur.

Le privilége est daté du 12 janvier 1660 et, par conséquent, antérieur au privilége que Guillaume de Luyne obtint lui-même, avec ou sans l'aveu de Molière, pour l'impression de ses *Précieuses ridicules.*

La seconde édition (*Paris, Jean Ribou,* 1660, in-12 de 6 ff. prélim. et 72 pp.) parut au mois de septembre de la même année ; l'auteur, menacé d'un procès par Molière, avait consenti à retrancher le passage burlesque de la tragédie de la *Mort de Leusses-tu-cru, lapidé par les femmes,* mais il ajouta un *Dialogue de deux Prétieuses sur les affaires de leur communauté,* et un Avis final au lecteur.

Réimprimé en Hollande, mais non par les Elzeviers : *Suivant la copie impr. à Paris*, 1660, pet. in-12 de 56 pp.

1142. La même comédie, réimpression textuelle de l'édition de Paris, Jean Ribou, 1660 ; augmentée d'une Notice bibliographique, par P. Lacroix, conservateur de la bibliothèque de l'Arsenal. *Genève, J. Gay*, 1868, pet. in-12 de xii et 56 pp.

Collection moliéresque, tirée à cent exemplaires numérotés.

1143. Le Procez des Prétieuses, en vers burlesques, comédie (par le sieur de Somaize). *Paris, Jean Ribou*, 1660, in-12 de 8 ff., 74 pp., et 3 ff. pour le priv. et l'*errata*.

Il y a des exemplaires avec l'adresse d'Étienne Loyson ou celle de Jean Guignard, à qui le libraire-éditeur avait cédé quelques exemplaires ; ce qui prouverait que Molière, après avoir intenté un procès à Baudeau de Somaize qui avait mis en vers et fait imprimer sous cette nouvelle forme les *Précieuses ridicules,* se désista de la plainte et ne poursuivit pas le plagiaire. Ce qui le prouve davantage, c'est que le *Procez des Prétieuses* ne rencontra de la part de Molière aucune opposition, quoique la pièce lui adressât encore quelques traits de satire assez modérés : elle eut une seconde édition, chez Jean Guignard, en 1661.

1144. La Cocue imaginaire, comédie (en un acte et en vers, par le sieur Doneau). *Paris, Jean Ribou*, 1662, pet. in-12 de 6 ff. et 35 pp.

On a lieu de supposer qu'une première édition, publiée sous le titre des *Amours d'Alcippe et de Céphise,* a été supprimée, sans doute à la requête de Molière, car on lit au-dessous du privilége dans cette nouvelle édition : « Achevé d'imprimer, pour la seconde fois, le 27 mai 1662. » On ne connaît pas un seul exemplaire de la première édition.

La dédicace à Mademoiselle Henriette *** est signée des initiales F. D. Malgré le sens qu'on a donné à ces initiales : François Donneau ou Doneau, il paraît probable que Jean Donneau de Visé est bien l'auteur de cette comédie, qui n'a pas été représentée. Ce serait après la publication de cette comédie que Molière, prenant intérêt au jeune auteur et à ses œuvres dramatiques, lui aurait donné des conseils pour ses pièces qui furent jouées au théâtre du Palais-Royal.

La préface au lecteur renferme des détails précieux sur les premières pièces du *fameux M. de Molière*.

Réimprimée à Amsterdam par Abr. Wolfgang : *Suivant la copie imprimée à Paris* (Holl.), 1662, pet. in-12 de 5 ff. prélim. et 26 pp.

Cette édition ne porte point la Sphère, qui caractérise les éditions des Elzeviers, mais on y trouve des fleurons elzeviriens.

1145. LA COCUE IMAGINAIRE, comédie en un acte et en vers, par le sieur F. Doneau, réimprimée textuellement d'après l'ancienne édition, Paris, Jean Ribou, 1662, avec une Notice par Paul Lacroix. *Turin, J. Gay*, 1870, pet. in-12 de x et 48 pp.

Collection moliéresque, tirée à 100 exemplaires numérotés.

1146. PANÉGYRIQUE DE L'ÉCOLE DES FEMMES, OU LA CONVERSATION COMIQUE SUR LES OEUVRES DE M. DE MOLIÈRE, comédie en prose, en un acte (par Robinet). *Paris, Pépingué,* 1663, in-12 de 4 ff. prélim. et 97 pp.

Non représentée. « L'indication du nom de l'auteur de cette pièce, dit M. Taschereau, est fournie par le registre de l'ancienne Chambre syndicale des imprimeurs et libraires, contenant les priviléges, compulsé par M. Beffara, qui nous a laissé cette note. »

Cette comédie avait toujours été attribuée à un sieur de *Nonantes*, qui n'est pas connu (on ne peut le confondre avec un sieur de Nonantes, auteur de *l'Après-dînée des Dames de la Juifverie*, conversation comique en trois actes, imprimée à Nantes en 1723) et qui paraît être le pseudonyme du gazetier en prose et en vers, Robinet, lequel a publié ses gazettes sous le nom du sieur du Laurens.

1147. LE PORTRAIT DU PEINTRE, OU LA CONTRE-CRITIQUE DE L'ÉCOLE DES FEMMES, comédie en vers, en un acte, par le sieur Boursault, représentée sur le théâtre royal de l'Hôtel de Bourgogne. *Paris, Charles de Sercy* ou *Guignard,* 1663, in-12.

Privilége en date du 30 octobre 1664; achevé d'imprimer le 5 décembre.

Cette comédie est dédiée à S. A. S. Monseigneur le Duc, fils du prince de Condé.

Boursault, malgré sa réconciliation avec Molière, n'a pas supprimé un seul mot de cette comédie aristophanesque, qui est restée dans toutes les éditions de ses Œuvres.

L'édition d'Amsterdam, *suivant la copie imprimée à Paris* (à la Sphère), 1662, pet. in-12, serait sortie des presses d'Abraham Wolfgang, suivant quelques bibliographes; mais M. Alphonse Willems la déclare elzevirienne. On la trouve d'ailleurs indiquée dans le Catalogue officinal de Daniel Elzevier de 1681.

Réimprimé, avec une notice sur Boursault, dans le t. I des *Contemporains de Molière*.

1148. Zélinde, comédie, ou la Véritable Critique de l'Escole des Femmes et la Critique de la Critique. *Paris, Guillaume de Luyne*, 1663, pet. in-12 de 161 pp.

Privilége en date du 15 juillet 1663; achevé d'imprimer le 4 août 1663. Il y a des exemplaires au nom de Claude Barbin.

Réimprimé en Hollande (*Amsterdam, Raphael Smith*), 1664, in-12.

Cette comédie ne paraît pas avoir été représentée; elle est généralement attribuée à Jean Donneau de Visé, mais nous persistons à la donner au comédien de Villiers, qui n'était pas encore tout à fait brouillé avec Molière.

1149. La même comédie, réimpression textuelle de l'édition de Paris, 1663, augmentée d'une Notice sur Zélinde, par le bibliophile Jacob. *Genève, J. Gay*, 1868, pet. in-12 de xi et 71 pp.

Collection moliéresque, tirée à 100 exemplaires numérotés.

1150. La Guerre comique, ou la Défense de l'Escole des Femmes, par le sieur de La Croix. *Paris, Pierre Bienfait*, 1664, pet. in-12 de 6 ff. prélim. et 96 pp.

Le privilége du roi, en date du 13 février 1664, est accordé à P. de la Croix; on a lieu de supposer que ce sieur de la Croix n'est autre que le romancier Preschac.

Cette comédie, qui n'a pas été faite pour la représentation, est une défense très-spirituelle et très-sensée de *l'École des femmes*; c'est aussi un résumé de toutes les opinions pour et contre.

1151. La même comédie, réimpression textuelle de l'édition originale, Paris, 1664, avec une Notice bibliographique, par P. Lacroix, conservateur de la bibliothèque de l'Arsenal. *Genève, J. Gay*, 1868, pet. in-12 de viii et 71 pp.

Collection moliéresque, tirée à 100 exemplaires numérotés.

1152. La Vengeance des Marquis, ou Réponse a l'Impromptu de Versailles, comédie. *Paris, Estienne Loyson*, 1664, pet. in-12.

Cette comédie satirique en prose, représentée avec succès le 13 décembre 1663 sur le théâtre de l'Hôtel de Bourgogne, ne put obtenir de privilége d'impression, car elle ne parut que dans un volume de nouvelles et de pièces diverses, intitulé : *Les Diversitez*

galantes, contenant les Soirées des Auberges *(Paris, Claude Barbin, ou Gabriel Quinet, 1664, in-12, pp. 79-155). On n'a donc pas les deux éditions séparées, que citent les bibliographes, et qui furent détruites, si elles ont existé.*
L'auteur est J. de Villiers, comédien de l'Hôtel de Bourgogne.

1153. LA MÊME COMÉDIE, réimprimée textuellement d'après l'édition originale; Notice par le bibliophile Jacob. *Turin, J. Gay,* 1869, pet. in-12 de VIII et 35 pp.

Collection moliéresque, tirée à 100 exemplaires numérotés.

Réimprimé, avec une notice sur l'auteur, dans le t. I des *Contemporains de Molière.*

1154. L'IMPROMPTU DE L'HÔTEL DE CONDÉ, comédie en vers, en un acte, représentée sur le théâtre de l'Hôtel de Bourgogne (en janvier 1664), par A.-J. de Montfleury. *Paris, Pépingué,* 1664, in-12 de 2 ff. prélim., 28 pp. et 3 ff. non chiffrés.

Cette comédie, composée en réponse à l'*Impromptu de Versailles,* est une satire violente contre Molière, comme auteur et comme comédien; on y trouve beaucoup à apprendre sur la vie de ce grand homme. La première édition se termine par des pièces de vers sur la querelle des deux troupes rivales et des deux théâtres, celui de l'Hôtel de Bourgogne, et celui du Palais-Royal.

Cette pièce, réimprimée dans toutes les éditions des Œuvres de Montfleury, est accompagnée d'une figure curieuse dans l'édit. d'*Amsterdam, Adrian Brackman,* 1698, 2 vol. in-12.

Réimprimé, avec une notice sur Antoine-Jacob de Montfleury, dans le t. I des *Contemporains de Molière.*

1155. LES AMOURS DE CALOTIN, comédie (par Chevalier), représentée sur le théâtre royal du Marais. *Paris, Gabriel Quinet,* 1664, in-12 de 6 ff. prélim. et 72 pp.

Il y a des exemplaires au nom de huit libraires, entre autres, Jean Guignard le fils et Charles de Sercy, qui avait obtenu le privilége en date du 30 janvier 1664.

« Ce n'est que dans le premier acte de cette comédie qu'il est question de Molière, et ce premier acte forme, en quelque sorte, avec la première scène du second acte, un prologue joué par les spectateurs de distinction, qui avaient leurs places ordinaires, de chaque côté de la scène, sur les banquettes du théâtre. » *(Note du Cat. Soleinne.)*

1156. LA MÊME COMÉDIE, en trois actes et en vers, par Chevalier, comédien du théâtre royal du Marais, réimpression textuelle d'après l'édition de Paris, 1664, avec une Notice par P. L. Jacob, bibliophile. *Turin, J. Gay,* 1870, pet. in-12 de viii et 74 pp.

> Collection moliéresque, tirée à 100 exemplaires numérotés.
> Réimprimé, avec une notice sur Chevalier, dans le t. I des *Contemporains de Molière*.

1157. La Critique du Tartuffe, comédie en vers, en un acte. *Paris, Gabriel Quinet,* 1670, in-12 de 4 ff. prélim., y compris le titre, et 52 pp.

> Achevé d'imprimer le 19 décembre 1669. Le privilége, au nom du libraire, est du 19 novembre précédent.
> Non représentée. Cette pièce est précédée d'une *Lettre critique* (en vers) *sur le Tartuffe, écrite à l'Auteur de la Critique,* également anonyme. On a découvert, depuis peu, que l'auteur était l'implacable ennemi de Molière, Le Boulanger de Chalussay. Les bibliographes du Théâtre s'accordent à dire que cette comédie satirique a été représentée seulement chez des particuliers.

1158. La même comédie, réimpression conforme à l'édition de Paris, 1670, augmentée d'une Notice bibliographique par Paul Lacroix. *Turin, J. Gay,* 1868, pet. in-12 de vii et 49 pp.

> Collection moliéresque, tirée à 100 exemplaires numérotés.

1159. Élomire hypocondre, ou les Médecins vengez, comédie (en cinq actes et en vers), par Le Boulanger de Chalussay. *Paris, Charles de Sercy,* 1670, in-12 de 4 ff. prélim. et 112 pp., fig. gravée par L. Weyen.

> Le privilége est daté de Saint-Germain en Laye, premier jour de décembre 1669. Achevé d'imprimer le 4 janvier 1670.
> On suppose que cette première édition a été supprimée, à la requête de Molière, qui avait porté plainte contre l'auteur d'*Élomire*. Une autre comédie, que l'auteur avait annoncée comme prête à paraître, *l'Abjuration du Marquisat*, n'a jamais vu le jour.
> La curieuse estampe, qui manque presque toujours dans les exemplaires mutilés, représente « Scaramouche enseignant et Molière étudiant ».
> La seconde édition, qui n'est peut-être qu'une contrefaçon imprimée dans une ville de France, est intitulée : *Élomire, c'est-à-dire Molière, hypocondre, ou les Médecins vengez,* comédie (suivant la copie imprimée à Paris, 1672), in-12 de 3 ff. prélim., 86 pp. et 1 f. non chiffré. L'Avis au lecteur qui termine cette édition est relatif au procès que Molière avait intenté à l'auteur d'*Élomire*.

Réimprimé en Hollande, par les Elzeviers, *suivant la copie imprimée à Paris* (à la Sphère), 1671, pet. in-12 de 3 ff. prélim. et 76 pp.

1160. LA MÊME COMÉDIE, avec une Notice de M. P. Lacroix. *Genève, J. Gay*, 1867, petit in-12 de XII et 110 pp., avec un fac-simile de la gravure de L. Weyen.

Collection moliéresque, tirée à 100 exemplaires numérotés.

1161. LE MARIAGE SANS MARIAGE, comédie (en 5 actes et en vers), par le sieur Marcel, comédien, représentée sur le théâtre du Marais. *Paris, Pierre Le Monnier*, 1672, in-12 de 5 ff. prélim. et 81 pp.

Le privilége du roi est du 17 décembre 1671.

Il y a une contrefaçon hollandaise, *suivant la copie imprimée à Paris,* 1672, in-12.

C'est une note inédite de Beffara, qui a fait connaître que cette comédie était une satire contre Molière, qu'on y met en scène, sous le nom d'*Anselme,* comme un mari impuissant.

1162. LA MÊME COMÉDIE, réimprimée textuellement d'après l'édition ancienne de Paris, P. Le Monnier, 1670. Notice par P. L. Jacob, bibliophile. *Turin, J. Gay*, 1869, pet. in-12 de XII et 108 pp.

Collection moliéresque, tirée à 100 exemplaires numérotés.

1163. L'OMBRE DE MOLIÈRE, comédie (1 a. et prol. pr., par Brécourt). *Paris, Claude Barbin*, 1674, in-12 de 98 pp.

Achevé d'imprimer le 2 mai 1674.

L'auteur, dans sa dédicace, dit au duc d'Enghien, fils du prince de Condé : « Scipion et Lélie honorèrent Térence de leur estime... Souffrez donc que les œuvres de Molière tiennent quelque rang dans votre bibliothèque, et que ma comédie soit une espèce de table pour les siennes. » Il faut se rappeler, pour comprendre l'intention de cette dédicace, que le grand Condé avait été un des plus grands admirateurs de Molière.

Cette pièce a pendant longtemps figuré, comme appendice, dans les éditions de Molière, où elle était bien à sa place.

Réimprimé, par les Elzeviers, en Hollande, *suivant la copie imprimée à Paris,* pet. in-12, en 1674, 1675, 1678, 1681.

Cette petite comédie, qui ne fut représentée qu'une seule fois sur le théâtre de l'Hôtel de Bourgogne, sans doute parce que la veuve de Molière en arrêta la représentation, a eu également beaucoup d'éditions en France.

Réimprimé, avec une notice sur Brécourt, dans le t. I des *Contemporains de Molière*.

XXIII

LETTRES ATTRIBUÉES A MOLIÈRE

OU QUI LUI ONT ÉTÉ ADRESSÉES.

1164. LETTRE, EN PROSE ET EN VERS, ATTRIBUÉE A MOLIÈRE, par Ludovic Lalanne.

Dans le t. V, p. 180, de la *Correspondance littéraire* (Paris, Durand, 1860-1861, gr. in-8 à 2 col.).

Cette Lettre anonyme, sans date, adressée à M. le comte de Saint-Aignan, se trouve dans un des portefeuilles de la collection des Godefroy à la Bibliothèque de l'Institut; elle était attribuée, par Denis Godefroy, à l'abbé de Marigny ou à Molière. M. Ludovic Lalanne, dont l'opinion a toujours un grand poids dans la critique littéraire, fixe la date de ladite Lettre au mois de juin 1663, et penche à croire que Molière en serait réellement l'auteur.

1165. LETTRE, sans signature, ATTRIBUÉE A MOLIÈRE.

Cette Lettre, adressée au roi Louis XIV, et dont le fac-simile a paru dans l'*Isographie des hommes célèbres* (Paris, Alex. Mesnier, 1828-30, 2 vol. in-4), est un brouillon, trouvé parmi les manuscrits de la Bibliothèque nationale. Son authenticité n'a pas été reconnue par les autographophiles ; cependant, après l'avoir comparée aux signatures autographes de Molière, que possède la même Bibliothèque, et que l'*Isographie* a reproduite, on ne serait pas trop éloigné d'accepter comme authentique cette pièce qui a certaines analogies avec plusieurs de ces signatures. Mais cette attribution n'est plus possible, aujourd'hui que M. Lacour de la Pijardière a découvert dans les Archives départementales de l'Hérault un véritable autographe de Molière, daté de 1656. Au reste, les historiens de notre grand comique ont dédaigné de faire usage du brouillon de lettre que possède la Bibliothèque nationale.

Le *Magasin pittoresque* de 1845 a donné, sous toutes réserves, un fac-simile de cet autographe, qui serait le brouillon d'une recommandation de Molière, en faveur du fils de son médecin Mauvillain, lequel sollicitait, auprès du roi, un canonicat de la chapelle royale de Vincennes.

1166. LETTRE DE CHAPELLE A MOLIÈRE.

Cette Lettre, en prose et en vers, sans date, mais qu'on doit placer sous l'année 1650 ou 1652, à cause des détails qu'elle contient sur l'hiver rigoureux, fut imprimée pour la première fois dans le t. V, p. 37 et suiv., du *Recueil des plus belles pièces des Poëtes françois, tant anciens que modernes, depuis Villon jusqu'à M. de Benserade* (publ. par Fontenelle). *Paris, Claude Barbin,* 1692, 5 vol. in-12. Elle a été reproduite depuis dans le t. V du *Recueil des pièces galantes en prose et en vers de Madame la comtesse de La Suze et de monsieur Pellisson* (Trévoux, 1741, 5 vol. in-12). La Monnoye n'avait pas négligé de la recueillir dans son *Recueil de pièces choisies, tant en prose qu'en vers* (la Haye, 1714, 2 vol. in-8, t. I, p. 73 et suiv.). On la trouve aussi dans les *Œuvres* de Chapelle et de Bachaumont, publiées par Lefebvre de Saint-Marc (*Paris, Quillau,* 1755, pet. in-12).

1167. EXTRAIT D'UNE LETTRE (en prose et en vers), ÉCRITE A MONSIEUR DE MOLIÈRE, par Chapelle.

Cette Lettre, sans date et ne renfermant aucun détail qui puisse en fournir une, a paru d'abord dans le t. V du *Recueil des plus belles pièces des Poëtes françois* (Voy. l'article précédent); elle a été aussi réimprimée dans les Œuvres de Chapelle, et dans le t. V du *Recueil des pièces galantes de Madame la comtesse de La Suze et de Pellisson.*

1168. A MONSIEUR DE MOLIÈRE, Lettre de Dassoucy.

Cette Lettre, sans date, qui paraît avoir été écrite vers 1655, lorsque Coypeau Dassoucy rencontra Molière et sa troupe en Languedoc, se trouve dans les *Poésies et lettres de M. d'Assoucy, contenant diverses pièces héroïques, satiriques et burlesques* (Paris, Louis Chamhoudry, 1653, in-12).

1169. LETTRE DE DASSOUCY A MOLIÈRE, pour lui demander de mettre en musique une de ses pièces de machines.

Cette Lettre, sans date, se trouve imprimée dans un fascicule de 46 pages, numérotées 91 à 136, qu'on trouve relié quelquefois à la suite des *Rimes redoublées de M. d'Assoucy* (*Paris, Cl. Nego,* 1671, pet. in-12) et qui semble appartenir à un autre ouvrage inachevé. Les faits relatés dans cette Lettre permettent d'en fixer la date à l'année 1670.

On a lieu de s'étonner qu'aucune lettre de Molière n'ait été comprise dans les Correspondances de Pierre Corneille, de Boileau, de La Fontaine, etc.

XXIV

HISTOIRE DE LA FEMME DE MOLIÈRE.

1170. REQUESTE D'INSCRIPTION DE FAUX, en forme de Factum, présenté au Châtelet, le 16 juillet 1676, par le sieur Guichard, intendant général des Bastimens de Son Altesse Royale Monsieur, contre Jean-Baptiste Lully, faux accusateur, Sébastien Aubry, Jacques du Creux, Pierre Huguenet, faux témoins et autres complices. *Paris,* 1676, in-4 de 117 et 118 pp.

Ce Factum, dont la violence dépasse tout ce qu'on peut imaginer en ce genre, est une réponse à une Requête que Lully avait fait courir « dès le 14 septembre 1675 », libelle diffamatoire dans lequel il accusait le sieur Guichard d'avoir voulu le faire empoisonner avec du tabac mêlé d'arsenic. Cette Requête de Lully n'a pas encore été retrouvée ; quant à celle de Guichard, elle renferme les détails les plus circonstanciés sur les faits relatifs à ce prétendu empoisonnement, qui n'eut pas lieu, mais qui aurait reçu un commencement d'exécution, si Sébastien Aubry, frère de Jean Aubry, sieur des Carrières, lequel avait épousé Marie Hervé Béjart, belle-sœur de Molière, eut consenti à y prêter les mains, à prix d'argent.

Il n'est pas question de Molière dans ce Factum, mais on y trouve les plus épouvantables calomnies contre la veuve de Molière, qui avait déposé en faveur de son beau-frère. Voy., dans la seconde partie de cette Requête, page 109 et suiv., la déposition de la Molière, avec la réponse, ainsi que la déposition de Jean de Visé. Il est à remarquer que le Factum ne contient pas un seul mot injurieux pour la mémoire de Molière, quoique son ami Lully y soit cruellement maltraité.

1171. La Fameuse comédienne, ou Histoire de la Guérin, auparavant femme et veuve de Molière. *Francfort, Frans Rottenberg,* 1688, pet. in-12 de 89 pp., y compris les prélim., et 8 ff. non chiffrés.

« On trouve, à la fin de cette édition, qu'on regarde comme la première, les *portraits* (en vers) *des Comédiennes de l'Hôtel de Guénégaud.* Le libraire, dans son Avertissement, dit que l'auteur lui est inconnu et que le manuscrit de cet ouvrage lui fut remis par un courrier, qui, passant à Francfort, achetait quelques livres dans sa boutique. On voit que cette édition, sans un seul alinéa, fut imprimée sur un manuscrit très-fautif : la Béjart est nommée la *Bejare,* la Guyot, la *Guiot,* etc. L'orthographe est souvent singulière. Ce pamphlet a été attribué à notre grand La Fontaine, et, en effet, le laisser-aller du style, la finesse de certains traits, la grâce du récit, ne sont pas trop indignes du Bonhomme. » (*Note du Cat. Soleinne.*)

1172. Les Intrigues de Molière et celles de sa femme. *Sans nom de lieu ni d'imprimeur et sans date* (1688?), pet. in-8 de 88 pp., y compris les prélim.

C'est le même ouvrage que le précédent, mais avec quelques retranchements, et surtout avec de tels changements de style, que l'on peut y voir une rédaction nouvelle. Le passage, relatif aux amours du duc de Bellegarde et du comédien Baron, a été entièrement supprimé, pp. 30-31.

1173. HISTOIRE DES INTRIGUES AMOREUSES (sic) DE MOLIÈRE ET CELLES DE SA FEMME. *Sur l'imprimé à Paris,* 1688, pet. in-12 de 129 pp.

On trouve, dans cette édition, qui paraît être une contrefaçon faite en France, le passage relatif au duc de Bellegarde et à Baron, pp. 41 et suiv. On ne connaît pas d'édition, imprimée à Paris, sur laquelle celle-ci aurait été faite.

1174. LES INTRIGUES AMOUREUSES DE M*** ET MAD*** SON ESPOUSE. *Dombes,* 1690, in-12 de 120 pp.

Même ouvrage que le précédent, avec des changements dans le style et quelques suppressions.

Réimprimé, sous la même rubrique et sous la même date, pet. in-8. Il y a encore une édition anonyme, datée de 1690, in-12.

1175. HISTOIRE DES INTRIGUES AMOUREUSES DE MOLIÈRE ET DE CELLES DE SA FEMME. *Francfort, Frédéric Arnaud,* 1697, in-12 de 96 pp., non compris le titre.

On y trouve aussi le passage relatif au duc de Bellegarde et à Baron.

Le succès de ce pamphlet galant, réimprimé au moins sept fois en moins de dix ans, donna certainement à Mme de Villedieu, précédemment Mlle Des Jardins, l'idée de composer son roman intitulé : *Mémoires de la vie de Henriette-Sylvie de Molière* (Lyon, 1693, in-12), dans lequel l'auteur a introduit beaucoup d'aventures qui lui sont personnelles. On peut supposer, cependant, que bien des détails pouvaient aussi se rapporter à la veuve de Molière. C'est à ce double point de vue qu'il faudrait étudier cet agréable roman de mœurs, très-estimé alors et souvent réimprimé.

1176. LA FAMEUSE COMÉDIENNE, OU HISTOIRE DE LA GUÉRIN, AUPARAVANT FEMME ET VEUVE DE MOLIÈRE, réimpression conforme à l'édition de Francfort, 1688, augmentée d'une Notice bibliographique par P. L. (Paul Lacroix). *Genève, J. Gay,* 1868, pet. in-12 de XII et 67 pp.

Collection moliéresque, tirée à 100 exemplaires numérotés.

L'éditeur a rétabli, dans cette réimpression, les passages qu'il avait supprimés dans les *Œuvres inédites de La Fontaine* (Paris, Hachette, 1863, in-8), comme pouvant prêter à une interprétation outrageante pour la mémoire de Molière. Il a découvert, aussi, que Lancelot ayant eu entre les mains les manuscrits de La Fontaine, sur lesquels il publia les *Œuvres diverses* de notre fabuliste en 1729, on devait supposer que ce savant n'avait pas attribué, sans raison et sans preuves, à La Fontaine, la *Fameuse Comédienne*.

L'Avertissement de l'éditeur n'est que la réimpression corrigée et augmentée de la Notice qu'il avait publiée dans le volume des *Œuvres inédites de La Fontaine*; il persiste à y soutenir, par de nouveaux arguments, que La Fontaine est l'auteur de cette satire fine et mordante, comme le croyaient Lancelot, Jamet et l'abbé Lebeuf.

1177. La Fameuse Comédienne, ou Histoire de la Guérin, auparavant femme et veuve de Molière, réimpression conforme à l'édition originale de Francfort, 1688, suivie des Variantes des autres éditions et accompagnée d'une Préface et de Notes, par Jules Bonnassies. *Paris, Barraud,* 1870, pet. in-8 de xxviii et 73 pp., avec 2 portr. grav. par Launey et Rebel.

Tiré à 500 exemplaires sur différents papiers de choix.

M. Jules Bonnassies, avec plus d'esprit et de talent que de succès, a cherché à démontrer que ce pamphlet, écrit de main de maitre, était d'une comédienne de campagne, nommée Boudin, et non de La Fontaine. Il n'a pas remarqué que *le Glaneur françois* (Paris, Prault, 1736, t. II, p. 8), en parlant de l'*Histoire de la Molière*, par feu madame Boudin, ne désigne pas très-positivement *la Fameuse Comédienne,* et que les auteurs du *Glaneur françois,* Dreux du Radier et Pesselier, n'ont pas d'autorité contre le témoignage antérieur de Lancelot, possesseur des papiers de La Fontaine. Le président Bouhier, dans sa correspondance inédite (Mss. de la Bibl. nationale) avec l'abbé d'Olivet, paraît convaincu que le coupable était La Fontaine.

1178. Dissertation sur le mariage du célèbre Molière, par le comte de Fortia d'Urban.

Cette Dissertation est imprimée à la suite d'une *Dissertation sur le passage du Rhône et des Alpes par Annibal,* etc., par le comte de F*** d'U*** (Paris, Treuttel et Wurtz, 1821, in-8). L'auteur soutient que la femme de Molière, Armande Gresinde Béjart, était fille et non sœur de Madeleine Béjart, qui l'avait eue de sa liaison avec le comte de Modène. Le comte, depuis marquis de Fortia d'Urban, savait à quoi s'en tenir à ce sujet, puisqu'il appartenait lui-même à la famille de Modène et qu'il en possédait tous les papiers.

1179. Dissertation sur la femme de Molière (par le marquis de Fortia d'Urban). *Paris, imprim. de Lebègue*, 1824, in-8 de 16 pp.

> On lit au verso du titre : « Cette Dissertation était déjà entre les mains de l'imprimeur, lorsque j'ai appris que la note insérée dans la nouvelle édition de Molière n'était point de M. Taschereau, mais de M. Beffara lui-même, qui tient à son opinion, ce qui est très-naturel. Cette opinion paraît avoir été adoptée par M. de La Porte dans son article *Modène*, de la Biographie universelle, mais non par M. Auger, qui a composé l'article MOLIÈRE, dans le même ouvrage. »

1180. LETTRE A M. LE MARQUIS DE FORTIA D'URBAN, EN RÉPONSE A SES DISSERTATIONS SUR MOLIÈRE ET SA FEMME, par Jules Taschereau. *Paris, Fournier*, 1824, in-8 de 16 pp.

1181. SUPPLÉMENT AUX DIVERSES ÉDITIONS DES OEUVRES DE MOLIÈRE, OU LETTRES SUR LA FEMME DE MOLIÈRE (par le marquis de Fortia d'Urban), et Poésies du comte de Modène, son beau-père. *Paris, A. Dupont et Roret*, 1825, in-8 de 172 pp.

1182. LETTRE A M. LE DIRECTEUR des *Annales de la littérature et des arts* (1828), signée : Un de vos abonnés, in-8 de 4 pp.

> Cette Lettre, extraite de la 416e livraison (t. XXXII) des *Annales*, est relative à la femme de Molière, et répond à un article d'Hipp. de La Porte, inséré dans la 411e livraison du même recueil, sur l'*Histoire de la vie et des ouvrages de Molière*, par J. Taschereau. Le marquis de Fortia d'Urban est l'auteur de ladite Lettre.

1183. AMOUREUX ET GRANDS HOMMES, par Emmanuel de Lerne. Ouvrage inédit. *Paris, Eugène Didier*, 1854, in-16.

> On y trouve, pp. 5 à 98, *Molière et Armande Béjart*.

1184. MADEMOISELLE DE BRIE (ET MADAME MOLIÈRE), par Paul de Musset.

> Voy. cette Notice dans le *Magasin littéraire*, n° 24, publié en juin 1843.

1185. MADAME MOLIÈRE, 1675, par Hippolyte Langlois.

> Cette notice se trouve dans la *Chronique artistique et littéraire*, n° du 17 mai 1857.

1186. Mme MOLIÈRE, par Arsène Houssaye.

C'est un des chapitres de son charmant ouvrage : *les Comédiennes du temps passé* (Paris, Michel Lévy, 1856, in-12).

1187. LES SUPERCHERIES D'UNE COURTISANE, morceau tiré des Mémoires manuscrits de la demoiselle Molière, femme du Comique de ce nom.

Ce récit satirique, qui n'est pas extrait de *la Fameuse Comédienne*, se trouve à la fin du tome VIII de la *Nouvelle Bibliothèque de campagne, ou Choix d'épisodes intéressants et curieux, tirés des meilleurs romans tant anciens que modernes* (Amsterdam, 1776, 10 vol. in-12).

1188. COURTISANE PUNIE POUR AVOIR VENDU SES FAVEURS SOUS LE NOM DE LA FEMME DE MOLIÈRE, en 1675, par Desessarts, avocat.

Cette analyse du procès criminel de la femme Hervé de la Tourelle, qui s'était prostituée, sous le nom de la Molière, à un président du parlement de Grenoble, est imprimée dans le t. III des *Procès fameux*, de Desessarts (Paris, l'Auteur, 1786), in-12, p. 70.

1189. AVENTURES DE Mlle DE MOLIÈRE AVEC UN PRÉSIDENT DE GRENOBLE.

Voy. le récit de cette aventure dans l'ouvrage anonyme de Chaussard, *les Anténors modernes, ou Voyages de Christine et de Casimir en France pendant le règne de Louis XIV* (Paris, Buisson, 1806, 3 vol. in-8, fig.), t. III, p. 214 et suiv.

1190. LA VEUVE DE MOLIÈRE, par le bibliophile Jacob.

C'est l'aventure du président Lescot avec la femme La Tourelle, qui s'était livrée à lui comme étant la veuve de Molière. Ce récit anecdotique, publié dans le feuilleton du journal *le Pays*, pour faire suite à la galerie des Mystificateurs et des Mystifiés, était extrait du second volume des *Mémoires curieux pour servir à l'histoire de la Prostitution*, supprimés et mis au pilon par décision du parquet de Paris, en 1854. Il a été réimprimé dans la 2e série des *Curiosités de l'histoire de France, Procès célèbres*, par le bibliophile Jacob (Paris, Delahays, 1858, in-12).

1191. LES INFORTUNES CONJUGALES DE MOLIÈRE, par HENRI DE KOCK.

C'est un des chapitres de son *Histoire des Cocus célèbres* (Paris, Bunel, 1869, in-4 à 2 col., pp. 153-174).

XXV

PIÈCES DE VERS CONTEMPORAINES

CONTRE MOLIÈRE OU EN SON HONNEUR.

1192. STANCES A MOLIÈRE, sur sa comédie de l'École des Femmes, que plusieurs gens frondoient (par Boileau).

Cette petite pièce, datée du 1er janvier 1663, a été imprimée pour la première fois dans les *Délices de la Poésie galante,* première partie (Paris, Jean Ribou, 1666, in-12). Elle y était donnée, sans aucun nom d'auteur, avec ce titre : *Sur l'École des Femmes. Stances.* On la trouve dans plusieurs anciennes éditions de Molière, mais avec quelques variantes. Une des strophes avait été supprimée par l'auteur lui-même, lorsqu'il la recueillit dans ses Œuvres. Cette strophe n'a reparu que dans les dernières éditions de Boileau.

1193. LE SONGE DU RESVEUR. *Paris, Guillaume de Luyne,* in-12 de 36 pp.

Ce poëme mythologique et satirique nous apprend que *la Pompe funèbre de M. Scarron* (Paris, Jean Ribou, 1660, pet. in-12), où Molière avait été un peu moins maltraité que les poëtes ses contemporains, était de Baudeau de Somaize, qui est mis au pilori dans le *Songe du Resveur.* On trouve, dans ce poëme, une épigramme, attribuée à Molière, contre l'auteur de *la Pompe funèbre.* La bibliothèque de l'Arsenal possède un exemplaire que l'on croyait unique, avant que M. Ambroise Firmin-Didot en eût découvert un second, qui est venu depuis peu enrichir sa précieuse collection moliéresque.

1194. LE SONGE DU RESVEUR, réimprimé pour la première fois d'après l'exemplaire unique subsistant aujourd'hui et conservé dans la bibliothèque de l'Arsenal, avec une préface du bibliophile Jacob. *Genève, J. Gay,* 1867, pet. in-12 de x et 27 pp.

Collection moliéresque, tirée à cent exemplaires numérotés.

1195. RÉPONSE (en vers) A LA GLOIRE DU VAL DE GRACE DE M. DE MOLIÈRE.

Cette Réponse, accompagnée d'une lettre d'envoi, en vers, à M. de Molière, est imprimée dans un recueil intitulé : *Anonimiana, ou Mélanges de poésie, d'éloquence et d'érudition* (Paris, Nicolas Pepie, 1700, in-12, p. 241-83). Cette pièce de vers a été réimprimée, d'après une ancienne copie, avec beaucoup de variantes, dans la *Revue universelle des arts,* où on l'attribue à Mlle Élisabeth-Sophie Chéron, poëte et peintre.

1196. L'Enfer burlesque, tiré des Visions de dom F. de Quevedo, par M. C. I. (Jaulnay, doyen et chantre de Saint-Rieule à Senlis). *Sans nom de lieu ni de libraire,* 1668, pet. in-12 de 81 pp., non compris le titre.

On y trouve un long passage satirique contre Molière.

1197. Les Horreurs sans horreur, poëme comique, tiré des Visions de dom F. Quevedo, avec plusieurs Satires et pièces galantes, par Jaulnay. *Paris, J.-B. Loyson,* 1671, in-12 de 3 ff. prélim., 66 et 46 pp.

Même ouvrage que le précédent.
Dans les Satires imprimées à la suite de l'*Enfer burlesque,* on croit reconnaître quelques traits perfides décochés contre Molière.

1198. L'Enfer burlesque, le Mariage de Belphégor, Épitaphes de Molière. *Cologne, chez Jean le Blanc,* 1677, pet. in-12 de 112 pp., non compris 3 ff. prélim., avec un frontispice gravé, représentant Molière aux enfers.

Cette troisième édition de l'*Enfer burlesque* contient, de plus que les précédentes, quatre vers injurieux sur la mort de Molière.

1199. L'Enfer burlesque, le Mariage de Belphégor et les Épitaphes de Molière, réimprimés sur l'édition de Cologne, 1677, et augmentés d'une Notice bibliographique par Paul Lacroix. *Genève, J. Gay,* 1868, pet. in-12 de xx et 99 pp.

Collection moliéresque, tirée à 100 exemplaires numérotés.

1200. Descente de l'ame de Molière dans les Champs-Élizées (en vers et en prose, par Dorimond, comédien). *Lyon, Antoine Jullieron,* 1674, in-8 de 22 pp.

« Cette pièce a été composée par un esprit-fort, assez mauvais juge en matière de comédie, mais très-porté à défendre Molière contre les bigots. Il appelle *le Dépit amoureux, l'École des femmes,* etc., des « petites farces de fort peu de conséquence », et il déclare Molière digne d'être impatronisé aux Champs-Elysées,

> Puisque, pour avoir ce bonheur,
> Sans s'estre repenty des deffauts de sa vie,
> Qui de cent *crimes* fut suivie,
> Il estoit mort sans confesseur.

« L'auteur de cette allégorie, souvent hostile ou malveillante, prétend que Prosper, bouffon de Braguette, vendit, après la mort de l'opérateur italien, tous ses *manuscrits de farces,* à Molière, qui en tira *l'Étourdi, le Dépit amoureux, le Mariage forcé,* etc. Dorimond reproche ensuite à Molière d'avoir fait dire à son Don Juan « des choses horribles et de trop mauvais exemple ». Ailleurs, on voit que le comédien Laroque et les demoiselles de Morville et de Longchamps, comédiennes, avaient fait des pièces de théâtre représentées avec succès. Ces pièces ne sont mentionnées nulle part. » *(Note du Catal. Soleinne.)*

1201. L'Ombre de Molière et son Épitaphe (en vers, par Dassoucy). *Paris, J.-B. Loyson,* 1673, in-4 de 2 ff. non chiffr. et 7 pp.

Cette pièce, qui parut immédiatement après la mort de Molière, fut arrêtée par la Police, et l'auteur se vit encore emprisonné, mais l'affaire n'eut pas de suite, et Dassoucy fit réimprimer son opuscule, sous ce nouveau titre : *Sur la mort imaginaire et véritable de Molière* (*Paris, Olivier Desvarennes,* 1673, in-4 de 8 pp.), en le signant *Polimène.* Il y a eu plusieurs contrefaçons de cette pièce.

« Dassoucy dit, dans sa dédicace au duc de Saint-Aignan, qu'il fut toujours l'ami de Molière, quoique ce grand homme « eût plus de talent pour se faire des envieux que pour s'acquérir des amis ». Molière, sur la fin de ses jours, avait cessé d'être l'ami de Dassoucy, qui lui rend hommage pourtant, « au milieu de tant de jaloux qui font vanité de remuer ses cendres et déchirer sa mémoire ». Un passage de cette pièce de vers peut faire croire que Molière, dans son *Tartuffe,* eut l'intention de mettre en scène un prêtre, nommé Martin, que tout le monde avait reconnu :

> Pardonnez-moy, maistre Martin,
> Si j'ay fait une esgratignure
> A vostre pourpoint de satin,
> Priez pour moy soir et matin. »

(Note du Catal. Soleinne.)

1202. Sur la Mort imaginaire et véritable de Molière, vers libres (par Dassoucy). *Metz, Jean Antoine,* 1673, in-4 de 4 pp.

Contrefaçon de la seconde édition de Paris, publiée sous le même titre, après la suppression de *l'Ombre de Molière.*

1203. Recueil des Épitaphes les plus curieuses, faites sur la mort surprenante du fameux comédien le sieur de Molière. *Sans nom de lieu ni de libraire,* 1689, in-12.

Réimprimé à Lyon, la même année, in-12.

Ces épitaphes, qui circulèrent manuscrites aussitôt après la mort de Molière, parurent d'abord, en partie du moins, dans le *Mercure galant* de 1674 ; elles furent réunies, dès la fin du xvii° siècle, dans les éditions des Œuvres de Molière publiées à Lyon et à Toulouse. On les trouve aussi, plus au complet, à la suite de quelques éditions du *Voyage de Chapelle et Bachaumont*, notamment dans celle d'*Utrecht, Fr. Galma,* 1697, in-12, contenant « un mélange de pièces fugitives tirées du cabinet de M. de Saint-Evremont ».

1204. SONNET SUR LA SEPULTURE DE JEAN BAPTISTE POCLIN (*sic*) DIT MOLIERES (*sic*), Comédien, au Cimetière des Mornés (*sic*), à Paris, par Les-Isles-le-Bas.

Ce sonnet, qui nous fait connaître pourquoi Molière fut inhumé au cimetière de Saint-Joseph, où l'on enterrait les enfants morts sans avoir été baptisés, les suicidés et les personnes suspectes d'hérésie, qui n'avaient pas reçu les derniers sacrements, se trouve à la p. 27 d'un petit livre rare de ce Les-Isles-le-Bas, lequel se mêlait aussi de faire des pièces de théâtre, qui furent représentées et publiées en Normandie (Voy. le *Catal. Soleinne*, t. I, n°s 1377 et 1378) : *l'Apollon françois, ou l'Abregé des regles de la poësie françoise*. Par L. I. L. B. G. N. (Les-Isles-le-Bas, gentilhomme normand). (Rouen, Julien Courant, 1674, in-12). Ledit sonnet a été signalé et réimprimé pour la première fois, en 1863, dans la 5e édition de l'*Histoire de la vie et des ouvrages de Molière,* par M. J. Taschereau.

XXVI

PIÈCES DIVERSES EN PROSE ET EN VERS

CONTEMPORAINES

RELATIVES AUX COMÉDIES DE MOLIÈRE.

1205. LA POMPE FUNÈBRE DE M. SCARRON (par Antoine Baudeau de Somaize). *Paris, Jean Ribou,* 1660, pet. in-12 de 55 pp.

Molière était si maltraité dans ce pamphlet anonyme, que ses amis crurent devoir y répondre d'une manière qui équivalait à une volée de coups de bâton, en publiant *le Songe du Resveur* (voy. plus haut cette satire, parmi les pièces de vers contemporaines contre Molière). C'est ainsi que fut dévoilé le nom de l'auteur de *la Pompe funèbre de Scarron*.

Il faut aussi rapporter à ce pamphlet une autre pièce du même auteur : *la Pompe funèbre d'une Prétieuse, avec toutes les cérémonies du convoy*, laquelle se trouve imprimée, à la suite du *Procez des Prétieuses*, dans une des éditions de cette comédie dirigée contre Molière, à l'occasion du procès en contrefaçon que celui-ci avait intenté au libraire Jean Ribou.

1206. RÉCIT, EN PROSE ET EN VERS, DE LA FARCE DES PRÉCIEUSES. *Paris, Guillaume de Luyne* (ou *Claude Barbin*), 1660, in-12 de 2 ff. prélim. et 32 pp.

Réimprimé à *Anvers, chez Guillaume Colles*, 1666, pet. in-8.

Ce Récit est de Mlle Des Jardins, célèbre depuis sous le nom de Mme de Villedieu, qui avait fait partie de la troupe de Molière en province, comme nous l'apprend Tallemant des Réaux, dans une de ses *Historiettes*. Cette pièce, composée à l'occasion du succès de vogue obtenu par la comédie des *Précieuses ridicules*, donne une analyse de cette comédie, et l'on y trouve l'indication de plusieurs scènes qui furent supprimées à l'impression. Ce fut sans doute par reconnaissance que Molière fit représenter, par sa troupe, en 1665, une comédie de Mlle Des Jardins, intitulée : *le Favori*.

M. Edouard Fournier a réimprimé le Récit de la farce des Précieuses, avec de très-bonnes notes, dans les *Variétés historiques et littéraires* de la Bibliothèque elzévirienne, tom. IV, p. 285 et suiv.

1207. LA DÉROUTE DES PRÉTIEUSES, mascarade. *Paris, Alex. Lesselin*, 1659, in-4 de 8 pp.

Cette mascarade, qui fut sans doute représentée au théâtre du Marais, où l'on donnait des ballets, à l'occasion de l'immense succès des *Précieuses ridicules*, nous paraît pouvoir être attribuée à T.-P. de Subligny, avocat et comédien, lequel rédigeait en vers, à cette époque, *la Muse de la Cour*, publiée périodiquement par le libraire Alexandre Lesselin.

M. Victor Fournel a réimprimé, avec une notice, dans le tome II des *Contemporains de Molière*, cette mascarade, que le duc de la Vallière n'a pas citée dans son Catalogue des *Ballets* (Paris, Bauche, 1760, in-8), quoiqu'il en eût recueilli un exemplaire dans sa belle collection de ballets et d'opéras, acquise en 1785 pour la Bibliothèque du Roi.

Molière avait eu l'intention de protester, contre les calomnies dont sa comédie des *Précieuses ridicules* fut le prétexte, par la représentation, sur son théâtre, d'une comédie intitulée : *la Vraie et la Fausse Précieuse* ; il esquissa lui-même le plan de cette comédie et en confia l'exécution à un poëte dramatique distingué, Gabriel Gilbert, secrétaire de la reine de Suède ; mais la pièce ne put être représentée, par suite de circonstances imprévues, bien que Molière eût fait une avance de 550 livres à l'auteur, pour l'encourager à terminer promptement son ouvrage.

1208. Lettre écrite sur la comédie du Misanthrope, par de Visé.

Cette Lettre, signée D. V., se trouve en tête de la première édition du *Misanthrope* de Molière (Paris, Ribou, 1667, in-12). On l'a insérée depuis dans plusieurs éditions des Œuvres de Molière. Il est à peu près incontestable que la Lettre, écrite par de Visé, à la demande de Molière et sous son influence directe, renferme beaucoup de passages où se reflètent les idées personnelles de l'auteur du *Misanthrope*.

1209. Le Roy glorieux au monde, ou Louis XIV, le plus glorieux de tous les Roys du monde (par Pierre Roullé, docteur en théologie, de la Maison et Société de Sorbonne, et curé de Saint-Barthélemy). *Sans nom d'imprimeur ni de libraire, et sans date (Paris, Gilles Gourault, 1664)*, pet. in-12 de 91 pp., portrait de Louis XIV, daté de 1661, portant l'adresse de *Moncornet, avec privilége*.

L'édition entière de ce pamphlet, dans lequel Molière et le vicomte de Turenne étaient indignement outragés, fut saisie et détruite, par ordre du roi, à la requête de Molière. Un seul exemplaire semblait avoir échappé à cette destruction totale ; c'est celui que l'auteur avait offert à Louis XIV. Il est relié en maroquin rouge, semé de fleurs de lis et doré sur tranche. C'est M. Jules Taschereau qui l'a découvert, à la Bibliothèque nationale, encore enfermé dans l'enveloppe où il reposait depuis près de deux siècles. Un autre exemplaire, qu'Aimé-Martin prétendait avoir possédé (avec un titre différent : *Le Roi glorieux au monde, contre la comédie de l'Hypocrite, que Molière a faite et que Sa Majesté lui a défendu de représenter*), s'était égaré entre les mains d'Amar, qui s'occupait alors d'un travail sur Molière.

Cet opuscule offert au roi n'est que l'extrait d'un ouvrage, tout à fait inconnu jusqu'à présent, que nous signalons pour la première fois d'après un second exemplaire, qui se trouve dans la riche bibliothèque de M. le baron James E. de Rothschild : *l'Homme glorieux, ou la Dernière perfection de l'homme achevée par la gloire éternelle,* par Pierre Roullé, docteur en Sorbonne et curé de Saint-Barthélemy (*Paris, Gilles Gourault,* 1664, pet. in-12 de 6 ff. prélim. et 91 pp.). Les six feuillets préliminaires se composent du titre de l'ouvrage, d'une épître au roi et d'un Avant-propos au lecteur. C'est après ces 6 ff. que se trouve, en tête de la page qui commence le texte, le titre de l'extrait précédent : *le Roi glorieux au monde,* etc. Cet ouvrage est si rare, qu'on doit supposer qu'il aura été supprimé en même temps que l'extrait, offert au roi, avec un portrait, qui porte la mention expresse d'un privilége accordé à Moncornet, graveur et éditeur d'estampes.

La découverte récente de deux exemplaires complets de *l'Homme glorieux* a permis de mieux apprécier les raisons qui ont fait supprimer l'ouvrage, sur la plainte de Molière. Un de ces exemplaires appartient à un bibliophile bien connu, M. le comte de Lignerolles; l'autre, dans son ancienne reliure en maroquin rouge semé de fleurs de lis, a été découvert par le libraire des bibliophiles, M. Auguste Fontaine. *L'Homme glorieux*, de Pierre Roullé, se compose de 12 ff. prélim. et de 691 pp., suivies du *Roy glorieux*, qui a 91 pp. Il est précédé de deux approbations émanées de la Sorbonne, en date du 28 novembre 1663 et du 15 mars 1663 (*sic*), déclarant que le livre intitulé *l'Homme glorieux* a été lu par deux docteurs en théologie, lesquels n'y ont rien trouvé qui ne soit orthodoxe. Mais il n'est pas parlé du *Roy glorieux*, dans ces approbations. Le privilége du roi est du 24 avril 1664; l'Achevé d'imprimer, du 1er août suivant. On peut donc inférer de ces dates, que *le Roy glorieux* est une addition que l'auteur s'était permis de faire à son livre, après l'obtention du privilége qui ne concernait que *l'Homme glorieux*. On comprend que Molière, en l'absence d'un privilége spécial pour *le Roy glorieux*, n'a pas eu de peine à faire supprimer le livre dans lequel il était calomnié et outragé.

Le fameux passage relatif à Molière et à sa comédie de *l'Imposteur* commence à la page 48 du *Roy glorieux*, par ces mots : « Un homme ou plutost un Démon vestu de chair et habillé en homme, et le plus signalé impie et libertin qui fut jamais dans les siècles passez, avoit eu assez d'impiété et d'abomination pour faire sortir de son esprit diabolique une pièce toute preste d'être rendue publique, en la faisant monter sur le théâtre, à la dérision de toute l'Eglise... » Pierre Roullé assurait que le roi avait défendu à Molière, « sous peine de mort, » non-seulement de représenter *l'Imposteur*, mais encore de publier cette comédie. On est donc fondé à croire que le pamphlet du sorbonniste fut un coup fourré, dirigé par la Sorbonne contre *l'Hypocrite* (premier titre du *Tartuffe*), dont les trois premiers actes avaient été joués, à Versailles, devant le roi, le 12 mai 1664, comme un intermède des *Plaisirs de l'Ile enchantée*. Le pamphlet de Pierre Roullé fut mis au pilon, mais la comédie de Molière ne parut sur la scène que le 5 février 1669.

Pierre Roullé, pour donner plus de force et d'autorité à son *Roy glorieux*, l'avait fait suivre d'un autre livre intitulé : *le Dauphin, dédié à Madame la mareschalle de la Mothe Houdancourt* (Paris, Gilles Gourault, 1664, in-12 de 30 ff. prélim. et 330 pp.). La reine et le dauphin étaient deux auxiliaires que Pierre Roullé et la Sorbonne voulaient se donner contre le redoutable auteur de *l'Hypocrite*.

1210. LE ROY GLORIEUX AU MONDE, par Pierre Roulès (*sic*), curé de Saint-Barthélemy, pamphlet contre Molière et Turenne, réimprimé d'après l'exemplaire unique existant aujourd'hui, et précédé d'une Notice de M. Paul Lacroix. *Genève, J. Gay,* 1867, pet. in-12 de xv et 61 pp.

Collection moliéresque, tirée à 100 exemplaires.

Quand fut publiée cette première réimpression du *Roy glorieux,* le véritable nom de l'auteur n'était pas encore connu. Il est vrai que cet auteur s'était nommé lui-même *Pierre Roulés,* en tête de son Oraison funèbre de Louis le Juste (*Paris, Emond Barrois,* 1643, in-8).

L'éditeur a recueilli, dans sa Notice, un nouveau texte du « Placet que le sieur Molière, comédien du Roy, a présenté à Sa Majesté, à cause du livre de M. le Curé de Saint-Barthélemy contre la comédie du Tartuffe ». C'est dans les manuscrits de Conrart, à la bibliothèque de l'Arsenal, que ce texte a été retrouvé.

Voy., dans la *Revue rétrospective* de MM. Taschereau et de Monmerqué (2e année, 1835, tome IV, p. 461), un article sur *le Roy glorieux au monde;* ainsi qu'un extrait de ce pamphlet, avec une notice par M. Taschereau, dans *l'Athenæum français,* en 1856.

1211. OBSERVATIONS SUR UNE COMÉDIE DE MOLIÈRE INTITULÉE LE FESTIN DE PIERRE (par le sieur de Rochemont, avocat. *Paris, N. Pepingué,* 1665), pet. in-12 de 48 pp., titre non compris.

Le permis d'imprimer, signé le Baillif du Palais, est daté du 8 avril 1665. Cette édition sans titre paraît être la première.

La seconde édition, semblable à la précédente, et publiée chez le même libraire, est accompagnée d'un privilége du roi, en date du 10 mai 1665, dans lequel l'auteur est désigné par ces initiales : B. A. sieur de Rochemont.

La troisième édition, dont le permis d'imprimer, signé d'Aubray, est du 9 mai 1665, porte : *sur l'imprimé, à Paris, N. Pepingué,* 1665, in-12 de 48 pp., titre non compris, et paraît être une contrefaçon de la première édition. L'auteur est nommé sur le titre.

On ne connaît pas le sieur de Rochemont, qui est désigné comme avocat en Parlement dans le privilége du roi, mais on croit savoir qu'il était curé d'une des paroisses de Paris.

Il y a une édition, sur le titre de laquelle le nom de l'auteur est représenté par les initiales B. A. S. D. R. Cette édition, que nous n'avons pas vue, pourrait bien être la première de toutes.

1212. RESPONSE AUX OBSERVATIONS TOUCHANT LE FESTIN DE PIERRE DE MONSIEUR MOLIÈRE. *Paris, Gabriel Quinet,* 1665, pet. in-12 de 32 pp.

Il n'existe qu'une seule édition de cette pièce, publiée *avec permission.* On ne peut l'attribuer qu'à Molière, ou à quelqu'un de ses amis, qui l'aurait écrite sous son inspiration. Elle est réimprimée, ainsi que la suivante, à la suite des *Observations* du sieur de Rochemont, dans la Collection moliéresque.

1213. LETTRE SUR LES OBSERVATIONS D'UNE COMÉDIE DU SIEUR MOLIÈRE, INTITULÉE LE FESTIN DE PIERRE. *Paris, Gabriel Quinet,* 1665, pet. in-12 de 58 pp.

Il n'existe qu'une seule édition de cette Lettre, ainsi que de la Réponse aux Observations.

« M. Taschereau n'a pas remarqué que, dans ces deux Réponses aux Observations, surtout dans la première, le style a presque toujours le cachet du style de Molière, ce cachet si net et si caractérisé, qu'on reconnaît au mouvement de la phrase, à l'emploi du mot propre, à certains termes d'affection, à certaines tournures d'habitude ; c'est déclarer que ces opuscules, non moins remarquables par la pensée que par l'expression, ont été écrits, du moins en partie, par Molière qui les a fait paraître chez son libraire ordinaire Gabriel Quinet. » (*Note du Catal. Soleinne,* tome IV, p. 101.) Quelques mois plus tard, Gabriel Quinet mettait au jour la première édition des Œuvres de Molière, avec pagination suivie (1666, 2 vol. in-12).

1214. OBSERVATIONS SUR LE FESTIN DE PIERRE, par de Rochemont, et Réponses aux Observations, réimpressions textuelles des éditions originales de Paris, 1665, précédées d'une Notice bibliographique par le bibliophile Jacob. *Genève, J. Gay,* 1869, pet. in-12 de xi et 65 pp., plus 1 de table.

Collection moliéresque, tirée à 100 exemplaires numérotés.

1215. ORDONNANCE DE MONSEIGNEUR L'ARCHEVÊQUE DE PARIS (Hardouin de Péréfixe, contre la représentation de la comédie *l'Imposteur,* en date de 11 août 1667). *De l'imprimerie de François Muguet, imprimeur et libraire ordinaire du Roy et de Monseigueur l'Archevesque de Paris,* affiche in-folio plano.

Cette affiche, trouvée à la Bibliothèque nationale, par M. Richard, conservateur de cet établissement, a été réimprimée pour la première fois dans la troisième édition de l'*Histoire de la vie et des ouvrages de Molière,* par J. Taschereau (Paris, Hetzel, 1844, in-12, p. 123).

1216. LETTRE SUR LA COMÉDIE DE L'IMPOSTEUR. *Sans nom de*

lieu ni de libraire, 1667, pet. in-12 de 4 ff. prélim. et 124 pp.

Il y a, dans quelques exemplaires, un feuillet non chiffré, contenant l'errata. Grosley a cité une édition de 130 pp., datée de 1667, qu'il regardait comme la première et qui ne se retrouve plus.

Réimprimé, l'année suivante, en plus petits caractères, 1668, pet. in-12 de 4 ff. prélim. et 75 pp,, et en 1670, sans nom de ville ni d'imprimeur, avec ce titre : *Observations sur la comédie de l'Imposteur.*

Grosley a dit le premier que, dans ce factum, « tout annonce la main et la plume de Molière ». Aussi, le rédacteur du Catalogue des livres imprimés et manuscrits de M. le comte de Pont de Vesle (*Paris, Le Clerc,* 1774, in-8) s'est-il cru autorisé à signaler cette Lettre, par la note suivante : « Elle est de Molière, qui l'avoit donnée pour faire connoître cette pièce (*le Tartuffe*), lorsqu'il y avoit des oppositions à sa représentation. » M. Jules Taschereau s'est rangé à cet avis et a fait entrer, dans son édition des Œuvres de Molière, la Lettre sur la comédie de l'*Imposteur,* qu'on a souvent admise depuis dans les éditions des Œuvres complètes.

M. de Soleinne possédait un exemplaire de cette Lettre, à la fin duquel on avait mis anciennement à la plume le nom de Molière, mais cet exemplaire portait néanmoins, après la suscription, l'initiale imprimée C., qui semblerait confirmer l'attribution, d'après laquelle Chapelle serait l'auteur de la Lettre.

1217. LA MÊME LETTRE, attribuée à Molière lui-même, réimprimée textuellement sur la première édition (1667) et précédée d'une Notice bibliographique de M. Paul Lacroix. *Turin, J. Gay,* 1870, pet. in-12 de xii et 75 pp.

Collection moliéresque, tirée à cent exemplaires numérotés.

1218. SERMON DE BOURDALOUE, sur la comédie du Tartuffe.

C'est le Sermon du 7e dimanche après Pâques, dans les Sermons du P. Bourdaloue. Il n'y a aucune différence dans les nombreuses éditions, qui renferment ce Sermon, où l'attaque est aussi violente que possible contre Molière, quoique déguisée.

1219. Critique du TARTUFFE, du FESTIN DE PIERRE, OU du THÉATRE DE MOLIÈRE.

Voy. cette critique dans l'ouvrage anonyme du sieur Coutel, intitulé : *Sentimens de l'Église et des saints Pères, pour servir de décision sur la Comédie et les Comédiens* (Paris, veuve de Ch. Coignard, 1694, pet. in-8).

1220. Ordonnance du Roi, portant défense aux comédiens de campagne de jouer la comédie du Malade imaginaire, du 7 janvier 1674.

Cette ordonnance, qui doit avoir été imprimée et publiée in-4, dans le format ordinaire des édits du roi, se trouve *in extenso* dans la préface de la troisième édition de l'Histoire de la vie et des ouvrages de Molière, par J. Taschereau (*Paris, J. Hetzel,* 1844, in-12).

XXVII

PIÈCES DE THÉATRE ANECDOTIQUES

SUR LA VIE DE MOLIÈRE

(*Rangées par ordre systématique et historique*).

1221. Il Moliere, commedia in cinque atti in versi (di Goldoni), rappresentata per la prima volta in Torino l'anno 1751.

Imprimée dans toutes les éditions des Œuvres de Goldoni. Il en existe sans doute une édition séparée, sinon plusieurs, mais nous ne l'avons pas rencontrée dans les Bibliographies de Théâtre les plus complètes.

1222. Molière, comédie en vers et en 5 actes de Goldoni, traduite en prose de l'italien, par A. D. R.

Cette traduction se trouve dans les *Chefs-d'œuvre dramatiques* de Goldoni, traduits pour la première fois en français (par Amar du Rivier); *Lyon, Reymann,* an XI, in-8.

La même comédie a été traduite de nouveau par Aignan, et imprimée, avec une notice, dans le Théâtre de Goldoni, qui fait partie des *Chefs-d'œuvre des théâtres étrangers (Paris, Ladvocat,* 1822-25, 25 vol. in-8).

1223. Molière, drame en 5 actes, en prose, imité de Goldoni, par Mercier (et Guys). *Amsterdam (Paris),* 1776, in-8 de 220 pp.

La Préface, de 16 pp., est une apologie de Molière. Mercier a mis, au bas des pages, beaucoup de notes biographiques et critiques relatives à Molière.

1224. Molière, drame en cinq actes, imité de Goldoni, par Mercier, ou Supplément aux OEuvres de Molière. *La Haye,* 1777, pet. in-12.

Réimprimé dans le tome III du *Théâtre complet* de Mercier (*Amsterdam, B. Vlam,* et *Liége, Murray,* 1778-84, 4 vol. pet. in-8, fig.).

1225. La Maison de Molière, comédie en prose, en quatre actes, par Mercier, représentée pour la première fois à Paris, par les comédiens ordinaires du roi, le 20 octobre 1787. *Paris, Guillot,* 1788, in-8 de 110 pp. y compris la préface.

Réimprimé, la même année, chez le même libraire (in-8 de 92 pp., sans préface), après la représentation qui eut lieu, à Versailles, devant Leurs Majestés, le 14 novembre 1788.

C'est une refonte du drame, intitulé *Molière,* mais avec beaucoup de changements, dans lesquels l'auteur s'est éloigné de la pièce originale de Goldoni, qu'il avait d'abord traduite ou imitée servilement. On attribue à P.-Alph. Guys ce remaniement de la pièce de Mercier. Elle est restée au théâtre, sous cette dernière forme, et on l'a réimprimée ainsi dans l'édition incomplète du théâtre de Mercier, publié dans la *Bibliothèque dramatique* (Paris, Mme Dabo, 1824, in-8), avec une notice historique et un examen de la pièce, par P. Lepeintre.

Cette nouvelle forme du drame de *Molière,* sous le titre de *la Maison de Molière,* n'avait pourtant pas satisfait Mercier, car l'édition la plus complète (*Paris,* an VII, in-8) avait été préparée pour une réimpression avec de nombreux changements et corrections. Cet exemplaire annoté se trouvait dans la quatorzième et dernière vente de la Librairie Techener, avril 1867.

1226. La Vie de Molière, comédie historique en trois actes, mêlée de couplets, par Dupeuty et Étienne Arago, représentée pour la première fois sur le théâtre du Vaudeville, le 17 janvier 1832. *Paris, Bezou,* 1832, in-8 de 78 pp.

1227. La Vie d'un Comédien, comédie, en 4 actes et en prose, par Charles Desnoyer et Eugène Labat, représentée sur le théâtre de l'Odéon le 23 décembre 1841. *Paris, Tresse,* 1842, gr. in-8 de 33 pp. à 2 col.

Cette édition forme les livraisons 728 et 729 de la *France dramatique.*

Ce comédien n'est autre que Molière, depuis ses succès à Lyon et en province, jusqu'à sa mort, à Paris, après la 4e représentation du *Malade imaginaire*.

1228. Molière, drame en quatre actes, par George Sand. *Paris, Blanchard,* 1851, in-18 de 126 pp.

> Représenté au théâtre de la Gaîté, le 10 mai 1851.
> Ce drame se trouve dans le *Théâtre* complet de George Sand, 1re série (*Paris, Michel Lévy,* 1866, gr. in-18, pp. 309-454). Il a été traduit en plusieurs langues.

1229. Molière, dramma in quattro atti di Georgio Sand, ridotto par il teatro de Evaristo Chiossone. *S. l.,* 1852, in-16.

> Extr. du *Florilegio dramatico*, anno III°, fascicolo 161. — Cette traduction a été réimprimée plusieurs fois, et en dernier lieu : *Milano, Sanvito,* 1870, in-18.

1230. Molière enfant, comédie, en un acte, en vers, par Édouard Vierne. *Paris, Michel Lévy,* 1855, in-18 de 41 pp.

> Représentée sur le théâtre de l'Odéon, le 14 janvier 1855.

1231. Le Docteur Molière, comédie en un acte et en vers, par Xavier Aubryet ; représentée pour la première fois sur le théâtre de l'Odéon, le 7 avril 1873. *Paris, E. Dentu,* 1873, gr. in-18 de 33 pp.

1232. La Jeunesse de Louis XIV, comédie, en cinq actes et en prose, par Alexandre Dumas. *Paris, Marchant,* 1856, in-12 de 312 pp.

> Cette comédie n'a pas été jouée à Paris, du vivant de l'auteur, mais seulement à Bruxelles, sur le théâtre du Parc.
> Molière figure, avec son père Jean Poquelin, parmi les personnages de cette comédie, qui n'avait pas été représentée, avant la mort de l'auteur. Mais, depuis, M. Alexandre Dumas fils a retouché très-habilement l'ouvrage de son illustre père, et l'a fait jouer avec succès, à l'Odéon, le 14 mars 1874. La pièce a été réimprimée, avec ces changements (*Paris, Michel Lévy,* 1874, gr. in-18).

1233. Souvenirs du pays, Molière a Nantes, projet d'une scène dramatique, en commémoration du séjour de Molière à Nantes en 1648 (par Camille Mellinet). *Imprimerie de Mellinet, à Nantes,* s. d. (1838), in-8.

1234. La Première Représentation théatrale a Nantes, ou Une Page de la vie d'un grand homme, scène historique, signée *Ludovic*.

Cette scène fait partie de la première livraison de la *Revue de l'Ouest*, novembre 1829 (*Nantes, Poulet-Malassis*), in-8.

1235. Molière a Nantes, à-propos historique, en vers, en un acte et deux tableaux, par Marcel-Briol. *Nantes, imprim. de Courmaceul,* 1863, in-8 de 30 pp.

Représenté à Nantes, le 15 janvier 1863.

1236. Molière a Pézénas, prologue, en un acte et en vers, par Alphonse Pagès.

Ce Prologue, représenté à l'Odéon le 15 janvier 1866, avant la représentation du *Médecin volant*, farce de Molière, a été imprimé à la suite de cette farce (*Paris, E. Dentu*, 1866, gr. in-18 de 60 pp.).

1237. La Valise de Molière, comédie, en un acte, en prose, avec des fragments peu connus attribués à Molière, précédée d'une introduction historique et suivie de notes d'après des documents nouveaux et inédits, par Édouard Fournier. *Paris, Dentu,* 1868, gr. in-18 de xxxvi et 83 pp.

Tiré à 250 exemplaires.

Cette ingénieuse comédie, dans laquelle sont intercalées différentes pièces de vers et de prose, attribuées à Molière, a été représentée au Théâtre-Français, le 15 janvier 1868, pour le 246e anniversaire de la naissance de Molière.

1238. Molière a Vienne, comédie, en deux actes et en prose, par P. Ponsard.

Cette comédie, qui fut représentée sur le théâtre de Vienne en Dauphiné, le 9 octobre 1851 (Voyez un feuilleton signé Lireux, dans le *Constitutionnel* du 20 oct. 1851), a été publiée, à l'époque de la représentation, dans un journal local, le *Moniteur viennois*, et reproduite ensuite dans le 5e volume des *Matinées italiennes, revue anecdotique, artistique et littéraire,* par le baron Stock [pseudonyme de Mme Ratazzi] (Florence, 1870, in-4, nos 8 et 9).

1239. Molière a Toulouse, comédie, en vers, en un acte, par Pellet-Desbarreaux, représentée à Toulouse pour la première fois le 15 mars 1787. *Toulouse, Broulhiet,* 1787, in-8 de 39 pp.

1240. MOLIÈRE ET MIGNARD A AVIGNON, comédie-vaudeville, en un acte, composée en cinq heures dix minutes, dans la grande salle de l'hôtel de ville d'Avignon, sur un sujet fourni par le public, distribuée le même jour, 3 juin, à MM. les acteurs, et représentée sur le théâtre d'Avignon le 4 juin 1829; quatrième vaudeville improvisé par Eugène de Pradel. *Avignon, Offray aîné,* 1829, in-8 de 32 pp.

1241. MOLIÈRE A BORDEAUX, comédie épisodique, en 2 actes et en vers, par Hippolyte Minier, représentée pour la première fois sur le Théâtre-Français de Bordeaux, le 14 février 1865. *Bordeaux, Gounouilhou,* 1865, in-8 de 60 pp.

> M. Armand Detcheverry, dans son *Histoire des théâtres de Bordeaux* (Bordeaux, impr. Delmas, 1860, in-8), repousse la tradition du passage de Molière et de sa troupe à Bordeaux, parce qu'il n'a pas trouvé trace des représentations de ces comédiens dans la correspondance administrative du duc d'Épernon, gouverneur de la Guyenne à cette époque. La tradition n'en subsiste pas moins. C'est à Bordeaux que Molière aurait joué une tragédie de sa composition, *Étéocle et Polynice,* dont il devait plus tard fournir le sujet à Racine, pour *les Frères ennemis.*

1242. MOLIERE MARITO GELOSO, commedia del sign. abate Pietro Chiari, Bresciano. *Bologna, stamp. di S. Tomaso d'Aquino,* 1759, in-8 de 70 pp.

> Réimpr. dans les œuvres de l'auteur, *Commedie in versi* (Venezia, 1774, 2 vol, in-8). On trouve, en tête, *Osservazioni critiche sopra il Moliere.*
>
> L'auteur de cette comédie a fait une étrange confusion, en donnant à la femme de Molière le nom de la Guérin (*Guerina*), du vivant de son premier mari !

1243. LE MARIAGE DE MOLIÈRE, OU LE MANTEAU DE TARTUFFE, comédie, en vers, en trois actes, par F. Garnier. *Lyon, Chambet,* 1828, in-8 de 84 pp., y compris la préface.

> Cette comédie n'a pas été représentée.

1244. LE MÉNAGE DE MOLIÈRE, comédie en un acte et en vers, précédée d'un prologue, par Justin Gensoul et A.

Naudet, représentée pour la première fois sur le Théâtre-Français le 15 janvier 1822, jour anniversaire de la naissance de Molière et époque de sa seconde centenaire. *Paris, Mme Huet,* 1822, in-8 de XI et 52 pp.

1245. MOLIERE IN FAMIGLIA, commedia in tre atti.

> Cette comédie, qui n'est peut-être qu'une imitation de la pièce précédente, a été imprimée, sans nom d'auteur, dans la *Galleria teatrale* (Livorno, 1830, 12 vol. in-18).

1246. MOLIÈRE EN MÉNAGE, comédie, en un acte, représentée sur le théâtre d'Angoulême le 11 novembre 1855, par Abel Jannet.

> Cette comédie est imprimée dans la première livraison du *Théâtre et poésies* d'Abel Jannet (*Angoulême, impr. d'Ardant,* 1856, in-18).

1247. LA FÊTE DE MOLIÈRE, comédie épisodique, en un acte et en vers, par Samson, acteur du théâtre royal de l'Odéon ; représentée sur ce théâtre le 15 janvier 1825, jour anniversaire de la naissance de Molière. *Paris, Barba,* 1825, in-8 de 35 pp.

> Cette jolie comédie, reprise au Théâtre-Français le 15 juin 1833, roule sur les querelles de ménage de Molière avec sa femme et sur leur réconciliation par les soins de leurs amis Chapelle et La Fontaine.

1248. UN AMOUR DE MOLIÈRE, comédie-vaudeville, en deux actes, par Th. P. (Théodore Pernot, de Colombey, dit Colomb), représentée sur le théâtre de l'Ambigu-Comique le 30 juillet 1838. *Paris, Marchant,* 1838, in-8 de 16 pp. à 2 col.

1249. MOLIÈRE AU THÉATRE, comédie, en vers libres, en un acte, par Bayard et Romieu, représentée sur le Second Théâtre-Français le 15 janvier 1824. *Paris, Brière,* 1824, in-8 de 50 pp.

1250. LE PROTÉGÉ DE MOLIÈRE, comédie, en un acte, en vers, par Lesguillon (et Saint-Yves). *Paris, Tresse,* 1848, in-12 de 48 pp.

> Représentée, le 15 janvier 1848, au Second Théâtre-Français.

1251. MADEMOISELLE DE LA VALLIÈRE, drame, en cinq actes, en vers, par Adolphe Dumas. *Paris, Tresse,* 1843, in-8 de 152 pp.

> Molière est un des personnages de ce drame, représenté avec succès au théâtre de la Porte-Saint-Martin, et dans lequel il est question de la première représentation des *Fâcheux*, au château de Vaux, en 1661.
> Dans une sorte de postface, l'auteur explique le caractère de Molière, tel qu'il l'a compris et dépeint.

1252. MOLIÈRE CHEZ NINON, ou le Siècle des grands hommes, pièce épisodique en prose, en cinq actes, par Madame de Gouges. *Paris, Caillot,* 1788, in-8 de 211 pp., y compris la préface de 15 pp.

> Cette pièce fait aussi partie des Œuvres de Mme Olympe de Gouges (*Paris, chez l'Auteur,* 1788, 2 vol. in-8).

1253. NINON DE L'ENCLOS, OU L'ÉPICURÉISME, comédie-vaudeville, en un acte et en prose, par A. Creuzé (de Lesser). *Paris,* an VIII (1800), in-8.

> Molière est un des personnages de cette comédie, qui a été réimprimée à la suite d'une nouvelle édition des *Lettres de Ninon de Lenclos au marquis de Sévigné*, recueil apocryphe attribué à L. Damours (*Paris, Capelle et Renaud,* 1800, 3 vol. in-18).

1254. MOLIÈRE CHEZ NINON, OU LA LECTURE DU TARTUFFE, comédie, en vers, en un acte, par Chazet et Dubois, représentée au théâtre Louvois, le 17 brumaire an XI (8 octobre 1802). *Paris, Girard,* 1802, in-8 de 38 pp.

1255. NINON, MOLIÈRE ET TARTUFFE, comédie, en un acte et en vers, par Henri Simon, représentée sur le théâtre du Vaudeville le 26 avril 1815. *Paris, Barba,* 1815, in-8 de 36 pp.

1256. MOLIÈRE ET SON TARTUFFE, étude en trois époques, en vers, par F. Alphonse (Dercy). *Paris, Ledoyen,* 1839, in-8 de 87 pp.

1257. UN TRAIT DE MOLIÈRE, PROLOGUE DU TARTUFFE, en vers, pour la représentation donnée au bénéfice de la famille B., en mai 1821, sur le théâtre de la rue Chantereine, par Eugène de Pradel. *Paris, Ladvocat,* 1821, in-8 de 16 pp.

1258. Racine chez Corneille, ou la Lecture de Psyché, comédie, en vers, en un acte, représentée pour la première fois à Rouen, sur le théâtre des Arts, le 29 juin 1825, par Brulebœuf-Letournan. *Paris, Delaforest,* 1825, in-8 de 52 pp.

Molière est un des personnages de cette comédie.

1259. L'Original de Pourceaugnac, ou Molière et les médecins, comédie, en un acte, mêlée de vaudevilles, par Dumersan, représentée sur le théâtre du Vaudeville, le jeudi gras, 22 février 1816. *Paris, Barba,* 1816, in-8 de 32 pp.

1260. Le Voyage de Chambord, ou la Veille de la première représentation du Bourgeois gentilhomme, comédie, en un acte, mêlée de vaudevilles, par Desfontaines et Henri Dupin, représentée pour la première fois sur le théâtre du Vaudeville le 11 juillet 1808. *Paris, Fages,* 1808, in-8 de 40 pp.

1261. Molière a Chambord, comédie, en vers, en quatre actes, par Auguste Desportes, représentée au théâtre de l'Odéon le 15 janvier 1843. *Paris, Tresse,* 1843, gr. in-8 de 96 pp.

1262. Le Souper de Molière, ou la Soirée d'Auteuil, fait historique, en un acte, par Cadet-Gassicourt, représenté au théâtre du Vaudeville le 4 pluviôse an III (23 janvier 1795). *Paris, imprim. des Droits de l'homme,* floréal an III, in-8 de 50 pp.

1263. Molière avec ses amis, ou le Souper d'Auteuil, comédie historique, en deux actes, en prose et en vaudevilles, par A.-F. Rigault et J.-A. Jacquelin, représentée le 28 janvier 1801 sur le théâtre des Jeunes Artistes. *Paris, Fages,* an IX (1801), in-8 de 36 pp.

Cette pièce fut reprise le 5 août 1806 au théâtre Montansier, et réimprimée, en 1807, sous ce titre réduit : *Molière, ou le Souper d'Auteuil.*

1264. MOLIÈRE AVEC SES AMIS, OU LA SOIRÉE D'AUTEUIL, comédie en un acte, par Andrieux, de l'Institut national, représentée au Théâtre-Français le 16 messidor an XII (5 juillet 1804). *Paris, Mme Masson,* 1804, in-8 de 48 pp.

> Cette comédie se trouve aussi dans les deux éditions in-8 et in-18 des Œuvres de l'auteur.

1265. MOLIÈRE AVEC SES AMIS, OU LA SOIRÉE D'AUTEUIL, comédie, arrangée pour un divertissement de jeunes gens, au Collége de Cambrai. *Cambrai, Hurez,* an XIII (1805), in-12.

> C'est la comédie d'Andrieux, arrangée par Alteyrac, professeur au Collége de Cambrai.

1266. LA MAISON DE MOLIÈRE, comédie, en un acte, par Paul Bellet, admise au Théâtre-Français, et lue devant le comité de lecture le 11 novembre 1869. *Toulouse, imprim. Pradel et Ce,* 1872, in-8 de 39 pp.

1267. LA FILLE DE MOLIÈRE, comédie en un acte, en vers, par Édouard Fournier. *Paris, Dentu,* 1863, gr. in-18 de 56 pp.

> Cette comédie a été représentée, sur le théâtre de l'Odéon, le 15 janvier 1863, pour l'anniversaire de la naissance de Molière.

1268. LA MORT DE MOLIÈRE, pièce en vers, en trois actes (par le chevalier de Cubières), reçue à la Comédie-Française le 31 janvier 1788. *Londres et Paris, Knapen et Bailly,* 1788, in-8.

> Cette pièce fut représentée depuis au Théâtre-Français le 19 novembre 1789.

1269. LA MORT DE MOLIÈRE, pièce historique, en vers, en quatre actes, par C. (Cubières) Palmezeaux, représentée au théâtre des Jeunes Élèves le 29 pluviôse an X (18 février 1802). *Paris, Hugelet,* an X (1802), in-8 de 70 pp.

> C'est la pièce précédente, sous le même titre, avec un quatrième acte qui est l'Apothéose de Molière.

Cette pièce a été réimprimée, avec des corrections, dans le t. III des *Œuvres dramatiques* de l'auteur (*Paris, Mme Desmarets,* 1810, 4 vol. in-18).

1270. La Mort de Molière, drame en trois actes et en prose, par Dumersan, représenté sur le théâtre de l'Odéon le 18 février 1830, pour l'anniversaire de la mort de Molière. *Paris, Barba,* 1830, in-8 de 53 pp.

1271. La Mort de Molière, drame en quatre actes (et six tableaux) et en vers, par Pinchon. *Paris, Tresse,* 1873, gr. in-8 de 79 pp.

Représentée, pour la première fois, le 15 mai 1873, au Théâtre-Italien, à l'occasion du Jubilé organisé, pour le deuxième centenaire de la mort de Molière, par H. Ballande, fondateur des *Matinées littéraires.* L'auteur a intercalé dans son drame le 4ᵉ acte et la cérémonie du *Malade imaginaire.*

XXVIII

PIÈCES DE THÉATRE EN L'HONNEUR DE MOLIÈRE

ET DE SES OUVRAGES.

(Rangées par ordre chronologique.)

1272. Molière, comédien aux Champs-Élysées, nouvelle historique, allégorique et comique (par l'abbé Bordelon). *Lyon, Ant. Briasson,* 1694, in-12 de 143 pp.

Réimprimé plusieurs fois, notamment à *Amsterdam, Adrian Braakmaan* ou *Adrien Moetjens,* 1697, pet. in-12, fig.

La figure représente Molière habillé en Scapin, tenant à la main un papier qui porte ces mots : *la Lotterie de Scapin,* titre de la comédie en trois actes et en prose, qui compose cet ouvrage, publié sans aucune préface et livré ainsi aux conjectures du lecteur. On se demande, en effet, pourquoi cette comédie a été imprimée sous un titre trompeur, qui peut faire supposer qu'elle se rapporte à Molière, quoique Molière n'y soit pas même nommé. Le principal personnage est Scapin, qu'on regardait alors comme une incarnation du génie comique de Molière. L'abbé Bordelon, qui était fort jeune quand il fit paraître cet ouvrage, aura voulu faire croire que l'idée de sa comédie appartenait à l'auteur des *Fourberies de Scapin.*

1273. L'OMBRE DE MOLIÈRE, prologue, en un acte, en vers, de l'École du monde, dialogue en vers libres (par l'abbé de Voisenon), représenté sur le Théâtre-François le 14 octobre 1739. *Amsterdam,* 1739, in-12.

<small>Réimpr., avec la comédie suivante, dans le tome I des Œuvres complètes de l'auteur (*Paris, Moutard,* 1781, 6 vol. in-8).</small>

1274. LE RETOUR DE L'OMBRE DE MOLIÈRE, comédie critique, en vers, en un acte (par l'abbé de Voisenon), représentée pour la première fois par les Comédiens françois le 21 novembre 1739. *Paris, Prault,* 1739, in-12.

<small>Il y a une contrefaçon de *la Haye, Ant. van Dole,* 1740, in-12.
Réimpr. plusieurs fois, entre autres à *Paris, chez Chaubert,* 1740, in-8 de 32 pp., et dans les *Œuvres de théâtre de M**** (Voisenon). Paris, Duchesne, 1753, in-12.</small>

1275. L'ÉCOLIER DEVENU MAÎTRE, OU LE PÉDANT JOUÉ, comédie, en trois actes et en prose, composée pour essai du ridicule inventé par Molière et introduit par Goldoni sur les théâtres d'Italie. Représentée à Paris pour la première fois, le 6 novembre 1767, sur le théâtre de la Barrière du Temple et à la Foire Saint-Germain en 1768 (par F.-A. Quétant). *Paris, Cailleau,* 1760, in-8 de VIII et 80 pp.

1276. LA CENTENAIRE DE MOLIÈRE, comédie, en vers et en prose, en un acte, par Artaud; suivie d'un divertissement relatif à l'Apothéose de Molière; représentée par les Comédiens françois, à Paris, le 18 février 1772, et à Versailles, devant Leurs Majestés, le 3 mars 1773. *Paris, veuve Duchesne,* 1773, in-8 de 69 pp.

<small>Bret, auteur du nouveau commentaire des Œuvres de Molière, qu'il devait publier incessamment, avait désiré que cette comédie fût imprimée dans le même format que son édition.</small>

1277. L'ASSEMBLÉE, comédie en vers, avec l'APOTHÉOSE DE MOLIÈRE, ballet héroïque, aussi en vers; représentée par les Comédiens françois le 17 février 1773, par l'abbé de Schosne, de l'Académie royale de Nismes et de la Société des sciences et belles-lettres d'Auxerre. *Paris, L. Cellot,* 1773, in-8 de 48 pp.

1278. L'Apothéose de Molière, ou l'Assemblée des acteurs de la Comédie de Bordeaux, comédie (en vers). *Bordeaux, veuve Calamy,* 1773, in-8 de 28 pp.

> C'est la pièce de *l'Assemblée,* par l'abbé Lebeau de Schosne, arrangée pour le théâtre de Bordeaux.

1279. L'Ombre de Colardeau aux Champs-Élysées, par l'auteur du *Théâtre de famille* (le chevalier du Coudray). *Paris, Lejay,* 1776, in-8 de 18 pp.

> L'Ombre de Molière figure parmi les interlocuteurs de cet intermède.

1280. L'Inauguration du Théatre-François, pièce en un acte et en vers, par Imbert; représentée pour la première fois au Théâtre-François, le 9 avril 1782. *Paris, Desenne,* 1872, in-8 de 32 pp.

> Le Génie de Molière figure, dans cette pièce, avec le Génie de Corneille.

1281. Les Séances de Melpomène et de Thalie a la rentrée de la Comédie-Françoise (par Carrière-Doisin), *Paris, Esprit,* 1779, in-8 de 42 pp.

> Cette comédie en 1 acte et en prose se trouve aussi dans le recueil de l'auteur, publié sous le pseudonyme de Croisier : *les Fables mises en action,* suivies de poésies fugitives (*Paris, De Senne,* 1785, 2 vol. in-8, fig.). Ce recueil a reparu, en 1787, avec un nouveau titre, portant l'initiale du nom de Carrière; l'année suivante, l'auteur a changé ce titre, de manière à faire croire que c'était un nouvel ouvrage : *Délassemens littéraires, ou les Soirées d'un Citoyen,* P. M. C.

1282. Molière a la nouvelle Salle, ou les Audiences de Thalie, comédie en vers, en un acte (par La Harpe), représentée sur le nouveau théâtre du faubourg Saint-Germain, le 12 avril 1782 ; par une Société de gens de lettres. *Paris, Lambert et Baudoin,* 1782, in-8 de xviii et 58 pp.

> La Préface (*car il en faut toujours une*) est une explication plaisante de ces mots : *Par une Société de gens de lettres,* sous le nom desquels l'auteur a caché sa personnalité.
>
> « Il existe, dans la bibliothèque de M. Francisque jeune (achetée depuis par la Société des Auteurs dramatiques), un exemplaire de

cette pièce avec de considérables changements, additions et corrections manuscrites faites sous l'Empire. Nous ne pensons pas que ce travail ait paru sur la scène. » (*Note de M. Maherault.*)

1283. LE TEMPLE DE THALIE, prologue, en vers, de *la Journée amusante ou les Trois comédies*.

Nous ignorons l'auteur de ce Prologue, qui remplit les pages 157-181 d'un recueil, imprimé vers 1788, que nous n'avons pu découvrir, ces pages étant le seul fragment qui ait passé sous nos yeux. L'auteur inconnu dudit volume nous apprend seulement, dans sa Préface, que ces trois comédies lui ont été communiquées manuscrites et qu'il les publie, après y avoir fait quelques changements nécessaires. Dans le Prologue, figurent l'Ombre de Térence et l'Ombre de Molière.

1284. HOMMAGE DU PETIT VAUDEVILLE, AU GRAND RACINE, vaudeville en 1 acte, par Coupigny, Barré, Piis, Radet et Desfontaines; représenté pour la première fois sur le théâtre du Vaudeville, le 2 prairial an VI (22 mai 1798), jour séculaire de la mort de Racine. *Paris, Pougens,* an VI, in-8 de 46 pp.

Molière est un des personnages de ce vaudeville, où figure aussi sa servante Laforêt.

Réimprimé, avec des changements, dans les *Dernières romances* de A.-F. de Coupigny (Paris, Delaunay, 1835, in-18, pp. 97-143).

1285. A BAS MOLIÈRE ! comédie en 1 acte mêlée de vaudevilles, par MM. (Chazet,) Merle et Desessarts, représentée sur le théâtre des Variétés le 21 août 1809. *Paris, Barba,* 1809, in-8 de 48 pp.

1286. SCÈNE, AJOUTÉE AU *Boulevard Bonne-Nouvelle,* POUR L'ANNIVERSAIRE DE MOLIÈRE, représentée sur le théâtre du Gymnase dramatique le 15 janvier 1821 (par Moreau). *Paris, Fages,* 1821, in-8 de 8 pp.

Le *Boulevard Bonne-Nouvelle* est un vaudeville de Scribe, Moreau et Mélesville, lequel avait été fait pour l'inauguration du *Gymnase dramatique,* qui eut lieu le 23 décembre 1820.

1287. MOLIÈRE, comédie épisodique, en vers, en un acte (par François Dercy), représentée sur le Théâtre-Français le 15 janvier 1828, anniversaire de la naissance de Molière. *Paris,* 1828, in-8 de VII et 48 pp.

<small>Molière ne figure pas au nombre des personnages de cette petite comédie, dédiée à Mlle Mars.</small>

1288. L'Anniversaire de la naissance de Molière, à-propos, en un acte et en vers, par Viollet d'Épagny, représenté sur le Théâtre-Français le 16 janvier 1832.

<small>Cette comédie est imprimée dans le *Courrier des Théâtres,* de Charles Maurice, n^{os} des 17, 18, 19, 20 et 21 janvier 1832.</small>

1289. Molière au XIXe siècle, comédie en un acte et en vers, par Ferdinand de la Boullaye (théâtre royal de l'Odéon, le 21 janvier 1844). *Paris, Marchant,* 1844, in-8 de 12 pp. (*Magasin théâtral.*)

<small>Molière ne figure pas parmi les personnages de la pièce.</small>

1290. A propos de la naissance de Molière, trois scènes, en vers, par d'Épagny, représentées sur le théâtre de l'Odéon le 15 janvier 1842. *Paris, Breteau et Pichery,* s. d. (1842), in-8 de 8 pp.

1291. Le Quinze Janvier, ou Comédiens et parrains, comédie, en un acte et en vers, par Méry, représentée sur le théâtre de l'Odéon le 15 janvier 1847, pour l'anniversaire de la naissance de Molière. *Paris, Gabriel Roux,* 1847, in-8 de 16 pp.

1292. L'Ombre de Molière, intermède, par P.-J. Barbier. *Paris, Furne,* 1847, in-8 de 36 pp.

<small>Représenté au Théâtre-Français, le 15 janvier 1847.</small>

1293. Le Roi attend! prologue (en prose), représenté sur le théâtre de la République le 6 avril 1848.

<small>Ce Prologue, dans lequel figurent Molière et sa troupe, n'a été imprimé que longtemps après la représentation, dans le *Théâtre complet* de George Sand, première série, p. 125-142.

Voy. des détails sur ce Prologue et sur le drame de *Molière,* dans la biographie de Mme G. Sand, qui fait partie des Médaillons des gloires artistiques du XIXe siècle, par Victor Moulin (publiés dans le journal de théâtre, *le Foyer,* en 1859).</small>

1294. LE SONGE DE MOLIÈRE, épisode, par Hippolyte Minier. *Bordeaux, Feret,* 1857, in-16 de 16 pp.

<small>Représenté sur le Théâtre-Français de Bordeaux, le 21 mai 1857.</small>

1295. LE QUINZE JANVIER, à-propos pour l'anniversaire de la naissance de Molière, par Henri de Bornier. *Paris, Masgana,* 1860, in-12 de 23 pp.

<small>Cette comédie a été représentée sur le Théâtre-Français, le 15 janvier 1860.</small>

1296. LA FÊTE DE MOLIÈRE, comédie en un acte, en vers, à-propos pour l'anniversaire de Molière, par Alexis Martin. *Paris, Michel Lévy,* 1860, in-18 de 36 pp.

<small>Représentée sur le théâtre de l'Odéon, le 15 janvier 1860.
Cette comédie a été réimprimée, la même année, dans la *Bibliothèque dramatique,* qui paraissait par livraisons chez Michel Lévy.</small>

1297. LA FÊTE DE MOLIÈRE, comédie à-propos, en un acte, par Adolphe Carcassonne. *Marseille, imprim. Balatier-Feissat et Demonchy,* 1865, in-8 de 66 pp.

<small>Représentée, sur le théâtre du Gymnase, de Marseille, le 15 janvier 1863.</small>

1298. LE COMPLIMENT A MOLIÈRE, à-propos, en un acte, en vers, par Albert Glatigny. *Paris, Alph. Lemerre,* 1872, in-16 de 14 pp.

<small>Représenté, le 15 janvier 1872, sur le théâtre de l'Odéon.</small>

1299. MASCARILLE, à-propos, en vers, pour l'anniversaire de Molière (par Jean Aicard); dit à la Comédie-Française, par Coquelin aîné, le 15 janvier 1873. *Paris, Alph. Lemerre,* 1873, in-16 de 14 pp.

1300. LES COMÉDIENS ERRANTS, à-propos, en un acte, en vers, représenté sur le théâtre national de l'Odéon, le 15 janvier 1873, pour l'anniversaire de Molière; par Paul Arène et Valery Vernier. *Paris, A. Lemerre,* 1873, in 16 de 23 pp.

<small>Molière ne figure pas dans cette pièce, où il est question de lui et de sa troupe nomade, à l'époque où il allait, de ville en ville, donner des représentations, qui le firent appeler à Paris, par ordre du roi, en 1658.</small>

XXIX

PIÈCES DE POÉSIE EN L'HONNEUR DE MOLIÈRE.

(Classées par genre.)

1301. Portrait de Molière, par Van Effen, docteur en droit.

Cette épître en vers avait paru d'abord dans une feuille littéraire, publiée en Hollande sous le titre du *Misantrope,* qui offrait de fréquentes allusions à la comédie de Molière. On la trouve, dans le tome II, p. 111, de la réimpression de cette feuille périodique (*Amsterdam, Herman Uytwere,* 1742, 2 vol. in-12).

1302. Épitre a Molière, par le chevalier de Cubières.

Imprimé à la fin de la seconde édition anonyme de son *Éloge de Voltaire, suivi de poésies diverses* (La Haye et Paris, Gueffier, 1783, in-8 de 80 pp.) et dans plusieurs éditions de ses Poésies.

1303. Épitre a Molière, par L. Valmalette.

Cette Épître se trouve à la p. 36 du tome VII des *Quatre Saisons du Parnasse,* recueillies par Fayolle, seconde année, Automne, 1806 (Paris, Mondelet), in-12, fig.

1304. Épitre a Molière, pièce couronnée par la Société philotechnique, dans sa séance du 30 octobre 1814; par T. Gallois-Mailly. *Paris, Mame frères,* 1814, in-8 de 15 pp.

1305. Épitre a Molière, par M. P. F. M. Ursin. *Paris, Dentu,* 1817, in-8 de 16 pp.

1306. Épitre a Molière, par M. A. N*** (Naudet). *Paris, Chaumerot jeune,* 1818, in-8 de 24 pp.

Cette Épître est suivie de cinq pages de notes historiques.

1307. Épitre a Molière, à l'occasion du Monument qu'on lui élève, par Horace B. Montferrand (c'est-à-dire Adolphe de Chesnel). *Paris, Gosselin,* 1838, in-8 de 16 pp.

1308. Épitre a Molière, qui a obtenu, au jugement de l'Académie française, une médaille d'or, dans le concours de poésie de 1843 ; par A. Bignan. *Paris, Saint-Jorre,* 1843, in-8 de 15 pp.

1309. ÉPITRES DIVERSES sur des sujets différents (par le baron de Baar), seconde édition. *Londres, Phil. Changuion,* 1740, 2 vol. in-12.

<small>Les cinq premières épîtres sont adressées : I. à *Alceste*, le Misanthrope ; II. à *Tartuffe* ; III. à *Jourdain* ; IV. à *Sganarelle*, médecin malgré lui ; V. à *George Dandin*.

Le baron de Baar, auteur de ce recueil satirique, en a donné, en 1750-1755, une troisième édition très-augmentée et formant 2 volumes in-8 (*Londres et Amsterdam*), laquelle contient de plus les épîtres suivantes : I. à *Marphurius* ; II. à *Thomas Diafoirus* ; III. à *Harpagon* ; IX. à *Caritidès* ; X. à *M. de Pourceaugnac* ; XI. à *Armande* ; XII. à *Trissotin*.

Le nom de Molière a porté bonheur à ces Épîtres, qui ont eu encore une nouvelle édition (*Francfort et Leipzick,* 1763, 2 vol. in-12).</small>

1310. PORTRAIT DE NOS AUTEURS COMIQUES, ADRESSÉ A MOLIÈRE, épître en vers, par Cubières.

<small>Cette épître se trouve dans les *Veillées des Muses,* rédigées par les CC. Arnault, Laya, Deguerle, Legouvé et Vigée. Troisième année, n° XI (*Paris, impr. Demonville,* an IX, in-12, p. 122).</small>

1311. ÉPÎTRE AU FAUTEUIL DE MOLIÈRE (en vers de huit syllabes, par Eugène Yvert). *Paris, Trouvé,* 1829, in-8 de 4 pp.

1312. LE BON SENS, épître à un jeune poëte dramatique (Éloge de Molière), par Tremolières.

<small>Cette épître est imprimée dans le recueil intitulé : *Académie des sciences, arts et belles-lettres de Besançon,* n° du 28 janvier 1829, in-8 de 196 pp.</small>

1313. ÉLOGE DE MOLIÈRE, en vers, avec des notes curieuses, par le petit cousin de Rabelais (d'Aquin de Château-Lyon). *Londres, et se trouve à Paris, chez les Marchands de Nouveautés,* 1775, in-8 de 44 pp. et 1 feuillet non chiffré.

1314. ÉLOGE DE MOLIÈRE, par M*** (Nouguier), auteur de la Nouvelle École des maris et de celle des Femmes.

Cet Éloge, imprimé à la suite de sa *Dissertation morale et critique sur l'Esprit,* est une épître en vers, adressée au Roi le 1er mai 1843, jour de l'inauguration du Monument de Molière et de l'ouverture des Chemins de fer d'Orléans et de Rouen (*Rouen, Tresse,* 1843, in-8 de 24 pp.).

« L'auteur, qui se trompe étrangement sur l'inauguration du Monument de Molière, prévient son lecteur, par une note, que son *Epitre* a concouru pour le prix de poésie. — Sa *Nouvelle École* n'a de commun, avec celle de Molière, que le titre. » (*Note de M. Taschereau*).

1315. Éloge de Molière (en vers), par Abel Sallé ; lu au théâtre de La Flèche, par Laffely, pour le 243e anniversaire de sa naissance. *La Flèche, imprim. Jourdain,* 1863, in-16 de 7 pp.

1316. Molière a Lyon, discours en vers, par Florimond Levol, prononcé sur le Grand-Théâtre de Lyon, le 15 janvier 1844, jour de l'inauguration de la statue de Molière à Paris et 222e anniversaire de sa naissance. *Lyon, imprim. de Boitel,* 1844, in-8 de 16 pp.

1317. Discours en vers de M. Samson, sociétaire de la Comédie-Française, prononcé par lui le 15 janvier 1845, pour le 223e anniversaire de la naissance de Molière, *Paris, imprim. de H. Fournier,* 1845, gr. in-8 de 10 pp.

Il y a une autre édition autographiée, in-fol. d'une demi-feuille à 2 colonnes, sans date et sans nom d'imprimeur.

1318. Discours pour l'anniversaire de la naissance de Molière (en vers), par Philippe Musée. *Strasbourg, imprim. Christophe,* 1860, in-8 de 2 pp.

1319. Les Comédiens devant la Légion d'honneur (discours en vers), par Eugène Moreau, membre du comité de l'Association de secours mutuels entre les artistes dramatiques. Banquet-Molière, 16 janvier 1863. *Paris, imprim. J. Juteau,* in-8 de 4 pp.

1320. Poinsinet et Molière, dialogue (en vers libres), dédié à Monsieur Piron (par Imbert). *Londres* (*Paris*), 1770, in-8 de 31 pp.

1321. MOLIÈRE ET LES DEUX THALIES, dialogue en vers, par Aymé Le Roy, avocat. *Paris, Pillet,* 1816, in-8 de 16 pp.

1322. LES PROGRÈS DE LA COMÉDIE SOUS LE RÈGNE DE LOUIS XIV, poëme de M. Linant, qui a remporté le prix de l'Académie françoise. *Paris, Prault fils,* 1744, in-4.

<small>Ce poëme est tout entier en l'honneur de Molière.</small>

1323. MOLIÈRE, poëme par Louis Ulbach.

<small>Ce poëme lyrique fait partie du recueil de poésies de l'auteur, intitulé : *Gloriana* (Paris, W. Coquebert, 1844, in-8, pp. 125-149).</small>

1324. Anecdotes dramatiques. I. MOLIÈRE ET BENSERADE (poëme en vers), par Langlois Fréville. *Paris, Masgana,* 1859, in-4 de 8 pp. à 2 col., avec grav. de Léopold Flameng.

1325. NE PRENEZ JAMAIS MÉDECINE, OU LA MORT DE MOLIÈRE, poëme héroï-comi-véritico (par Delahodde?). *Boulogne, imprim. Delahodde,* 1860, in-8 de 16 pp.

1326. MOLIÈRE, poëme, par Philoxène Boyer.

<small>Ce poëme est imprimé dans son recueil de poésies, intitulé : *les Deux Saisons* (Paris, Lemerre, 1867, in-18, pp. 98-108).</small>

1327. L'OMBRE DE MOLIÈRE, poëme, lu, à Grenoble, à la 24ᵉ session du Congrès scientifique de France, par A. Philibert Soupé. *Grenoble, imprim. Allier,* s. d. (1857), gr. in-8 de 16 pp.

1328. HOMMAGE A MOLIÈRE, vers jetés sur le Théâtre de Strasbourg, par René Tredos, membre de la Société des sciences, arts et agriculture du département du Bas-Rhin.

<small>Cette pièce de vers se trouve à la p. 287 des *Loisirs poétiques* de l'auteur (Paris, A. Dupont, 1828, in-12).</small>

1329. A MOLIÈRE (en vers, par E. de Manne). *Paris, imprim. de Lacrampe,* 1844, in-8 de 4 pp.

1330. MOLIÈRE ET LOUIS XIV, à la Fête de bienfaisance, donnée le 25 avril 1846, sur le Grand-Théâtre de Lyon, par l'Association des artistes peintres, sculpteurs, architectes et graveurs, au profit de la caisse de secours.

<small>Cette pièce de vers, par Émile Deschamps, est imprimée, pp. 23-32, dans sa brochure intitulée : *De l'Influence de l'esprit français sur l'Europe depuis deux siècles; de l'état des arts en France et de la position des artistes* (Paris, Amyot, 1846, gr. in-8 de 32 pp.).</small>

1331. Molière, pièce de vers faisant partie de la Tombola tirée à la Fête donnée au Grand-Théâtre de Lyon, au profit de l'Association des artistes peintres, par Boissat de la Verrière, artiste au Grand-Théâtre de Lyon.

<small>Voy. cette pièce de vers, dans le Programme de la Fête (*Lyon, Léon Boitel,* 1846, in-8 de 64 pp.).</small>

1332. Les Muses de Molière, par Philoxène Boyer. Représentation du 15 janvier 1856 au Théâtre-Français.

<small>Cette pièce de vers se trouve dans le recueil de poésies de l'auteur : *les Deux Saisons* (Paris, Lemerre, 1867, in-18), pp. 133-149.</small>

1333. A Molière, le 15 janvier, jour anniversaire de sa naissance, en vers, par le chevalier de Chatelain.

<small>Voy. cette pièce de vers, dans ses *Fables nouvelles,* 2ᵉ édition (Londres, Wittabeer, 1856, in-18).</small>

1334. Molière, par Adolphe Carcassonne.

<small>Cette pièce de vers, qui a été récitée au Théâtre-Français, avait paru dans le recueil intitulé : *Gouttes d'eau, rimes* (Marseille, impr. Balatier-Feyssat, 1869, in-8), p. 33.</small>

1335. A Molière, par Edmond Gondinet. *Paris, Michel Lévy,* 1871, in-18 de 8 pp.

<small>Vers dits à la Comédie-Française, le 15 janvier 1871, à l'occasion de l'anniversaire de la naissance de Molière.</small>

1336. A Molière, par Auguste Vacquerie.

<small>Cette pièce de vers, en strophes, se trouve dans le recueil de poésies de l'auteur, intitulé : *Mes premières années* (Paris, Michel Lévy, 1872, in-8).</small>

1337. Les Enfants de Molière a Dieppe (pièce de vers), par F.-P. Mériat. *Dieppe,* 1873, in-8 de 4 pp.

1338. A Molière, couplets qui ne devaient pas être chantés à l'inauguration de son Monument, par A. Baissey.

<small>Ces couplets sont imprimés dans la 14ᵉ livraison de *Paris chantant* (Paris, 1844, in-8 à 2 col.), p. 163.</small>

1339. A l'Ombre de Molière, chant national avec chœur, paroles d'Eugène Leveaux, musique de Mᵐᵉ Eugène Leveaux, née de Goubillon-Diancourt, auteur de la cantate nationale : *A l'Ame de Napoléon le Grand,* composée en 1840. *Imprim. Bertauts, Paris,* s. d., in-4 de 4 ff., avec un beau portrait de Molière, dans un ovale, lithographié par Barry.

1340. 15 janvier 1866. Banquet-Molière. Présidence de M. le baron Taylor. Toasts (en vers) de M. Eugène Moreau et A. Debellocq. *Paris, impr. Jules Juteau,* 1866, gr. in-8 de 8 pp.

<small>Le Banquet-Molière, en 1859, avait été aussi inauguré par des poésies qui ne furent publiées que dans les journaux, entre autres un Rondeau sur Molière, par Pierre Véron, et des vers, par Hugelmann.</small>

XXX

ÉCRITS EN PROSE ET EN VERS

RELATIFS AU MONUMENT DE MOLIÈRE.

1341. Lettre de M. Regnier, de la Comédie-Française, au Préfet de la Seine, et Réponse du Préfet, relativement à la construction de la Fontaine Molière.

<small>Ces deux lettres sont insérées dans le *Moniteur universel,* du 25 mars 1838, et suivies des noms des membres de la Commission chargée de diriger la souscription du Monument de Molière.
Voy. aussi, sur la part que Regnier a prise à la fondation du Monument de Molière, la notice de M. Georges d'Heylli, intitulée : *Regnier, sociétaire de la Comédie-Française* (1831-72), avec portrait à l'eau-forte (*Paris, librairie générale,* impr. Jouaust, 1872, in-18, p. 40 à 47).</small>

1342. Le Monument de Molière, par Émile de Géricourt.

Cet article, qui renferme plusieurs documents curieux relatifs à la centenaire de Molière, se trouve dans le tome VI du *Monde dramatique* (Paris, 1838, gr. in-8).

1343. Hommage (chanson intitulée : *Molière*) à MM. les membres de la Chambre des députés, par A.-J.-Q. Beuchot, bibliothécaire de la Chambre des députés, chargé de recevoir les souscriptions de MM. les députés au Monument pour Molière. *Paris, Paul Renouard*, 1838, in-8 de 7 pp.

La chanson sur Molière, publiée par Beuchot, avait été composée en 1797, dans une réunion qu'il ne désigne pas autrement.

1344. Rapport sur la Fontaine Molière, fait au Conseil municipal de Paris, dans sa séance du 21 juin 1839, au nom d'une Commission spéciale, par M. Boulay de la Meurthe. Lithographié, in-fol., fig.

1345. Du Monument de Molière, par Léon Gozlan.

Cet article est imprimé dans la *Revue de Paris*, 1838, tome LIV de la 2e série, p. 120.

1346. L'Origine du Monument de Molière, par Frédéric d'Hainaut.

Voy. cet article, dans le *Musée des familles*, année 1849, gr. in-8, de la p. 273 à 276.

1347. Rapport fait au nom de la Commission chargée d'examiner le projet de loi tendant à ouvrir au ministre de l'intérieur un crédit extraordinaire de 100,000 francs, pour concourir à l'Érection du Monument de Molière; par M. Vitet. *Paris, A. Henry*, février 1840, in-8.

Ce Rapport avait été présenté à la Chambre des députés, qui en adopta les conclusions.

1348. De la Comédie-Française depuis 1830, ou Résumé des événements survenus à ce théâtre depuis cette époque jusqu'en 1844, etc. Suivi d'un Discours prononcé par M. Samson, pour l'inauguration du Monument à Molière; par Eugène Laugier. *Paris, Tresse*, 1844, in-12.

1349. HISTOIRE DU MONUMENT ÉLEVÉ A MOLIÈRE (par Aimé-Martin). *Paris, Lefèvre,* 1845, in-8 de 19 pp.

Tiré à 70 exemplaires, dont 20 sur papier de Hollande.

1350. LE MONUMENT DE MOLIÈRE, critique, signée : A. D. L. F.

Cette critique de l'œuvre architecturale se trouve à la p. 25 du tome II du *Bulletin de l'Ami des Arts,* rédigé par A. de la Fizelière (Paris, Techener, 1844, gr. in-8).

1351. LA FONTAINE MOLIÈRE, par Saint-Martin.

Cette critique fantaisiste du Monument se trouve dans le tome XII de la *Revue indépendante,* 1844, pp. 250-58.

1352. DESCRIPTION EXACTE DE LA FONTAINE MOLIÈRE, élevée à l'angle des rues Richelieu et Traversière ; inscription placée sur la façade de la maison dans laquelle il est mort ; suivie d'une Notice historique sur Molière, sa naissance, sa vie, ses ouvrages, anecdotes curieuses et sa fin prématurée, honneurs rendus à sa mémoire cent ans après sa mort. *Paris, Chassaignon,* 1844, in-12 de 12 pp.

1353. DESCRIPTION DU MONUMENT DE MOLIÈRE; Explication des bas-reliefs, et Vie de ce grand écrivain. *Paris, Baudouin,* 1844, in-12 de 12 pp.

1354. NOTICE SUR LE MONUMENT ÉRIGÉ A PARIS, PAR SOUSCRIPTION, A LA GLOIRE DE MOLIÈRE; suivie de pièces justificatives et de la liste générale des souscripteurs. Publié par la Commission de la souscription. *Paris, Perrotin,* 1844, gr. in-8 de XXXIX et 92 pp., fig.

1355. LE MONUMENT DE MOLIÈRE, poëme, par Mme Louise Colet, précédé de l'histoire du Monument élevé à Molière, par Aimé-Martin, avec une vue du Monument, et suivi de la liste des souscripteurs. *Paris, Paulin,* 1843, gr. in-8 de 46 pp., fig.

La première édition de ce poëme, couronné par l'Académie française, a été imprimée, de format in-4, à l'Imprimerie royale, pour être distribuée dans la séance solennelle de l'Académie. Mme Colet a depuis fait entrer ce poëme dans un recueil intitulé : *Quatre poëmes couronnés par l'Académie française* (Paris, Librairie nouvelle, 1855, gr. in-32).

1356. Académie française : Concours de poésie française de 1843. LE MONUMENT DE MOLIÈRE, par Alfred Desessarts (*Paris, Lange-Lévy,* 1843), in-8 de 15 pp.

Cette pièce de vers avait obtenu un premier accessit et une médaille d'or, au concours de l'Académie française. Le *Salon littéraire* (3ᵉ année), dans son nº du 30 juillet 1843, publia d'abord une partie de la pièce.

Voy. ci-dessus, nº 1308, la pièce de Bignan, qui obtint le prix.

1357. LE MONUMENT DE MOLIÈRE, par Prosper Blanchemain, pièce mentionnée honorablement par l'Académie française au concours de poésie de 1843.

Publié dans les journaux du temps. Réimprimé dans les *Poëmes et poésies* de l'auteur (Paris, Masgana, 1845, in-12, pp. 43-52), puis dans les différentes éditions de ce recueil.

1358. POQUELIN A LA CENSURE, OU LE MONUMENT DE MOLIÈRE (en vers), par J. Lesguillon ; envoyé au concours de l'Académie, pour ne pas concourir. *Paris, Pinard* 1843, in-8 de 24 pp.

1359. LE MONUMENT DE MOLIÈRE, poëme, par Dumersan *Paris, imprim. Breton,* 1843, in-8 de 7 pp.

1360. LE MONUMENT DE MOLIÈRE, poëme (*Paris, imprim. Lacour,* s. d. [1843], gr. in-8) de 16 pp.

1361. L'APOTHÉOSE DE MOLIÈRE, poëme, par Charles Malo, lu en séance publique à l'Athénée des arts le 18 juin 1843. *Paris, Villet,* 1843, gr. in-8 de 15 pp.

Ce poëme, qui portait originairement le titre de *Monument de Molière,* avait été envoyé au concours de poésie ouvert par l'Académie française.

1362. COUPLETS CHANTÉS dans *la Fontaine de Molière,* à-propos-féerie en un acte, par Plaunet (théâtre des Jeunes Élèves, le 30 décembre 1843). *Paris, Bréauté,* 1844, in-32 de 8 pp.

1363. LE MONUMENT DE MOLIÈRE (en vers), par Arthur de Beauplan. *Paris, Breteau et Pichery,* 1843, in-8 de 8 pp.

1364. MONUMENT DE MOLIÈRE, poëme, par A. Dupré, principal du Collége de Saint-Calais. *Saint-Calais, Peltier-Voisin,* 1844, in-8 de 28 pp.

1365. L'APOTHÉOSE DE MOLIÈRE, pièce commémorative de l'inauguration du Monument de Molière (par Ch. Malo). *Paris, Baudouin,* 1844, in-8 de 4 pp.

1366. LE MONUMENT DE MOLIÈRE, poëme, accompagné de notes historiques, par Victor Barbier, typographe. *Paris, imprim. de Schneider,* 1846, in-12 de 24 pp.

1367. LE MONUMENT DE MOLIÈRE, par Delatouche.

Ce poëme se trouve dans un recueil de l'auteur, intitulé : *les Anniversaires, chants poétiques* (Paris, Havard, 1858, in-8).

XXXI

VARIÉTÉS ET MÉLANGES CONCERNANT MOLIÈRE

ET SES OUVRAGES.

1368. ENTRETIEN DE SCARRON ET DE MOLIÈRE. (Par Eustache Lenoble?) *Cologne, P. Marteau,* 1690, in-12.

1369. MOLIÈRE LE CRITIQUE ET MERCURE, AUX PRISES AVEC LES PHILOSOPHES (comédie en deux actes et en prose, avec une conclusion dialoguée, par Eustache Lenoble). *En Hollande,* sans nom de libraire, 1709, pet. in-8 de II ff. prélim. et 220 pp.

Les personnages sont Apollon, les Muses, Uranie, une des Muses, Mercure ami de Molière, Molière le critique, le Philosophe à Bib. C..., et Théophile, confident de Mercure et ami du Philosophe.

1370. Les Entretiens curieux de Tartuffe et de Rabelais, sur les Femmes, par le s^r de La Daillhere. *Cologne, P. Marteau*, s. d., pet. in-12 de 6 et 95 pp.

Réimpr. sous la rubrique de *Middelbourg*, 1688, in-12.

Il est fort peu question de Molière dans ces Entretiens, mais on ne saurait les passer sous silence, puisque son Tartuffe est un des deux interlocuteurs.

1371. Dialogue critique, dans les Champs-Élysées, entre Molière, Térence et Corneille.

Ce Dialogue est imprimé dans la 9e partie, pp. 54-67, des *Diversitez curieuses pour servir de récréation à l'esprit* (par l'abbé Bordelon). Suiv. la Copie de Paris, à Amsterdam, chez André de Hoogenhuysen, 1699, 12 part. en 7 vol. in-12.

1372. Dialogue entre Paracelse et Molière, par de Fontenelle.

Ce Dialogue se trouve dans les *Dialogues des morts*, de M. de Fontenelle (Paris, Michel Brunet, 1700, in-12), et par conséquent dans toutes les éditions des Œuvres de l'auteur.

1373. Entretien de Sixte-Quint et de Molière.

Cet Entretien se trouve dans les *Entretiens des Ombres aux Champs-Élysées*, ouvrage traduit de l'allemand par Valentin Jungerman (c'est-à-dire, composé par Bruzen de La Martinière), seconde édition (Amsterdam, Herman Uytwerf, 1723, 2 vol. pet. in-8, tome I, pp. 105-208).

1374. Dialogue entre Démocrite et Molière, par de La Dixmerie.

Ce Dialogue est imprimé dans le *Mercure de France*, avril 1763, pp. 55 et suiv.

1375. Rencontre de Molière avec Voltaire parmi les Ombres.

Ce curieux entretien se trouve, à la p. 254-58, dans l'ouvrage anonyme intitulé : *Voltaire parmi les Ombres* (Versoy et à Paris, Cl. Hérissant, 1775, in-12).

1376. Molière et un jeune homme, dialogue des morts, par Vauvenargues.

Ce dialogue a paru pour la première fois dans le *Supplément aux Œuvres complètes de Vauvenargues* (Paris, Belin, 1820, in-8), et depuis dans les Œuvres de l'auteur.

1377. MOLIÈRE ET MOLÉ AUX CHAMPS-ÉLYSÉES, suite du Dialogue intitulé : *Rencontre de Chameroy et de Molé*. *Paris, Bertrand-Pottier*, s. d., in-8.

« Ce dialogue, dit M. Taschereau, doit avoir été publié peu après le spirituel conte de *Saint Roch et saint Thomas*, que M. Andrieux composa à l'occasion de l'enterrement de mademoiselle Chameroy en l'an XI (1802). »

1378. OPINION DE BOURSAULT, SUR LES PIÈCES DE MOLIÈRE.

Voy. *Lettres nouvelles* de feu M. Boursault, nouvelle édition (Paris, Et. David, 1738, in-12, tome I, pp. 251 et 291). Boursault répond à une lettre de Raisin, qui avait osé soutenir que Molière ne faisait pas les vers mieux que l'auteur d'*Ésope à la cour*.

Voy. aussi dans les *Caractères* de La Bruyère son opinion sur Molière et sur la Comédie.

1379. ANECDOTES SUR LES PIÈCES DE MOLIÈRE.

Voy., aux titres de ces pièces, la *Bibliothèque des Théâtres*, contenant le catalogue des pièces et le temps de leurs représentations, avec des anecdotes sur la plupart des pièces contenues en ce recueil et sur la vie des auteurs, musiciens et acteurs (par Maupoint). *Paris, P. Prault*, 1733, in-8, front. grav.

1380. NOTICES SUR LES COMÉDIES DE MOLIÈRE.

Ces notices, renfermant beaucoup de dates précieuses, se trouvent dans les *Tablettes dramatiques*, contenant l'Abrégé de l'histoire du Théâtre-François, l'établissement des théâtres de Paris, un dictionnaire des pièces, etc., par le chevalier de Mouhy (*Paris, Sébast. Jorry*, 1752, pet. in-8).

1381. ANECDOTES SUR MOLIÈRE ET SES COMÉDIES.

Ces anecdotes sont réparties, par ordre alphabétique, au titre de chaque pièce, dans les *Anecdotes dramatiques*, par MM. D. L. P. et C. (de La Porte et Clément). *Paris, V⁰ Duchesne*, 1775, 3 vol. pet. in-8.

1382. NOTICE SUR MOLIÈRE ET ANALYSES DE SES COMÉDIES.

Cette Notice se trouve dans le tome III, et les analyses dans le cours des trois volumes du *Dictionnaire dramatique, contenant l'histoire des théâtres, les règles du genre dramatique, les observations des maîtres les plus célèbres*, etc., *avec les notices des meilleures pièces*, etc. (par l'abbé de La Porte et Chamfort). *Paris, Lacombe*, 1776, 3 vol. in-8.

1383. JUGEMENTS PORTÉS PAR VOLTAIRE SUR LES COMÉDIES DE MOLIÈRE.

Voy., dans la table générale des Œuvres de Voltaire, tous les endroits où il a parlé de Molière et de ses ouvrages ; mais nous avons voulu rappeler ici ces Jugements, qui font suite à la Vie de Molière et qui passent en revue chronologiquement les pièces du créateur de notre Théâtre comique, que Voltaire n'appréciait peut-être pas à sa valeur.

La Critique de ces Jugements, par Palissot, se trouve dans l'édition des Œuvres de Voltaire, que Palissot a publiée en les réduisant à 55 vol. in-8 et en les accompagnant de préfaces (*Paris, Stoupe et Servière,* 1792-1800). Elle a été recueillie dans un volume destiné à servir de supplément à toutes les éditions de cet illustre écrivain : *le Génie de Voltaire apprécié dans tous ses ouvrages* (Paris, Patris, 1806, in-12, p. 332 et suiv.).

1384. Correspondance du sieur Feulie, ancien acteur de la Comédie-Française, au rédacteur du *Journal des Théâtres,* sur les Comédies de Molière.

Voy. cette Correspondance critique, surtout la 1re et la 3e lettre, dans le *Journal des Théâtres ou le Nouveau Spectateur* (Paris, Esprit, 1777, in-8, tome I, pp. 145 et 200). L'auteur suppose qu'il a rencontré Molière et les autres grands poètes comiques, Plaute, Térence, Regnard, Dufresny, Dancourt, etc., dans un coin de l'Élysée, et que Molière y donnait son avis au sujet des représentations de la Comédie-Française. La troisième lettre concerne *le Tartuffe* et *les Fourberies de Scapin.* Dans la 8e lettre (tome II, de 1777), il est question d'*Amphitryon,* de *Pourceaugnac* et du *Festin de pierre.* La 9e lettre concerne encore cette dernière comédie.

La 9e lettre est suivie d'une lettre d'*adieu* au sieur Feulie, signée de Charnois, à qui nous attribuons cette Correspondance de l'autre monde.

1385. Réflexions sur les comédies de Molière et sur leur représentation, par l'abbé de La Tour.

Ces Réflexions sont dispersées dans différents chapitres du recueil anonyme, intitulé : *Réflexions morales, politiques, historiques et littéraires sur le Théâtre* (Avignon, Marc Chaves, 1776-77, 9 vol. in-12), recueil qui fait partie des Œuvres complètes de l'auteur.

Voy. aussi des réflexions sur la poésie et les œuvres de Molière, par l'abbé Du Bos, secrétaire perpétuel de l'Académie française, dans ses *Réflexions critiques sur la poésie et sur la peinture,* 4e édit revue, corrigée et augmentée par l'auteur (*Paris, P.-J. Mariette* 1740, 3 vol. in-12).

1386. Molière, par Vauvenargues.

Voy. les *Réflexions critiques sur quelques poëtes,* qui font partie des Œuvres de Vauvenargues.

1387. Molière, par l'abbé Voisenon.

Ce n'est qu'une page, mais excellente, dans les Anecdotes littéraires, historiques et critiques, qui font partie des Œuvres complètes de l'auteur (*Paris, Moutard,* 1781, 5 vol. in-8).

Voy. aussi l'article Molière, dans la *Nouvelle Bibliothèque d'un homme de goût,* entièrement refondue, corrigée et augmentée, par A.-A. Barbier et M. L.-M. Desessarts (*Paris, Arthus Bertrand,* 1817, 5 vol. in-8, tome II, pp. 67 et 70).

1388. Molière (Jean-Baptiste Poquelin de), par Palissot de Montenoy.

Cette notice littéraire figure dans ses *Mémoires pour servir à l'histoire de notre littérature depuis François Ier jusqu'à nos jours* (Paris, 1771, 2 vol. in-8), réimprimés avec beaucoup de changements dans toutes les éditions des Œuvres complètes de l'auteur.

1389. Molière (Jean-Baptiste Poquelin), par l'abbé Sabatier de Castres.

Voy. cette notice littéraire, à son rang alphabétique, dans l'ouvrage anonyme, tant de fois réimprimé : *les Trois Siècles de la littérature françoise, ou Tableau de nos Écrivains depuis François Ier* (Paris, Gueffier, 1772, 3 vol. in-8). Nous devons croire que cet article a subi différentes modifications dans les éditions successives des *Trois Siècles,* quoique l'auteur se soit appliqué surtout à remanier les articles consacrés aux auteurs vivants.

1390. Molière, par l'abbé Ch. Batteux.

Cette appréciation du génie de Molière se trouve, à la p. 364 du tome IV de son *Cours de Belles-lettres* (Paris, 1750, 4 vol. in-12), dans l'histoire abrégée de la poésie dramatique.

1391. De Molière, par Sébastien Mercier.

C'est le chap. vii de son ouvrage anonyme : *Du Théâtre, ou Nouvel Essai sur l'Art dramatique* (Amsterdam, E. Van Harrevelt, 1773, in-8, pp. 86-93).

1392. Molière, par Sébastien Mercier.

C'est un des derniers chapitres de son *Tableau de Paris* (Amsterdam, 1788, 12 vol. in-8; tome XI, pp. 271-277).

1393. Molière et ses ouvrages.

Cet article, signé A. (de Feletz), qui avait paru dans le *Journal des Débats,* se trouve réimprimé dans le tome III, p. 391 et suiv., du *Spectateur français au XIXe siècle, ou Variétés morales, politiques et littéraires, recueillies de plusieurs recueils périodiques* (Paris, libr. de la Soc. typographique, 1804 et suiv., 12 vol. in-8).

1394. Molière, par Quentin Craufurd.

Cette Notice littéraire se trouve dans son ouvrage anonyme, retouché dans la seconde édition, par Gallois : *Essais sur la littérature française,* écrits pour l'usage d'une dame étrangère, compatriote de l'auteur (Paris, Stoupe, 1803, 2 vol. in-4). Dans la seconde édition (*Ibid., impr. de Gratiot,* 1815, 3 vol. in-8), l'article Molière se trouve au tome II, pp. 172-184.

1395. Molière, par Lome Satgé Bordes.

C'est un des chapitres de son ouvrage intitulé : *Jugements sur les meilleurs Écrivains anciens et modernes, ou Mémoires littéraires* (Paris, Delaunay, 1812, in-12, pp. 176-82).

1396. Molière, par P. Hennequin.

Cette Notice littéraire se trouve dans le t. III, pp. 134-62, de son *Cours de littérature ancienne et moderne,* contenant un traité complet de poétique..... et au-delà de 700 notices sur les poëtes les plus célèbres de tous les temps et de toutes les nations (*Moscou, typ. de Semen,* 1821-22, 4 vol. gr. in-8).

1397. Molière, par Ach. Rousseau, de Saumur.

Cette notice littéraire se trouve en tête de la série des *Grands hommes,* dans *la France nouvelle*, recueil de vers et de prose, par Ach. Rousseau (*Paris, Delaunay,* 1830, 2 vol. in-18), tome I, p. 41 à 50).

1398. Molière, par C.-A. Sainte-Beuve.

Cet excellent morceau de critique, daté de janvier 1835, a été recueilli dans les *Portraits littéraires* (Paris, Didier, 1854, in-12). Il convient de le compléter par l'étude très-détaillée sur Molière, considéré comme moraliste, étude que l'auteur a placée dans son *Port-Royal* (Paris, Hachette, 1860, in-12, tome III, pp. 195-244).

1399. Molière, par Hippolyte Lucas.

Ce jugement littéraire sur le génie de Molière et sur ses principales comédies, a été publié dans la *Nouvelle Minerve,* revue politique et littéraire, tome X (Paris, 1837, gr. in-8, p. 255 et suiv.). Plus tard, l'auteur a réimprimé son ouvrage, sous la forme d'Éloge, dans *le Foyer du Théâtre français.* Voy. plus haut, n° 1138.

1400. Le Génie de Molière (en anglais), par Isaac d'Israeli.

Cette notice figure dans l'ouvrage de l'auteur : *Miscellanies of litterature* (Paris, Galignani, 1842, 2 vol. in-8, tome II, pp. 279-93).

Nous supposons que c'est le même morceau, *The Genius of Moliere,* qui avait paru, avec la signature d'*Atticus,* dans le *New Monthly Magazine* (London, 1833, tome XXXVII, pp. 429-440).

1401. MOLIÈRE, par Lefebvre-Charouceuil.

Ce morceau de critique se trouve dans le 1er volume, pp. 201-209, de la *Révolution littéraire, revue parisienne,* 1851, gr. in-8.

1402. MOLIÈRE, par Regnier, de la Comédie-Française.

Voy. cet article dans le n° 3 de *l'Ami de la Maison,* revue hebdomadaire *(Paris, Paulin,* 1856, in-4).

1403. DÉTAILS SUR MOLIÈRE, par L. Viardot.

Voy. ces détails, p. 366 et suiv., dans les *Études sur l'histoire des institutions, de la littérature, du Théâtre et des Beaux-Arts, en Espagne* (Paris, Paulin, 1835, in-8). M. Viardot a recherché quels emprunts Molière a pu faire à la littérature espagnole.

1404. DÉTAILS SUR MOLIÈRE, son théâtre et sa troupe.

Voy. ces détails dans le tome I et unique de l'*Histoire du Théâtre en France,* par Ed. Foucaud *(Paris, impr. de Prevost, à Saint-Denis,* 1845, gr. in-8, avec portraits), laquelle devait se composer de trois volumes paraissant par livraisons.

1405. RÉPERTOIRE DES COMÉDIES DE MOLIÈRE, en 1752.

Voy. ce qui concerne les pièces de Molière (22 étaient au repertoire et se jouaient alors), dans le *Répertoire de toutes les pièces jouées au Théâtre-François,* avec la date, le nombre des représentations et les noms des auteurs, par le chevalier de Mouhy *(Paris, Vᵉ Pissot,* 1753, 2 part. in-12).

1406. RÉPERTOIRE DES COMÉDIES DE MOLIÈRE, avec la distribution des rôles à la Comédie-Française, en 1775.

Voy. ces détails dans le *Catalogue de pièces choisies du Répertoire de la Comédie-Françoise, mis en ordre alphabétique, avec les personnonnages de chaque pièce et le nombre des lignes ou vers de chaque rôle,* etc. (par Laporte, secrétaire de la Comédie-Française). Paris, Simon, 1775, in-8. On voit qu'à cette époque toutes les pièces de Molière étaient restées au répertoire et se représentaient de temps à autre.

Voy. aussi, pour les comédies de Molière, qui se jouaient en province, vers 1815, le *Répertoire du Théâtre-Français, ou Détails sur 360 tragédies et comédies* (par J.-B. Colson, régisseur du théâtre de Bordeaux). *Bordeaux, Foulquier,* s. d., 3 vol. in-8.

1407. QUE SAIT-ON SUR LA VIE DE MOLIÈRE? par le baron Walckenaer.

Voy. cette érudite dissertation, dans le tome V, p. 367, des *Mémoires touchant la vie et les écrits de Mᵐᵉ de Sévigné* (Paris,

Firmin Didot, 1842-52, 5 vol. in-12). Le savant auteur de ces intéressants Mémoires n'a pas manqué d'y faire figurer Molière, notamment dans le tome II, chap. 14, 20, 21 ; dans le tome III, chap. 6, 12; dans le tome IV, chap. 4.

1408. Observations de M. H. de La Porte, au sujet de l'Histoire de la vie et des ouvrages de Molière, par Jules Taschereau.

Voy. ces critiques, dans le tome XXXII des *Annales de la littérature et des arts*, 1828, p. 228 et suiv.

1409. De Quelques Travaux récents sur Molière, par Emmanuel Desoer. *Paris (Liége, J. Desoer)*, 1863, in-18.

1410. État de la fortune de Molière, documents inédits.

Voy. ces documents, recueillis par M. Regnier, de la Comédie-Française, dans le *Magasin pittoresque*, livraison de septembre 1860.
M. Eudore Soulié, dans ses *Recherches sur Molière* (Paris, Hachette, 1863, in-8), a fourni des pièces justificatives aux renseignements que M. Regnier avait donnés sur la fortune de Molière.

1411. Droits d'auteur payés a Molière et a sa veuve.

Voy. ces détails intéressants, au commencement de l'ouvrage de M. Jules Bonnassies, intitulé : *les Auteurs dramatiques et la Comédie française, à Paris, aux XVIIe et XVIIIe siècles*, d'après des documents inédits extraits des Archives du Théâtre-Français (Paris, Léon Wilhem, 1874, in-18).

1412. Un Portrait de Molière, en costume de théâtre (par Regnier), avec portr. dessinés par Eustache Lorsay et gravé sur bois.

Cette notice a été publiée, en 1864, dans le tome XXXII du *Magasin pittoresque*; elle concerne le portrait de Molière, en pied, qui figure dans un ancien tableau peint, conservé au Théâtre-Français, et portant cette inscription : *Farceurs français et italiens depuis 60 ans, jusqu'en* 1670.

1413. Les Portraits de Molière, par Henri Lavoix, avec fig.

Cette savante dissertation iconographique, dont la première ébauche avait paru dans le *Moniteur universel*, a été publiée dans la *Gazette des Beaux-Arts*, 2e période, tome V, livraison de mars 1872, pp. 230 à 250.
Le travail si neuf et si intéressant de M. Lavoix a été repris et refait, mais à un autre point de vue, dans la préface de l'*Iconographie moliéresque*.

1414. ICONOGRAPHIE MOLIÉRESQUE, contenant la liste générale et complète des portraits de Molière et celle des suites de vignettes, publiées jusqu'aujourd'hui pour les OEuvres de Molière ; avec notes et commentaires, par le bibliophile Jacob (Paul Lacroix). *Nice, J. Gay et fils, éditeurs*, 1872, in-8 et in-12 de xx et 37 pp.; plus, 1 feuillet non chiffré.

> Tiré à 100 exempl. numérotés, 50 de format in-8, 50 de format elzevirien.
> Ce premier essai, bien incomplet et bien imparfait, doit être entièrement modifié dans une nouvelle édition, qui formera le complément de celle de la *Bibliographie moliéresque*.

1415. NOTICE CRITIQUE SUR LES PORTRAITS DE MOLIÈRE, par A. Vitu.

> M. Vitu, qui a recherché avec soin tous les portraits de Molière, et qui en possède une collection fort curieuse, qu'on a vue exposée au Théâtre-Italien, du 15 au 23 mai 1873, à l'occasion du Jubilé de Molière, avait présenté ses idées sur ces portraits, comparés entre eux, dans une conférence remarquable qu'il fit pendant les fêtes littéraires de ce Jubilé. Cette conférence n'a pas encore été publiée, mais M. Vitu en a donné lui-même un extrait, dans un article du *Figaro*, après la clôture du Jubilé.

1416. LA COMÉDIE DES PORTRAITS, OU LES PORTRAITS DE LA COMÉDIE, par lord Pilgrim (Arsène Houssaye).

> Cette piquante notice, relative à la collection de portraits d'auteurs, d'acteurs et d'actrices, que Soleirol avait formée avec tant de patience, et qui a été dispersée si malheureusement dans une vente publique, discute l'importance des portraits de Molière. Elle avait paru en feuilleton dans un journal, au moment de la vente de ces portraits, en 1863. Elle a été réimprimée dans *l'Artiste*, rédigé par M. Arsène Houssaye, 45e année, n° de novembre 1874, pp. 149 et suiv.

1417. UN PORTRAIT DE MOLIÈRE, EN BRETAGNE. Étude sur quelques comédiens, farceurs et bouffons français et italiens, au XVIIe siècle, par le baron de Wismes. *Nantes, impr. Vincent Forest et E. Grimaud*, s. d. (1874), in-8 de 81 pp.

> Cette notice, relative à un tableau, qui appartient à M. de la Pilorgerie et qui paraît être l'original de celui que possède la

Comédie-Française, avait d'abord été insérée dans la *Revue de Bretagne et de Vendée,* février et mars 1874. Le tableau, acheté en Bretagne, est conservé dans la maison de M. de la Pilorgerie, près de Châteaubriand.

1418. Lettre du bibliophile Jacob, sur les *Mémoires du comte de Modène,* attribués à Molière.

Cette Lettre, qui a paru dans le tome I du *Bulletin du bouquiniste,* 1857, p. 412, est réimprimée dans les *Énigmes et Découvertes bibliographiques* du bibliophile Jacob (Paris, A. Lainé, 1866, in-12), p. 23 et suiv.

1419. Notice sur des Tapisseries qu'on disait avoir appartenu a Molière, par Ludovic Lalanne.

Cette notice est imprimée dans le tome VII de la *Correspondance littéraire,* 1862-63, gr. in-8 à 2 col., pp. 95 et suiv.

1420. Tapisseries représentant les Amours de Gombaut et de Macée, par Gariel. *Grenoble, imprim. Allier,* 1863, in-8 de 16 pp., avec une planche.

Voy., sur le même objet, un feuilleton de M. Achille Jubinal, dans *l'Indépendance belge,* du 20 février 1863.

1421. Notice sur des Tapisseries représentant les Amours de Gombaut et de Macée, du Musée de Saint-Lô.

Voy. cette notice dans le *Catalogue général de l'Exposition universelle de* 1867 : *Histoire du travail et monuments historiques,* rédigé par M. Darcel (Paris, E. Dentu, 1867, gr. in-18, n° 3151, p. 228).

1422. La Bibliothèque de Molière, par P. L. Jacob, bibliophile.

Cette notice, imprimée pour la première fois dans les *Dissertations bibliographiques* de l'auteur (*Paris, J. Gay,* 1864, in-12), remplit les pp. 277 à 354 de ce recueil.

Ce sont des recherches fondées sur l'inventaire notarié des livres qui furent trouvés chez Molière, après son décès, en sa maison de Paris, et en sa maison d'Auteuil, inventaire découvert par M. Eudore Soulié dans les archives d'un notaire de Paris. Voy. *Recherches sur Molière et sur sa famille,* par Eud. Soulié (*Paris, L. Hachette,* 1863, in-8, pp. 269 et 284).

1423. Molière avocat, par Fournier des Ormes.

Voy. cette dissertation, dans le *Constitutionnel* du 30 juin 1852.

1424. MOLIÈRE ARTISTE ET AUTEUR DRAMATIQUE, à propos de *l'Avare*, par Eugène Le Monnier, professeur à l'Institut technique provincial de Florence et aux écoles communales de Prato. *Florence, impr. des successeurs Le Monnier*, 1874, in-8 de 20 pp.

1425. MOLIÈRE MORALISTE CONJUGAL, poëte de cour et poëte posthume, par Paul Foucher.

Cette piquante analyse du recueil des *Poésies diverses attribuées à Molière* (Paris, Lemerre, 1869, in-16) a été publiée dans le feuilleton du journal *la France*, et se trouve réimprimée dans les *Coulisses du Passé*, par Paul Foucher (Paris, Dentu, 1873, in-12, pp. 8-43).

1426. MOLIÈRE, ÉLÈVE DE GASSENDI, par F. Bouillier. *Lyon, imprim. de Léon Boitel*, 1852, in-8.

Extrait de la *Revue du Lyonnais*.

1427. MOLIÈRE EN VISITE, par René Delorme.

Cet article est inséré dans le *Musée universel*, revue illustrée hebdomadaire, 2e année, 29 novembre 1873, tome III, no 61, pp. 138-39. La troupe de Molière allait *en visite*, c'est-à-dire donnait des représentations particulières chez de grands seigneurs qui les payaient très-généreusement. Ces *visites* sont mentionnées dans le Registre de La Grange, avec le produit net de chacune.

1428. MOLIÈRE, par Paul Albert.

Cette étude historique et littéraire est insérée dans la *Littérature française du dix-septième siècle* (Paris, Hachette, 1873, in-18, pp. 24-264).

1429. SUR LA POLÉMIQUE DE MOLIÈRE AVEC UN CURÉ DE PARIS.

Cette notice se trouve dans la *Revue rétrospective* de MM. Taschereau et Monmerqué, 1re série, tome IV, p. 461. Ce fut la première révélation des attaques de Pierre Roullé, curé de Saint-Barthélemy, contre Molière, à l'occasion de sa comédie du *Tartuffe*, mais on ne connaissait pas encore le pamphlet, publié par ce curé, sous le titre du *Roy glorieux au monde*, qui ne fut retrouvé que vingt ans plus tard (Voy. ci-dessus, no 1209).

1430. SUR LES JÉSUITES ET LES FAUX-DÉVOTS, ENNEMIS DE MOLIÈRE, par F.-B. Hoffman.

Cette violente sortie contre les Jésuites, à propos de la nouvelle édition du *Tartuffe,* accompagnée de notices et de notes critiques et littéraires, par Étienne, fit grand bruit quand l'article d'Hoffman parut d'abord dans le *Journal des Débats*, en 1824. Cet article a été réimprimé, sans aucune atténuation, dans les Œuvres de l'auteur (*Paris, Lefèvre,* 1831, 10 vol. in-8, tome V, pp. 339-350).

1431. Cabale contre le Tartuffe au xviie siècle, par Gustave Bouvart. *Épinal, Cabasse,* 1862, in-8 de 35 pp.

1432. Lettre sur la Mélanide (comédie de Nivelle de La Chaussée) et sur le jugement qui en a été porté dans le Temple de la Critique, par MM. Despréaux, Fénelon, Racine, Molière et de La Motte. *Paris*, 1741, in-12.

1433. Remarques véritables et très-remarquables sur les Audiences de Thalie, ou sur Molière a la nouvelle Salle (comédie de La Harpe), avec une Défense des femmes, et des Réflexions sur les spectacles, par une femme qui se fait gloire d'être le chevalier de son sexe, si son esprit n'a pas l'avantage d'en être l'ornement. (Attribué au chevalier d'Éon.) *Bruxelles, Boubert,* 1782, in-8.

1434. Lettres a feu M. de Molière, sur les Ridicules.

Ces Lettres, dont l'auteur n'est pas connu, se trouvent dans les *Essais hebdomadaires, sur plusieurs sujets intéressants,* publ. par N. Dupuy (Paris, Ét. Ganeau, 1730, in-12).

1435. De l'Art de Molière a saisir les ridicules, par l'abbé Batteux.

Cet extrait de ses remarques sur les quatre *Poétiques d'Aristote, d'Horace, de Vida et de Despréaux* (Paris, A. Delalain, 1771, 2 vol. in-8) est imprimé dans le tome VI du *Journal de l'Instruction publique,* par Borelly (Paris, Barrois, 1793, in-8, p. 187).

1436. Des Caractères contrastants dans la comédie de Molière, par Gaillard, de la classe d'histoire et de littérature ancienne de l'Institut.

Voy. cette ingénieuse étude sur quelques-unes des comédies de Molière, dans le tome III, pp. 165-169, des *Mélanges académiques, poétiques, littéraires, philologiques, critiques et historiques,* de Gaillard (Paris, Agasse, 1806, 4 vol. in-8).

1437. GENRE COMIQUE DE MOLIÈRE, par Chamfort.

Cette fine appréciation du comique de Molière fait partie des *Ébauches d'une Poétique dramatique*, recueillies dans les Œuvres complètes de Chamfort, publ. par P.-R. Auguis (*Paris, Chaumerot jeune*, 1824, 5 vol. in-8, tome IV, pp. 204-210).

1438. MOLIÈRE ET LES CARACTÈRES DE SES COMÉDIES.

Cet article est imprimé dans le n° 13 du *Monde illustré*, 1re année, in-4.

1439. COMBIEN LE THÉATRE DE MOLIÈRE EST QUELQUEFOIS DANGEREUX POUR LES MOEURS, par J.-J. Rousseau.

Ce factum acerbe, extrait de la *Lettre à d'Alembert sur l'article* GENÈVE *dans l'Encyclopédie*, est imprimé dans le tome III, pp. 52-54, du *Journal de l'Instruction publique*, rédigé par Thiébault et Borelly (Paris, Barrois, 1793, in-8).

1440. EXAMEN DES OUVRAGES DE MOLIÈRE, dont la représentation est considérée comme dangereuse.

Voy. cet examen dans l'*Essai sur la Comédie moderne, où l'on réfute les Nouvelles Observations de M. Fagan*, etc. (par Meslé le jeune, de Besançon). Paris, veuve Pissot, 1752, in-12, p. 20 à 56.

1441. SUR MOLIÈRE.

Cet éloge des comédies de Molière porte la signature C. D., et se trouve dans le *Mercure du XIXe siècle*, 1823, tome I, pp. 172-178.

1442. LA CRITIQUE ET LE PORTRAIT DE MOLIÈRE, par Loève-Weymars.

Ce morceau littéraire, que l'auteur avait publié d'abord dans une revue, a été réimprimé dans son recueil de mélanges, intitulé *Nepenthés* (Paris, Ladvocat, 1833, 2 vol. in-8).

1443. MOLIÈRE ET SON SIÈCLE, Optique, par Couailhac-Fradelle.

Cet article se trouve dans le tome XXXIV du *Mercure du XIXe siècle*, 1830, pp. 259 et suiv.

1444. LES FAUTES DE PARIS, AU TEMPS DE MOLIÈRE (en anglais).

Cette notice se trouve dans le recueil périodique intitulé : *The Month* (London, in-8), n° de novembre, 1865.

1445. Comédie sociale. LES TYPES DE MOLIÈRE, par Louis de Cormenin.

Ce travail a paru, en 1851, dans la *Nouvelle Revue de Paris.*

1446. LA COMÉDIE UNIVERSELLE. MOLIÈRE, par Jules Janin.

Voy. cette brillante fantaisie, dans le *Musée des Familles*, tome XXX, 1868, pp. 196-208, 233-249.

1447. MOLIÈRE ET L'IDÉAL MODERNE, par Ernest Hello.

Cet article d'esthétique est inséré dans le tome XII de la *Revue française,* 1858, in-8, pp. 230-239.

1448. DE QUELQUES REPROCHES ADRESSÉS A MOLIÈRE, par J. Boniface Delcro.

Cette note se trouve dans le *Bulletin du Bouquiniste* (Paris, Aubry, 1861), tome V, p. 543.

1449. OBSERVATION SUR UN PASSAGE DES COMÉDIES DE MOLIÈRE, lue le 10 décembre 1743, par M. ***, l'un des sept de l'Académie de Troyes.

Cette grosse plaisanterie fait partie des *Mémoires de l'Académie des sciences, nouvellement établie à Troyes* (par Grosley et Lefèvre). Liége, 1744, in-12.

1450. DÉFENSE DES PRÉCIEUSES DE LA SOCIÉTÉ DE L'HÔTEL DE RAMBOUILLET, à propos de la comédie des *Précieuses ridicules,* par le comte P.-L. Rœderer.

Cette discussion passionnée, dans laquelle l'auteur s'efforce de prouver que Molière avait pris, en province et non à l'hôtel de Rambouillet, les types de ses *Précieuses,* occupe une trentaine de pages dans l'ouvrage anonyme de Rœderer, tiré à très-petit nombre et non mis en vente : *Mémoires pour servir à l'histoire de la Société polie en France* (Paris, impr. de F. Didot, 1835, in-8), ouvrage réimprimé dans les Œuvres complètes de l'auteur.

Voy. aussi, sur le même sujet, l'ouvrage de M. Ch. Livet : *Précieux et Précieuses*, caractères et mœurs littéraires du xviiie siècle (*Paris, Didier,* 1859, in-8).

1451. LA PRINCESSE D'ÉLIDE, MOLIÈRE ET LOUIS XIV.

Cet article, signé J. S., est imprimé dans le *Bulletin du Bouquiniste* de M. Aubry, 8e année, 1864, p. 380.

Il faut mentionner une imitation en vers de *la Princesse d'Élide,* qui n'a été citée par aucun bibliographe et que nous n'avions pas encore découverte ; elle se trouve enfouie dans un volume, que

M. de Soleinne ne possédait pas : *Recueil de pièces dramatiques anciennes et nouvelles* (Bouillon, impr. de la Société typographique; se vend à Paris, chez Grangé et la veuve Duchesne, et se trouve à Nancy, chez Bontoux, 1785, pet. in-8). La dédicace au prince d'Havré et de Croy est signée des initiales V. C. D. V. *La Princesse d'Élide*, dont l'auteur a versifié les quatre derniers actes, occupe les pp. 101-152 de ce Recueil.

1452. Sur l'Abus dans la manière de représenter le FESTIN DE PIERRE, en usage aux Français, par l'abbé Mercier de Saint-Léger.

Cette note, sans nom d'auteur, est insérée dans le n° 226 du *Journal de Paris*, année 1781.

1453. Détails sur le Costume de Molière dans la représentation du MALADE IMAGINAIRE.

Ces curieux détails, qui prouvent le soin que Molière mettait à bien approprier à ses rôles les costumes qu'il portait au théâtre, se trouvent dans les *Mémoires* du président Hénault (*Paris, Dentu,* 1855, in-8).

1454. Note sur la traduction (en italien, par Castelli) de la CÉRÉMONIE DU MALADE IMAGINAIRE, par Desbarreaux-Bernard.

Cette note a paru dans le *Bulletin du Bibliophile*, 1859, pp. 346-48.

1455. DISCOURS CONTRE LES EXCOMMUNICATIONS, prononcé par M. Chatel, évêque, par élection du Peuple et du Clergé, à l'Église catholique française primatiale, faubourg Saint-Martin, n° 59, le jour anniversaire de la mort de Molière. *Paris, imprim. de Mie,* 1833, in-8 de 16 pp.

Voy. aussi, sur ce sujet, un chapitre intitulé : *les Comédiens et le Clergé*, dans l'ouvrage de M. Despois, le *Théâtre-Français sous Louis XIV* (Paris, Hachette, 1874, in-12), pp. 314-326.

L'excommunication des comédiens, et par conséquent celle de Molière, avait été déjà l'objet de deux ouvrages du baron Hénin de Cuvillers : *Des Comédiens et du Clergé* (Paris, P. Dupont, 1825, in-8), et *Encore des Comédiens et du Clergé* (Ibid., J. Andriveau, 1825, in-8).

1456. MISE EN SCÈNE DES PIÈCES DE MOLIÈRE, de 1673 à 1684.

Cet extrait d'un manuscrit du temps (Bibl. nation., n° 24330 des Mss. franç.) a paru dans *le Théâtre Français sous Louis XIV*, par Eugène Despois (Paris, Hachette, 1874, in-12), pp. 410 et suiv.

On trouve, dans le Catalogue de la bibliothèque dramatique de

Soleinne, tome III, p. 127, une liste des pièces imprimées du répertoire du théâtre de Molière, depuis 1658 jusqu'en 1680.

1457. Où était située la salle de la Comédie a l'hôtel du Petit-Bourbon?

Voy. cette dissertation archéologique, dans l'Appendice de l'ouvrage de M. Eugène Despois : *le Théâtre français sous Louis XIV.*

Voy. aussi des recherches fort curieuses sur la salle de spectacle du Palais-Royal et sur la mise en scène des comédies de Molière, dans le texte que M. Joseph Filippi a rédigé pour une nouvelle édition du grand ouvrage de Clément Contant : *Parallèle des principaux théâtres modernes de l'Europe et des machines théâtrales* (Paris, A. Lévy fils, 1860, 2 vol. in-fol.). Voici l'indication des pages où il est question de Molière et de son théâtre : 7 à 10, 20, 23, 38, 49, 65, 71 et 105.

1458. Collection des mises en scène, publiée par M. Arsène, régisseur général. Le Médecin malgré lui, opéra-comique en trois actes et en quatre tableaux, d'après la comédie de Molière, musique de Charles Gounod. *Paris, typ. Morris,* s. d., gr. in-8 de 13 pp.

La mise en scène est une tradition qui s'est conservée très-fidèlement à la Comédie-Française, mais elle n'a pas encore été recueillie dans un ouvrage spécial, qui l'empêcherait de se perdre ou de tomber en désuétude.

1459. Trouvailles bibliographiques. Molière, l'académicien Cordemoy et M. A. Dumas fils, Peignot et M. Alphonse Karr, par un bibliophile du quartier Martainville (M. Cohen, ingénieur du département de la Seine-Inférieure). *Rouen, imprim. de E. Cagniard,* 1870, gr. in-8 de 12 pp.

Dans cet extrait de la *Revue de Normandie*, l'auteur démontre que la scène IV de l'acte II du *Bourgeois gentilhomme* est une copie plaisante des idées de Cordemoy dans son *Discours physique de la parole,* 1668, et qu'une des scènes de *la Dame aux Camélias,* pièce de M. Dumas fils, offre une analogie frappante avec une tirade d'Anselme dans *l'Étourdi.*

1460. La Critique de la Visite de noces (d'Alex. Dumas fils), comédie en un acte, empruntée à l'auteur de *la Critique de l'École des femmes;* par Henri de La Pommeraye, 2ᵉ édit. *Paris, libr. des Bibliophiles,* 1871, in-16 de 34 pp.

1461. LE MISANTHROPE DE MOLIÈRE, EN 1793, d'après un exemplaire approprié à cette époque ; par Jules Janin.

> Cet article a paru dans le feuilleton du *Journal des Débats*, du 12 août 1833. M. Jules Janin eut sous les yeux, en l'écrivant, un exemplaire imprimé du *Misanthrope*, dans lequel on avait fait à la main une foule de changements exigés pour la représentation de cette comédie aristocratique, pendant la période la plus sinistre de la Révolution.

1462. LE DÉJEUNER DE MOLIÈRE, par Paul de Musset.

> Cette nouvelle historique a paru dans la *Revue de Paris* ; mais nous n'avons pas su l'y retrouver.

1463. LE DINER D'HARPAGON ET LA GASTRONOMIE AU XVIIᵉ SIÈCLE, par C.-J. Jeannel.

> C'est un commentaire ingénieux de la scène 5ᵉ de l'acte III de *l'Avare* ; il a été publié dans *le Correspondant*, nº du 10 juillet 1870.
> Les curieux se sont beaucoup occupés du menu de ce dîner, mais sans remarquer que le nombre des mets et les détails de leur composition culinaire ont été beaucoup augmentés dans l'édition des Œuvres de Molière, publiées en 1682 par Vinot et La Grange.

1464. LES FEMMES SAVANTES DE MOLIÈRE, par le bibliophile Jacob.

> Cette scène de mœurs, dans laquelle l'auteur a donné une origine très-probable à la comédie des *Femmes savantes*, se trouve à la fin du Keepsake intitulé : *les Turquoises* (Paris, Renouard, 1870, gr. in-4, avec vignettes anglaises).

1465. MOLIÈRE A L'HÔTEL DE RAMBOUILLET, par J. Boniface Delcro.

> Cet article a paru dans le *Bulletin du Bouquiniste*, 1ᵉʳ avril 1865, pp. 184-185.
> Voy. aussi le chap. XIV de *la Société française au dix-huitième siècle, d'après le grand Cyrus de Mˡˡᵉ de Scudéry*, par Victor Cousin (*Paris, Didier*, 1858, 2 vol. in-8, tome II, p. 270 et suiv.) : « Si Molière, dans *les Précieuses ridicules* et *les Femmes savantes*, a voulu attaquer Mˡˡᵉ de Scudéry. »
> Voy. plus haut, dans notre Bibliographie, le nº 1450.

1466. LETTRE SUR LES VERS IRRÉGULIERS ; détails sur Corneille, Molière, etc.

> Voy. cette Lettre dans le *Recueil de pièces curieuses* (Amsterdam, Adrian Moetjens, 1694, pet. in-12), tome III, p. 330 et suiv.

1467. Quelques Pages a ajouter aux OEuvres de Molière : vers macaroniques qui se rencontrent en plus dans une ancienne édition, probablement unique, de la Cérémonie du *Malade imaginaire;* par Charles Magnin.

Cette notice est imprimée dans la *Revue des Deux-Mondes,* année 1846, tome XV de la nouvelle série. Il s'agit de différentes strophes en latin macaronique de la Cérémonie du *Malade imaginaire,* omises dans la plupart des éditions primitives de cette comédie ; mais il n'est pas certain que ces strophes soient de Molière. Elles se trouvent, non pas dans une seule édition, comme le croyait Charles Magnin, mais dans plusieurs éditions hollandaises.

1468. Les Calembours de Molière.

Ce sujet bizarre est traité dans l'ouvrage intitulé : *Calembours et jeux de mots des hommes illustres, anciens et modernes,* par Auguste Couvret (*Paris, Martinet,* 1807, 2 vol. in-12), tome I, pp. 157-59.

1469. De la Rime, d'après Boileau et Racine, avec des suppléments relatifs à Corneille et à Molière, par Billet, chef d'institution. *Noyon, imprim. d'Andrieux,* 1865, in-8 de 74 pp.

1470. Renseignements divers sur la Traduction du poème de Lucrèce, par Molière.

Cette traduction, en vers irréguliers, n'a jamais été imprimée, mais le manuscrit avait été vendu à Claude Barbin, par la veuve de Molière, comme nous l'apprend Trallage dans ses notes manuscrites. De plus, Chapelain, dans une lettre à Bernier, parle de cette traduction ; elle est aussi mentionnée dans la préface de la seconde édition de Lucrèce, traduit en prose par l'abbé de Marolles (1659), et surtout, avec plus de détails, dans la préface de la traduction, en vers, que cet infatigable traducteur publia plus tard du poème *de la Nature des choses* (1677, in-4).

1471. La Musique des comédies de Molière, par Ed. Fétis.

Voy. cette dissertation, dans la *Gazette musicale,* 19 et 26 mai 1844.
Le même sujet a été depuis traité, avec beaucoup de compétence, par Castil-Blaze, dans son grand ouvrage intitulé : *Molière musicien* (Paris, 1852, 2 vol. in-8).

1472. Molière et les Médecins, lecture faite à l'Académie d'Amiens, dans la séance du 11 février 1854, par Alexandre, docteur médecin. *Amiens, imprim. de Duval,* 1854, in-8 de 36 pp.

1473. Les Médecins au temps de Molière, mœurs, institutions, doctrines, par Maurice Raynaud. *Paris, Didier,* 1862, in-12.

1474. Analyse du livre de M. le docteur Raynaud : les Médecins au temps de Molière ; par le docteur Alexandre. *Amiens, imprim. Yvert,* 1865, in-8 de 19 pp.

1475. Molière et les Médecins, par le docteur H. Montanier.

<small>Cette étude se trouve dans la dernière *Revue de Paris,* nouvelle série, nos 63 et 64, janvier 1869, pp. 6-38 et 177-195.</small>

1476. De la Physionomie de Molière, par Isidore Bourdon, médecin.

<small>L'auteur ne pouvait manquer de faire une étude sur le caractère de la physionomie de Molière, dans son ouvrage intitulé : *la Physiognomonie et la phrénologie, ou connaissance de l'homme d'après les traits du visage et les reliefs du crâne* (Paris, Ch. Gosselin, 1842, in-12 de 348 pp., fig.). Il a réparé l'oubli systématique, par suite duquel Molière n'était pas même nommé dans ses *Essais de physiognomonie* (traduits par Caillard et H. Reufner, et Mme de la Fite). La Haye, 1781-1803, 4 vol. in-4, fig.</small>

1477. Molière et les Médecins au XVIIe siècle, par le docteur Gustave Drouineau. *La Rochelle, imprim. de Siret,* 1873, in-8 de 32 pp.

1478. Pourquoi Molière n'a pas joué les Avocats, par Ch. Truinet, avocat. *Paris, Durand,* 1855, in-8 de 16 pp.

<small>Extr. de la *Revue historique du Droit franç. et étranger.*</small>

1479. La Science du droit dans les Comédies de Molière, par J. Cauvet, professeur de la Faculté de Droit, à Caen.

<small>Cette dissertation se trouve imprimée dans les *Mémoires de l'Académie impériale des sciences, arts et belles-lettres de Caen,* année 1865. L'auteur a essayé de prouver, par des citations tirées des pièces de théâtre de Molière, que notre grand comique avait étudié le droit et suivi le barreau dans sa jeunesse. M. J. Cauvet aurait pu appuyer de divers témoignages contemporains la thèse qu'il soutient, car la comédie d'*Elomire* nous apprend que Molière avait été reçu avocat au barreau d'Orléans.</small>

1480. Molière et sa satire (en anglais).

Cet article est inséré dans le recueil périodique : *Temple-Bar Magazine* (London, in-8), n° d'août 1871.

Molière, en effet, a donné carrière à son esprit satirique, dans ses comédies où les contemporains reconnaissaient, dit-on, les originaux des caractères qu'il avait mis en scène ; il s'attaquait non-seulement aux individus, à Cotin et à Ménage, dans *les Femmes savantes*, à l'abbé de la Roquette dans le *Tartuffe*, etc., mais encore aux marquis, aux précieuses, aux médecins, etc. L'abbé Irailh a raconté en détail les démêlés de Molière avec ses rivaux, ses envieux et ses ennemis, dans l'ouvrage intitulé : *Querelles littéraires, ou Mémoires pour servir à l'histoire des révolutions dans la république des lettres* (Paris, Durand, 1761, 4 vol. in-12). L'abbé Ménage, qui ne gardait pas rancune à Molière de l'avoir fait figurer sous le nom de Vadius dans *les Femmes savantes,* rapporte que l'auteur de cette comédie poussa la malice jusqu'à faire acheter un habit qui avait appartenu à Cotin, pour en revêtir son Trissotin. Voy. le *Menagiana,* nouv. édition augm. par La Monnoye (Paris, V° Delaulne, 1729, 4 vol. in-12, tome III, p. 23).

Molière, en sa qualité de comédien, avait un penchant marqué pour ce genre de satire aristophanesque, qui consistait à exposer sur la scène jusqu'au costume de ses victimes. Voy. ci-dessus, n° 1451, comment il s'affubla, dans *le Malade imaginaire,* de la robe de chambre de l'intendant Foucault. Il alla jusqu'à prendre, pour le Maître de philosophie, dans *le Bourgeois gentilhomme*, le chapeau phénoménal de son ami Jacques Rohault. Voy. à ce sujet l'ouvrage de Menken : *De la charlatanerie des savans,* avec des remarques critiques de différents auteurs ; traduit du latin [par Durand] (*La Haye, van Duren,* 1721, pet. in-8, p. 112). On trouve, dans ce livre, pp. 7 et 8, d'autres détails sur Molière.

On accusa aussi Molière d'avoir osé faire le portrait du duc de Montausier sous les traits du *Misanthrope*. Voy. à ce sujet (dans l'*Histoire de la vie et des ouvrages de Molière,* 3° édit. de 1844) une note de Saint-Simon, citée par M. Taschereau, d'après les Nouveaux Mémoires de Dangeau, publ. par Lemontey.

1481. Des Personnalités au théâtre, par le baron Gaston de Flotte. *Marseille, typogr. Marius Olive,* 1872, in-12 de 37 pp.

Les premières pages de cet opuscule sont consacrées à la querelle de Molière et de l'abbé Cotin.

L'abbé d'Olivet, dans sa notice sur l'abbé Cotin, laquelle fait partie de la continuation de l'*Histoire de l'Académie françoise depuis* 1635, par Pellisson (*Paris, Coignard,* 1729, 2 vol. in-12), a donné des détails sur l'origine de cette querelle.

1482. MOLIÈRE SIFFLÉ, par Albert de Laponneraye.

> Cet article, publié à l'occasion d'un scandale inouï, qui eut lieu au Théâtre-Français, où la comédie de *George Dandin* fut outrageusement sifflée, a été recueilli par l'auteur, dans ses *Mélanges d'économie sociale, de littérature et de morale* (Paris, impr. d'Herhan, 1835-36, 2 vol. in-8, tome I, p. 357).

1483. MOLIÈRE A L'ACADÉMIE FRANÇAISE, par Arsène Houssaye.

> Voy. cette ingénieuse évocation dans l'*Histoire du 41º fauteuil de l'Académie française*, 6º édit. (Paris, H. Plon, 1861, in-8, avec un portrait de Molière, gravé par Geoffroy, d'après une peinture du temps). Nous avons déjà cité le discours de réception que M. Arsène Houssaye fait prononcer à Molière. Voy. ci-dessus, nº 1139.

1484. A MOLIÈRE. Hommage à la Postérité (Généalogie et notice en prose). *Paris, imprim. Poussielgue,* 1844, placard in-folio.

1485. TOAST A THÉODORE BARRIÈRE, porté le 15 janvier 1866, au Banquet-Molière, par G. Hugelmann. *Paris, imprimerie Schiller,* in-8 de 14 pp.

> M. Théod. Barrière, malgré tout son talent, a dû s'étonner un peu d'être mis de la sorte sur le même pied que Molière.

1486. MOLIÈRE, conférence, par Deschanel.

> Imprimé dans la *Revue des Cours littéraires* (Paris, Germer-Baillière, 1867, in-8, ivᵉ année).

1487. MOLIÈRE, conférence, par Marc Monnier.

> Impr. dans la *Revue des Cours littéraires* (Paris, Germer-Baillière, 1867, in-8, ivᵉ année).

1488. LES FEMMES DE MOLIÈRE, par F.-M. Baudouin. *Rouen, imprim. Cagniard,* 1865, in-8 de 20 pp.

1489. Conférences de l'Hôtel de ville de Versailles. LES FEMMES DANS LES COMÉDIES DE MOLIÈRE; deux conférences, par A. Aderer, professeur de rhétorique au Lycée impérial de Versailles. *Saint-Cloud, imprim. de Mᵐᵉ veuve Belin,* 1865, in-8 de 58 pp.

> Un extrait de ces deux conférences avait paru d'abord dans la *Revue des Cours littéraires* (Paris, Germer-Baillière, 1865, in-8, iiᵉ année).

1490. La Morale de Molière, par C.-J. Jeannel, agrégé des classes supérieures, docteur ès lettres, ancien élève de l'École normale. *Paris, Thorin,* 1867, in-8 de 268 pp.

1491. La Philosophie dans les comédies de Molière, par Paul Jannet, de l'Institut. *Paris, imprim. de Firmin Didot,* 1872, in-4 de 18 pp.

Cette dissertation, lue d'abord dans une séance de l'Académie des Sciences morales et politiques, a été relue dans la séance solennelle des cinq Académies, le vendredi 25 octobre 1872. Elle se trouve réimprimée dans la *Revue des Cours littéraires.*

1492. Sur le Cartésianisme des Femmes savantes de Molière, par A. Foucher de Careil.

Voy. sa dissertation intitulée : *Descartes et la princesse Palatine, ou de l'influence du Cartésianisme sur les femmes au XVIIe siècle* (Paris, Aug. Durand, 1862, in-8, page 35).

1493. Détails sur Molière et sur les comédiens italiens de son temps, par J. Palaprat.

Voy. ces curieux détails, dans la préface des *Œuvres* dramatiques de l'auteur (*Paris, Ribou,* 1712, 2 vol. in-12).

Voy. aussi, sur le même sujet, l'ouvrage de M. le baron de Wismes, qui est déjà cité plus haut, n° 1417, sous son titre : *Un portrait de Molière en Bretagne,* et qui contient une étude fort curieuse sur quelques comédiens, farceurs et bouffons français et italiens, au xviie siècle.

1494. Influence de l'Italie sur la comédie de Molière, par E.-J.-B. Rathery, bibliothécaire du Louvre.

Voy. cet aperçu ingénieux, dans l'ouvrage intitulé : *Influence de l'Italie sur les lettres françaises,* depuis le XIIIe siècle jusqu'au siècle de Louis XIV; mémoire auquel l'Académie française a décerné une récompense dans la séance du 19 août 1852 (*Paris, Firmin Didot,* 1853, in-8; chap. Molière, p. 189).

1495. Molière et la Comédie italienne, par Louis Moland. Ouvrage illustré de 20 vignettes, représentant les principaux types du théâtre Italien. *Paris, Didier,* 1867, in-8 de xi-383 pp., et in-12 de xi-383 pp., fig.

Il y a eu deux tirages de la même édition, dans deux formats différents.

Cet ouvrage très-remarquable nous fait connaître les nombreux emprunts que Molière a faits aux comédies italiennes, anciennes et contemporaines.

1496. MOLIÈRE ET LES AUTEURS DE SON TEMPS, par Gabriel Guéret.

Voy. ces piquantes révélations, dans la *Promenade de Saint-Cloud,* publiée à la suite des *Mémoires historiques, critiques et littéraires,* par Bruys (Paris, J.-Th. Hérissant, 1751, 2 vol. in-12).

1497. MOLIÈRE ET LES AUTEURS COMIQUES DE SON TEMPS, par Alphonse Royer.

Cette étude historique et littéraire se trouve, dans son *Histoire universelle des Théâtres* (Paris, Franck, 1870, tome III, pp. 163-253).

Voy. un brillant parallèle de Molière et de Regnard, dans l'*Éloge de Regnard,* par D.-L. Gilbert, couronné par l'Académie *(Paris, impr. Firmin Didot,* 1859, in-8 de 27 pp.). Ce parallèle avait été déjà fait par Voltaire, La Harpe, Garnier, Sainte-Beuve, A. Michiels, etc.

1498. CORNEILLE, RACINE ET MOLIÈRE, deux Cours sur la poésie française au XVIIe siècle, par Eug. Rambert, ancien professeur à l'Académie de Lausanne et à l'École polytechnique fédérale de Zurich. *Lausanne,* 1862, in-8.

Voy. un parallèle entre Molière et Dancourt, dans un article de J.-F. Boissonade, qui rendit compte, au *Journal des Débats,* d'une notice d'Auger, en tête de l'édition stéréotype des Œuvres choisies de Dancourt : *Critique littéraire sous le premier Empire,* publ. par F. Colincamp, professeur à la Faculté des lettres de Douai *(Paris, Didier,* s. d. (1863), 2 vol. in-8, tome II, pp. 268-275).

1499. MOLIÈRE ET BOURDALOUE, par Louis Veuillot.

Cet éloquent parallèle de l'enseignement de la chaire et de celui du théâtre a paru dans la *Revue du Monde catholique,* troisième année, tome VI, n°s 50, 52 et 56.

Le dernier article est consacré au *Tartuffe,* et il est impossible de ne pas être frappé de la justesse des critiques ingénieuses que M. Veuillot a dirigées contre la véritable intention de l'auteur de cette comédie.

1500. Réflexions sur Shakspear *(sic)* et Molière, par le chevalier Rutlige.

Cette comparaison des deux dramaturges, anglais et français, se trouve dans la *Quinzaine angloise à Paris, ou l'Art de s'y ruiner en peu de temps;* ouvrage posthume du doct. Stearne *(sic),* trad. de l'anglois, par un Observateur *(Paris,* 1776, in-12 de XVI et 284 pag.).

Voy. la 8º journée. L'ouvrage a été réimprimé sous ce titre : *Premier et second Voyages de Milord de *** à Paris,* contenant la Quinzaine anglaise et le retour de Milord dans cette capitale, après sa majorité (par le Ch. R. *Londres,* 1786, 3 vol. in-18). Voy. tome I, pp. 143-147.

1501. SHAKSPEARE ET MOLIÈRE, par Philarète Chasles.

Cet ingénieux parallèle se trouve dans ses *Études contemporaines : Théâtre, Musique et Voyages* (Paris, Amyot, 1867, in-12).

M. Klingelhoffer a publié une dissertation, en allemand, sous ce titre : *Plaute imité par Molière et Shakespeare* (Darmstadt, 1874, in-12).

1502. MOLIÈRE, SHAKSPEARE UND DIE DEUTSCHE KRITIK, von Dr C. Humbert. *Leipzig, Teubner,* 1869, in-8 de xx et 511 pp.

Voy., sur ce curieux ouvrage, la *Revue critique d'histoire et de littérature,* 1870, 1er sem., pp. 9-13.

1503. MOLIÈRE ET PASCAL, BOSSUET ET MOLIÈRE, par Sainte-Beuve.

Ces deux parallèles se trouvent dans son Histoire de *Port-Royal,* 3e édit. (Paris, Hachette, 1867, 6 vol. gr. in-18), tome III, pp. 263-311.

1504. RACINE ET MOLIÈRE AU THÉATRE-FRANÇAIS.

Voy., dans la *Revue politique et littéraire,* nº du 7 septembre 1872, cet article où la Tragédie et la Comédie sont mises en parallèle, en quelque sorte, dans la personnalité de leurs plus illustres représentants.

1505. DE LA RIME, D'APRÈS BOILEAU ET RACINE, AVEC DES SUPPLÉMENTS RELATIFS A CORNEILLE ET A MOLIÈRE, par H. Billet, chef d'institution. *Noyon, D. Andrieux,* 1864, in-8 de 74 pp.

On y trouve un *relevé* critique des principales rimes de trois comédies de Molière : *le Misanthrope, le Tartuffe* et *les Femmes savantes,* avec l'épître de Boileau à Molière, sur la Rime.

1506. VOLTAIRE ET MOLIÈRE CONSIDÉRÉS SOUS LE RAPPORT DU COMIQUE DANS L'ART DRAMATIQUE, par Ségur cadet.

Ce morceau se trouve, pp. 126-134, dans l'*Almanach des Prosateurs,* cinquième année, rédigé par F. Noël, inspecteur général des études (Paris, Louis, 1806, in-18).

1507. VOLTAIRE ET MOLIÈRE, considérés sous le rapport du comique dans l'art dramatique. — Sur Molière, Voltaire, et le but de ceux qui font des comédies, ou Critique du parallèle, par un anonyme. — Réplique à la Réponse d'un anonyme sur le parallèle de Voltaire et de Molière.

<small>Ces trois morceaux, dont le premier et le dernier sont du vicomte J.-A. de Ségur, se trouvent compris dans ses *Œuvres diverses* (Paris, Dalibon, 1819, in-8).</small>

1508. MOLIÈRE ET MARIVAUX, ET LEUR INFLUENCE SUR LA LITTÉRATURE DRAMATIQUE FRANÇAISE, par Mme Marie Letizia Rattazzi.

<small>Ce morceau de critique littéraire a été publié dans les *Matinées italiennes* (Florence, 1870, gr. in-8, 3e année), n°s 2 et 4.</small>

1509. COMPARAISON DE MOLIÈRE ET DE DESTOUCHES, par Gresset.

<small>Voy. cette comparaison, dans sa Réponse au discours de réception de Laus de Boissy, nommé membre de l'Académie française à la place de Destouches, 25 août 1754.</small>

1510. MOLIÈRE ET SCRIBE, par F. d'Épagny. *Paris, Durand,* 1865, in-12 de 104 pp.

1511. MOLIÈRE ET SES PRÉDÉCESSEURS AU XVIe SIÈCLE, par Bocher.

<small>Impr. dans la *Revue des Cours littéraires* (Paris, Germer-Baillière, 1868, in-8, v^e année).</small>

1512. LES PRÉDÉCESSEURS DE MOLIÈRE (en anglais).

<small>Cette notice anonyme est imprimée dans la revue : *Dublin's University Magazine,* n° de février 1868.</small>

1513. RIEURS MÉLANCOLIQUES, VILLON, SCARRON, MOLIÈRE, par Talbot.

<small>Impr. dans la *Revue des Cours littéraires* (Paris, Germer-Baillière, 1869, in-8, vi^e année).</small>

1514. UNE DYNASTIE POÉTIQUE, OU DEUX CHAPITRES PROBAbles du roman de Molière : les Trois Chapelon, poëtes forésiens du dix-septième siècle, par Eugène Muller.

Ces deux articles ont paru dans la *Revue des Provinces* (avril et juin 1865).
Dans cette étude sur une famille de poëtes forésiens, contemporains de Molière, M. Muller s'est attaché à prouver, par des rapprochements et des analogies, les probabilités du passage de Molière et de sa troupe comique dans la vieille cité forésienne, Saint-Étienne, où l'auteur du *Médecin malgré lui* a pu connaître les œuvres originales des trois Chapelon, qui ont conservé leur renommée dans leur pays natal.

1515. Cervantes et Molière, considérés comme médecins, par Adolphe de Puibusque.

Cette petite dissertation, qui doit avoir paru dans une revue française en 1839, a été reproduite en feuilleton dans le *Journal de Saint-Pétersbourg,* du 27 août 1839.

1516. Holberg considéré comme imitateur de Molière ; thèse présentée à la Faculté des lettres de Paris, par A. Legrelle, docteur en philosophie de l'Université d'Iéna. *Paris, L. Hachette,* 1864, in-8 de viii et 382 pp.

1517. Moliere in Deutschland, von Paul Lindau. *Wien, Arnold Hilberg,* 1867, in-8 de 24 pp.

Extrait de l'*Internationalen Revue,* n° 4.
Cet opuscule a été apprécié dans la *Revue de l'Instruction publique,* n° du 20 février 1868.

XXXII

ÉTUDES SUR LA COMÉDIE, A PROPOS DE MOLIÈRE

ET DE SES OUVRAGES.

1518. Lettres de Bossuet, au père Caffaro, sur la Comédie et particulièrement sur celle de Molière.

Voy. ces Lettres dans les Œuvres de Bossuet (*Versailles, impr. de Lebel,* 1815-19, 43 vol. in-8, tome XXXVII, pp. 508 à 532.

1519. MAXIMES ET RÉFLEXIONS SUR LA COMÉDIE (et principalement sur les pièces de Molière), par Bossuet, évêque de Meaux. *Paris, J. Anisson,* 1694, in-12.

> Réimpr. plusieurs fois séparément, et depuis dans toutes les éditions des Œuvres complètes de Bossuet.
>
> Le prince de Conti, devenu dévot, n'avait pas hésité à condamner sans pitié les comédies de Molière, et spécialement *le Festin de pierre* et *le Tartuffe,* lorsqu'il écrivit son *Traité de la Comédie et des spectacles, selon la tradition de l'Église* (Paris, Louis Billaine, 1671, in-8). On peut supposer que Molière fut très-sensible à ces attaques personnelles, de la part d'un prince, son ancien condisciple, qui l'avait tant de fois applaudi comme auteur et comme comédien.

1520. OBSERVATIONS SUR LA COMÉDIE ET SUR LE GÉNIE DE MOLIÈRE, par Louis Riccoboni. *Paris, veuve Pissot,* 1736, in-12.

1521. DE LA COMÉDIE EN FRANCE, ET SURTOUT DE LA COMÉDIE DE MOLIÈRE, par Voltaire.

> C'est le livre VI, pp. 363-393, de la *Poétique de M. de Voltaire, ou Observations recueillies de ses ouvrages* (Genève et Paris, Lacombe, 1766, in-8).

1522. LA COMÉDIE DE MOLIÈRE, comparée à la Comédie du dix-huitième siècle.

> Voy. ce parallèle, dans *les Deux Ages du goût et du génie français, sous Louis XIV et sous Louis XV,* par de La Dixmerie (Amsterdam, Barth. Vlam, 1770, in-12), pp. 39 et suiv., 165 et suiv.

1523. ÉTUDES SUR LE THÉATRE DE MOLIÈRE, considéré sous le rapport de la moralité, par le baron de la Faille. (Extrait de la *Revue générale.*) *Bruxelles, Victor Devaux,* 1868, in-8 de 32 pp.

> C'est une conférence, donnée au Cercle catholique de Gand, le 20 février 1868.

1524. CE QUE C'EST QUE LE COMIQUE, par l'abbé Ch. Batteux.

> Ce morceau critique, dans lequel il est beaucoup question des comédies de Molière, et qui se termine par une comparaison de notre auteur avec Aristophane, Plaute et Térence, se trouve à la fin du *Cours de belles-lettres,* de l'abbé Batteux (Paris, 1750, 4 vol. in-12, tome IV, pp. 390-404), augmenté depuis dans plusieurs éditions et refondu entièrement sous le titre de *Principes abrégés de lit-*

térature, à l'usage des élèves de l'École royale militaire (Paris, Nyon, 1777, 6 vol. in-12).

1525. DE L'ART DE LA COMÉDIE, ou Détail raisonné des diverses parties de la Comédie et de ses différents genres, suivi d'un Traité de l'Imitation, où l'on compare à leurs originaux les imitations de Molière et celles des modernes, etc., par Cailhava. *Paris, Fr.-Ambroise Didot,* 1772, 4 vol. in-8.

On peut dire que cet ouvrage est le résultat d'une étude approfondie des ouvrages de Molière, qui s'y trouve cité à chaque page.

1526. NOTES SUR LA COMÉDIE ET SUR LES PIÈCES DE MOLIÈRE, par Restif de la Bretonne.

Voy. ces notes dans le tome II des *Idées singulières : la Mimographe, ou Idées d'une honnête femme pour la réformation du Théâtre national* (Amsterdam, Changuyon, et la Haye, Gosse et Pinet, 1770, in-8), pp. 298-320 et 379-390. Restif parle encore des comédies de Molière, dans les notes de *la Prévention nationale* (Paris, Regnault, 1784, 3 vol. in-12) et dans plusieurs volumes des *Nuits de Paris* (1788-94, 16 parties in-12).

1527. DE LA COMÉDIE ET PRINCIPALEMENT DE CELLE DE MOLIÈRE, par Marmontel.

C'est le chap. xv de sa *Poétique française* (Liége, Bassompierre fils, 1777, 2 vol. in-8, tome II, pp. 287-316). Dans la première édition de cet ouvrage (Paris, Lesclapart, 1763, en 2 vol. in-8, tome II, pp. 394-407), Marmontel s'était attaché à caractériser les trois genres de comique qui distinguent les pièces de Molière.

Voy. aussi les chapitres *de la Comédie,* où il est question surtout des pièces de Molière, dans *l'École de la littérature,* tirée de nos meilleurs écrivains (Paris, Babuty et Brocas, 1764, 2 vol. in-12, tome II, pp. 80-143).

1528. COMÉDIE et COMIQUE, par Marmontel.

Ces deux morceaux, dont le théâtre de Molière est le principal objet, avaient paru d'abord dans la grande Encyclopédie de Diderot et d'Alembert, avant d'être recueillis et refondus dans les *Éléments de littérature* de l'auteur, souvent réimprimés à part, et dans ses Œuvres complètes.

Voy. aussi le Sentiment de la critique allemande sur la Comédie en France et notamment sur les ouvrages de Molière, dans les Pièces détachées de G.-E. Lessing, traduites de l'allemand, tome I, pp. 279-316, du *Conservatoire des Sciences et des Arts, ou Recueil de pièces intéressantes,* etc., traduites de différentes langues (Paris, Deterville, s. d., 5 vol. in-8, fig.).

1529. Le Théatre au xvi° et au xvii° siècle, ou Choix de comédies les plus remarquables antérieures a Molière. avec une introduction et une notice sur chaque auteur, par Édouard Fournier, avec 8 portr. en couleur. *Paris, Laplace,* 1874, 2 vol. in-12.

<blockquote>
C'est un nouveau tirage de la gr. édition in-8, au moyen du remaniement des clichés de cette édition à 2 col.

M. Édouard Fournier, le plus érudit et le plus ingénieux des moliéristes contemporains, s'est occupé souvent de Molière et de ses comédies, dans les notices de ses deux grands recueils intitulés : *le Théâtre-Français avant la Renaissance,* 1450-1550 (Paris, Laplace, s. d., gr. in-8 à deux col., fig. color.) et *le Théâtre-Français au XVI° et au XVII° siècle, ou Choix des comédies les plus curieuses antérieures à Molière (Ibid., idem,* s. d., gr. in-8 à 2 col., fig. color.).
</blockquote>

1530. La Farce avant Molière, par Édouard Fournier. *Sans nom et sans date* (1858), gr. in-8.

<blockquote>
Extrait de la *Revue française,* où parut d'abord une partie de la savante introduction : *la Farce et la Chanson avant Molière,* que M. Édouard Fournier avait composée pour sa nouvelle édition des *Chansons de Gaultier Garguille* (Paris, P. Jannet, 1858, in-16, Bibliothèque elzevirienne).
</blockquote>

1531. Les Décors, les Costumes et la Mise en scène au xvii° siècle, 1615-1680, par Ludovic Celler. *Paris, Liepmansohn et Dufour,* 1869, in-18 de 167 pp., fig. (tiré à 284 ex.).

<blockquote>
On trouve, dans cet ouvrage, beaucoup de détails relatifs à la mise en scène et à la représentation des comédies de Molière.
</blockquote>

1532. Essai sur la Comédie, suivi d'analyses du Misanthrope et du Tartuffe, extraites d'un Commentaire sur Molière, que l'auteur se propose de publier; par de Saint-Prosper. *Paris, J. Gratiot,* 1812, in-8.

1533. La Criticomanie scénique, dernière cause de la décadence de la religion et des mœurs, en justification des lumières du xviii° siècle, etc., par Marc-François Hache. *Paris, Delaunay,* 1819, 2 vol. in-12.

<blockquote>
Ouvrage spécialement dirigé contre les comédies de Molière.
</blockquote>

1534. De l'Influence des moeurs sur la Comédie, discours suivi de deux Études sur les rôles du *Misanthrope* et du *Tartuffe,* par Adrien Perlet, ancien acteur. *Paris, Dauvin et Fontaine,* 1848, in-8 de 28 pp.

1535. De l'Influence du Théatre sur la Classe ouvrière, lectures faites le 22 et le 29 juin 1862 aux Conférences de l'Association polytechnique, par Édouard Thierry, administrateur général du Théâtre-Français. *Paris, typogr. Panckoucke,* 1862, in-8 de 90 pp.

L'auteur parle, avec une grande autorité, de Molière et de l'influence bienfaisante et civilisatrice de ses comédies, pp. 44 à 47.

XXXIII

ÉTUDES LITTÉRAIRES SUR MOLIÈRE

ET SUR SES OEUVRES EN GÉNÉRAL.

1536. Jugement sur les OEuvres de Molière, par l'abbé Baillet.

Ce jugement assez partial se trouve dans les *Jugemens des Sçavans sur les principaux ouvrages des Auteurs,* revus, corrigés et augm. par de La Monnoye, de l'Académie françoise (Paris, Ch. Moette, 1722, 7 vol. in-4, tome V, pp. 307-14). Nous ne croyons pas que l'auteur y ait rien changé, depuis sa première édition, publiée en 1685 et 1686.

1537. Appréciation des comédies de Molière, par Fénelon.

Voy. cette critique bienveillante dans sa Lettre à M. Dacier sur les travaux de l'Académie française (paragraphe vii, Projet d'un traité sur la Comédie), publiée à la suite des *Dialogues sur l'Éloquence* (Paris, 1748, in-12), et souvent réimprimée.

1538. Molière et ses comédies, jugés par Mme la marquise de Sévigné.

Voy., dans la grande édition définitive des *Lettres de Mme de Sévigné,* due aux recherches et aux soins littéraires de M. A. Régnier, et qui fait partie de la collection des *Grands Écrivains de la France,* publiés par la librairie Hachette, tous les passages relatifs à Molière et à ses Œuvres, relevés soigneusement, du tome II au tome X, dans la Table générale des matières.

1539. ÉCLAIRCISSEMENTS HISTORIQUES SUR LES OEUVRES DE MOLIÈRE, par Claude Brossette, de Lyon.

Ce commentaire, qui devait faire le pendant de celui que Brossette avait publié sur les Œuvres de Boileau en 1716, était entièrement achevé, lorsque l'auteur mourut à Lyon, le 16 juin 1743; malheureusement, il ne s'est pas retrouvé parmi ses papiers. On en reconnaît seulement quelques fragments dans les *Récréations littéraires, ou Anecdotes et remarques sur différents sujets,* recueillies par M. C.-R. (Cizeron-Rival). Paris, Dessaint, 1765, in-12, pp. 1-26.

1540. OBSERVATIONS SUR LES COMÉDIES DE MOLIÈRE, par Voltaire.

Ces Observations, qui avaient paru sous le titre de *Jugements,* à la suite de la Vie de Molière, en 1736, remplissent le chapitre VI du livre sixième de la *Poétique de M. de Voltaire, ou Observations recueillies de ses ouvrages* (Genève et Paris, Lacombe, 1766, in-8). Elles se trouvaient déjà recueillies dans les *Mélanges littéraires* des Œuvres de Voltaire.

1541. NOTICE SUR JEAN-BAPTISTE POQUELIN DE MOLIÈRE, par l'abbé Goujet.

Cette notice littéraire se trouve, dans le tome XVII, pp. 294-301, de sa *Bibliothèque françoise, ou Histoire de la Poésie françoise* (Paris, H.-L. Guérin et Delatour, 1740-56, 18 vol. in-12).

Le même ouvrage contient des notes intéressantes sur la traduction du poëme de Lucrèce, par Molière (tome V, pp. 18 et 24), et sur ses comédies imitées de Plaute et de Térence (tome IV, pp. 400 et suiv., et 450).

Voy. aussi des détails fort curieux sur les comédies de Molière, dans l'*Histoire de la Poésie françoise* (par le P. Joseph Mervesin), *Paris, Giffard,* 1706, in-12; seconde édition augmentée, *Amsterdam,* 1717, in-12.

1542. EXAMEN DES COMÉDIES DE MOLIÈRE, A CONSERVER, A CORRIGER ET A REJETER, par Louis Riccoboni.

Voy. ce singulier examen, dans son ouvrage : *De la Réformation du Théâtre* (s. n., 1743, in-12, pp. 266-318). Riccoboni veut conserver seulement *le Misanthrope, les Femmes savantes* et *les Fâcheux ;* il propose de corriger *l'Avare* et *le Cocu imaginaire ;* il rejette sans appel *l'École des maris, l'École des femmes* et *George Dandin.* Il ne parle pas des autres comédies de Molière.

1543. Essai de Critique sur les OEuvres de Molière, par J.-Fr. de Progen.

Fait partie de son recueil anonyme : *Essai de Critique, Réflexions et Contes moraux* (Toulouse, 1764, in-12).

1544. Remarques sur Molière, par l'abbé Prévost.

Ces remarques, qui avaient paru, en 1735, dans le tome VI de son ouvrage périodique : *le Pour et Contre,* sont réimprimées dans le *Nouveau Choix de pièces tirées des anciens Mercures et des autres journaux,* par de La Place, tome LVII, pp. 168-173.

1545. Anecdotes et remarques sur les pièces de Molière, avec une notice sur sa vie, par de Léris.

Voy. ces anecdotes, aux titres des comédies, dans son *Dictionnaire portatif et littéraire des Théâtres, contenant l'origine des différents théâtres de Paris, le nom de toutes les pièces qui y ont été représentées, etc., le nom et les particularités intéressantes de la vie des auteurs, musiciens et acteurs,* etc., seconde édition, revue, corrigée et considérablement augmentée (Paris, C.-A. Jombert, 1763, in-8).

1546. Notice sur Molière et analyse de ses comédies.

Cette Notice se trouve dans le tome III, et les Analyses dans le cours des trois volumes du *Dictionnaire dramatique, contenant l'histoire des théâtres, les règles du genre dramatique, les observations des maîtres les plus célèbres,* etc., *avec les notices des meilleures pièces,* etc. (par l'abbé de La Porte et Chamfort). *Paris, Lacombe,* 1776, 3 vol. in-8.

1547. Analyses des comédies de Molière, avec des anecdotes théâtrales.

Voy. ces analyses, aux titres des pièces, avec une notice sur Molière, dans les *Annales dramatiques, ou Dictionnaire général des théâtres,* par une Société de gens de lettres (*Paris, Babault,* 1808-1812, 9 vol. in-8).

1548. Idées sur Molière, par de La Harpe.

Ce morceau littéraire n'est autre qu'un Éloge de Molière, que l'auteur avait envoyé à l'Académie française, pour le concours de 1769, où Chamfort obtint le prix. La Harpe, mécontent de la décision de l'Académie, qui n'avait accordé à son ouvrage qu'une mention honorable, garda l'anonyme. Les *Idées sur Molière* ayant été recueillies dans les *OEuvres de M. de La H**** (Yverdon, impr. de la Soc. typogr. et littéraire, 1777, 5 vol. in-8), La Harpe n'hésita plus à les faire paraître lui-même dans le tome III de ses *OEuvres* (Paris,

Pissot, 1778, 6 vol. in-8); il les a depuis insérées dans son *Lycée, ou Cours de littérature ancienne et moderne* (Paris, Agasse, 1799 et suiv., 17 vol. in-8).

1549. IDÉES SUR MOLIÈRE, par Grimod de La Reynière.

Ce morceau littéraire fait partie de *Peu de chose, hommage à l'Académie de Lyon* (Neufchâtel et Paris, 1788, in-8).

1550. IDÉES SUR MOLIÈRE ET SES COMÉDIES, par Florian.

C'est la plus grande partie d'un opuscule de Florian, intitulé : *Mes Idées sur nos auteurs comiques*, et imprimé dans ses *Nouveaux Mélanges de poésie et de littérature*, publiés après sa mort par Pujoulx (Paris, 1806, in-12). On l'a réuni depuis aux Œuvres complètes de l'auteur.

1551. CRITIQUE DES JUGEMENTS DE VOLTAIRE SUR LES COMÉDIES DE MOLIÈRE, par Palissot.

Cette critique se trouve dans l'édition des Œuvres de Voltaire, que Palissot a publiée en les réduisant à 55 vol. in-8 (*Paris, Stoupe et Servière*, 1792-1800). Elle a été recueillie dans un volume spécial, destiné à servir de supplément à toutes les éditions de cet illustre écrivain : *le Génie de Voltaire, apprécié dans tous ses ouvrages* (Paris, Patris, 1806, p. 332 et suiv.).

1552. ÉTUDES SUR MOLIÈRE, ou Observations sur la vie, les mœurs, les ouvrages de cet auteur, et sur la manière de jouer ses pièces ; pour faire suite aux diverses éditions des OEuvres de Molière, par Cailhava. *Paris, Debray*, an x-1802, in-8.

1553. EXAMEN CRITIQUE DU THÉATRE DE MOLIÈRE, par de La Harpe.

Cet examen, dans lequel celui du *Misanthrope* et du *Tartuffe* occupent une place importante, fait partie du *Lycée, ou Cours de littérature ancienne et moderne* (Paris, Agasse, an VII, t. V, pp. 385-487).

Voy. aussi, dans les fragments d'une Histoire de la littérature française au xviiie siècle, par le comte de Boissy d'Anglas (*Études poétiques et littéraires d'un vieillard* ; Paris, Érasme Kleffer, 1825, 6 vol. in-12, tome V, pp. 77-101), une très-fine appréciation des jugements de La Harpe sur les Œuvres de Molière et sur son génie.

1554. EXAMEN CRITIQUE DES OEUVRES DE MOLIÈRE, par de Féletz.

Cet article, où l'auteur étudie le génie de Molière, a paru, signé A., dans le *Journal des Débats*, du 1er brumaire an XIV ; il a été recueilli dans le *Spectateur français au XIXe siècle* (Paris, librairie de la Société typographique, 1806, tome III, p. 391).

1555. EXAMEN CRITIQUE DES COMÉDIES DE MOLIÈRE, par Népomucène Lemercier.

Cet examen se trouve dans la seconde partie de son *Cours analytique de littérature générale, tel qu'il a été professé à l'Athénée de Paris* (Paris, Nepveu, 1817, 4 vol. in-8). « Dans le long article où l'auteur parle du *Tartuffe* de Molière, dit un biographe, il est en opposition avec tout ce qu'on a dit sur ce grand homme. »

1556. EXAMEN CRITIQUE DES COMÉDIES DE MOLIÈRE, par Geoffroy.

Ces articles de feuilleton, qui avaient paru dans le *Journal des Débats*, ont été recueillis et mis en ordre dans le tome I, pp. 290 à 446, du *Cours de littérature dramatique, ou Recueil par ordre de matières des feuilletons de Geoffroy* (Paris, P. Blanchard, 1819-20 ; 5 vol. in-8 ; seconde édit., *ibid., id.*, 1825, 6 vol, in-8).

1557. MOLIÈRE COMMENTÉ, d'après les observations des meilleurs critiques ; son Éloge, par Chamfort, et les remarques inédites du P. Roger, ex-jésuite. Ouvrage enrichi d'une lettre de Molière (vulgairement attribuée à de Visé) sur *l'Imposteur* ; de la scène du Pauvre du *Festin de pierre*, etc. (par J. Simonin). *Paris, Migneret*, 1813, 2 vol. in-12, avec portr. dessiné par Desenne et gravé par Migneret.

1558. MOLIÈRE ET SES OUVRAGES, appréciés et jugés par Fénelon, Voltaire, La Harpe, Marmontel, avec la notice biographique, par Voltaire.

Voy. le *Répertoire de la littérature ancienne et moderne* (Paris, Castel de Courval, 1824-27, 30 vol. in-8), tome XIX, pp. 284 à 418 ; tome XIV, pp. 424, etc.

1559. JUGEMENTS SUR MOLIÈRE.

Voy. ce choix de jugements, dans la *Galerie littéraire, ou Choix des jugements portés par les meilleurs critiques sur les Auteurs anciens et modernes*, par l'abbé Gourio, professeur au petit séminaire de Tréguier (*Paris, H. Delloye*, 1837, in-8).

1560. ESSAI LITTÉRAIRE SUR MOLIÈRE, par sir Walter Scott.

Cet essai est imprimé à la suite de l'*Histoire générale de l'Art*

dramatique, par sir Walter Scott (trad. de l'anglais, par Defaucon-
pret, père et fils). *Paris, Ch. Gosselin,* 1828, 2 vol. in-12. Il parut
d'abord dans le recueil intitulé : *Tales and Essays,* réimprimé à
Paris, par Didot ainé, pour A. et W. Galignani, en 1829, in-12. Nous
croyons que Walter Scott l'avait composé pour l'Encyclopédie
d'Édimbourg, à laquelle il fournit l'article *Drama,* traduit sous le
titre d'*Histoire générale de l'Art dramatique.*

1561. JUGEMENT SUR LE GÉNIE ET LES OUVRAGES DE MOLIÈRE,
par Henri Hallam.

Voy. l'*Histoire de la littérature de l'Europe pendant les XVe, XVIe
et XVIIe siècle,* trad. de l'angl. de H. Hallam, par Alph. Borghers
(Paris, Ladrange, 1839-40, 4 vol. in-8, tome II, pp. 285 à 333).

1562. ÉTUDES SUR LES COMÉDIES DE MOLIÈRE, par Gustave
Planche.

Ces Études ont paru dans l'*Artiste,* en 1835, notamment au
tome X de ce recueil, où l'on trouve un examen du *Festin de pierre*
et de l'*École des femmes;* nous ne croyons pas qu'elles aient été
recueillies dans les œuvres de l'auteur.

1563. EXAMEN CRITIQUE DE QUELQUES COMÉDIES DE MOLIÈRE,
par A. Delaforest.

Ce sont des feuilletons publiés par l'auteur dans la *Gazette de
France,* et réunis dans son *Cours dramatique de littérature,* pour
faire suite aux Mémoires de Bachaumont, au Journal de Collé, à
la Correspondance de Grimm, au Lycée de La Harpe, etc. (*Paris,
Allardin,* 1836, 2 vol. in-8).

1564. JUGEMENT SUR LA COMÉDIE DE MOLIÈRE, par Désiré Nisard, de l'Académie française.

Cet excellent travail de critique remplit presque entièrement le
chap. IX de son *Histoire de la littérature française* (Paris, Firmin
Didot, 1849, 3 vol. in-8), tome II, pp. 98-150. M. Nisard y examine
successivement les trois sortes de comédies qu'il trouve dans les
Œuvres de Molière : la Comédie d'intrigue, la Comédie de caractères
et de mœurs, et la haute Comédie ; il recherche ensuite les sources où
Molière a puisé, et enfin il traite cette question : Pourquoi, des trois
grands poëtes dramatiques du XVIIe siècle, Molière a-t-il le moins
perdu au théâtre?

1565. EXAMEN CRITIQUE DU THÉATRE DE MOLIÈRE, par Jules
Janin.

C'est le résumé des feuilletons que Jules Janin a publiés dans le
Journal des Débats, à propos de la représentation de plusieurs

pièces de Molière, et qui ont été mis en place dans son *Histoire de la littérature dramatique* (Paris, Michel Lévy, 1853-58, 6 vol. in-12), mais en général avec des remaniements maladroits et souvent déplorables.

1566. Examen critique des comédies de Molière, par Saint-Marc Girardin, de l'Académie française.

Cet examen tient une grande place dans son *Cours de littérature dramatique*, quatrième édit. (Paris, Charpentier, 1855-60, 4 vol. gr. in-18).

1567. Karl Frenzel. Dichter und Frauen. IIe Sammlung (über Molière). *Hannover, Rumpler,* 1860, in-8.

1568. Otto Markwald. Molière als Dramatiker. *Frankfurth,* 1860, in-8.

1569. Friedr. Fischer. Molière, ein Beitrag zur Forderung des Studiums dieses Dichters (Programm). *Duisburg,* 1864, in-4.

1570. Étude sur Molière, par Louis Noël. *Toulouse, imprim. Pradel et Blanc,* 1861, in-8 de 16 pp.

1571. Étude sur Molière, par A. Vinet.

Voy. cette étude dans son ouvrage sur les *Poëtes du siècle de Louis XIV* (Paris, Meyrueis, 1861, in-8, de la p. 364 à 470).

1572. Études sur Molière, par B. van Hollebecke.

Ces études ont paru dans la *Revue trimestrielle* de Bruxelles, n° d'avril 1862.

1573. Études sur Molière et ses ouvrages, par Paul Albert.

Voy. son livre intitulé : *la Littérature française au dix-septième siècle* (Paris, Hachette, 1873, in-12, de la p. 241 à 264). Voici le sommaire de ce chapitre consacré à Molière : « De la sympathie universelle qu'il inspire. — Caractère de l'homme. — L'éducation, la vocation. — Les divers milieux : la province, la ville et la cour. — Ce que Molière doit à Louis XIV. — La composition de l'œuvre : l'action, le comique, le dénouement. — L'au-delà, dans Molière. — La langue et le style. »

1574. Études sur les chefs-d'œuvre de Molière, avec

des scènes choisies de six de ses comédies, précédées d'une notice biographique et littéraire.

Ces études pédagogiques remplissent les pages 62-128 du *Manuel de la littérature française des XVIIe, XVIIIe et XIXe siècles*, par C. Plœtz, docteur en philosophie, ancien professeur au collége français de Berlin ; seconde édit., augmentée (Paris, F.-A. Herbig, 1867, in-8).

1575. LA PETITE COMÉDIE DE LA CRITIQUE LITTÉRAIRE, OU MOLIÈRE SELON LES TROIS ÉCOLES PHILOSOPHIQUES, par Paul Stapfer. *Paris, Michel Lévy,* 1866, in-12.

1576. THE WORKS OF MOLIÈRE. A Lecture delivered at Woking college. By Charles Wiener. February, 1871. *Guilford,* in-8 de 21 pp.

1577. H. WEYL. Beitrag zu den Molière Studie. *Kœnigsberg,* 1874, in-4.

XXXIV

JUGEMENTS ET RENSEIGNEMENTS

SUR LES COMÉDIES DE MOLIÈRE.

1578. LE MÉDECIN VOLANT, DE MOLIÈRE, étude médico-littéraire, par Ernest Hamy. *Paris, imprim. Malteste,* 1866, in-8 de 8 pp.

Extrait de *l'Union médicale,* juillet 1866.

1579. NOTICE SUR LE DÉPIT AMOUREUX, DE MOLIÈRE (signée Georges Mondain). *Paris, Priant,* 1874, in-8 de 8 pp.

Cette notice, faite avec beaucoup de soin, était destinée à servir de programme aux représentations du Répertoire classique, fondées en 1871, par M. Marye, directeur, et continuées par Mlle Agar, de la Comédie-Française.

1580. Observations sur les PRÉCIEUSES RIDICULES, de Molière.

Voy. ces Observations, dans le *Journal des Théâtres, ou le Nouveau Spectateur* (Paris, Esprit, 1777, in-8, tome II, pp. 176-180).

1581. Dissertation sur les Précieuses de l'hôtel Rambouillet et sur la comédie des *Précieuses,* de Molière.

> Voy. cette dissertation, dans les *Mémoires pour servir à l'histoire de la Société polie* (Paris, 1835, in-8), qui, n'ayant été tirés qu'à très-petit nombre et ne se vendant pas, sont rares et peu connus ; le comte P. Louis de Rœderer, auteur de ces Mémoires, soutient que Molière n'a pas voulu se moquer des véritables précieuses, qui ne lui ont jamais reproché sa comédie.

1582. Études sur Molière. *Les Précieuses ridicules* et *George Dandin ;* par Édouard Thierry.

> Ces études sont imprimées dans le *Mercure de France*, revue complémentaire du Musée des Familles, publié en 1835, par S.-H. Berthoud, in-4, nos 9 et 12, 2º année.

1583. Conférence sur *les Précieuses ridicules* de Molière, et sur *les Plaideurs* de Racine, par H. de La Pommeraye.

> Cette conférence a eu lieu le 14 janvier 1872.

1584. Jugement sur les Comédies de Molière, et Analyse de *l'École des Maris,* par Domairon, ancien professeur de belles-lettres à l'École militaire de Paris.

> Voy. sa *Poétique française* (Paris, Deterville, 1804, in-12, pp. 231-255).

1585. L'Éducation dans la Comédie. Les Adelphes, de Térence, et *l'École des Maris,* de Molière ; par G. Baguenault de Puchesse.

> Voy. ce jugement comparé, dans les *Mémoires de l'Académie de Sainte-Croix d'Orléans*, 1872, tome II.

1586. Le Théatre-Femme. Causerie à propos de *l'École des Femmes* de Molière, par Paul Féval. (Théâtre de la Gaieté, 26 janvier 1873.) *Paris, E. Dentu,* 1873, in-16 de III et 38 pp.

> Marie-Joseph Chénier avait très-justement critiqué *l'École des femmes,* sous le rapport de l'unité de lieu, dans son ouvrage sur les Unités de jour et de lieu dans les poëmes dramatiques. Voy. ses Œuvres (Paris, Guillaume, 1825, 8 vol. in-8, tome IV, p. 242).

1587. Les Don Juan, par X. Marmier.

> Cette étude est imprimée dans la *Revue de Paris*, 1834, tome VI de la seconde série.

1588. Le Don Juan de Molière, au Théâtre-Français, par Charles Magnin.

Cette notice est imprimée dans la *Revue des Deux-Mondes*, n° du 1ᵉʳ février 1847.

1589. A propos du Don Juan de Molière, par Éd. Fournier.

Dans la *Revue française*, 1858, tome XIII, nᵒˢ 120 et 121.

1590. Remarques sur le Misanthrope de Molière, par J.-J. Rousseau.

Ces remarques, extraites de sa *Lettre à d'Alembert, sur son article* Genève, *dans l'Encyclopédie, et particulièrement sur le projet d'établir un théâtre de comédie dans cette ville* (Amsterdam, 1758, in-8), sont imprimées dans le tome III, pp. 55-64, du *Journal de l'Instruction publique*, rédigé par Thiébault et Borrelly (Paris, Barrois, 1793, in-8).

La Harpe, dans son *Cours de littérature*, et Marie-Joseph Chénier, dans son Rapport sur le grand prix de littérature en 1810, ont protesté contre l'injuste critique de J.-J. Rousseau à propos de Molière et du *Misanthrope*.

1591. Lettre a M. Bret, auteur des Commentaires sur Molière.

Cette Lettre, relative à l'original de la Célimène du *Misanthrope*, est imprimée dans le *Journal encyclopédique* (Bouillon, année 1776, tome III, p. 517, et tome IV, p. 132). L'auteur, qui n'a pas signé, est certainement Grosley, de Troyes.

1592. Lettre d'un homme de l'autre siècle, au *Misanthrope* de Molière. — Réponse à cette Lettre, par Cailhava.

Voy. la Lettre, dans le tome I, p. 337, du *Nouveau Spectateur, ou Examen des nouvelles pièces de théâtre, servant de répertoire universel des spectacles*, rédigé par Le Fuel de Méricourt (*Paris, Esprit*, 1776, in-8), et la Réponse, dans le même tome, p. 461.

1593. Lettre a M. de La Harpe, sur *le Misanthrope* de Molière.

Cette Lettre est imprimée dans le *Journal encyclopédique*, de Bouillon, mai 1776, in-12.

1594. Sur le Misanthrope et sur le rôle de Célimène, par Mˡˡᵉ ***.

Cette étude de caractère, où l'auteur a fait un portrait achevé des coquettes, se trouve dans le bulletin dramatique des *Quatre Saisons du Parnasse*, publié par F.-J.-M. Fayolle, seconde année, Hiver, 1807, pp. 306-321.

1595. Alceste, ou le Misanthrope.

Fait partie des *Œuvres du comte Carolis* (le comte Passero), Marseille, Mossy, 1817, in-8, dont l'édition entière a été retirée avant la publication, et détruite, à l'exception de deux ou trois exemplaires.

1596. Quelques Réflexions sur *le Misanthrope* et sur *le Philinte de Molière*, à propos du nouveau Commentaire de M. Auger sur *le Misanthrope*.

Ces réflexions, signées E., ont paru dans le tome V de *l'Abeille littéraire* (Paris, 1821, in-8, p. 555). On les retrouve signées T. (Taschereau), dans le *Mercure du XIXe siècle* (Paris, Baudouin, 1823, in-8, pp. 123-32).

1597. Des divers Caractères du Misanthrope, chez les écrivains anciens et modernes, par A. Widal. Thèse présentée à la Faculté des Lettres de Paris. *Paris, Durand,* 1851, in-8 de 116 pp.

1598. Réflexions sur le Misanthrope, par Roux, professeur de littérature française. *Bordeaux, Gounouilhou,* 1867, in-8 de 30 pp.

Extrait des Actes de l'Académie des sciences de Bordeaux.

1599. Études sur Molière. *Le Misanthrope* et *Tartuffe,* par Jules Janin.

Ces études se trouvent dans le *Mercure de France,* revue complémentaire du Musée des familles, publié, en 1835, par S.-H. Berthoud, in-4, n° 10.

1600. A.-E. Gerth, über den Misanthropen des Molieres, mit Bezugnahme auf das Urtheil von A.-W. Schlegel. Programm des Pædagogium von Putbus. *S. l.,* 1841, in-4.

Voy. aussi ce qui concerne Molière dans le célèbre ouvrage de Guillaume Schlegel : *Cours littéraire dramatique,* traduit de l'allemand par Mme Necker (*Paris et Genève, Paschoud,* 1804, 3 vol. in-8). Malgré le parti pris de dénigrement contre les écrivains français, que l'auteur s'efforce de rabaisser au-dessous de leurs plus faibles rivaux germaniques, et cela sans excepter même Molière, l'ouvrage de Schlegel a été mis à sa place et solidement réfuté, à propos des comédies de Molière, par Dubois, de Rennes, dans le journal *le Globe,* n° du 23 octobre 1827.

1601. Étude sur Molière. Molière et ses contemporains, dans *le Misanthrope*, par B. van Hollebeke.

Cette étude a été publiée dans la *Revue trimestrielle de Bruxelles*, tome XXXIV, p. 392.

1602. Lettre sur le Tartuffe, par Grosley.

Voy. cette Lettre dans le *Journal encyclopédique*, année 1782, mai, p. 488.

La Réponse à cette Lettre, par Bret, a paru dans le même recueil, tome V de l'année 1782, p. 221.

1603. Lettre sur le Tartuffe, avec la Réponse.

Ces deux lettres, à propos d'un article de journal, dans lequel le rédacteur avait fait le procès au *Tartuffe*, de Molière, sont imprimées dans les *Quatre Saisons du Parnasse*, par F.-J.-M. Fayolle, 2ᵉ année, Automne, 1803, in-12, p. 319.

Marie-Joseph Chénier, dans sa fameuse brochure : *De la Liberté du Théâtre en France* (15 juin 1789), n'avait pas oublié les persécutions que Molière eut à souffrir à l'occasion de son *Tartuffe*.

1604. Observations de Scribe sur les dénoûments du Tartuffe et des Femmes savantes.

Ces observations ingénieuses ont été recueillies par M. Ernest Legouvé, de l'Académie française, dans une de ses plus charmantes conférences littéraires, intitulée : *Eugène Scribe* (Paris, Didier, 1874, in-8 de 48 p.).

1605. Comment Molière fit le Tartuffe, par M. Édouard Fournier.

Cette piquante investigation historique et littéraire a paru dans la *Revue française*, 1857-58, tome XI, p. 109 et suiv.

1606. Les Sources du Tartuffe, par M. l'abbé Davin.

Cet extrait d'un ouvrage en 2 volumes que prépare M. l'abbé Davin, pour prouver que Molière a été l'auxiliaire de Louis XIV contre les jansénistes, a paru dans le journal *le Monde*, nᵒˢ des 2, 13, 15, 22, 27 août; 3, 15 et 19 septembre 1873. Suivant M. l'abbé Davin, Molière aurait été, toute sa vie et même après sa mort, victime des jansénistes, qui, après lui avoir fait refuser la sépulture religieuse, seraient parvenus à faire disparaître tous ses papiers.

Voy. une Lettre de Saint-Évremond, sur le *Tartuffe*, dans le *Conservateur, ou Choix de morceaux et d'ouvrages anciens* (Paris, 1756-61, 38 vol. in-12), volume du mois d'avril 1758.

1607. Notes sur le Tartuffe et sur d'autres comédies de Molière, par l'abbé Ménage.

Ces notes sur *le Tartuffe* sont très-précieuses, puisqu'elles viennent d'un contemporain qui a osé défendre cette comédie auprès du président de Lamoignon. Voy. le *Menagiana,* édit. de La Monnoye (*Paris*, V° *Delaulne,* 1729, 4 vol. in-12), tome I, pp. 144 et 145; tome IV, p. 174. La table du recueil indique d'autres passages relatifs à Molière et à ses comédies.

1608. Étude sur le Tartuffe, par Pierre Varin, conservateur adjoint de la bibliothèque de l'Arsenal.

Voy. cette étude dans son ouvrage : *la Vérité sur les Arnauld, complétée à l'aide de leur correspondance inédite* (Paris, Poussielgue-Rusand, 1847, 2 vol. in-8, tome I, pp. 182-211).

1609. Étude sur Tartuffe, par L. Veuillot.

Cette étude est imprimée dans la *Revue du Monde catholique,* n° du 25 juillet 1863.

1610. Jacques du Lorens et le Tartuffe. Notice sur un Précurseur de Despréaux, 1583-1658, par Prosper Blanchemain. *Paris, A. Aubry,* 1867, in-8 de 12 pp.

Extrait du *Bulletin du bibliophile,* n° 247, avril 1867.
M. Hippolyte Lucas a inséré, dans le *Journal de l'instruction publique,* vers 1865, un très-curieux article sur l'origine du mot *Tartuffe,* et il a décrit pour la première fois une gravure de Laigniet, portant ce titre : *la Tartufe,* et représentant une sainte-nitouche ou une hypocrite dans le genre de la *Macette* de Regnier, avec des vers burlesques relatifs au caractère du personnage. On sait que le graveur Laigniet publiait ses estampes satiriques et comiques avant que Molière se fût fixé à Paris avec sa troupe.

1611. Critique du Tartuffe de Molière (en anglais).

Cette Critique, dont l'auteur ne se nomme pas, a paru dans le *Scottish monthly Magazine* (Edinburgh, in-8), 1863, n° 1.

1612. Jugement sur la comédie du Tartuffe, par Sainte-Beuve.

Ce jugement se trouve dans l'histoire de *Port-Royal,* par Sainte-Beuve, seconde édit., in-12, tome III, pp. 210 et suiv.

1613. Notice sur la comédie du Tartuffe.

Cette curieuse notice, publiée dans la *Revue de la Liberté de penser,* n° du 15 décembre 1848 (tome III, pp. 15-43), offre des rapprochements tout à fait neufs entre la comédie de Molière et divers passages empruntés au roman de la Rose, aux poésies de Ronsard, aux Satires de Regnier, aux Provinciales de Pascal, etc.

1614. Les Rêveries de Jules Staub. TARTUFFE, par Louis Hyrier.

> Voy. cette fantaisie sur le type du *Tartuffe*, dans le tome II de la *Revue de Montpellier* (Montpellier, 1836, gr. in-8, pp. 131 et suiv.).

1615. JUGEMENT sur *l'Amphitryon* de Molière, par Bayle.

> Voy. ce jugement, dans son *Dictionnaire historique et critique*, aux notes de l'article MOLIÈRE. Il a été réimprimé depuis dans beaucoup d'éditions des Œuvres de Molière.

1616. QUELQUES OBSERVATIONS littéraires et critiques sur *l'Amphitryon* de Molière, par Théodore Lorin. *Soissons, A. Decamps,* 1855, in-8 de 36 pp.

1617. ESSAI HISTORIQUE sur le sujet d'*Amphitryon*, par Queux de Saint-Hilaire. *Dunkerque, typogr. Benjamin Kien,* 1861, in-8 de 43 pp.

1618. Lettre du sieur de la Sozelière à M. de Cailhava, au sujet de l'AVARE DE MOLIÈRE. — Réponse de M. de Cailhava à la Lettre de M. de la Sozelière.

> Voy. la Lettre, à la page 207 du tome II du *Journal des Théâtres, ou le Nouveau Spectateur* (Paris, Ruault, 1776, in-8) ; et la Réponse à la page 369 du même volume.

1619. REMARQUES sur *l'Avare* de Molière, par Théodore Lorin. *Soissons, imprim. de Decamps,* 1856, in-12 de 72 pp.

> Voy. un parallèle entre *l'Avare* de Molière et *les Plaideurs* de Racine, dans *la Pie bas-bleu*, par Arthur de Grandeffe (Paris, Ledoyen, 1858, in-8, p. 79 et suiv.), ainsi que d'excellentes observations sur les comédies de Molière, que le public ne goûtait plus au XVIIIe siècle (pp. 487-490 du même ouvrage), quoique les Comédiens français eussent décidé qu'un jour de chaque semaine serait consacré à la représentation de ces comédies.

1620. CONFÉRENCE sur *l'Avare* de Molière, par Henri de La Pommeraye.

> Cette Conférence a eu lieu le 7 janvier 1872 ; il n'en a paru que des extraits dans les journaux.
> Voy. plus haut, n° 1420 : *Molière artiste et auteur dramatique, à propos de l'Avare*, par Eugène Lemonnier.

1621. Molière et M. de Pourceaugnac, par Jules Claretie.

Voy., dans la *Revue des Cours littéraires* (Paris, Germer-Baillière, 1872, gr. in-8, tome X de la collection), cette ingénieuse réhabilitation du personnage de Pourceaugnac, essayée par M. J. Claretie, dans une des matinées littéraires de la Gaieté, le 11 février et le 16 mars 1872.

1622. Le Phormion de Térence et *les Fourberies de Scapin* de Molière (Programm der Reaschule). *Elberfeld*, 1859, in-4.

Ce programme ne porte que sur un seul point d'une étude très-intéressante qui est encore à faire pour toutes les comédies de Molière; c'est la recherche des imitations plus ou moins déguisées qu'on pourrait y découvrir. Ménage a dit : « On pourroit faire un juste volume des endroits que Molière a imités, soit des anciens, soit des modernes. » (*Menagiana*, édit. de 1729, tome III, p. 147.) Puis il cite, comme exemple, un certain nombre de ces imitations, dans *le Misanthrope*, *l'Avare*, *l'École des femmes*, *la Princesse d'Élide* et *le Mariage forcé*. Il ne manque pas aussi de remarquer que la comédie des *Fourberies de Scapin* « est une imitation et presque une traduction du *Phormion* de Térence ».

1623. Remarques sur la 2ᵉ scène du 3ᵉ acte des Fourberies de Scapin, par Dreux du Radier.

Ces remarques sont imprimées dans le *Journal encyclopédique* (Bouillon, 1775, septembre, tome VI, p. 318).

1624. George Dandin, par Sébastien Mercier.

Cet article, qui avait paru dans un journal, se retrouve dans le recueil de Mercier, intitulé : *Mon Bonnet de nuit* (Neufchâtel, impr. de la Soc. typogr., 1784, 2 vol. in-8, tome II, pp. 122-25).

L'ouvrage suivant n'a d'analogie que par son titre avec la comédie de Molière : *George Dandin, ou l'Échelle matrimoniale de la reine d'Angleterre*, trad. de l'angl. (Paris, Ponthieu, 1820, in-8 de 32 pp., avec 15 caricatures).

1625. Einleitung zu Molière's Femmes savantes, von C.-Th. Lion. *Langensalza*, 1870, in-8.

Introduction aux *Femmes savantes*. C'est, croyons-nous, une thèse ou dissertation inaugurale.

1626. H. Fritsche. Commentar zu Molière's Femmes savantes. *Grünberg*, 1873, in-4 de 26 pp.

1627. Lettre du P. Rapin au comte de Bussy-Rabutin, sur

les Femmes savantes de Molière, du 25 mars 1673, avec la Réponse.

Voy. cette lettre et la réponse dans le recueil des *Lettres* de Bussy, et de préférence dans la dernière édition de cette *Correspondance*, publiée en 1858, par M. Ludovic Lalanne, avec de bonnes notes, 5 vol. in-12.

1628. NOTES DE DE VISÉ, sur la comédie des *Femmes savantes* et sur l'abbé Cotin.

Voy. ces notes dans le *Mercure galant*, années 1672 et 1673, tome I, p. 209. Elles ont été réimprimées dans le *Choix des anciens Mercures* (Paris, Chaubert, 1757-1764, 108 vol. in-12), tome I, pp. 184-91.

1629. OBSERVATIONS sur *les Femmes savantes* et sur la représentation de cette comédie, par P. Bayle.

Voy. sa *Réponse aux questions d'un Provincial* (Rotterdam, Leers, 1704, 5 vol. in-12, tome I, pp. 245 et suiv.).

1630. SUR LES FEMMES SAVANTES de Molière, et Réflexions relatives à cette comédie, par Geoffroy.

Voy. ces différents extraits du feuilleton du *Journal des Débats* dans *le Spectateur français au XIX° siècle* (Paris, libr. de la Soc. typographique, 1804 et suiv., 12 vol. in-8), tome IV, p. 385 ; tome VIII, p. 398 ; tome XI, pp. 143, 149 et 154.

Voy. aussi, dans les éditions des Œuvres de Molière, avec commentaires par Bret, Auger, Aimé-Martin, Taschereau, Moland, etc., les Notices qui précèdent ou suivent les comédies.

Nous aurions voulu pouvoir indiquer ici les principaux articles historiques et critiques que nos premiers rédacteurs de feuilletons de théâtre ont consacrés aux comédies de Molière : M. de Saint-Victor, dans *la Presse, la Liberté* et *le Moniteur universel;* M. Édouard Fournier, dans *la Patrie;* Nestor Roqueplan, dans *le Constitutionnel;* Paul Foucher, dans *l'Opinion nationale* et dans *la France;* M. de Biéville, dans *le Siècle;* M. Ch. Monselet, dans *le Monde illustré;* M. Arsène Houssaye, dans *l'Artiste,* etc.

XXXV

ÉCRITS PHILOLOGIQUES SUR LES OUVRAGES

DE MOLIÈRE.

1631. LEXIQUE COMPARÉ DE LA LANGUE DE MOLIÈRE et des écrivains du XVII° siècle, suivi d'une lettre à M. A.-F. Didot, sur quelques points de philologie françoise, par

F. Génin, professeur à la Faculté des Lettres de Strasbourg. *Paris, F. Didot,* 1846, in-8.

Cet ouvrage ingénieux, mais très-incomplet, est précédé d'une bonne Vie de Molière, qui n'occupe pas moins de 76 pp. Il est à regretter qu'un autre ouvrage, qui avait obtenu, concurremment avec le Lexique de F. Génin, le prix, *ex æquo,* de l'Académie française, n'ait pas été imprimé : ce *Dictionnaire des principales locutions de Molière,* par M. Guessard, est, dit-on, bien supérieur à l'autre, au point de vue philologique.

1632. RÉCRÉATIONS PHILOLOGIQUES, ou Recueil de notes pour servir à l'histoire des mots de la langue, par F. Génin. *Paris, Chamerot,* 1856, 2 vol. in-8.

Cet ouvrage, composé en partie des articles publiés par Génin dans le journal *l'Illustration,* comprend une foule de notes grammaticales sur la langue de Molière.

1633. CURIOSITÉS DE L'ÉTYMOLOGIE FRANÇAISE, avec explication de quelques proverbes et dictons populaires, par Charles Nisard. *Paris, Hachette,* 1863, in-12.

L'auteur cite sans cesse Molière et donne l'explication historique et philologique des proverbes populaires, qui sont si nombreux dans les comédies de Molière. Il faut remarquer pourtant que ces comédies ne sont jamais réimprimées pour l'usage du peuple et n'ont jamais figuré dans les collections de la Bibliothèque bleue. Voy. l'ouvrage de M. Ch. Nisard : *Histoire des livres populaires* (Paris, Amyot, 1854, 2 vol. in-8).

1634. MOLIÈRE STUDIEN. Ein Namenbuch zu Molière's Werken mit philologischen und historischen Erklärungen, von Hermann Fritsche, Oberlehrer an der städtischen Realschule zu Wehlau. (Études sur Molière. Lexique des noms employés dans les OEuvres de Molière, avec des explications philologiques et historiques, par Hermann Fritsche, professeur à l'École professionnelle municipale de Wehlau.) *Dantzig, Bertling,* 1868, in-8 de XL et 155 pp.

Voy., sur ce curieux ouvrage de philologie, la *Revue critique d'histoire et de littérature,* 1868, 2e sem., pp. 140-144.

Ce vocabulaire a été l'objet d'un article critique de M. le baron Ernouf, dans le *Bulletin du Bibliophile,* année 1869, p. 112.

1635. JUGEMENT SUR LE STYLE DE MOLIÈRE, par Fénelon.

Voy. ce jugement sévère dans sa Lettre sur l'Éloquence.

1636. DE LA LANGUE DU DROIT DANS LE THÉATRE DE MOLIÈRE, par Eugène Paringault, docteur en droit, procureur impérial à Beauvais. *Paris,* 1861, in-8 de 52 pp.

1637. LA PARTIE DE PIQUET, DES FACHEUX, par Eugène de Certain.

> Dans le tome V, p. 250, de la *Correspondance littéraire* (Paris, Durand, 1860-61, gr. in-8). L'auteur de cet article commente les vers (acte II, scène 2) dans lesquels Alcippe raconte une partie de piquet, qu'il a perdue, et prouve que Molière connaissait parfaitement les finesses de ce jeu de cartes, ainsi que la langue du jeu. Molière connaissait aussi le vocabulaire des termes techniques de la vénerie, comme on le voit dans la scène des *Fâcheux* (acte II, scène 5), où Dorante raconte une de ses chasses. Grimarest dit pourtant qu'un « habile homme » avait donné le canevas de cette scène, à Molière.

1638. SUR UN VERS DU MISANTHROPE, par Ludovic Lalanne.

> Cette dissertation philologique se trouve à la p. 82 du 3e vol. de la *Correspondance littéraire,* 1858-59, gr. in-8 à 2 col.

1639. DE L'ORTHOGRAPHE DU MOT TARTUFFE, par le docteur Desbarreaux-Bernard; 2e édition. *Toulouse, imprimerie Chauvin,* 1865, in-16 de 15 pp.

> Tiré à 60 exempl. numérotés. La 1re édition est un tirage à part de cet article, publié d'abord dans le *Bulletin du Bibliophile* de Techener, 14e série, 1859, pp. 21-26.

1640. DERNIÈRES OBSERVATIONS ET VARIANTES DE BRET, d'après l'édition de 1788 et scène originale du Pauvre du *Festin de pierre.* (Publié par Guilbert de Pixerécourt.) S. n. et s. d. (*Paris,* vers 1825), in-8 de 36 pp.

1641. EXPRESSIONS DE MOLIÈRE, critiquées par la Société grammaticale de Paris.

> Ces critiques se trouvent çà et là dans le *Journal grammatical littéraire et philosophique de la langue française et des langues en général,* rédigé par G.-N. Redler (Paris, 1834-36, 3 vol. in-8). Bescher était ordinairement le rapporteur des séances de la Société grammaticale.

1642. SCÈNES ET PASSAGES DES COMÉDIES DE MOLIÈRE, imités des auteurs latins.

> Ces imitations ont été signalées par J. Planche, dans les *Échos*

poétiques. Exposition des plus riches dépouilles rapportées d'Athènes et de Rome par les princes du Parnasse français (Paris, Firmin Didot, 1852, in-8, pp. 98-214). Voy. aussi, dans le même ouvrage, plusieurs citations de Molière, au chapitre intitulé : *l'Oxymore ou Antilogie*.

XXXVI

AUTOGRAPHES DE MOLIÈRE.

1643. Lettre a MM. les Maires des Communes de Ferrière et de La Ferrière, pour la recherche des manuscrits de Molière. Signé : Beffara, et daté du 20 juin 1848. *Paris,* in-8, autographié.

Beffara envoya cette Lettre aux maires des différentes communes de Normandie, qui portent le nom de *Ferrière* et de *La Ferrière,* pour les prier de faire des recherches au sujet de ces manuscrits, que la tradition supposait avoir été transportés, par le comédien La Grange, dans un village nommé Ferrière, ou La Ferrière, où il se retirait, après avoir quitté le théâtre. Beffara ne savait pas que l'abbé Bordelon, dans ses *Diversités curieuses,* parle de la vente à l'encan de livres appartenant à La Grange, qui serait mort à Paris, au faubourg Saint-Germain, vers 1690, et non en Normandie.

1644. Prétendue découverte de Manuscrits de Molière, en 1836.

Voy. *Revue rétrospective* de MM. Taschereau et Monmerqué, 2ᵉ série, tome VIII, pp. 157-60. Le *Moniteur,* du 12 octobre 1836, avait publié une lettre, datée du château de la Chainelle et signée Arthur de Vérigny, annonçant qu'une liasse de papiers où se trouvait une correspondance inédite de Molière, avec Jasmin, trésorier du roi, avait été découverte dans une maison du village de Seine-Port, près Corbeil. Le maire de Seine-Port déclara que c'était une fausse nouvelle, et par conséquent une mystification littéraire.

1645. Découverte d'un Autographe de Molière. Réfutation impartiale de quelques points de controverse élevés à ce sujet. Avec un tableau comparatif des variations qu'offre l'écriture de Molière dans les signatures qu'on a de lui (par P.-Jul. Fontaine). *Paris, Ch. Tresse,* 1840, in-8 de 11 pp., avec *fac-simile* in-4.

Cet autographe, de deux lignes avec signature, écrit et signé sur parchemin, avec la date du 24 juin 1670, avait été découvert derrière la toile d'un ancien tableau de sainteté, attribué à Sébastien Bourdon. Il fut généralement contesté et dédaigné ; mais, par un hasard vraiment inexplicable, un tableau analogue est mentionné dans l'inventaire du mobilier de Molière, après décès, inventaire retrouvé en original dans les archives d'un notaire de Paris, par M. Eudore Soulié. Le tableau de Sébastien Bourdon, derrière lequel se trouve encore l'autographe de Molière, appartient aujourd'hui à M. Louis Viardot. Il a figuré à l'exposition du Musée Molière, lors du jubilé organisé au Théâtre-Italien, du 15 au 23 mai 1873, par les soins de M. Ballande. Voy. le Catalogue de ce Musée, nos 2 et 3.

1646. PROCÈS intenté par le directeur de la Bibliothèque royale, à M. Charon, marchand de lettres autographes, pour la revendication d'un autographe de Molière.

Ce procès, qui fut jugé en 1846, concernait une quittance autographe de Molière, provenant du cabinet de M. le baron de Lalande et revendiquée par l'administration de la Bibliothèque royale, comme ayant fait partie de ce dépôt. Les détails et les pièces de cette affaire sont exposés dans la préface du *Catalogue d'une belle collection de lettres autographes, dont la vente aura lieu le jeudi 16 avril 1846* (Paris, Charon, 1846, in-8, pp. I-xv). Le tribunal décida que la quittance en question, datée du 7 avril 1669, avait dû appartenir à la Bibliothèque royale, et y serait réintégrée.

1647. NOTES AUTOGRAPHES de Molière, sur un exemplaire de l'*Andromède*, tragédie de Pierre Corneille, représentée avec les machines sur le théâtre royal de Bourbon (*Rouen, Laurens Maurry*, 1851, in-4, fig.).

Cet exemplaire, qui provenait de la bibliothèque de Pont-de-Vesle, et qui avait appartenu auparavant au marquis de Crozat, a été découvert parmi les livres de la bibliothèque dramatique de M. de Soleinne ; il est longuement décrit dans le tome I, pp. 251-53, du Catalogue de cette bibliothèque, et l'on y démontre l'authenticité de ces notes autographes, qui nous donnent les noms des acteurs de la troupe de Molière, par lesquels la tragédie de Corneille a été jouée, soit à Paris, soit en province. Parmi ces noms, celui de Molière est répété plusieurs fois, ce qui permet de constater l'identité de l'écriture. Le précieux volume, qui contient cet autographe, le plus important qu'on possédât de Molière, avant la découverte de celui que M. Lacour de la Pijardière a trouvé dans les Archives de l'Hérault, est conservé dans la famille d'un ancien magistrat, M. de Maindreville. On l'a vu reparaître, avec beaucoup d'intérêt, à l'exposition du Musée Molière, lors du jubilé organisé au Théâtre-Italien, du 15 au 23 mai 1873, par les soins de M. Ballande.

1648. Un autographe de Molière.

Cet extrait de *l'Indépendance belge*, du 30 juillet 1860, se trouve dans le *Bulletin du bibliophile belge*, tome XVI, 1860, p. 229. Il s'agit d'un vol. in-4, contenant des pièces de théâtre du xviie siècle, et entre autres le ballet du *Mariage forcé*, avec quelques annotations manuscrites qu'on a cru pouvoir attribuer à Molière, lors de la vente de la bibliothèque du château de Bercy.

1649. Signature autographe de Molière, au bas de la minute d'une obligation notariée, comme caution du sieur Michel Baron, comédien de la troupe du Roi, pour la somme de 300 livres qu'il devait au sieur Monchaingre de Fillandre et à sa femme, en payement d'habits de théâtre à lui vendus.

Voy. la description de cette pièce, qui nous parait être d'une authenticité douteuse, dans les *Mélanges curieux et anecdotiques tirés d'une collection d'autographes et de documents historiques, ayant appartenu à M. Fossé d'Arcosse* (Paris, Techener, 1861, in-8, p. 316).

1650. Signatures autographes de Molière et de toute la troupe de l'Illustre Théâtre, sur un registre de minutes des notaires de Rouen (1643), conservé dans les archives de la Cour d'appel de Rouen.

Ce registre, qui a figuré à l'exposition du Musée Molière, lors du jubilé organisé par M. Ballande, au Théâtre-Italien, du 15 au 23 mai 1873, se trouvait dans une vitrine, et assez mal éclairé. Il n'a donc pas été possible de copier l'acte notarié qu'il contient et qui nous eût fourni des renseignements précieux sur l'établissement de l'*Illustre Théâtre*, à Paris, par Molière et la famille Béjart. Nous espérons qu'il sera publié avec un fac-simile.

1651. Dissertation sur un faux autographe de Molière, par P. L. Jacob, bibliophile.

Cette dissertation, qui roule sur l'époque de la construction de la salle des Machines aux Tuileries, a paru dans *l'Amateur d'autographes*, de Gabriel Charavay, 3e année, 15 sept. 1864, pp. 274-79. Elle a pour objet de combattre l'authenticité du prétendu autographe de Molière, qui avait servi de texte à l'auteur anonyme d'un article publié dans le même recueil, le 1er janvier 1863. Ce prétendu autographe appartenait à M. Chambry, qui l'avait acquis aux enchères dans une vente d'autographes, faite par Charon en 1845.

1652. Rapport sur la Découverte d'un autographe de Molière, présenté à M. le préfet de l'Hérault, par M. de la Pijardière, archiviste du département. *Montpellier, C. Coulet,* 1873, in-8 de 22 pp., avec *fac-simile.*

<small>Cet autographe, découvert par M. L. de la Pijardière dans les Archives départementales de l'Hérault, est une quittance de Molière, pour la somme de 6,000 livres, que M. Lesecq, trésorier de la bourse des États du Languedoc, lui paye, à Pézénas, le 24 février 1656, comme lui étant accordée par MM. du Bureau des comptes, sans doute par ordre du prince de Conti, gouverneur de Languedoc.</small>

XXXVII

FARCES ATTRIBUÉES A MOLIÈRE,

REPRÉSENTÉES, MAIS NON IMPRIMÉES,

ET AUTRES PIÈCES INÉDITES DE MOLIÈRE.

1653. LES PRÉCIEUSES RIDICULES, farce représentée en province par la troupe de Molière.

<small>Il est à peu près incontestable que la *farce des Précieuses* (c'est ainsi que l'appelait encore Mlle Des Jardins, lorsque Molière en eut fait une comédie, représentée, avec un prodigieux succès, à Paris, sur le théâtre du Petit-Bourbon, en 1659) fut jouée d'abord en province. La plupart des historiens du Théâtre, les frères Parfaict, de Léris, de Mouhy, etc., se fondant sur la tradition, sont d'accord sur ce point; les auteurs du grand Dictionnaire de Moréri le disent positivement; enfin, on trouve, dans le *Récit de la farce des Précieuses,* plusieurs scènes qui ne sont pas dans la comédie. Il faut donc en conclure que nous n'avons point la farce primitive dans laquelle Molière s'était moqué des *fausses* précieuses de province, dix ou douze ans avant que la comédie des *Précieuses ridicules* fut représentée à Paris.</small>

<small>Voy., sur les farces inédites de Molière et sur leur représentation, une Notice très-bien faite, dans le tome Ier de l'édition des Œuvres de Molière, publiées par M. Eugène Despois, dans la collection des *Grands Écrivains de la France*, pp. 3-14. Cependant nous ne partageons pas l'opinion de M. Despois, qui veut reconnaître la même farce sous deux ou trois titres différents. Il y avait déjà des affiches de spectacle à cette époque, et l'usage n'était pas de changer un titre de pièce, quand ce titre avait paru sur l'affiche, du moins à Paris.</small>

1654. LE MAÎTRE D'ÉCOLE, farce jouée par la troupe de Molière dans les provinces, avant son établissement à Paris.

<small>Cette farce, dans le goût italien, était une de celles qui avaient le</small>

plus de succès en province ; cependant Molière ne paraît pas l'avoir fait représenter à Paris.

Le chevalier de Mouhy dit, dans son *Abrégé de l'histoire du Théâtre françois* (Paris, L. Jorry, 1780, 3 vol. in-8, tome I, p. 290), que M. de Bombarde avait le manuscrit de cette farce, dans sa bibliothèque, une des plus importantes pour le Théâtre, vers le milieu du xviiie siècle, et qui a été dispersée, sans nous laisser au moins le souvenir d'un catalogue imprimé.

1655. LES TROIS DOCTEURS RIVAUX, farce jouée en province avant 1659.

Cette farce, dont il ne reste que le titre, fut encore représentée, à Paris, suivant le Registre de La Grange, le 27 mars 1661, sous le titre des *Trois Docteurs*. Grimarest dit positivement que cette farce était une de celles que tout le monde en Languedoc, jusqu'aux personnes les plus sérieuses, ne se lassait pas de voir jouer.

1656. LE DOCTEUR AMOUREUX, farce représentée d'abord en province, puis jouée, devant le roi, dans la salle des gardes du vieux Louvre, le 24 octobre 1658.

Voy., sur cette représentation, la Préface de l'édition des Œuvres de Molière, donnée en 1682 par La Grange et Vinot.

Boileau, dans sa vieillesse, regrettait surtout la perte de cette farce de Molière, parce que, disait-il, il y a toujours quelque chose d'instructif dans ses moindres ouvrages (*Bolœana*, Amst., 1742, in-12, p. 31). Molière jouait, de temps à autre, *le Docteur amoureux*, sur son théâtre, à Paris, mais il se refusa toujours à le faire imprimer.

Il y a une vingtaine d'années, M. A. Guérault annonça, dans les journaux, qu'il avait découvert un manuscrit du *Docteur amoureux*, provenant de la bibliothèque laissée par le comédien La Grange dans une maison qui lui avait appartenue à Rouen. Cette bibliothèque renfermait, en outre, « les éditions que La Grange a données des Œuvres de Molière, dont l'une d'elles porte des annotations de sa main. » La Critique se montra incrédule, et mit au défi M. Guérault de produire le manuscrit. M. Guérault persista dans ses déclarations, mais ne montra pas son manuscrit.

1657. GROS-RENÉ ÉCOLIER, farce jouée sur le théâtre du Petit-Bourbon, le 18 avril 1659.

Cette farce fut reprise, sur le théâtre du Palais-Royal, sous le titre de *Gros-René petit enfant*, le 25 avril 1664, si l'on peut, toutefois, reconnaître la même farce sous deux titres aussi différents.

1658. LE DOCTEUR PÉDANT, farce jouée sur le théâtre du Petit-Bourbon, le 18 juin 1660.

Cette farce, qu'il ne faut pas confondre avec *le Docteur amoureux*, fut reprise, sur le théâtre du Palais-Royal, le 1er février et le 13 avril 1663.

1659. LA JALOUSIE DE GROS-RENÉ, farce jouée au Louvre, le 25 décembre 1660.

On peut croire que cette farce n'est autre que celle de *la Jalousie du Barbouillé,* que Molière avait jouée dans les provinces, et dont le manuscrit s'était conservé dans le cabinet des curieux. Ce serait, suivant d'autres bibliographes, un canevas informe de *George Dandin.* Le titre de *la Jalousie de Gros-René* indique sans doute que le principal rôle était joué par Du Parc, dit Gros-René, après avoir été créé par Molière en Languedoc, sous le nom du *Barbouillé.* Cette farce, que le Registre de La Grange intitule quelquefois *Gros-René jaloux,* fut reprise avec succès, en 1662, 1663 et 1664, sur le théâtre du Palais-Royal.

1660. GORGIBUS DANS LE SAC, farce jouée au théâtre du Palais-Royal, le 31 janvier 1661.

Cette farce fut reprise le 17 avril 1663 et le 15 juillet 1664. Tous les historiens du Théâtre ont supposé que *Gorgibus dans le sac* était un canevas, où se trouvaient plusieurs scènes des *Fourberies de Scapin,* qui ne furent représentées sur le théâtre du Palais-Royal qu'en 1671, mais qui avaient sans doute, sous le titre de *Joguenet ou les Vieillards dupés,* fait les délices de la province. Voy. plus haut les nos 232 et 233 de notre Bibliographie.

1661. PANPLAN, farce jouée au théâtre du Palais-Royal, le 8 février 1661.

Le Registre de La Grange ne donne pas d'autre détail sur cette farce, qui fut jouée une seconde fois, le 11 février 1661, à la suite de *Don Garcie de Navarre.*

1662. LE FAGOTIER, farce jouée au théâtre du Palais-Royal, le 14 septembre 1661.

Cette farce, que les Registres du théâtre nomment aussi le *Fagoteux,* fut reprise le 20 avril 1663. On croit que *le Fagotier* a servi de prélude au *Médecin malgré lui,* comédie « composée, suivant le chevalier de Mouhy, du *Fagoteux* et de quelques autres farces que l'auteur jouait avec sa troupe dans les provinces ».

1663. LE GRAND BENÊT DE FILS AUSSI SOT QUE SON PÈRE, farce jouée au théâtre du Palais-Royal, le 1er janvier 1664.

M. Taschereau fait remarquer que cette farce « a pu servir d'esquisse au portrait comique de Thomas Diafoirus », dans *le Malade imaginaire.* C'était une farce en plusieurs actes, puisqu'elle composait à elle seule les spectacles des 1ᵉʳ, 3 et 5 janvier 1664. Tous les bibliographes du Théâtre, les frères Parfaict, le chevalier de Mouhy, Léris, etc., ont attribué cette farce à Molière, mais le Registre de La Grange dit positivement que c'était une « pièce nouvelle de M. de Brécourt ». Molière avait l'œil et la main dans toutes les pièces qui se jouaient sur son théâtre, et l'on peut assurer que Brécourt aurait fait imprimer cette farce, s'il en avait été l'auteur ou du moins le seul auteur.

1664. La Casaque, farce jouée au théâtre du Palais-Royal le 25 mai 1664.

Les historiens du Théâtre disent que cette farce est une de celles que Molière jouait dans les provinces, avant de venir se fixer à Paris. D'après une ancienne tradition de la Comédie-Française, le canevas de *la Casaque* se serait conservé dans les archives du théâtre, et Alexandre Duval l'aurait remis à neuf dans *la Tapisserie*, comédie-folie en 1 acte et en prose, représentée au théâtre de l'Impératrice (Odéon), le 1ᵉʳ mars 1808, reprise au Théâtre-Français le 9 janvier 1824, publiée sous le voile de l'anonyme (Paris, Vente, 1808, in-8) et non recueillie dans les Œuvres complètes de l'auteur.

« On a été jusqu'ici dans la prévention, dit le chevalier de Mouhy (*Abrégé de l'histoire du Théâtre François*, 1780, tome I, p. 141), que la plupart de toutes ces petites pièces ne consistoient que dans des canevas, où les acteurs dialoguoient de leur crû, selon un plan général, à la manière des Italiens; mais on a des preuves que Molière en avoit écrit des scènes, par les manuscrits du *Médecin volant* et de *la Jalousie du Barbouillé*, qui existent, et sont à Paris dans deux cabinets de curieux. »

1665. Le Marquis étourdi, Prologue, joué par Molière lui-même devant le roi, dans les jardins de Versailles, le 12 juin 1665.

« Le vendredi 12 juin, lit-on dans le Registre de La Grange, la Troupe est allée à Versailles, par ordre du roi, où on a joué *le Favori* (comédie de Mˡˡᵉ Des Jardins), dans le jardin, sur un théâtre tout garni d'orangers. M. de Molière fit un Prologue, en Marquis ridicule, qui vouloit être sur le théâtre malgré les gardes, et eut une conversation risible avec une actrice qui fit la Marquise ridicule, placée au milieu de l'assemblée. » Ce Prologue n'a pas été recueilli.

Le président Philibert de Lamare en parle, dans ses Mémoires inédits, et lui donne le titre du *Marquis étourdi*, pièce de théâtre que Molière avait faite, « dans laquelle il avait, avec une exactitude non pareille, représenté les gestes, actions et paroles ordinaires du comte de la Feuillade, duc de Rouannés, » qui voulut le faire assassiner. Voy. les notes de l'*Hist. de la vie et des ouvrages de Molière*, par J. Taschereau, troisième édition (Paris, J. Hetzel, 1844, in-12, p. 330).

1666. LE FEINT LOURDAUD, comédie en un acte, jouée au théâtre du Palais-Royal, le 20 novembre 1668.

Cette petite comédie, qui est nommée *le Procureur dupé* dans le Registre du comédien Hubert, fut reprise le 4 novembre 1672. Après la mort de Molière, on la joua encore le 13 mai 1678, sur le théâtre de Guénégaud. « Les comédiens, dit M. Eugène Despois, auraient-ils remis à la scène, et sans en nommer l'auteur, une des farces que Molière avait trouvé à propos de supprimer ? » On peut, en effet, attribuer à Molière cette farce, dont l'auteur n'est pas nommé dans le Registre de La Grange.

1667. LE MÉDECIN FOUETTÉ ET LE BARBIER COCU, comédie satirique, non représentée.

C'est Guy Patin qui nous apprend, dans ses Lettres (Voy. l'édit. publiée par Reveillé-Parise, *Paris, Germer-Baillière,* 1846, 3 vol. in-8, tome III, pp. 718 et 728), que Molière voulait faire une comédie ridicule sur l'aventure scandaleuse du médecin Cressé, surpris en flagrant délit d'adultère avec la femme d'un barbier et fouetté par le mari. L'éditeur de Guy Patin ajoute, dans une note : « Cette comédie n'a point été faite; on a cru l'avoir retrouvée, dans ces derniers temps, mais ce n'était qu'un pastiche. » Nous n'avons aucune connaissance de ce pastiche.

1668. L'AMBITIEUX, tragi-comédie, non représentée.

Quelques bibliographes ont dit que Molière avait eu le projet de mettre en scène le caractère de l'Ambitieux, et que même des fragments importants de cette comédie s'étaient retrouvés dans ses papiers. Quoi qu'il en soit, Destouches composa, vers 1732, une comédie intitulée : *l'Ambitieux,* qui ne fut représentée que le 14 juin 1737, avec un succès d'estime, sous le titre de *l'Ambitieux et l'Indiscrète;* elle a été imprimée à Paris, la même année, in-12, et depuis dans les œuvres de l'auteur. Le bruit avait couru alors que Destouches s'était servi du plan et des données de Molière. Toujours est-il que Pont-de-Vesle se crut fondé à placer, dans sa bibliothèque, cette comédie, à la suite de celles de Molière ; c'est ainsi qu'on la trouve décrite, au n° 451 du Catalogue de cette célèbre bibliothèque dramatique *(Paris, Le Clerc,* 1774, in-8).

1669. LA PSYCHÉ DE VILLAGE, comédie en cinq actes et en prose, reçue au Théâtre-Français sous le nom de Guérin d'Étriché, et représentée le 19 mai 1705, mais non imprimée.

Cette comédie, précédée d'un prologue et suivie d'un divertissement dont la musique était de Gilliers, n'eut qu'une seule représentation, quoique le théâtre se fût mis en frais pour la monter. On ne saurait découvrir aujourd'hui les raisons qui ont fait retirer la pièce. Le manuscrit n'a pas été conservé dans les archives du Théâtre-Français, où l'on ne trouve que la distribution des rôles.

 L'auteur présumé de cette comédie était le fils du comédien Guérin d'Étriché, qui avait épousé la veuve de Molière et qui lui survivait alors. Ce jeune homme eut certainement dans les mains la plus grande partie des manuscrits et des papiers de Molière, comme il le fait entendre dans la préface de *Mirtil et Mélicerte,* pastorale imitée de la pastorale héroïque de *Mélicerte,* qu'il avait achevée et mise en vers libres, pour la faire reparaître au théâtre en 1699. L'opinion générale attribua naturellement à Molière lui-même les modifications introduites dans cette pastorale. Il en fut de même de *la Psyché de Village,* et l'on voulut voir, dans cette comédie, un emprunt plus ou moins maladroit, fait aux ébauches inédites de Molière, sinon une œuvre posthume de ce grand comique. Il est à remarquer que les essais dramatiques de Guérin d'Étriché (Nicolas-Armand-Martial), mort à l'âge de trente ans en 1709, n'ont été que des imitations et des remaniements d'ouvrages de Molière. Le second acte de *Don Juan* peut nous donner une idée du naturel et de la finesse que Molière avait à son service pour mettre en scène des paysannes dans une *Psyché de Village.*

 Il est à regretter que nous n'ayons pas encore une histoire chronologique et journalière du Théâtre-Français depuis la création du Théâtre de l'Hôtel de Bourgogne, en 1548, jusqu'à nos jours. La chronologie théâtrale, publiée par Charles Maurice sous ce titre : *le Théâtre-Français, Monument et dépendances* (Paris, Garnier, 1860, in-8), n'est qu'un abrégé très-insuffisant et très-imparfait, où les pages 22 à 36 sont consacrées au théâtre de Molière.

XXXVIII

PIÈCES DE THÉÂTRE ANECDOTIQUES

RELATIVES A MOLIÈRE, NON IMPRIMÉES.

(Classées par ordre chronologique.)

1670. L'Abjuration du Marquisat, comédie en prose, par Le Boulanger de Chalussay, représentée en 1670 sur le théâtre du Marais.

 Cette comédie, à ce qu'il semble, était dirigée contre Molière, de même que l'*Élomire hypocondre* du même auteur; mais, si elle fut jouée, comme le disent plusieurs historiens du Théâtre, elle ne fut pas imprimée, quoique l'auteur eût obtenu un privilége, en date du 1er décembre 1669, pour l'impression. Il est probable que Molière s'y opposa par toutes les voies de droit.

1671. LA CONVALESCENCE DE MOLIÈRE, comédie, par Willemain d'Abancourt.

> Le manuscrit de cette pièce inédite, représentée sur un théâtre de société, vers 1788, se trouvait chez Chalons d'Argé, avec tous les papiers de son oncle Willemain d'Abancourt.

1672. LA MATINÉE DE MOLIÈRE, comédie en un acte et en prose, par M*** (P. N.).

> Cette comédie fut représentée sur le théâtre de Monsieur, le 23 avril 1789.

1673. MOLIÈRE A LYON, vaudeville en un acte, par J.-M. Deschamps, Ségur aîné et Desprez, représenté sur le théâtre du Vaudeville le 15 prairial an VII (13 juin 1799).

> Le manuscrit de cette pièce se trouve dans la riche bibliothèque dramatique du baron Taylor.

1674. LA SERVANTE DE MOLIÈRE, comédie-vaudeville en un acte, représentée au théâtre de la Gaîté le 17 vendémiaire, an VII (9 octobre 1799), par M***.

1675. L'APOTHÉOSE DE MOLIÈRE, prologue-vaudeville en un acte, pour l'ouverture du théâtre des Variétés nationales et étrangères, salle Molière, 14 avril 1802.

1676. LA CHAMBRE DE MOLIÈRE, comédie-vaudeville en un acte, par Barré, Radet et Desfontaines, représentée au théâtre du Vaudeville le 18 nivôse an XI (8 janvier 1803).

1677. BARON CHEZ MOLIÈRE, comédie en un acte et en prose, par P. Roger, de Bruges, représentée sur le théâtre de Bruxelles le 9 octobre 1829.

1678. MOLIÈRE, ou la Première Représentation du *Tartuffe*, comédie-vaudeville en deux actes, représentée sur le théâtre Molière, le 14 janvier 1832, par Merville et Alexandre Martin.

> Voy. l'analyse détaillée de la pièce dans *le Courrier des Théâtres*, de Ch. Maurice.

1679. Molière, drame historique en un acte et en prose, par Addisson et Eugène Moreau, représenté sur le théâtre du Gymnase enfantin, le 2 avril 1833.

Le manuscrit de cette pièce se trouve dans la collection de Francisque jeune, qui forme aujourd'hui la Bibliothèque des Auteurs dramatiques.

1680. Molière apprenti tapissier, comédie en un acte et en prose, mêlée de chants, par F. Vallet, représentée sur le théâtre du Gymnase enfantin, le 16 janvier 1840.

Le manuscrit se trouve dans la même Bibliothèque.

1681. Le Bouquet a Molière, comédie en un acte et en vers, par J. Commerson, représentée sur le théâtre de l'Odéon, le 15 janvier 1845.

Voy. des extraits de cette comédie, dans le journal *le Tintamarre*.

1682. Molière jaloux, vaudeville en un acte, par Dumersan.

Cette pièce, citée dans le Catalogue de la Société des auteurs dramatiques, a été jouée sans doute sur quelque théâtre de province. On la trouve indiquée aussi sous le titre de *la Jalousie de Molière*.

1683. Molière et les Médecins, comédie en un acte, par Dumersan.

Cette comédie, citée par les bibliographes du Théâtre, ne paraît pas avoir été jouée à Paris.

1684. Molière chez le Barbier (à Pézénas), comédie en vers, par Charles Gille.

Nous croyons que cette comédie a été représentée.

1685. A Molière, à-propos en vers de Camille Allary et Alfred Privat, lu sur le théâtre du Gymnase, à Marseille, le 15 janvier 1874, à l'occasion de l'anniversaire de la naissance de Molière.

1686. Le Cimetière de Saint-Joseph, à-propos en un acte, par Gustave Rivet, représenté le 15 janvier 1874 sur le théâtre de l'Alhambra, à Paris.

XXXIX

PIÈCES DE THÉATRE

IMITÉES DE CELLES DE MOLIÈRE ET QUI N'ONT PAS ÉTÉ IMPRIMÉES.

(*Classées dans l'ordre chronologique des comédies originales de Molière.*)

1687. L'ÉTOURDI CORRIGÉ, ou l'École des pères, comédie en trois actes, en vers, par Pierre Rousseau, représentée au Théâtre-Italien le 8 août 1750.

1688. LE DÉPIT AMOUREUX, comédie en cinq actes, en prose, par Campan.

> Le manuscrit du premier et du quatrième acte se trouve dans Bibliothèque dramatique de M. le baron Taylor.

1689. LE DÉPIT AMOUREUX, comédie en deux actes et en vers, de Molière, avec des changements par Richard Fabert, représentée sur le théâtre de l'Odéon, le 1er janvier 1816.

1690. LE DÉPIT AMOUREUX, comédie en cinq actes et en vers, de Molière, réduite en un acte, en vers, par Andrieux, représentée sur le théâtre du Gymnase le 17 février 1821.

1691. LES PRÉCIEUSES, comédie de l'abbé de Pure, représentée à Paris en 1659.

> Cette comédie, qui fut jouée sans doute au théâtre de l'Hôtel de Bourgogne, n'était probablement que la contre-partie de la comédie de Molière; elle eut un grand succès, mais n'a pas été imprimée.
> L'abbé de Pure, qui avait fait paraître, quatre ans avant les *Précieuses ridicules*, son fameux roman de *la Précieuse, ou le Mystère de la Ruelle, dédié à telle qui n'y pense pas* (Paris, 1656, 4 vol. in-8), voulut aussi traiter, pour le théâtre, un sujet qu'il regardait comme lui appartenant de droit.

1692. LES PRÉCIEUSES RIDICULES, comédie en un acte en prose, de J.-B. Pocquelin de Molière, mise en opéra-comique, par P.-L. Moline, musique de Devienne, représentée sur le théâtre des Variétés Montansier, le 9 juillet 1791.

1693. Les Précieuses ridicules, comédie de Molière, avec un Prologue (par Paul Duport), représentée sur le théâtre des Variétés le 25 novembre 1829.

Dans cette représentation extraordinaire, donnée au bénéfice d'Odry, on avait créé une mise en scène toute nouvelle pour la comédie de Molière, et les acteurs des Variétés, entre autres le fameux Odry, ajoutèrent à leurs rôles une multitude de lazzi et de farces inimaginables.

1694. Arlequin cocu imaginaire, représenté à la Comédie-Italienne le 10 novembre 1716.

Le canevas, moitié italien et moitié français, serait, dit-on, celui-là même (*il Cornuto per opinione*) qui avait fourni à Molière le sujet de son *Sganarelle*.

1695. Les Facheux d'aujourd'hui, comédie en trois actes et en vers, par Hyac. Dorvo, représentée en 1804 au théâtre de la rue de Louvois, par les acteurs de l'Odéon.

Cette comédie, dont l'auteur avait suivi Molière presque à la piste, en plaçant la scène et les personnages dans un cadre moderne, se terminait par quelques couplets en l'honneur de l'auteur des *Fâcheux* du temps de Louis XIV; elle fut sifflée à outrance.

1696. Le Festin de pierre, comédie de Molière, mise en vaux de ville (*sic*) par M. de St-A. (Letellier), représentée par les troupes des sieurs Octave et Dolet à la foire de Saint-Germain le 1er mars 1713.

Le manuscrit de cette pièce faisait partie de la bibliothèque dramatique de Soleinne; il a passé au département des mss. de la Bibliothèque nationale.

1697. Le Festin de pierre, pièce en trois actes, de Claude La Rose, sieur de Rosimond, représentée chez Nicolet.

1698. Le Vice puni, ou le nouveau Festin de pierre, pièce en trois actes, d'Arnould, représentée à l'Ambigu-Comique, au mois de septembre 1777.

Une scène du second acte excite l'attention et cause une vive émotion. Un mendiant vient demander l'aumône à Don Juan, et lui dit que la mauvaise conduite d'un fils unique est la cause de sa misère. Don Juan reconnaît son père et lui offre sa bourse, que le vieillard refuse, en accablant de reproches le libertin auquel il regrette d'avoir donné le jour.

1699. L'ANCIEN FESTIN DE PIERRE, comédie en cinq actes et en vers, avec vingt-deux changements, et telle qu'elle a été exécutée à Madrid (Théâtre de Nicolet, 22 Septembre 1782).

1700. L'AMOUR MÉDECIN, comédie de Molière, retouchée et réduite en un acte, par Andrieux, représentée sur le théâtre de l'Odéon le 16 avril 1804 ; reprise au théâtre du Gymnase le 24 décembre 1820.

Les historiens du Théâtre prétendent que, bien avant la comédie de Molière : *l'Amour médecin*, une autre comédie, portant le même titre, en 5 actes et en vers, par Pierre de Sainte-Marthe, avait été représentée et même imprimée en 1618; mais cette indication paraît erronée, malgré l'assertion de Beauchamps, dans ses *Recherches sur les Théâtres de France* (Paris, Prault, 1735, in-4, 2ᵉ partie, p. 90).

1701. UNE REPRÉSENTATION DE L'AMOUR MÉDECIN, en 1665 (comédie de Molière), avec trois entr'actes, par un metteur en scène (Alex. Dumas), représentée à la Comédie-Française, le 15 janvier 1850.

Ces entr'actes, malgré le talent et la réputation de l'auteur, furent sifflés et ne figurent pas dans le Théâtre complet d'Alexandre Dumas.

1702. LE MISANTHROPE, comédie par le P. Geoffroy, jouée en 1735 au Collége de Louis-le-Grand par les élèves des Jésuites.

Cette comédie, dont le programme seul a été imprimé, différait entièrement de celle de Molière, car elle ne comportait aucun rôle de femme.

1703. LE MÉDECIN MALGRÉ LUI, opéra-comique par Désaugiers fils, musique de Marc-Antoine Désaugiers père, représenté le 26 janvier 1792, sur le théâtre Feydeau.

C'est la comédie de Molière, arrangée en opéra-comique ; elle n'a pas été imprimée sous cette forme.

1704. Le Médecin malgré lui, comédie de Molière, mise en vers par Decomberousse, sous le pseudonyme de Montbrun, et représentée le 27 décembre 1814 sur le théâtre de l'Odéon.

1705. Mélicerte, pastorale héroïque de Molière, mise en opéra, par Guérin d'Étriché fils, avec musique de La Lande, reçue au théâtre de l'Académie royale de musique vers 1705, mais non représentée.

1706. Le Tartuffe révolutionnaire, ou la suite de l'Imposteur, comédie en vers, en trois actes, par Népomucène Lemercier.

Cette comédie fut représentée sur le théâtre de la République le 21 prairial an III (9 juin 1795).

1707. Le Faux Ami, vaudeville en deux actes, avec un Prologue, par Chapais fils, dit Dalby, représenté sur le théâtre du Gymnase enfantin en 1832.

C'est le Tartuffe de Molière, arrangé et mis en vaudeville pour les enfants.

1708. L'Avare, comédie en cinq actes et en prose, de J.-B. Poquelin de Molière, mise en vers par R. Dupérier de Larsan, en 1805.

Cette pièce, qui paraît avoir été représentée à Bordeaux, est mentionnée à la fin de Pygmalius et Galète, ainsi qu'à la fin de Pygmalion et Galathée, deux autres pièces imprimées du même auteur.

1709. L'Avare, comédie en cinq actes et en prose, de Molière, mise en vers par Hyacinthe de Comberousse, représentée sur le théâtre de l'Impératrice, le 24 août 1813.

1710. Le Marquis Harpagon, comédie en quatre actes et en prose, par Raymond Deslandes, représentée pour la première fois à Paris sur le théâtre de l'Odéon, le 1er septembre 1862.

1711. Pourceaugnac, de Molière, mis en musique par le citoyen de Mengozzi, représenté le 25 janvier 1793 sur le théâtre de la Montagne (Montansier), au jardin de la Révolution (Palais-Royal).

> Cette pièce est citée, en ces termes, dans le *Calendrier des théâtres*, pour l'année 1794.

1712. LE BOURGEOIS GENTILHOMME, mis en vers, par Mme de Montbrun (pseudonyme de de Comberousse), avec des divertissements par Hullin, représenté sur le théâtre de l'Odéon le 12 février 1814.

1713. CASSANDRE, MALADE IMAGINAIRE, vaudeville en un acte, par La Fortelle, représenté sur le théâtre du Vaudeville, le 9 septembre 1805.

XL

BIBLIOGRAPHIE DE MOLIÈRE.

1714. NOTES BIBLIOGRAPHIQUES ET HISTORIQUES sur les comédies de Molière, par P.-F. Godard de Beauchamps.

> C'est la première fois qu'on s'est occupé des ouvrages de Molière, au point de vue bibliographique. Voy. les *Recherches sur les Théâtres de France*, par de Beauchamps (Paris, Prault, 1735, in-4, 2e part., pp. 218-222). L'édition in-8, sous la même date, en 3 volumes, reproduit identiquement le même texte.

1715. NOTES BIBLIOGRAPHIQUES sur les Divertissements et les Ballets de cour composés par Molière.

> Ces notes sont placées chronologiquement dans l'ouvrage anonyme du duc de la Vallière : *Ballets, opéras et autres ouvrages lyriques*, avec une table alphabétique des ouvrages et des auteurs (*Paris, J.-B. Bauche*, 1760, in-8). Avant le duc de la Vallière, P.-F. Godard de Beauchamps avait donné, dans ses *Recherches sur les Théâtres de France* (1735, in-4, 3e part., p. 60 et suiv.), les renseignements les plus exacts et les plus précieux sur les ballets composés par Molière et sur leur représentation à la cour.

1716. BIBLIOGRAPHIE DE MOLIÈRE, par J. Taschereau.

> Cette bibliographie, la première qui ait été essayée, remplit les pp. 277 à 300 de la 3e édition de l'*Histoire de la vie et des ouvrages de Molière* (Paris, Hetzel, 1844, in-12). Elle avait figuré aussi, moins complète, dans les deux éditions précédentes.

« On composerait un gros volume, dit M. Taschereau, de la seule mention de tous les articles de la *Gazette de France*, du *Mercure*, de la *Muse Dauphine*, de la *Gazette* de Loret, de celle de Du Laurens, et des feuilles modernes, consacrés à ce seul auteur, ainsi que des appréciations qui en ont été faites dans tous les Cours de littérature, et dans toutes les Bibliographies. »

Les bibliophiles, à partir de cette époque, se sont montrés fort curieux de rechercher et de rassembler les éditions originales des pièces de Molière, qui ont été dès lors soigneusement décrites dans les catalogues de vente et dont le prix n'a pas cessé d'augmenter dans une proportion inouïe.

Les catalogues de livres, dans lesquels on trouve le plus grand nombre d'éditions des comédies et des œuvres de Molière, ainsi que d'ouvrages y relatifs, en beaux exemplaires, sont les suivants :

Catalogue de la bibliothèque de M. B*** (Jules Taschereau), composée d'un choix de belles éditions des Classiques français, etc., la plupart rares et originales. *Paris, Guilbert*, 1841, in-8 de 59 pp. — Éditions originales des Œuvres et comédies de Molière, pièces y relatives, du n° 207 au 262 *ter*. Les numéros 207 à 262-*ter* sont consacrés à Molière, et l'on doit regretter que le dernier article n'ait pas donné lieu à une nomenclature succincte ; il est ainsi conçu : « Collection d'écrits divers en vers et en prose, sur Molière et ses ouvrages (environ 100 pièces), br. et rel. »

Bibliothèque de M. Aimé-Martin, composée de livres anciens et rares, la plupart en riches et élégantes reliures, etc. *Paris, Techener*, 1847, gr. in-8. — Du n° 590 à 603.

Catalogue des livres, estampes et dessins, composant la bibliothèque et le cabinet de feu M. Armand Bertin, rédacteur en chef du *Journal des Débats*. *Paris, Techener*, 1854, gr. in-8. — Du n° 831 à 893.

Description bibliographique des livres choisis en tous genres, composant la librairie J. Techener. *Paris, Techener*, 1858, 2 vol. in-8 à deux col. — Tome II, p. 350 ; du n° 10675 à 10762.

Catalogue des livres et manuscrits composant la bibliothèque de M. Félix Solar (rédigé par Pierre Deschamps). Tome I (et unique). *Paris, Firmin Didot*, 1860, gr. in-8. — Du n° 1210 à 1238.

Catalogue de la bibliothèque de M. Félix Solar. *Paris, J. Techener*, 1860, gr. in-8. — Du n° 1696 à 1734.

Catalogue de la bibliothèque théâtrale de Joseph de Filippi. *Paris, A. Aubry*, 1861, in-8. — Ouvrages sur Molière, du n° 913 à 935.

Catalogue des livres manuscrits et imprimés composant la bibliothèque de M. Armand Cigongne, membre de la Société des bibliophiles. *Paris, L. Potier*, 1861, in-8. — Éditions des Œuvres de Molière, éditions originales, pièces y relatives, du n° 1608 à 1615.

Catalogue des livres rares et curieux composant la bibliothèque de M. J. d'O*** (d'Ortigues) ; éditions originales des Classiques français, livres imprimés par les Elzeviers, etc. *Paris, L. Potier*, 1862, in-8. — Du n° 269 à 289.

Catalogue des livres de la bibliothèque de M. Favart, musique, ouvrages sur les arts, poésie, théâtre. *Paris, Tross,* 1864, in-8. — Du n° 937 à 960.

Catalogue des livres rares et précieux, manuscrits et imprimés, composant la bibliothèque de M. Chédeau, de Saumur. *Paris, Potier,* 1865, gr. in-8. — Du n° 722 à 755.

Catalogue de livres anciens et modernes, rares et curieux, provenant de la librairie J. Joseph Techener père. Huitième partie. *Paris, Léon Techener, fils,* 1865, gr. in-8. — Du n° 7996 à 8044.

Catalogue des livres rares et précieux, curieux et singuliers en tous genres, et bien conditionnés, et des manuscrits anciens (x^c au xviiie siècle), composant la bibliothèque de M. Victor Luzarche. Première partie. *Paris, A. Claudin,* 1868, in-8. — Édition des Œuvres de Molière et pièces y relatives, du n° 2,671 à 2,689.

Catalogue des livres rares et précieux composant la bibliothèque de M. S. G*** (Germot). *Paris, L. Potier,* 1869, in-8. — Éditions originales de Molière, du n° 252 à 271.

Répertoire universel de bibliographie, par Léon Techener, ou Catalogue général méthodique et raisonné de livres anciens, rares et curieux, composant la librairie de Léon Techener fils. *Paris, rue de l'Arbre-Sec,* 52, 1869, gr. in-8. — Éditions de Molière, éditions originales des comédies, du n° 1960 à 1967.

Catalogue des livres rares et précieux, manuscrits et imprimés, composant la bibliothèque de feu M. El. Huillard. *Paris, L. Potier,* 1870, gr. in-8. — Du n° 604 à 625.

Catalogue des livres rares et précieux, manuscrits et imprimés, faisant partie de la librairie de L. Potier. *Paris, L. Potier,* 1870, gr. in-8. — Du n° 1249 à 1261.

Catalogue des livres anciens et modernes, rares et curieux, de la librairie Auguste Fontaine, passage des Panoramas, 36. — 1er Catal., 1870, gr. in-8. — Éditions des Œuvres de Molière, du n° 892 à 915.

— 2e Catal., 1872, gr. in-8. — Éditions des Œuvres de Molière et quelques éditions originales des comédies, du n° 5154 à 5212.

— 3° Catal., 1873, gr. in-8. — Éditions des Œuvres de Molière, du n° 9186 à 9200.

— 4° Catal., 1874, gr. in-8. — Éditions des Œuvres, et suite presque complète des éditions originales des comédies de Molière, du n° 1603 à 1643.

Catalogue de livres rares et précieux, éditions originales, poëtes, conteurs français, pièces historiques des xvie et xviie siècles, riches reliures, provenant du cabinet d'un Amateur (le comte d'Aiguillon). *Paris, Bachelin-Deflorenne,* 1870, gr. in-8. — Œuvres de Molière, éditions originales des comédies, et pièces y relatives, du n° 320 à 343.

Catalogue des livres anciens et modernes, en partie rares et précieux, composant la bibliothèque de feu M. F. Soleil, caissier principal de la Banque de France. *Paris, L. Potier*, 1871, in-8. — Œuvres de Molière, éditions originales des comédies, et ouvrages relatifs à Molière, du n° 1538 à 1561.

Catalogue des livres rares et précieux, manuscrits et imprimés, faisant partie de la librairie L. Potier. Deuxième partie. *Paris, L. Potier*, 1872, gr. in-8. — Œuvres de Molière, pièces relatives à Molière, éditions originales, du n° 1600 à 1611.

Catalogue des livres et manuscrits rares et précieux, composant le cabinet de M. Gancia. *Paris, A. Labitte*, 1872, in-8. — Éditions elzéviriennes et autres éditions des Œuvres de Molière, du n° 262 à 266.

Catalogue des livres rares et précieux de la bibliothèque de feu M. le baron de la Villestreux. *Paris, L. Potier*, 1872, in-8. — Œuvres de Molière et quelques éditions originales, du n° 250 à 257.

Supplément au Catalogue... de la bibliothèque de feu M. le baron P. de la Villestreux, premier secrétaire d'ambassade. *Paris, L. Potier*, 1872, in-8. — Œuvres de Molière, éditions originales des comédies, du n° 250 à 257.

Catalogue de livres rares et précieux, bien conditionnés. *Paris, A. Labitte*, 1872, gr. in-8. — Œuvres de Molière et pièces y relatives, du n° 159 à 167.

Catalogue des livres anciens et modernes, rares et curieux, provenant de la bibliothèque de feu M. le docteur Danyau. *Paris, Léon Techener*, 1872, gr. in-8. — Œuvres de Molière, éditions originales des comédies, ouvrages relatifs à Molière, du n° 902 à 922.

Catalogue de livres rares et précieux, la plupart en belles reliures anciennes et modernes, provenant de la bibliothèque de M. H. B*** (Bauchard). *Paris, A. Labitte*, 1873, in-8. — Éditions des Œuvres et éditions originales des comédies de Molière, du n° 365 à 378.

Catalogue des livres anciens et modernes, rares et curieux, composant la bibliothèque de feu M. Adolphe Audenet, banquier. *Paris, Techener*, 1874, gr. in-8. — Ouvrages relatifs à Molière et à son théâtre, du n° 394 à 412.

Il n'est pas possible de parler de la bibliographie de Molière, sans citer un ouvrage manuscrit de Beffara, en 7 ou 8 vol. in-4, lequel a été légué par l'auteur à la Bibliothèque nationale. Ce manuscrit renferme d'immenses recherches, dont nous n'avons pas profité, parce qu'elles auraient pu changer la forme et les dimensions de notre livre, où nous ne voulions pas tomber dans la prolixité. Beffara, en effet, a dépouillé minutieusement les registres de la communauté des libraires de Paris, pour y prendre tout ce qui se rapporte aux éditions de Molière; non-seulement il a recueilli tous les priviléges des comédies et des Œuvres de Molière, mais encore, après avoir décrit, trop minutieusement peut-être, les éditions et les volumes isolés qu'il avait entre les mains, il s'est livré à des digressions interminables sur quelques points inutiles ou insignifiants de la bibliographie moliéresque. Son ouvrage n'en est pas moins estimable et très-précieux.

1717. Notices sur les premières éditions originales des comédies de Molière et sur quelques éditions de ses œuvres, par P. L. Jacob, bibliophile.

Ces notices remplissent les pp. 294 à 307 du tome I du *Catalogue de la Bibliothèque dramatique de M. de Soleinne* (Paris, Administration de l'Alliance des Arts, 1843-45, 10 parties en 5 vol. in-8, y compris la Table, par Goizet), et l'on trouve, dans les autres volumes de ce Catalogue, notamment dans le tome V consacré aux ouvrages relatifs au Théâtre, beaucoup de notes sur des ouvrages qui concernent Molière et ses Œuvres. C'est la première fois que les éditions originales des comédies de Molière ont été décrites assez soigneusement.

Voy. aussi la *Bibliothèque dramatique de Pont de Vesle*, augmentée et complétée par les soins du bibliophile Jacob; Catalogue rédigé d'après le plan du Catalogue Soleinne et destiné à servir de complément à ce Catalogue (*Paris, Administration de l'Alliance des Arts*, 1846, in-8, pp. 95-98 et pp. 212-213). L'ancienne bibliothèque de Pont-de-Vesle (Voy. le Catalogue, divisé en deux parties, dont la première contient une collection presque universelle de pièces de théâtre, avec la table alphabétique des auteurs des pièces. *Paris, Le Clerc*, 1774, in-8) renfermait une série très-importante d'éditions originales des comédies et des Œuvres de Molière ; elle était conservée intacte chez M. de Soleinne, mais, lors de la vente des livres de cet amateur, on dut faire entrer, dans le catalogue de sa bibliothèque dramatique, un grand nombre de beaux exemplaires tirés de la bibliothèque de Pont-de-Vesle. Cette dernière bibliothèque fut depuis reclassée sur le plan du Catalogue Soleinne et prodigieusement augmentée, par nos soins. Nous avions l'intention de la donner au Théâtre-Français, et c'est dans ce but que nous fîmes imprimer le nouveau Catalogue rédigé par Goizet. Malheureusement, le Théâtre-Français ne crut pas pouvoir accepter la bibliothèque de Pont-de-Vesle, que le marquis de Pastoret aurait acquise pour la lui offrir, et cette précieuse bibliothèque dramatique, qui eût si bien figuré dans la maison de Molière, fut mise en vente et dispersée en 1847.

1718. Notice bibliographique sur les principales éditions des OEuvres de Molière, par Jacques-Charles Brunet, ancien libraire.

Cette Notice raisonnée, très-détaillée et très-exacte, fait partie de la dernière édition du *Manuel du Libraire* (Paris, Firmin Didot, 1862-65, 6 vol. in-8, tome III, col. 1794-1809). Elle était tout à fait insuffisante et fautive, dans les quatre précédentes éditions.

Voy. aussi l'article Molière dans le *Nouveau Manuel de Bibliographie universelle*, par Ferdinand Denis, P. Pinçon et de Martonne (Paris, Roret, 1857, gr. in-8 à 2 col., p. 315).

1719. Bibliographie de Molière, par Jean-George-Théodore Graesse.

Voy. son *Trésor des livres rares et précieux, ou Nouveau Dictionnaire bibliographique* (Dresde, Rudolf Kuntze, 1859-69, 8 vol. in-4), tome IV, pp. 561-68, et tome VII (supplément), p. 427.

La *Bibliographie biographique universelle*, de Œttinger (*Bruxelles, Stiénon*, 1854, gr. in-8 à 2 col.), contient une bonne notice des ouvrages relatifs à la Vie de Molière.

1720. Compte-rendu de la Vie de J.-B. Poquelin de Molière, par Grimarest (*Paris,* 1705, in-12).

Ce compte-rendu est imprimé dans les *Mémoires de Trévoux*, août 1705, p. 1384. Les savants auteurs de ces Mémoires ont rendu compte également de la Lettre critique et de l'Addition, qui furent publiées à l'occasion de l'ouvrage de Grimarest, mars 1706, p. 456, et mai 1706, p. 874.

Citons ici une analyse raisonnée du livre de Jules Taschereau, sur la vie et les ouvrages de Molière, publiée dans le *Courrier des Spectacles* de Charles Maurice (9 février 1843, et n[os] suiv.), sous ce titre : *Vie intime de Molière*.

1721. Notice bibliographique sur les éditions des OEuvres de Molière, par Beuchot.

Voy. cette notice, dans le *Journal de la librairie*, année 1817, pp. 362 et suiv. C'est à Beuchot que l'on doit aussi la bibliographie de l'article Molière, dans la *Biographie universelle*, de Michaud.

1722. La Véritable Édition originale des OEuvres de Molière, par P. L. Jacob, bibliophile. *Paris, A. Fontaine,* 1873, gr. in-18 de 88 pp.

Tiré à 200 exempl. numérotés, sur pap. de Hollande.

L'auteur prouve, à l'aide des priviléges obtenus par Molière lui-même et par ses éditeurs, que la seule édition originale des Œuvres de Molière est celle de 1674-75 et non celle de 1682, publiée par ses amis La Grange et Vinot.

L'exemplaire d'après lequel l'édition de 1674-1675 a été décrite pour la première fois avec une exactitude minutieuse, appartient à M. Léopold Double; il est relié en maroquin rouge, par Du Seuil, et par conséquent dans sa première reliure ; on peut donc supposer que ce précieux exemplaire est un de ceux que Claude Barbin avait offert à Colbert, car il aurait appartenu, suivant la tradition, à ce ministre. Quant à l'exemplaire, annoncé dans la *Bibliotheca Colbertina* (n° 17773. Œuvres de J.-B. Poquelin de Molière. *Amsterdam, 1679, in-12, mar.*), c'est, dit-on, un recueil factice des éditions originales de quelques comédies de Molière. Ce recueil, relié en maroquin rouge aux armes de Colbert, a été retrouvé en Normandie par M. le comte de la F..... il y a peu de mois, et il a passé dans la collection d'un riche amateur, qui ne l'a payé que 10,000 francs. *Habent sua fata libelli.*

1723. LETTRES DE M. DE CHAUVELIN, maître des requêtes, de Cl. Brossette et de J.-B. Rousseau, relativement au projet d'une nouvelle édition des OEuvres de Molière, avec des notes.

Cette édition est celle qui fut publiée à Paris, en 1734, dans le format in-4, avec des figures de Boucher, mais sans les notes historiques que M. Chauvelin avait demandées à Brossette et à J.-B. Rousseau. Tout ce qui concerne le premier plan de cette édition, confiée plus tard à Marc-Antoine Joly et à son ami de La Serre, se trouve dans les *Lettres de M. Rousseau sur différents sujets* (Genève, Barillot, 1749-50, 5 vol. pet. in-12. tome III, pp. 146-228, et tome V, pp. 96-196).

1724. EXAMEN de la nouvelle édition des OEuvres de Molière (*Paris*, 1734, 6 vol. in-4), attribué au P. Tournemine.

Cet article critique est imprimé dans les *Mémoires de Trévoux*, mars 1735, p. 434.

1725. MÉMOIRE contre une Compagnie de libraires, qui s'est opposée au projet qu'avait l'auteur (Palissot) de donner une édition commentée des OEuvres de Molière.

On trouve une partie de ce Mémoire dans le tome VI, pp. 243-251, des *Œuvres de M. Palissot,* nouvelle édition (Liége, Clément Plomteux, 1776, 6 vol. in-8). A la suite de ce fragment de Mémoire, sont des Vers adressés à l'auteur, à l'occasion de ce même projet, par M. M..... de D.....

1726. MOLIÈRE, par C.-A. Sainte-Beuve.

Cette notice bibliographique et critique, concernant l'édition des *Œuvres complètes de Molière,* publiées par M. Louis Moland, et *les Recherches sur Molière et sa famille,* par M. Eudore Soulié, avait paru dans *le Constitutionnel ;* elle a été réimprimée dans *les Nouveaux Lundis* (Paris, Michel Lévy, 1863-68, 10 vol. in-12, tome V, pp. 257 à 280).

1727. MOLIERE i Danmark. Bidrag til en dansk Molière-Bibliografi. (Udarbejdet til Paul Lacroix: *Bibliographie moliéresque.*) Af Thor Sundby. Trykt som Manuskript. *Kjöbenhavn, Andr. Fred. Host och Son,* 1874, in-8 de 8 pp.

C'est dans cette excellente bibliographie spéciale que nous avons trouvé tous les éléments de notre liste des traductions qui ont été faites des comédies de Molière, en Danemark. Que le savant auteur veuille bien recevoir ici nos plus sincères remercîments.

1728. LETTRE SUR MOLIÈRE, avec des vers inédits, par P. L. Jacob, bibliophile, accompagnée de Réflexions par Édouard Fournier.

Cette Lettre, qui est une réponse à un article de M. Louis Moland, publié dans *Correspondance littéraire,* relativement aux vers espagnols de Molière et au Ballet des Muses, a paru dans le tome III, pp. 328-345, de la *Revue des provinces* (Paris, mai 1864, gr. in-8).

1729. NOTICE (historique et bibliographique) sur le BALLET DES MUSES, par Victor Fournel.

Cette savante et judicieuse notice, qui rectifie toutes les erreurs de la critique au sujet du célèbre *Ballet des Muses,* représenté cinq ou six fois à la cour et toujours avec des changements notables, est imprimée, à la p. 575 du tome II des *Contemporains de Molière* (Paris, Firmin Didot, 1866, in-8), en tête d'une réimpression complète de ce ballet, d'après l'exemplaire rarissime que possède la Bibliothèque nationale.

1730. A PROPOS d'un Exemplaire du *Tartuffe* de Molière, par P. L. Jacob, bibliophile.

Cet article, qui avait paru dans le *Bulletin du Bibliophile,* se retrouve dans les *Dissertations bibliographiques* de l'auteur (Paris, J. Gay, 1864, in-12, pp. 266 et suiv.). Il s'agit d'un exempl. de l'édition originale du *Tartuffe* (Paris, Jean Ribou, 1669, in-12), relié en veau brun aux armes du roi, ce qui prouve que cet exempl. est un de ceux que Molière avait fait relier pour les distribuer aux personnes influentes de la cour de Versailles, lorsque la représentation de sa comédie eut été autorisée par Louis XIV. Cet exempl., trouvé sur un étalage de bouquiniste au quai Saint-Michel, est aujourd'hui dans la magnifique collection de M. Ambroise Firmin-Didot, *ex dono inventoris.*

1731. NOTES BIBLIOGRAPHIQUES SUR LE FESTIN DE PIERRE, de Molière, par M. Beuchot. (Extraites du *Journal de la li-*

brairie, des 21 juin 1817 et 27 mars 1819.) *Imprimerie de Pillet et de H. Fournier,* in-8 de 8 pp.

1732. Réponse à l'Auteur d'un article inséré dans la *Revue critique d'histoire et de littérature* (n° du 25 juillet 1868), sur un manuscrit intitulé : LES FOURBERIES DE JOGUENET, ou *les Vieillards dupés,* par C. Galuski. *Saint-Germain, imprim. de Toinon,* 1869, in-8 de 13 pp.

Extr. de la *Revue critique d'histoire et de littérature,* n° du 5 sept. 1868.

M. C. Galuski, qui est, après tout, un lettré, un érudit et un homme de bonne compagnie, doit regretter maintenant la publication de ce factum contre une personne qui n'avait pas d'autre tort, à son égard, que d'avoir fait imprimer le 3e acte de *Joguenet,* dix ou quinze mois avant qu'il devint l'heureux possesseur du manuscrit original, payé 40 fr. *(quarante* francs) au *très-obligeant* libraire M. Claudin. « Je me borne à croire, disait-il en 1868, dans ce factum aussi malveillant qu'injuste, que s'il n'est pas prouvé que mon manuscrit ne soit pas de la main de Molière, il n'est pas non plus prouvé qu'il n'en soit pas. Le jour où surgirait un autographe dont l'authenticité serait bien et dûment constatée par des juges moins complaisants que M. Lacroix, il y aurait lieu à une comparaison intéressante. » L'autographe authentique a surgi, du fait de la découverte de M. Lacour de la Pijardière ; la comparaison intéressante a eu lieu, et elle a eu pour résultat de convaincre M. C. Galuski, lequel s'est empressé de se dessaisir du manuscrit en litige, que tous les bibliophiles ont pu voir annoncé dans un Catalogue de librairie à prix marqués, en décembre 1874, et offert aux amateurs pour la bagatelle de 2,500 fr. Redisons-le *urbi et orbi.* M. C. Galuski ne devait donc avoir que de la reconnaissance pour M. Paul Lacroix, qui avait, d'une manière si loyale et désintéressée, annoncé le premier que ce manuscrit pouvait bien être de la main de Molière (40 fr. ou 2,500 fr.), et M. Paul Lacroix comptait si bien sur cette reconnaissance, qu'il ne pensa pas même à lire la Réponse de M. C. Galuski à la *Revue critique d'histoire et de littérature,* réponse que l'auteur avait fait tirer à part et qu'il distribua gracieusement à bien des gens, excepté à M. Paul Lacroix.

Voici maintenant l'exposé sommaire des faits ; nous laisserons au lecteur honnête et impartial le soin de conclure.

Au mois de décembre 1864, M. Claudin, un de nos plus savants libraires, me montra un manuscrit qu'il avait acheté, à Toulouse, dans un lot de vieux papiers et de titres historiques. Je reconnus sur-le-champ l'analogie qui existait entre *Joguenet* et *les Fourberies de Scapin ;* je comprenais tellement l'importance de ce manuscrit, que j'offris à M. Claudin de l'acheter 300 fr., pour mon ami M. Léopold Double. M. Claudin me répondit que si, à première vue, ce manuscrit valait 300 fr., une vente publique pourrait en donner davantage. Il me pria cependant d'emporter le manuscrit, de l'examiner à loisir et de faire tout ce qui pourrait en constater la valeur réelle. C'est alors que je copiai moi-même, sur mon exemplaire des Œuvres de Molière (Paris, 1739, 8 vol. in-12), les variantes les plus importantes. Je fis copier ensuite, sur cet exemplaire, et non sur le manuscrit, que je n'eusse voulu confier à personne, le texte du troisième acte de *Joguenet*, et je publiai ce texte, en janvier 1865, dans la *Revue des Provinces*, avec une lettre qui signalait l'intérêt d'une pareille découverte. Ce n'est pas tout : je remis à M. Claudin, avec son manuscrit, une note qui en contenait la description raisonnée et qui donnait à entendre que la main de Molière pouvait bien ne pas être étrangère à ce manuscrit. M. Claudin fit usage de ma note dans un de ses premiers Catalogues de livres, en recommandant le manuscrit de *Joguenet* aux amateurs. Mais, à la vente (février 1865), les amateurs firent la sourde oreille; le manuscrit fut retiré sans enchères, sur une très-forte mise à prix, il est vrai, et, pendant plus d'un an, il resta chez M. Claudin, sans trouver d'acquéreur. C'est en 1866 que M. Claudin, fatigué de voir ce manuscrit, dédaigné même par M. Taschereau, qui, mieux que personne, était capable d'en apprécier le mérite, voulut s'en débarrasser à tout prix et le cota 40 fr., dans un de ses Catalogues à prix marqués. M. C. Galuski se trouva là, à point nommé, pour acquérir, moyennant 40 fr. (*quarante francs*), le manuscrit de *Joguenet*, ce manuscrit qu'il regarde, et peut-être avec raison, comme un autographe de Molière. J'arrivais trop tard pour dire à M. Claudin : « Eh! quoi! je vous avais offert 300 fr. de ce manuscrit, et vous le vendez 40 fr.! » La chose était faite et sans remède. Deux ans après, je songeai naturellement à faire entrer dans ma Collection moliéresque le *Joguenet*, que j'avais découvert et dont j'avais mis au jour la partie la plus importante, tout le troisième acte. Je voulais faire une édition exacte et textuelle d'après le manuscrit, et j'en demandai la communication à M. Galuski. Il me la refusa; c'était son droit. C'était le mien de réimprimer ce que j'avais imprimé dans la *Revue des Provinces*, quatre ans auparavant. Mon édition, ainsi préparée sur des notes incomplètes, je l'avoue, ne pouvait être que très-insuffisante. La *Revue critique* me le fit cruellement sentir, mais j'ai toujours respecté les prérogatives de la critique, même dans la *Revue critique* et hypercritique, et je m'abstins de répondre à sa boutade de mauvaise humeur, bien qu'il m'eût été facile de démontrer qu'une bonne partie des remarques peu bienveillantes de mon adversaire anonyme tombait à faux, ou ne tombait pas sur moi. L'édition de *Joguenet* avait été faite d'après des notes prises à la hâte et recueillies en marge d'un exemplaire de la pièce de Molière, lorsque M. C. Galuski, ne soupçonnait pas encore l'existence du manuscrit qu'il acheta un an plus tard au *très-obligeant* libraire

M. Claudin. Ces notes furent relevées sur mon exemplaire, par un copiste négligent, et adressées directement à Genève, où s'imprima la comédie de *Joguenet,* sans que les épreuves fussent envoyées à Paris. Quant à les revoir sur le manuscrit, il n'y fallait pas songer : M. C. Galuski était propriétaire dudit manuscrit, et il avait l'intention (Dieu le sait) de le publier lui-même, avant de le mettre en vente au prix de 2,500 fr. *Qu'on se le dise !* De là, les fautes assez nombreuses que l'éditeur de Genève a laissées dans un texte établi sur des éléments aussi incomplets. M. C. Galuski prétend que M. Claudin, en cédant le manuscrit au prix de 40 fr. (ne pas confondre avec 2,500 fr.), lui avait donné l'assurance que ledit manuscrit, « à l'exception de quelques fragments, était inédit ». La phrase est ambiguë et voilée : on l'expliquera, en se rappelant que le troisième acte de *Joguenet,* qui diffère entièrement du troisième acte des *Fourberies de Scapin,* avait paru dans la *Revue des Provinces.* Quant aux deux premiers actes, ils ne présentent que peu de différences dans les deux pièces, et je reconnaîtrai volontiers que la plupart des variantes sont des fautes d'impression, qu'il faut laisser au compte du copiste de Paris et de l'imprimeur de Genève.

Eh bien ! M. C. Galuski s'est permis de faire entendre, dans sa brochure malencontreuse, que j'avais fait un acte peu délicat, en publiant un texte dont le manuscrit original était entre ses mains, quoique ce texte eût été dans les miennes, un an auparavant, avec autorisation expresse de le copier et de le publier, puisqu'il s'agissait de prouver que la comédie de *Joguenet* était de Molière et que le manuscrit pouvait être de son écriture. Il avait seul le *droit* et le *moyen* de publier ce manuscrit, dit-il, puisqu'il l'avait acheté 40 fr. (non 2,500 fr.). Par malheur, pour M. C. Galuski, la publication était faite, sans lui, sans son bon plaisir. M. C. Galuski ne retrouvera jamais une aussi bonne occasion d'associer son nom à celui de Molière. C'est à Molière qu'il se compare pour se consoler de sa déception. « La publication de M. Lacroix, dit-il avec un aplomb qui vaut plus de 40 fr., rappelle assez bien le procédé de ces amis trop enthousiastes qui, pour témoigner leur admiration à Molière, faisaient, au sortir de la Comédie, imprimer ses pièces, DE MÉMOIRE ET DE LEUR AUTORITÉ PRIVÉE. » Voilà ce que M. C. Galuski a eu l'honnêteté d'écrire et de faire imprimer. Il m'a comparé au sieur de Neuf-Villenaine, un contrefacteur, une sorte de larron littéraire, qui avait publié le *Sganarelle* sans la permission de l'auteur ! Je suis donc Neuf-Villenaine, M. C. Galuski est Molière, pour avoir acheté un manuscrit de *Joguenet,* que j'avais publié, sans sa permission, un ou deux ans avant qu'il eût acquis, au prix de 40 fr., ce manuscrit, que j'ai eu l'audace de lui faire vendre 2,500 fr. O Molière ! quelle plaisante comédie tu aurais pu tirer de la fable de la Fontaine : *le Loup et l'Agneau !* Cette fable-là n'est autre que l'histoire du manuscrit de *Joguenet, ou les Vieillards dupés.*

1733. JUBILÉ DE MOLIÈRE, du 15 au 23 mai 1873, organisé au Théâtre-Italien par M. Ballande, fondateur des *Matinées littéraires*. Musée Molière, Catalogue. *Paris, imprim. Jouaust,* 1873, in-8 de 8 pp.

Ce Catalogue du Musée Molière, réuni à la hâte à l'occasion du Jubilé que M. Ballande avait organisé, ne contient que 80 numéros, avec les noms de propriétaires desdits objets exposés ; il devait être suivi d'un catalogue définitif, dans lequel auraient été décrits les objets, ainsi que les livres exposés, qui portaient la plupart une note manuscrite rédigée par les membres d'une commission bibliographique. Ce Musée, aujourd'hui dispersé et peut-être pour toujours, renfermait les reliques de Molière les plus précieuses en tous genres : autographes, meubles, tapisseries, portraits peints, dessinés et gravés, tableaux, bustes, médailles, etc. Il est à regretter que l'idée généreuse de M. Ballande n'ait été ni mieux comprise, ni mieux encouragée par le public, et surtout par les gens de lettres. Pendant huit jours consécutifs, il y eut chaque jour, dans la matinée, une Conférence sur Molière et une représentation d'une des pièces de l'illustre auteur comique. Ces belles Conférences, qui malheureusement n'ont pas été toutes recueillies et publiées, étaient faites par nos meilleurs critiques et nos plus zélés moliéristes : MM. Sarcey, Vitu, Claretie, etc. C'est pendant ce Jubilé qu'on représenta, pour la première fois depuis plus d'un siècle, *le Dépit amoureux*, tel que Molière l'avait composé et joué, en cinq actes. Les représentations du jour, auxquelles coopérèrent une foule de jeunes acteurs, pleins de zèle et de talent, avaient été inaugurées par le drame de M. Pinchon, *la Mort de Molière*. On avait donc espéré que le souvenir de ce Jubilé, si remarquable, serait conservé d'une manière plus complète par la publication du Catalogue définitif du Musée et par celle des Conférences sur Molière, sa vie et ses œuvres.

Il est à regretter qu'on n'ait pas, du moins, recueilli en volume les excellents articles que les journaux ont consacrés à l'examen descriptif du Musée Molière ; nous renverrons seulement au *Gaulois,* du 17 mai ; au *Temps,* du 17 mai ; au *Journal officiel,* du 21 mai ; à *l'Indépendance belge,* du 18 mai, et surtout au *Figaro*, où M. Vitu a publié une étude comparée sur les portraits de Molière.

FIN DE LA BIBLIOGRAPHIE MOLIÉRESQUE.

TABLE GÉNÉRALE

DES AUTEURS ET DES OUVRAGES

CITÉS DANS LA BIBLIOGRAPHIE MOLIÉRESQUE.

L'astérisque désigne les ouvrages ou articles anonymes, mais dont l'auteur est connu.

A.

A. L. Traduction du *Misanthrope*, en danois, 781.

A. O. Traduction de *M. de Pourceaugnac*, en grec, 957. — Des *Fourberies de Scapin*, en grec, 960.

ABANCOURT (Willemain d'). *La Convalescence de Molière*, 1671.

Abeille littéraire, 1596, à la note.

ADDISSON. *Molière*, drame, 1679.

ADERER (A.). *Les Femmes dans les comédies de Molière*, 1489.

Adition (sic) à la Vie de Molière. Voy. GRIMAREST.

AICARD (J.). *Mascarille*, 1299.

AIGNAN. Traduction de *Molière*, comédie de Goldoni, 1222, à la note.

AIGUILLON (comte d'). Voy. *Catalogue de livres rares du cabinet d'un Amateur.*

AIMÉ-MARTIN (L.). Notes, 989, à la note. — Notices sur les comédiens de la troupe de Molière, 1122. — *Histoire du Monument de Molière*, 1349. — *Histoire du Monument élevé à Molière*, 1355. — Voy. ses éditions des Œuvres de Molière, à l'article MOLIÈRE.

AL. P.-M. Voy. PERRAULT-MAYNAND.

ALBERT (P.). *Molière*, 1428. — *Études sur Molière et ses ouvrages*, 1573. — *La Littérature française au dix-septième siècle*, ibid., à la note.

ALEGRE (d'). *Aventures et Mémoires de la vie de Henriette-Sylvie de Molière*, 195, à la note.

ALEMBERT (d'). *Encyclopédie*, 1006, à la note.

ALEXANDRE. *Molière et les médecins*, 1472. — Analyse des *Médecins au temps de Molière*, de Raynaud, 1474.

ALLAINVAL (abbé d'). * *Lettres à milord*** sur Baron et Mlle Lecouvreur*, 988.

ALLARY (Cam.). *A Molière*, à-propos, 1685.

ALLETZ (P.-A.). * *Les Leçons de Thalie*, 235.

Alliance littéraire, Recueil, 656, à la note.

Almanach des Prosateurs, 1506, à la note.

ALPHONSE (F.). Voy. DERCY.

ALTEYRAC. *Harpagon*, 581. — *Les Ruses*, 583. — *Le Bourgeois gentilhomme*, 584. — *Lycidas*, 585. — *Molière avec ses amis*, 1265, à la note.

ALVENSLEBEN (L. d'). Traduction des Chefs-d'Œuvre de Molière, en allemand, 726.

Amateur d'autographes (l'), 1078, à la note; 1651, à la note.

Ami de la Maison (l'), journal, 1402, à la note.

A Molière. Voy. MANNE (de).

A Molière (Généalogie et Notice en prose), 1484.

Amours de Calotin (les). Voy. CHEVALIER.

Amusements du cœur et de l'esprit (les), 999, à la note.

Analyses des Comédies de Molière, 1547.

ANASTASIADÈS (S.). Traduction de *George Dandin*, en grec, 952.

Ancien Festin de pierre (l'), 1699.
ANCREDIN. Voy. NICANDER.
ANDRIEUX. *Le Dépit amoureux*, réduit en un acte, 509, à la note, et 1690. — *Molière avec ses amis*, 1264. — * *Molière et Molé aux Champs-Élysées*, 1377. — *L'Amour médecin*, réduit en un acte, 1700.
Anecdotes de Molière. Voy. TAILLEFER.
Anecdotes sur les pièces de Molière. Voy. MAUPOINT.
Anecdotes sur Molière et ses comédies. Voy. LA PORTE (de) et CLÉMENT.
ANGELKOT (Herm.). Traduction du *Misanthrope*, en hollandais, 686.
Annales de la littérature et des arts, 1182, à la note ; 1108, à la note.
Annales dramatiques, 1547, à la note.
Annales littéraires, ou Correspondance politique, 579, à la note.
Annales poétiques, 1007, à la note.
Anonimiana, 1195, à la note.
Anténors modernes (les). Voy. CHAUSSARD.
Apollon françois (l'), 1204, à la note. Voy. ISLES-LE-BAS (Les).
Apothéose de Molière (l'), poëme. Voy. MALO.
— Comédie, 1278. Voy. SCHOSNE (abbé Lebeau de).
— Prologue-vaudeville, 1675.
AQUIN DE CHASTEAU-LYON (d'). * *Éloge de Molière*, 1313.
ARAGO (Ét.). *Molière*, 1049. — *La Vie de Molière*, 1226.
ARANI (Ladislas). Traduction du théâtre de Molière, en magyar, 968.
Araspe et Simandre, 1106, à la note.
Arcadia de Entremeses, 618, à la note.
Archives des missions scientifiques et littéraires, 1096, à la note.
Archives du nord de la France, 220, à la note. Voy. DINAUX.
Archives du Rhône, 1068, à la note.
ARENDSZ (Th.). Traduction de l'*École des femmes*, en hollandais, 680.
ARÈNE (P.). *Les Comédiens errants*, 1300.
ARIEN (B.-Chr. d'). *La Jeune Provinciale*, imitation anglo-germanique de l'*École des femmes*, 735. — Imitation des *Fourberies de Scapin*, en allemand, 742, à la note.
ARISTÉE (C.). Traduction de *George Dandin*, en grec, 951.
Arlequin cocu imaginaire, 1694.
Arlequin-empereur, trois scènes du théâtre italien, insérées dans l'*Histrio gallicus* et attribuées à Molière, 286.
ARNAULT (A.-V.). Exhumation de Molière et de La Fontaine, 1092. — *Critiques philosophiques et littéraires*, ibid., à la note.
ARNESEN KALL (B.). Traduction des comédies de Molière, en danois, 767.
ARNOULD. *Le Vice puni, ou le Nouveau Festin de pierre*, 1698.
ARSÈNE. *Mise en scène du Médecin malgré lui*, opéra-comique de Gounod, 1458.
ARTAUD. *Le Centenaire de Molière*, 1276.
Artiste (l'), 1562, à la note.
ARVAY. Traduction de l'*École des femmes*, en magyar, 969.
ASSOUCY (Coypeau d'). *Documents oubliés relatifs à Molière*, 1094. — Voy. DASSOUCY.
ASTRUC. * *Notice sur le Fauteuil de Molière*, 1088.
AUBRYET (X.). *Le Docteur Molière*, 1231.
AUGER. Vie de Molière, 384. — *Notice sur Molière*, 1014. Voy. *Galerie française*. — *Discours sur la Comédie et Vie de Molière*, 1023. — Voy. ses éditions des Œuvres de Molière, à l'article MOLIÈRE.
AUGUIS. *Vie de Molière et tableau chronologique et historique de ses pièces*, 392.
AULARD (Alph.). *Notes hist., grammaticales, littér. et philos. sur le Misanthrope*, 126.
AURIAC (Eug. d'). *La Naissance de Molière*, 1061.
Autographes. Notes sur un exemplaire de l'*Andromède*, de Corneille, 1617. — Signatures autographes, 1649 ; 1650 — Quittance, 1652, à la note.
Avant et Pendant, comédies en vers, imitées de Molière (1850), 580. Voy. CÉNAC DE MONCAUT.
Aventures de Mlle Molière. Voy. CHAUSSARD.
Aventures et Mémoires de la vie de Henriette-Sylvie de Molière. Voy. VILLEDIEU (Mme de) et ALÈGRE (d').

B.

B***. Voy. TASCHEREAU (J.).
B*** (H.). Voy. BAUCHARD.
BAAR (baron de). * *Épitres diverses*, 1309.
BACHAUMONT et CHAPELLE. *Œuvres*, 1166, à la note.

BAILLET (abbé). Jugement sur les Œuvres de Molière, 1536. — Jugements des Savants sur les principaux ouvrages des auteurs, ibid., à la note.

BAILLIEU fils, libraire. Note sur deux édit. des Œuvres de Molière, 273, à la note.

BAILLY (J.-Sylvain).* Éloge de Molière, 1133.

BAISSEY (A.). A Molière, 1338.

BAKER (H.).* Moliere's select Comedies (Traduct. en angl.), 643, à la note.

BALARDELLE. Le Tartuffe révolutionnaire, 564.

BALLANDE, organisateur du Jubilé de Molière, 1733.

Ballet des Muses, 197 et 231, à la note.

Ballet des vrais moyens de parvenir (s. l. ni date, vers 1645), 226, et à la note.

Ballets et Mascarades de cour sous Henri IV et Louis XIII (Turin, J. Gay, 1870), 225, à la note.

Banquet Molière. Voy. MOREAU et DEBELLOCQ.

BAGUENAULT DE PUCHESSE (G.). L'Éducation dans la Comédie, 1585.

BARBIER (P.-J.). L'Ombre de Molière, 1292.

BARBIER (V.). Le Monument de Molière, 1366.

BARBIERI (Gaetano). Note critique, dans la traduction de Molière, par Virg. Sonsini, 595.

BARFOD (J.-C.-G.). Traduction de la Comtesse d'Escarbagnas, en suédois, 831.

BARRE DE BEAUMARCHAIS (de La). École de la politique, dans ses Annales littéraires, 579, et à la note.

BARRÉ. Hommage du Petit Vaudeville au grand Racine, 1284. — La Chambre de Molière, 1676.

BARRÈRE (P.). Molière, 1044. — Les Écrivains français, 1044, à la note.

BARRIÈRE (Théod.). Les Bourgeois Gentilshommes, 569.

BATTEUX (abbé Ch.). Molière, 1390. — De l'Art de Molière à saisir les ridicules, 1435. — Remarques sur les quatre Poétiques, ibid., à la note. — Ce que c'est que le comique, 1524. — Cours de belles-lettres, ibid., à la note, et Principes abrégés de littérature, ibid.

BAUCHARD (H.). Catalogue de livres rares et précieux, provenant de la bibliothèque de M. H. B***, 1716, à la note.

BAUDEAU DE SOMAIZE. * Les Précieuses ridicules, mises en vers, 514. — Voy. SOMAIZE.

BAUDISSIN (Wolf, comte). Biographie de Molière et trad. de ses Œuvres, en allemand, 728.

BAUDOUIN (F.-M.). Les Femmes de Molière, 1488.

BAUDOUIN (J.). Traduction de Tartuffe, en polonais, 914. — de l'Avare, 921. — du Bourgeois gentilhomme, 926.

BAYARD. Molière au théâtre, 1249.

BAYLE (P.). Notice sur la vie de Molière, 980. — Dictionnaire historique, ibid. Voy. BEUCHOT. — Jugement sur l'Amphitryon de Molière, 1615. — Observations sur les Femmes savantes, 1629. — Réponse aux questions d'un provincial, ibid., à la note.

BAZIN (A.). Les Commencements de la vie de Molière, 1031. — Les Dernières Années de Molière, 1032. — Notes historiques sur la vie de Molière, 1033 et 1034.

BEAUCHAMPS (Godard de). Recherches sur les théâtres de France, 517, à la note; 542, 1116, à la note, et 1714, à la note. — Notes bibliographiques et historiques, 1714. — Particularités de la vie de quelques comédiens français, 1116.

BEAUPLAN (A. de). Le Monument de Molière, 1363.

BEDENE (Vital). Secret de ne payer jamais, 229.

BÉDOLLIÈRE (Émile de La). Notices sur les pièces de Molière, 458. — Vie de Molière, 459. Voy. ses édit. des Œuvres de Molière, à l'article MOLIÈRE.

BEFFARA (L.-Fr.). Abrégé de la Vie de Molière, etc., 237. — Notice, 1132, à la note. — * Esprit de Molière, 237. — Dissertation sur Molière, 1058. — Note sur le Mariage sans mariage, 1161, à la note. — Maison natale de Molière, 1062. — Lettre à MM. les Maires, 1643.

BÉGON (Nic.), intendant à la Rochelle. Sa lettre au sujet de Molière, 979, à la note.

BÉLIERS (abbé). Œuvres choisies de Molière, 588.

BELLECOUR. Le Dépit amoureux, réd. en 2 actes, 505. Voy. COLSON.

BELLET (P.). La Maison de Molière, 1266.

BELTRAME (Nicolo BARBIERI, dit). Inavertito (l'), 495, à la note.

BENSERADE. Vers sur la personne et le personnage de ceux qui dansent au *Ballet des Muses*, 197, à la note. — Son quatrain sur Molière, ibid. — On lui attribue le petit avertissement mis en tête de la *Pastorale comique*, par Molière, ibid.

BERBRUGGER. *Un Collaborateur inconnu de Molière*, 1083.

BERGALLI (Louise). Traduction du *Misanthrope*, en italien, 602.

BERGMAN (Fr.-Th.). * Traduction de *Psyché*, en suédois, 825.

BERNIER (J.). Notes sur Molière, 1079. — *Traité de Médecine*, ibid., à la note.

BESSE DESLARZES. *Le Tartuffe-Roi*, 555. — *Chants aux Héros de Crimée*, ibid., à la note.

BETONDIC (Jos.). Pièces de Molière, trad. en serbe. Voy. la note en tête des traductions en serbe, p. 189.

BETTERTON (Th.). Imitation de *George Dandin*, en anglais, 664.

BEUCHOT (A.-J.-Q.). Sa remarque au sujet du *Festin de pierre*, 438. — *Bibliographie de la France*, ibid., à la note. — Notes sur Molière, 980, à la note. — *Hommage* (chanson intitulée : *Molière*) aux députés, 1343. — Son édition du *Dictionnaire historique* de Bayle, 1615, à la note. — *Notice bibliographique*, 1721.

Bibliotheca Colbertina, 1722, à la note.

Bibliothèque amusante. Voy. BLOCQUEL.

Bibliothèque choisie du Constitutionnel, 1111, à la note.

Bibliothèque de l'École des chartes, 234, à la note.

Bibliothèque de M. Aimé-Martin, 1716, à la note.

Bibliothèque des amis des lettres, 416, à la note.

Bibliothèque dramatique, 563, à la note ; 1225, à la note ; 1296, à la note.

Bibliothèque dramatique de Pont de Vesle, 1717, à la note.

Bibliothèque du Voyageur, 379, à la note.

Bibliothèque illustrée des familles, 589, à la note.

Bibliothèque populaire, 260, à la note.

Bibliothèque rose, 261, à la note.

Bibliothèque universelle des dames, 358, à la note.

BIERLING (Fr.-Sam.). Préface de *Moliere's Comödien*, 720, à la note. — Traduction des Œuvres de Molière, en allemand, 722.

BIGNAN (A.). *Épître à Molière*, 1308.

BILLET. *De la Rime, d'après Boileau et Racine*, 1469.

Biographie de Molière, etc. Voy. LOUANDRE.

BITAUBÉ. *Discours sur Molière*, 1136.

BIZINCOURT (de). *Les Plaisirs de l'Isle enchantée*, 195, à la note.

BLACHET (G.-W.). Traduction de *l'École des maris*, en suédois, 804.

BLANCHEMAIN (Prosper). *Le Monument de Molière*, 1357. — Poëmes et poésies, ibid., à la note. — *Jacques du Lorens et le Tartuffe*, 1610.

BLAZE (Castil). Voy. CASTIL-BLAZE.

BLIBERG (P.-A.). * Traduction des *Fourberies de Scapin*, en suédois, 830, à la note.

BLOQUEL (Sim.). * *Bibliothèque amusante*, 1038, à la note.

BOCHER. *Molière et ses prédécesseurs*, 1511.

BODING (G.). * Traduction des *Fourberies de Scapin*, en suédois, 830, à la note.

BOGUSLAWSKI (W.). Traduction de *l'École des femmes*, en polonais, 893 et 894. — *Du Dépit amoureux*, 932, à la note.

BOHOMOLEC. Traduction de *l'Étourdi*, en polonais, 879. — De *Sganarelle*, 885, à la note. — De *l'École des maris*, 887, à la note. — Des *Fâcheux*, 891. — De *Don Juan*, 899. — Du *Misanthrope*, 902. — Des *Fourberies de Scapin*, 928.

BOILEAU, *Stances à Molière*, 1192.

BOISSAT DE LA VERRIÈRE. *Molière*, pièce de vers, 1331.

BOISSONADE (J.-F.). Parallèle entre Molière et Dancourt, dans le *Journal des Débats*, 1498, à la note. — *Critique littéraire sous le premier Empire*, ibid.

BOISSY (Laus de). Traduction angl. de *l'Avare*, de Molière, 158. — Notes grammaticales sur *l'Avare*, 661, à la note.

BOISSY D'ANGLAS (comte de). *Études poétiques et littéraires d'un Vieillard*, 1553, à la note.

Boléana, 1656, à la note.

BONAPARTE (Louis). *L'Avare*, mis en vers blancs, dans son *Essai sur la Versification française*, 523 et note.

BONNASSIES (Jules). *Les Auteurs dramatiques et la Comédie française*, 1128. — Notice bibliogr. dans son édit. de *la Fameuse comédienne*, 1177.

— Droits d'auteur payés à Molière et sa veuve, 1411.

BORDE (H.).* Note extraite du *Catalogue de sa Bibliothèque*, au sujet du *Ballet des Muses*, par Molière, 197, à la note.

BORDELON (l'abbé). * Vie de Molière, 990, à la note. — * *Le Livre sans nom*, ibid., à la note. — * *Molière, comédien aux Champs-Élysées*, 1272. —* *Diversitez curieuses*, 1371, à la note; 1643, à la note. — * Dialogue entre Molière, Térence et Corneille, 1371.

BORDONI (l'abbé Plac.). Traduction du *Misanthrope*, en ital., 603, à la note.

BORNIER (H. de). *Le Quinze Janvier*, 1295.

BOROWSKI (L.). Traduction des *Femmes savantes*, en polonais, 930.

BOSSUET. *Maximes et Réflexions sur la Comédie*, 1519. — Lettre au Père Caffaro, sur la Comédie et sur celle de Molière, 1518.— *Œuvres*, ibid., à la note.

BOTH [et non BOTHE] (L. W.). Traduction du *Tartuffe*, en allemand, 750, à la note.

BOTHE (Fr.-H.). Traduction de *l'École des maris*, en allemand, 733.

BOUCHER D'ARGIS. Particularités de la Vie de Molière, 1003. — * *Variétés historiques, physiques et littéraires*, ibid., à la note.

BOUFFLERS (chevalier de). Scène du *Bourgeois Gentilhomme*, arrangée, 567, à la note. — *Œuvres posthumes*, ibid.

BOUILLIER (F.). *Molière, élève de Gassendi*, 1426.

BOULANGER DE CHALUSSAY (Le). *Élomire hypocondre*, 1159 et 1160. — * *La Critique du Tartuffe*, 1157 et 1158. — *L'Abjuration du Marquisat*, 1670.

BOULAY DE LA MEURTHE. *Rapport sur la Fontaine Molière*, 1344.

Boulevard Bonne-Nouvelle. Voy. MOREAU.

BOULLANGER. Catalogue de sa Bibliothèque, 530, à la note.

BOULLAYE (F. de la). *Molière au XIXe siècle*, 1289.

BOUQUET (F.). *Molière et sa troupe à Rouen*, 1105.

BOURDALOUE (P.). Sermon sur *le Tartuffe*, 1218.

BOURSAULT. *Le Médecin volant*, 545. — *Le Portrait du Peintre*, 1147. — Son opinion sur les pièces de Molière, 1378.

BOUVART (G.). *Cabale contre le Tartuffe au XVIIe siècle*, 1431.

BOYER. *A l'Inconnu*, 504.

BOYER (Philoxène). *Molière*, poëme, 1326. — *Les Muses de Molière*, 1332. — *Les Deux Saisons*, ibid., à la note.

BRÉCOURT. * *L'Ombre de Molière*, 31, à la note; 1163. — *Le Grand Benêt de fils*, 1663, à la note.

BRET. *Remarques grammaticales, Avertissements et Observations sur les pièces de Molière*, 347. — Sa Lettre à M. R. (Rousseau) sur une critique de la nouvelle édit. de Molière, ibid., à la note. — *Dernières Observations et Variantes*, 1640. — Voy. ses éditions des Œuvres de Molière, à l'article MOLIÈRE.

BRIOL (Marcel). *Molière à Nantes*, 1235.

BROCHOUD (C.). *Les Origines du Théâtre de Lyon*, 1071, à la note, et 1103. — Actes notariés relatifs à Molière, ibid., à la note.

BROSSETTE (Claude). Dissertation, 1103, à la note. — Eclaircissements sur les Œuvres de Molière, 1539. — Lettres, 1723.

BRUGIÈRE DE BARANTE. *Arlequin Misanthrope*, 559.

BRULEBŒUF-LETOURNAN. *Racine chez Corneille*, 1258.

BRUNET (Jacques-Charles). *Manuel du libraire*, 1718, à la note. — Notice bibliographique sur les principales éditions des Œuvres de Molière, ibid.

BRUYS. *Mémoires historiques, critiques et littéraires*, 991, à la note.

BRUZEN DE LA MARTINIÈRE. Vie de Molière, 309 et 991. — Entretien de Sixte-Quint et de Molière, 1373. — * *Entretiens des Ombres aux Champs-Elysées*, ibid., à la note. — Voy. ses éditions des Œuvres de Molière, à l'article MOLIÈRE.

Bühnen-Repertoir des Auslandes, 750, à la note.

BULDEREN (A. van). Traduction de *l'Ecole des maris*, en hollandais, 678.

Bulletin de la Société d'archéologie, sciences et arts du département de Seine-et-Marne, 1073, à la note.

Bulletin du bibliophile, 1106, à la note; 1046, à la note ; 1730, à la note; 1454, à la note.

Bulletin du bibliophile belge, 1648, à la note.

Bulletin du bouquiniste, 1418, à la note ; 1448, à la note ; 1451, à la note ; 1465, à la note.

BURAT DE GURGY (E.). *La Chambre de Molière*, 1087.
BURGUY (G.-F.). Annotations de la *France littéraire*, publ. à Brunswick, 259.
BURKI (J.). Traduction du *Sicilien*, en roumain, 634, et à la note.
BURMAN (P.). * Traduction des *Femmes savantes*, en hollandais, 712.
BUSSY-RABUTIN (comte de). Réponse à une Lettre du P. Rapin, 1627. — Sa *Correspondance*, publ. par Ludovic Lalanne, ibid.
BUYSERO (D.). Traduction d'*Amphitryon*, en hollandais, 701, à la note. — Des *Fourberies de Scapin*, 711.

C.

CAADAJEV (Ivan). Traduction de *George Dandin*, 859 et 860.
Cabinet de lecture, 1110, à la note.
CAILHAVA (J.-F.). Hommage à Molière, édit. du *Dépit amoureux*, 507. — *La Fille crue garçon*, 509. — * Discours prononcé par Molière le jour de sa réception posthume à l'Académie, 1137. — *De l'Art de la Comédie*, 1525. — *Études sur Molière*, 1552. — Réponse à la *Lettre d'un homme de l'autre siècle*, 1592. — Réponse à la Lettre de M. de la Sozelière, 1618.
Calendrier des théâtres, 1711, à la note.
CALISCH (J.-M.). Traduction du *Misanthrope*, en hollandais, 688.
CALONNE (Ernest de). Avis au lecteur et prologue en vers du *Docteur amoureux*, 234.
CAMMAERT (J.-Fr.). Traduction de *Monsieur de Pourceaugnac*, en hollandais, 706.
CAMPAN. Le *Dépit amoureux*, refait en prose, 509, à la note, et 1688.
CAMPARDON (Émile). *Documents inédits sur Molière*, 4 et 1055, à la note.
CARCASSONNE (A.). *La Fête de Molière*, 1297. — *Molière*, 1334.
CAROLIS (comte). *Alceste, ou le Misanthrope*, 1595. — Œuvres, ibid., à la note.
CARRIÈRE-DOISIN. * *Les Séances de Melpomène et de Thalie à la rentrée de la Comédie-Françoise*, 1281. — * *Les Fables mises en action*, ibid. — * *Délassements littéraires*, ibid.
CASTELLI (Nic. di). *Le Opere di Moliere*, 593. — Traduct. de *l'Étourdi*, en italien, 597. — De *l'Ecole des maris*, 598, et à la note. — Du *Festin de pierre*, 601, à la note. — Des *Amants magnifiques*, 609.
CASTELVECCHIO (R.). Traduction du *Misanthrope*, en italien, 603, à la note.
CASTIL-BLAZE. Paroles et musique ajustées sur *Monsieur de Pourceaugnac*, 532. — Sur *Don Juan*, 534. — *Bernabo*, 547. — *Molière musicien*, 1075.
CASTILHO (Ant.-Fel. de). Traduction du *Médecin malgré lui*, en portugais, 622. — Du *Tartuffe*, 624. — Des *Femmes savantes*, 626.
Catalogue de la Bibliothèque dramatique de M. de Soleinne, 227, à la note ; 1200, à la note ; 1201, à la note ; 1456, à la note ; 1717, à la note.
Catalogue de la Bibliothèque de Pont de Vesle, 1216, à la note ; 1668, à la note.
Catalogue de la Bibliothèque théâtrale de Joseph de Philippi, 1716, à la note.
Catalogue de la Bibliothèque de M. Ad. Audenet, 1716, à la note.
Catalogue de la Bibliot. de M. H.-B. (Bauchard), 1716, à la note.
Catalogue des livres de M. Armand Bertin, 1716, à la note.
Catalogue de la Bibliothèque de M. Chédeau, 1716, à la note.
Catalogue de la Bibliothèque de M. Arm. Cigongne, 1716, à la note.
Catalogue de la Bibliothèque du docteur Danyau, 1716, à la note.
Catalogue de la Biblioth. de M. Favart, 1716, à la note.
Catalogue de la Biblioth. de M. S. G. (Germot), 1716, à la note.
Catalogue de la Biblioth. de M. El. Huillard, 1716, à la note.
Catalogue de la Biblioth. de M. J. d'Ortigues, 1716, à la note.
Catalogue de la Biblioth. de M. Félix Solar, 1716, à la note. Voy. DESCHAMPS.
Catalogue de la Biblioth. de M. F. Soleil, 1716, à la note.
Catalogue de la Société des auteurs dramatiques, 1682, à la note.
Catalogue de livres précieux. Voy. CHARDIN.
Catalogue de livres rares du cabinet d'un Amateur (comte d'Aiguillon), 1716, à la note.
Catalogue de livres rares (Labitte), 1716, à la note.
Catalogue de livres rares et curieux de la Librairie J.-Jos. Techener père, 8ᵉ partie, 1716, à la note.

Catalogue de la Librairie de M. L. Potier, 1re et 2e partie, 1716, à la note.
Catalogue de la Librairie de M. Aug. Fontaine (1er, 2e, 3e et 4e catal.), 1716, à la note.
Catalogue des livres de M. Gancia, 1716, à la note.
Catalogue des livres du baron de la Villestreux, 1716, 1re et 2e partie, à la note.
Catalogues des livres imprimés de la Bibliothèque du Roy, 205, à la note.
Catalogue d'une collection de lettres autographes, 1646, à la note.
CAUCHOIS-LEMAIRE. Notice sur le *Tartuffe*, 141, à la note, et 143. — Notice sur le *Misanthrope*, ibid.
CAUVET (J.). *La Science du droit dans les comédies de Molière*, 1479.
CELENIO (Inarco). Traduction de *l'École des maris*, en espagnol, 617. — Du *Médecin malgré lui*, 619. — Voy. MORATIN.
CELLER (Lud.). *Les Décors, les Costumes et la Mise en scène du XVIIe siècle*, 1531.
CENAC-MONCAUT (J.). *Avant et pendant*, 580. — *Le Commissaire malgré lui*, ibid., à la note. — *L'École des Représentants*, ibid., à la note.
CENTLIVRE (Susannah). Traduction du *Médecin malgré lui*, en angl., 655. — *Works*, ibid., à la note.
CERTAIN (E. de). *La Partie de piquet des Fâcheux*, 1637.
CHAMBAUD (L.). * *Dialogues français, anglais et italiens, extraits de Molière*, 238.
CHAMFORT. *Éloge de Molière*, 385 et 1130. — * *Dictionnaire dramatique*, 1382 et 1546, à la note. — *Genre comique de Molière*, 1437. — *Ebauches d'une Poétique dramatique*, 1437, à la note.
CHAMPMESLÉ. *Fragments de Molière*, 31.
CHAPELAIN. Lettre à Bernier, 1470, à la note.
CHAPELLE. Lettre à Molière, 1166. — Extrait d'une lettre, à Molière, 1167. — *Œuvres*, 1166, à la note. Voy. BACHAUMONT.
CHAPPUZEAU (Samuel). * *Le Théâtre François*, 1107 et 1108, à la note.
CHARDIN. * *Catalogue de livres précieux*, 195, à la note.
CHARNOIS (de). *Correspondance*, 1384, à la note.
CHARPENTIER. *Musique du Malade imaginaire*, 208, à la note.

CHARTON. *Molière acteur*, dans le *Moniteur des Théâtres*, 1072. — *Le Manuscrit de La Grange*, 1110.
CHASLES (Philarète). Notices et commentaires sur les Œuvres de Molière, 465. Voy. son édit. des Œuvres, à l'article MOLIÈRE. — *Shakspeare et Molière*, 1501. — *Études contemporaines*, ibid., à la note.
CHATEL (abbé). *Discours contre les excommunications*, 1455.
CHATELAIN (chevalier de). *A Molière*, 1333. — *Fables nouvelles*, ibid., à la note.
CHAUSSARD. *Tableau et anecdotes de la Vie de Molière*, 1012. — * *Les Anténors modernes*, ibid., à la note. — *Aventures de Mlle de Molière avec un président de Grenoble*, 1189.
CHAZET. *Molière chez Ninon*, 1254. — * *A bas Molière*, 1285.
Chefs-d'œuvre de Molière, 357 et à la note. Voy. l'article MOLIÈRE.
Chefs-d'œuvre des Théâtres étrangers, 1222, à la note.
CHÉNIER (M.-J.). Sa critique de *l'École des femmes*, 1586. — *Œuvres*, ibid., à la note. — *Rapport sur le grand prix de littérature*, 1590, à la note. — *De la Liberté du Théâtre en France*, 1603, à la note.
CHÉRON (Mlle E.-S.). * *Réponse à la Gloire du Val-de-Grâce*, 1195.
CHESNEL (A. de). * *Épître à Molière*, 1307.
CHEVALIER. *Le Pédagogue amoureux*, 544. — * *Les Amours de Calotin*, 1155 et 1156.
CHIARI (l'abbé P.). *Moliere marito geloso*, 1242. — *Commedie in versi*, ibid., à la note. — *Osservazioni critiche sopra il Molière*, ibid., à la note.
CHIOSSONE (Evar.). Traduction du drame de *Molière*, de G. Sand, en italien, 1229.
CHIRCULESCU (Démètre). Traduction du *Tartuffe*, en roumain, 636.
Choix des Classiques français, 254, à la note.
CHOLET (baron de). *Le Nouveau Pourceaugnac*, 572.
CHORIER (Nic.). *Détails sur le séjour de Molière et de sa troupe à Vienne*, 1070. — *Vie de Pierre Boissat*, ibid., à la note.
CHOTOMSKI. Traduction des *Femmes savantes*, en polonais, 929.
Chronique artistique et littéraire, 1185, à la note.
CIBBER (Colley). *Dramatic Works*, 659, à la note.

CICOGNINI. * *Il Convitato di pietra*, 601, à la note.
CIZERON-RIVAL. * *Récréations littéraires*, 1539, à la note.
CLARETIE (Jules). *Molière, sa Vie et ses Œuvres*, 1051 et 1052. — Molière et M. de Pourceaugnac, 1621.
Classiques français, 399, à la note.
Classisches Theater des Auslandes, 726, à la note.
Classische Theater-Bibliothek aller Nationen, 753, à la note ; 757, à la note ; 764 et 765, à la note.
CLAUDIN (A.). Note sur *les plus Belles Pensées de Molière*, 236, à la note.
CLÉMENT. * Anecdotes sur Molière et ses Comédies, 1381, à la note. — Anecdotes dramatiques, ibid. Voy. LA PORTE.
Cocue imaginaire (la). Voy. DONNEAU.
COHEN. * *Trouvailles bibliographiques*, 1459.
COLET (M⁻ᵉ L.). *Le Monument de Molière*, 1355. — *Quatre poëmes couronnés par l'Académie française*, ibid., à la note.
Collection d'Écrits sur Molière et ses ouvrages. Voy. Catalogue de la Bibliothèque de M. B*** (J. Taschereau), 1716, à la note.
Collection de Classiques en miniature, 395, à la note, et 404.
Collection de Classiques français, 481, à la note.
Collection de portraits de littérateurs célèbres, 1026, à la note.
Collection des Chefs-d'œuvre de la littérature française, 475, à la note.
Collection des Chefs-d'œuvres littéraires du xviiᵉ siècle, 464, à la note.
Collection des Grands écrivains, 495, à la note. Voy. REGNIER (Ad.).
Collection des meilleurs ouvrages de la langue françoise, 380, à la note, et 411.
Collection des Mémoires sur l'art dramatique, 988, à la note.
Collection des Œuvres des meilleurs écrivains français, 467, à la note.
COLOMB. * *Un Amour de Molière*, 1248.
COLOMBET. * *Molière à Lyon et à Vienne*, 1069.
Columna luī Traianŭ (la), journal en roumain, 635, à la note.
COLSON. Voy. BELLECOUR.
COLSON (J.-B.). * *Répertoire du Théâtre-Français*, 1406, à la note.
COMBEROUSSE (de). Voy. DECOMBEROUSSE.

Comediana. Voy. COUSIN D'AVALLON.
Commentaire en allemand sur les Œuvres de Molière (Berlin, Van Myden, 1873-74), 493.
COMMERSON. *Le Bouquet à Molière*, 1681.
CONDÉ (prince de). Il commande à Molière des *Bouts-Rimez*, 219.
CONGREVE (W.). Imitation du *Misanthrope*, en anglais, 652.
Conservateur (le), 1606, à la note.
CONSTANT (Ch.). *Molière à Fontainebleau*, 1073.
CONTANT (Clément). *Parallèle des principaux théâtres de l'Europe*, 1457, à la note. Voy. FILIPPI.
Conte d'Altemura (il), imitation de *l'École des maris*, 598, à la note.
Contes de Guillaume Vadé. Voy. VOLTAIRE.
CONTI (prince de). *Traité de la Comédie et des spectacles*, 1519, à la note.
Conversation intéressante entre Molière et son ami Chapelle, 1076.
CORALLY. *Monsieur de Pourceaugnac*, ballet, 533.
CORMENIN (L. de). *Les Types de Molière*, 1445.
CORNEILLE (Thomas). *Le Festin de pierre*, mis en vers, 517. — *George Dandin*, mis en vers, 530.
CORNELIUS (Aug.). Traduction des *Précieuses ridicules*, en allemand, 731.
Correspondance littéraire, 222, à la note ; 1164, à la note ; 1419, à la note ; 1637, à la note ; 1638, à la note.
Correspondant (le), 1463, à la note.
CORVER. Traduction du *Tartuffe*, en hollandais, 698.
COSTIESCU (Milt.). Traduction de *Don Juan*, en roumain, 631.
COTTOLENDI. * Vie de Molière, 990, à la note. — * *Le Livre sans nom*, ibid.
COUAILHAC-FRADELLE. *Molière et son siècle*, 1443.
COUDRAY (chevalier du). * *L'Ombre de Colardeau aux Champs-Élysées*, 1279.
COUPIGNY. *Hommage du petit Vaudeville, au grand Racine*, 1284.
Courrier des Spectacles, 1720. Voy. MAURICE (Ch.).
Courrier des Théâtres, 1288, à la note ; 1678, à la note. Voy. MAURICE (Ch.).
COURTIN. *L'Avare*, mis en vers, 529, à la note.
COUSIN (V.). *La Société française au dix-huitième siècle*, 1465, à la note.
COUSIN D'AVALLON. * *Molierana*, 1010.

— *Comediana*, 1118. — *Molierana et Fontainiana*, 1038.
COUTEL. Critique du *Tartuffe*, du *Festin de pierre* et du *Théâtre de Molière*, 1219. — * Sentiments de l'Église et des saints Pères, pour servir de décision sur la Comédie, ibid., à la note.
COUVRET (Aug.). Les Calembours de Molière, 1468. — *Calembours et jeux de mots des hommes illustres*, ibid.
CRAMERO (Mat.). *Del Moliere redivivo*, 611. — * Imitation des *Fourberies de Scapin*, en italien, ibid., à la note.
CRAUFURD (Quentin). Molière, 1394. — * Essais sur la littérature française, ibid.
CREUZÉ (A.). Ninon de l'Enclos, 1253.
Critique du *Tartuffe* (la). Voy. BOULANGER DE CHALUSSAY.
Critique du *Tartuffe de Molière*, en anglais, 1611.
CROISIER. Voy. CARRIÈRE-DOISIN.
CROIX (de la). *La Guerre comique*, 1150 et 1151.
CROIX (P. de la). * Imitation des *Précieuses ridicules*, en hollandais, 673. — Suite du *Mariage forcé* et de *George Dandin*, en hollandais, 696, à la note. — Imitation de *George Dandin*, en hollandais, 702. — Imitation du *Malade imaginaire*, en hollandais, 714.
CROMINAOLO (Fréd.). Traduction de *l'École des maris*, en italien, 599.
CROZET (F.). Détails sur le séjour de Molière et de sa troupe à Vienne, 1070, à la note. — Traduction du latin des *Mémoires de Nicolas Chorier*, ibid.
CSOKONAI. Traduction du *Malade imaginaire*, en magyar, 975.
CUBIÈRES-PALMEZEAUX (chevalier de). * Epitre à Molière, 1302. — * Éloge de Voltaire, 1302, à la note. — * La Mort de Molière, 1268 et 1269. Œuvres dramatiques, ibid., à la note. — Portrait de nos auteurs comiques, adressé à Molière, 1310.
CUSACK. Traduction du *Sicilien*, en anglais, 656.
CYRANO DE BERGERAC. * *Joguenet*, 232, à la note.

D.

D. C. Traduction de *l'Avare*, en grec, 955.
DAILLANT DE LA TOUCHE. * Éloge de Molière, 1134.

DAILHERE (de La). *Les Entretiens curieux de Tartuffe et de Rabelais sur les Femmes*, 1370.
DALBY (Chapais fils, dit). *Le Faux Ami*, 1707.
DAMOURS (L.). * *Lettres de Ninon de l'Enclos au marquis de Sévigné*, 1253, à la note.
DANCOURT. *Nouveau Prologue et Nouveaux Divertissements pour les Amants magnifiques*, 558.
DARCEL. Histoire du travail, 1421, à la note.
DAUBIAN. *Le Misanthrope travesti*, trad. en vers patois, 560 et 592.
DASSOUCY (Coypeau). Couplet de chanson, 211, à la note. — Aventures d'Italie, ibid. — Lettre à Molière, 1168. — Autre lettre au même, 1169. — * L'Ombre de Molière et son Epitaphe, 1201. — * Sur la Mort imaginaire et véritable de Molière, ibid., à la note, et 1202.
DAVIN (abbé). *Les Sources du Tartuffe*, 1606.
DEBELLOCQ (A.). *Banquet Molière*, 1340.
DECOMBEROUSSE (Hyac.). * *Le Médecin malgré lui*, mis en vers, 1704. — *L'Avare*, mis en vers, 1709. — *Le Bourgeois gentilhomme*, mis en vers, 1712.
Découverte d'un Autographe de Molière. Voy. FONTAINE.
DÊDEYAN (Tigrane-Pascal). Traduction de l'*Amour médecin*, en arménien, 964. — Du *Médecin malgré lui*, 965. — De *l'Avare*, 966.
DELACROIX. * Éloge de Molière, 1132.
DELAFOREST (A.). Examen critique de quelques comédies de Molière, 1563. — *Cours dramatique de littérature*, ibid., à la note.
DELAHODDE. * *Ne prenez jamais médecine, ou la Mort de Molière*, 1325.
DELATOUCHE. *Le Monument de Molière*, 1367. — *Les Anniversaires*, ibid., à la note.
DELCRO (J.-Bonif.). *De Quelques Reproches adressés à Molière*, 1448. — *Molière à l'hôtel de Rambouillet*, 1465.
DELEPIERRE (O.). *Macaronea*, 577, à la note.
DELESTRE-POIRSON. *Encore un Pourceaugnac*, 573.
Délices de la poésie galante, 215, à la note ; 1192, à la note.
DELORME (R.). *Molière en visite*, 1427.
DEMOUSTIER. *Alceste à la campagne*, 561. — *Théâtre*, ibid., à la note.
DERCY. * *Molière et son Tartuffe*, 1256. — * *Molière*, comédie, 1287.

Déroute des précieuses (la). Voy. SUBLIGNY (de).
DESAUGIERS fils. *Le Médecin malgré lui*, opéra, 1703.
DESAUGIERS (Marc-Ant.). Musique du *Médecin malgré lui*, 1703.
DESBARREAUX-BERNARD. *De l'Orthographe du mot Tartuffe*, 1639. — Note sur la traduction ital. de la Cérémonie du *Malade imaginaire*, 1454.
Descente de l'âme de Molière dans les Champs-Elysées. Voy. DORIMOND.
DESCHAMPS (Émile). *Molière et Louis XIV*, 1330. — *De l'Influence de l'esprit français sur l'Europe*, ibid., à la note.
DESCHAMPS (F.). Scènes de *l'Avare*, mis en vers, 526, à la note.
DESCHAMPS (J.-M.). *Molière à Lyon*, 1736.
DESCHAMPS (P.). *Catalogue de la Bibliothèque Solar*, 268, à la note, et 1716, à la note.
DESCHANEL. *Molière*, 1486.
Description bibliographique des livres composant la librairie Techener, 226, à la note; 1716, à la note.
Description de la Fontaine Molière, 1352.
Description du Monument de Molière, 1353.
DESESSARTS (Alfr.). *Le Monument de Molière*, 1356.
DESESSARTS (Jos.). *Courtisane punie pour avoir vendu ses faveurs sous le nom de la femme de Molière*, 1188. — *Procès fameux*, ibid., à la note. — *A bas Molière!* 1285. Voy. MERLE.
DESESSARTS (Nic. Lemoyne, dit). Article MOLIÈRE, dans les *Siècles littéraires de la France*, 1010, à la note.
DESFONTAINES. *Le Voyage de Chambord*, 1260. — *Hommage du petit Vaudeville, au grand Racine*, 1284. — *La Chambre de Molière*, 1676.
DESLANDES (Raymond). *Le Marquis Harpagon*, 1710.
DESNOYER (Ch.). *La Vie d'un comédien*, 1227.
DESOER (Ch.-Aug., et non Emmanuel). *De Quelques Travaux récents sur Molière*, 1409.
DESPOIS (Eug.). Notices, etc., sur les Œuvres de Molière. Voy. son édit. à l'article MOLIÈRE. — *Molière à la cour*, 1080. — *Le Théâtre-Français sous Louis XIV*, 1080, à la note; 1098; 1456, à la note. — *Molière et l'En-cas de nuit*, 1082. — *La Troupe de Molière*, 1109. — Tableau chronologique des représentations de chaque pièce de Molière, 1115. — *Les Comédiens et le Clergé*, 1455, à la note. — *Où était située la salle de la comédie, à l'hôtel du Petit-Bourbon?* 1457.
DESPORTES (A.). *Molière à Chambord*, 1261.
DESPRÉS. * Notices sur les *Mémoires de Molière*, 988.
DESPREZ. *Molière à Lyon*, 1673.
DESTANBERG (N.). Traduction du *Tartuffe*, en hollandais, 700.
DESTOUCHES (Néricault). * *Vie de Molière*, 324. — *L'Ambitieux et l'Indiscrète*, 1668, à la note.
Détails sur le séjour de Molière et de sa troupe, à Vienne. Voy. CHORIER et CROZET.
Détails sur les représentations de Molière, à Lyon, 1068.
Détails sur Molière, 1404.
DETCHEVERRY (Arm.). *Histoire des théâtres de Bordeaux*, 1241, à la note.
DEVIENNE. Musique des *Précieuses ridicules*, 1692.
Dialogue entre Molière, Térence et Corneille. Voy. BORDELON.
DIBDIN (Th.). Corrections de *The Double Dealer*, 652, à la note.
DIDEROT. *Encyclopédie*, 1006, à la note.
DIDOT (Firmin). *Nouvelle Biographie générale*, 1035, à la note.
Dictionnaire des portraits historiques des hommes illustres, 1005, à la note.
Dictionnaire dramatique, 1382 et 1546, à la note. Voy. CHAMFORT et LA PORTE.
DIMITRIJEVIĆ (S.). Traduction du *Médecin malgré lui*, en serbe, 871.
DINAUX (Arth.). *Archives du nord de la France*, 220, à la note. — Article dans le *Bulletin du bibliophile*, 221, à la note.
DINGELSTEDT. Traduction de *l'Avare*, en allemand, 758.
Discours prononcé par Molière. Voy. CAILHAVA.
Diversitez galantes (les), 1152, à la note. Voy. VILLIERS (J. de).
DIXMERIE (de la). *Dialogue entre Démocrite et Molière*, 1374. — *La Comédie de Molière*, 1522. — *Les Deux Ages du goût et du génie français*, ibid., à la note.
Dix-neuvième siècle (le), journal, 1061, à la note.
DMOCHOWSKI (F.-S.). Traduction du *Dépit amoureux*, en polonais, 881. Voy. LISIECKI. — Des *Fâcheux*, 892. — De *George Dandin*, 918.
DÖBRENTEY. Traduction de *l'Avare*, en magyar, 973.

DES AUTEURS ET DES OUVRAGES. 375

Documents inédits sur Molière, 4, à la note. Voy. CAMPARDON.
Documents oubliés relatifs à Molière. Voy. DASSOUCY.
Documents sur Molière. Voy. JAL.
DOMAIRON. Jugement sur les comédies de Molière, 1584. — *Poétique française*, ibid., à la note. — Analyse de *l'Ecole des Maris*, ibid.
DONNEAU ou DONEAU (Fr.). *Les Amours d'Alcippe et de Céphise*, 546. — * *La Cocue imaginaire*, ibid., à la note ; 1144 et 1145. — Détails sur les premières pièces de Molière, dans la préface de *la Cocue imaginaire*, 1144, à la note.
DORIMOND. * *Le Festin de pierre*, 549. — * *Descente de l'âme de Molière dans les Champs-Elizées*, 1200.
DÖRING (H.). Traduction de l'*École des femmes*, en allemand, 737.
DORVO. *Les Fâcheux d'aujourd'hui*, 1695.
DOUBLE (Léopold). Son exemplaire du Molière de 1674, 1722, à la note.
DREUX DU RADIER. *Notice sur Molière*, 1004. — *L'Europe illustre*, ibid., à la note. — *Le Glaneur français*, 1177, à la note. — Remarques sur la 2ᵉ scène du 3ᵉ acte des *Fourberies de Scapin*, 1623.
Droits d'auteur payés à Molière. Voy. BONNASSIES.
DROUINEAU (G.). *Molière et les Médecins au XVIIᵉ siècle*, 1477.
Dublin's University Magazine, 1048, à la note ; 1512, à la note.
DUBOIS (J.-B.). *Molière chez Ninon*, 1254.
DUBOIS (N.-A.). Analyse et notes explicatives sur *le Misanthrope*, 117.
DUBOIS, de Rennes. Article dans *le Globe*, 1600, à la note.
DUBOS (l'abbé). *Réflexions critiques sur la poésie*, 1385, à la note.
DUCASSE. Molière et ses contemporains, 1063. — *Histoire anecdotique de l'ancien théâtre en France*, ibid., à la note.
DUCHAISEAU. *Histoire du Théâtre-Français*, 1108, à la note.
DULLART (Jean). Traduction de *l'Etourdi*, en hollandais, 671.
DUMANOIR. *Les Bourgeois gentilshommes*, 569.
DUMAS (Ad.). *Mademoiselle de la Vallière*, 1251. — Postface sur le caractère de Molière, ibid., à la note.
DUMAS (Alex.). *La Jeunesse de Louis XIV*, 1232. — *Une Représentation de l'Amour médecin, en* 1665, 1701.

DUMAS fils (Alex.). Changements dans *la Jeunesse de Louis XIV*, 1232, à la note. — *La Visite de noces*, 1460. Voy. POMMERAYE (H. de la).
DUMERSAN. *L'Original de Pourceaugnac*, 1259. — *La Mort de Molière*, 1270. — *Le Monument de Molière*, 1359. — *Molière jaloux*, 1682. — *Molière et les Médecins*, 1683.
DUPÉRIER DE LARSAN (R.). *L'Avare*, mis en vers, 1708. — *Pygmalius et Galéte*, ibid. — *Pygmalion et Galatée*, ibid.
DUPEUTY. *La Vie de Molière*, 1226. Voy. ARAGO (Ét.).
DUPIN (H.). *Le Voyage de Chambord*, 1260.
DUPLESSIS (G.). *Un Curieux du XVIIᵉ siècle : Michel Bégon*, 979, à la note.
DUPONT (C.-J.). Notice sur la vie et les ouvrages de Molière, 243, à la note. Voy. *Chefs-d'œuvre dramatiques français*.
DUPORT. * Prologue pour *les Précieuses ridicules*, 1693.
DUPRÉ (A.). *Monument de Molière*, 1364.
DUPUY (N.). *Essais hebdomadaires*, 1434, à la note.
DURFORT (Mart.-Melch.). Sa Lettre de change à Molière, 229, à la note.
DUVAL (Alex.). *La Tapisserie*, 1664, à la note.
DUVAL (H.). *Dictionnaire du Théâtre en France*, 1108, à la note.
DYCK (J.). * *Les Femmes savantes*, mises en farce, en allemand, 760, à la note.

E.

E... et T... Voy. TASCHEREAU, 1596, à la note.
École de la littérature, 1527, à la note.
Ecolier devenu maître (l'). Voy. QUÉTANT.
EFFEN (Van). *Portrait de Molière*, 1301.
EHRENSTRÖM (J.). Traduction du *Festin de pierre*, en suédois, 809.
Élite des Classiques français, 120, à la note.
Éloge de Molière. Voy. D'AQUIN DE CHASTEAU-LYON.
— *de Molière*. Voy. BAILLY.
— *de Molière*. Voy. DAILLANT DE LA TOUCHE.
— *de Molière*. Voy. DELACROIX.
— *de Molière*. Voy. NOUGUIER.
— *de Molière*, 1131.

Éloge de Voltaire. Voy. CUBIÈRES.
Éloges des hommes illustres, 979, à la note. Voy. PERRAULT (Ch.).
Élomire, c'est-à-dire Molière, hypocondre, 1159, à la note. Voy. BOULANGER DE CHALUSSAY.
Emporeo drammatico, 607, à la note ; 613, à la note.
Enfer burlesque (l'). Voy. JAULNAY.
Entretien de Scarron et de Molière. Voy. LENOBLE.
Entretien de Sixte-Quint et de Molière. Voy. BRUZEN.
ENVALLSSON (C.). Imitation du *Bourgeois gentilhomme,* en suédois, 828.
ÉON (chevalier d'). * *Remarques sur les Audiences de Thalie ou sur Molière à la nouvelle salle,* 1433.
ÉPAGNY (Viollet d'). *L'Anniversaire de la naissance de Molière,* 1288. — *A propos de la naissance de Molière,* 1290. — *Molière et Scribe,* 1510.
Épitre à Molière. Voy. CUBIÈRES.
Épitre à Molière. Voy. NAUDET.
Épitre au Fauteuil de Molière. Voy. YVERT.
Épitres diverses. Voy. BAAR (de).
ERNOUF (baron). Article critique sur *Moliere Studien,* 1634, à la note.
ESNAULT (Benj.). *L'Avare,* mis en vers, 525. — *George Dandin,* mis en vers, 531.
Esprit Raymond. Voy. MODÈNE (comte de).
Essai sur la versification française, 523, à la note. Voy. BONAPARTE (Louis).
Essais hebdomadaires, sur plusieurs sujets intéressants, 1434, à la note. Voy. DUPUY (N.).
ESTIENNE (F.). Notice littéraire sur *le Misanthrope,* 123. — Notice littéraire sur *les Femmes savantes,* de Molière, 183.
ESVELDT-HOLTROP. Voy. HOLTROP.
État de la fortune de Molière. Voy. REGNIER.
Étéocle et Polynice, trag. de Molière, 1241, à la note.
ÉTIENNE. Notes historiques, critiques et littéraires sur *le Tartuffe,* 138. Voy. TASCHEREAU (J.). — Dissertation sur *Tartuffe,* 412.
Étoile du matin (l'), journal serbe, 874, à la note.
Europe illustre (l'), 1004, à la note. Voy. DREUX DU RADIER.
Examen de la nouvelle édition des Œuvres de Molière. Voy. TOURNEMINE.
Examen des ouvrages de Molière. Voy. MESLÉ.
Explication des mots et des phrases les plus difficiles des Œuvres de Molière. Voy. HÉROLD et ROUX.
Expressions de Molière. Voy. REDLER.
Extraits de divers auteurs, 309, à la note.

F.

FABERT (Richard). *Le Dépit amoureux,* réduit en 2 actes avec des changements, 509, à la note, et 1689.
FABRE D'ÉGLANTINE (P.-F.-N.). *Le Philinte de Molière,* 563.
FACA (Const.). Imitation des *Précieuses ridicules,* en roumain, 629.
Fac-simile d'une lettre attribuée à Molière, 1165, à la note. Voy. *Isographie.*
FALSEN (Chr.-Magn. de). Traduction du *Mariage forcé,* en danois, 777, à la note. — Du *Sicilien,* en danois, 783.
Fameuse Comédienne (la), ou *Histoire de la Guérin.* Voy. LA FONTAINE.
FAUCONNEAU-DUFRESNE (docteur). *Etude médicale sur Molière,* 1081.
Fautes de Paris, au temps de Molière (les), en anglais, 1444.
Fauteuil de Molière à Pézenas (le), 1090.
Fauteuils de Molière (les), 1089.
FAYOLLE (F.-J.-M.). *Lettre sur le Tartuffe,* avec la réponse, 1603. — *Les Quatre-Saisons du Parnasse,* ibid., à la note ; 1594, à la note.
FELETZ (de). *Molière et ses ouvrages,* 1393. — *Examen critique des Œuvres de Molière,* 1554. — Voy. *le Spectateur français.*
FÉLIBIEN (André). *Relation de la Feste de Versailles,* 501, à la note.
FÉNELON. Appréciation des comédies de Molière, 1537. — *Dialogues sur l'Eloquence,* ibid., à la note. — Jugement sur le style de Molière, 1635. — Lettres sur l'éloquence, ibid., à la note.
Festin de pierre (le). Voy. LETELLIER.
FÉTIS (Éd.). *La Musique des comédies de Molière,* 1471.
FEULIE. Correspondance sur les comédies de Molière, 1384.
FÉVAL (Paul). *Le Théâtre-Femme,* 1586.
FIEDIUKIN (A.). Traduction du *Mariage forcé,* en russe, 843. — Du *Tartuffe,* 856. — Des *Fourberies de Scapin,* 866.
FIELDING (H.). *Miscellaneous Works,*

657, à la note. — Imitation du *Médecin malgré lui,* en anglais, 657. — De *l'Avare,* 662.
Figaro, journal, 1733, à la note.
FILIPPI (Jos.). Feuilleton sur Molière, dans la *Perseveranza,* 603, à la note. — Recherches sur les salles de spectacle du Petit-Bourbon et du Palais-Royal, 1457, à la note. — *Parallèle des principaux théâtres modernes de l'Europe,* ibid.
FILLON (Benj.). *Considérations historiques et artistiques sur les Monnaies de France,* 1056, à la note. Voy. *Lettre d'un Anonyme sur la mort de Molière.* — *Recherches sur le séjour de Molière dans l'ouest de la France,* 1066. — Articles dans *l'Indicateur,* journal de la Vendée, ibid., à la note.
FISCHER (Fr.). *Moliere, ein Beitrag zur Forderung des Studiums dieses Dichters,* 1569.
FIZELIÈRE (A. de la). * *Le Monument de Molière,* 1350. — *Bulletin de l'Ami des Arts,* ibid., à la note.
FLEURIMON (H.). *L'Amour médecin,* mis en vers, 518.
FLINCH (Alfr.). Traduction de *Tartuffe,* en danois, 787.
FLORIAN. *Idées sur Molière et ses comédies,* 1550.
Florilegio drammatico, 1229, à la note.
FLOTTE (baron G. de). *Des Personnalités au théâtre,* 1481.
FONTAINE. * *Découverte d'un autographe de Molière,* 1645.
FONTENELLE (de). *Recueil des plus belles pièces des poëtes françois,* 1166, à la note. — *Dialogue entre Paracelse et Molière,* 1372. — *Dialogue des morts,* ibid., à la note.
FORCE (Mlle de la). Manuscrit de ses poésies, d'où sont tirées deux chansons de Molière, 220 et 221, à la note.
FORTIA D'URBAN (marquis de). Notices historiques sur les *Mémoires du comte de Modène,* 228, à la note. — *Dissertation sur le mariage de Molière,* 1178. — *Dissertation sur le passage du Rhône et des Alpes par Annibal,* ibid., à la note. — *Dissertation sur la Femme de Molière,* 1179. — * *Supplément aux diverses éditions des Œuvres de Molière,* 1181.— Lettre au directeur des *Annales de la littérature et des arts,* 1182.
FOUCAUD (Éd.). *Les Comédiens français depuis Molière,* 1126. — *Histoire du Théâtre en France,* 1404, à la note.

FOUCHER (Paul). Molière moraliste conjugal, 1425. — *Les Coulisses du passé,* ibid., à la note.
FOUCHER DE CAREIL (A.). Sur le cartésianisme des *Femmes savantes,* 1492. — *Descartes et la princesse Palatine,* ibid., à la note.
FOURNEL (Victor). *Les Contemporains de Molière,* 225, à la note ; 1140, à la note ; 1729, à la note. — *Notice biographique sur Molière,* 1035. — Notice sur le *Ballet des Muses,* 1729.
FOURNIER (Éd.). Notice sur les poésies de Molière, dans les *Poëtes français,* 223. — Publie des vers attribués à Molière, 225, à la note. — *Le Roman de Molière,* 1045. — Les Poquelins à Bordeaux, 1059. — La Famille et l'Enfance de Molière, 1060. — Molière et le procès du Pain mollet, 1084. — Les Reliques de Molière, 1085. — Encore les Reliques de Molière, 1086. — Articles de l'*Illustration,* 1085, à la note ; 1086, à la note. — Notes sur le *Théâtre français,* de Chappuzeau, 1108. — Notes sur le *Récit de la farce des Précieuses,* 1206, à la note. — *Variétés historiques,* ibid., à la note.—*La Valise de Molière,* comédie, 1237. — *La Fille de Molière,* 1267. — *Le Théâtre au* XVIe *et* XVIIe *siècle,* 1529. — *Le Théâtre français avant la Renaissance,* ibid., à la note. — *Le Théâtre français au* XVIe *siècle,* ibid. — *La Farce avant Molière,* 1530. — Édition des *Chansons de Gaultier Garguille,* ibid, à la note. — *A propos du Don Juan de Molière,* 1589. — Comment Molière fit le Tartuffe, 1605. — Réflexions au sujet de la *Lettre sur Molière,* 1728.
FOURNIER DES ORMES. *Molière avocat,* 1423.
France classique (la), 453, à la note.
France dramatique (la), 1227, à la note.
FRENZEL (Ch.). *Dichter und Frauen,* 1567.
FRITSCHE (H.). *Commentar zu Moliere's Femmes savantes,* 1626. — *Moliere Studien,* 1634.

G.

GAIGNE (de). Extraits des comédies en vers de Molière, 244. — *Encyclopédie poétique,* ibid., à la note.
GAILLARD. *Éloge de Molière,* 1135. — Des caractères contrastants dans la comédie de Molière, 1436. — *Mélanges académiques,* 1436, à la note.
Galeria teatrale, 606, à la note ; 1245, à la note.

Galerie choisie d'hommes illustres, 1024, à la note.
Galerie historique des portraits des comédiens de Molière. Voy. MANNE (de).
Galerie théâtrale. Voy. SALGUES (de).
Galerie universelle des hommes, des femmes et des enfants célèbres, 1009, à la note.
Gallicus comico-satyricus sine exemplo, ou les Comédies de M. de Molière, 230, à la note. Voy. cette édition, à l'article MOLIÈRE.
GALLOIS (Léonard). *Le Citateur dramatique*, 241.
GALLOIS-MAILLY (T.). *Épitre à Molière*, 1304.
GALUSKI (C.). Sa réponse à la *Revue critique*, à propos des *Fourberies de Scapin*, par Molière, 232, à la note. — Comment il est devenu possesseur du manuscrit de *Joguenet*, ibid., 233. — *Réponse à l'auteur d'un article sur les Fourberies de Joguenet*, 1732. — Commentaire Variorum sur cette brochure et sur les procédés de l'auteur, ibid., à la note.
GARDY (J.-A.). *Le Portrait*, 510. — *Scapin tout seul*, 574.
GARIEL. *Tapisseries*, 1420.
GARNIER (F.). *Le Mariage de Molière*, 1243.
GASSICOURT (Cadet). *Le Souper de Molière*, 1262.
GASSMANN (Th.). Traduction des *Femmes savantes*, en allemand, 764.
Gazette musicale, 1471, à la note.
Génie de Voltaire apprécié (le), 1383, à la note; 1551, à la note.
GÉNIN (Fr.). *Molière*, 1028. — Notice sur Molière, 1631, à la note. — *Lexique comparé de la langue de Molière*, 1631. — *Récréations philologiques*, 1632.
GENSOUL (Justin). *Le Ménage de Molière*, 1244.
GEOFFROY (J.-L.). Examen critique des comédies de Molière, 1556. — *Cours de littérature dramatique*, 1556, à la note. — Sur les *Femmes savantes*, 1630.
GEOFFROY (le P.). *Le Misanthrope*, 1702.
GÉRICOURT (E. de). *Le Monument de Molière*, 1342.
GERTH (A.-E.). *Ueber den Misanthropen des Molieres*, 1600.
GÉRUSEZ (E.). Notice et notes sur les *Femmes savantes*, de Molière, 18?.

GHERARDI. *Théâtre italien*, 230, à la note; 286, à la note; 559, à la note. — *Arlequin empereur*, 286, à la note.
GHIKA (J.-D.). Traduction des *Précieuses ridicules*, en roumain, 628.
GIGLI (Girolamo). Traduction du *Tartuffe*, en italien, 605. — Des *Fourberies de Scapin*, 612.
GILBERT (Gab.). *La Vraie et la Fausse Précieuse*, 1207, à la note.
GILDOR. *Life of Betterton*, 664, à la note.
GILLES (Ch.). *Molière chez le Barbier*, 1684.
GIOANELLI (Buonvicin). Traduction du *Malade imaginaire*, en italien, 615.
GIRARDIN (Mᵐᵉ Émile de). *Lady Tartufe*, 566.
GIROLAMI (l'abbé). Traduction du *Misanthrope*, en italien, 603.
GJORGJEVIĆ (Vladan). Traduction de *l'Avare*, en serbe, 873.
GLATIGNY (A.). *Le Compliment à Molière*, 1298.
GODEFROY, graveur des portraits de la *Galerie théâtrale*, 1011. Voy. ce titre.
GOIZET. *Dictionnaire universel du Théâtre en France*, 506, à la note.
GOLDONI. *Il Moliere*, 1221. — Traduction de ce drame, dans les *Chefs-d'œuvre dramatiques*, 1222, à la note. Voy. RIVIER (Amar du).
GONDINET (Éd.). *A Molière*, 1335.
GOSSELIN. *Molière à Rouen*, 1065.
GOUGES (Mᵐᵉ de). *Molière chez Ninon*, 1252. — *Œuvres*, ibid., à la note.
GOUJET (l'abbé). Notice sur Molière. Voy. *Grand Dictionnaire de Moréri*, 981, à la note. — Notice sur Molière, 1541. — *Bibliothèque française*, 1541, à la note.
GOURIO (l'abbé). Jugements sur Molière, 1559, à la note. — *Galerie littéraire*, ibid., à la note.
GOZLAN (Léon). *Du Monument de Molière*, 1345.
GOZZI (Gaspare). *Opere del Moliere*, 594.
GRADISCÉNU (Grég.). Traduction de *M. de Pourceaugnac*, en roumain, 640.
GRAESSE (J.-G.-Th.). Bibliographie de Molière, 1719. — *Trésor des livres rares et précieux*, ibid., à la note.
GRANBERG (L.). Traduction de *l'Avare*, en suédois, 823. — Du *Médecin malgré lui*, 814. — Du *Bourgeois gentilhomme*, 829.
Grand Dictionnaire historique. Voy. MORÉRI et GOUJET.

GRANDEFFE (A. de). *La Pie bas-bleu*, 1619, à la note. — Parallèle entre *l'Avare* et les *Plaideurs*, ibid.
GRESSET. *Comparaison de Molière et de Destouches*, 1509.
GRIMAREST (Jean-Léonard le Gallois, sieur de). * *Vie de M. de Molière*, 298, 982 et 983. — Traduction de cet ouvrage, en hollandais, 984. — *Mémoires de la vie de Molière*, 989. — * *Adition* (sic) *à la Vie de Molière*, 987. — Compte-rendu de la Vie de Molière, 1720. Voy. *Mémoires de Trevoux*.
GRIMM. *Correspondance*, 567, à la note.
GRIMOD DE LA REYNIÈRE. *Idées sur Molière*, 1549. — *Peu de chose*, ibid., à la note.
GROSLEY. * *Observations sur un passage des Comédies de Molière*, 1449. — * *Mémoires de l'Académie des sciences établie à Troyes*, ibid., à la note. — * *Critique de la nouvelle édition des Œuvres de Molière*, 347, à la note.— * *Lettre à M. Bret*, 1591. — *Lettre sur le Tartuffe*, 1602.
GRUNERT (C.). Traduction du *Tartuffe*, en allemand, 753.
GUÉRAULT (A.). Il prétend avoir retrouvé une copie du *Docteur amoureux*, 234 et 1656, à la note.
GUÉRET (G.). Molière et les auteurs de son temps, 1496. — *Promenade de Saint-Cloud*, ibid., à la note.
GUÉRIN D'ÉTRICHÉ. * *Myrtil et Mélicerte*, 511. — * *La Psyché de village*, 1669. — *Mélicerte*, opéra, 1705.
GUESSARD. *Dictionnaire des principales locutions de Molière*, 1631, à la note.
GUICHARD. *Requeste d'inscription de faux*, 1170.
GUY PATIN. *Lettres*, 1667, à la note.
GUYS (P.-A.). * *Molière*, comédie, 1223. — *La Maison de Molière*, 1225, à la note.

H.

H. B... Voy. BORDE.
HABIB (MIRZA). Traduction du *Misanthrope*, en persan, 964.
HACHE (Marc-Fr.). *La Criticomanie scénique*, 1533.
HAINAUT (Fr. d'). *L'Origine du Monument de Molière*, 1346.
HALLAM (H.). Jugement sur le génie et les ouvrages de Molière, 1561. — *Histoire de la littérature de l'Europe*, ibid., à la note.

HAMY (E.). *Le Médecin volant, de Molière*, 1578.
HAZAART. Traduction des *Fâcheux*, en hollandais, 679.
HELIADE. Traduction d'*Amphitryon*, en roumain, 637.
HELLO (E.). *Molière et l'Idéal moderne*, 1447.
HÉNAULT (président). Détails sur le costume de Molière dans le *Malade imaginaire*, 1453. — Ses *Mémoires*, ibid., à la note.
HÉNIN DE CUVILLERS (baron d'). *Des Comédiens et du Clergé*, 1455, à la note. — *Encore des Comédiens et du Clergé*, 1455, à la note.
HENNEQUIN. *L'Esprit de l'Encyclopédie*, 1006, à la note.
HENNEQUIN (P.). Molière, 1396. — *Cours de littérature*, ibid., à la note.
HENRY (A.). Appréciations littéraires et philosophiques sur les *Femmes savantes*, de Molière, 184.
HÉRISSANT (L.-T.). *Idée générale des révolutions du Théâtre comique en France*, 1116, à la note.
HÉROLD. * *Explication des mots et des phrases les plus difficiles des Œuvres de Molière*, 338.
HERRIG (L.). Annotations de la *France littéraire*, publ. à Brunswick, 259.
HEYLLI (G. d'). *Regnier, sociétaire de la Comédie-Française*, 1341, à la note.
HILDON (B.). Traduction du *Festin de pierre*, en suédois, 809.
Histoire des intrigues amoureuses de Molière et de sa femme, 1173 et 1175. Voy. la *Fameuse Comédienne*.
Histoire des révolutions de Naples, 228. Voy. MODÈNE (comte de).
Histoire littéraire du règne de Louis XIV 1001, à la note. Voy. LAMBERT.
HOFFMAN (F.-B.). Sur les Jésuites et les faux dévots, ennemis de Molière, 1430. — *Œuvres*, ibid.
HOFFMANN. Traduction de *l'Avare*, en polonais, 922, à la note.
HOLBERG. *Den honette Ambition*, 827, à la note. Voy. aussi LEGRELLE.
HOLLEBECKE (B. van). *Etudes sur Molière*, 1572. — *Etude sur Molière et ses Contemporains, dans le Misanthrope*, 1601.
HOLTROP (J.-S. van Esveldt-). Traduction des comédies de Molière, en hollandais, 669. — De *l'Avare*, 704.
HOUSSAYE (Ars.). Éloge de Molière, 1139. — Mme *Molière*, 1186. — *Les Comédiennes du temps passé*, ibid., à la note. — * *La Comédie des portraits*,

1416. — Molière à l'Académie française, 1483. — *Histoire du 41ᵉ fauteuil de l'Académie française*, 1139, à la note; 1483, à la note.
HRISTIÓ (H.). Traduction du *Médecin malgré lui*, en serbe, 872.
HUGELMANN. Vers sur Molière, 1340, à la note. — *Toast à Théod. Barrière*, 1485.
HUGUET (Arm.). *Le Dépit amoureux*, 509, à la note.
HULLIN. Divertissements du *Bourgeois gentilhomme*, 1712.
HUMBERT (docteur C.). *Molière, Shakespeare und deutsche Kritik*, 1502. — Examen de cet ouvrage dans la *Revue critique d'histoire et de littérature*, ibid., à la note.
HYRIER (L.). *Les Rêveries de Jules Staub. Tartuffe*, 1614.

I.

I... E... Traduction du *Misanthrope*, en russe, 845.
Iconographie moliéresque, 1413, à la note. Voy. LACROIX (Paul).
IDELER (L.). *Vie de Molière*, en allemand, 1022.
IMBERT. *L'Inauguration du Théâtre-Français*, 1280. — * *Poinsinet et Molière*, 1320.
Impromptu de l'Hôtel de Condé (l'). Voy. MONTFLEURY.
Internationale Revue, 1517, à la note.
Intrigues amoureuses de M... et Mᵐᵉ... son espouse (les), 1174 et 1076, à la note.
Intrigues de Molière et de sa femme (les), 1172. Voy. la *Fameuse Comédienne*.
IRAILH (l'abbé). * *Querelles littéraires*, 1480, à la note.
ISLES-LE-BAS (Les). *Sonnet sur la sépulture de Poclin (sic) dit Molière*, 1204. — *L'Apollon françois*, ibid., à la note.
Isographie des hommes célèbres. Fac-simile d'une lettre attribuée à Molière, 1165, à la note.
ISRAELI (Isaac d'). *Le Génie de Molière* (en anglais), 1400. — *Miscellanies of litterature*, ibid., à la note.
ISUSQUIZA (D. Damaso de). Traduction de *l'Avare*, en espagnol, 620.

J.

JACOB (bibliophile). Voy. LACROIX (Paul).
JACQUELIN (J.-A.). *Molière avec ses amis*, 1263.
JAL (A.). Documents sur Molière et sa famille, 1097. — *Dictionnaire critique de biographie et d'histoire*, ibid., à la note.
JANIN (J.). Introduction aux Œuvres de Molière, 484. — Notice sur Molière, 1027. — *La Comédie universelle, Molière*, 1446. — *Le Misanthrope de Molière*, en 1793, 1461. — Examen critique du théâtre de Molière, 1565. — *Histoire de la littérature dramatique*, ibid., à la note. — Études sur Molière, 1599.
JANNET (A.). *Molière en ménage*, 1246. — *Théâtre et poésies*, ibid., à la note.
JANNET (P.). *La Philosophie dans les Comédies de Molière*, 1491.
JASINSKI (J.-S.). Traduction du *Médecin malgré lui*, en polonais, 909.
JAUFFRET. *Le Molière de la jeunesse*, 586.
JAULNAY. * *L'Enfer burlesque*, 1196. — *Les Horreurs sans horreur*, 1197. — * *L'Enfer burlesque, le Mariage de Belphégor, Epitaphes de Molière*, 1198 et 1199.
JEANNEL (C.-J.). *Le Diner d'Harpagon*, 1463. — *La Morale de Molière*, 1490.
Joquenet, ou les Vieillards dupés, comédie, 231 et 232, à la note; 1732.
JOHNSON. *Moliere's select Comedies* (trad. angl.), 643, à la note. — Traduction des Œuvres de Molière, en anglais, 646.
JOLY (l'abbé). Additions à l'article de POQUELIN, 1002. — *Remarques critiques sur le Dictionnaire de Bayle*, ibid., à la note.
JORGO (Fr.). Pièces de Molière, traduites en serbe, note avant 868.
JOUHAUD (Aug.). *L'Orgon de Tartuffe*, 556.
JOURDAIN (Éliacim). *Don Juan*, 552.
Journal de la librairie, 1721, à la note.
— *de l'instruction publique*, 1435, à la note; 1590, à la note.
— *de Paris*, 1452, à la note.
— *de Saint-Pétersbourg*, 1515, à la note.
— *des Débats*, 1095, à la note; 1430, à la note; 1461, à la note.
— *des Sçavants*, 228, à la note.
— *des Théâtres*, 1384, à la note; 1580, à la note; 1618, à la note.
— *encyclopédique*, 1591, à la note, et 1593, à la note.
— *grammatical*, 1641, à la note.
— *pour l'année 1659*, 1104, à la note.

JOUSLIN. * *Monsieur de Pourceaugnac*, 533.
Jubilé de Molière, 1733, à la note.
JUBINAL (Ach.). Article sur les *Tapisseries*, dans *l'Indépendance belge*, 1420, à la note.
Jugements sur Molière. Voy. GOURIO.
JUNGERMAN (Val.). *Entretiens des Ombres aux Champs-Elysées*, trad. de l'allemand, 1373, à la note. Voy. BRUZEN.

K.

K. S. Voy. SIMAI (Christophe).
KALKANDIS (S.-G.). Traduction du *Cocu imaginaire*, en grec, 942.
KARAKACHÉAN. Traduction de *la Jalousie du Barbouillé*, en arménien, 963.
KAYSER (H.). Traduction du *Misanthrope*, en allemand, 741.
KAZADAÏEV (V.). Traduction de *Tartuffe*, en russe, 854.
KAZINCZY (Gabr.). Traduction des Œuvres de Molière, en magyar, 968.
KEPNER (F.) * Imitation du *Misanthrope*, en allemand, 740. — Traduction de *l'Avare*, 756.
KERJEAN (L. de). *Molière est-il venu à Nantes avec sa troupe ?* 1102.
KLEIST (H.). Traduction d'*Amphitryon*, en allemand, 755.
KNÖPPEL (C.). Traduction de *l'École des maris*, en suédois, 803. — *Des Fâcheux*, 805.
KOCK (H. de). Les Infortunes conjugales de Molière, 1191. — *Histoire des Cocus célèbres*, ibid. à la note.
KOKKINAKIS (C.). Traduction de *Tartuffe*, en grec, 948.
KOKOSKIN (Fedor). Traduction du *Misanthrope*, en russe, 846.
Kongelige Theaters Repertoire (det), 776, à la note; 780, à la note; 782, à la note; 787, à la note; 794, à la note; 796, à la note; 798, à la note; 801, à la note.
KOSKINAS (A.). Traduction du *Mariage forcé*, en grec, 945.
KOTZEBUE. Imitation de *l'École des femmes*, en allemand, 735. — *Neue Schauspiele*, 736, à la note.
KLINGELHOFFER. *Plaute imité par Molière et Shakespeare* (en allemand), 1501, à la note.
KOWALSKI (Fr.). Traduction en vers polonais des Œuvres de Molière, et Notice sur sa vie, 877 et 878. — Traduction des *Précieuses ridicules*, 884. — Du *Mariage forcé*, 898. — De *l'Amour médecin*, 901. — Du *Médecin malgré lui*, 911. — De *l'Avare*, 922. — Du *Bourgeois gentilhomme*, 927.
KRAAN. Traduction du *Médecin malgré lui*, en hollandais, 693.
KRAIS (F.-A.). Traduction de *l'Avare*, en allemand, 757. — Du *Malade imaginaire*, 765.
KROPOTOV (Ivan). Traduction en russe de *l'Avare*, de *Tartuffe*, de *l'École des maris* et de *l'École des femmes*, 834 et 835; 851 et 852; 861 et 862.
KUDLICZ (B.). Traduction de *l'Avare*, en polonais, 922, à la note.
KULLBERG (H.-A.). Traduction de *l'Avare*, en suédois, 822.
KUROCKIN (Basile). Traduction du *Misanthrope*, en russe, 847, — *Recueil de poésies*, ibid., à la note.

L.

L. B***. Voy. BOISSY (Laus de).
L... de B... (Aug.). * *La Fille crue garçon*, 509. — * *Scapin, ou l'École des pères*, 575.
L. P. * *Les plus Belles Pensées de Molière*, 236, à la note.
LABAT (Eugène). *La Vie d'un comédien*, 1227. Voy. DESNOYER.
LABAT (Paul). * *Dictionnaire de morale et de littérature*, 242.
LA BRUYÈRE (de). *Caractères*, 1378, à la note.
LACOMBE DE PREZEL. Notice sur Molière, 1005. — * *Dictionnaire des portraits historiques*, ibid.
LACON (D.-J.). Traduction des *Précieuses ridicules*, en grec, 941.
LACROIX (Paul). *La Jeunesse de Molière*, 188 et 1042. — Notice bibliographique sur les *Incompatibles*, 189. — Éditeur des *Poésies diverses*, attribuées à Molière, 224. — Éditeur des *Ballets et Mascarades de cour sous Henri IV et Louis XIII*, 225, à la note; 226, à la note. — Ses Notes dans la *Description des livres de la librairie Techener*, ibid., à la note. — Notice sur les Vers espagnols inédits de Molière, 231, à la note. — *Un Manuscrit de la troupe de Molière*, Lettre à M. Éd. Fournier, 232. — Notice sur le *Ballet des Muses*, 231, à la note. — Éditeur des Œuvres inédites de la Fontaine, 496, à la note; 1176, à la note. — *Les Biographes de Molière*, 1046. — Dissertations biblio-

graphiques, ibid., à la note ; 1422, à la note ; 1730, à la note. — Notice sur *Zélinde*, 1149. — Notice bibliographique sur *la Guerre comique*, 1151. — Notice sur le *Théâtre François*, de Chappuzeau, 1108. — Notice sur *la Vengeance des marquis*, 1153. — Notice sur *les Amours de Calotin*, 1156. — Notice bibliographique sur *la Critique du Tartuffe*, 1158. — Notice sur *Elomire hypocondre*, 1160.— Notice sur *le Mariage sans mariage*, 1162. — * Notice bibliographique sur *la Fameuse Comédienne*, 1176. — *La Veuve de Molière*, 1190. — *Curiosités de l'histoire de France, Procès célèbres*, ibid., à la note. — Préface du *Songe du Resveur*, 1194. — Notice bibliographique sur *l'Enfer burlesque*, 1199. — Lettre sur le *Roy glorieux au monde*, 1210. — Notice bibliographique au sujet des Observations sur *le Festin de pierre*, 1214. — Notice bibliographique au sujet de la *Lettre sur l'Imposteur*, 1217. — *Iconographie moliéresque*, 1414. — * Lettre sur les *Mémoires du comte de Modène*, 1418. — *Énigmes et Découvertes bibliographiques*, ibid., à la note. — *La Bibliothèque de Molière*, 1422. — *Les Femmes savantes de Molière*, 1464. — Dissertation sur un faux autographe de Molière, 1651.— Notices sur les premières éditions originales des comédies de Molière, 1717. — *La véritable édition originale des Œuvres de Molière*, 23, à la note, et 1722. — *Lettre sur Molière*, 1728. — A propos d'un exemplaire du *Tartuffe*, 1730. — Réponse tardive à la brochure de M. C. Galuski, à propos de *Joguenet*, 1732, à la note.

La Faille (baron de). *Études sur le théâtre de Molière*, 1523.

Lafortelle. *Cassandre, malade imaginaire*, 1713.

La Fontaine (Jean de). *Lettre à M. de Maucroix*, 496. — *Œuvres inédites*, ibid., à la note. —* *La Fameuse Comédienne*, 1171, 1176 et 1177.

Lagerström (Magn.). Traduction de *Tartuffe*, en suédois, 816. — De *l'Avare*, 820.

La Grange. Détails sur la composition de la troupe de Molière, 1114. — *Extraict des receptes et des affaires de la Comédie, depuis 1659* ; 1111 et 1665, à la note.—Voy. son édit. des Œuvres de Molière (1682), à l'article MOLIÈRE.

La Harpe. * *Molière à la nouvelle Salle*, 1282. — *Idées sur Molière*, 1548. —

Lycée, ou Cours de littérature, ibid., à la note, et 1590, à la note. — Examen critique du théâtre de Molière, 1553.

Laigniet. Gravure représentant *le Tartuffe*, 1610, à la note.

Lalanne (Ludovic). *Correspondance littéraire*, 224, à la note ; 1094, à la note ; 1095, à la note ; 1100, à la note. — Sur un vers du *Misanthrope*, 1638. — Publie une Lettre en prose et en vers, attribuée à Molière, 1164. — Notice sur les Tapisseries qu'on disait avoir appartenu à Molière, 1419.

Lamare (le président Philibert de). *Mémoires inédits*, 1665, à la note.

Lambert. Voy. L... de B... (Aug.).

Lambert (abbé). Notice sur Molière, 1001. — *Histoire littéraire du règne de Louis XIV*, ibid., à la note.

Langenbeck (W.-A.). Traduction du *Tartuffe*, en allem., 749, et à la note.

Langlois-Fréville. *Anecdotes dramatiques. I. Molière et Benserade*, 1324.

Langlois (Hipp.). Mme *Molière*, 1185.

La Place (F.-M.-Jos.). *Leçons françaises de littérature et de morale*, 245, à la note.

La Place (P.-Ant. de). * *Pièces intéressantes et peu connues pour servir à l'histoire et à la littérature*, 1076, à la note.

Laponneraye (A. de). *Molière sifflé*, 1482. — *Mélanges d'économie sociale, de littérature et de morale*, ibid., à la note.

La Porte (abbé de). * Anecdotes sur Molière et ses comédies, 1381, à la note. — Notice sur Molière et Analyses de ses comédies, 1382, à la note. — * *Anecdotes dramatiques*, 1381, à la note.— * *Dictionnaire dramatique*, 1382 et 1546, à la note.

Laporte. * *Catalogue de pièces*, 1406, à la note.

La Porte (Hip. de). Article sur l'*Histoire de la vie et des ouvrages de Molière*, 1182, à la note, et 1408.

Larpent (H.). Traduction de *Tartuffe*, en danois, 788.

La Tour (l'abbé de). Réflexions sur les comédies de Molière, 1385. — *Réflexions morales sur le Théâtre*, ibid., à la note.

Laugier (E.). *De la Comédie-Française depuis 1830*, 1348.

Laun (A.). Traduction de pièces de Molière, en allemand, 727. — Du

Tartuffe, ibid., 751. — Des *Femmes savantes*, ibid., 762.
Laun (docteur Eldf.). Commentaires (en allemand) sur les pièces de Molière, 493.
Laus de Boissy. Voy. Boissy.
Laverdant (Désiré). *Don Juan converti*, 554.
Lavoix (H.). Les Recettes des pièces de Molière, 1113. — Les Portraits de Molière, 1413.
Leçons de Thalie (les). Voy. Alletz.
Leeuw (A.). Traduction de *l'Amour médecin*, en hollandais, 685.
Lefebvre-Charouceuil. *Molière*, 1401.
Lefèvre (André). Voy. *Mémoires de l'Académie des sciences, établie à Troyes*, 1433.
Lefèvre, libraire. Notes sur les *Œuvres de Molière*, 433, à la note ; 451, à la note. Voy. ses éditions des Œuvres de Molière, à l'article MOLIÈRE.
Le Fuel de Méricourt, *le Nouveau Spectateur*, 1592, à la note.
Legouvé (E.). *Eugène Scribe*, 1604, à la note.
Le Gras (A.-J.). Traduction des Comédies de Molière, en hollandais, 670.
Legrelle (A.). *Holberg considéré comme imitateur de Molière*, 1516.
Lejeune (l'abbé). * *Œuvres choisies de Molière*, 589. — * Notice bibliographique sur Molière, 589.
Lemaistre (Félix). Remarques nouvelles sur les Œuvres de Molière, 471. — Voy. ses édit. des Œuvres de Molière, à l'article MOLIERE.
Lemazurier (P.-D.). *Annales du Théâtre-Français*, 1108, à la note. — Notices sur les acteurs de la troupe de Molière, 1119. — *Galerie historique des acteurs du Théâtre-Français*, ibid., à la note.
Lemercier (Nép.). Examen critique des Comédies de Molière, 1555. — *Cours analytique de littérature*, ibid., à la note. — *Le Tartuffe révolutionnaire*, 1706.
Le Monnier (Eug.). *Molière artiste et auteur dramatique*, 1424.
Lennard (Dacre-Burrett). Traduction des pièces de Molière, en angl., 648.
Lenoble (E.). * *Entretien de Scarron et de Molière*, 1368. — * *Molière le critique et Mercure aux prises avec les philosophes*, 1369.
Lenoir (Alex.). Pièces justificatives pour la translation des corps de Molière et de la Fontaine, 1093. — *Musée des monuments français*, ibid., à la note.

Lensky (P.). Traduction du *Mariage forcé*, en russe, 842.
Leoni (Francesco). *Trufaldino Medico volante*, 596.
Lepan (Jos.). * *Miroir du cœur humain*, 240.
Lepeintre (P.). Notes sur *le Philinte de Molière*, 563, à la note. — Notice historique sur *la Maison de Molière*, 1225, à la note. — Ses Notices dans la *Bibliothèque dramatique*, ibid.
Léris (de). *Dictionnaire historique et littéraire des théâtres*, 1119, à la note ; 1545, à la note. — Anecdotes sur les pièces de Molière, 1545.
Lerne (E. de). *Amoureux et grands hommes*, 1183.
Leroy (A.). *Molière et les deux Thalies*, 1321.
Lesguillon (J.). *Le Protégé de Molière*, 1250. — *Poquelin à la censure*, 1358.
Lessing (G.-E.). Sentiments de la Critique allemande sur la Comédie en France. Voy. *Conservatoire des sciences et des arts*, 1528, à la note.
Letellier. * *Le Festin de pierre*, mis en vaux de ville (sic), 1696.
Letourneur. Voy. Valville.
Lettre à M. Bret. Voy. Grosley.
— à *M. de la Harpe, sur le Misanthrope*, 1593.
— attribuée à Molière, 1165.
— au sujet de la Vie de Molière, 997.
— critique. Voy. Visé (de).
— critique sur le Tartuffe, écrite à l'auteur de la Critique, 1157, à la note.
— du bibliophile Jacob. Voy Lacroix (Paul).
— d'un anonyme, 1056.
— d'un homme de l'autre siècle au Misanthrope de Molière, 1592.
— sur la comédie de l'Imposteur, 1216 et 1217. Voy. MOLIÈRE.
— sur la Mélanide, 1432.
— sur la Vie et les Ouvrages de Molière. Voy. Pretot (de).
— sur les vers irréguliers, 1466.
— sur les Observations du Festin de pierre, 1213.
— sur l'Imposteur, attribuée à Molière, 1217.
Lettres à feu M. de Molière, 1434.
— de M. de Chauvelin, 1723.
— de M. Rousseau sur différents sujets, 1723, à la note.
— de Ninon de Lenclos au marquis de Sévigné. Voy. Damours.

Lettres nouvelles de Boursault, 1378, à la note.
— *sur la Vie et les ouvrages de Molière*. Voy. Poisson (Mlle).
LEVASSEUR. *Le Sicilien* (paroles arrangées), 540.
LEVEAUX (E.). *A l'Ombre de Molière*, 1339.
LEVOL (Flor.). *Molière à Lyon*, 1316.
LIADIÈRE (Ch.). *La Race de Monsieur Jourdain*, 568. — *Œuvres dramatiques et Légendes*, ibid., à la note.
LINANT. *Les Progrès de la comédie sous le règne de Louis XIV*, 1322.
LINDAU (Paul). *Molière* (en allemand), 1053. — *Molière in Deutschland*, 1517.
LINDEBERG (A.). Traduction du *Médecin malgré lui*, en suédois, 813.
LION (C. Th.). *Einleitung zu Molieres Femmes savantes*, 1625.
LIREUX. Feuilleton du *Constitutionnel*, 1238, à la note.
LISIECKI. Traduction du *Dépit amoureux*, en polonais, 881.
LIVET (Ch.). *Précieux et Précieuses*, 1450, à la note.
Livre d'or des peuples (le), 1049, à la note.
Livre sans nom (le). Voy. COTTOLENDI et BORDELON.
LODDE (B.-J.). Traduction de *l'Avare*, en danois, 792. — De *Don Juan*, 779, à la note.
LOÈVE-WEYMARS. *La Critique et le Portrait de Molière*, 1412. — *Népenthès*, ibid., à la note.
LOME SATGÉ BORDES. *Molière*, 1395. — *Jugements sur les meilleurs écrivains*, ibid., à la note.
LOMÉNIE DE BRIENNE. Copie autographe d'une lettre de la Fontaine, 496, à la note.
LORIN (Th.). *Quelques Observations littéraires et critiques sur Amphitryon*, 1616. — *Remarques sur l'Avare*, 1619.
LOUANDRE (Ch.). * *Biographie de Molière*, etc., 460. Voy. ses éditions de Molière, à l'article MOLIÈRE.
LOWNDES (W.-Th.). *The Bibliographer's Manual*, 649, à la note.
LUCAS (Hip.). Notice sur Molière, 528, à la note. — *Almanach de tout le monde*, 1030. — Molière, 1036. — *Histoire philosophique et littéraire du Théâtre-Français*, ibid., à la note. — Molière, 1138; 1399. — *Le Foyer du Théâtre-Français*, ibid., à la note. — Article sur l'origine du mot *Tartuffe*, 1610, à la note.

LUCRÈCE. Voy. MAROLLES (de) et MOLIERE.
LUCRÈCE. Renseignements sur la traduction du poëme *Natura rerum*, par Molière, 1470.
LÜDEMANN (W. de). Traduction du *Misanthrope*, en allemand, 741, à la note.
LUDOVIC. *La Première Représentation théâtrale à Nantes*, 1234.
LULLY. Musique de l'*Idylle* et des *Festes de Bacchus et de l'Amour*, 207. — Musique de la *Mascarade espagnole*, 231, à la note.
LUNA (Nap. de la). Traduction de *l'Ecole des femmes*, en italien, 600.
LURINE (L.). Article dans le *Monde dramatique*, 563, à la note.

M.

MAAS (H.). * Traduction du *Bourgeois gentilhomme*, en hollandais, 709, à la note.
MAATER (G. van). * Traduction du *Don Juan*, en hollandais, 684, à la note.
Magasin littéraire, 1184, à la note.
— *pittoresque*, 1074, à la note; 1165, à la note; 1410, à la note; 1412, à la note.
— *théâtral*, 528, à la note.
MAGEN (Ad.). *La Troupe de Molière à Agen*, 1104.
MAGNIN (Ch.). *Quelques Pages à ajouter aux Œuvres de Molière*, 757, à la note; 1467. — *Le Don Juan de Molière*, 1588.
MAHERAULT. Note, 1282, à la note.
MAILHOL. *L'Avare, mis en vers*, 522.
MALO (Ch.). *L'Apothéose de Molière*, 1361 et 1365.
MALOUIN (A.). *L'Avare, mis en vers*, 527.
MALTZAN (comtesse). Traduction du *Dépit amoureux*, en allemand, 730. — Des *Femmes savantes*, 763.
MANNE (de). * *Galerie historique des portraits des comédiens de la troupe de Molière*, 1127. — * *A Molière*, 1329.
Manuscrit de la troupe de Molière (un). Voy. LACROIX (Paul).
MANZONI (Fil.). Traduction des *Fourberies de Scapin*, en italien, 613.
MARCEL. *Abrégé de la Vie de Molière*, 978. — *Le Mariage sans mariage*, 1161 et 1162.

MARIGNY (de). *Relation des Divertissements*, 497, à la note. — Lettre en prose et en vers, ibid., à la note.
MARKWALD (Otto). *Moliere als Dramatiker*, 1568.
MARMIER (X.). *Les Don Juan*, 1588.
MARMONTEL. Appréciation du *Misanthrope*, 125. — De la Comédie et principalement de celle de Molière, 1527. — *Poétique française*, ibid., à la note. — Comédie et comique, 1528. — *Éléments de littérature*, ibid., à la note.
MAROLLES (l'abbé de). Traductions en vers et en prose de *la Nature des choses*, de Lucrèce, 1470, à la note.
MARTIN (Alexandre). *Molière*, vaudeville, 1678.
MARTIN (Alexis). *La Fête de Molière*, 1296.
MARTIN (Gab.). Catalogue de Barré, 269, à la note.
MARTIN (L. Aimé-). Voy. AIMÉ-MARTIN.
Mascarade espagnole (la), 231, à la note.
Matinée de Molière (la), 1672.
Matinées italiennes, 1508, à la note.
MAUPOINT. *Bibliothèque des théâtres*, 577, à la note; et 1379, à la note. — *Anecdotes sur les pièces de Molière*, 1379.
MAURICE (Ch.). *Le Misanthrope*, en opéra-comique, 536. — *Le Théâtre-Français, monument et dépendances*, 1669, à la note. Voy. *Courrier des théâtres* et *Courrier des spectacles*.
MAURICIUS (J.-J.). Réception burlesque du *Malade imaginaire*, arrangée en hollandais, 715.
MAZIÈRE DE MONVILLE (abbé). *Vie de Pierre Mignard*, 217, à la note.
MEDBOURNE (Mat.). Traduction du *Tartuffe*, en anglais, 658.
Médecins vangez (les), ou *la Suite funeste du Malade imaginaire*, 283, à la note.
Médecins vengés par la mort de Molière (les), 269, à la note.
MEERMAN (J.). Traduction du *Mariage forcé*, en hollandais, 683.
MEISSNER (A.-G.). Traduction des Œuvres de Molière, en allemand, 723.
Mélanges curieux et anecdotiques, tirés de la collection d'autographes de M. Fossé d'Arcosse, 1649, à la note.
Mélisse, tragi-comédie (S. l. ni d.). 227.

MELLINET (C.). * *Souvenirs du pays. Molière à Nantes*, 1233.
Mémoire contre une Compagnie de libraires, 1725. Voy. PALISSOT.
Mémoires curieux, pour servir à l'histoire de la prostitution, 1190, à la note.
Mémoires de l'Académie de Caen, 1479, à la note.
— *de l'Académie de Sainte-Croix d'Orléans*, 1585, à la note.
— *de l'Académie des sciences*, 1449, à la note.
— *de la Société d'agriculture, de sciences et d'arts de Douai*, 529, à la note.
— *de Mme Campan*, 1082, à la note.
— *de Trévoux*, 1720, à la note.
— *du chevalier d'Arvieux*, 1083, à la note.
— *du comte de Modène*, 228, à la note.
— *du président Hénault*, 1453, à la note.
— *sur Molière*. Voy. DESPRÉS.
MÉNAGE (abbé). *Menagiana*, 1480, à la note; 1607, à la note. — *Notes sur le Tartuffe*, 1607.
MENGOZZI (de). *Pourceaugnac*, mis en musique, 1711.
MERCIER (Sébast.). *Molière*, comédie, 1223 et 1224. — Notes biographiques et critiques relatives à Molière, 1223, à la note. — *Théâtre complet*, 1224, à la note. — *La Maison de Molière*, 1225. — De Molière, 1391. — *Du Théâtre*, ibid., à la note. — *Molière*, 1392. — *Tableau de Paris*, ibid., à la note. — *George Dandin*, 1624. — *Mon Bonnet de nuit*, 1624, à la note.
MERCIER DE SAINT-LÉGER (abbé). Sur l'abus dans la manière de représenter le *Festin de pierre*, 1452.
Mercure de France, 993, à la note; 1117, à la note; 1374, à la note; 1582, à la note.
Mercure du XIXe siècle, 1441, à la note; 1443, à la note; 1596, à la note.
Mercure galant, 1129, à la note; 1203, à la note; 1628, à la note.
MÉRIAT (F.-P.). *Les Enfants de Molière à Dieppe*, 1337.
MERKEN. *De la Charlatanerie des savants*, 1480, à la note.
MERLE. *A bas Molière !* 1285.
MERVESIN (le P.-Jos.). *Histoire de la poésie française*, 1541, à la note.
MERVILLE. *Molière*, com.-vaudeville, 1678. Voy. MARTIN (Alex.).
MÉRY. *Le Quinze Janvier*, 1291.

25

MESLÉ le jeune. * Examen des ouvrages de Molière, 1440. — *Essai sur la comédie moderne*, 1410, à la note.

MIANSAROV (le major). *Bibliographia caucasia et transcaucasia*, page 204, à la note au bas de la page.

MILAN. Traduction de *Sganarelle*, en serbe, 870.

MILLER. *Moliere's select Comedies* (trad. angl.), 643, à la note. — Traduction des Œuvres de Molière, en anglais, 646.

MINIER (Hipp.). *Molière à Bordeaux*, 1241. — *Le Songe de Molière*, 1291.

MINIEWSKI. Traduction du *Médecin malgré lui*, en polonais, 910.

Misanthrope (le), feuille littéraire, 1301, à la note.

Mise en scène des pièces de Molière, 1456.

MODÈNE (Raymond, comte de). *Histoire des révolutions de Naples*, 228.

MOISSY (A.-G. Mouslier de). *Les Leçons de Thalie*, 235. — *La Nouvelle École des femmes*, 548.

MOLAND (Louis). Travail sur les Œuvres de Molière, 480. — *Molière et la Comédie italienne*, 1495. — Article dans la *Correspondance littéraire*, 1728, à la note. — Voy. son édition des Œuvres de Molière, à l'article MOLIÈRE.

MOLIÈRE (JEAN-BAPTISTE POQUELIN)[1].

I

Éditions séparées des Comédies de Molière.

L'Estourdy. Édit. in-4 (1658), 1, à la note, et 2.

— *ou les Contre-temps*. Édit. orig. (Gabr. Quinet, 1663), 1.

— Seconde édit. ou contrefaçon (Gabr. Quinet, 1663), 1, à la note.

— (Holl., Elzevier, à la Sphère, 1663), 35.

— (Holl., id., 1674), 35, à la note.
— (Holl., id., 1679), 35, à la note.
— (Amst., Jacq. le Jeune, 1683), 35, à la note.
— (Berlin, Rob. Roger, 1700), 71.
— (Compagnie des libraires, 1760), 72.
— (Librairie des Bibliophiles, 1871), 73.

Le Dépit amoureux. Édit. in-4 (1658), 2, à la note.
— Édit. orig. (Claude Barbin, 1663), 2.
— (Holl., Elzevier, à la Sphère, 1663), 36.
— (Holl., id., 1674), 36, à la note.
— (Holl., id., 1679), 36, à la note.
— (Amst., Jacq. le Jeune, 1683), 36, à la note.
— (Bruxelles, 1694), 36, à la note.
— (Berlin, Rob. Roger, 1699), 74.
— (Berlin, Schlesinger, 1842), 75.
— (Jouaust, 1873), 76.

Les Précieuses ridicules. Édit. orig. (Guil. de Luyne, 1660), 3.

— Contrefaçon (Cl. Barbin, 1660), 3.
— (Amsteldam, Raph. Smith, 1660), 38.
— (Hollande, 1660), 37.
— (Holl., Elzevier, 1660), 39.
— Holl., id., 1674), 39, à la note.
— (Holl., id., 1679), 39, à la note.
— (Amst., Jacq. le Jeune, 1683), 39, à la note.
— (Bruxelles, 1694), 39, à la note.
— (London, W. S. Johnson, 1841), 79.
— (Berlin, Rob. Roger, 1698), 77.
— (Sanson, 1826), 78.
— (Jouaust, 1867), 80.
— (Schaffhouse, Hurter, 1868), 81.
— (Kjöbenhavn, 1874), 82.

Sganarelle, ou le Cocu imaginaire. Édit. orig. (Jean Ribou, 1660), 4.
— (Guil. de Luyne, 1662), 4, à la note.
— (Amst., Abr. Wolfgang, 1662), 4, à la note.
— (Augustin Courbé, 1662 ou 1663), 4.
— (Jean Ribou, 1664), 4, à la note.
— (Thomas Jolly, 1665), 4, à la note.
— (Jean Ribou, 1666), 4, à la note.
— (Holl., Elzevier, 1675), 40, à la note.
— (Holl., Elzevier, 1680), 40, à la note.
— (Bruxelles, 1694), 40, à la note.
— (Berlin, 1699), 83.
— (Compagnie des libraires, 1761), 84.
— (Jouaust, 1872), 85.

Don Garcie de Navarre, ou le Prince jaloux (Hollande, à la Sphère, 1684), 42.

---

1. Dans cette partie de la Table, où nous avons cru devoir faire connaître, pour chaque ouvrage cité, le lieu d'impression et le nom du libraire, on doit être averti que le livre est imprimé à Paris, chaque fois que le lieu d'impression n'est pas désigné.

— (Amst., Guill. le Jeune, 1689), 42, à la note.
L'Escole des maris. Édit. orig. (Ch. de Sercy, 1661), 5.
— (Cl. Barbin, 1662), 5, à la note.
— (Jean Guignard, 1662), 5, à la note.
— Contrefaçon (Anvers, G. Colles, 1662), 5, à la note.
— (Holl., Elzevier, 1662), 41.
— (Guil. de Luyne, 1663), 5, à la note.
— (Guil. de Luyne, 1664), 5, à la note.
— (Holl., Elzevier, 1674), 41, à la note.
— (Holl., Elzevier, 1679), 41, à la note.
— (Denys Thierry, 1679), 86.
— (Amst., Wetstein, 1684 et 1689), 41, à la note.
— (Rouen, Louis Cabut, 1685), 87.
— (Berlin, Rob. Roger, 1699), 88.
— (Veuve Duchesne, 1788), 89.
— (Jouaust, 1874), 90.
L'Escole des femmes. Édit. orig. (Guil. de Luyne, 1663), premier et second tirages, 6.
— Autres libraires associés au privilège (1663), 6, à la note.
— Réimpr. ou contrefaçon (Th. Jolly, 1663), 6, à la note.
— (Holl., Elzevier, 1663), 43.
— (Gabr. Quinet, 1665), 6, à la note.
— (Holl., Elzevier, 1674), 43, à la note.
— (Holl., Elzevier, 1679), 43, à la note.
— (Amst., Jacq. le Jeune, 1684), 43, à la note.
— (Amst., Guil. le Jeune, 1689), 43, à la note.
— (Bruxelles, 1694), 43, à la note.
— (Berlin, Rob. Roger, 1699), 91.
— (Compagnie des libraires, 1760), 92.
— (Barba, 1817), 93.
— (Mouchel, 1835), 94.
— (Marchant, 1839), 95.
— (Jouaust, 1873), 96.
La Critique de l'Escole des femmes. Édit. orig. (Ch. de Sercy, 1663), 8.
— (Francfort, 1691), 98.
— (Berlin, Rob. Roger, 1700), 97.
— (Jouaust, 1873), 99.
Les Fascheux. Édit. orig. (Guil. de Luyne, 1662), 7.
— (Ch. de Sercy, 1662), 7, à la note.
— (Gabr. Quinet, 1663), 7, à la note.
— (Holl., Elzevier, à la Sphère, 1662, 1674, 1679), 47.
— (Amst., Jacq. le Jeune, 1684), 47, à la note.
— (Berlin, Rob. Roger, 1698), 100.

L'Impromptu de Versailles (Holl., à la Sphère, 1684 ou 1689), 46.
La Princesse d'Elide. Éditions originales. Voy. ci-après *les Plaisirs de l'Isle enchantée.*
— (Holl., Elzevier, 1674; id., 1679), 45, et à la note.
— (Amst., Guil. le Jeune, 1684; id., 1689), 45, à la note.
— (Amst., 1693), 45, à la note.
Voy., à la section V, BALLETS ET FÊTES DE LA COUR.
Les Plaisirs de l'Isle enchantée (Rob. Ballard, 1664; id., 1673), 193, et à la note.
— (Rob. Ballard, 1665), 194.
— Sec. édit. (Jean Guignard, 1668), 194, à la note.
— (Imprimerie royale, 1673), 195.
Le Mariage forcé. Édit. orig. (Jean Ribou, 1668), 10.
— (Holl., Elzevier, à la Sphère, 1674; id., 1679), 48, et à la note.
— (Amst., Wetstein, 1683), 48, à la note.
— (1683), 101.
— (Francfort, 1691), 49.
— (V° Duchesne, 1788), 102.
— (Hachette, 1867), 191.
— (Jouaust, 1874), 103.
Le Festin de pierre (Bruxelles, George de Backer, 1694), 50.
— (Holl., Elzevier, 1674), 50, à la note (n'est autre que la pièce de Dorimond). Voy. DORIMOND.
— (Amst., 1683), 32.
— (Liége, 1702), 50, à la note.
L'Amour médecin. Édit. orig. (Pierre Trabouillet, 1666), 11.
— (Amst., Abr. Wolfgang, 1666), 51.
— (Pierre Trabouillet, 1669), 11, à la note.
— Contrefaçon (Nic. Legras, 1669), 11, à la note.
— (Holl., Elzevier, 1673; id., 1675; id., 1679; id., 1680), 51, à la note.
— (Cl. Barbin, 1674), 104.
— (Amst., Wetstein, 1684), 51, à la note.
— (Liége, 1706), 104, à la note.
— (Jouaust, 1866), 105.
Le Misanthrope. Édit. orig. (Jean Ribou, 1667), 12.
— Contrefaçon (1667), 12, à la note.
— (Holl., Elzevier, 1674; id., 1679), 53, et à la note.
— (Denys Thierry, 1675), 106.

— (Anvers, Colle, 1715), 107.
— (Amst., Wetstein, 1693), 53, à la note.
— (Copenhague, 1770), 108.
— (Veuve Delormel et Prault fils, 1788), 109.
— (Toulouse, 1809), 110.
— (Barba, 1817), 111.
— (Sanson, 1826), 112.
— (Strasb., Levrault, 1827), 113.
— (Delalain, 1830), 114.
— (Marchant, 1840), 115.
— (Dezobry et Magdeleine, 1841), 118.
— (Ve Maire-Nyon, 1841), 119.
— inséré dans le recueil : *Œuvres dramatiques* (René, 1841), 124, à la note.
— (Hachette, 1841; id., 1844; id., 1856, id., 1871), 116, et à la note.
— (Delalain, 1841; id., 1847; id., 1852; id., 1857; id., 1859; id., 1862; id., 1867; id., 1872), 117, à la note.
— inséré dans le *Théâtre classique* (Hennuyer, 1845), 124, à la note.
— (Essen, Baedeker, 1849), 120.
— (dans le tome III de l'*Élite des Classiques français* (1849), 120, à la note.
— (Delalain, 1850), 117, à la note.
— (Berlin, Reimer, s. d., vers 1851), 121.
— (Firmin Didot, 1852), 122.
— (Delalain, 1856), 123.
— (Lecoffre, 1858), 124.
— (Kjöbenhavn, 1874), 127.
— (Delagrave, s. d.), 125.
— (E. Belin, s. d.), 126.
Le Médecin malgré lui. Édit. orig. (Jean Ribou, 1667), 13.
— Contrefaçon (Jean Ribou, 1667), 13, à la note.
— (Holl., Elzevier, 1667; id., 1674; id., 1679), 54, et à la note.
— (Se vend pour la veuve de l'auteur, chez Henry Loyson, 1673), 128.
— (Cl. Barbin, 1674), 129.
— (Amst., veuve de Daniel Elzevier, 1683), 54, à la note.
— (Amst., 1689), 54, à la note.
— (Marseille, Jean Mossy, 1798), 130.
— (Troyes, Gobelet, 1799), 131.
— (Barba, 1821), 132.
Mélicerte (Holl., à la Sphère, 1684), 52.
— (Amst., Guil. le Jeune, 1689), 52.
Le Sicilien, ou l'Amour peintre. Édit. orig. (Jean Ribou, 1668), 14.

— (Nic. Pépingué, 1668), 14, à la note.
— (Holl., Elzevier, 1674; id., 1679; id., 1680), 55, et à la note.
— (Amst., Guill. le Jeune, 1689), 55, à la note.
L'Imposteur, ou le Tartuffe, Édit. orig. (Jean Ribou, 1669), 15.
— Contrefaçon (1669), 15, à la note.— Autres contrefaçons, (1669), ibid.
— Sec. édit. (1669), 15, à la note.
— (Holl., Elzevier, 1669; id., 1671; id. 1674; id., 1679), 56, et à la note.
Le Tartuffe, ou l'Imposteur (Claude Barbin, 1673), 15, à la note.
L'Imposteur (Amst., Henry Wetstein, 1693), 56, à la note.
Le Tartuffe, ou l'Imposteur (Liége 1706), 56, à la note, et 133.
Le Tartuffe (Fages, 1815), 134.
— (Barba, 1817), 135.
— (Delaunay, 1822), 136.
— (Masson, 1822), 137.
— (C.-L.-F. Panckoucke, 1824), 138.
— (Boiste aîné, 1825), 139.
— (Barba, 1825), 140.
— (Baudouin frères, 1825), 141.
— (M^d° de nouveautés, 1826), 142.
— (Baudouin, 1826), 143.
— (Baudouin frères, 1827), 144.
— (Bezou, 1827), 145.
— (Carpentier-Méricourt, 1827; id., 1827; id., 1828; id., 1829), 146, et à la note.
— (Ferra, 1828), 147.
— (Doyen, 1828), 148.
— (Garnier, 1829; id., 1829), 149, et à la note.
— (Heilbronn, Dreschler, 1832), 150.
— (Marchant, 1838), 151.
— avec le Mandement de l'archevêque Hardouin (première et seconde édit., 1844), 152, et à la note.
— (Barbré, 1864), 153.
Amphitryon. Édit. orig. (Jean Ribou, 1668), 16.
— Contrefaçon (J. Ribou, 1668), 16, à la note.
— Autre contrefaçon (1669), 16, à la note.
— (Holl., Elzevier, 1669; id., 1675 id., 1679), 57, et à la note.
— (J. Ribou, 1670), 16, à la note.
— (Cl. Barbin, 1674), 154.
— (Amst., Jacq. le Jeune, 1684), 57, à la note.
— (Amst., 1689), 57, à la note.

— (Duchêne, 1788), 155.
— (sans le prologue.) (Vente, 1788), 156.
L'Avare. Édit. orig. (Jean Ribou, 1669), 17.
— Contrefaçon (J. Ribou, 1669), 17, à la note.
— (Holl., Elzevier, 1669; id., 1674; id., 1679), 58, et à la note.
— (Cl. Barbin, 1675), 157.
— (Amst., Wetstein, 1683), 58, à la note.
— Avec traduction anglaise en regard (Ch. Leclerc, 1751), 158.
— (Francfort et Leipzig, 1762), 159.
— (Delalain, 1780), 160.
— (Barba, 1820), 161.
— (Marchant, 1840 ou 1845), 162.
— (Berlin, Schlesinger, 1848), 163.
— (Francfort, Brönner, 1851), 164.
— (Altenburg, Jacob, 1851), 165.
— (Odensee, 1867), 166.
George Dandin, ou le Mari confondu. Édit. orig. (Jean Ribou, 1669), 18.
— Contrefaçon (1669), 18, à la note.
— (Holl., Elzevier, 1669; id., 1675; id., 1681), 59, et à la note.
— (Cl. Barbin, 1675), 167.
— (Amst., Jacq. le Jeune, 1684), 59, à la note.
— (Marchand-Dubreuil, 1826), 168.
Les Amants magnifiques (Holl., à la Sphère, 1684), 61.
— (Amst., Guil. le Jeune, 1689), 61.
Monsieur de Pourceaugnac. Édit. orig. (Jean Ribou, 1670), 19.
— (Holl., Elzevier, 1670; id., 1674; id., 1679), 60, et à la note.
— (Cl. Barbin, 1673), 19, à la note.
— Édit. posthume (Cl. Barbin, 1673), 169.
— (Amst., Jacq. le Jeune, 1684), 60, à la note.
— (Lille, 1812), 170.
Le Bourgeois Gentilhomme. Édit. orig. (Pierre le Monnier, 1671), 20.
— (Holl., Elzevier, 1671; id., 1674; id., 1680), 63, et à la note.
— (Cl. Barbin, 1673), 20, à la note, et 722.
— (Amst., Wetstein, 1688), 63, à la note.
— (Veuve Duchesne, 1784), 173.
— (Marseille, Mossy, 1798), 174.
Psiché. Édit. orig. (Pierre le Monnier, 1671), 21.
— (Holl., Elzevier, 1671; id., 1675; id., 1680), 62, et à la note.

— (Cl. Barbin, 1673), 21, à la note.
— Contrefaçon (Cl. Barbin, 1673), 21.
— (René Baudry, 1678), 171.
— (Amst., Wetstein, 1684), 62, à la note.
Les Fourberies de Scapin. Édit. orig. (Pierre le Monnier, 1671), 22.
— (Holl., Elzevier, 1671; id., 1675; id., 1680), 64, et à la note.
— (Amst., Jacq. le Jeune, 1684), 64, à la note.
— (Amst., 1693), 64, à la note.
— (Compagnie des libraires, 1787), 175.
— (Barba, 1817), 176.
Les Femmes savantes. Édit. originale. (Pierre Promé, 1673), 23.
— (Holl., Elzevier, 1674; id., 1678), 65, et à la note.
— (Pierre Trabouillet, 1676), 177.
— (Amst., Wetstein, 1683 et 1692), 65, à la note.
— (Marseille, Jean Mossy, 1798), 178.
— (Toulouse, 1803), 179.
— (Barba, 1817), 180.
— (Sanson, 1826), 181.
— (Hachette, 1864), 182.
— (J. Delalain, 1866), 183.
— (E. Belin, 1866), 184.
— (Schaffhouse, Hurter, 1868), 81.
La Comtesse d'Escarbagnas (Amst., Guil. le Jeune, 1864 ou 1689), 66.
— (Amst., 1686), 185.
Le Malade imaginaire. Édit. orig. (Estienne Loyson, 1674), 24.
— (Amst., Dan. Elzevier, 1674), 26.
— (Cologne, Jean Sambix, 1674), 27.
— (Rouen, Ant. Maury, 1680), 28.
— (Holl., à la Sphère, 1673), 67.
— (Holl., Elzevier, 1674; id., 1679), 68, et à la note.
— (Amst., Wetstein, 1690), 68, à la note.
— Réimpr. (s. l. n. d.), 69, note.
— (Brusselles, George de Backer, 1694), 69.
— (Marchant, 1844), 186.
— (Tresse, 1873), 187.
— (S. n. de lieu ni de libr. et s. d.), 25.

II

Éditions des Œuvres de Molière.

Œuvres (J. Ribou, 1663-70), 263.
— (Guil. de Luyne, 1663), 264.
— Tome I (G. Quinet, 1664), 265.
— Tome I (Ch. de Sercy, 1664), 266.
— (Gab. Quinet, 1666), 267.

— (Cl. Barbin, 1673), 267, à la note, et 268.
— (Denys Thierry, 1674-75), 269. — (Id., 1676), 270.
— (Amst., Jacq. le Jeune, 1675), 271. (Id., 1679), 272.
— (Denys Thierry, 1681), 273. — (Id., 1681), 274.
— (Lyon, 1681), 275.
— (Genève, 1681), 276.
— (Denys Thierry, 1682), 277. — (Id., 1682), 278.
— (Amst., Jacq. le Jeune, 1684), 279.
— (Amst., H. Wetstein, 1683-1691), 280. — (Id., 1691-93), 281. — (Id., 1691), 282.
— (Lyon, Jacq. Lyons, 1692), 283.
— (Brusselles, G. de Backer, 1694), 284.
— (Lyon, Jacq. Lyons, 1694), 285.
— *Histrio gallicus, comico-satyricus, sine exemplo*, ou les Comédies de M. de Molière (Nuremberg, J.-Dan. Tauber, 1695), 286.
— (Denys Thierry, 1697), 287.
— (Toulouse, J. Dupuy, 1697), 288.
— (Amst., H. Wetstein, 1698), 289.
— (Toulouse, J. Fr. Caranove, 1699), 290.
— (Berlin, Rob. Roger, 1700), 291.
— (Liége, J.-F. Broncart, 1703), 292.
— (La Haye, Adr. Moetjens, 1704), 293. — (Id., 1704), 294.
— (Amst., H. Desbordes, 1704), 295.
— (Liége, J.-F. Broncart, 1706), 296.
— *Divertissemens pour grands et basses gens* (les), c'est-à-dire les comédies sérieuses et comiques, par J.-B. Poquelin de Molière (Nuremberg, J.-D. Tauber, 1708), 297.
— (Amst., Le Jeune, 1709), 298.
— (Denys Thierry, 1709-10), 299.
— (Lyon, Jacq. Lyons, 1693 [Fausse date, vers 1710], 300.
— (Michel David, 1710), 301.
— (Amst., 1713), 302.
— (Utrecht, Guill. Van de Water, 1713), 303.
— (Amst., 1713), 303, à la note.
— (Amst., J.-Fr. Bernard, 1716), 304.
— (H. Charpentier, 1716), 305.
— (Leipzig, Fritsch, 1717), 306.
— (Compagnie des libraires, 1718), 307.
— (Amst., P. Brunel, 1724), 308.
— (Amst., 1725), 309.
— (David, 1729), 310.
— (Bordelet, 1730), 311.

— (Compagnie des libraires, 1730), 312.
— (Rotterdam, B. Arnoul, 1732), 313.
— (H. Charpentier, 1733), 314.
— (Leipzig, Teubner, 1733), 315.
— (Impr. de Prault, 1734), 316.
— (Amst., Wetstein, 1735), 317.
— (Jena, Meyers, 1738), 318.
— (David l'aîné, 1737 ou 1738), 319.
— (Impr. de Prault, 1739), 320.
— (Amst., Arkstée, 1741 ; id., 1743 ; id., 1744; id., 1749), 321.
— (Basle, E. et J.-R. Thurneisen, 1741; id., 1743), 322.
— (Basle, Imhof, 1741; id., 1744), 323.
— (La Haye, 1742), 324.
— (Amst., Arkstée, 1744), 325.
— (Basle, Thurneysen, 1747), 326.
— (Tubingue, Ch.-G. Cotta, 1747), 327.
— (Veuve Gandouin, 1747), 328.
— (Compagnie des libraires, 1749), 329.
— (Carlsruhe, 1749), 330.
— (Amst., 1749), 331.
— (Amst. et Leipsick, Arkstée et Merkus, 1749), 332.
— (Amst., Arkstée et Merkus, 1750), 333.
— (Genève, 1750), 334.
— (Impr. de Lebreton, 1753), 335.
— (Mouchet, 1758), 336.
— (Impr. de Lebreton, 1760), 337.
— (Jena, 1762), 338.
— (Amst. et Leipzig, Arkstée et Merkus, 1765), 339.
— (Amst., 1766), 340. — (Id., 1766), 341.
— (Veuve David, 1768), 342.
— (Impr. de Lebreton, 1770), 343.
— (Musier fils), 344.
— (Amst., 1772), 345.
— (1773), 346.
— (Compagnie des libraires associés, 1773), 347.
— (Veuve David, 1774), 348.
— (Neuchâtel, 1775), 349.
— (Libraires associés, 1778), 350.
— (Rouen, Laurent du Mesnil, 1779), 351.
— (Rouen, veuve Besongne et fils, 1780), 352.
— (Londres et Paris, Valade, 1784), 353.
— (Veuve David, 1785), 354.
— (1785), 355.
— (Libraires associés, 1786), 356.

Chefs-d'œuvre (Belin et Brunet, 1786-88), 357.
— (Billois, 1810), 357, à la note.
— (Impr. Panckoucke, 1787-88), 358.
— (Rouen, Jean Racine, 1789), 359.
— (Libraires associés, 1788), 360.
— (Berlin, 1788-89), 361.
— (Didot aîné, 1791), 362.
Chefs-d'œuvre dramatiques (Belin, 1791), 363.
Œuvres (impr. d'André, 1796), 364.
— (Lyon, Amable Leroy, 1799), 365.
— (P. Didot l'aîné et Firmin Didot, 1799), 366.
— (Libraires associés, 1804), 367. — (Id., 1805), 368.
— (H. Nicolle, 1805), 369.
— (Compagnie des libraires associés, 1805), 370.
— (Libraires associés, 1805 au lieu de 1808), 371.
— (Londres, 1809), 372.
— (1810), 373.
— (Raymond et Ménard, 1811), 374.
— (Nicole et Gide, 1812 ou 1813), 375.
— (Firmin Didot, 1813), 376.
— (Ménard et Raymond, 1813), 377.
— *complètes* (Libraires associés, 1815), 378.
— (Desoer, 1815), 379.
— (P. Didot, 1817), 380.
— (Lécrivain, 1817), 381.
— (Nicolle, 1817-19), 382.
— *complètes* (Troyes, Gobelet, 1819), 383.
— (Desoer, 1819-1825), 384.
— (Tardieu-Denesle, 1821), 385.
— (Touquet, 1821), 386.
— *complètes* (Ladrange, Guibert, etc., 1821-22), 387.
— (Ménard et Desenne, 1822), 388.
— (Saintin, 1822), 389.
— *complètes* (Lheureux, 1823-24), 390.
— (Ladrange, 1824), 391.
— (Froment, 1823-24), 392.
— *complètes* (Lefèvre, 1824-1826), 393.
— (Delongchamps, 1825), 394.
— *complètes* (Sautelet, 1825), 395.
— — (Veuve Desoer, 1825-26), 396.
— — (Baudouin frères, 1825-1826), 397.
— — (L. de Bure, 1825), 398. — (Id., 1825), 399.
— (Bouquin de la Souche, 1825-1830), 400.
— *complètes* (Mame et Delaunay-Vallée, 1825), 401.

— — (Sautelet, 1825), 402. — (Id., 1825-26), 403.
— (Roux-Dufort et Froment, 1826), 404.
— (Baudouin frères, 1826), 405.
— *complètes* (Baudouin frères, 1826), 406.
— — (Urbain Canel, 1826), 407.
— — (Baudouin frères, 1826), 408.
— *dramatiques* (Baudouin frères, 1827), 409.
— *complètes* (F. Didot aîné, 1827), 410.
— — (Baudouin frères, 1827), 411.
— (Baudouin, 1828, 1830, 1831, 1833 et 1834), 412.
— *complètes* (Bruxelles, Wodon, 1828), 413.
— — (Urbain Canel, 1828), 414.
— (J.-N. Barba, 1828), 415.
— *complètes* (Hiard, 1828), 416.
— (Mme Dabo, 1829), 417.
— *complètes* (Boulland, 1831), 418.
— — (Pourrat frères, 1831), 419.
— — (Treuttel et Wurtz, 1831), 420.
— (Lebigre, 1832), 421.
— (Lefèvre et Tenré, 1833), 422.
— (L. de Bure, 1833 ou 1834), 423.
— (Roger, 1834), 424.
— *complètes* (Furne, 1835), 425.
— (Paulin, 1835-42), 426.
— Lebigre, 1836), 427.
— *complètes* (Debure, 1836), 428.
— (Lefèvre, 1836-37), 429.
— (A. Desrez, 1837), 430.
— (Beaujouan, 1837-38), 431.
— (Lefèvre, 1837), 432. — (Id., 1838), 433.
— *complètes* (Furne, 1838), 434.
— (Pougin, 1838), 435.
— *complètes* (Pourrat, 1838), 436.
— (F. Didot, 1840), 437.
— (Limoges, Ardant, 1840), 438.
— (Firmin Didot et Ch. Gosselin, 1841), 439.
— *complètes* (Pourrat, 1841), 440.
— (Locquin, 1842), 441.
— (Daguin frères, 1842), 442.
— *complètes* (Dubochet, 1842), 443.
— (Fortin et Masson, 1843), 444.
— *complètes* (Pourrat, 1844), 445.
— — (Furne, 1844), 446.
— (Lefèvre et Furne, 1845), 447.
— *complètes* (Didier et Lecou, 1845), 448.
Bibliothèque du peuple. Œuvres de Molière (Krabbe, 1845), 449.

Œuvres complètes (Didier, 1845), 450, à la note.
— — (Lefèvre ou Lecou, 1845), 450.
— — (Furne, 1845), 451.
— (Limoges, Ardant, 1846), 452.
— (Leipzig, Bern. Tauchnitz, 1846), 453.
— (Francfort, Bechtold, s. d., vers 1850), 453, à la note.
— *complètes* (Penaud frères, 1847), 454.
— — (V. Lecou, 1847), 455.
— — (Krabbe, 1849), 456.
— (Firmin Didot frères, 1850), 457.
— *complètes* (G. Barba, 1851), 458.
— — (G. Barba, s. d., 1852), 459.
— — (Charpentier, 1852), 460.
— — (V. Lecou, 1852), 461.
— — (Furne, 1853 ou 1854), 462.
— — (Lecou, 1854), 463.
— — (Firm. Didot frères, 1854), 464.
— — (Librairie nouvelle, 1855; id., 1864; id., 1867), 465.
— — (Bernardin-Béchet, 1856), 466.
— — (Lahure, 1855), 467.
— — (Lahure, s. d., 1855), 468.
— — (Gennequin, 1857), 469.
— — (Hachette, 1859; id., 1864; id., 1873), 470.
— — (Garnier frères, 1859; id., 1861), 471.
— (Furne, 1860), 472.
— (Firmin Didot, 1860), 473.
— *complètes* (Firmin Didot, 1861), 474.
— — (Garnier frères, 1862), 475.
— — (H. Plon, 1862), 476.
— — (Leclerc fils, 1863), 477.
— — (Imp. Lahure, 1863), 478.
— — (Furne, 1863), 479.
— — (Garnier frères, 1863; id., 1864), 480.
— (Nap. Chaix, 1865), 481.
Théâtre (Lyon, N. Scheuring, 1864-73), 482.
— (Bibliothèque nationale, 1867-73), 483.
Œuvres complètes (F. de P. Mellado, 1868), 484.
— — (Librairie du *Petit Journal*, 1869; id., 1870), 485.
— (Hetzel, 1869), 486.
— *complètes* (Charpentier, 1869; id., 1873; id., 1874), 487.
— — (Laplace, 1871), 488.
— — (Hachette, 1871), 489.
— — (Laplace, 1871), 490.

— (Alph. Lemerre, 1872-74), 491.
— *complètes* (Hachette, 1873), 492.
— — (Garnier, 1874), 494.
— (Hachette, 1873), 495.

Voy. à la Table les noms des éditeurs et commentateurs : AIMÉ-MARTIN, AUGER, AUGUIS, BRET, ˙BRUZEN, CHASLES, DESPOIS, JOLY (Marc-Ant.), LA GRANGE, LEFÈVRE, LEMAISTRE, MOLAND, PAULY, PETITOT, PICARD, SIMONNIN, TASCHEREAU, VINOT.

III

Comédies de Molière, traduites ou imitées en langues étrangères.

I. **EN LATIN.** Voy. MÜNSTER.

II. **EN LANGUEDOCIEN.** Voy. DAUBIAN.

III. **EN ITALIEN.**

Trufaldino Medico volante (Bologne, Longhi, 1668), 596. Voy. LEONI (Francesco).

Il Conte d'Altemura, imitat. de *l'École des maris*, 598, à la note.

Una in bene ed una in male, opéra-b. ital. imité de *l'Ecole des maris*, 598, à la note.

Il Convitato di Pietra (Bologne, s. d.), 601.

Il Tartufo (Livorno, 1830), 606.

Giorgio Dandin (Trieste, Coen, 1856), 607.

M. di Porsugnacco (Venezia, Rosetti, 1727), 608.

(Louise). Voy. à la Table : BARBIERI, BERGALLI, BORDONI, CASTELLI, CASTELVECCHIO, CICOGNINI, CRAMERO, CROMINAOLO, GIGLI, GIOANELLI, GIROLAMI, LEONI, LUNA (della), MANZONI, RONCIO, VENTIMONTE, ZANETTI.

IV. **EN DIALECTE GÉNOIS.** Voy. TERMOPILADE (Micrilbo).

V. **EN ESPAGNOL.**

El Casado de por fuerza, imitat. du *Mariage forcé* (Madrid, Angel Pasqual Rubio, 1723), 618.

Voy. à la Table : ISUSQUIZA (Dámaso de), CELENIO et MORATIN.

VI. **EN PORTUGAIS.**

O Convidado de pedra, traduction du *Festin de pierre*, 621.

Avarento, traduction de *l'Avare*, 627. Voy. à la Table : CASTILHO, SILVA MENDES LEAL (Jose da), SOUSA (Manuel de).

VII. EN ROUMAIN.

Voy. à la Table : BURKI, CHIRCULESCU, COSTIESCU, FACA, GHIKA, GRADISCÉNU, HELIADE, OBEDENARU, RASTI, ROSETTI, SION, VOINESCU, ZOTU.

VIII. EN ANGLAIS.

L'Étourdi, or the *Blunderer* (Lyon, 1653), 649.

The *Misanthrope* (Boulogne, 1819), 653.

The *Metamorphosis, or the Old Lover outwitted*, imitat. du *Médecin malgré lui* (London, 1704), 654.

L'Avare (London, J. Nourse, 1751), 661, à la note. Voy. BOISSY (Laus de).

Monsieur de Pourceaugnac, or Squire Trelooby (London, 1704), 666.

Voy. à la Table : BETTERTON, CENTLIVRE (Susanne), CIBBER, CONGREVE, CUSACK, FIELDING, JOHNSON, LENNARD, MEDBOURNE, MILLER, OTWAY, OZELL, RAVENSCROFT, RAWLINS, READE, SHADWELL.

IX. EN HOLLANDAIS.

De Spyt der Verliefden, traduction du *Dépit amoureux* (Amst., Erf. van J. Lescailje, 1708), 672.

De verwarde Jalouzy, traduct. du *Cocu imaginaire* (Amst., D. Ruarus, 1730), 674.

De listige Vryster, of de verschalkte Voogd, imitat. de *l'Ecole des maris* (Amst, 1707; ibid., 1730), 677.

Het School van de Mannen, traduction de *l'Ecole des maris* ('s Gravenhage, W. Eyckmans, 1716), 678. Voy. BULDEREN (A. van).

Het gedwongene Huuwelyk, traduct. du *Mariage forcé* (Amst., Erv. van J. Lescailje, 1712), 682.

Don Jan, of de gestrafte Vrygeest, traduct. de *Don Juan* (Haarlem en Amst., 1719), 684. Voy. MAATER (G. van).

Fielebout, of de Doktor tegen dank, traduct. du *Médecin malgré lui* (Amst., 1711), 692. — Autres éditions, ibid., à la note.

De Schilder door Liefde, trad. du *Sicilien* (Amst., Erv. van J. Lescailje, 1716), 694.

Jupiter en Amphitryon, of de twee gelyke Sosiaas (Amst., D. Ruarus, 1730), 701, à la note.

De Vrek, traduct. de *l'Avare* (Purmerend, Schuitemaker, 1862), 705.

Een Vrijaadje met hindernissen, traduction de *M. de Pourceaugnac* (Nieuwe Niedorp, J. Groot, 1866), 707.

De burgerlyke Edelman, traduct. du *Bourgeois gentilhomme* (Amst., J. Lescailje, 1700; ibid., 1728), 709. Voy. MAAS (Henri).

Scapyn, traduct. des *Fourberies de Scapin* (Amsterdam, Erfg. van J. Lescailje, 1727), 710. Voy. PEYS (Abr.).

De geleerde Vrouwen, traduct. des *Femmes savantes* (Te Thiel, G. van Leeuwen, 1713), 712. Voy. BURMAN.

Voy. à la Table : ANGELKOT, ARENDSZ, BULDEREN, BURMAN, BUYSERO, CALISCH, CAMMAERT, CORVER, CROIX (de la), DESTANBERG, DULLART, HAZAART, HOLTROP, GRAS (Le), KRAAN, LEEUW, MAURICIUS, MEERMAN, NOMSZ, OGELWIGHT, PERK, PEYS, PLUIMER, RYNDORP, SCHAAK, SOOLMANS, TACO, TETAR VAN ELVEN, VERLOVE, ZEGGELEN.

X. EN DIALECTE LIMBOURGEOIS.

Klaos Pompernikkel of den dokter tegen wil en dank, traduct. du *Médecin malgré lui* (Mastreeg, Leiter-Nypels, 1856), 717.

XI. EN ALLEMAND.

Histrio gallicus (Nürnberg, Tauber, 1700), 718. — Première édit. (Nürnberg, 1694-95), ibid., à la note.

Œuvres de Molière, avec la trad. allemande (Nürnberg, J.-D. Tauber, 1708), 719.

Moliere's Comödien (Nürnberg, Tauber, 1721), 720. — Même traduction (Hamb., Chr. Herold, 1752), 720, à la note.

Herrn von Moliere, schertz und ernsthafte Comödien (Nürnberg und Altdorf, 1721), 721.

Moliere's sämmtliche Lustspiele (Hambourg, Gross, 1752-1769), 722. Voy. BIERLING (Fr.-Sam.).

Moliere's sämmtliche Schauspiele (Gotha, 1826), 726, à la note, et 739.

Der eifersüchtige Ehemann, traduct. de *Sganarelle* (Wien, Krauss, 1768), 732.

Traduction anonyme de l'*École des femmes* (Berlin, 1752), 735, à la note.

Die Plagegeister, traduct. des *Fâcheux* (Oldenburg, Schultze, 1855), 738.

Die Parforce - Heirath, traduction anonyme du *Mariage forcé* (Gotha, 1826), 726, à la note, et 739.

So prellt man alte Füchse oder Wurst wider Wurst, traduct. des *Fourberies de Scapin*, 742, à la note. Voy. MYLIUS (Chr. Sigm.) et ARIEN (Christ d').

Der Mucker, oder Moliere's scheinheiliger Betrüger, imitat. du *Tartuffe* (Breslau und Leipzig, Dan. Pietsch, 1748), 743. — Autre édition (Frankf. und Leipzig, 1756), 744.

Der Tartüffe (München, Fleischmann, 1784), 745.

Der Betbruder, ein Lustspiel in 5 Aufzügen nach Moliere's *Tartuffe* (Berlin, 1787), 746. Voy. UNGER (Fried. Helene).

Der Heuchler, traduct. du *Tartuffe* (Wien, Wallishausser, vers 1810), 747.

Muffel, oder der Scheinheilige, traduct. du *Tartuffe* (Wiburg, 1819), 748. Voy. NICOLAY (L. W., baron von).

Tartuffe (Berlin, 1837-45), 750.

Der Geitzige, traduct. de *l'Avare* (Wien, 1775), 756. Voy. KEPNER (Fr.).

Der adelsüchtige Bürger, traduct. du *Bourgeois gentilhomme* (Berlin, Unger, 1788), 759. Voy. UNGER (Fried. Helene).

Die belesenen Jungfern, traduct. des *Femmes savantes* (Leipzig, Dyck, 1789), 760. Voy. DYCK (J. G.).

Die gelehrten Weiber, autre traduct. des *Femmes savantes* (Leipzig, Kummer, 1817), 761. Voy. NICOLAY (L. W., baron von).

Voy. à la Table : ALVENSLEBEN (d'), ARIEN (d'), BAUDISSIN, BOTHE, CORNELIUS, DINGELSTEDT, DÖRING, DYCK, GASSMANN, GRUNERT, KAYSER, KEPNER, KLEIST, KOTZEBUE, KRAIS, LANGENBECK, LAUN, LÜDEMANN, MALTZAN, MYLIUS, NICOLAY, OTTO-WALSTER, RÖTSCHER, SCHRÖDER, UNGER, ZSCHOKKE.

XII. EN DANOIS.

Fusentast, eller Den som fordærver god Leeg, traduct. de *l'Etourdi* (Kjöbenhavn, 1723), 768. Voy. SEKMANN (Did.).

Le Dépit amoreux (sic), *eller Den kiærlige Forbittrelse* (Kjöbenhavn, 1724), 769. Voy. SEKMANN.

De latterlig pene Jomfruer, traduct. des *Précieuses ridicules* (Kjöbenhavn, 1786), 770.

Mændenes Skole, traduct. de *l'École des femmes*, 773. Voy. SCHWARTZ.

Fruentimmskolen, traduct. de *l'École des femmes*, 775. Voy. SCHWARTZ.

— Autre traduction (Kjöbenhavn, 1847), 776.

Don Juan, eller Den Ugudelige (Kjöbenhavn, 1778), 779. Voy. LODDE (B. J.).

Traduction du *Misanthrope* (Kjöbenhavn, 1749), 781. Voy. A. L.

Traduction du *Tartuffe*, 786. Voy. SCHWARTZ.

Gamle Jens Gnier, eller Penge-Puger, imitat. de *l'Avare* (Kjöbenh., 1724), 791.

Hoy-Adelige Borgermand, traduct. du *Bourgeois gentilhomme* (Kjöbenh., 1725), 795.

Skapins Skalkestykker, traduct. des *Fourberies de Scapin* (Kjöbenhavn, 1787), 797.

Voy. à la Table : FALSEN, FLINCH, LARPENT, LODDE, OVERSKOU, RAHBEK, SCHMIDT, SCHÖNHEYDER, SCHOU, SEKMANN, SUNDBY, WIBE VON DER OSTEN.

XIII. EN SUÉDOIS.

Smastads-Fruntimren, traduct. des *Précieuses ridicules* (Stockh., Elmén och Granberg, 1824), 802.

Den listiga Enfaldigheten, traduct. de *l'École des femmes*, 807.

Melicerta (Stockh., Lars Salvius, 1750), 815. Voy. SAHLSTEDT.

Traduction d'*Amphitryon*, 818. Voy. PALMBERG (P.).

Den Girige, traduct. de *l'Avare* (Carls-Crona, Fr. Ph. Paulssen, vers 1735), 821.

Herr de Pourceaugnac, trad. de *M. de Pourceaugnac*, 826.

Caracter-Listnaden, eller den rangsjuke Borgaren, imitat. du *Bourgeois gentilhomme*, 827. Voy. HOLBERG.

Les Fourberies de Scapin, eller Mickel Illparig (Stockh., Pet. Momma), 830. Voy. BODING et BLIBERG.

Den inbillade Sjuke, traduct. du *Malade imaginaire*, 832.

Voy. à la Table : BARFOD, BERGMAN, BLACHET, BLIBERG, BODING, EHREN-

STRÖM, ENVALLSSON, GRANBERG, HILDON, HOLBERG, KNÖPPEL, KULLBERG, LAGERSTRÖM, LINDEBERG, NICANDER, PALMBERG, PALMFELT, RISTELL, RUDIN, SAHLSTEDT, STJERNSTRÖM, VALERIUS, WALDSTRÖM.

XIV. EN RUSSE.

Traduction du *Mariage forcé* (Москва, 1779), 841.

Traduction du *Misanthrope* (1788), 845. Voy. I. E.

Traduction du *Médecin malgré lui* (Москва, 1788), 848.

Traduction du *Sicilien* (Saint-Pétersbourg, 1755, et Москва, 1788), 819 et 850.

Traduction du *Tartuffe* (Москва, 1809), 853.

Traduction du *Malade imaginaire* (Москва, 1802), 867.

Voy. à la Table : CAADAÏEV, FIEDIUKIN, KAZADAÏEV, KOKOSKIN, KROPOTOV, KUROCKIN, LENSKY, RODISLAVSKY, ROTCEV, SIGOV, SMIRNOV, SVISTUNOV.

XV. EN SERBE.

Voy. à la Table : BETONDIC, DIMITRIJEVIC, GJORGJEVIC, HRISTIC, RISTIC, TELECKI, TUDISI, VEZIC.

XVI. EN POLONAIS.

Traduction de l'*Étourdi* (s. l. n. d.), 880.

Traduction du *Dépit amoureux* (W Warszawie, 1820), 881.

Traduction des *Précieuses ridicules* (Kalisz, s. d., vers 1800), 883.

Don Garcyasz Ksiaze Nawarry (s. l. n. d.), 886.

Szkola Mezow, traduction de *l'École des maris* (W Warszawie, 1782), 888.

Traduction du *Mariage forcé* (W Warszawie, 1782), 896.

— Autre traduction (Kalisz, s. d., vers 1800), 897.

Traduction de *Don Juan* (W Warszawie, 1781), 900.

Traduction de *Sganarelle, Médecin malgré lui* (Grodno, 1779), 904.

Frantowstwo Pamfila, imitation du *Médecin malgré lui* (W Warszawie, 1780), 905.

Doktor z musu, autre traduct. du *Médecin malgré lui* (s. l., 1782), 908.

— Autre traduction (s. l. n. d.), 909.

Meligerta (s. l. n. d.), 912.

— *Sielanka Komiczna*, autre traduction de *Mélicerte* (s. l. n. d.), 913.

Traduction de *George Dandin* (W Warszawie, 1779), 916.

— Autre traduct. (ibid., 1780), 917.

— *Grzegorz Fafula*, autre traduct. de *George Dandin* (Lwów, 1824), 920.

Prostakiewicz, traduct. de *M. de Pourceaugnac* (W Warszawie, 1784), 922.

— Autre traduct. (s. l. n. d., vers 1790), 924.

Kochanka wspaniala, traduct. des *Amants magnifiques* (s. l. n. d.), 925.

Voy. à la Table: BAUDOUIN, BOGUSLAWSKI, BOHOMOLEC, BOROWSKI, DMOCHOWSKI, JASINSKI, KOWALSKI, LISIECKI, MINIEWSKI, PEKALSKI, RADZIWILL (Ursule), WICHLINSKI, WINKLER, WITOWSKI, ZALESKI, ZDZARSKI.

XVII. EN TCHÈQUE.

Lakomec, traduct. de *l'Avare*, 938. Voy. V. M.

Voy. à la Table : PELIKAN, STANEK, SYCHRA, THAM, ZÜNGEL.

XVIII. EN GREC.

La Jalousie de Barbouillé, et le *Médecin volant*, traduits (Athènes, 1859), 940.

L'École des femmes, trad. (Athènes, 1874), 943.

L'Amour médecin, trad. (Athènes, 1862), 946.

Le Médecin malgré lui, trad. (Athènes, 1863), 947.

Amphitryon, trad. (Athènes, 1836), 950. Voy. P. L.

L'Avare, trad. (Corcyre, 1871), 955. Voy. D. C.

Traduction de *M. de Pourceaugnac* (Hermopolis, 1865), 957. Voy. A. O.

Traduction des *Fourberies de Scapin* (Constantinople, 1847), 959.

— Autre traduction (Hermopolis, 1863), 960. Voy. A. O.

Voy. à la Table : ANASTASIADÈS, ARISTÉE, KALKANDIS, KOKKINAKIS, KOSKINAS, KOUNKOULIS, LACON, ŒCONOMOS, PAPPAS, RAPTARCHIS, RHAMPHOS, SAMIOS, SKYLISSIS.

XIX. EN PERSAN.

Voy. à la Table : HABIB (MIRZA).

XX. EN ARMÉNIEN.

Traduction de *l'Avare*, en dialecte de Tiflis, 967.

Voy. à la Table : DÉDÉYAN et KARA-KACHÉAN.

XXI. EN MAGYAR.

Traduction du *Mariage forcé*, 970.

Traduction du *Médecin malgré lui*, 971. Voy. K. S. (SIMAI).

Traduction des *Fourberies de Scapin*, 974. Voy. K. S. (SIMAI).

Voy. à la Table : ARANY (Ladislas), ÁRVAY, CSOKONAI, DÖBRENTEY, KAZINCZY (Gabr.), SIMAI (Kristof) SZÁSZ (Charles).

XXII. EN TURC.

Voy. à la Table : VÉFYK Efendi (Ahmed).

IV

Œuvres choisies de Molière et Choix de ses comédies.

Choix de ses comédies (Schaffhouse, Hurter, 1868), 81.

— Autre *Choix* (édit. allem., vers 1720), 247.

Chefs-d'œuvre (Liége, 1770), 248.

— (Lyon, le Roy, 1791), 249.

Choix de comédies (Erfuth, Gœrlin, 1794), 250.

Chefs-d'œuvre de poésie française (Obré, 1806), 251.

Théâtre classique (Migneret, 1807), 252.

Chefs-d'œuvre d'éloquence et de poésie française (L. Duprat-Duverger, 1812), 253.

Choix de ses comédies (Londres, S. Lowe, 1827), 254.

Chefs-d'œuvre (Londres, Bossange, 1836), 255.

Œuvres dramatiques (A. René, 1841), 256.

Le Théâtre d'autrefois (A. Desrez, 1842-43), 257.

Théâtre classique (Hennuyer, 1845), 258.

La France littéraire (Braunsvic, George Westermann, 1856), 259.

Chefs-d'œuvre (Hachette, 1864), 260.

Œuvres choisies (Hachette, 1866), 261.

Théâtre choisi (J. Delalain, 1867), 262.

V

Ballets de Molière et Relations des fêtes de cour dans lesquelles il a figuré.

L'Oracle du ballet de la Sibille, 225, à la note. Voy. ce titre, à la Table.

Ballet des incompatibles (Montpellier, Daniel Pech, 1655), 188.

— (Genève, J. Gay, 1868), 189.

— Dans le tome Ier des Œuvres de Molière, édit. de M. Despois, 189, à la note; et 495, à la note.

La Fête de Vaux. Voy. LA FONTAINE, à la Table, et *les Fâcheux*, aux éditions séparées des comédies de Molière, p. 387.

Le Mariage forcé, ballet du Roy (Robert Ballard, 1664), 190. Voy. CELLER, à la Table.

Les Plaisirs de l'Isle enchantée (Rob. Ballard, 1664), 192, 193 et 498. — Les mêmes (id., 1665), 194. — Les mêmes (id., 1673), 195.

Relation des divertissements que le Roy a donnés aux Reines (Cl. Barbin, 1664), 497.

Liste du Divertissement de Versailles et les noms de ceux qui y sont employez (s. n. et s. d.), 192, à la note.

La Princesse d'Elide, comédie-héroïque; intermèdes (Robert Ballard, 1669), 196.

Ballet des Muses (Rob. Ballard, 1666), 197.

Le Grand Divertissement royal de Versailles (Rob. Ballard, 1668), 198 et 500.

Les Festes de Versailles, 1668 (troisième partie du *Recueil de diverses pièces*; la Haye, J. et Dan. Steucher, 1669), 503.

Relation de la Feste de Versailles (P. le Petit, 1668), 501.

— (Imprimerie royale, 1679), 502.

A l'Inconnu (Cl. Barbin, 1668), 504.

Divertissement royal (Rob. Ballard, 1670), 199, et à la note. Voy. *les Amants magnifiques*, dans la série des éditions séparées des comédies de Molière, p. 389.

Le Divertissement de Chambort (Rob. Ballard, 1670), 200.

— (Blois, Jules Hotot, 1669), 200, à la note.

Le Bourgeois gentilhomme, comédie-ballet (Rob. Ballard, 1670), 201. — (Id., 1681), ibid., à la note.
Psiché, tragi-comédie ; ballet et intermèdes (Rob. Ballard, 1671), 202.
Le Grand Ballet de Psiché (Rob. Ballard, 1671), 203.
Ballet des Ballets (Rob. Ballard, 1671), 204 et 205.
Les Fêtes de l'Amour et de Bacchus (F. Muguet, 1672), 206.
— (Amst., Abr. Wolfgang, 1690), 206, à la note.
Idylle et les Festes de l'Amour et de Bacchus (Chr. Ballard, 1689), 207.
Le Malade imaginaire (Christ. Ballard, 1673), 208.
— (Guill. Adam, 1674), 209.
— (Elzevier, à la Sphère, 1675), 210.

VI
Poésies diverses de Molière.

Couplet de chanson, 211.
Remerciement au Roy (Guill. de Luyne, 1663), 212. — (Ch. de Sercy, 1664), 212, et à la note.
Sonnet à M. la Mothe le Vayer, 213, à la note.
Huitain, en l'honneur de la Confrérie de Notre-Dame de la Charité, 214, et à la note.
Épigramme qu'on lui attribue, 1193, à la note.
Stances, 215.
Au Roy, stances irrégulières, 216, et à la note.
La Gloire du Val-de-Grâce (Pierre le Petit, 1669), 217.
Au Roy, sur la conquête de la Franche-Comté, sonnet, 218.
Au Roy, sonnet imprimé en tête de la comédie d'*Amphitryon* (Jean Ribou, 1670), 218, à la note.
Bouts-rimez, imprimés à la suite de *la Comtesse d'Escarbagnas* (1682), 219, et à la note.
Chansons, 220 ; 221.
Fragments présumés de Molière, 222.
Vers espagnols inédits, 231, et à la note.
Choix de ses poésies, 223.
Poésies diverses, attribuées à Molière (Alph. Lemerre, 1869), 224. Voy. LACROIX (Paul).

VII
Pièces de Molière, publiées après sa mort.

Œuvres posthumes (Thierry, 1682), 29.
— (Amst., Guill. le Jeune, 1689), 279, à la note.
— (Lyon, J. Lyons, 1690 ou 1695, ou 1696), 30.
— (Amst., Jacq. le Jeune, 1684), 70.
— (Amst., Guill. le Jeune, 1689), 70, à la note.
Voy. les Titres des pièces, réunies, dans les Œuvres posthumes, aux Éditions séparées des comédies de Molière.
Fragments de Molière (Jean Ribou, 1682), 31. Voy. CHAMPMESLÉ.
Fragments, avec le nom du comédien Brécourt (Amst., Adrian Moetjens, 1682), 31, à la note.
Deux pièces inédites : *la Jalousie du Barbouillé* et *le Médecin volant* (Désoer, 1819), 33.
Le Médecin volant (E. Dentu, 1866), 34.
Le Docteur amoureux (Michel Lévy, 1862), 234. Voy. CALONNE.
Joguenet, ou les Vieillards dupés, première forme des *Fourberies de Scapin* (Genève, J. Gay, 1868), 233. Voy. ce titre, à la Table, et GALUSKI (C.).

VIII
Farces et comédies de Molière non imprimées.

Les Précieuses ridicules, farce représentée en province, 1653.
Le Maître d'école, farce jouée dans les provinces, 1654.
Les Trois Docteurs rivaux, farce jouée en province, 1655.
Le Docteur amoureux, 1656.
Gros-René écolier, 1657.
— *petit enfant*, ibid., à la note.
Le Docteur pédant, 1658.
La Jalousie de Gros-René, 1659.
— *du Barbouillé*, ibid., à la note.
Gros-René jaloux, ibid.
Gorgibus dans le sac, 1660.
Panplan, 1661.
Le Fagotier, 1662.
Le Fagoteux, ibid., à la note.

Le Grand Benet de fils, aussi sot que son père, 1663. Voy. BRÉCOURT.
La Casaque, 1664.
Le Marquis étourdi, 1665.
Le Feint Lourdaud, 1666.
Le Procureur dupé, 1666, à la note.
Le Médecin fouetté et le Barbier cocu, 1667.
L'Ambitieux, 1668. Voy. DESTOUCHES.
La Psyché de village, 1669. Voy. GUÉRIN D'ÉTRICHÉ.

IX

Extraits des comédies de Molière.

Les Leçons de Thalie (Nyon, 1751), 235. Voy. ALLETZ.
Les plus Belles Pensées et réflexions de Molière, 236. Voy. L. P.
Esprit de Molière (Lacombe, 1777), 237. Voy. BEFFARA.
Dialogues français, anglais et italiens (Vergani, an VII), 238.
La Morale des poètes (Lebel et Gaitelle, 1809), 239. Voy. MOUSTALON.
Le Miroir du cœur humain, ou l'Abeille dramatique (Cordier, 1815), 240. Voy. LEPAN.
Le Citateur dramatique (Barba, 1822), 241. Voy. GALLOIS (Léon).
— (Ledoyen, 1829), 241, à la note.
Dictionnaire de morale et de littérature (Mme Remy-Bregeaut, 1837), 242. Voy. LABAT.
Chefs-d'œuvre dramatiques français (Delaunay, 1831), 243.
Extraits de ses comédies en vers (*Encyclopédie poétique*, 1778), 244. Voy. GAIGNE.
Répertoire de la littérature ancienne et moderne (Castel de Courval, 1824-27), 245, et à la note.
Anthologie française (Stockholm, 1859), 246, et à la note. Voy. STAAFF.
La Littérature française (Didier, 1865), 246, à la note.

X

Comédies arrangées ou retouchées pour la scène.

Dépit amoureux, en 2 actes (Veuve Duchesne, 1770; id., 1786; id., 1786), 505. — Autres éditions, id., à la note. — Voy. COLSON.
— En 2 actes (Marseille, Jean Mossy, 1773), 506. — Autres éditions, ibid., à la note. — Voy. LETOURNEUR.
— En 3 actes (Orléans, Jacob l'aîné, 1808-1811), 508. Voy. PIEYRE.
La Fille crue garçon, ou le Dépit amoureux (Michel Lévy, 1852), 509. Voy. LAMBERT DE B...
Dépit amoureux, en 1 acte (1760), 509, à la note. Voy. HUGUET.
— En 2 actes (1816), 509, à la note. Voy. FABERT (Richard).
— En 1 acte (1821), 509, à la note. Voy. ANDRIEUX.
— En 5 actes et en prose, 509, à la note. Voy. CAMPAN.
Le Portrait, ou le Cocu imaginaire (Fages, 1803), 510.
Sganarelle, ou le Mari qui se croit trompé (Fages, 1803), ibid., à la note. Voy. GARDY.
Myrtil et Mélicerte (Trabouillet, 1699), 511. Voy. GUÉRIN D'ÉTRICHÉ.
Monsieur de Pourceaugnac, avec des changements (S. n. et s. d.), 512.
Le Bourgeois gentilhomme, mis en trois actes (la Haye, 1770), 513.

XI

Comédies en prose mises en vers.

Les Précieuses ridicules, en vers (Jean Ribou, 1660), 514, à la note. — (J. Guignard, 1661), 514. Voy. SOMAIZE.
La Veufve à la mode, en vers (Jean Ribou, 1668), 515, à la note. — (Nic. Pepinglé [sic], 1668), 515. Voy. VILLIERS et VISÉ (de).
Le Mariage forcé, mis en vers (veuve Dupont, 1676), 516.
Festin de pierre, en vers (Th. Guillain, 1683), 517. Voy. CORNEILLE (Thomas).
L'Amour médecin, en vers (Juteau, 1856), 518. Voy. FLEURIMON (Henri).
Le Médecin malgré lui, en vers (Dumineray, 1854), 519. Voy. RACINE (Jos.).
La Princesse d'Elide, toute en vers, 520.
— En vers (Bouillon, 1785), 520, à la note. Voy. *Recueil de pièces dramatiques anciennes et modernes*.
— En 3 actes et en vers (Orléans, Jacob aîné, 1808), 521. Voy. PIEYRE.
L'Avare, en vers (Bouillon, 1775), 522. Voy. MAILHOL.
— En vers blancs, 523. Voy. BONAPARTE (Louis).

— En vers (Avignon, Rastoul, 1836), 524. Voy. RASTOUL (Antoine).
— En vers (Comptoir des imprimeurs unis, 1845), 525. Voy. ESNAULT (Benjamin).
Scènes de l'Avare, en vers, 526. Voy. DESCHAMPS (E.).
L'Avare, en vers (le Mans, Deserre, 1859), 527. Voy. MALOUIN (A.).
— 528. Voy. OSTROWSKI.
— 529. Voy. COURTIN.
George Dandin, en vers (1671), 530. Voy. CORNEILLE (Thomas).
— (Arras, 1853), 531. Voy. ESNAULT (Benj.).

XII

Comédies de Molière, mises en opéras et en ballets.

Monsieur de Pourceaugnac, opéra-bouffon (1826), 532. Voy. CASTIL-BLAZE.
— Opéra-bouffon-comique (1826), 533. Voy. CORALLY et JOUSLIN.
Don Juan, ou le Festin de pierre, opéra (1821), 534. Voy. CASTIL-BLAZE.
Le Médecin malgré lui, mis en musique (1858), 535. Voy. GOUNOD.
Le Misanthrope, en opéra-comique, com. (1818), 536. Voy. MAURICE (Charles).
Amphitryon, opéra (Ballard, 1786), 537 et 538. — (P. Delormel, 1788), 538. Voy. SEDAINE.
— Ballet héroï-comique, 539. Voy. VENARD DE LA JONCHÈRE.
Le Sicilien, ou l'Amour peintre, opéra-comique (1780), 540. Voy. LEVASSEUR.
Le Sicilien, ballet (1827), 541. Voy. PETIT (Anat.).
La Princesse d'Élide, ballet héroïque (1728), 542. Voy. PELLEGRIN.

XIII

Pièces de théâtre, imitées de celles de Molière.

L'Amant indiscret ou le Maistre estourdy, par Quinault (Toussaint Quinet, 1656), 543.
Le Pédagogue amoureux, par Chevalier (P. Baudoyn le fils, 1665), 544.
Le Médecin volant, par Boursault (Lyon, Ch. Mathevet, 1666), 545.
Les Amours d'Alcippe et de Céphise (1661), 546. Voy. DONNEAU (Fr.).
La Cocue imaginaire (Jean Ribou, 1662), 546, à la note. — (Amst., Wolfgang, 1666). Voy. DONNEAU (Fr.).
Bernabo, d'après le Sganarelle, opéra-bouffe (1856), 547. Voy. CASTIL-BLAZE.
La Nouvelle École des femmes (veuve Duchesne, 1770), 548. Voy. MOISSY.
Le Festin de pierre, tragi-comédie (Amst., Elzevier, à la Sphère, 1674), 549. Voy. DORIMOND. — (Amst., Elzevier, 1679), 549, à la note. — (H. Wetstein, 1683), ibid. — (Lyon, Ant. Offray, 1659), ibid.
— ou le Fils criminel, tragi-comédie (Ch.-J. Ribou, 1665), 550. Voy. VILLIERS (de). — (Amst., Elzevier, 1660), 550, à la note. — (Ch. de Sercy, 1660), ibid.
Le Nouveau Festin de pierre, tragi-comédie (Fr. Clouzier, 1670), 551. Voy. ROSIMOND.
Don Juan, drame-fantastique (Ledoyen, 1857), 552. Voy. JOURDAIN (Eliacin).
Le Convive de pierre (Dentu, 1858), 553. Voy. POUCHKINE.
Don Juan converti (J. Hetzel, 1864), 554. Voy. LAVERDANT (Désiré).
Le Tartuffe-roi (Edwin Tross, 1855), 555. Voy. BESSE-DESLARZES.
Nabuchodonosor (réimpr. en partie du Tartuffe-roi), 555, à la note.
L'Orgon de Tartuffe (Tresse, 1873), 556. Voy. JOUHAUD (Aug.).
L'Amour peintre (Cassel, Griesbach, 1794), 557.
Les Amants magnifiques. Nouveau Prologue et Nouveaux Divertissements (Ribou, 1704), 558. Voy. DANCOURT.
Arlequin-Misanthrope (Le Clerc, 1697), 559. Voy. BRUGIÈRE DE BARANTE. — (Amst., Braakman, 1698), 559, à la note.
Le Misanthrope travesti (Castres, Rodière, 1797), 560. Voy. DAUBIAN.
Alceste à la campagne (Barba, 1798), 561. Voy. DEMOUSTIER.
La Cour de Célimène (Michel Lévy, 1855), 562. Voy. ROSIER.
Le Philinte de Molière (Prault, 1791), 563. Voy. FABRE D'ÉGLANTINE.
Tartuffe, mis en vaudeville, 1707, à la note.
Le Tartuffe révolutionnaire, ou le Terroriste (Dunkerque, Drouillard, an IV), 564. Voy. BALARDELLE.
— femelle (Paris et Marseille, 1815), 565. Voy. VIGNEAU (A.).

Lady Tartufe (Michel Lévy frères, 1853), 566. Voy. GIRARDIN (Mme de).

Scène du Bourgeois gentilhomme (dans la Corresp. de Grimm), 567. Voy. BOUFFLERS.

La Race de Monsieur Jourdain (1856), 568. Voy. LIADIÈRES (Ch.).

Les Bourgeois gentilshommes (Michel Lévy, 1857), 569. Voy. DUMANOIR et BARRIÈRE.

Prologue et intermèdes pour la représentation de l'*Amphitryon* (Ballard, 1681), 570.

La Parodie d'Amphitryon (s. n. de l.; Lille). 571. Voy. RAGUENET.

Le Nouveau Pourceaugnac (Marseille, Achard, 1815), 572. Voy. CHOLET (baron de).

Encore un Pourceaugnac (Mme Ladvocat, 1817), 573. Voy. SCRIBE et DELESTRE-POIRSON.

Le Nouveau Pourceaugnac, titre de la 3e édit. de la pièce précédente, ibid., à la note.

Scapin tout seul (Fages, 1799), 574. Voy. GARDY.

La Dernière Fourberie de Scapin, 576. Voy. ROCHES (Edmond).

Scapin, ou l'École des pères (Chartres, Nourry-Cocquard, 1862), 575. Voy. LAMBERT DE B***.

Cérémonie du Malade imaginaire (*Receptio publica unius juvenis medici in Academia burlesca Joh. Bap. Moliere, doctoris comici*. Rouen, Henri-Fr. Viret, 1673), 577. — (Amst., J. Max-Lucas, 1673), ibid., à la note. — (Crapelet, 1852), ibid.

Texte original de la Cérémonie du Malade imaginaire (Toulouse, Jongla, 1852), 578. — (Rouquette, 1870), ibid., à la note.

École de la politique, parodie de la réception du *Malade imaginaire*, 579. Voy. BARRE DE BEAUMARCHAIS (de La).

XIV

Comédies de Molière, expurgées et arrangées pour la jeunesse.

Harpagon, comédie d'après Molière (Cambrai, Hurez, 1806), 581.

L'Avare, arrangé pour être joué par des jeunes gens (Avignon, Chaillot, 1866), 582.

Les Ruses, comédie d'après Molière (Cambrai, Hurez, 1806), 583.

Le Bourgeois gentilhomme, arrangé pour un divertissement de jeunes gens (Cambrai, Hurez, 1806), 584.

Lycidas, ou la Feinte Maladie, comédie d'après Molière (Cambrai, Hurez, 1806), 585. Voy. ALTEYRAC.

Le Molière de la jeunesse (Veuve Nyon, 1807), 586. — (P. Maumus, 1830), 586, à la note. Voy. JAUFFRET.

Le Molière de la jeunesse (Lyon, Pélagaud, s. d.), 587. Voy. PERRAULT-MAYNARD.

Comédies de Molière, arrangées pour être jouées par des jeunes gens (Avignon, Chaillot, 1874), 590.

Œuvres choisies de Molière, édit. corrigée par l'abbé Béliers (Ducrocq, 1868), 588. — Édition épurée pour la jeunesse (Ducrocq, 1869), 589. Voy. LEJEUNE (l'abbé).

Voy. à la Table, les noms des auteurs qui ont publié des ouvrages sur la vie de Molière, sur sa troupe et son théâtre, sur l'histoire de sa femme, etc. Il faut aussi, pour les recherches, se guider d'après les Divisions, pag. XVII et suiv.

Molière. Voy. LINDAU.
— *à la nouvelle Salle.* Voy. LA HARPE.
— *à Lyon et à Vienne.* Voy. COLOMBET.
Molière, comédie. Voy. DERCY.
— Autre. Voy RIVIER (Amar du).
Molière comédien aux Champs-Élysées. Voy. BORDELON.
Molière commenté. Voy. SIMONNIN.
Molière et la Salle des machines aux Tuileries, 1078.
— *et les caractères de ses comédies*, 1438.
— *et Molé, aux Champs-Élysées*. Voy. ANDRIEUX.
— *et sa satire* (en anglais), 1480.
— *et ses ouvrages*, 1558.
— *et ses ouvrages*. Voy. FELETZ (de).
— *et son Tartuffe*. Voy. DERCY.
Molière le critique et Mercure aux prises avec les philosophes. Voy. LENOBLE.
Moliere in famiglia, 1245.
Molière avec ses amis, ou le Souper d'Auteuil, 1263, à la note.
Molière, sa vie et son temps (en anglais), 1018.
Molière, ses amis, et le livre de Jean Néander sur le tabac, 1074.
Molieriana. Voy. COUSIN D'AVALLON
— *et Fontainiana*. Voy. le même.
Moliere's Charakter-Komödien, 751, à la note.

Moline (P.-L.). *Les Précieuses ridicules*, mises en opéra, 1692.
Mondain (G). *Notice sur le Dépit amoureux, 1579.
Monde (le), 1606, à la note.
Monde dramatique (le), 1007, à la note; 1090, à la note; 1123, à la note; 1342, à la note.
Monde illustré (le), 1438, à la note.
Moniteur universel, 1341, à la note.
Moniteur viennois, 1238, à la note.
Monmerqué, 214, à la note. Voy. *Revue rétrospective*.
Monnier (Marc). *Molière*, 1487.
Monnoye (de La). *Recueil de pièces choisies*, 1166, note. Voy. Baillet et Ménage.
Montanier (Dr H.). *Molière et les Médecins*, 1475.
Montbrun (Mme de). Voy. Decombe-Rousse.
Montferrand (H.-B.). Voy. Chesnel (de).
Montfleury (A.-J. de). **L'Impromptu de l'hôtel de Condé*, 1154.
Month (the), 1444, à la note.
Montrond (Maxime de). *Notice sur Molière*, 1050.
Monument de Molière (le), 1360.
Monument de Molière (le). Voy. Fizelière (de la).
Monville (de). Voy. Mazière de Monville.
Moratin (Leandro-Fernandez). Voyez Celenio. — *Œuvres*, 619, à la note.
Moreau. *Scène ajoutée au *Boulevard Bonne-Nouvelle*, 1286.
Moreau (Eug.). *Les Comédiens devant la Légion d'honneur*, 1319. — *Banquet Molière*, toast en vers, 1340. — *Molière*, drame, 1679.
Moréri. Notice sur la vie de Molière, 981. — *Grand Dictionnaire historique*, ibid., à la note.
Mort de Molière (la). Voy. Cubières (de).
Mouhy (chev. de). *Abrégé de l'Histoire du Théâtre français*, 2, à la note; 1654, à la note; 1664, à la note. — Etat des Registres de la Comédie-Française, 1112. — *Tablettes dramatiques*, 1380, à la note. — Répertoire des comédies de Molière en 1752, 1405.
Moulin (V.). Détails sur le *Roi attend*, et le drame de *Molière*, dans le journal *le Foyer*, 1293, à la note.
Moustalon. *La Morale des poëtes*, 239. — Notice sur Molière, ib., à la note.
Müller (Adam-H.). Traduction d'*Amphitryon*, en allemand, 755.

Muller (Eug.). *Une Dynastie poétique, ou Deux chapitres du roman de Molière*, 1514.
Muller (L.-Ch.). *Les Comédiens français depuis Molière*, 1126.
Münster (J.-D.-A.). Traduction des *Fourberies de Scapin*, en latin, 591.
Musée (Phil.). *Discours pour l'anniversaire de Molière*, 1318.
Musée des Familles, 1346, à la note; 1446, à la note.
Musée universel, 1427, à la note.
Musset (P. de). *Mademoiselle de Brie (et madame Molière)*, 1184. — *Le Déjeuner de Molière*, 1462.
Mylius (Chr.-Sig.). Vie de Molière et traduction de ses œuvres, en allemand, 723, et à la note. — Imitation du *Médecin malgré lui*, en allemand, 742. — *So prellt man alte Füchse oder Wurst wider Wurst*, imitat. des *Fourberies de Scapin*, en allemand, ibid., à la note.
Myrtil et Mélicerte. Voy. Guérin d'Étriché.

N.

N. (Mich.). Traduction des Œuvres de Pouchkine, 553, à la note.
Nabuchodonosor, 555, à la note.
Naudet (A.). *Le Ménage de Molière*, 1244. — *Épître à Molière, 1306.
Narzymski (J.). Traduction de *l'Avare*, en polonais, 922, à la note.
Ne prenez jamais médecine, ou la Mort de Molière. Voy. Delahodde.
Neufchateau (N.-Fr. de). *Le Conservateur*, 1057, note.
Neuf-Villenaine (sieur de). Argumens de chaque scène du *Sganarelle*, de Molière, 4, et à la note.
Nicander (A.) * Trad. du *Mariage forcé*, en suédois, 808.
Niceron (le P.). Histoire de la vie et des ouvrages de Molière, 995. — *Mémoires pour servir à l'histoire des hommes illustres dans la république des lettres*, 995, à la note.
Nicolay (L.-W., baron von). *Traduction du *Tartuffe*, en allemand, 748. — **Des Femmes savantes*, 761.
Nisard (Ch.). *Curiosités de l'étymologie française*, 1633. — *Histoire des livres populaires*, ibid., à la note.
Nisard (Désiré). Jugement sur la Comédie de Molière, 1564. — *Histoire de la littérature française*, ibid., à la note.

NODIER (Ch.). Notices sur les pièces de Molière, 400. — Notice sur le *Philinte de Molière*, 563, à la note.
NOEL (Eug.). *Molière*, 1037.
NOEL (Fr.-Jos.). *Leçons françaises de littérature et de morale*, 245, à la note.
NOEL (L.). *Étude sur Molière*, 1570.
NOLTE (H.). Vie de Molière (en allemand), 1022.
NOMSZ (J.). Traduction du *Tartuffe*, en hollandais, 699.
NONANTES (de). *Panégyrique de l'École des femmes*, 1146, à la note. — *L'Après-dînée des Dames de la Juifverie*, ibid.
Notes bibliographiques sur les ballets de cour, 1715.
Notes du Catal. Soleinne, 1200, à la note; 1201, à la note ; 1213, à la note.
Notice biographique sur Molière, 1016.
Notice sur des tapisseries, 1421.
Notice sur la Comédie du Tartuffe, 1613.
Notice sur la vie et les ouvrages de Molière, 1025.
Notice sur le Dépit amoureux. Voy. MONDAIN.
Notice sur le Fauteuil de Molière. Voy. ASTRUC et SABATIER.
Notice sur le Monument de Molière, 1354.
Notice sur Molière, 1006. — Autre, 1024. — Autre, 1026.
Notice sur Molière et Analyses de ses Comédies, 1382 et 1516. Voy. LA PORTE (abbé de) et CHAMFORT.
Notice sur Molière. Voy. SALGUES (de).
Notices sur les Comédies de Molière, 1380. — Voy. MOUHY (de).
NOUGUIER. *Éloge de Molière*, 1314.
Nouveau Spectateur, 1592.
Nouvelle Bibliothèque classique, 420, à la note.
Nouvelle Bibliothèque de campagne, 1187, à la note.
Nouvelle Bibliothèque des Classiques français, 366, à la note.
Nouvelle Bibliothèque d'un homme de goût, 1387, à la note.
Nouvelle Revue de Paris, 1445, à la note.

O.

OBEDENARU (Dr). Traduction de *l'Amour médecin*, en roumain, 635.
Observations sur les Précieuses ridicules, 1580.
Observations sur un passage des Comédies de Molière. Voy. GROSLEY et LEFÈVRE.

ŒCONOMOS (C.). Traduction de *l'Avare*, en grec, 953, 954 et 956.
ŒTTINGER, *Bibliographie biographique universelle*, 1719, à la note.
Œuvres choisies des différents auteurs dramatiques français, avec Notice sur la vie et les ouvrages de chacun, 387, à la note.
Œuvres dramatiques, 124, à la note.
OGELWIGHT (H.). Traduction du *Misanthrope*, en hollandais, 687.
OLIVET (abbé d'). Continuation de l'*Histoire de l'Académie française*, 1481, à la note.
Ombre de Colardeau aux Champs-Élysées. Voy. COUDRAY (du).
Ombre de Molière (l'). Voy. BRÉCOURT.
Ombre de Molière et son épitaphe (l'). Voy. DASSOUCY.
Ombre de Molière (l'). Voy. VOISENON (de).
Oracle du ballet de la Sibille de Pansoust (J. Bessin, 1645), 225, et à la note. — Réimpr. dans les *Contemporains de Molière*, ibid., à la note. — Voy. ce titre aux Ballets de cour, chap. V de l'article MOLIÈRE.
Oraison funèbre de Molière. Voy. VISÉ (de).
Ordonnance du roi, 1220.
— de l'archevêque de Paris. Voy. PÉRÉFIXE.
ORTIGUES (J. d'). *Documents et conjectures sur Molière*, 1095.
OSINSKI. Traduction de *l'Avare*, en polonais, 922, à la note.
OSTEN (J. WIBE von der). Voy. WIBE.
OSTROWSKI (Christ.). Imitation en vers de *l'Avare* de Molière, 528. — *Théâtre de M. Ostrowski*, ibid., à la note.
Othello et Sganarelle. Voy. DELÉCLUZE.
OTTO-WALSTER (A.). Traduction du *Tartuffe*, en allemand, 752.
OTWAY (Th.). Traduction des *Fourberies de Scapin*, en anglais, 667.
OVERSKOU (Th.). Traduction de *l'École des femmes*, en danois, 776. — Du *Mariage forcé*, 778. — De *Don Juan*, 780. — Du *Médecin malgré lui*, 782. — De *l'Avare*, 794. — Du *Bourgeois gentilhomme*, 796. — Des *Fourberies de Scapin*, 798. — Du *Malade imaginaire*, 801.
OXENFORD (J.). Traduction du *Tartuffe*, en anglais, 660.
OZELL (John). *Moliere's Plays* (trad. angl.), 642, et à la note.

P.

P. L. Traduction d'*Amphitryon*, en grec, 950.

Pagès (Alphonse). *Molière à Pézénas*, prologue, 34. — Molière, 1054.— *Les Grands Écrivains français*, ibid., à la note.

Palaprat. Préface de ses Œuvres, 230, à la note, et 1493, à la note. — Détails sur Molière, 1493.

Palissot. Édit. des *Œuvres de Voltaire*, 1383, à la note. — Molière, 1388. — *Mémoires pour servir à l'histoire de notre littérature*, ibid., à la note. — Critique des jugements de Voltaire sur les Comédies de Molière, 1551.— *Œuvres de Palissot*, 1725, à la note.

Palmberg (P.). *Traduction d'Amphitryon*, en suédois, 818, à la note.

Palmfelt (G.). Traduction de *l'École des femmes*, en suédois, 806.

Panégyrique de l'École des femmes. Voy. Robinet.

Panthéon littéraire, 430, à la note.

Pappas (A.). Traduction du *Bourgeois gentilhomme*, en grec, 958.

Parfaict (Frères). Histoire de la Vie de Molière, 1000. — *Histoire du Théâtre françois*, ibid., à la note.

Paringault (E.). *De la Langue du Droit dans le théâtre de Molière*, 1636.

Paris (Paulin). Introduction à la Notice sur Molière, de M. Bazin, 1034.

Paris (Gast.). Sur les travaux relatifs à la vie de Molière, 1047.

Paris chantant, 1338, à la note.

Particularités de la vie de Molière. Voy. Boucher d'Argis.

Passero (comte). Voy. Carolis.

Pastorale comique, pièce inédite de Molière, 197, à la note.

Patria, 1114, à la note.

Pauly (A.). Notes et variantes pour les Œuvres de Molière, 491. Voy. son édition des Œuvres à l'article MOLIÈRE.

Pelikan (B.). Traduction des *Précieuses ridicules*, en tchèque, 933.

Pellegrin (abbé). *La Princesse d'Élide*, ballet héroïque, 542.

Pellet-Desbarreaux. *Molière à Toulouse*, 1239.

Pellisson. *Recueil de pièces galantes*, 213, à la note. Voy. Suze (M*me* de).

Péréfixe (Hardouin de), archevêque de Paris. Mandement au sujet du *Tartuffe*, de Molière, 152. — *Ordonnance contre la représentation de l'Imposteur*, 1215.

Péricaud (A.). *Molière à Lyon*, 1067.

Perk (C.-H.). Traduction du *Misanthrope*, en hollandais, 689.

Perlet (Adr.). *De l'Influence des mœurs sur la Comédie*, 1534.

Pernot (Th.). Voy. Colomb.

Perrault (Ch.). Éloge historique de Molière, 979. — *Les Hommes illustres qui ont paru en France*, ibid., à la note.

Perrault-Maynand (abbé Aloys). *Le Molière de la jeunesse*, 587.

Perréaz (E.). Ses notes explicatives pour *les Précieuses ridicules* et *les Femmes savantes*, 81.

Perrin (René). *Notices attribuées à Picard, 397, à la note.

Pesselier. *Le Glaneur françois*, 1177, à la note.

Petit (Anat.). *Le Sicilien*, ballet-pant., 541.

Petite Bibliothèque des théâtres, 357, à la note.

Petitot. Vie de Molière et réflexions sur ses pièces, 375. Voy. ses édit. des Œuvres de Molière, à l'article MOLIÈRE. — Vie de Molière, 1013.

Peys (Adr.). Traduction du *Mariage forcé*, en hollandais, 681. — *D'Amphitryon*, 701. — Du *Bourgeois gentilhomme*, 708, à la note. — *Des Fourberies de Scapin*, 710.

Phormion de Térence (le), et *les Fourberies de Scapin*, 1622.

Picard (L.-B.). Notice sur Molière, 397. Voy. ses édit. des Œuvres de Molière, à l'article MOLIÈRE. Voy. aussi Perrin (René).

Picot. Son travail de comparaison sur les exemplaires de l'édit. originale des *Précieuses ridicules*, de Molière, 3, à la note.

Pièces intéressantes et peu connues pour servir à l'histoire et à la littérature. Voy. La Place (de).

Pièces justificatives pour la translation des corps de Molière et de La Fontaine au Musée des Monuments français. Voy. Lenoir.

Pieyre (A.). *Le Dépit amoureux*, de Molière, mis en trois actes, 508.— Édit. de ses *Pièces de théâtre*, ibid., à la note. — *La Princesse d'Élide*, arrangée et continuée en vers, 521.

Pis. *Hommage du Petit Vaudeville, au grand Racine*, 1284.

Pijardière (Lacour de la). *Rapport sur la découverte d'un autographe de Molière*. Voy. ses réimpr. textuelles des comédies de Molière, à l'article MOLIÈRE.

PILGRIM (lord). *La Comédie des portraits.* Voy. HOUSSAYE (Ars.).

PINCHON. *La Mort de Molière,* 1271.

PIXERÉCOURT (Guilbert de). * Édit. des *Dernières Observations et variantes de Bret,* 1640.

Placet de Molière à Louis XIV, nouveau texte, 1210, à la note.

PLANCHE (G.). *Études sur les Comédies de Molière,* 1562.

PLANCHE (J.). Scènes et passages des Comédies de Molière, imitées des auteurs latins, 1642. — *Les Échos poétiques,* ibid., à la note.

PLATIÈRE (comte Sulpice de la). Notice sur Molière, 1009. Voy. *Galerie universelle.*

PLAUNET. Couplets chantés dans *la Fontaine de Molière,* 1362.

PLŒTZ (C.). Études sur les chefs-d'œuvre de Molière, 1574. — *Manuel de la littérature française,* ibid., à la note.

PLUIMER (J.). Traduction de *Don Garcie de Navarre* (?), en hollandais, 675. — De *l'Avare,* 703.

Plutarque français, 1027, à la note; 1028, à la note.

Poésies diverses attribuées à Molière, 1425, note.

Poésies et Lettres de M. d'Assoucy, 1094, à la note ; 1168, à la note. Voy. DASSOUCY.

Poëtes français, italiens, allemands (les), 1050, à la note.

Poétique de M. de Voltaire, 1521, à la note.

Poinsinet et Molière. Voy. IMBERT.

POISSON (Mlle). * *Lettres sur la vie et les ouvrages de Molière,* 1117.

POMMERAYE (H. de la). *Les Amours de Molière,* 1077. — *La Critique de la Visite des noces,* 1460. — Conférences sur les *Précieuses ridicules* et les *Plaideurs,* 1583. — Conférences sur *l'Avare,* 1620.

Pompe funèbre de M. Scarron (la). Voy. SOMAIZE (de).

PONSARD (P.). *Molière à Vienne,* 1238.

PORTE (H. de La). Voy. LA PORTE (Hip. de) et TASCHEREAU.

Portraits de Molière et des comédiens de sa troupe. Voy. RICORD.

POTIER (L.). *Note* d'un de ses catalogues, 217, à la note. — Catalogue des livres rares et précieux de sa librairie, 1716, à la note.

POUCHKINE. *Le Convive de pierre,* scènes, 553. — Ses Œuvres dramatiques, traduites par Mich. N......, ibid., à la note.

PRADEL (Eug. de). *Molière et Mignard à Avignon,* 1240. — *Un Trait de Molière,* 1257.

Précieuses ridicules (les). Voy. DUPORT.

Précis analytique des travaux de l'Académie royale de Rouen, 526, à la note.

Prédécesseurs de Molière (les) [en anglais], 1512.

PRESCOTT (W. Hick.). *Molière,* notice (en anglais), 1040. — *Biographical and critical Essays,* ibid., à la note.

Prétendue découverte de manuscrits de Molière, 1644.

PRETOT (Ph. de). * *Lettre sur la vie et les ouvrages de Molière,* 999.

PRÉVOST (abbé). Remarques sur Molière, 1544. — *Le Pour et contre,* ibid., à la note.

Princesse d'Élide, Molière et Louis XIV (la), 1451.

PRIVAT (Alfr.). *A Molière,* 1685.

Procez des Prétieuses (le). Voy. SOMAIZE (de).

Procès intenté par le directeur de la Bibliothèque royale, à M. Charon, 1646.

PROGEN (J.-Fr. de). Essai critique sur les Œuvres de Molière, 1543. — * *Essai de critique, réflexions et contes moraux,* ibid., à la note.

Promenade de Saint-Cloud, 1496, à la note. Voy. GUÉRET.

PROVANSAL (P.). Explication des mots et des phrases les plus difficiles des Œuvres de Molière, en allemand, 318. Voy. son édit. des Œuvres de Molière, à l'article MOLIÈRE.

Psyché de village (la). Voy. GUÉRIN D'ÉTRICHÉ.

PUIBUSQUE (A. de). *Cervantes et Molière,* 1515.

PURE (abbé de). *Les Précieuses,* comédie, 1691. — *La Précieuse, ou le Mystère de la Ruelle,* ibid., à la note.

Q.

Quatre Saisons du Parnasse (les), 1303, à la note. Voy. FAYOLLE.

Quelques Réflexions sur le Misanthrope. Voy. TASCHEREAU.

QUÉRARD. Remarque sur la *Vie de Molière,* 392, à la note. — *La France littéraire,* 1132, à la note.

Querelles littéraires. Voy IRAILH (l'abbé).

QUÉTANT (F.-A.). * L'Écolier devenu Maître (impr. en 1768, et non 1760), 1275.
QUEUX DE SAINT-HILAIRE (de). Essai historique sur le sujet d'Amphitryon, 1617.
QUINAULT. Fêtes de l'Amour et de Bacchus, 206, à la note. Voy. ce titre, au chap. des Ballets, dans l'article MOLIÈRE. — L'Amant indiscret, 543.

R.

RABOU (Hipp.). Les Éphémérides de Molière, 1029.
RACINE (Jean). L'Idylle et les Festes de l'Amour et de Bacchus, 207.
RACINE (Jos.). Le Médecin malgré lui, mis en vers, 519.
Racine et Molière au Théâtre-Français, 1504.
RADET. Hommage du Petit Vaudeville, au grand Racine, 1284. — La Chambre de Molière, 1676.
RADZIWILL (Mme U.). Traduction des Précieuses ridicules, en polonais, 882, et à la note. — Du Médecin malgré lui, 903.
RAGUENET. Prologue de la Parodie d'Amphitryon, 571.
RAHBEK (K.-L.). Vie de Molière et trad. de ses pièces, en danois, 766. — Traduction de l'Avare, en danois, 793.
RAMBERT (Eug.). Corneille, Racine et Molière, 1498.
RAPIN (le P.). Lettre au comte de Bussy sur les Femmes savantes, 1627.
RAPTARCHIS (J.-M.). Traduction du Mariage forcé, en grec, 944.
RASTI (C.). Traduction des Fourberies de Scapin, en roumain (1836), 641.
RASTOUL (Ant.). L'Avare, mis en vers, 524.
RATHÉRY (E.-J.-B.). Influence de l'Italie sur les comédies de Molière, 1494. — Influence de l'Italie sur les lettres françaises, ibid., à la note.
RATTAZZI (Mme M.-L.). Molière et Marivaux, 1508.
RAVENSCROFT. Mamamouchi, imitation du Bourgeois gentilhomme, en anglais, 665.
RAWLINS (Th.). Imitation du Cocu imaginaire, en anglais, 651.
RAYMOND (Em.). Histoire des pérégrinations de Molière dans le Languedoc, 229, à la note, et 1101.

RAYNAUD (Maur.). Les Médecins au temps de Molière, 1473.
READE (Ch.). Traduction du Malade imaginaire, en anglais, 668.
Récit, en prose et en vers, de la farce des Précieuses. Voy. VILLEDIEU (Mme de).
Recueil de diverses pièces faictes par plusieurs personnes illustres, 503, à la note.
Recueil de pièces curieuses, 1466, à la note.
Recueil de pièces galantes en vers et en prose de la comtesse de la Suze et de Pellisson, 213, à la note; et 1166, à la note. Voy. SUZE (Mme de la).
Recueil des épitaphes les plus curieux (sic) faits sur la mort surprenante du fameux comédien le sieur Molière, 283, à la note, et 1203.
Recueil des épigrammes, épitaphes, etc., faites par divers auteurs sur Molière et sur sa mort, 309, à la note.
Recueil des plus belles pièces des poëtes françois. Voy. FONTENELLE.
Recueil des Œuvres posthumes de Molière, 29, à la note. Voy. au chap. VII de l'article MOLIÈRE.
Recueil des opéras, ballets, etc., 206, à la note. Voy. VALLIÈRE (duc de la).
Recueil de pièces dramatiques anciennes et modernes, 520, à la note; et 1451, à la note. Nous croyons pouvoir attribuer ce Recueil à Mailhol, qui a mis en vers l'Avare.
REDLER (G.-N.). Expressions de Molière, 1641.
RÉGNIER (A.). Collection des grands écrivains de la France, 495, à la note.
RÉGNIER (Fr.-Jos.). Tableau chronologique des Comédiens français, 1123. — * La Troupe de Molière, 1124. — Lettre au préfet de la Seine, relative à la construction de la fontaine Molière, et réponse du préfet, 1341. — Molière, 1402. — État de la fortune de Molière, 1410. — * Un Portrait de Molière, 1412.
Remarques sur les Audiences de Thalie ou sur Molière à la nouvelle Salle. Voy. ÉON (chevalier d').
REMMER (J.). Traduction du Tartuffe, en suédois, 817.
Rencontre de Molière avec Voltaire parmi les ombres, 1375.
Répertoire de la littérature ancienne et moderne, 1016, à la note; 245, à la note; 1558, à la note.
— des comédies de Molière, 1406.
— des comédies de Molière en 1752. Voy. MOUHY (de).

Répertoire dramatique en miniature, 181, à la note.
— *du Théâtre français*, 405, à la note. — Autre, 409, à la note. — Autre, 417, à la note.
— *du Théâtre français à Berlin*, 163, à la note.
— *général du Théâtre français*, 377, à la note. — Autre, 382, à la note.
— *populaire du Théâtre-Français*, 141, à la note ; 168, à la note.
Réponse à la Gloire du Val-de-Grâce. Voy. CHÉRON (Mlle).
Requête d'Élisabeth-Claire-Gresinde Béjart, et Ordonnance de l'archevêque de Paris pour l'enterrement de Molière, 1057.
Response aux Observations touchant le Festin de pierre, 1212.
RESTIF DE LA BRETONNE. Notes sur la Comédie et sur les pièces de Molière, 1526. — *La Mimographe*, 1526, à la note. — Notes de la *Prévention nationale*, ibid. — *Les Nuits de Paris*, ibid.
Retour de l'Ombre de Molière (le). Voy. VOISENON (de).
Révolution littéraire (la), 1401, à la note.
Revue africaine, 1083, à la note.
— *critique d'histoire et de littérature*, 233, à la note ; 1634, à la note ; 1732, à la note.
— *de Bretagne et de Vendée*, 1102, à la note ; 1417, à la note.
— *de la Liberté de penser*, 1613, à la note.
— *de l'Ouest*, 1234, à la note.
— *de Montpellier*, 1614, à la note.
— *de Normandie*, 1105, à la note ; 1459, à la note.
— *de Paris*, 1029, à la note ; 1345, à la note ; 1462, à la note ; 1475, à la note ; 1587, à la note.
— *des Cours littéraires*, 1060, à la note ; 1082, à la note ; 1486, à la note ; 1487, à la note ; 1489, à la note ; 1491, à la note ; 1511, à la note ; 1513, à la note ; 1621, à la note.
— *des Deux-Mondes*, 1031, à la note ; 1032, à la note ; 1033, à la note ; 1467, à la note ; 1588, à la note.
— *des Provinces*, 231, à la note ; 232, à la note ; 1059, à la note ; 1514, à la note ; 1728, à la note.
— *du Lyonnais*, 1069, à la note ; 1426, à la note.
— *du Monde catholique*, 1499, à la note ; 1609, à la note.
— *française*, 1084, à la note ; 1447, à la note ; 1589, à la note ; 1605, à la note.

Revue historique du Droit français et étranger, 1478, à la note.
— *indépendante*, 1351, à la note.
— *politique et littéraire*, 1504, à la note.
— *rétrospective*, 214, à la note ; 1062, à la note ; 1089, à la note ; 1429, à la note ; 1644, à la note.
— *trimestrielle*, 1572, à la note.
— *universelle des arts*, 1195, à la note.
RHAMPHOS (G.). Traduction du *Malade imaginaire*, en grec, 961.
RICCOBONI (L.). Examen des comédies de Molière, à conserver, à corriger et à rejeter, 1542. — *De la Réformation du théâtre*, ibid., à la note.
RICORD (Al.). Portrait de Molière, 1015. — *Réflexions sur l'art théâtral*, ibid. — Portraits de Molière et des comédiens de sa troupe, 1121. — *Fastes de la Comédie-Française*, ibid., à la note ; 1015, à la note.
RIGAULT (A.-F.). *Molière avec ses amis*, 1263.
Rimes redoublées de M. d'Assoucy, 1169, à la note.
RISTELL (A.-F.). Imitation de *George Dandin*, en suédois, 819.
RISTIC (J.). Traduction du *Bourgeois gentilhomme*, en serbe, 874, et à la note.
RIVET (G.). *Le Cimetière de Saint-Joseph*, 1686.
RIVIER (Amar du). * *Molière*, comédie, 1222.
ROBERT (Léon). *Molière en province*, 1064.
ROBINET. * *Panégyrique de l'École des femmes*, 1146.
ROCHE (Antonin). Histoire de Molière, 1041. — *Histoire des principaux écrivains français*, ibid., à la note.
ROCHEMONT (de). *Observations sur le Festin de pierre*, 1211 à 1214.
ROCHES (Edm.). *La Dernière Fourberie de Scapin*, 576. — *Poésies posthumes*, ibid., à la note.
RODISLAVSKI. Traduction de *Don Juan*, en russe, 844.
RŒDERER (P.-L., comte). Défense des Précieuses de la société de l'hôtel de Rambouillet, 1450 et 1581. — * *Mémoire pour servir à l'histoire de la Société polie en France*, 1450, à la note.
ROGER (J.-F.). Notice sur Molière, 252.
ROGER, de Bruges (P.). *Baron chez Molière*, 1677.
ROMIEU. *Molière au théâtre*, 1249.
RONCIO (Crist.). Traduction du *Malade imaginaire*, en italien, 614.
RÖTSCHER (H.-Th.). Traduction des Œuvres de Molière, en allemand, 729.

Rosetti (J.). Traduction de *l'Avare*, en roumain (1836), 638.
Rosier. *La Cour de Célimène*, 562.
Rosimond. *Le Nouveau Festin de pierre*, 551. — Trad. en hollandais, 684, à la note. — *L'Avocat sans estude*, comédie (Amst., 1680), 708, à la note. — Trad. en hollandais, sous le nom de Molière, ibid. — *Le Festin de pierre*, 1697.
Rottchev. Traduction du *Cocu imaginaire*, en russe, 836.
Roulès (sic). *Le Roy glorieux au monde*, 1210. Voy. Roullé.
Roullé (P.). *Le Roy glorieux au monde, contre la comédie de l'Hypocrite, que Molière a faite et que Sa Majesté lui a défendu de représenter*, 1209, à la note. — *L'Homme glorieux, ou la Dernière perfection de l'homme achevée par la gloire éternelle*, ibid. — *Le Dauphin*, ibid.
Rousseau (Ach.). Molière, 1397. — *La France nouvelle*, ibid., à la note.
Rousseau (J.-B.). *Lettre à Brossette sur la Vie de Molière*, 983, à la note. — *Lettres sur différents sujets*, 1723.
Rousseau (J.-J.). *Combien le Théâtre de Molière est quelquefois dangereux pour les mœurs*, 1439. — *Lettre à d'Alembert*, ibid., à la note; et 1590, à la note. — *Remarques sur le Misanthrope*, 1590.
Rousseau (P.). *L'Étourdi corrigé*, 1687.
Roux. * *Explication des mots et des phrases les plus difficiles des Œuvres de Molière*, 338. — *Réflexions sur le Misanthrope*, 1598.
Royer (A.). *Molière et les auteurs comiques de son temps*, 1497. — *Histoire universelle des théâtres*, ibid., à la note.
Rudin (P.). Traduction d'*Amphitryon*, en suédois, 818, à la note.
Rutlige (chevalier). *Réflexions sur Shakspear et Molière*, 1500. — *Quinzaine angloise à Paris*, ibid., à la note.
Ryndorp (J. van). Traduction du *Tartuffe*, en hollandais, 697.

S.

Sabatier (abbé). Molière, 1389. — *Les Trois Siècles de la littérature française*, ibid., à la note.
Sabatier (J.)*. *Notice sur le Fauteuil de Molière*, 1088.
Sahlstedt (A.-M.). *Imitat. de *Mélicerte*, en suédois, 815.
Saint-Aignan (duc de). *Vers du ballet des Plaisirs de l'Ile enchantée*, 194, à la note.
Saint-Évremond. *Lettre sur le Tartuffe*, 1606, à la note.
Saint-Leu (comte de). Voy. Bonaparte (Louis).
Saint-Marc Girardin. *Examen critique des comédies de Molière*, 1566. — *Cours de littérature dramatique*, ibid., à la note.
Saint-Martin. *La Fontaine Molière*, 1351.
Saint-Prosper (de). *Essai sur la Comédie*, 1532.
Saint-Simon (duc de). *Note sur le Journal de Dangeau*, 1480, à la note.
Saint-Sauveur (J.-G.). *Galerie dramatique*, 1120.
Saint-Yves. * *Le Protégé de Molière*, 1250.
Sainte-Beuve. *Notice sur les Œuvres de Molière*, 426. — Molière, 1398. — *Portraits littéraires*, ibid., à la note. — *Molière et Pascal, Bossuet et Molière*, 1503. — *Jugement sur la comédie du Tartuffe*, 1612. — *Histoire de Port-Royal*, 1503, à la note; 1612, à la note. — Molière, 1726. — *Nouveaux Lundis*, ibid., à la note.
Sainte-Marthe (P. de). *L'Amour médecin*, 1700, à la note.
Salgues (de). *Notice sur Molière*, 1011. — *Galerie théâtrale*, ibid., à la note.
Sallé (D.). *Éloge de Molière*, 1315.
Sällskaps-Theatern, 802, à la note.
Samios (Emm.-G.). Fait imprimer à ses frais l'*Amour médecin* et le *Médecin malgré lui*, trad. en grec, 946 et 947.
Sammlung von Schauspielen für Hamburgs Theater, 735, à la note. Voy. Arien (d').
Samson. *La Fête de Molière*, 1247. — *Discours en vers*, 1317. — *Discours pour l'inauguration du Monument de Molière*, 1348.
Sand (George). *Molière*, drame, 1228. — *Le Roi attend*, 1293. — *Théâtre*, 1228, à la note; et 1293, à la note.
Sautereau de Marsy. *Notice sur Molière*, 1007. Voy. *Annales poétiques*.
Scène d'Arlequin, empereur dans la lune, attribuée à Molière, 230. Voy. Gherardi.
Schaak (Pierre). Traduction du *Tartuffe*, en holland., 695.
Schlegel (Guil.). *Cours littéraire dramatique*, 1600, à la note.
Schmidt (Chr.). Traduction du *Malade imaginaire*, en danois, 800.

SCHÖNHEYDER (P.). Traduction libre du *Cocu imaginaire*, 771.
SCHOSNE (abbé Lebeau de). *L'Assemblée*, avec *l'Apothéose de Molière*, 1277.
SCHOU (L.). Traduction des *Femmes savantes*, en danois, 799.
SCHRÖDER (Émilie). Édition des Œuvres de Molière, en allemand, 729. — Traduction de *l'Ecole des femmes*, 734. — De *Tartuffe*, 754.
SCHWALB (Dr R.). Notes sur le *Misanthrope*, 120.
SCHWARTZ. Traduction de *Tartuffe*, en danois, 786, à la note. — *Lommebog* (Manuel, en danois), 773 et 775, à la note.
SCHWEITZER (H.) *Moliere's Tod....*, la Mort de Molière, 1091.
SCOTT (sir Walter). *Essai littéraire sur Molière*, 1560. — *Histoire générale de l'art dramatique*, ibid., à la note.
Scottish monthly Magazine, 1611, à la note.
SCRIBE (Eug.). *Encore un Pourceaugnac*, 573. — Sur les dénoûments de *Tartuffe* et des *Femmes savantes*, 1604.
Séances de Melpomène et de Thalie à la rentrée de la Comédie-Françoise (les). Voy. CARRIÈRE-DOISIN.
Secret de ne payer jamais, comédie, 229. Voy. BÉDÈNE.
SEDAINE. *Amphitryon*, arrangé en opéra, 537 et 538.
SÉGUR aîné. *Molière à Lyon*, 1673.
SÉGUR cadet. *Voltaire et Molière*, 1506. — Réplique à la Réponse d'un anonyme sur le Parallèle de Voltaire et de Molière, 1507. — *Œuvres diverses*, ibid., à la note.
SEKMANN (Did.). *Traduction de *l'Étourdi*, en danois, 768. — Du *Dépit amoureux*, 769. — De *l'Ecole des maris*, 772. — De *l'Ecole des femmes*, 774. — Du *Tartuffe*, 784. — D'*Amphitryon*, 789.
Sentiments de l'Église et des saints Pères, pour servir de décision sur la Comédie et les Comédiens. Voy. COUTEL.
SERIEYS (A.). *Chefs-d'œuvre de poésie française*, 251. — *Chefs-d'œuvre d'éloquence et de poésie*, 253. — Notice sur Molière, ibid.
SERRE (J. L. S^r de la). Mémoires sur la vie et les ouvrages de Molière, 316, et à la note ; 994, et à la note.
Servante de Molière (la), 1674.
SÉVIGNÉ (marquise de). Molière et ses comédies, 1538. — *Lettres de Mme de Sévigné*, ibid., à la note.

SHADWELL (Th.). Imitation des *Précieuses ridicules*, en anglais, 650. — *Dramatic Works*, ibid., à la note.
SICK. *Morceaux de lecture français*, 166, à la note.
Siècle (le), journal, 1042, à la note.
SIGOV (D.). Traduction de *l'Avare*, en russe, 863.
SILVA MENDES LEAL (Jose da). Ses critiques annexées à la traduction du *Médecin malgré lui*, et à celle du *Tartuffe*, en portugais, 622, et à la note, et 624.
SIMAI (Kristof). *Traduction du *Médecin malgré lui*, en magyar, 971. — De *l'Avare*, 972. — Des *Fourberies de Scapin*, 974. — Voy. K. S.
SIMON (H.). *Ninon, Molière et Tartuffe*, 1255.
SIMONNIN (J.). Notes sur les Œuvres de Molière, 401. — *Molière commenté*, 1557. Voy. son édit. des œuvres de Molière, à l'article MOLIÈRE.
SION (Georges). Traduction du *Misanthrope*, en roumain, 632 et 633.
Skuespil til Brug for den danske Skueplads, 770, à la note ; 772, à la note ; 777, à la note ; 779, à la note ; 797, à la note.
SKYLISSIS (J.-I.). Traduction du *Misanthrope*, de *Tartuffe* et de *l'Avare*, en grec, 939. — De *Tartuffe*, 949.
SMIRNOV (Ivan). Traduction des *Fourberies de Scapin*, en russe, 865.
SOLEIROL (H. A.). *Molière et sa troupe*, 1099.
SOMAIZE (Baudeau de). * *Le Songe du Resveur*, 1193 et 1194. — * *Les Véritables Prétieuses*, 1141 et 1142. — * *Le Procez des Prétieuses*, 1143. — * *La Pompe funèbre de M. Scarron*, 1193, à la note, et 1205, à la note. — *La Pompe funèbre d'une prétieuse*, 1205, à la note.
Songe du Resveur (le). Voy. SOMAIZE.
SONSINI (Virginio). *Comedie scelte di Moliere*, trad. en italien, 595.
SOOLMANS (Jacq.). Traduction du *Médecin malgré lui*, en hollandais, 691.
SOULIÉ (Eud.). *Collection des grands Ecrivains*, 495, à la note. — *Recherches sur Molière*, 1043. — *Molière et sa troupe à Lyon*, 1071. — *Sur les recherches relatives à Molière*, 1096. — *L'Illustre Théâtre et la troupe de Molière*, 1100.
SOUPÉ (A. Philib.). *L'Ombre de Molière*, 1327.
SOUSA (Manuel de). Traduction du *Tar-

tuffe, en portugais, 623. — Du *Bourgeois gentilhomme*, 625.
Souvenirs du pays : Molière à Nantes. Voy. MELLINET.
SOZELIÈRE (sieur de la). Lettre à Cailhava, au sujet de *l'Avare*, 1618.
Spectateur français au XIXᵉ siècle (le), 1393, à la note ; 1554, à la note ; 1630, à la note.
ST. A. (de). Voy. LETELLIER.
STAAFF (colonel F.-N.). *L'Anthologie française*, sous ce titre suédois : *Urval ur franska litteraturer*, 246, à la note. — *La Littérature française*, ibid., à la note.
STANEK (L.). Traduction de *Sganarelle*, en tchèque, 934.
STAPFER (P.). *La Petite Comédie de la Critique littéraire*, 1575.
STJERNSTRÖM (J.). Traduction du *Malade imaginaire*, en suédois, 833.
STOCK (baron). *Les Matinées italiennes*, 1238, à la note. Voy. RATTAZZI (Mᵐᵉ).
SUBLIGNY (T.-P. de). * *La Déroute des Prétieuses*, 1207.
SUNDBY (Thor). *Molière i Danmark*, 766, à la note, et 1727.
Supercheries d'une Courtisane (les), 1187.
Supplément aux diverses éditions des œuvres de Molière. Voy. FORTIA D'URBAN.
Supplément aux œuvres de Vauvenargues, 1376, à la note.
Sur l'École des Femmes. Stances, 1192, à la note. Voy. BOILEAU.
Sur la Mort imaginaire et véritable de Molière. Voy. DASSOUCY.
Sur la Polémique de Molière avec un curé de Paris, 1429.
Sur le Misanthrope et sur le rôle de Célimène, par Mˡˡᵉ ***, 1594.
Sur Molière, 1441.
Sur Molière, Voltaire, et le but de ceux qui font les comédies, 1507.
SUZE (comtesse de la). *Recueil de pièces galantes*, 213, à la note, et 216, à la note. Voy. ce titre.
SVISTUNOV (P.). Traduction d'*Amphitryon*, en russe, 857. — Du *Bourgeois gentilhomme*, 864.
SYCHRA. Traduction du *Médecin malgré lui*, en tchèque, 935.
SZASZ (Ch.). Traduction du théâtre de Molière, en magyar, 968.

T.

Tableau historique de l'esprit et du caractère des littérateurs français. Voy. TAILLEFER.

TACO. Traduction du *Malade imaginaire*, en hollandais, 716.
TAILLEFER (Ant.). * Anecdotes de Molière, 1008. — * *Tableau historique de l'esprit et du caractère des littérateurs français*, ibid., à la note.
TALBOT. *Rieurs mélancoliques : Villon, Scarron, Molière*, 1513.
Taschen-Bibliothek der ausländischen Klassiker, 749, à la note.
TASCHEREAU (Jules). *Histoire de la vie et des ouvrages de Molière*, 1018, 1019, 1020, 1021 et 1220. Voy. aussi LA PORTE (Hip. de). — *Histoire de Molière*, 197, à la note. — *Vie de Molière*, 1017. — *Revue rétrospective*, 214, à la note. Voy. ce titre. — * *La Troupe de Molière*, 1124. — *Histoire de la troupe de Molière*, 1125. — Notice sur le *Roy glorieux*, dans *l'Athenæum français*, 1210, à la note. — *Lettre au marquis de Fortia d'Urban*, en réponse à ses Dissertations sur Molière et sa femme, 1180. — * *Quelques Réflexions sur le Misanthrope*, 1596. — *Bibliographie de Molière*, 1716. — *Catalogue de la bibliothèque de M. B****, ibid., à la note. Voy. ses édit. des Œuvres de Molière, à l'article MOLIÈRE.
Teatro applaudito. 603, à la note, et 604, à la note.
— *nuevo español*, 620, à la note.
TECHENER. *Bulletin du bibliophile*, 221, à la note. Voy. ce titre, à la Table. — Catalogue de sa librairie, 1716, à la note.
TECHENER (Léon), fils. *Répertoire universel de bibliographie*, 1716, à la note.
TELECKI (L.). Traduction des *Précieuses ridicules*, en serbe, 868. — De *Sganarelle*, 869. — Du *Malade imaginaire*, 875.
Temple de Thalie (le), 1283.
Temple-Bar Magazine, 1480, à la note.
TERMOPILAPIDE (Micrilbo). Traduction en dialecte génois, des *Fourberies de Scapin*, des *Précieuses ridicules*, de *l'Avare*, 616.
TETAR VAN ELVEN (H.-L.). Traduction abrégée des *Femmes savantes*, en hollandais, 713.
THAM (Venceslas). Traduction de *Don Juan*, en tchèque, 936.
Théâtre (le), journal serbo-croate, 868, à la note.
Théâtre choisi, 183, à la note.
— *classique*, 124, à la note.
— *françois* (le). Voy. CHAPPUZEAU.
— *lyrique de M. de la J...* 539, à la note. Voy. VENARD DE LA JONCHÈRE.

Theatro estrangeiro, 627, à la note.
THIERRY (Édouard). *La Troupe de Molière*, 499. — Etude sur le théâtre de Molière, publiée dans le *Bulletin de la Société des gens de lettres*, ibid., à la note.— Article de la revue intitulée : *le Théâtre*, 515, à la note. — *De l'Influence du théâtre sur la classe ouvrière*, 1535. — *Etudes sur Molière*, 1582.
TILLET (Évrard Titon du). Notice historique de Molière, 992. — *Le Parnasse françois*, ibid., à la note.
Tintamarre (le), 1681, à la note.
TISSOT. *Leçons et modèles de littérature française*, 245, à la note.
TOURNEMINE (le P.). * Examen de la nouvelle édition des Œuvres de Molière, 1724.
TRALLAGE (de). Notes manuscrites, 231, à la note ; 1470, à la note.
TREDOS (René). *Hommage à Molière*, 1328. — *Loisirs poétiques*, ibid., à la note.
TREMOLIÈRES. *Le Bon sens*, 1312.
Trésor littéraire de la France (le), 245, à la note.
Troupe de Molière (la), 499. — Voy. TASCHEREAU et REGNIER.
Trouvailles bibliographiques. Voy. COHEN.
TRUINET (Ch.). *Pourquoi Molière n'a pas joué les Avocats?* 1478.
TUDISI (Marino). Pièces de Molière, imitées en serbe, 868.
Turquoises (les), 1464, à la note.

U.

ULBACH (L.). *Molière*, poëme, 1323. — *Gloriana*, ibid., à la note.
Un Amour de Molière. Voy. COLOMB.
Un Autographe de Molière, 1648. — Voy. *Autographes*.
Un Portrait de Molière. Voy. REGNIER.
Une Représentation de l'Amour médecin, en 1665. Voy. DUMAS (Alex.).
UNGER (Mme Friedr.-Helene). * Traduction du *Tartuffe*, en allemand, 746.— Du *Bourgeois gentilhomme*, 759, et à la note.
Union médicale (l'), 1081, à la note.
Universal - Bibliothek, 754, à la note ; et 763, à la note.
URSIN (M.-P.-F.-M.). *Épître à Molière*. 1305.

V.

V. M. Traduction de *l'Avare*, en tchèque, 938.
VACQUERIE (A.). *A Molière*, 1336. — *Mes Premières Années*, ibid., à la note.
VALERIUS (J.-D.). Traduction du *Médecin malgré lui*, en suédois, 812.
Valise de Molière (la). Voy. FOURNIER (Éd.).
VALLET (F.). *Molière apprentif tapissier*, 1680.
VALLIÈRE (duc de la). * *Ballets, opéras et autres ouvrages lyriques*, 1207, à la note ; 1715, à la note.
VALMALETTE (L.). *Épître à Molière*, 1303.
VALVILLE. *Le Dépit amoureux*, réd. en 2 actes, 506.
VANBRUGH (sir John). Traduction du *Cocu imaginaire*, en anglais, 651, à la note.
Variétés historiques et littéraires, 1206, à la note.
Variétés historiques, physiques et littéraires. Voy. BOUCHER D'ARGIS.
VARIN (P.). *Étude sur le Tartuffe*, ibid. — *La Vérité sur les Arnauld*, 1608, à la note.
VAUVENARGUES. *Molière et un jeune homme*, 1376. — *Molière*, 1386. — *Réflexions critiques sur quelques poëtes*, ibid., à la note.
VÉFYK (Ahmed). Traduction du *Mariage forcé* et du *Médecin malgré lui*, en turc, 976.
Veillées des Muses, 1310, à la note.
VENARD DE LA JONCHÈRE. *Amphitryon*, ballet, 539. — *Théâtre-Lyrique*, ibid.
Vengeance des marquis (la). Voy. VILLIERS (de).
VENTIMONTE (Ces.). *Il Villano nobile*, 610.
VENTOUILLAC (L.-T.). *Choix des Comédies de Molière*, 254.
VÉRIGNY (Arth. de). Lettre dans le *Moniteur*, 1644, à la note.
Véritable édition originale des Œuvres de Molière (1874), 25, à la note. Voy. LACROIX (P.).
Véritables Pretieuses (les). Voy. SOMAIZE (de).
VERLOVE (Ch.). Traduction de *l'École des maris*, en hollandais, 676.
VERNIER (Valery). *Les Comédiens errants*, 1300.

VÉRON (P.). Rondeau sur Molière, 1340, à la note.

Vers espagnols inédits de Molière, 231. Voy. LACROIX (P.).

Veufve à la Mode (la). Voy. VILLIERS (de) et VISÉ (de).

VEUILLOT (L.). Molière et Bourdaloue, 1499. — Étude sur Tartuffe, 1609.

VEZIC (V.). Traduction du Malade imaginaire, en serbe, 876.

VIARDOT (L.). Détails sur Molière, 1403. — Études sur l'histoire des institutions, etc., en Espagne, ibid., à la note.

Vie de Molière. Voy. BORDELON et COTTOLENDI.

— Voy. DESTOUCHES.

— Voy. VOLTAIRE.

Vie de Molière (la), trad. allemande, 985, à la note.

Vie de Monsieur de Molière. Voy. GRIMAREST.

Vie intime de Molière, 1720, à la note.

VIERNE (Éd.). Molière enfant, 1230.

VIGNEAU (A.). Le Tartuffe femelle, 565.

VILLEDIEU (Mme de). * Aventures et Mémoires de la vie de Henriette-Sylvie de Molière, 195, à la note; 1175, à la note. — * Récit, en prose et en vers, de la farce des Précieuses, 1206.

VILLIERS (J. de). * La Veufve à la mode, 515, à la note. — Le Festin de pierre, 550. — * Les Diversitez galantes, 1106, à la note. — * Zélinde, 1148 et 1149. — Lettre sur les affaires du théâtre de Molière, 1106. — La Vengeance des marquis, 1152 et 1153.

VINET (A.). Étude sur Molière, 1571. — Poëtes du siècle de Louis XIV, ibid., à la note.

VINOT, ami de Molière et éditeur de ses Œuvres, 978, à la note. — Son édition des Œuvres de Molière, corrigées et augmentées, 277. Voy. LA GRANGE et l'article MOLIÈRE.

VIOLLET D'ÉPAGNY. Voy. ÉPAGNY (d').

VISÉ (J. Donneau de). Lettre sur le Misanthrope, 12 et 1208. — * La Veufve à la mode, 515, à la note. — Notes sur la vie de Molière, 977. — Nouvelles nouvelles, 977, à la note. — * Lettre critique, 986. — * Oraison funèbre de Molière, 1129. — * La Cocue imaginaire, 1144, à la note. — * Zélinde, 1148, à la note. — Notes sur les Femmes savantes, 1628.

Visions de Dom F. de Quevedo, 1196.

VITET. Rapport à la Chambre des députés, sur l'érection sur le Monument de Molière, 1347.

VITU. Notice critique sur les portraits de Molière, 1415 et 1733, à la note.

VOINESCU (Jean). Traduction du Bourgeois gentilhomme, en roumain, 639.

VOISENON (l'abbé de). * L'Ombre de Molière, 1273; ibid., à la note. — * Le Retour de l'Ombre de Molière, 1274. — Œuvres de théâtre, 1274, à la note. — Molière, 1387. — Anecdotes littéraires, ibid., à la note.

VOLTAIRE. Vie de Molière, 354, 996, 998. — Contes de Guillaume Vadé, 996, à la note. — Ses Jugements sur les comédies de Molière, 1383. — De la Comédie en France, et surtout de la comédie de Molière, 1521. — Observations sur les comédies de Molière, 1540. — Poétique de M. de Voltaire, ibid., à la note. — Mélanges littéraires, dans ses Œuvres, ibid.

Voltaire parmi les ombres, 1375, à la note.

Voyage de Chapelle et Bachaumont, 1203, à la note.

W.

WALCKENAER (baron de). Que sait-on sur la vie de Molière? 1407. — Mémoires touchant Mme de Sévigné, ibid., à la note. — Notes sur les Œuvres de Molière, 451, à la note.

WALDSTRÖM (Carl G.). Traduction du Misanthrope, en suédois, 811.

WALSTER (A. Otto-). Voy. OTTO-WALSTER.

WATSON (C.-K.). Notice (en anglais) sur la vie et le génie de Molière, 1039. — Cambridge Essays, ibid., à la note.

WEYL (H.). Beitray zu den Moliere Studie, 1577.

WIBE VON DER OSTEN (Joh.), Traduction de la ve scène du IVe acte du Tartuffe, en danois, 785.

WICHLINSKI (C.). Traduction du Malade imaginaire, en polonais, 931.

WIDAL (A.). Des divers Caractères du Misanthrope, 1597.

WIENER (Ch.). The Works of Molière, 1576.

WINKLER (L.). Traduction du Médecin malgré lui, en polonais, 907.

WISMES (baron de). Un Portrait de Molière en Bretagne, 1417.

WITOWSKI. Traduction de l'*École des femmes,* en polonais, 895.

WOLSKI (W.). Traduction de *l'Avare,* en polonais, 922, à la note.

WYCHERLEY (W.). Imitation du *Misanthrope,* en anglais, 652, à la note.

Y.

YVERT (E.). * *Épître au Fauteuil de Molière,* 1311.

Z.

ZABLOCKI (Fr.). Traduction d'*Amphitryon,* en polonais, 915.

ZALESKI (H.-L.). Traduction de *l'École des maris,* en polonais, 890. — De *l'École des femmes,* 895, à la note.

ZANETTI (Gir.). Traduction du *Sicilien,* en italien, 604.

ZDZARSKI (Aug.). Traduction de *l'École des maris,* en polonais, 889.

ZEGGELEN (W.-J. van). Traduction du *Misanthrope,* en hollandais, 690.

Zélinde. Voy. VILLIERS (de).

ZOTU (J.-H.). Traduction de *l'École des femmes,* en roumain (1847), 630.

ZSCHOKKE (H.). Biographie de Molière et trad. de ses Œuvres, en allemand, 724.

ZÜNGEL (Em.). Traduction de *Tartuffe,* en tchèque, 937.

FIN DE LA TABLE GÉNÉRALE DES AUTEURS ET DES OUVRAGES.

www.ingramcontent.com/pod-product-compliance
Lightning Source LLC
Chambersburg PA
CBHW050915230426
43666CB00010B/2182